La procédure pénale en cas pratiques

Collection Réussir !, sous la direction de Nicolas Jeanne :

– N. Jeanne, *Le droit pénal en cas pratiques.*

– N. Jeanne, *La procédure pénale en cas pratiques.*

– N. Jeanne, A. Touzain, *Le droit des obligations en cas pratiques.*

– N. Allix, A. Touzain, *Le droit des personnes et de la famille en cas pratiques.*

– N. Allix, A. Touzain, *Les régimes matrimoniaux et les successions en cas pratiques.*

La procédure pénale en cas pratiques

30 exercices corrigés
sur les notions clés du programme

Nicolas JEANNE, maître de conférences
à CY Cergy Paris Université

3e édition

DALLOZ

DALLOZ

31-35, rue Froidevaux, 75685 Paris Cedex 14

ISBN 978-2-247-20884-5

Sommaire

MÉTHODOLOGIE GÉNÉRALE

MÉTHODOLOGIE SPÉCIALE

Méthodologie générale

Nous envisagerons successivement la philosophie de l'épreuve (I), la gestion du temps lors de celle-ci (II) et le barème applicable (III).

I/ La philosophie de l'épreuve

Pour le cas pratique donné à l'Université (parfois en L1, plus souvent en L2, L3 ou M1)

Il s'agit, pour le concepteur du sujet et le correcteur, de vérifier que le socle de connaissances appris dans le cadre du cours de procédure pénale est maîtrisé par l'étudiant. Il ne présente en lui-même aucune spécificité.

Pour le cas pratique donné à l'examen d'entrée au CRFPA

L'article 5, 4°, de l'arrêté du 17 octobre 2016 fixant le programme et les modalités de l'examen d'accès au centre régional de formation professionnelle d'avocats se contentait de mentionner « une épreuve de procédure, d'une durée de deux heures », portant sur la procédure pénale lorsque le candidat a choisi le droit pénal comme épreuve de spécialité. Depuis l'entrée en vigueur de l'arrêté du 2 octobre 2018 modifiant l'arrêté du 17 octobre 2016, l'épreuve est désormais destinée à vérifier, dans la même durée, l'aptitude à résoudre un ou plusieurs cas pratiques « ou à rédiger une ou plusieurs consultations ». Le nouvel arrêté fixe ainsi la nature de l'épreuve de procédure pénale et procède à une distinction entre les « cas pratiques » et les « consultations juridiques ». À vrai dire, la distinction entre les deux types d'épreuves n'a rien d'évident et elle n'aura vraisemblablement que peu de conséquences. Il semble se dégager de cette adjonction une volonté de « professionnaliser » l'examen en donnant des sujets aux accents moins académiques (d'où le nom de « consultation juridique »).

Pour le cas pratique donné aux différents concours de l'ENM

La note de présentation des concours diffusée par l'ENM mentionne, au titre de la troisième épreuve d'admissibilité du premier concours, un « cas pratique de droit civil et procédure civile ou droit pénal et procédure pénale » d'une durée de trois heures et, au titre de la deuxième épreuve d'admissibilité des deuxième et troisième concours un « cas pratique de droit pénal et procédure pénale » d'une durée de trois heures. Elle précise que l'épreuve de cas pratique en droit pénal et procédure pénale vise « vise à apprécier les connaissances des candidats dans ce domaine. Elle a pour objet de vérifier leur aptitude à l'analyse et au raisonnement juridiques ainsi que leur capacité de proposer des orientations argumentées et opérationnelles ». En outre, les qualités recherchées du candidat sont les capacités à analyser et synthétiser une situation ou un dossier, à identifier, respecter et garantir un cadre procédural, à prendre une décision, fondée en droit et en fait, inscrite dans son contexte, empreinte de bon sens, et exécutable, et à motiver, formaliser et expliquer une décision (*cf.* ENM, sous-direction des recrutements et de la validation des compétences, *Les concours d'accès à l'École nationale de la magistrature, sessions 2020 et s.*, janvier 2020). Au-delà des précisions formulées par l'École elle-même, la lecture des annales données depuis 2012 (date de l'introduction de l'épreuve de cas pratique au concours) permet de faire ressortir que l'épreuve vise officieusement à apprécier les qualités du futur parquetier qui sommeille en vous. Il faut donc être opérationnel, prêt à diriger les investigations, à gérer le flux des affaires, à orienter le dossier efficacement. D'expérience, il ressort que le cas pratique ENM est jusqu'alors organisé en trois grands blocs : un bloc droit pénal de fond qui vise à qualifier les faits décrits et à retenir un certain nombre de qualifications pénales ; deux blocs procédure, le premier étant constitué par l'analyse du cadre des investigations et des pouvoirs mis en œuvre, le second par les modalités de poursuite ou de traitement.

La réforme des concours d'entrée à l'ENM issue du décret nº 2019-99 du 13 février 2019 relatif aux concours d'accès à l'École nationale de la magistrature ne devrait pas modifier fondamentalement la philosophie du cas pratique. Ce décret vient modifier la nature des épreuves d'admissibilité pour les concours ouverts à partir de 2020. L'article 2 du décret prévoit ainsi que les épreuves d'admissibilité comporteront « 2° Une composition, rédigée en cinq heures, portant au choix du jury soit sur un sujet de droit civil et de procédure civile, soit sur un sujet de droit pénal et de procédure pénale (coefficient 4) ; 3° Un cas pratique, rédigé en trois heures, portant soit sur un sujet de droit civil et de procédure civile, soit sur un sujet de droit pénal et de procédure pénale, dans la matière autre que celle choisie par le jury pour l'épreuve prévue au 2° (coefficient 4) ». Le cas pratique durera désormais trois heures et il n'y aura plus qu'une seule épreuve en droit pénal et en procédure pénale – là où, antérieurement, le droit pénal et la procédure pénale faisait l'objet et d'une dissertation et d'un cas pratique. La nature de l'épreuve de droit pénal et de procédure pénale sera, au choix du jury, soit une dissertation soit un cas pratique, étant entendu que l'épreuve de droit pénal et de procédure pénale sera tributaire de la nature de l'épreuve donnée en droit civil et en procédure civile (si un sujet de dissertation a été donné en droit civil et en procédure civile, l'épreuve de droit pénal et de procédure pénale sera nécessairement un cas pratique, et vice versa…).

II/ La gestion du temps lors de l'épreuve

La première difficulté du cas pratique est la gestion du temps

Même si le cas à résoudre n'est pas difficile, il est bien souvent long. Les étudiants ont certes l'habitude de résoudre des cas pratiques ciblés et portant sur des points du programme de procédure pénale (enquête de police, garde à vue par ex.). Mais ils n'ont pas l'habitude de traiter un cas susceptible de balayer l'ensemble d'une procédure pénale et qui peut par hypothèse débuter par une opération de police d'où naîtra le soupçon de commission d'une infraction et se terminer par le jugement de celle-ci, voire l'exécution de la peine prononcée. Or un tel cas pose des problèmes particuliers de fond (détermination précise de chacun des actes réalisés, succession de différents cadres d'investigations – contrôle d'identité, enquête de flagrance, enquête préliminaire puis instruction préparatoire par ex., – et donc, succession de régimes juridiques pour les acte d'investigation diligentés, succession de statuts pour les protagonistes – un même individu, témoin initialement, devient suspect puis mis en examen avant d'être prévenu, par ex. et donc, succession de droits et de sujétions reconnus ou pesant sur ledit protagoniste, etc.) mais aussi de forme (la présentation du devoir doit laisser apparaître une certaine logique et une certaine pédagogie : la détermination des cadres d'investigation devant toujours précéder l'étude de la régularité des actes, la conclusion sur l'irrégularité d'un acte devant s'accompagner d'explications sur la nature de la nullité mise en avant – d'ordre public ou d'ordre privé par ex. –, sur la procédure permettant d'obtenir l'annulation de l'acte – juridiction compétente, forclusion éventuelle, recevabilité de la requête – et sur les conséquences de l'annulation). D'où la nécessité de s'entraîner, de connaître les textes et les grands arrêts ainsi que leur position dans le Code de procédure pénale, des majeures prêtes à l'emploi, des plans types, d'avoir d'ores et déjà anticipé les difficultés les plus communes pour éventuellement, le jour de l'examen, consacrer plus de temps à la résolution des difficultés inédites.

L'un des travers souvent rencontré dans les copies d'étudiants réside dans le zèle ou l'ellipse

- **Le zèle** : parfois les étudiants perdent un temps précieux à étudier longuement la régularité d'un acte (par ex., en déclinant toutes les conditions de régularité et du placement et de l'exécution d'une garde à vue) dont aucun élément décrit ne permet de douter de sa conformité à la loi (par ex. lorsqu'il est fait mention d'une garde à vue « régulière ») ou dont trop de conditions de régularité demeurent inconnues (par ex. lorsque le sujet se contente, après la présentation précise de nombreux actes d'investigation, d'une mention succincte d'une garde à vue à l'issue de laquelle le procureur de la République décide d'ouvrir une instruction préparatoire, le juge d'instruction décidant, à l'issue de l'interrogatoire de première comparution, d'une mise en examen de la personne…). Si la démarche est parfaitement louable – il s'agit de montrer à son correcteur que l'on maîtrise parfaitement son sujet et de ne conclure à la régularité d'un acte qu'à l'issue d'un raisonnement rigoureux –, elle est toutefois dommageable puisqu'un temps précieux est consacré à l'étude de la régularité d'un acte sur lequel nous ne sommes vraisemblablement pas interrogés ou pour lequel on manque cruellement d'informations… De tels développements se font trop souvent au détriment de ceux consacrés aux actes qui, dans leur description, présentent une irrégularité immédiatement détectable. Or si quelques points peuvent être octroyés à la présentation des conditions de régularité d'un acte seulement mentionné, l'immense majorité des points ne l'est qu'au bénéfice de ce qui peut être juridiquement pertinent pour la régularité ou l'irrégularité de la procédure.

- **L'ellipse** : parfois, à l'inverse, les étudiants demeurent silencieux sur certains actes décrits (l'étudiant-candidat envisage la vérification d'identité, sans étudier la régularité du contrôle d'identité qui y a conduit ou envisage la régularité de la garde à vue, sans dire mot de la régularité de l'interpellation ou de la convocation préalables de la personne placée en garde à vue) ou sur les cadres d'investigation qui se sont chevauchés tout au long du cas pratique (l'étudiant-candidat conclut par ex. que le cadre d'enquête dans lequel a eu lieu la perquisition est bien l'enquête de flagrance, mais s'arrête là… omettant de préciser que, passé huit jours, les actes d'enquête qui sont décrits à la suite de la perquisition ont nécessairement eu lieu en enquête préliminaire, faute de mention d'une quelconque ouverture d'une instruction préparatoire…). Il faut pourtant garder en tête qu'il n'y a jamais d'évidence dans une copie (ni de respect du principe du contradictoire car le correcteur ne peut interroger l'étudiant lorsqu'il procède à la correction de la copie…) : ce qui n'est pas expressément dit par l'étudiant est présumé ne pas être su par celui-ci.

La bonne méthode consiste à parvenir à un équilibre

- **Être exhaustif** : pour ne pas tomber dans le second travers, il faut parfaitement séquencer les faits qui vous sont décrits et bien identifier chaque acte effectué par les organes judiciaires, pour en étudier la régularité. Gardez en tête qu'une procédure pénale se présente comme une chaîne dont les anneaux se soudent les uns aux autres. Si un anneau vient à manquer dans votre étude, il n'y a aucune cohérence entre les diverses formalités qui se succèdent (dans mon exemple, la garde à vue a nécessairement supposé une interpellation ou une convocation préalable). Il faut donc explicitement mentionner tous les actes effectués par les organes judiciaires, quitte à préciser en une phrase, que, faute d'élément d'information, rien ne semble indiquer qu'elle soit irrégulière.
- **Être stratégique** : pour ne pas non plus tomber dans le premier travers, il faut s'abstraire de la récitation de son cours et aller à l'essentiel en précisant

simplement, en quelques phrases, que les informations manquent pour conclure avec certitude à la régularité de l'acte en question. Une phrase peut suffire (dans mon ex. « aucun élément ne permet de douter de la régularité de la garde à vue ; aussi semble-t-elle régulière, sous réserve qu'elle ait été décidée par un OPJ, que le procureur de la République ait été immédiatement informé, qu'elle ait constitué l'unique moyen de parvenir à l'un des objectifs mentionnés par l'art. 62-2, C. pr. pén., que les droits de la personne aient été respectés, que sa durée n'ait pas dépassé 24 heures ou, en cas de prolongation, 48 heures »).

III/ Le barème de l'épreuve

La deuxième difficulté tient au barème de correction. Il est possible qu'aucune indication ne soit fournie quant au barème adopté. Ce fut le cas pour le sujet donné au CRFPA en 2017 ou à l'ENM en 2013 par exemple. Plusieurs questions vous sont ainsi posées sans que vous sachiez précisément combien de points vont vous rapporter les réponses que vous allez respectivement apporter à chacune d'elles. Il faut donc, comme un coureur de fond, que vous sachiez doser votre effort : que vous déterminiez, à l'aveugle, les questions qui rapportent le plus de points et que vous ne consacriez de longs développements qu'à celles qui en valent la peine. En outre, il faut prendre garde – même lorsque le barème est indiqué – à la distribution des points au sein de chaque question. Si le barème est précis, c'est-à-dire s'il distingue jusqu'au demi voire jusqu'au quart de point, cela peut-être extrêmement périlleux et il faut faire montre d'une particulière rigueur dans votre présentation, en déclinant chacune des conditions de régularité des actes que vous étudiez.

Annonce de plan

Nous distinguerons, en autant de thèmes, les problèmes méthodologiques fondamentaux soulevés à l'occasion de la résolution d'un cas pratique de procédure pénale, c'est-à-dire, ceux ayant trait aux acteurs de la procédure pénale (thème n° 1), aux opérations de police (thème n° 2), aux enquêtes de police (thème n° 3), à l'action publique (thème n° 4), à la victime et à l'action civile (thème n° 5), à l'instruction préparatoire (thème n° 6), à la chambre de l'instruction (thème n° 7), à la preuve pénale (thème n° 8), au contentieux de l'annulation (thème n° 9) et au jugement (thème n° 10).

Méthodologie spéciale

1. Les acteurs de la procédure pénale

L'une des premières difficultés d'un cas pratique de procédure pénale est de bien discerner la qualité des acteurs dont les actes vous sont décrits. Souvent, le cas pratique mentionne un policier, un gendarme, un magistrat, sans plus de précision ou au contraire vous mentionne expressément l'intervention d'un agent de police judiciaire ou d'un policier municipal. Or, il faut garder en tête que de la qualité de l'acteur va immédiatement dépendre la régularité ou l'irrégularité de l'acte en raison de la compétence ou du défaut de compétence de celui-ci et que si l'on vous mentionne avec précision la qualité d'une autorité, et notamment la qualité d'un fonctionnaire de police ou d'un militaire de la gendarmerie, c'est que le concepteur de votre sujet s'attend à quelques explications…

Nous distinguerons les agents et officiers de police judiciaire (I), les magistrats du ministère public (II), les magistrats du siège (III), les assistants spécialisés (IV).

I/ Les agents et officiers de police judiciaire

L'un des premiers réflexes à acquérir est celui de bien distinguer, parmi les acteurs policiers dont les actes vous sont décrits, l'officier de police judiciaire (B) des autres agents (A), dans la mesure où les seconds n'ont pas les mêmes prérogatives que les premiers qui, eux, disposent d'une autonomie dans leur action et ont la plénitude des pouvoirs de police judiciaire.

A – Les agents de police judiciaire (APJ) et les agents de police judiciaire adjoints (APJA)

Nous distinguerons la qualité d'APJ et d'APJA (1) et les fonctions octroyées aux APJ et aux APJA (2).

1 • La qualité d'APJ et d'APJA

a. La qualité d'APJ

La qualité d'APJ :

– *est octroyée* par l'art. 20, C. pr. pén., aux gendarmes (1°) et aux fonctionnaires des services actifs de la police nationale, qu'ils soient titulaires ou stagiaires, qui n'ont pas la qualité d'OPJ (2°). Ces militaires et fonctionnaires ne peuvent toutefois exercer effectivement les attributions attachées à leur qualité d'APJ et se prévaloir de cette qualité que s'ils sont affectés à un emploi comportant cet exercice. De même, l'exercice de ces attributions est momentanément suspendu pendant le temps où ils participent, en unité, à une opération de maintien de l'ordre (C. pr. pén., art. 20, al. 3);

– *peut être octroyée*, d'après l'art. 20-1, C. pr. pén., lorsqu'ils sont appelés au titre de la réserve civile de la police nationale ou au titre de la réserve opérationnelle de la gendarmerie nationale, aux fonctionnaires de la police nationale et aux militaires de la gendarmerie nationale à la retraite ayant eu durant leur activité la qualité d'officier ou d'agent de police judiciaire. Un décret en Conseil d'État précise les conditions d'expérience et les qualités requises pour bénéficier de ce statut.

b. La qualité d'APJA

Les APJA sont, d'après l'art. 21, C. pr. pén. : les fonctionnaires des services actifs de police nationale ne remplissant pas les conditions prévues par l'art. 20, C. pr. pén. (1°); les volontaires servant en qualité de militaire dans la gendarmerie et les militaires servant au titre de la réserve opérationnelle de la gendarmerie nationale ne remplissant pas les conditions prévues par l'art. 20-1, C. pr. pén. (1° *bis*); les adjoints de sécurité (1° *ter*); les agents de surveillance de Paris (1° *quater*); les agents de police municipale (2°); les gardes champêtres, lorsqu'ils constatent les contraventions mentionnées au livre VI du Code pénal, à certaines conditions (3°).

2 • Les fonctions d'APJ et d'APJA

Nous les présenterons en distinguant la compétence matérielle (a) et la compétence territoriale (b) des APJ et des APJA.

a. La compétence matérielle des APJ et APJA

Les dispositions du C. pr. pén. permettent de distinguer deux types de pouvoirs des APJ et APJA, les pouvoirs qu'ils peuvent exercer de manière autonome et les pouvoirs placés sous la responsabilité d'un OPJ.

• **Les pouvoirs autonomes** : les APJ et APJA peuvent, comme tout citoyen, procéder à l'appréhension de la personne soupçonnée d'un crime ou d'un délit flagrant afin de le conduire sur-le-champ devant un OPJ (C. pr. pén., art. 73). Pour le reste, il faut distinguer entre les APJ et les APJA :

– *l'APJ* peut constater les crimes, délits ou contraventions et en dresser procès-verbal; recevoir par procès-verbal les déclarations qui lui sont faites par toute personne susceptible de lui fournir des indices, preuves et renseignements sur les auteurs et complices de ces infractions (C. pr. pén., art. 20, al. 10 et 11). Il peut, au cours d'une enquête, organiser une « parade » aux fins de présenter aux témoins des personnes soupçonnées d'avoir participé à une infraction (Crim. 10 mars 1993, n° 92-83.663). Il peut également, à condition de ne procéder à aucune recherche assimilable à une perquisition, recueillir, au domicile dans lequel il a pénétré à la demande des pompiers, un couteau, et à remettre celui-ci à un officier de police judiciaire aux fins de saisie (Crim. 15 juin 2000, n° 00-81.334). La loi n° 2019-222 du 23 mars 2019 de programmation 2018-2022 et de réforme pour la justice, déclarée sur ce point conforme à la Constitution (Cons. const. 21 mars 2019, décis. n° 2019-778 DC, § 172 et 173), a renforcé les pouvoirs autonomes des APJ en prévoyant, désormais que : l'APJ, comme l'OPJ peut, sur autorisation du procureur faire procéder aux opérations de prélèvements externes prévues par l'art. 55-1, C. pr. pén. (C. pr. pén., art. 76-2) ; l'APJ, comme l'OPJ, peut, sur autorisation du procureur procéder à des réquisitions de documents, en enquête préliminaire (C. pr. pén., art. 77-1-1 à 77-1-3 [l'art. 47, IV, du projet de loi de programmation de la justice 2018-2022, qui prévoyait qu'un tel pouvoir pouvait s'exercer sans autorisation du procureur a été déclaré contraire à la Constitution comme méconnaissant l'exigence de direction et de contrôle de l'autorité judiciaire sur la police judiciaire résultant de l'article 66 de la Constitution, v. Cons. const. 21 mars 2019, décis. n° 2019-778 DC, § 175]) ; l'APJ peut, comme l'OPJ, au cours d'une enquête ou sur commission rogatoire d'un juge d'instruction, s'il est affecté dans un service spécialisé et spécialement habilité à cette fin dans des conditions précisées par arrêté du ministre de la justice et du ministre de l'intérieur, effectuer des enquêtes sous pseudonyme aux fins de constater les crimes et les délits punis d'une peine d'emprisonnement commis par la voie des communications électroniques (C. pr. pén., art. 230-46, créé par la loi du 23 mars 2019 et déclaré sur ce point conforme à la Constitution par Cons. const. 21 mars 2019, décis. n° 2019-778 DC, § 154 à 157) ; l'APJ, comme l'OPJ, peut être autorisés par le procureur qui requiert l'ouverture d'une instruction préparatoire, si la recherche de la manifestation de la vérité pour un crime ou un délit puni d'une peine supérieure ou égale à trois ans d'emprisonnement nécessite que les investigations en cours ne fassent l'objet d'aucune interruption, à poursuivre les opérations d'enquête prévues aux articles 230-32 à 230-35, 706-80, 706-81, 706-95, 706-95-1, 706-95-20, 706-96 et 706-102-1 pendant une durée ne pouvant excéder quarante-huit heures à compter de la délivrance du réquisitoire introductif (C. pr. pén., art. 80-5) ;

– *à l'inverse, l'APJA* doit se contenter de rendre compte à son chef hiérarchique de tous crimes, délits ou contraventions dont il a connaissance et de constater, en se conformant aux ordres de son chef, les infractions à la loi pénale et de recueillir tous les renseignements en vue de découvrir les auteurs de ces infractions, le tout dans le cadre et dans les formes prévues par les lois organiques ou spéciales qui leur sont propres. Toutefois, de lui-même, l'APJA peut constater par procès-verbal les contraventions aux dispositions du Code de la route dont la liste est fixée par décret en Conseil d'État ainsi que les contraventions prévues à l'article 621-1 du Code pénal. Lorsqu'il constate une infraction par procès-verbal, l'APJA peut recueillir les éventuelles observations du contrevenant (C. pr. pén., art. 21, al. 12 à 15).

• **Les pouvoirs exercés sous la responsabilité d'un OPJ** : les APJ et APJA ont pour mission commune et générale de seconder, dans l'exercice de leurs fonctions, les officiers de police judiciaire (C. pr. pén., art. 20, al. 9, et 20-1, al. 11). Cette mission qui consiste seulement à seconder, exclut que l'APJ ou l'APJA agisse seul (par ex. Crim. 28 sept. 2010, *Bull. crim.* n° 142, à propos de la fouille des véhicules prévues par l'art. 78-2-3, C. pr. pén. : censure de l'arrêt d'appel ayant rejeté le moyen de nullité tiré de l'incompétence d'un agent de police judiciaire à procéder à une visite de véhicule qui avait retenu que l'enquêteur a agi sous le contrôle d'un officier de police judiciaire alors « qu'il ne résulte pas du procès-verbal ni d'une autre pièce de la procédure que l'officier de police judiciaire ait personnellement procédé à la visite du véhicule, l'agent de police judiciaire se bornant à lui prêter assistance, ni même qu'il ait été présent sur les lieux »).

Il faut garder à l'esprit que le code exclut parfois la compétence des APJ et APJA pour la réalisation de certains actes, soit expressément (par ex., aux termes de l'art. 20, dernier al., C. pr. pén., les APJ « n'ont pas qualité pour décider des mesures de garde à vue »; disposition qui s'applique, *a fortiori*, aux APJA), soit tacitement et *a contrario*, en ne visant que la compétence d'un OPJ (par ex., l'ancienne transaction par officier de police judiciaire prévue, jusqu'à la loi du 23 mars 2019 par l'ancien art. 41-1-1, C. pr. pén., ou actuellement, les pouvoirs prévus par l'art. 61, C. pr. pén., de défendre à quiconque de s'éloigner du lieu d'une infraction flagrante ou de contraindre les personnes à comparaître lorsqu'elles ont été convoquées ne pouvaient ou ne peuvent être réalisées que par un OPJ). Le code vient en outre décliner les missions des APJ et APJA dans de nombreuses dispositions qui visent soit les APJ et APJA, soit les seuls APJ – ceux qui, *a contrario*, excluent la compétence des APJA même placé sous la responsabilité d'un OPJ – soit encore certains APJA seulement – ceux qui, *a contrario*, excluent la compétence des autres APJA même placés sous la responsabilité d'un OPJ :

– *les missions communes aux APJ et APJA placés sous la responsabilité d'un OPJ* : par ex. : art. 78-2, C. pr. pén., qui prévoit que les APJ et les APJA sur l'ordre et sous la responsabilité de l'OPJ peuvent procéder à un contrôle d'identité et inviter à justifier, par tout moyen, de son identité toute personne à l'égard de laquelle existent une ou plusieurs raisons plausibles de soupçonner qu'elle a commis une infraction;

– *les missions conférées aux APJ mais refusées aux APJA ou à certains APJA* : par ex., la notification du placement en GAV et des droits de la personne placée en GAV ne doit être effectuée que par un OPJ ou, sous le contrôle de celui-ci, par un APJ (C. pr. pén., art. 63-1); les fouilles de véhicules ou de navire sur réquisitions du procureur de la République, de même que la visite des véhicules circulant ou arrêtés sur la voie publique ou dans des lieux accessibles au public lorsqu'il existe à l'égard du conducteur ou d'un passager une ou plusieurs raisons plausibles de soupçonner qu'il a commis, comme auteur ou comme complice, un crime ou un délit flagrant ne peuvent être effectuées que par les OPJ assistés le cas échéant, des APJ et des APJA mentionnés aux 1°, 1° *bis* et 1° *ter* de l'art. 21, C. pr. pén. (C. pr. pén., art. 78-2-2, II et III, et 78-2-3). **La loi du 23 mars 2019 a renforcé les pouvoirs de l'APJ exercés sous la responsabilité d'un OPJ en prévoyant, désormais que** : les techniques spéciales d'enquêtes (recueil de données techniques de connexion, sonorisation et captation d'images ou de données informatiques) ne peuvent être mises en place que par l'OPJ commis par le juge d'instruction ou requis par le procureur de la République ou, sous sa responsabilité, par l'APJ (C. pr. pén., art. 706-95-17) ; la possibilité de recourir à des constatations ou à des examens techniques ou scientifiques appartient à l'OPJ et, sous le contrôle de ce dernier, à l'APJ (C. pr. pén., art. 60) ; de même, les réquisitions de documents ne peuvent être effectuées que par le procureur, l'OPJ ou, désormais, sous le contrôle de ce dernier, l'APJ, en enquête de flagrance (C. pr. pén., art. 60-1 à 60-3) ; la possibilité de demander, dans le cadre d'une opération de surveillance, sur autorisation du procureur ou du juge d'instruction, à tout fonctionnaire ou agent public de ne pas procéder au contrôle et à l'interpellation des personnes soupçonnées afin de ne pas compromettre la poursuite des investigations en criminalité organisée n'appartient qu'à l'OPJ ou, sous le contrôle de celui-ci, à l'APJ (C. pr. pén., art. 706-80-1 et 706-80-2).

b. La compétence territoriale des APJ et APJA

L'art. 21-1, C. pr. pén., dispose que les APJ et les APJA sont compétents dans les limites territoriales où ils exercent leurs fonctions habituelles ainsi que dans celles où l'OPJ responsable du service de la police nationale ou de l'unité de gendarmerie auprès duquel ils ont été nominativement mis à disposition temporaire exerce ses fonctions. Par ailleurs, lorsque ces agents assistent un OPJ, ils ont compétence dans les limites de la circonscription où ce dernier exerce ses attributions en application des dispositions de l'art. 18, C. pr. pén.

B – Les officiers de police judiciaire

Nous distinguerons la qualité d'OPJ (1) et les fonctions octroyées aux OPJ (2).

1 • La qualité d'OPJ

Ont, en vertu de l'art. 16, C. pr. pén., la qualité d'OPJ :

– *de plein droit* : les maires et leurs adjoints (1°) ; les officiers et les gradés de la gendarmerie (2°) ; les inspecteurs généraux, les sous-directeurs de police active, les contrôleurs généraux, les commissaires de police et les officiers de police (3°), le directeur ou le sous-directeur de la police judiciaire relevant du ministre de l'Intérieur, ainsi que le directeur et le sous-directeur de la gendarmerie au ministère des armées (al. 7) ;

– *sous certaines conditions particulières* : les gendarmes comptant au moins trois ans de service dans la gendarmerie sous réserve d'être nominativement désignés par arrêté conjoint des ministres de la Justice et de l'Intérieur, après avis conforme d'une commission (2°) ; les fonctionnaires du corps d'encadrement et d'application de la police nationale comptant au moins trois ans de services dans ce corps, nominativement désignés par arrêté des ministres de la Justice et de l'Intérieur, après avis conforme d'une commission (4°).

Les membres de la police ou de la gendarmerie nationales ne peuvent toutefois exercer effectivement les attributions attachées à leur qualité d'OPJ ni se prévaloir de cette qualité que s'ils sont affectés à un emploi comportant cet exercice et en vertu d'une décision du procureur général près la cour d'appel les y habilitant personnellement. En outre, l'exercice de ces attributions est momentanément suspendu pendant le temps où les agents concernés participent, en unité, à une opération de maintien de l'ordre (C. pr. pén., art. 16, al. 8). S'agissant par ailleurs des fonctionnaires du corps d'encadrement et d'application de la police nationale, ils ne peuvent recevoir l'habilitation précitée que s'ils sont affectés soit dans un service ou une catégorie de services déterminés en application de l'article 15-1 et figurant sur une liste fixée par arrêté des ministres de la Justice et de l'Intérieur, soit, à titre exclusif, dans une formation d'un service mentionnée par le même arrêté (C. pr. pén., art. 16, al. 9). L'habilitation est délivrée par le procureur général près la cour d'appel dans le ressort de laquelle intervient la première affectation du fonctionnaire. Elle est valable pour toute la durée de ses fonctions, y compris en cas de changement d'affectation (C. pr. pén., art. 16, al. 10, issu de la loi du 23 mars 2019).

2 • Les fonctions de l'OPJ

Nous les présenterons en distinguant la compétence matérielle (a) puis la compétence territoriale des OPJ (b).

a. La compétence matérielle des OPJ

Les OPJ peuvent exercer toutes les attributions de police judiciaire attachées à leur qualité, telles que définies à l'art. 14, C. pr. pén. Ce texte distingue selon qu'une instruction préparatoire a ou non été ouverte :

– *hors l'ouverture d'une instruction préparatoire*, la police judiciaire est chargée « de constater les infractions, d'en rassembler les preuves et d'en rechercher les auteurs » ;

– *en cas de saisine d'un juge d'instruction*, la police judiciaire « exécute les délégations des juridictions d'instruction [les commissions rogatoires ou CR] et défère à leurs réquisitions ». **Soyez vigilant toutefois** : au cours de l'instruction, l'OPJ conserve ses pouvoirs propres et peut constater les infractions, en rassembler les preuves et en rechercher les auteurs pour les faits nouveaux qui ne font pas l'objet de la saisine du juge d'instruction. **Aussi, au cours de l'instruction, l'OPJ rogatoirement commis agi toujours à un double titre : en qualité de délégataire du juge d'instruction qui a délivré la CR, pour les faits visés par la CR, et en sa propre qualité, pour les faits qu'il découvre à l'occasion de l'exécution de la CR et qui ne font pas l'objet de la**

saisine du juge d'instruction, ce qui lui permet d'exercer ses pouvoirs propres de diligenter des enquêtes préliminaires ou de flagrance (sur cette question, v. *infra*, p. 101).

À cet effet, les OPJ reçoivent les plaintes et dénonciations, procèdent à des enquêtes préliminaires dans les conditions prévues par les art. 75 à 78, C. pr. pén., et, en cas de crimes et délits flagrants, ils exercent les pouvoirs qui leur sont conférés par les art. 53 à 67, C. pr. pén. (C. pr. pén., art. 17, al. 1er). Les OPJ sont par ailleurs tenus d'informer sans délai le procureur de la République des crimes, délits et contraventions dont ils ont connaissance. Ils doivent en outre rendre compte de leurs actes auprès de ce magistrat. Ainsi, dès la clôture de leurs opérations, ils doivent lui faire parvenir directement l'original ainsi qu'une copie certifiée conforme des procès-verbaux qu'ils ont dressés. Et tous les actes et documents y relatifs lui sont en même temps adressés. De même, les objets saisis sont mis à sa disposition (C. pr. pén., art. 19)

b. La compétence territoriale des OPJ

• *Les attributions des membres de la police judiciaire sont limitées par l'étendue de la circonscription où ils exercent leurs fonctions.* Selon l'art. 18, C. pr. pén., les OPJ exercent leurs attributions dans les limites territoriales de la circonscription où ils exercent leurs fonctions habituelles (par ex. les pouvoirs des maires et adjoints se limitent au territoire de leur commune). S'agissant des gendarmes ou des policiers, tout dépend de la brigade ou de l'unité à laquelle ils sont affectés. Certains ont ainsi une compétence sur l'ensemble du territoire, d'autres sur le ressort d'une ou plusieurs cours d'appel, et d'autres enfin sur le ressort d'un ou plusieurs tribunaux judiciaires (C. pr. pén., art. R. 15-18 à R. 15-33). **Soyez vigilant toutefois** : la Cour de cassation a précisé à cet égard que « si, selon l'article 18, alinéa 1er, du code de procédure pénale, les officiers de police judiciaire n'ont, en principe, compétence que dans les limites territoriales où ils exercent leurs fonctions, rien ne leur interdit de recueillir des renseignements en dehors de leur circonscription par téléphone, télécopie ou tout autre mode de communication, la valeur des renseignements ainsi recueillis étant soumise à la discussion contradictoire des parties et à l'appréciation des juges » (Crim. 10 janv. 1995, *Bull. crim.* n° 13).

• *Plusieurs cas d'extension de la compétence territoriale des OPJ sont, en outre, prévus :*

– ainsi, les OPJ peuvent se transporter sur toute l'étendue du territoire national, à l'effet d'y poursuivre leurs investigations et de procéder à des auditions, perquisitions et saisies, après en avoir informé le procureur de la République saisi de l'enquête ou le juge d'instruction. Ils sont tenus d'être assistés d'un OPJ territorialement compétent si ce magistrat le décide. Le procureur de la République du tribunal judiciaire dans le ressort duquel les investigations sont réalisées est également informé par l'OPJ de ce transport (C. pr. pén., art. 18, al. 3 dans sa rédaction issue de la **loi du 23 mars 2019**) ;

toutefois, la loi du 24 décembre 2020 est venue préciser que « [l]'information des magistrats mentionnés au présent alinéa n'est cependant pas nécessaire lorsque le transport s'effectue dans un ressort limitrophe à celui dans lequel l'officier exerce ses fonctions, Paris et les départements des Hauts-de-Seine, de Seine-Saint-Denis et du Val-de-Marne étant à cette fin considérés comme un seul département ».

– les OPJ peuvent également, sur commission rogatoire expresse du juge d'instruction ou sur réquisitions du procureur de la République, procéder à des auditions sur le territoire d'un État étranger, avec l'accord des autorités compétentes de ce dernier (C. pr. pén., art. 18, al. 4). En l'absence d'accord international liant la France avec un État étranger, les policiers ne sauraient agir au-delà de la frontière, seraient-ils de bonne foi (Crim. 21 sept. 1999, *Bull. crim.* n° 189, à propos de l'auteur d'un crime flagrant qui a été pris en chasse par des policiers français et arrêté sur un parking situé en territoire Suisse).

La question de l'impartialité et de l'indépendance de la police judiciaire

L'impartialité de la police judiciaire

Bien que la police judiciaire se soit depuis longtemps vue octroyer la fonction d'investigation, sa soumission expresse au principe d'impartialité apparaît relativement récente, sur le plan déontologique, comme sur le plan processuel :

– *sur le plan déontologique*, les auteurs déduisaient traditionnellement la soumission de l'enquêteur au principe d'impartialité de la présomption d'innocence (art. 9, DDHC). André Decocq *et alii* considéraient ainsi que cette présomption « implique au moins que l'officier ou l'agent de police judiciaire enquête à charge et à décharge » (A. Decocq, J. Montreuil et J. Buisson, *Le droit de la police*, Litec, 2e éd., 1998, n° 1376, p. 676). Il fallut attendre le décret n° 86-592 du 18 mars 1986, pour que le code de déontologie de la police nationale, proclame, en son article 7 que « [l]e fonctionnaire de la police nationale [...] est intègre et impartial ». Ce code de déontologie étant, depuis le 1er janvier 2014, intégré au Code de la sécurité intérieure et étendu aux gendarmes (Décr. n° 2013-1113 du 4 déc. 2013), la soumission de l'enquêteur au principe d'impartialité résulte aujourd'hui de l'art. R. 434-11, CSI, aux termes duquel « [l]e policier et le gendarme accomplissent leurs missions en toute impartialité ». Aussi, la sanction d'un manquement de l'enquêteur au devoir d'impartialité peut-elle s'opérer sur le terrain disciplinaire ;

– *sur le plan processuel*, par un arrêt du 14 mai 2008, la chambre criminelle est venu explicitement consacrer l'applicabilité du principe d'impartialité aux enquêteurs (Crim. 14 mai 2008, *Bull. crim.* n° 115 : à l'issue d'une enquête menée par les gendarmes de la brigade de recherches départementale de Guyane, une personne avait été convoquée devant le tribunal correctionnel, d'une part, pour répondre de deux infractions au Code minier, et, d'autre part, pour avoir outragé le colonel commandant la gendarmerie de Guyane ainsi que plusieurs gendarmes de cette même brigade. La cour d'appel avait annulé la seule procédure relative à l'outrage commis au préjudice du colonel et relaxé partiellement le prévenu. Après avoir énoncé que l'article 6, § 1 de la Conv. EDH trouve à s'appliquer au stade de l'enquête, elle avait retenu que « le principe d'impartialité, dans sa dimension objective », n'avait pas été respecté au cours de l'enquête « menée par des gendarmes dont le commandant victime était le supérieur hiérarchique ». La chambre criminelle casse

►

certes cette décision, considérant que la cour d'appel n'a pas justifié sa décision puisqu'elle n'a pas recherché « en quoi le défaut d'impartialité des officiers et agents de police judiciaire était en l'espèce établi ni en quoi les actes annulés pour ce motif, qui étaient soumis à la contradiction et à sa libre appréciation, avaient porté atteinte au caractère équitable et contradictoire de la procédure ou compromis l'équilibre des droits des parties ». Mais elle n'en consacre pas moins expressément l'applicabilité du principe d'impartialité aux enquêteurs. Au visa de l'article 6 de la Conv. EDH et de l'article préliminaire du Code de procédure pénale, elle énonce que « si le défaut d'impartialité d'un enquêteur peut constituer une cause de nullité de la procédure, c'est à la condition que ce grief ait pour effet de porter atteinte au caractère équitable de la procédure ou de compromettre l'équilibre des droits des parties »). Aussi, la sanction d'un défaut d'impartialité de l'enquêteur peut-elle s'opérer sur le terrain procédural. Toutefois, la chambre criminelle inscrit la méconnaissance de l'impartialité dans le régime des nullités dont le prononcé est soumis à la démonstration d'un grief.

L'indépendance de la police judiciaire

On l'oublie mais la police et la gendarmerie demeurent fonctionnellement indépendantes du pouvoir politique ou administratif lorsqu'elles exécutent des missions de police judiciaire. En vertu de l'art. R. 2-16, C. pr. pén., « les officiers de police judiciaire, à l'occasion d'une enquête ou de l'exécution d'une commission rogatoire, ne peuvent solliciter ou recevoir des ordres ou instructions que de l'autorité judiciaire dont ils dépendent ». Il faut toutefois garder en tête qu'aucune sanction procédurale ne peut résulter d'une méconnaissance éventuelle de cette disposition. En effet, parce que la source de la procédure pénale ne peut qu'être la loi, en application des art. 7 DDHC et 34 Const., la chambre criminelle considère que la violation des textes réglementaires ne peut être une cause de nullité (par ex. Crim. 5 mai 1997, *Bull. crim.* n° 166 : « la procédure pénale relevant, selon l'article 34 de la Constitution, du domaine de la loi, la méconnaissance éventuelle des dispositions [réglementaires] ne saurait conduire à l'annulation de la procédure »).

II/ Les magistrats du ministère public

Les magistrats du ministère public forment, avec les magistrats du siège et les auditeurs de justice le corps judiciaire (Const. 4 oct. 1958, art. 64 et 65 ; Ord. du 22 déc. 1958). Ils présentent toutefois cette particularité d'être des magistrats statutairement soumis au pouvoir de direction et de contrôle du garde des Sceaux. Cette spécificité ne manque pas de soulever d'importantes difficultés, non seulement quant à l'organisation du ministère public (A), mais aussi quant à ses fonctions (B).

A – L'organisation du ministère public

1 • Les représentants du ministère public

Nous distinguerons la représentation du ministère public devant les juridictions d'instruction (a) et devant les juridictions de jugement (b).

a. Les juridictions d'instruction

Devant le juge d'instruction, le ministère public est représenté par le procureur de la République et ses substituts. Devant la chambre de l'instruction, c'est le parquet général près la cour d'appel, constitué du procureur général, d'avocats généraux et de substituts généraux, qui assure les fonctions du ministère public.

b. Les juridictions de jugement

La composition du ministère public varie non seulement selon le degré de juridiction, mais aussi selon la nature des infractions poursuivies (C. pr. pén., art. 39) :

– *devant le tribunal de police*, le siège du ministère public est occupé par le procureur de la République pour les contraventions de la 5e classe ne relevant pas de la procédure de l'amende forfaitaire; pour les autres contraventions, ces fonctions sont exercées par le commissaire de police où siège le tribunal de police (ou celui désigné par le procureur de la République s'il y en a plusieurs), à moins que le procureur de la République ne se substitue à lui s'il le juge à propos (C. pr. pén., art. 45 et 47). En cas d'empêchement du commissaire de police, le procureur général désigne, pour une année entière, un ou plusieurs remplaçants qu'il choisit parmi les commissaires et commandants ou capitaines de police en résidence dans le ressort du tribunal judiciaire (C. pr. pén., art. 46, al. 1er). À titre exceptionnel, et en cas d'urgence absolue pour la tenue des débats, le juge du tribunal judiciaire peut appeler le maire du lieu où siège le tribunal de police ou un de ses adjoints pour exercer les fonctions du ministère public (C. pr. pén., art. 46, al. 2). S'il n'y a pas de commissaire de police au lieu où siège le tribunal de police, le procureur général désigne un commissaire ou un commandant ou capitaines de police en résidence dans le ressort du tribunal judiciaire ou, à défaut, d'un tribunal judiciaire limitrophe situé dans le même département (C. pr. pén., art. 48);

– *devant le tribunal correctionnel*, les fonctions du ministère public sont exercées par le procureur de la République ou ses substituts (C. pr. pén., art. 39, al. 1er);

– *devant la chambre des appels correctionnels*, le ministère public est représenté par le procureur général près la cour d'appel ou ses substituts (C. pr. pén., art. 34);

– *devant la Cour d'assises*, la représentation du ministère public varie : selon que la cour d'assises (qui est en principe un démembrement de la cour d'appel, mais qui peut parfois être rattachée à un tribunal judiciaire) siège (soit comme juridiction du premier degré, soit comme juridiction d'appel) auprès d'un tribunal ou d'une cour d'appel, le siège du ministère public sera occupé tantôt par le procureur de la République (C. pr. pén., art. 39, al. 2), tantôt par le procureur général (C. pr. pén., art. 34);

– *devant la Cour de cassation*, le ministère public est représenté par un procureur général, un premier avocat général et des avocats généraux (*NB* : le parquet général près la Cour de cassation n'est doté d'aucun pouvoir répressif et ne contribue aucunement à l'exercice de l'action publique ; son rôle se limite, comme la Chambre criminelle, à veiller à la bonne application de la loi par les juridictions du fond) ;

– *devant les juridictions pour mineurs*, le ministère public est représenté par un membre du parquet près le tribunal judiciaire ou la cour d'appel spécialisé dans la délinquance des mineurs ;

– *devant la Cour de justice de la République*, compétente pour juger les membres du gouvernement ayant commis des crimes ou délits dans l'exercice de leurs fonctions, le siège du ministère public est occupé par le procureur général près la Cour de cassation assisté du premier avocat général et de deux avocats généraux.

2 • L'indivisibilité et l'indépendance du ministère public à l'égard du juge et des parties

a. L'indivisibilité du ministère public

Le ministère public est indivisible. Cela signifie que les membres d'un parquet sont interchangeables, car l'acte accompli par l'un d'eux l'est au nom du parquet tout entier. Les magistrats d'un même parquet peuvent donc se remplacer mutuellement tout au long d'une affaire, et il n'est pas nécessaire que ce soit le même représentant du parquet qui assiste à toutes les audiences dans la même affaire.

b. L'indépendance du ministère public à l'égard du juge et des parties

• *L'indépendance du ministère public à l'égard du juge* : en vertu du principe de la séparation des autorités de poursuite et de jugement, les juridictions d'instruction ou de jugement ne doivent porter aucune appréciation sur l'activité du ministère public. Elles ne peuvent ni lui enjoindre de déclencher des poursuites, ni lui adresser de blâme, ni bien sûr se saisir elles-mêmes d'une affaire pénale (v. cependant art. 677, C. pr. pén., relatif aux délits d'audience).

• *L'indépendance du ministère public à l'égard des parties* : la victime ne peut pas obliger le parquet à soutenir l'accusation. Inversement, le désistement de la victime n'interdit pas en principe au parquet de soutenir l'accusation (sauf dans les cas où celle-ci est une condition de recevabilité de l'action publique), pas plus que la transaction intervenue sur les intérêts civils entre la victime et l'auteur de l'infraction. En outre, les magistrats du ministère public ne sont pas susceptibles de récusation (C. pr. pén., art. 669, al. 2), à la différence des magistrats du siège (C. pr. pén., art. 668) et des jurés (C. pr. pén., art. 297). Enfin, à la différence de la partie civile qui, en cas de non-lieu, peut être condamnée à verser des dommages-intérêts à celui contre qui elle s'est constitué partie civile (C. pr. pén., art. 91), sans préjudice de poursuites pour dénonciation calomnieuse (C. pén., art. 226-10) le ministère public qui a intenté à tort l'action publique, ne peut voir sa responsabilité recherchée par le prévenu relaxé ou acquitté, ni être condamné aux dépens ou à verser des dommages et intérêts pour abus du droit d'agir en justice. Il n'en va différemment qu'en cas de faute personnelle (sur cette hypothèse, commune aux magistrats du parquet et aux magistrats du siège, v. *infra*, p. 42).

3 • Le statut des magistrats du ministère public

Les magistrats du parquet sont soumis statutairement au gouvernement. Selon l'article 5 de l'ordonnance n° 58-1270 du 22 décembre 1958 portant loi organique relative au statut de la magistrature, « les magistrats du parquet sont placés sous la direction et le contrôle de leurs chefs hiérarchiques et sous l'autorité du garde des Sceaux ». L'organisation du ministère public français épouse les formes classiques de l'édifice pyramidal d'une administration d'État en étant dominée par le garde des Sceaux, qui, d'après l'article 20, al. 2, de la Constitution du 4 octobre 1958, dispose du ministère de la Justice du fait de son appartenance au Gouvernement. Partant, celui-ci a autorité sur le procureur général près la Cour de cassation et sur les procureurs généraux près les cours d'appel. Ces derniers, quant à eux, répondent directement au garde des Sceaux, mais ont autorité sur les procureurs de la République du ressort de leur cour, aux termes de l'article 45 de la loi n° 1810-04-20 du 20 avril 1810 relative à l'organisation de l'ordre judiciaire et à l'administration de la Justice, qui dispose : « Les procureurs généraux exerceront l'action de la justice criminelle dans toute l'étendue de leur ressort ». Les procureurs de la République, à leur tour, ont autorité sur leurs substituts et sur les officiers du ministère public près les tribunaux de police de leur ressort. Placés sous les ordres du procureur de la République, les membres du parquet du tribunal judiciaire n'agissent qu'en vertu de sa délégation expresse ou tacite.

a. La subordination des magistrats du parquet

• *Quant à la nomination*, les membres du ministère public sont, à l'exception du procureur général près la Cour de cassation, hiérarchisés dans un cadre administratif strictement défini. Contrairement aux magistrats du siège, qui sont nommés par décret du président de la République sur proposition du garde des Sceaux après avis conforme de la formation compétente du Conseil supérieur de la magistrature (CSM) (art. 65, al. 4, Const.), les magistrats du parquet le sont par un tel décret après un avis simple de la formation compétente à leur égard du CSM (présidée par le procureur général près la Cour de cassation, et qui comprend un conseiller d'État, désigné par le Conseil d'État, un avocat, désigné par le Conseil national des barreaux, six personnalités extérieures, cinq magistrats du parquet – un magistrat du parquet près la Cour de cassation, un procureur général, un procureur de la République, deux magistrats du parquet –, un magistrat du siège des cours et tribunaux : art. 65, al. 5, Const.; art. 28 de l'ord. du 22 déc. 1958). Cet avis est donc purement consultatif, le garde de Sceaux pouvant ne pas le suivre. Et il en est de même en ce qui concerne le prononcé des sanctions disciplinaires

(Ord. du 22 déc. 1958, art. 66). C'est qu'en effet, le garde des Sceaux pourrait décider de sanctionner ou non un magistrat du parquet, contrairement à l'avis de la formation compétente du CSM, ou retenir une sanction différente de celle proposée par ladite formation. Seuls le procureur général près la Cour de cassation et les procureurs généraux près les cours d'appel échappent à cette règle, puisqu'ils sont nommés en Conseil des ministres. L'avancement des membres du parquet suit quant à lui le même processus décisionnaire que leur nomination, dans la mesure où il relève du pouvoir exécutif et, à la différence des magistrats du siège qui ne peuvent être mutés, même avec un avancement, sans leur consentement, les magistrats du parquet sont amovibles.

• *Quant à la discipline*, l'article 43 de l'ordonnance n° 58-1270 du 22 décembre 1958 prévoit que la faute disciplinaire d'un magistrat du parquet s'apprécie « compte tenu des obligations qui découlent de sa subordination hiérarchique ». De plus, alors que la règle de l'inamovibilité fait obstacle à toute révocation, suspension ou mise à la retraite des magistrats du siège sans que ne soient respectées des garanties procédurales strictes, l'infliction des sanctions disciplinaires encourues par les magistrats du parquet obéit à des modalités beaucoup plus souples. Les magistrats du parquet peuvent ainsi faire l'objet, de la part du garde des Sceaux, après consultation du CSM, d'une interdiction d'exercer leurs fonctions prise dans l'intérêt du service, jusqu'à décision définitive sur les poursuites disciplinaires. Le principal instigateur de cette procédure disciplinaire n'est autre que le garde des Sceaux, qui doit pour cela, solliciter l'avis de la formation du CSM compétente à l'égard des magistrats du parquet. Cependant, cette formation ne rend, là encore, qu'un avis simple, ce qui revient à lui conférer un pouvoir de sanction à son entière discrétion. Certes, si le garde des Sceaux entend prendre une sanction plus grave que celle proposée par le CSM, il doit à nouveau saisir celui-ci de son projet de décision motivé. Mais là encore, le Conseil ne rend qu'un avis simple. Concernant les postes pourvus en Conseil des ministres, les mutations peuvent être opérées en dehors de toute procédure.

Les différentes sanctions disciplinaires applicables aux magistrats du parquet – qui vont de la réprimande avec inscription au dossier, à la révocation avec ou sans suspension des droits à pension – peuvent faire l'objet d'un recours devant le juge administratif, mais celui-ci ne se livre traditionnellement qu'à un contrôle restreint. En effet, si le Conseil d'État se reconnaît depuis longtemps compétent pour connaître des requêtes formées contre des sanctions disciplinaires visant des membres du parquet, il se refusait à contrôler la qualification juridique des faits opérée par le garde des Sceaux. Dans l'arrêt *Dorly* du 26 juin 1953, sur le recours pour excès de pouvoir exercé par un procureur de la République contre le décret du garde des Sceaux l'ayant rétrogradé, le Conseil d'État, après avoir admis la recevabilité de la requête, avait considéré que « l'examen de la question ainsi soulevée implique nécessairement l'appréciation d'actes accomplis par le requérant dans l'exercice des pouvoirs d'ordre judiciaire attachés à ses fonctions de procureur de la République et entrant ainsi dans le fonctionnement de service judiciaire ; que l'appréciation d'actes de cette nature échappe au contrôle du juge administratif ». De même, le Conseil d'État se refusait traditionnellement à contrôler l'appréciation de la gravité de la sanction disciplinaire au regard de la faute commise par un magistrat du parquet. Désormais, le Conseil d'État semble vouloir exercer un contrôle normal sur la qualification juridique des faits justifiant la sanction. De même, dans son arrêt *Pierre H.* du 27 mai 2009, le Conseil d'État affirme que la sanction prononcée à l'encontre d'un procureur général n'est pas disproportionnée, exerçant ainsi, désormais, un contrôle entier sur l'adéquation de la sanction prononcée aux fautes de l'intéressé. Dès lors, le garde des Sceaux ne semble plus pouvoir apprécier discrétionnairement la qualification de faute disciplinaire et semble voir son pouvoir limité quant à la nature de la sanction que le magistrat du parquet peut encourir.

b. L'assouplissement apparent de la subordination des magistrats du parquet

• *Antérieurement à la loi du 25 juillet 2013* : la loi n° 2004-204 du 9 mars 2004 avait énoncé, à l'art. 30, C. pr. pén., le principe de la conduite par le garde des Sceaux de la politique d'action publique, et apporté d'importantes précisions quant à ses modalités de mise en œuvre. L'article 30, al. 1er, C. pr. pén., disposait que « [l]e ministre de la Justice conduit la politique d'action publique déterminée par le Gouvernement. Il veille à la cohérence de son application sur le territoire de la République ». À l'instar du Gouvernement qui, selon l'art. 20 de la Constitution du 4 octobre 1958 « conduit la politique de la Nation », le ministre de la Justice assurait donc la conduite de la politique d'action publique. L'alinéa 2 de l'art. 30, C. pr. pén., assurait l'effectivité de cette mission en précisant les contours de sa mise en œuvre. Ainsi prévoyait-il que le garde des Sceaux « adresse aux magistrats du ministère public des instructions générales d'action publique ». Si la pratique des circulaires générales existait depuis le XIXe siècle, le législateur en assurait ainsi pour la première fois la consécration à travers cette disposition. L'art. 30, C. pr. pén., disposait dans son dernier alinéa que le garde des Sceaux « peut dénoncer au procureur général les infractions à la loi pénale dont il a connaissance et lui enjoindre, par instructions écrites et versées au dossier de la procédure d'engager ou de faire engager des poursuites ou de saisir la juridiction compétente de telles réquisitions écrites que le ministre juge opportunes ». En résumé, **il était possible au garde des Sceaux de formuler de véritables ordres individuels de poursuite**. Néanmoins, s'il lui était loisible d'exiger des poursuites, **l'interprétation *a contrario* de cette disposition conduisait à la prohibition, non seulement des instructions visant à ne pas poursuivre, mais aussi des instructions orales, quelle que soit leur finalité**.

• *La suppression officielle de la possibilité pour le garde des Sceaux de délivrer des instructions individuelles de poursuite par la loi du 25 juillet 2013 :*

la pyramide rabotée. Le gouvernement a décidé d'entreprendre une réforme du ministère public en faisant adopter la loi n° 2013-669 du 25 juillet 2013 relative aux attributions du garde des Sceaux et des magistrats du ministère public en matière de politique pénale et de mise en œuvre de l'action publique, qui se donne pour objectif d'empêcher toute ingérence de l'exécutif dans le déroulement des procédures pénales. Cette loi supprime la possibilité jusque-là reconnue au garde des Sceaux de délivrer des instructions de poursuites dans les dossiers individuels. De plus, la loi supprime du C. pr. pén. l'expression de « politique de l'action publique », établissant ainsi une distinction entre les instructions générales de politique pénale – qui relèvent du garde des Sceaux – et les instructions individuelles relatives à l'action publique – dont le garde des Sceaux est désormais privé. Désormais :

– le garde des Sceaux conduit la politique pénale déterminée par le gouvernement et veille à la cohérence de son application sur le territoire de la République (C. pr. pén., art. 30, al. 1er) et adresse à cette fin, aux magistrats du ministère public, des instructions générales de politique pénale (C. pr. pén., art. 30, al. 2) ;

– le procureur général, quant à lui, veille à « l'application de la loi dans toute l'étendue du ressort de la cour d'appel et au bon fonctionnement des parquets » de son ressort et, à cette fin, « anime et coordonne l'action des procureurs de la République, tant en matière de prévention que de répression des infractions à la loi pénale. Il précise et, le cas échéant, adapte les instructions générales du ministre de la justice au contexte propre au ressort. Il procède à l'évaluation de leur application par les procureurs de la République » (C. pr. pén., art. 35, al. 1 et 2). En outre, les procureurs généraux ont autorité sur les officiers du ministère public du ressort de leur cour d'appel (C. pr. pén., art. 37). L'article 36, C. pr. pén., dispose ainsi qu'il « peut enjoindre aux procureurs de la République, par instructions écrites et versées au dossier de la procédure, d'engager ou de faire engager des poursuites ou de saisir la juridiction compétente de telles réquisitions écrites que le procureur général juge opportunes ». **Cette possibilité constitue une réplique, à un échelon hiérarchique inférieur, de celle qui était conférée au garde des Sceaux par l'art. 30, al. 3, C. pr. pén., antérieurement à la loi du 25 juillet 2013, et visant les ordres individuels de poursuites**. De plus, l'article 35, al. 3, du C. pr. pén. prévoit qu'en plus des rapports particuliers qu'il établit soit d'initiative, soit sur demande du ministre de la justice, « le procureur général adresse à ce dernier un rapport annuel de politique pénale sur l'application de la loi et des instructions générales ainsi qu'un rapport annuel sur l'activité et la gestion des parquets de son ressort » ;

– de leur côté, les procureurs de la République ont également autorité sur leurs substituts et sur les officiers du ministère public près les tribunaux de police de leur ressort. L'art. 39-1 du C. pr. pén. lui reconnaît un pouvoir similaire à celui du procureur général : « En tenant compte du contexte propre à son ressort, le procureur de la République met en œuvre la politique pénale définie par les instructions générales du ministre de la justice précisées et, le cas échéant, adaptées par le procureur général ». Il doit adresser au procureur général, comme le procureur général le doit au garde des Sceaux, des rapports particuliers qu'il établit soit d'initiative, soit sur demande du procureur général, le procureur de la République adresse à ce dernier un rapport annuel de politique pénale sur l'application de la loi et des instructions générales ainsi qu'un rapport annuel sur l'activité et la gestion de son parquet.

c. La renaissance officieuse des instructions de poursuite individuelles ?

La réforme, pourtant, pourrait bien être largement symbolique. Son efficacité pourrait ne relever finalement que du bon vouloir du gouvernement car le dispositif législatif contient en germe son obsolescence programmée :

• *D'une part, les art. 35 et 39-1 nouveaux, C. pr. pén., font état de « rapports particuliers » établis par le procureur de la République ou le procureur général à leur initiative ou à la demande de l'autorité hiérarchique.* Or, comme l'ont fait remarquer des auteurs, une telle communication peut-elle n'être qu'ascendante ? Comment qualifier la demande hiérarchique d'un rapport spécial visant une affaire déterminée ? D'un point de vue théorique et pratique, le droit d'information – que manifeste la transmission de ces « dossiers particuliers » – peut-il véritablement être détaché de son corollaire traditionnel, le pouvoir de direction ? Quel est l'intérêt d'être informé si l'on ne peut agir ? Le risque est donc bel et bien que, sur le fondement de ces dispositions, on puisse assister à une réapparition des instructions individuelles autrement qualifiées et délivrées selon des modalités différentes, notamment à l'oral, sans qu'elles soient jointes au dossier. La chambre criminelle de la Cour de cassation, dans un arrêt en date du 12 janvier 2021, a refusé que soit transmise au Conseil constitutionnel une QPC portant sur la conformité au principe de la séparation des pouvoirs, à l'indépendance du pouvoir judiciaire et au principe de légalité consacrés, respectivement, par les art. 16, 66 et 34 de la Constitution, de ces « remontées d'information » (Crim. 12 janv. 2021, n° 20-90.030 : « [l]es articles 35 alinéa 3 et 39-1 alinéa 2 du Code de procédure pénale, dont la constitutionnalité est contestée en ce qu'ils n'encadrent pas suffisamment les conditions et modalités des informations transmises par les parquets et parquets généraux au ministre de la Justice concernant certaines affaires particulières, ne constituent pas le fondement des poursuites engagées contre le demandeur des chefs de trafic d'influence et d'abus de biens sociaux et ne sont pas applicables au litige relatif à la demande d'acte du mis en examen, laquelle est régie par l'article 82-1 du Code de procédure pénale »).

• *D'autre part, la suppression opérée n'a pas résisté à la pratique.* Peu de temps après l'adoption de la loi, à la suite de la publication en première page d'un journal d'un dessin raciste visant l'ancienne garde des Sceaux, le gouvernement a trouvé dans l'art. 40, C. pr. pén., les ressources lui permettant de contourner la nouvelle prohibition, sans violer la lettre du nouvel article 30 dudit code. En effet, aux termes de l'al. 2 de l'art. 40 du C. pr. pén., « toute autorité constituée, tout officier public ou fonctionnaire, qui dans l'exercice de ses fonctions acquiert la connaissance d'un crime ou d'un délit est tenu d'en donner avis sans délai au procureur de la République ». En conséquence, « le Premier ministre a décidé, en application de l'article 40 du code de procédure pénale, de porter ces faits susceptibles de constituer l'infraction d'injure publique à caractère racial, à la connaissance du procureur de la République de Paris » (communiqué de presse du Premier ministre). Si, *stricto sensu*, le Premier ministre satisfait à l'obligation de dénonciation qui pèse sur toute autorité publique, l'analogie avec toute autre autorité publique s'arrête cependant là : les autorités publiques visées par l'article 40 du code ne disposent pas d'un pouvoir de sanction à l'égard du parquetier récalcitrant et du pouvoir de déterminer les fautes qui peuvent en faire l'objet. La différence entre la dénonciation comminatoire d'une infraction et l'instruction de poursuivre pourrait ainsi se révéler ténue. Plus récemment encore, à la suite de l'incendie de deux bâtiments affectés au service public dans une commune de Bretagne, le premier ministre a fait savoir que des « poursuites judiciaires seront engagées contre les auteurs de ces actes », sans toutefois préciser cette fois le fondement juridique sur lequel il comptait agir.

d. L'incomplétude de la réforme opérée et le parachèvement de celle-ci ?

Les partisans de l'indépendance n'ont pas manqué de relever que la suppression des instructions individuelles ne constituait qu'une pierre de l'édifice qu'ils souhaitent voir rebâti. Le Rapport de la commission de modernisation du ministère public, présidée par Jean-Louis Nadal, dans son rapport « Refonder le ministère public », le 28 novembre 2013, à la Ministre de la justice avait en effet également proposé de renforcer l'indépendance du parquet à l'égard de l'exécutif en réformant les règles relatives à la nomination (la formation du CSM compétente à l'égard des magistrats du parquet au sein du CSM aurait le pouvoir de proposition pour la nomination aux fonctions de procureur de la République, de procureur général et de magistrat du parquet général de la Cour de cassation; les autres magistrats du parquet seraient nommés, eux, sur proposition du garde des Sceaux après avis conforme du CSM) et à la discipline des magistrats du parquet (le CSM serait compétent pour statuer en matière disciplinaire au lieu du ministère de la justice). Le projet de loi constitutionnelle pour une démocratie plus représentative, responsable et efficace prévoit de modifier l'art. 65 de la Constitution afin que les cinquième et septième alinéas de cette disposition disposent, respectivement, que « [l]es magistrats du parquet sont nommés sur l'avis conforme de la formation du Conseil supérieur de la magistrature compétente à l'égard des magistrats du parquet »; que « [l]a formation du Conseil supérieur de la magistrature compétente à l'égard des magistrats du parquet statue comme conseil de discipline des magistrats du parquet ».

Conformité à la Constitution de l'art. 5 de l'ord. 22 décembre 1958 (Cons. const. 8 déc. 2017, QPC n° 2017-680)

Le Conseil constitutionnel a été saisi le 27 septembre 2017 par le Conseil d'État (CE 27 sept. 2017, n° 410403) d'une QPC concernant l'art. 5 de l'ord. n° 58-1270 du 22 décembre 1958 portant loi organique relative au statut de la magistrature. On rappellera que ce texte consacre le principe de la subordination hiérarchique auquel sont soumis les magistrats du parquet, en indiquant que ces derniers « sont placés sous la direction et le contrôle de leurs chefs hiérarchiques et sous l'autorité du garde des Sceaux, ministre de la justice ». Il ajoute aussi qu'« À l'audience, leur parole est libre ». La question a été posée par l'Union syndicale des magistrats, à l'appui de sa requête tendant à l'annulation pour excès de pouvoir du décret n° 2017-634 du 25 avril 2017, modifiant celui n° 2008-689 du 9 juillet 2008 relatif à l'organisation du ministère de la Justice et le décret n° 2016-1675 du 5 décembre 2016 portant création générale de la justice de l'inspection.

Renvoyée par la haute juridiction administrative au Conseil constitutionnel, la QPC soulevée contestait la conformité de l'art. 5 de l'ordonnance de 1958 aux principes de l'indépendance de l'autorité judiciaire et de la séparation des pouvoirs, garantis respectivement par les art. 64 de la Constitution et 16 de la DDHC. En particulier, le syndicat requérant, rejoint par les intervenants, reprochait aux dispositions litigieuses de méconnaître le principe constitutionnel d'indépendance de l'autorité judiciaire, dont devraient bénéficier les magistrats du parquet en tant que membres de ladite autorité, et le principe de séparation des pouvoirs, dans des conditions affectant cette indépendance. En outre, l'un des intervenants soutenait que les dispositions en cause ne respectaient pas non plus le droit à un procès équitable et les droits de la défense.

Compte tenu des moyens invoqués à l'appui de la QPC, le Conseil constitutionnel a limité le domaine de celle-ci aux mots « et sous l'autorité du garde des Sceaux, ministre de la justice », figurant à la première phrase du texte contesté. Après examen, le Conseil constitutionnel a déclaré, dans sa décision n° 2017-680 QPC du 8 décembre 2017, ces mots conformes à la Constitution.

Le Conseil constitutionnel s'est prononcé, en l'espèce, sur l'application du principe d'indépendance de l'autorité judiciaire aux magistrats du parquet. On sait que dans le passé, il avait clairement affirmé que ces magistrats appartiennent à l'autorité judiciaire et peuvent, par conséquent, assurer le respect de la liberté individuelle au sens de l'article 66 de la Constitution (Cons. const. 11 août 1993, n° 93-326-DC, cons. 5 ; Cons. const. 30 juill. 2010, n° 2010-14/22 QPC, cons. 26 ; Cons. const. 6 mai 2011, n° 2011-125 QPC, cons. 8).

La haute juridiction a d'abord rappelé « le cadre constitutionnel en vigueur » : le Conseil vise ainsi :

– l'art. 16 DDHC : « Toute société dans laquelle la garantie des droits n'est pas assurée, ni la séparation des pouvoirs déterminée, n'a point de Constitution » ;

– l'art. 20 de la Constitution : le Gouvernement détermine et conduit la politique de la Nation, notamment en ce qui concerne les domaines d'action du ministère public ;

– l'art. 64 de la Constitution : « Le Président de la République est garant de l'indépendance de l'autorité judiciaire ». Il découle de l'indépendance de l'autorité judiciaire, à laquelle appartiennent les magistrats du parquet, un principe selon lequel le ministère public exerce librement, en recherchant la protection des intérêts de la société, son action devant les juridictions ;

►

– la règle de l'inamovibilité dont bénéficient les magistrats du siège (Const., art. 64), ainsi que les dispositions constitutionnelles, précédemment exposées, relatives aux conditions respectives de nomination des magistrats du siège et du parquet et l'exercice du pouvoir disciplinaire à leur encontre (Const., art. 65, al. 4 à 7).

En se fondant sur l'ensemble de ces dispositions, la haute juridiction a estimé que « la Constitution consacre l'indépendance des magistrats du parquet, dont découle le libre exercice de leur action devant les juridictions, que cette indépendance doit être conciliée avec les prérogatives du Gouvernement et qu'elle n'est pas assurée par les mêmes garanties que celles applicables aux magistrats du siège » (§ 9).

Extrait de Cons. const. 8 déc. 2017, QPC n° 2017-680 :

« Sur la constitutionnalité des dispositions contestées :

10. Les dispositions contestées placent les magistrats du parquet sous l'autorité du garde des Sceaux, ministre de justice.

11. Cette autorité se manifeste notamment par l'exercice d'un pouvoir de nomination et de sanction du garde des Sceaux à l'égard des magistrats du parquet. En application de l'article 28 de l'ordonnance du 22 décembre 1958, les décrets portant nomination aux fonctions de magistrat du parquet sont pris par le Président de la République sur proposition du garde des Sceaux, après avis de la formation compétente du Conseil supérieur de la magistrature. En application de l'article 66 de la même ordonnance, la décision de sanction d'un magistrat du parquet est prise par le garde des Sceaux après avis de la formation compétente du Conseil supérieur de la magistrature. Par ailleurs, en application du deuxième alinéa de l'article 30 du code de procédure pénale, le ministre de la justice peut adresser aux magistrats du ministère public des instructions générales de politique pénale, au regard notamment de la nécessité d'assurer sur tout le territoire de la République l'égalité des citoyens devant la loi. Conformément aux dispositions des articles 39-1 et 39-2 du même code, il appartient au ministère public de mettre en œuvre ces instructions.

12. En application du troisième alinéa de ce même article 30, le ministre de la justice ne peut adresser aux magistrats du parquet aucune instruction dans des affaires individuelles. En vertu de l'article 31 du même code, le ministère public exerce l'action publique et requiert l'application de la loi, dans le respect du principe d'impartialité auquel il est tenu. En application de l'article 33, il développe librement les observations orales qu'il croit convenables au bien de la justice. L'article 39-3 confie au procureur de la République la mission de veiller à ce que les investigations de police judiciaire tendent à la manifestation de la vérité et qu'elles soient accomplies à charge et à décharge, dans le respect des droits de la victime, du plaignant et de la personne suspectée. Conformément à l'article 40-1 du code de procédure pénale, le procureur de la République décide librement de l'opportunité d'engager des poursuites.

13. Enfin, il résulte des dispositions de l'article 5 de l'ordonnance du 22 décembre 1958 que, devant toute juridiction, la parole des magistrats du parquet à l'audience est libre.

14. Il résulte de tout ce qui précède que les dispositions contestées assurent une conciliation équilibrée entre le principe d'indépendance de l'autorité judiciaire et les prérogatives que le Gouvernement tient de l'article 20 de la Constitution. Elles ne méconnaissent pas non plus la séparation des pouvoirs ».

e. Les limites de la subordination hiérarchique

La subordination hiérarchique du ministère public connaît deux importantes limites :

– *Le pouvoir propre de déclencher l'action publique* : apanage des chefs de parquet, c'est-à-dire des procureurs de la République d'après l'art. 40-1, C. pr. pén., le pouvoir propre de déclencher l'action publique figure une limite considérable à la soumission hiérarchique puisqu'il s'apparente à un « droit de résistance ». Ce pouvoir revêt théoriquement une double signification. D'une part, un chef de parquet peut décider de ne pas déférer à un ordre qui lui est donné. Il peut alors engager des poursuites en dépit d'un ordre – par hypothèse illégal – contraire. La juridiction sera alors saisie et se verra dans l'obligation de statuer car les actes accomplis par le chef de parquet, en violation des ordres, restent valables. D'autre part, face à l'inexécution d'un ordre de poursuivre – désormais illégal à moins qu'il n'émane du Procureur général et soit destiné au procureur de la République –, le donneur d'ordres ne peut se substituer au subordonné récalcitrant dans la mesure où un acte relatif à la poursuite ne peut être fait que par le chef de parquet auquel la loi donne compétence.

– *L'indépendance de parole : « Si la plume est serve, la parole est libre »*. Cet adage de l'Ancien droit qui consacre le principe de liberté de parole de l'officier du ministère public à l'audience constitue l'un des correctifs majeurs à la soumission des parquetiers. Il connut une double consécration textuelle à travers l'article 5, *in fine*, de l'ordonnance n° 58-1270 du 22 décembre 1958, relative au statut de la magistrature, puis par le biais de l'article 33 du C. pr. pén. « À l'audience, leur parole est libre » précise le premier en visant le magistrat du parquet alors que le second lui permet de développer « librement les observations orales qu'il croit convenables au bien de la justice ». Pour autant, les contours de sa mise en œuvre avaient été, au préalable, largement définis par la jurisprudence. Ainsi, si les prémices de son assise jurisprudentielle sont anciennes puisqu'elles datent du 14 pluviôse, an XII (3 févr. 1803), la Cour de cassation n'a cessé depuis de proclamer ce principe avec l'idée selon laquelle « la parole du ministère public à l'audience est libre ; il a le droit de dire tout ce qu'il croit convenable au bien de la justice comme de produire tous les documents et de donner toutes les explications qui lui paraissent utiles ». Doublement consacré, à la fois par le législateur et la jurisprudence, ce principe de liberté de parole revêt donc à l'heure actuelle une valeur considérable.

B – Les fonctions du ministère public

Il nous faut envisager les fonctions que le ministère public exerce avant le déclenchement de l'action publique (1) et celles qu'il exerce après le déclenchement de cette action (2).

1 • Avant le déclenchement de l'action publique

Les magistrats du ministère public exercent une pluralité de fonctions (a) ce qui soulève la question de son impartialité (b).

a. Une pluralité de fonctions

– *La direction de l'activité des OPJ* : selon l'art. 41, al. 2, C. pr. pén., le procureur de la République dirige l'activité des officiers et agents de police judiciaire dans le ressort de son tribunal. Plusieurs dispositions imposent ainsi aux services de police et de gendarmerie de le tenir informé des infractions à la loi pénale (C. pr. pén., art. 19, 27, et 29). Informé de la survenance d'un crime ou d'un délit flagrant, le procureur de la République a la possibilité de se transporter sur les lieux, et désigne le service de police judiciaire qu'il va charger de l'enquête. S'il se transporte sur les lieux, son arrivée dessaisit l'officier de police judiciaire (C. pr. pén., art. 68). Il a alors la possibilité d'accomplir lui-même la totalité des actes de police judiciaire prévus en matière de flagrance : perquisition, visite domiciliaire, saisie, recours à toutes personnes qualifiées pour procéder à des examens techniques ou scientifiques.

– *L'exercice de pouvoirs d'enquête similaires à ceux d'un OPJ* : au-delà, le procureur se voit attribuer, par l'alinéa 4 de l'article 41 du C. pr. pén., « tous les pouvoirs et prérogatives attachés à la qualité d'officier de police judiciaire ».

– *La mise en œuvre de la réponse pénale* : informé d'une infraction, le procureur de la République apprécie librement s'il convient ou non de la poursuivre en vertu du principe de l'opportunité des poursuites (consacré par l'art. 40, C. pr. pén.). Cette liberté se prolonge au stade de l'exercice des poursuites : il est seul juge de la façon de conduire l'action publique. C'est là l'attribution essentielle du ministère public. Toutefois, le procureur de la République se voit conférer le pouvoir d'initier la sanction dans le cadre des aides à la décision consacrées par l'art. 41-1, C. pr. pén., ou des alternatives aux poursuites que sont la composition pénale (C. pr. pén., art. 41-2) et la convention judiciaire d'intérêt public ou CJIP (C. pr. pén., art. 41-1-2 et 41-1-3), (v. *infra*, p. 176).

– *Le contrôle des mesures restrictives de droits et de libertés* : le procureur de la République est l'autorité judiciaire chargée de contrôler les mesures de la garde à vue ou GAV (C. pr. pén., art. 62-3 : « La garde à vue s'exécute sous le contrôle du procureur de la République »), de perquisition (C. pr. pén., art. 76, al. 4), de géolocalisation (C. pr. pén., art. 230-2), etc. C'est cette « garantie judiciaire » des mesures portant atteinte à la liberté d'aller et venir qui a soulevé certaines interrogations quant à sa conformité aux stipulations de la Conv. EDH et aux dispositions constitutionnelles.

Focus sur la garantie judiciaire et la notion d'autorité judiciaire d'émission d'un mandat d'arrêt européen ou d'une décision d'enquête européenne

La garantie judiciaire conventionnelle

Résultant de l'art. 5, § 3, Conv. EDH, la garantie judiciaire requiert, s'agissant des atteintes à la liberté d'aller et venir, que « [t]oute personne arrêtée ou détenue, dans les conditions prévues au paragraphe 1 c) du présent article, [soit] aussitôt traduite devant un juge ou un autre magistrat habilité par la loi à exercer des fonctions judiciaires [...] ». La CEDH a ainsi consacré, sur le fondement de l'art. 5, § 3, une garantie solide mais tardive :

- **Une garantie solide** : la garantie judiciaire conventionnelle impose, d'après la CEDH :

– *un contrôle automatique et contradictoire* : d'une part, le contrôle prévu par l'art. 5, § 3, doit être automatique et ne peut être rendu tributaire d'une demande formulée par la personne détenue, la CEDH estimant que pareille exigence modifierait la nature de la garantie offerte par l'art. 5, § 3, qui est distincte de celle prévue par l'art. 5, § 4, d'après lequel la personne détenue a le droit d'inviter un tribunal à examiner la légalité de sa détention (CEDH, gde ch., 3 oct. 2006, req. n° 543/03, *McKay c/ Royaume-Uni*, § 34) ; d'autre part, l'art. 5, § 3, met à la charge du juge ou du « magistrat habilité à exercer des fonctions judiciaires » l'obligation d'entendre personnellement l'individu traduit devant lui avant de rendre la décision qui s'impose (CEDH, ch., 4 déc. 1979, req. n° 7710/76, *Schiesser c/ Suisse*, § 31). Aussi, même si la Cour admet que l'avocat n'est pas admis à assister à cette audition, une telle présentation doit permettre au juge d'entendre les arguments soulevés par la personne qui viendrait contredire la nécessité de sa privation de liberté et de ne pas être tributaire, lors de son contrôle, des seuls éléments apportés par le ministère public demandeur ;

– *une garantie juridictionnelle et non simplement judiciaire* : la garantie judiciaire conventionnelle nécessite, l'intervention d'un juge : elle ne saurait être satisfaite par l'intervention d'un organe qualifié de judiciaire par le droit interne. La CEDH impose ainsi que l'autorité devant contrôler la privation de liberté soit un juge ou un « magistrat habilité par la loi à exercer des fonctions judiciaires », qualités qui supposent selon elle « l'indépendance à l'égard de l'exécutif et des parties ». Or, ces qualités font défaut au procureur de la République français. Le procureur de la République français manque en effet d'indépendance à l'égard de l'exécutif. Si la CEDH avait semblé, dans son arrêt *Schiesser c/ Suisse* de 1979, adopter une interprétation *in concreto* de l'indépendance, interprétation qui l'avait conduite à ne pas condamner la décision du procureur suisse de placer en détention lorsque, concrètement, la hiérarchie n'était pas intervenue dans la procédure pour influencer la décision prise par le magistrat, elle en retient désormais une interprétation *in abstracto*. Dans son arrêt de chambre *Medvedyev et autres c/ France* de 2008 elle a en effet considéré que « le procureur de la République n'est pas une « autorité judiciaire » au sens que la jurisprudence de la Cour donne à cette notion : comme le soulignent les requérants, il lui manque en particulier l'indépendance à l'égard du pouvoir exécutif pour pouvoir être ainsi qualifié » (CEDH, 5e sect., 10 juill. 2008, req. n° 3394/03, *Medvedyev et a. c/ France*, § 61). Aussi, une possibilité d'intervention de l'exécutif, et non une réelle intervention de celui-ci, suffit à dénier au procureur cette qualité. En outre, même si, depuis cette décision, le procureur a vu sa soumission fonctionnelle à l'exécutif réduite, il manque d'indépendance à l'égard des

►

parties, puisque précisément il pourra se constituer partie à l'issue de la garde à vue qu'il aurait décidée ou qu'il aurait prolongée. Comme la Cour l'avait relevé dans son arrêt *Pantea c/ Roumanie* de 2003, « les apparences objectives à l'époque de la décision sur la détention sont pertinentes : s'il apparaît à ce stade que le magistrat peut intervenir dans la procédure pénale ultérieure en qualité de partie poursuivante, son indépendance et son impartialité peuvent paraître sujettes à caution » (CEDH, 2e sect., 3 juin 2003, req. n° 33343/96, *Pantea c/ Roumanie*, § 236). C'est là même solution que la grande chambre de la CEDH appliquera à la France dans ses décisions *Moulin c/France* du 23 novembre 2010, *Vassis c/ France* du 27 juin 2013 et dans les affaires *Ali Samatar et autres c/ France* et *Hassan et autres c/ France* des 4 et 8 décembre 2014 (CEDH, gde ch., 29 mars 2010, req. n° 3394/03, *Medvedyev c/ France*).

- **Une garantie tardive** : le critère temporel de la garantie judiciaire résultant de l'art. 5, § 3 de la Conv. EDH, tel qu'interprété par la CEDH, permet toutefois de relativiser la vigueur de la protection conventionnelle. La CEDH se montre en effet relativement libérale dans l'appréciation du délai de présentation devant l'autorité judiciaire visée par l'art. 5, § 3 (« aussitôt »). Dans l'affaire *Brogan c/ Royaume-Uni*, elle avait ainsi estimé que le délai de présentation devant un magistrat habilité par la loi ne saurait dépasser quatre jours et six heures (CEDH, Ass. plén., 29 nov. 1988, req. n° 11209/84, 11234/84, 11266/84 et 11386/85, *Brogan et a. c/ Royaume-Uni*, § 62). Puis, dans l'affaire *McKay c/ Royaume-Uni*, elle sembla vouloir limiter ce délai à quatre jours (CEDH, gde ch., 3 oct. 2006, préc.). Toutefois, la CEDH se montre plus exigeante lorsque l'affaire présente des circonstances particulières. Ainsi, dans une affaire concernant des mineurs, l'affaire *Ipek et autres c/ Turquie*, elle s'était efforcée de réduire encore le délai de présentation à un juge. Après avoir rappelé qu'en vertu de sa jurisprudence constante, la contrainte de temps qu'impose la détention sans contrôle judiciaire est d'un maximum de quatre jours, elle considère que la traduction des requérants devant un juge, trois jours et neuf heures après qu'ils eurent été privés de liberté, est incompatible avec l'art. 5, § 3 de la Conv. EDH. Si, « en tant que telle, la durée de la détention des requérants en garde à vue est, à première vue, compatible avec les exigences de l'article 5, § 3 », la Cour attache cependant « une grande importance au fait que les requérants étaient mineurs au moment de leur arrestation » et conclut que « compte tenu notamment de [leur] âge [...] aucun des arguments avancés, en termes généraux, par le gouvernement n'est suffisant pour justifier leur détention en garde à vue pendant plus de trois jours, même dans le cadre d'enquêtes terroristes » (CEDH, 2e sect., 3 févr. 2009, req. n° 17019/02 et 30070/02, *Ipek et a. c/ Turquie*, § 36). Dans son dernier état, la Cour a même semblé vouloir renforcer ses exigences. Dans l'affaire *Gutsanovi c/ Bulgarie*, elle constate une violation de l'art. 5, § 3, en considérant qu'une privation de liberté de trois jours, cinq heures et trente minutes méconnaissait l'obligation pesant sur l'État de présenter « aussitôt » le requérant à un magistrat habilité à contrôler la légalité de sa détention. En l'espèce, les circonstances particulières, qui justifient une interprétation restrictive de l'exigence de promptitude requise par l'art. 5, § 3, ne tenaient plus à la minorité du requérant, mais d'une part à sa fragilité psychologique et, d'autre part, au fait que l'individu maintenu en détention policière n'a plus participé, après la première journée, à aucune mesure d'investigation. Or, aucune « autre considération d'ordre pratique et sécuritaire [ne] justifia[i]t sa comparution devant un juge à un stade [si tardif] de la procédure » (CEDH, 4e sect., 15 oct. 2013, req. n° 34529/10, *Gutsanovi c/ Bulgarie*, § 155 et 158).

▶

Conclusion : la conformité à la Convention du système français de contrôle de la GAV. Même si ses dernières décisions de la CEDH semblent annoncer une interprétation plus stricte de l'exigence de promptitude, le contrôle de la GAV par le procureur de la République français – jusqu'à quarante-huit heures – ne semble pas encourir un grief d'inconventionnalité : le mécanisme se situe bien en deçà de la durée maximale des soixante-dix-neuf heures (trois jours et cinq heures) au-delà de laquelle un contrôle véritablement juridictionnel doit être automatiquement opéré. Finalement, la substance de la garantie offerte par le contrôle juridictionnel requis par la CEDH est largement diminuée par le délai dans lequel celui-ci doit intervenir. Les adverbes « aussitôt » ou « promptly » figurant dans les versions française et anglaise de l'art. 5, § 3, Conv. EDH, permettent de retarder l'intervention du juge et d'autoriser un contrôle de la privation de liberté par les autorités policières elles-mêmes ou le procureur de la République. L'exigence de promptitude posée par l'art. 5, § 3 prend dès lors, dans la jurisprudence de la Cour, la signification d'un ajournement possible. Aussi, le mécanisme de contrôle de la privation de liberté mis en place par le droit français demeure pleinement conforme à la jurisprudence strasbourgeoise. Et, les craintes quant à la compatibilité avec la Convention du statut du ministère public et de ses fonctions de contrôle de la garde à vue ne sont pas positivement fondées. C'est ce qu'à très justement jugé la chambre criminelle dans son arrêt en date du 15 décembre 2010 : alors que le Conseil constitutionnel avait, dans sa décision rendue sur QPC du 30 juillet 2010, affirmé que « l'autorité judiciaire comprend à la fois les magistrats du siège et les magistrats du parquet », la Cour de cassation se rallie ici nettement à la position dégagée par la CEDH à l'occasion des affaires *Medvedyev c/ France* et *Moulin c/ France*. Elle énonce en effet que « c'est à tort que la chambre de l'instruction a retenu que le ministère public est une autorité judiciaire au sens de l'article 5, § 3, de la Convention européenne des droits de l'homme, alors qu'il ne présente pas les garanties d'indépendance et d'impartialité requises par ce texte et qu'il est partie poursuivante ». Pour autant, la Cour de cassation n'en déduit pas l'irrégularité de la mesure de garde à vue qui lui était soumise. En effet, en l'espèce, le demandeur avait été déféré au juge d'instruction avant la vingt-sixième heure suivant son placement en garde à vue. La garde à vue doit être considérée comme régulière « dès lors que le demandeur a été libéré à l'issue d'une privation de liberté d'une durée compatible avec l'exigence de brièveté imposée par le texte conventionnel ».

La garantie judiciaire dans la jurisprudence du Conseil constitutionnel
L'art. 7 de la DDHC exige que nul Homme ne puisse être arrêté ou détenu « que dans les cas déterminés par la loi, et selon les formes qu'elle a prescrites », sans préciser le rôle de l'autorité judiciaire en cette matière. C'est l'art. 66 de la Constitution qui vient indiquer que « l'autorité judiciaire est gardienne de la liberté individuelle ». L'article préliminaire, C. pr. pén., issu de la loi du 15 juin 2000, déclinera cette exigence en disposant que « [l]es mesures de contraintes dont la personne suspectée ou poursuivie peut faire l'objet sont prises sur décision ou sous le contrôle effectif de l'autorité judiciaire ».

Le Conseil constitutionnel a élaboré en matière de garde à vue une « doctrine de la gradation des interventions des organes judiciaires », une « théorie de la graduation symétrique des niveaux de contraintes et des degrés d'indépendance » requise de l'autorité judiciaire en charge du contrôle, selon l'expression de T.S. Renoux. Dans sa décision du 11 août 1993, il a ainsi estimé que « l'autorité judiciaire qui, en vertu de l'article 66 de la Constitution, assure le respect de la liberté individuelle, comprend à la fois les magistrats du siège et

▶

ceux du parquet » (Cons. const. 11 août 1993, déc. n° 93-326 DC, cons. 5). Dès lors, si l'intervention d'un magistrat du siège peut être requise pour certaines prolongations de la garde à vue, l'intervention du procureur de la République pour prolonger une première garde à vue d'une durée de vingt-quatre heures ne méconnaît pas les exigences de l'art. 66 de la Constitution. En revanche, toute garde à vue d'une durée supérieure à quarante-huit heures suppose l'intervention d'un magistrat du siège, qui ne doit pas nécessairement être le juge d'instruction (Cons. const. 20 janv. 1981, déc. n° 80-127 DC, cons. 25). Mais l'intervention d'un magistrat du siège avant la quarante-huitième heure n'est requise que pour la prolongation de la garde à vue. En dehors d'une telle prolongation, comme dans le cadre du maintien en détention de vingt heures – le « petit dépôt de nuit » – autorisé postérieurement à la fin d'une garde à vue de quarante-huit heures par l'art. 803-3, C. pr. pén., issu de la loi du 9 mars 2004, le Conseil constitutionnel a implicitement mais nécessairement admis, par une décision du 17 décembre 2010, que la personne déférée à l'issue de sa garde à vue puisse être présentée à un magistrat du parquet. En conséquence, la présentation effective devant un magistrat du siège ne doit intervenir qu'avant l'expiration d'un délai de soixante-huit heures dans l'hypothèse d'un petit dépôt intervenant à la suite d'une garde à vue.

Conclusion. Les jurisprudences de la CEDH et du Conseil constitutionnel coïncident finalement. En retardant la nécessité de l'intervention du contrôle juridictionnel, elles autorisent le législateur national à faire du procureur de la République, le juge de la privation de liberté. Aussi, le dispositif français se révèle-t-il pleinement compatible avec le dispositif européen : l'intervention d'un magistrat du siège n'est impérative qu'à l'expiration d'un délai inférieur au délai fixé par le Conseil constitutionnel, soit quarante-huit heures. En réalité, le Conseil constitutionnel assure même un niveau de protection plus élevé que la CEDH.

La notion d'autorité judiciaire d'émission d'un mandat d'arrêt européen ou d'émission d'une décision d'enquête européenne

La CJUE s'est prononcée le 12 déc. 2019, dans le cadre d'une question préjudicielle, sur le statut du ministère public français et sur la question de savoir s'il peut constituer une « autorité judiciaire d'émission » d'un mandat d'arrêt européen (MAE) au sens de l'art. 6, § 1 de la décision-cadre 2002/584/JAI (CJUE 12 déc. 2019, *JR et YC*, aff. C-566/19 et C-626/19). La Cour a ainsi jugé que le statut du parquet français lui confère une garantie d'indépendance suffisante pour émettre des MAE. Pour parvenir à cette conclusion, la Cour a d'abord rappelé que la notion d'« autorité judiciaire d'émission » est susceptible d'englober les autorités d'un État membre qui, sans être des juges ou des juridictions, participent à l'administration de la justice pénale et agissent de manière indépendante. Cette dernière condition suppose l'existence de règles statutaires et organisationnelles propres à garantir que les autorités concernées ne soient pas exposées, dans le cadre de l'émission d'un mandat d'arrêt européen, à un quelconque risque d'être soumises à des ordres ou à des instructions individuels de la part du pouvoir exécutif.

S'agissant des magistrats du parquet français, selon la Cour, les éléments présentés suffisent à démontrer qu'ils disposent du pouvoir d'apprécier de manière indépendante, notamment par rapport au pouvoir exécutif, la nécessité de l'émission d'un mandat d'arrêt européen et son caractère proportionné et qu'ils exercent ce pouvoir objectivement, en prenant en compte tous les éléments à charge et à décharge. Leur indépendance n'est pas

▶

remise en cause par le fait qu'ils sont chargés de l'action publique, ni par le fait que le ministre de la justice peut leur adresser des instructions générales de politique pénale ni par le fait qu'ils sont placés sous la direction et le contrôle de leurs supérieurs hiérarchiques, eux-mêmes membres du parquet, et donc tenus de se conformer aux instructions de ces derniers.
Le 8 décembre 2020, la CJUE a estimé que les notions d'autorité judiciaire et d'autorité d'émission, au sens des articles 1, § 1 et 2, c de la directive 2014/41/UE du 3 avril 2014 relative à la décision d'enquête européenne, englobent les membres du parquet d'un État membre, quand bien même ils seraient soumis à un rapport de subordination légale à l'égard du pouvoir exécutif de cet État membre (CJUE, gr. ch., 8 déc. 2020, aff. C-584/19).

b. La question de l'impartialité des magistrats du ministère public

• *L'apport de la loi du 25 juillet 2013 : une subordination du ministère public au principe d'impartialité limitée dans son principe et dans ses effets* :

– Quant au principe, l'exigence d'impartialité était traditionnellement cantonnée, en France, à la figure du juge. L'art. L. 111-5, COJ dispose ainsi que « [l]'impartialité des juridictions judiciaires est garantie par les dispositions du présent code et celles prévues par les dispositions particulières à certaines juridictions ainsi que par les règles d'incompatibilité fixées par le statut de la magistrature ». Ce n'est que très récemment que le respect du principe d'impartialité fut imposé au ministère public français. L'article 3 de la loi du 25 juillet 2013 a en effet modifié l'art. 31, C. pr. pén., et précisé que « [l]e ministère public exerce l'action publique et requiert l'application de la loi, dans le respect du principe d'impartialité auquel il est tenu ». La consécration s'avère toutefois bien limitée. Il faut en effet relever que l'art. 31, C. pr. pén., ne soumet le ministère public français au respect du principe d'impartialité que lorsqu'il exerce l'action publique et lorsqu'il requiert l'application de la loi, c'est-à-dire, finalement, lorsqu'il utilise les prérogatives traditionnelles – le déclenchement et l'exercice de l'action publique – de sa fonction traditionnelle, la poursuite. De manière paradoxale, le législateur impose au parquetier français d'être impartial lorsqu'il est partie. Or, c'est dans le cadre de l'utilisation de ces prérogatives que la question de son éventuelle partialité posait certainement le moins de difficultés, puisque, par hypothèse, il n'y figure que comme partie demanderesse et non pas comme un juge décisionnaire de mesures d'investigation éventuellement coercitives ou de mesures de traitement éventuellement rétributives, et que l'office providentiel du juge d'instruction ou de jugement, lui-même impartial, peut se déployer. Or si la question de l'impartialité du ministère public pouvait sembler poser des difficultés particulières, c'est bien à l'occasion de l'exercice des prérogatives pour lesquelles celui-ci n'a, précisément, plus besoin de se constituer partie.

– Quant aux effets, les garanties qui assortissent traditionnellement le principe d'impartialité semblent avoir laissé le législateur de 2013 complètement indifférent. Le principe d'impartialité permet en effet traditionnellement à la personne mise en examen, au prévenu, à l'accusé et à toute partie à l'instance de récuser un juge d'instruction, un juge de police, un juge du tribunal correctionnel, un conseiller de la cour d'appel ou de la cour d'assises, un membre du jury. À l'inverse, puisque le ministère public est traditionnellement partie nécessaire au procès pénal, il est corrélativement considéré comme irrécusable. Sa qualité de partie justifiait qu'il ne puisse être récusé ou faire l'objet direct d'une demande de renvoi : l'on ne saurait, enseigne-t-on classiquement, récuser son adversaire au procès. L'art. 669, al. 2, C. pr. pén., aux termes duquel « les magistrats du ministère public ne peuvent être récusés », ne fera que transcrire dans le Code de procédure pénale une jurisprudence consacrée dès les premiers temps de l'application du Code d'instruction criminelle et plusieurs fois confirmée depuis. Le renforcement des pouvoirs du procureur renouvelle la question et la consécration de la soumission du parquet français au principe d'impartialité aurait dû conduire le législateur à tirer les conséquences des obligations qu'il édicte. Pourtant, en venant consacrer – même de manière limitée, dans le cadre de l'exercice de l'action publique – la soumission du ministère public français au principe d'impartialité, le législateur ne s'est aucunement préoccupé de la question de sa récusabilité. Alors que l'impartialité du juge est garantie par la procédure de récusation prévue par l'art. 669, al. 1er, C. pr. pén., le législateur n'a pas modifié l'art. 669, al. 2, C. pr. pén., qui dispose toujours que « les magistrats du ministère public ne peuvent être récusés ». Et rien dans la loi ne modifiera *a priori* la jurisprudence de la chambre criminelle sur ce point. Aussi, ne peut-on que constater l'insuffisance de la réforme, la loi du 25 juillet 2013 ayant consacré un principe de solution dans un domaine qui ne soulevait pas particulièrement de problème et n'ouvrant droit à aucune garantie.

L'exigence d'impartialité ne concerne ainsi que les magistrats du siège, à l'exclusion des magistrats du parquet. Il en résulte, notamment, qu'un parquetier peut requérir successivement dans la même affaire devant une juridiction d'instruction puis devant la juridiction de jugement (Crim. 23 nov. 1966, *Bull. crim.* n° 266) ou devant la juridiction de première instance puis devant la juridiction d'appel (Crim. 21 mai 2003, *Bull. crim.* n° 103). En outre, un magistrat qui a exercé dans une affaire des fonctions judiciaires peut en connaître par la suite en qualité de représentant du ministère public (Crim. 3 nov. 1992, *Dr. pénal* 1993, comm. 99). De même, un magistrat du parquet peut requérir successivement dans la même affaire devant une juridiction d'instruction puis devant la juridiction de jugement (Crim. 23 nov. 1966, *Bull. crim.* n° 266) ou devant la juridiction de première instance puis devant la juridiction d'appel (Crim. 21 mai 2003, *Bull. crim.* n° 103).

• *La loi du 3 juin 2016 : le magistrat du ministère public, garant de l'impartialité dans l'avant procès.* La loi du 3 juin 2016 tente de répondre aux imperfections que nous avons précédemment constatées en introduisant dans le C. pr. pén. un art. 39-3 selon lequel : « Dans le cadre de ses attributions de direction de la police judiciaire, le procureur de la République peut adresser des instructions générales ou particulières aux enquêteurs. Il contrôle la légalité des moyens mis en œuvre par ces derniers, la proportionnalité des actes d'investigation au regard de la nature et de la gravité des faits, l'orientation donnée à l'enquête ainsi que la qualité de celle-ci » (al. 1er). « Il veille à ce que les investigations tendent à la manifestation de la vérité et qu'elles soient accomplies à charge et à décharge, dans le respect des droits de la victime, du plaignant et de la personne suspectée » (al. 2).

Cette disposition possède plusieurs dimensions. D'abord, elle établit clairement la relation hiérarchique entre le procureur de la République et la police judiciaire s'agissant de la conduite de l'enquête. Elle consacre ainsi le statut de directeur d'enquête de ce magistrat. Ensuite, la disposition a pour objectif affiché d'établir un parallèle entre le rôle joué par le juge d'instruction durant l'information et celui occupé par le procureur de la République durant l'enquête. L'al. 2 de l'art. 39-3 reprend ainsi les formulations de l'art. 81, C. pr. pén. : « investigations qui tendent à la manifestation de la vérité », ou encore « à charge ou à décharge ». Enfin, la disposition a pour objectif de donner l'impression que le procureur de la République exerce, durant l'enquête, toutes les fonctions inhérentes à une « autorité judiciaire » : contrôle de légalité et de proportionnalité des actes d'enquête. L'objectif implicite des formules adoptées consiste à aligner le rôle du procureur de la République sur celui d'un juge, au regard des exigences posées par la CEDH. Toutefois il est peu probable que cette tentative ait un impact sur l'attitude de la juridiction européenne.

L'autorité du ministère public est également renforcée à travers la création d'une procédure disciplinaire d'urgence à l'encontre des membres de la police judiciaire (C. pr. pén., art. 229-1). En cas de manquement professionnel grave ou d'atteinte grave à l'honneur ou à la probité par un membre de la police judiciaire, le procureur général près la cour d'appel peut saisir la chambre de l'instruction afin que celle-ci suspende immédiatement le professionnel de ses fonctions d'OPJ durant la période maximale d'un mois. Cette procédure, dont l'application devrait se révéler très résiduelle, a été présentée comme une consolidation de l'autorité fonctionnelle du parquet sur la police judiciaire.

2 • Après le déclenchement de l'action publique

a. Devant les juridictions de jugement

Le ministère public est partie au procès en tant qu'accusateur public devant les juridictions répressives. Il participe ainsi aux débats (C. pr. pén., art. 464), et peut poser des questions au prévenu, à la partie civile, aux témoins et à toute personne appelée à la barre (C. pr. pén., art. 312 et 442-1). À tout moment, il peut intervenir et prendre toute réquisition à laquelle la juridiction est tenue de répondre. Il doit après la clôture des débats prendre ses réquisitions (C. pr. pén., art. 346 et 460) sur la culpabilité et sur la peine.

b. Lors de l'exécution de la peine

C'est également au ministère public que l'art. 32, al. 3, C. pr. pén., confie la tâche d'assurer l'exécution des décisions pénales. L'exécution des peines privatives de liberté est ainsi assurée par le procureur de la République ou par le procureur général qui disposent du droit de requérir directement la force publique (C. pr. pén., art. 709). Ils doivent faire exécuter les mandats de dépôt ou d'arrêt décernés par la juridiction de jugement, ainsi que les décisions de mise en liberté. Pour ce faire, le ministère public dispose de la possibilité d'émettre un mandat d'arrêt européen et de diffuser le signalement de la personne recherchée dans le système Schengen ou via Interpol (C. pr. pén., art. 695-15).

III/ Les magistrats du siège

L'article 6, § 1 de la Conv. EDH énumère un certain nombre de garanties visant à consacrer le droit à un procès équitable en matière pénale. Il en ressort notamment que « toute personne a droit à ce que sa cause soit entendue [...] par un tribunal indépendant et impartial, établi par la loi, qui décidera [...] du bien-fondé de toute accusation en matière pénale dirigée contre elle ». Est ainsi posé le droit pour le prévenu ou l'accusé (mais aussi la partie civile) à être jugé par un tribunal indépendant (A) et impartial (B).

A – L'indépendance des magistrats du siège

Un des principes généraux de l'organisation des juridictions pénales est celui de l'indépendance de l'autorité judiciaire, dont le Président de la République est le garant, et à propos de laquelle la CEDH précise depuis les arrêts *Le Compte, Van Leuven et de Meyere c/ Belgique* du 23 juin 1981 (req. n° 6878/75, 7238/75, § 55) et *Campbell et Fell c/ Royaume-Uni* du 28 juin 1984 (req. n° 7819/77, 7878/77, § 78), qu'elle doit exister « notamment à l'égard de l'exécutif et à l'égard des parties en cause ».

1 • L'indépendance des magistrats du siège à l'égard de l'exécutif

L'indépendance des magistrats du siège est assurée par leur inamovibilité, garantie par l'art. 64 de la Constitution, principe en vertu duquel les magistrats du siège ne peuvent être révoqués, suspendus ou mis à la retraite d'office sans garanties procédurales prévues par le statut des magistrats ; ils ne peuvent pas non plus être mutés, même avec un avancement, sans leur consentement. Le Conseil constitutionnel a toutefois jugé que l'obligation de mobilité imposée aux magistrats n'est pas contraire à la règle de l'inamovibilité (Cons. const. 21 févr. 1992, décis. n° 92-305 DC), de même que la limitation à dix ans de l'exercice de certaines fonctions au sein d'un même tribunal (Cons. const. 19 juin 2001, décis. n° 2001-445 DC).

• *La nomination et l'avancement des magistrats du siège* : la formation compétente à l'égard des magistrats du siège (présidée par le premier président de la Cour de cassation, et qui comprend, un conseiller d'État, désigné par le

Conseil d'État, un avocat, désigné par le Conseil national des barreaux, six personnalités extérieures, n'appartenant ni au Parlement ni à l'ordre judiciaire, ni à l'ordre administratif, désignées à parité par le Président de la République, le président de l'Assemblée Nationale et le président du Sénat, cinq magistrats du siège – un conseiller à la Cour de cassation, un premier président de cour d'appel, un président de tribunal, deux magistrats du siège –, un magistrat du parquet des cours et tribunaux), pour ce qui concerne les nominations et l'avancement des magistrats du siège, dispose de deux types de pouvoirs distincts :

– un pouvoir d'avis conforme, en principe. En pratique, c'est le garde des Sceaux qui a l'initiative. Le CSM étudie alors les dossiers des magistrats proposés, mais aussi ceux des candidats qui n'ont pas été retenus par la Chancellerie et spécialement des magistrats qui ont formulé des observations sur les projets de nomination, puis donne un avis qui lie le garde des Sceaux ;

– par exception, pour les emplois les plus élevés de la hiérarchie judiciaire (conseillers à la Cour de cassation, dont le premier président et les présidents de chambre, premiers présidents de cours d'appel et présidents de tribunaux judiciaires), le CSM ne dispose que d'un pouvoir de proposition, soumis à l'agrément du Président de la République.

• *La discipline des magistrats du siège* : lorsque le CSM se réunit comme conseil de discipline, il statue en formation plénière. La parité entre magistrats et personnalités extérieures est alors rétablie. S'agissant des magistrats du siège, le CSM est saisi par le ministre de la Justice ou les premiers présidents de cours d'appel. Ses décisions, de nature juridictionnelle, peuvent faire l'objet d'un recours en cassation devant le Conseil d'État.

La saisine du CSM par les justiciables

À la suite de la censure de l'art. 21 de la loi organique relative au recrutement, à la formation et à la discipline des magistrats (Cons. const. 1er mars 2007, décis. n° 2007-551 DC), la loi constitutionnelle du 23 juillet 2008 a créé un troisième mode de saisine du CSM, conforme cette fois-ci aux principes d'indépendance de l'autorité judiciaire et de la séparation des pouvoirs (Cons. const. 19 juill. 2010, décis. n° 2010-611 DC), permettant la mise en cause de la responsabilité disciplinaire des magistrats par un justiciable.

Dorénavant, tout justiciable qui estime que le comportement d'un magistrat dans l'exercice de ses fonctions est susceptible de recevoir une qualification disciplinaire peut porter plainte à son encontre. Toutefois cette procédure est soumise à un formalisme rigoureux :

– la plainte est préalablement examinée par une commission d'admission des requêtes composée de quatre membres de la formation compétente (deux magistrats et deux personnalités extérieures), outre son président ;

– à peine d'irrecevabilité, la plainte ne peut être dirigée contre un magistrat qui demeure saisi de la procédure ;

– à peine d'irrecevabilité encore, le dépôt de la plainte ne peut pas intervenir avant qu'une décision irrévocable mettant fin à la procédure judiciaire concernée ait été prononcée, ni au-delà d'un an après cet événement ;

►

– l'intéressé doit par ailleurs indiquer de manière détaillée les faits et griefs allégués, ainsi que les éléments permettant d'identifier la procédure en cause.
Le président de la commission d'admission des requêtes peut rejeter les plaintes manifestement infondées ou irrecevables.
En revanche, lorsque la plainte est déclarée recevable, le magistrat mis en cause en est informé. La commission d'admission des requêtes sollicite alors du premier président de la cour d'appel dont dépend le magistrat mis en cause ses observations et tous éléments d'information utiles.
À l'issue de cette procédure d'admission, la commission des requêtes peut renvoyer l'examen de la plainte au conseil de discipline si elle estime que les faits sont susceptibles de recevoir une qualification disciplinaire ou, à l'inverse, rejeter la plainte, étant précisé que la décision de rejet n'est susceptible d'aucun recours d'une part, et ne prive pas les autres autorités compétentes de leur faculté de saisir le CSM des faits dénoncés d'autre part.
La procédure disciplinaire tend à sanctionner les fautes et les autres manquements commis par les magistrats dans l'exercice de leurs fonctions. Afin de garantir l'indépendance des magistrats du siège, qui sont les principaux intéressés, le CSM a tracé une frontière entre les faits susceptibles d'entraîner des sanctions disciplinaires et les actes juridictionnels des magistrats, dont l'expression la plus récente est la suivante : « Le CSM, réuni comme conseil de discipline des magistrats du siège, ne peut porter une quelconque appréciation sur les actes juridictionnels des juges, lesquels relèvent du seul pouvoir de ceux-ci et ne sauraient être critiqués que par l'exercice des voies de recours prévues par la loi en faveur des parties au litige » (CSM, 14 déc. 1994 : Rapp. CSM 1995. – CSM, 6 nov. 1996 : Rapp. CSM 1996). Ce principe n'est pourtant pas sans limite puisque le CSM a déjà eu l'occasion d'admettre qu'un « tel principe trouve sa limite lorsqu'il résulte de l'autorité même de la chose définitivement jugée qu'un juge a, de façon grossière et systématique, outrepassé sa compétence ou méconnu le cadre de sa saisine, de sorte qu'il n'a accompli, malgré les apparences, qu'un acte étranger à toute activité juridictionnelle » (CSM, 8 févr. 1981 : Rapp. CSM 1981).

2 • L'indépendance des magistrats du siège à l'égard des parties

Elle se manifeste principalement par l'existence d'un régime de responsabilité civile protecteur qui échappe aux principes généraux de la responsabilité pour faute tels que définis par le Code civil et qui, s'inspirant de celui de la responsabilité administrative, repose sur un mécanisme de substitution de l'État. En pratique, deux systèmes juridiques différents de responsabilité à raison du fonctionnement défectueux de la justice coexistent, le premier, qui repose sur la faute de service (a), permet d'engager directement la responsabilité de l'État (COJ, art. L. 141-1), tandis que le second, articulé autour de la faute personnelle du magistrat (b), engage une responsabilité indirecte de l'État qui n'intervient qu'à titre de garantie (COJ, art. L. 141-2 et L. 141-3).

a. La responsabilité de l'État pour faute de service

Aux termes de l'art. L. 141-1, al. 1er, du COJ, « l'État est tenu de réparer le dommage causé par le fonctionnement défectueux du service de la justice ». Les parties au procès, ainsi que leurs avocats, peuvent mettre en cause la responsabilité de l'État en cas de dommages causé par le fonctionnement défectueux du service public de la justice (résultant non seulement des actes juridictionnels et des actes d'exécution des jugements, mais aussi des actes de police judiciaire accomplis par les services de police ou de gendarmerie sous l'autorité ou le contrôle d'un magistrat).

La mise en œuvre de la responsabilité de l'État n'est cependant engagée que par une faute lourde ou par un déni de justice (ce qui vise non seulement le refus de juger, mais aussi toute négligence ou tout retard dans l'acte même de juger, en particulier la violation du droit à être jugé dans un délai raisonnable). La faute lourde est constituée depuis l'arrêt *Bolle* rendu par l'Assemblée plénière à, par « toute déficience caractérisée par un fait ou une série de faits traduisant l'inaptitude du service public de la justice à remplir la mission dont il est investi » (Ass. plén., 23 févr. 2001, *Bull. Ass. plén.* n° 5).

b. La responsabilité des magistrats pour faute personnelle

L'art. 11-1 de l'ord. du 22 décembre 1958 sur le statut de la magistrature dispose que « [l]es magistrats du corps judiciaire ne sont responsables que de leurs fautes personnelles » (al. 1er) ; « [l]a responsabilité des magistrats qui ont commis une faute personnelle se rattachant au service public de la justice ne peut être engagée que sur l'action récursoire de l'État » (al. 2e) ; « [c]ette action récursoire est exercée devant une chambre civile de la Cour de cassation » (al. 3e).

Ce système de responsabilité, applicable seulement aux magistrats du corps judiciaire, est un mécanisme de responsabilité indirecte, qui obéit à des règles distinctes selon la nature de la faute commise. Le justiciable qui veut mettre en cause la responsabilité du magistrat doit établir l'existence d'une faute personnelle, laquelle peut revêtir un double aspect :

– *soit la faute personnelle est complètement dissociable du service public de la justice*, c'est-à-dire dépourvue de tout lien avec les fonctions du magistrat. Le magistrat est alors soumis au droit commun de la responsabilité civile et supportera le coût de l'indemnisation ;

– *soit la faute personnelle est rattachable au service public de la justice ou a été commise en dehors de l'exercice des fonctions judiciaires mais sans être dépourvue de tout lien avec celles-ci*. Il appartient alors au justiciable de rechercher la responsabilité de l'État, qui va se substituer à celle du magistrat fautif, sauf la possibilité pour l'État d'exercer une action récursoire contre ce dernier.

B – L'impartialité des magistrats du siège

Afin d'assurer l'impartialité du juge, le législateur a édicté un certain nombre de règles qui visent à prévenir tout risque de partialité (1). La loi permet en outre aux parties de se prémunir contre l'arbitraire des juges en sollicitant l'éviction d'un juge dont l'impartialité pourrait être douteuse (2).

1 • Les mesures préventives assurant l'impartialité

Depuis l'arrêt *Piersack*, l'impartialité revêt une double signification : « [s]i l'impartialité se définit d'ordinaire par l'absence de préjugé ou de parti pris, elle peut, notamment sous l'angle de l'article 6, § 1 de la Convention, s'apprécier de diverses manières. On peut distinguer sous ce rapport entre une démarche subjective, essayant de déterminer ce que tel juge pensait dans son for intérieur en telle circonstance, et une démarche objective amenant à rechercher s'il offrait des garanties suffisantes pour exclure à cet égard tout doute légitime » (CEDH 1er oct. 1982, *Piersack c/ Belgique*, req. n° 8692/79, § 30). En conséquence, lorsqu'il s'agit de se prononcer sur l'impartialité d'un « tribunal », il faut rechercher si, individuellement, les juges qui le composent offrent des garanties suffisantes pour exclure tout doute légitime à cet égard (démarche objective), mais aussi tenir compte de leur comportement personnel (démarche subjective). Dans cette perspective le législateur met en place des mesures préventives visant à assurer et l'impartialité objective (a) et l'impartialité subjective (b).

a. Les mesures préventives assurant l'impartialité objective

L'impartialité objective ou fonctionnelle s'apprécie sans tenir compte du comportement du juge ou de ses convictions, au regard du seul exercice de ses fonctions. À cet effet, la loi a prévu un certain nombre de mesures afin d'éviter que les magistrats n'exercent leurs fonctions sous la pression d'influences diverses, susceptibles d'entamer leur indépendance d'esprit, et par là même leur impartialité :

• *Le principe de séparation des fonctions* de poursuite, d'instruction et de jugement. Afin d'assurer l'impartialité des magistrats, il importe que ces fonctions soient confiées à des organes distincts, et qu'un même magistrat n'occupe pas, dans le cadre de la même affaire, tantôt les attributions du parquet, tantôt la fonction d'instruire, tantôt la fonction de juger. Ce principe de séparation des fonctions est rappelé à de nombreuses reprises dans le C. pr. pén. (art. 49, al. 2, art. 137-1, art. 253, art. 623-1 ; v. égal. art. prél. qui consacre de manière limitée « la séparation des autorités chargées de l'action publique et des autorités de jugement »). L'incompatibilité fonctionnelle n'existe toutefois qu'en ce qui concerne les actes de juridiction – par opposition aux actes d'administration –, à travers lesquels le juge a été conduit à participer à une décision sur le fond relative à la culpabilité du prévenu. Dans les autres cas, rien ne s'oppose à ce qu'un magistrat intervienne à plusieurs reprises dans une même procédure (Crim. 12 sept. 2007, *Bull. crim.* n° 201 : le renvoi d'une affaire à une autre session n'interdit pas au magistrat qui présidait la cour d'assises de siéger en la même qualité à celle qui est appelée à connaître à nouveau de la cause, dès lors que la cour d'assises qui a ordonné le renvoi n'a pris aucune décision impliquant une appréciation de la culpabilité de l'accusé). Ne peut ainsi faire partie de la juridiction de jugement le magistrat qui, au cours de l'instruction, a rendu une ordonnance de règlement (Crim. 15 sept. 2004, *Bull. crim.* n° 210) ou qui a rejeté une demande d'actes complémentaires (Crim. 15 déc. 2004, *Bull. crim.* n° 324) car, ce faisant, il a porté une appréciation sur la valeur des charges pesant sur le prévenu. En revanche, aucune disposition légale ou conventionnelle ne fait obstacle à ce que l'un des magistrats composant la chambre de l'instruction statuant sur une demande d'annulation de pièces ait précédemment rendu, dans la même procédure, en qualité de JLD, une ordonnance rejetant une demande de mise en liberté puisqu'il s'agit là de deux instances distinctes dont ni l'une, ni l'autre n'impliquent qu'il se soit prononcé sur la culpabilité (Crim. 27 oct. 2004, *Bull. crim.* n° 260). En outre, l'incompatibilité fonctionnelle peut parfois naître d'une précédente procédure lorsqu'à cette occasion le juge a pris connaissance des faits reprochés au prévenu (Crim. 21 févr. 1996, *Bull. crim.* n° 82). De manière générale, il y a partialité du juge chaque fois que celui-ci est appelé à siéger au pénal sur des faits dont il a déjà connu au civil (Crim. 30 nov. 1994, *Bull. crim.* n° 390), comme juge prud'homal (Crim. 24 nov. 1999, *Bull. crim.* n° 275) ou en matière commerciale (Crim. 8 avr. 2009, *Bull. crim.* n° 73).

Le fait pour des magistrats du siège de connaître de deux procès successifs concernant la même personne n'est en revanche pas contraire à l'exigence d'impartialité si les faits dont ils ont à connaître en tant que juge pénal sont différents de ceux pour lesquels ils se sont déjà prononcés au civil. Jugé, par exemple, que la circonstance qu'un juge d'instruction chargé d'une information du chef de banqueroute ait préalablement participé au jugement d'ouverture de la procédure de redressement judiciaire à l'occasion de laquelle le délit aurait été commis n'est pas, en soi, de nature à faire naître un doute objectivement justifié sur son impartialité (Crim. 10 mars 2004, *Bull. crim.* n° 65).

Pareillement, la CEDH considère que le cumul des fonctions ne constitue pas, à lui seul, la preuve de la partialité du juge. Encore faut-il que le défaut d'impartialité soit établi de manière objective, en fonction des circonstances de la cause. Ainsi, alors que dans l'affaire *Nortier* (CEDH 24 août 1993, *Nortier c/ Pays-Bas*, req. n° 13924/88) elle a relevé que le juge « n'avait presque pas entrepris d'activité d'instruction », il apparaissait au contraire dans l'affaire *Adamkiewicz* (CEDH 2 mars 2010, *Adamkiewicz c/ Pologne*, req. n° 54729/00) que le juge avait fait « un usage ample de ses attributions ». La CEDH procède donc à une approche concrète du rôle joué dans la procédure par le magistrat dont l'impartialité est mise en cause.

La jurisprudence a également consacré une incompatibilité entre les différents degrés de juridiction. Il en résulte qu'un juge ne peut siéger, pour la même affaire (même accusé, mêmes faits), en appel, s'il a déjà participé à la formation de jugement du premier degré (Crim. 26 sept. 1996, *Bull. crim.* n° 333). La même solution est retenue lorsque le juge siège sur renvoi après cassation en ayant déjà jugé dans la formation de jugement dont la décision a été cassée (Crim. 20 oct. 1999, *Bull. crim.* n° 224).

• *Les incompatibilités personnelles* : l'impartialité fonctionnelle est ensuite assurée par l'existence d'incompatibilités tenant à la personne même des magistrats :

– les conjoints, les parents et alliés jusqu'au troisième degré inclus ne peuvent, sauf dispense, être simultanément membres d'un même tribunal ou d'une même cour en quelque qualité que ce soit. Aucune dispense ne peut être accordée lorsque la juridiction ne comprend qu'une chambre ou que l'un des conjoints, parents ou alliés au degré précité est le président de la juridiction ou le chef du parquet près celle-ci. En aucun cas, même si la dispense est accordée, les conjoints, les parents ou alliés ne peuvent siéger dans une même cause (COJ, art. L. 111-10) ;

– ne peut faire partie d'une formation de jugement tout juge dont le conjoint, un parent ou allié jusqu'au troisième degré inclus est partie au procès ou représente ou assiste l'une des parties, la personne liée au juge par un pacte civil de solidarité étant assimilé au conjoint (COJ, art. R. 111-4 ; par ex. Crim. 9 juin 2015, *Bull. crim.* n° 139 : encourt la cassation l'arrêt rendu par la chambre correctionnelle d'une cour d'appel dans laquelle siégeait un conseiller, épouse du procureur de la République au nom duquel les poursuites, du chef de violences et rébellion, ont été engagées, et l'appel interjeté).

b. Les mesures préventives assurant l'impartialité subjective

Les cas de partialité personnelle tiennent au comportement d'un juge. Il en va ainsi lorsque le juge s'exprime, avant jugement, de façon telle qu'il laisse entendre qu'il est déjà convaincu de la culpabilité du prévenu ou de l'accusé, ou porte un jugement de valeur sur son système de défense (Crim. 2 févr. 2016, *Bull. crim.* n° 27 : il en va différemment si les propos litigieux se bornent à mettre en exergue le comportement du prévenu au moment des faits ; Crim. 19 févr. 2019, n° 18-83.360 – rendu dans l'aff. du « petit Grégory » –, à propos de la transmission à la justice des carnets personnels d'un juge en charge d'un supplément d'information dans une procédure suivie pour homicide volontaire, vingt-six ans après que ce magistrat eut cessé ses fonctions et vingt-deux ans après son décès, carnets dans lesquels celui-ci relatait ses impressions : « il n'appartient pas aux juridictions d'apprécier, *a posteriori*, ce que pensait un juge en son for intérieur et qui relève de sa liberté de pensée, à partir de notes confidentielles établies par ce magistrat, dès lors qu'elles ne se sont pas traduites par une manifestation extérieure de partialité dans ses propos ou son comportement au cours de la procédure qui lui a été confiée »). Devant la Cour d'assises, par ex., les art. 328, al. 2 et 311, al. 2, C. pr. pén., font devoir, au président, aux assesseurs et aux jurés de ne pas manifester leur opinion. Toutefois, pour ne pas paralyser l'action du président dans la direction des débats, ne sont sanctionnées que ses fautes les plus manifestes, c'est-à-dire celles qui préjugent effectivement de son opinion sur les faits incriminés du point de vue de la culpabilité de l'accusé, et qui sont de nature à influencer la conviction des assesseurs et des jurés à ce propos (Crim. 20 nov. 1991, *Bull. crim.* n° 422 : aucune atteinte aux droits de la défense dans le rappel, après la lecture de l'arrêt de renvoi, de la condamnation prononcée antérieurement contre un complice de l'accusé ; Crim. 8 mars 2000, *Bull. crim.* n° 110 : en revanche, constitue une manifestation prohibée d'opinion le fait de donner lecture, à la fin des débats, d'une question sur une accusation de complicité d'un crime comportant l'affirmation de la culpabilité de l'auteur principal; Crim. 9 mars 1995, *Bull. crim.* n° 97 : le président peut se servir, au cours du délibéré, d'une feuille de questions comportant, après l'énoncé des questions, une mention pré-rédigée selon laquelle : « en conséquence des réponses ci-dessus posées, la cour et le jury réunis en salle des délibérations sans désemparer statuant sur l'application de la peine après avoir délibéré et voté conformément à la loi à la majorité absolue, faisant application des articles... », le reste étant manuscrit; Crim. 9 janv. 1991, *Bull. crim.* n° 16 : en revanche, il ne saurait remettre aux assesseurs et aux jurés, dès le début de l'instruction à l'audience, une copie de la feuille de questions dont le dernier feuillet comporterait la mention suivante : « en conséquence de la déclaration qui précède, la cour et le jury réunis, après en avoir délibéré ensemble, et sans désemparer, conformément à la loi, décident, à la majorité absolue, de condamner... »).

2 • Les mesures curatives assurant l'impartialité

Deux mesures curatives peuvent être distinguées : la requête en suspicion légitime (a) et la récusation (b).

a. La requête en suspicion légitime

Le renvoi pour cause de suspicion légitime est un incident de procédure permettant à une partie, à l'occasion d'une instance en cours, de demander le dessaisissement d'une juridiction dans son ensemble dont elle suspecte la partialité.

• *Titulaires du droit de demander le renvoi pour cause de suspicion légitime et juridictions concernées* : le renvoi peut être demandé par le procureur général près la Cour de cassation, le ministère public établi près la juridiction saisie ou les parties – personne mise en examen, prévenu, accusé, partie civile, parties intervenantes, mais non le plaignant qui ne s'est pas constitué partie civile, le témoin ou le témoin assisté – (C. pr. pén., art. 662, al. 2). Il peut concerner toutes les juridictions d'instruction ou de jugement « en matière criminelle, correctionnelle ou de police » (C. pr. pén., art. 662, al. 1er), et, en conséquence, la demande de renvoi pour cause de suspicion légitime n'est pas recevable contre le ministère public (Crim. 7 avr. 1976, *Bull. crim.* n° 107). En revanche, la Cour de cassation ne peut être visée par une demande de renvoi pour cause de suspicion légitime, la requête dirigée contre tous les magistrats de la chambre criminelle devant dès lors être déclarée irrecevable (Crim. 15 juin 1934, *Bull. crim.* n° 119; plus récemment en matière civile : Civ. 2e, 21 févr. 2002, *Bull. civ.* II, n° 26). La loi organique du 23 novembre 1993 prévoit une procédure de récusation des membres de la commission d'instruction et des juges de la Cour de justice de la République mais ne comporte aucune procédure de renvoi pour cause de suspicion légitime, qui semble donc exclue pour cette juridiction. La Cour de cassation a jugé que la loi organique ne lui donnait pas compétence pour statuer sur une requête tendant, pour cause de suspicion légitime, au renvoi d'une procédure devant la Cour de justice de la République autrement composée (Crim. 24 févr. 1999, n° 99-81.367).

• *Le fondement de la demande de renvoi pour cause de suspicion légitime* : aucune énumération des causes de renvoi n'est prévue en matière de suspicion légitime. Le demandeur doit démontrer que des éléments objectifs sont de nature à faire naître un doute sur l'impartialité d'une juridiction dans son ensemble (par ex. Crim. 5 janv. 2005, *Bull. crim.* n° 10 : juge d'instruction qui instruit une affaire dans laquelle il a déjà rendu une décision de refus d'informer injustifiée; Crim. 21 août 1990, *Bull. crim.* n° 305 : expression publique par un juge d'instruction de propos hostiles à l'égard d'une personne mise en examen; à l'inverse, Crim. 10 juill. 1996, *Bull. crim.* n° 294 : ne constituent pas des motifs de renvoi pour cause de suspicion légitime le fait qu'un juge d'instruction ait rendu une ordonnance visant à obtenir la mainlevée de l'immunité parlementaire de la personne dont il envisage la mise en examen).

• *La procédure de renvoi pour cause de suspicion légitime* : la demande de renvoi doit être portée devant la chambre criminelle de la Cour de cassation. Elle doit préciser la juridiction dont le dessaisissement est demandé, la procédure concernée et l'exposé des circonstances de nature à justifier le renvoi. À peine d'irrecevabilité, la requête doit être signée du requérant ou d'un avocat au Conseil d'État et à la Cour de cassation (Crim. 5 sept. 1988, *Bull. crim.* n° 314). La présentation de la requête n'a pas d'effet suspensif, à moins que la Cour de cassation n'en décide autrement (C. pr. pén., art. 662, al. 4). La requête doit être signifiée à toutes les parties intéressées, qui ont un délai de dix jours pour déposer un mémoire au greffe de la Cour de cassation (C. pr. pén., art. 662, al. 3). La demande de renvoi va donner lieu à une instruction. La chambre criminelle de la Cour de cassation apprécie souverainement s'il existe un motif de renvoi pour cause de suspicion légitime. Sa décision est motivée. Depuis la loi n° 89-461 du 6 juillet 1989, la Cour de cassation ne dispose plus de la possibilité d'ordonner d'office le renvoi de l'affaire dans l'intérêt d'une bonne administration de la justice après avoir rejeté la demande de renvoi pour cause de suspicion légitime. Si le renvoi est ordonné, la juridiction est immédiatement et définitivement dessaisie. Les actes effectués avant l'arrêt de renvoi demeurent valables. Un rejet de la demande de renvoi n'interdit pas la présentation d'une nouvelle demande fondée sur des faits postérieurs (C. pr. pén., art. 667). La voie de l'opposition contre un arrêt de la Cour de cassation portant rejet d'une demande de suspicion légitime n'est pas ouverte à la partie qui a formé cette demande (Crim. 26 juin 1963, *Bull. crim.* n° 233).

b. La récusation

La récusation est un incident soulevé par l'une des parties dans le but de faire écarter un juge qu'elle suspecte de partialité.

• *Titulaires du droit de récuser* : il s'agit de la personne mise en examen, du prévenu, de l'accusé et de toute partie à l'instance – ministère public, partie civile, personne civilement responsable ou partie intervenante (C. pr. pén., art. 669). L'initiative de la récusation peut également émaner du juge lui-même, dès lors qu'il obtient l'autorisation du premier président de la cour d'appel, dont la décision est rendue après avis du procureur général (C. pr. pén., art. 674). En revanche, ne peuvent exercer la récusation les personnes qui n'ont pas qualité de partie au procès – victime qui ne s'est pas constituée partie civile, témoin ou témoin assisté.

• *Les personnes récusables* : la récusation peut être dirigée à l'encontre de tout magistrat du siège, quel que soit le stade de la procédure, y compris, précise l'art. 669, C. pr. pén., le juge d'instruction ; constituant à lui seul une juridiction, il peut également être visé par une requête en suspicion légitime (Crim. 20 juill. 1972, *Bull. crim.* n° 253). Des modalités spécifiques de récusation de certains intervenants au procès pénal sont régies par des textes particuliers, tels que les art. 344, 407 et 535, C. pr. pén., pour les interprètes (en matière criminelle, délictuelle et contraventionnelle, le ministère public, l'accusé, le prévenu et la partie civile peuvent récuser l'interprète en motivant leur demande, la juridiction se prononçant sur cette récusation par une décision insusceptible de recours) ou les art. 297 à 301, C. pr. pén., pour les jurés (à mesure que les noms des jurés sortent de l'urne, l'accusé ou son avocat peuvent récuser cinq jurés en premier ressort et six en appel, le ministère public, quatre en premier ressort et cinq en appel, sans devoir ni pouvoir exposer les motifs de leur récusation). En revanche, on l'a vu, les magistrats du ministère public ne peuvent être récusés (C. pr. pén., art. 669, al. 2), de même que les experts, contrairement à ce qui est prévu en matière civile à l'art. 234, C. pr. civ. La chambre criminelle admet cependant que le défaut d'impartialité d'un expert pourrait constituer une cause de nullité de ses rapports, à condition que les reproches formulés soient suffisants pour « priver les rapports de cet expert dont la désignation est contestée du caractère d'avis techniques soumis à la contradiction et à l'appréciation ultérieure des juges » (Crim. 8 juin 2006, *Bull. crim.* n° 172).

• *Les causes de récusation* : l'art. 668, C. pr. pén., énonce neuf causes de récusation, qui sont limitatives (Crim. 22 nov. 2005, *Bull. crim.* n° 305), même si la chambre criminelle n'en vérifie pas moins la conformité de la composition de la juridiction au regard de l'exigence d'impartialité posée à l'art. 6, § 1, Conv. EDH (Crim. 15 févr. 2005, *Bull. crim.* n° 59), laquelle peut être invoquée indépendamment de la mise en œuvre de la procédure de récusation (Crim. 6 janv. 2000, *Bull. crim.* n° 5). Ces causes visent la parenté, l'alliance, le partenariat ou le concubinage entre un juge et une partie, la communauté ou la contradiction d'intérêts entre un juge et une partie, la connaissance antérieure de la cause par le juge, la manifestation de partialité du juge.

• *La procédure de récusation* : la requête en récusation doit être présentée au premier président de la cour d'appel, et ce, à peine de nullité (C. pr. pén., art. 669, al. 1er). Toutefois :

– si la récusation vise le premier président de la cour d'appel, la requête doit être adressée au premier président de la Cour de cassation (C. pr. pén., art. 672);

– si la récusation vise un magistrat de la Cour de cassation saisie en matière pénale, l'art. 674-1, C. pr. pén., indique que la demande, qui doit être motivée, est déposée au greffe, le ministère d'un avocat n'étant pas obligatoire. Il se déduit de cette rédaction que la requête en récusation est alors examinée par la chambre criminelle de la Cour de cassation (Crim. 12 janv. 1994, *Bull. crim.* n° 20);

– si la récusation vise un des membres de la commission d'instruction de la Cour de justice de la République, l'art. 4 de la loi organique du 23 novembre 1993 prévoit qu'elle doit être adressée au premier président de la Cour de cassation. À l'inverse, si elle vise un juge de la Cour de justice de la République, qu'il soit parlementaire ou magistrat, la Cour statue elle-même, dès l'ouverture des débats, sur cette question.

À peine d'irrecevabilité, la demande en récusation doit être présentée *in limine litis*, c'est-à-dire avant toute défense au fond, lorsque les motifs de récusation sont antérieurs à l'ouverture du procès. Ce n'est que lorsque les circonstances de la récusation surviennent postérieurement que la requête pourra être présentée en cours de procès; elle devra, en tous les cas, être déposée avant la clôture des débats. En outre, la partie qui s'est abstenue de demander la récusation d'un juge avant la clôture des débats a renoncé sans équivoque à s'en prévaloir et n'est pas recevable à mettre en cause devant la Cour de cassation l'impartialité de ce juge en invoquant une violation de la Conv. EDH (Ass. plén., 24 nov. 2000, *Bull. Ass. plén.*, n° 10).

Il est généralement admis que la récusation présente un caractère facultatif pour la partie titulaire de ce droit. Il en résulte notamment que la juridiction n'est pas tenue de relever d'office une cause de récusation dont elle aurait connaissance. Il en va cependant différemment lorsque cette cause de récusation constitue également un cas d'incompatibilité, la juridiction étant alors tenue de relever l'irrégularité de sa composition (Crim. 31 mai 1988, *Bull. crim.* n° 235).

La demande de récusation ne produit aucun effet automatique sur l'instance pénale : la requête en récusation ne dessaisit pas le magistrat dont la récusation est proposée (C. pr. pén., art. 670, al. 2), le procès ou l'instruction se poursuit normalement, sans tenir compte de la procédure en récusation. Il n'est cependant pas interdit à la juridiction saisie de procéder au renvoi de l'affaire afin d'attendre l'issue de la procédure de récusation. De surcroît, il peut être décidé que la procédure de récusation aura un effet suspensif : le premier président peut, après avis du procureur général, ordonner qu'il sera sursis soit à la continuation de l'information ou des débats, soit au prononcé de la décision (C. pr. pén., art. 670, al. 2). En revanche, la demande de récusation visant un magistrat de la Cour de cassation produit un effet suspensif, l'art. 674-2, al. 2, C. pr. pén., renvoyant aux règles de procédure civile qui prévoient que le magistrat doit, dès qu'il a communication de la demande, s'abstenir jusqu'à ce qu'il ait été statué sur la récusation.

• *La décision sur la récusation* : la demande de récusation va faire l'objet d'une instruction, au cours de laquelle le magistrat mis en cause peut faire valoir des observations écrites. À noter que la procédure de récusation présente un caractère administratif, et non juridictionnel. Elle n'est pas soumise au respect du principe de la contradiction, aucune communication du mémoire du juge visé par la demande, de l'avis du procureur général ou des informations que pourrait recueillir le premier président de la cour d'appel n'étant imposée. De même, aucun débat oral n'est prévu.

Si la requête en récusation est accueillie, le magistrat récusé doit être remplacé, en application des règles d'empêchement. Si la requête en récusation échoue, l'instruction ou le jugement de l'affaire se poursuit avec le juge qui était visé par la requête. L'ordonnance statuant sur une demande de récusation n'est susceptible d'aucune voie de recours (C. pr. pén., art. 671 et 672). Les pourvois formés contre ces ordonnances sont donc voués à l'échec (Crim. 14 mars 2001, *Bull. crim.* n° 69).

IV/ Les assistants spécialisés

Le législateur a créé un statut spécifique pour aider les magistrats et les OPJ dans les affaires économiques et financières « de grande complexité », celui des assistants spécialisés (C. pr. pén., art. 706), dans les affaires pénales de santé de grande complexité (C. pr. pén., art. 706-2, II) et en matière de criminalité organisée (C. pr. pén., art. 706-79), les assistants spécialisés.

L'assistant spécialisé est un fonctionnaire de catégorie A ou B ou une personne titulaire d'un diplôme national sanctionnant une formation d'une durée au moins égale à quatre années d'études supérieures après le baccalauréat qui remplit les conditions d'accès à la fonction publique et justifie d'une expérience professionnelle minimale de quatre années.

C'est un personnage *sui generis* qui s'apparente :

– *à un magistrat* : il peut recevoir délégation de signature pour les réquisitions prévues par les art. 60-1, 60-2, 77-1-1, 77-1-2, 99-3 et 99-4, C. pr. pén., et mettre en œuvre le droit de communication reconnu aux magistrats en application de l'art. 132-22, C. pén. (C. pr. pén., art. 706, 5°) ; il assiste les juges d'instruction dans tous les actes d'information et les magistrats du ministère public dans l'exercice de l'action publique et remet à ceux-ci des documents de synthèse ou d'analyse qui peuvent être versés au dossier de la procédure (C. pr. pén., art. 706, 1° à 3°) ; en outre, le procureur général peut lui demander d'assister le ministère public devant la juridiction d'appel (C. pr. pén., art. 706, 5°) ;

– *à un enquêteur* : il peut assister les OPJ agissant sur délégation des magistrats (C. pr. pén., art. 706, 3°) ;

– *à un expert* : l'assistant spécialisé est un technicien appelé à donner son avis sur des faits nécessitant des connaissances techniques et des investigations complexes.

L'assistant a accès au dossier de la procédure pour l'exécution des tâches qui lui sont confiées et se trouve soumis au secret professionnel sous les peines prévues à l'art. 226-13, C. pén.

Cas pratique n° 1

› *Énoncé*

De retour de vacances, les époux Martin ont la mauvaise surprise de constater que leur maison a été cambriolée. Après en avoir informé la police par téléphone, de multiples investigations sont diligentées par des fonctionnaires de la police nationale qui permettent de soupçonner un certain Christian X… qui demeure introuvable. Christian X… sera finalement arrêté quelques jours plus tard lors d'un banal contrôle routier. En effet, affectés à une opération de prévention de sécurité routière, des policiers municipaux ont vu un véhicule faire demi-tour brusquement alors qu'il arrivait à leur proximité. Après une poursuite dans les rues de la ville, les policiers sont parvenus à obliger le conducteur à s'arrêter. Ils lui ont demandé de justifier de son identité – ce que Christian X… a refusé –, ont fouillé la voiture – sans rien y découvrir –, et ont conduit l'individu au commissariat.

Les actes effectués par les policiers municipaux vous paraissent-ils réguliers ?

› *Correction*

Comme demandé, on ne s'attachera ici qu'à la régularité des actes effectués par les policiers municipaux. Il nous faut ainsi envisager la régularité du contrôle d'identité (I), celle de la fouille du véhicule (II) puis celle des actes subséquents (III).

I/ Le contrôle d'identité

Ayant constaté un véhicule dont le conducteur tentait d'échapper à un contrôle routier, les policiers municipaux se sont engagés dans une course-poursuite et sont parvenus à obliger le conducteur à s'arrêter. Ils lui ont alors demandé de justifier de son identité. Cette demande est-elle légitime ?

La question mérite d'être posée car, conformément aux dispositions prévues à l'art. 78-2, al. 1er, C. pr. pén., seuls les officiers de police judiciaire, ou sur leur ordre et sous leur responsabilité, les agents de police judiciaire et agents de police judiciaire adjoints mentionnés aux art. 20 et 21, 1° peuvent inviter une personne à justifier de son identité.

Or, les agents de police municipale, visés à l'art. 21, 2°, C. pr. pén., ne relèvent pas de cette liste. Un contrôle d'identité effectué par de tels agents serait donc nécessairement frappé de nullité.

Les policiers municipaux sont en revanche habilités, en vertu de l'art. 78-6, C. pr. pén., à relever l'identité des contrevenants aux fins de dresser des procès-verbaux concernant des contraventions aux arrêtés de police du maire, des contraventions au Code de la route que la loi et les règlements les autorisent à verbaliser ou des contraventions qu'ils peuvent constater en vertu d'une disposition législative expresse.

En l'espèce, on peut considérer que, durant la poursuite, afin d'échapper aux policiers, Christian X... a commis diverses infractions au Code de la route, ce qui serait de nature à justifier la demande des agents municipaux.

II/ La fouille du véhicule

La fouille des véhicules circulant sur la voie publique est réglementée aux art. 78-2-2 à 78-2-4, C. pr. pén.

Au vu des faits rapportés, le seul fondement pertinent est l'art. 78-2-3 qui autorise la fouille des véhicules lorsqu'il existe à l'égard du conducteur (ou du passager) une ou plusieurs raisons plausibles de soupçonner qu'il a commis, comme auteur ou comme complice, un crime ou un délit flagrant.

Or, de jurisprudence constante, le comportement suspect d'un individu peut constituer un tel indice. Ainsi a-t-il été notamment jugé à propos du comportement incohérent d'un conducteur qui avait constaté qu'il faisait l'objet d'une surveillance policière et avait tenté d'échapper au véhicule qui l'avait pris en filature (Crim. 9 janv. 2002, *Bull. crim.* n° 2).

Le problème vient de ce que seuls les officiers de police judiciaire peuvent effectuer une telle fouille (assistés, le cas échéant, des agents de police judiciaire et des agents de police judiciaire adjoints mentionnés aux 1°, 1° *bis* et 1° *ter* de l'art. 21).

Les policiers municipaux ne disposent d'aucune prérogative en la matière. La fouille est donc nulle, ce qui importe peu dès lors qu'elle s'est révélée infructueuse.

III/ Les actes subséquents

A – La rétention de Christian X...

Il ressort de l'art. 78-6, C. pr. pén., que si le contrevenant refuse de justifier de son identité, l'agent en rend compte immédiatement à tout officier de police judiciaire de la police nationale ou de la gendarmerie nationale territorialement compétent. Cet officier peut alors lui ordonner sans délai de lui présenter sur-le-champ le contrevenant ou de retenir celui-ci pendant le temps nécessaire à son arrivée ou à celle d'un agent de police judiciaire agissant sous son contrôle. À défaut d'un tel ordre, l'agent ne peut retenir le contrevenant.

Or, en l'espèce, l'énoncé ne rend nullement compte d'un quelconque appel au commissariat et encore moins d'un ordre de conduire Christian X... au poste de police.

Ainsi, même si l'on admet que les policiers municipaux pouvaient se fonder sur l'art. 78-6, C. pr. pén., pour procéder au contrôle d'identité, la rétention de Christian X... s'avère irrégulière.

B – La conduite de Christian X... au commissariat

Il ressort de l'art. 73, C. pr. pén., qu'en cas de crime ou de délit flagrant puni d'une peine d'emprisonnement, toute personne – y compris donc un agent de police municipale – a qualité pour en appréhender l'auteur et conduire celui-ci devant l'officier de police judiciaire le plus proche. Or, ainsi qu'il a été vu précédemment, le comportement de Christian X... caractérise l'indice apparent d'une infraction flagrante (*cf.* II). Et si les policiers municipaux n'étaient pas en mesure de savoir de quelle infraction il s'agit, et donc de déterminer si les faits constituaient un crime flagrant ou un délit flagrant puni d'une peine d'emprisonnement, cette condition n'est pas prévue à peine de nullité, de sorte que la procédure est régulière quelle que soit la qualification finalement retenue (à rappr. de Crim. 9 janv. 1990, *Bull. crim.* n° 16, à propos de l'art. 53, C. pr. pén.).

Il convient en outre de souligner que la chambre criminelle rappelle régulièrement que si toute personne a qualité pour appréhender l'auteur présumé d'une infraction flagrante et le conduire devant l'officier de police judiciaire le plus proche et peut à cette fin faire l'usage de la force si celle-ci est nécessaire et proportionnée aux conditions de l'arrestation, l'art. 73, C. pr. pén., constitue un fait justificatif de permission de la loi qui autorise l'usage de la force dès lors que celle-ci est, non pas légitime, mais nécessaire à l'arrestation de l'auteur présumé des faits jusqu'à l'arrivée des services de police (Crim. 1er oct. 2013).

En conséquence, les policiers municipaux étaient fondés à conduire Christian X... au commissariat et il n'y a, en l'espèce, aucune indication permettant de déduire un éventuel usage de la force qui serait disproportionné.

Cas pratique n° 2

› *Énoncé*

Depuis maintenant quelques mois, M. Maréchal, qui a pris au 1er février 2019 ses fonctions de procureur de la République du tribunal judiciaire de Périgueux (après avoir exercé plusieurs fonctions au siège au tribunal judiciaire de Montauban), a pu constater que les journées étaient bien agitées dans le Périgord. De nombreux problèmes perturbent en effet la vie des habitants dans ce coin pourtant réputé si paisible. Sa prise de fonctions se révèle d'ailleurs loin d'être de tout repos, tant les décisions prises par son prédécesseur et ses substituts lui paraissent contestables.

La 1er février 2018, les services de la brigade territoriale de Saint-Astier avaient en effet transmis au parquet de Périgueux une procédure faisant état d'un vol commis par M. Wolfoni au préjudice de M. Folasse dans la soirée du 10 janvier 2018. L'ancien procureur avait alors décidé, deux semaines plus tard, de classer sans suite ce dossier. Furieux, M. Folasse avait entrepris de contester cette décision. Le 2 février 2019, M. Maréchal, constatant que le recours contre ce classement n'avait pas abouti, et souhaitant asseoir son autorité dans ses nouvelles fonctions, décide de revenir finalement sur la décision de son prédécesseur et souhaite engager des poursuites.

En septembre 2018, l'officier de police judiciaire de la brigade de gendarmerie de Tocane-Saint-Apre avait fait part au procureur de la République du placement en garde à vue d'une jeune actrice, très célèbre, pour escroquerie, celle-ci s'étant, lors de la commission de l'infraction, faite passer pour un inspecteur des impôts. Durant cette mesure de garde à vue, le Procureur avait reçu un ordre « d'en haut » visant à ne pas poursuivre l'intéressée. Il avait alors décidé, à l'issue de la garde à vue, d'organiser une médiation pénale entre l'actrice et les dirigeants de la société victime aux fins de remboursement d'une importante somme d'argent suivant un échéancier précis. Les deux parties avaient accepté cette mesure. Six mois plus tard, face à l'inexécution du remboursement de cet échéancier, M. Maréchal s'interroge sur les suites à donner.

Au mois de mars 2019, l'un des substituts de M. Maréchal reçut un coup de fil de cette même brigade de Tocane-Saint-Apre lui faisant part du placement en garde à vue d'un jeune homme majeur, dans le cadre d'une enquête diligentée en flagrance, pour usage de stupéfiants. À l'issue de la garde à vue, et sans en référer à M. Maréchal, le substitut avait décidé de recourir à la mesure de comparution immédiate.

En outre, le 2 mars 2019, l'office central de la répression des atteintes contre les biens culturels avait traité, en flagrance, le vol de « La Madone », célèbre œuvre du peintre Edvard Munch, chez un habitant de Brantôme. L'avocat du mis en cause s'est alors indigné de la mise en œuvre par le même substitut, de la procédure de comparution sur reconnaissance préalable de culpabilité alors engagée par le parquet. Il conteste le fait que le parquet ait saisi le tribunal correctionnel par la voie de la citation directe sans attendre l'acceptation, par son client, de la proposition de peine qui avait été formulée.

Les décisions prises par les magistrats du parquet vous paraissent-elles régulières ?

› Correction

Nous étudierons la régularité des décisions prises par le prédécesseur de M. Maréchal (I) puis celle des décisions prises par le substitut de celui-ci (II).

I/ Les décisions prises par le prédécesseur de M. Maréchal

Nous distinguerons la décision de classement sans suite (A) et les conséquences de l'inexécution des obligations résultant de la médiation décidée par le prédécesseur de M. Maréchal (B).

A – Le classement sans suite

Nous étudierons la régularité de la décision initiale de classement (1) puis celle du revirement du nouveau procureur (2).

1 • La décision initiale de classement

– *Quant à la mesure de classement sans suite* : en vertu du principe de l'opportunité des poursuites, consacré par l'art. 40, al. 1er, C. pr. pén. le Procureur peut recourir à une telle mesure. En vertu de ce texte, « [l]e procureur de la République reçoit les plaintes et les dénonciations et apprécie la suite à leur donner ». Tout au plus, le procureur est-il assujetti depuis la loi du 9 mars 2004 à une obligation de motivation d'une telle mesure de classement au regard des « circonstances particulières liées à la commission des faits » (C. pr. pén., art. 40-1, 3°) et doit il aviser les plaignants et les victimes, si elles sont identifiées, « de sa décision en indiquant les raisons juridiques ou d'opportunité qui la justifient » (C. pr. pén., art. 40-2, al. 2nd).

– *Quant au recours contre un classement sans suite* : la loi du 9 mars 2004 prévoit que toute personne ayant dénoncé des faits au procureur de la République peut former un recours auprès du procureur général contre la décision de classement sans suite prise à la suite de cette dénonciation (C. pr. pén., art. 40-3). Le procureur général peut alors enjoindre au procureur de la République d'engager des poursuites par instructions écrites et versées au dossier de la procédure, conformément à l'art. 36, C. pr. pén. S'il estime le recours infondé, il doit en informer l'intéressé. Se trouve ainsi consacrée l'existence du recours hiérarchique auprès du procureur général près la cour d'appel, depuis toujours reconnu par la pratique.

En l'espèce, il semble que M. Folasse ait exercé ce recours. Toutefois, le procureur général vraisemblablement saisi pouvait régulièrement rejeter ce recours hiérarchique.

2 • Le revirement du nouveau procureur et la décision de poursuite

– *Quant au déclenchement a posteriori des poursuites* : le classement sans suite par le procureur de la République n'est jamais un acte juridictionnel et n'est donc pas revêtu de l'autorité de la chose jugée (Crim. 6 juin 1952, *Bull. crim.* 142). Le procureur de la République peut ainsi, jusqu'à l'expiration du délai de prescription de l'action publique, revenir sur sa décision première et exercer des poursuites, sans avoir à justifier de la survenance de faits nouveaux.

En l'espèce, l'action publique porte sur un vol que l'on peut présumer être simple (aucune circonstance aggravante n'étant spécifiée dans les faits). L'action publique est donc soumise au délai de prescription de six ans conformément à l'art. 8, al. 1er, C. pr. pén. Le vol est une infraction instantanée : la prescription court du jour de la soustraction, soit le 10 janvier 2018. Les faits ne sont donc pas, en l'espèce, prescrits, et le procureur de la République pouvait revenir sur la décision de son prédécesseur.

– *Quant au mécontentement de la personne soupçonnée* : il n'entraîne aucune conséquence juridique dans la mesure où il ne peut en aucun cas contester cette décision.

B – Les conséquences de l'inexécution des obligations résultant de la médiation

1 • Quant à l'ordre hiérarchique

Les faits mentionnent un ordre venant « d'en haut » reçu par le prédécesseur de M. Maréchal, sans toutefois qu'il soit précisé l'autorité qui a délivré cet ordre. Le supérieur du procureur de la République est *a priori* le procureur général. Toutefois, le garde des Sceaux est lui-même un supérieur… Nous distinguerons donc, selon que le supérieur dont il est question est le procureur général ou le garde des Sceaux :

– *si le supérieur est le procureur général*, on relèvera que la loi du 25 juillet 2013, qui a supprimé la possibilité pour le garde des Sceaux de délivrer des instructions écrites aux fins de poursuite, a maintenu cette prérogative au profit du procureur général. En effet, en vertu de l'art. 36, C. pr. pén., « [l]e procureur général peut enjoindre aux procureurs de la République, par instructions écrites et versées au dossier de la procédure, d'engager ou de faire engager des poursuites ou de saisir la juridiction compétente de telles réquisitions écrites que le procureur général juge opportunes ». Toutefois, une lecture *a contrario* de cette disposition permet de déduire qu'il est interdit au procureur général, soit de délivrer des instructions écrites aux fins de classement, soit de délivrer des instructions orales aux fins de poursuite. Aussi l'ordre est-il illégal et le prédécesseur de M. Maréchal ne devait pas en tenir compte. Il en va de même de M. Maréchal ;

– *si le supérieur dont il est fait mention est le garde des Sceaux*, l'ordre est illégal, pour plusieurs raisons. D'une part, parce que, dès avant l'entrée en vigueur de la loi du 25 juillet 2013 qui a supprimé toute possibilité pour le garde des Sceaux de délivrer des instructions aux fins de poursuites, une lecture *a contrario* de l'ancien art. 30, dernier al., C. pr. pén. aurait interdit à celui-ci soit de délivrer des instructions écrites aux fins de classement, soit de délivrer des instructions orales aux fins de poursuite. Depuis la suppression de toute possibilité pour le garde des Sceaux d'intervenir dans les dossiers individuels, il n'y a plus lieu de distinguer : tout ordre individuel est nécessairement illégal. D'autre part, parce que les ordres de poursuite émanant du garde des Sceaux ne pouvaient être adressés, directement, par celui-ci, au procureur de la République. Le garde des Sceaux n'a en effet autorité, en vertu de l'art. 5 de l'ord. du 22 décembre 1958, que sur les procureurs généraux.

Dans les deux hypothèses, on relèvera que l'ordre eût-il été légal, le procureur aurait pu, malgré tout, ne pas déférer à cet ordre. Le déclenchement et l'exercice de l'action publique sont en effet un pouvoir propre du procureur de la République, en vertu de l'art. 40-1, C. pr. pén. Le procureur général, comme le garde des Sceaux, ne peut se substituer à lui pour prendre une décision ayant trait à l'exercice ou au non-exercice de l'action publique. Face au refus du procureur de la République de poursuivre – seul légal, à condition qu'il émane du procureur général et qu'il soit écrit et versé au dossier –, la seule solution consistera à initier une procédure disciplinaire à l'encontre du procureur récalcitrant, à obtenir sa mutation éventuelle et à nommer un procureur plus docile. Face au refus du procureur de classer sans suite – désormais toujours illégal – l'autorité hiérarchique aurait été démunie : si le procureur de la République décide d'exercer l'action publique, la juridiction aurait été valablement saisie.

En l'espèce, M. Maréchal a reçu un ordre clairement illégal qui est sans effet juridique. Il lui est loisible, en théorie de prendre, d'apprécier, en opportunité, la suite à donner, conformément à l'art. 40, C. pr. pén.

2 • Quant à la mesure de médiation

L'art. 41-1, C. pr. pén., prévoit la possibilité pour le parquet de recourir à diverses mesures dont la médiation-réparation, « préalablement à sa décision sur l'action publique ». La médiation-réparation est une mesure visant à assurer la réparation du dommage causé à la victime. Cette mesure, comme les autres aides à la décision prévues par l'art. 41-1, C. pr. pén., suspend la prescription de l'action publique.

Les mesures de l'art. 41-1, C. pr. pén., ne constituent pas des alternatives aux poursuites : en cas de réussite, elles n'éteignent pas l'action publique et le procureur de la République demeure libre de décider de déclencher l'action publique (Crim. 21 juin 2011, n° 11-80.003 . il résulte de l'art. 41 1 que le procureur de la République peut, préalablement à toute décision sur l'action publique, prescrire l'une des obligations prévues par cet article, sans que l'exécution de cette obligation éteigne l'action publique). Elles constituent en réalité un préalable, une aide à la décision sur l'action publique. L'art. 41-1, dernier al., C. pr. pén., prévoit cependant qu'« [e]n cas de non-exécution de la mesure, en raison du comportement de l'auteur des faits, le procureur de la République, sauf élément nouveau, met en œuvre une composition pénale ou engage des poursuites ». Ainsi, la réussite de la mesure préserve le choix du procureur de poursuivre, de classer sans suite ou de recourir à une alternative aux poursuites. L'échec de la mesure réduit en principe la liberté du procureur. Sauf élément nouveau, il doit poursuivre ou recourir à une alternative aux poursuites.

En l'espèce, l'inexécution du remboursement de l'échéancier impose au procureur de recourir à une mesure de poursuite ou à une alternative aux poursuites. Toutefois, la seule alternative qui serait ici envisageable est la composition pénale. Mais le recours à cette alternative est exclu. En effet, le recours à la composition pénale n'est pas possible dans la mesure où la jeune femme était poursuivie pour l'escroquerie aggravée prévue par l'article 313-2 2° du Code pénal (personne qui prend indûment la qualité d'une personne dépositaire de l'autorité publique ou chargée d'une mission de service public) faisant encourir sept ans d'emprisonnement alors que cette mesure ne s'applique que pour les délits punis d'une peine d'emprisonnement inférieure ou égale à cinq ans. M. Maréchal doit donc engager des poursuites.

II/ Les décisions prises par le substitut de M. Maréchal

Il convient au préalable de relever qu'un substitut du procureur de la République disposait de la compétence pour prendre des décisions relativement au déclenchement et à l'exercice de l'action publique, sans qu'il lui soit besoin de solliciter le procureur et obtenir une délégation de pouvoirs. En vertu de l'art. 39, C. pr. pén., dernier al., en effet le procureur de la République « représente de même, en personne ou par ses substituts, le ministère public auprès du tribunal de police dans les conditions fixées par l'article 45 du présent code ». Ce texte consacre le traditionnel principe de l'indivisibilité du ministère public. La chambre criminelle de la cour de cassation a pu considérer, dans un arrêt du 3 juillet 1990, qu'un substitut, « en raison du principe de l'indivisibilité du ministère public, puise dans sa seule qualité, en dehors de toute délégation de pouvoirs, le droit d'accomplir tous les actes rentrant dans l'exercice de l'action publique » (Crim. 3 juill. 1990, n° 90-82.418 : « le demandeur ne saurait se faire un grief de ce que les réquisitoires introductifs [...] au vu desquels l'information a été ouverte des chefs de viol avec arme, vol avec port d'arme et pour délit connexe d'attentat à la pudeur avec violence, aient porté une signature illisible après la mention "pour le procureur de la République" »).

Ce préalable effectué, il nous faut envisager la régularité du recours à la comparution immédiate (A) et du recours à la CRPC (B).

A – La comparution immédiate

La comparution immédiate est un mode rapide d'exercice des poursuites. Depuis la loi du 9 septembre 2002, qui a largement étendu le domaine de la comparution immédiate, cette procédure peut être mise en œuvre pour les délits flagrants punis d'au moins 6 mois d'emprisonnement et pour les délits non flagrants punis d'au moins 2 ans d'emprisonnement (C. pr. pén., art. 395). Cette procédure permet de traduire le prévenu sur-le-champ devant le tribunal et suppose que l'affaire soit en état d'être jugée. Le prévenu est alors retenu jusqu'à sa comparution qui doit avoir lieu le jour même.

En l'espèce, l'usage de stupéfiants est visé par l'article L 3421-1, CSP, qui prévoit un an d'emprisonnement et 3 750 € d'amende à l'encontre de son auteur. La décision de recourir à cette mesure était donc valable.

B – La comparution sur reconnaissance préalable de culpabilité

– *La légalité du recours à la procédure de CRPC* : en vertu de l'art. 495-7, C. pr. pén., dans sa rédaction issue de la loi du 13 décembre 2011, il est possible de recourir à la procédure de CRPC pour tous les délits « à l'exception de ceux mentionnés à l'article 495-16 et des délits d'atteintes volontaires et involontaires à l'intégrité des personnes et d'agressions sexuelles prévus aux articles 222-9 à 222-31-2 du Code pénal lorsqu'ils sont punis d'une peine d'emprisonnement d'une durée supérieure à cinq ans ».

En l'espèce, l'infraction qui a fait l'objet de la procédure de CRPC est un vol, infraction de nature délictuelle puisque punie de trois ans d'emprisonnement et de 45 000 € à l'état simple (C. pén., art. 311-3). Il est toutefois possible de relever l'application de circonstances aggravantes résultant de ce que le vol est commis sur un objet mobilier classé ou inscrit en application des dispositions du code du patrimoine ou un document d'archives privées classé en application des dispositions du même code (C. pén., art. 311-4-2) ou dans un local d'habitation (C. pén., art. 311-4, 6°). Si ces deux circonstances sont retenues, le vol sera puni de dix ans d'emprisonnement et de 150 000 € d'amende (en vertu de l'art. 311-4-2, al. 5, C. pén.) et le recours à la CRPC sera également possible.

– *Quant à la légalité de la saisine en parallèle du tribunal correctionnel* : Il faut souligner que dans un arrêt rendu le 4 octobre 2006, la chambre criminelle avait interdit aux procureurs, qui proposent une procédure de CRPC, de préjuger de l'échec de la CRPC en convoquant en même temps l'intéressé devant le tribunal correctionnel. La loi du 12 mai 2009 de simplification et de clarification du droit et d'allégement des procédures condamne cette solution. Le texte insère en effet dans le Code de procédure pénale un article 495-15-1, selon lequel la mise en œuvre d'une procédure de comparution sur reconnaissance préalable de culpabilité n'interdit pas au procureur de la République de procéder simultanément à une convocation en justice en application de l'article 390-1, C. pr. pén., étant précisé que la saisine du tribunal sera caduque si la personne accepte la ou les peines proposées, et qu'elles sont homologuées.

Cas pratique n° 3

› *Énoncé*

Alors que vous effectuez un stage, vous accompagnez Maître Quatrevin qui défend M. Y... Ce dernier a été renvoyé devant le tribunal correctionnel du chef d'agression sexuelle sur son ex-épouse, faits pour lesquels il encourt une peine de sept ans d'emprisonnement et 100 000 € d'amende en vertu de l'art. 222-28, C. pén., M. Y... vous fait part ainsi qu'à votre maître de stage de ce que les investigations ont été diligentées par son ancien beau-frère, le frère de son ex-épouse, qui est gendarme. C'est alors que les magistrats pénètrent dans la salle d'audience. M. Y... reconnaît alors l'un des assesseurs. Il s'agit du juge aux affaires familiales qui a récemment prononcé son divorce à ses torts exclusifs en raison des insultes et autres mauvais traitements physiques et psychologiques qu'il avait fait subir à sa femme durant les derniers mois de leur union. Pour sa part, Maître Quatrevin, s'inquiète de ce qu'au cours de l'audience, est substitué au magistrat du ministère public présent à l'ouverture des débats, un autre magistrat qui s'avère être le gendre de la présidente du tribunal.

Quid juris ?

› *Correction*

Trois points doivent être envisagés qui ont tous trait à la question de l'impartialité de l'acteur : l'intervention du beau-frère dans les investigations (I), celle de l'assesseur ayant préalablement prononcé le divorce du prévenu aux torts exclusifs de celui-ci (II) et celle du représentant du ministère public, gendre de la présidente de la juridiction (III).

I/ Sur les investigations diligentées par le beau-frère du prévenu

Les investigations ont, en l'espèce, été diligentées par un gendarme qui présente la particularité d'être le frère de la victime prétendue. On sait que, sur le plan déontologique, le CSI contient désormais un art. R. 434-11, aux termes duquel « [l]e policier et le gendarme accomplissent leurs missions en toute impartialité ». Aussi, la sanction d'un manquement de l'enquêteur au devoir d'impartialité pourrait-elle s'opérer sur le terrain disciplinaire. Surtout, sur le plan procédural, par un arrêt du 14 mai 2008, la chambre criminelle est venue explicitement consacrer l'applicabilité du principe d'impartialité aux enquêteurs (Crim. 14 mai 2008, *Bull. crim.* n° 115). Au visa de l'art. 6 de la Conv. EDH et de l'article préliminaire C. pr. pén., elle énonce que « si le défaut d'impartialité d'un enquêteur peut constituer une cause de nullité de la procédure, c'est à la condition que ce grief ait pour effet de porter atteinte au caractère équitable de la procédure ou de compromettre l'équilibre des droits des parties ». Aussi, la sanction d'un défaut d'impartialité de l'enquêteur peut-elle s'opérer sur le terrain procédural. Toutefois, la chambre criminelle inscrit la méconnaissance de l'impartialité dans le régime des nullités dont le prononcé est soumis à la démonstration d'un grief.

En l'espèce, Maître Quatrevin pourrait invoquer le défaut d'impartialité du gendarme ayant diligenté les investigations qui ont conduit au renvoi de M. Y... devant le tribunal correctionnel. La nullité serait encourue s'il parvient à démontrer que ce défaut d'impartialité a eu effectivement pour effet de porter atteinte au caractère équitable de la procédure ou de compromettre l'équilibre des droits des parties. Il semble que la seule qualité de frère de la victime puisse faire naître un doute légitime sur l'impartialité de l'enquêteur mais ne soit pas suffisante pour caractériser une atteinte effective au caractère équitable de la procédure ou compromettre l'équilibre des droits des parties. Si Maître Quatrevin parvient à démontrer l'existence d'une animosité personnelle qui existait entre le prévenu et son beau-frère et que les actes d'investigation n'ont été conduits qu'à charge, il semble que la nullité pourrait être encourue.

Nous le verrons par la suite, Maître Quatrevin devra exciper de cette cause de nullité, sous peine d'irrecevabilité, *in limine litis*, c'est-à-dire avant toute défense au fond (C. pr. pén., art. 385).

II/ Sur l'assesseur ayant prononcé le divorce aux torts exclusifs du prévenu

La circonstance que ce juge ait prononcé il y a quelque temps le divorce de M. Y... à ses torts exclusifs en raison des insultes et autres mauvais traitements qu'il a fait subir à sa femme durant les derniers mois de leur union, est-elle de nature à mettre en doute son impartialité, garantie fondamentale du droit à un procès équitable au sens de l'art. 6 de la Conv. EDH ?

Il y a partialité du juge chaque fois que celui-ci est appelé à siéger au pénal sur des faits dont il a déjà connu au civil (Crim. 30 nov. 1994, *Bull. crim.* n° 390), en matière prud'homale (Crim. 24 nov. 1999, *Bull. crim.* n° 275) ou commerciale (Crim. 8 avr.

2009, *Bull. crim.* n° 73). Il a ainsi été jugé que ne peut siéger en qualité d'assesseur de la cour d'assises le juge qui a été conduit à porter une appréciation sur les faits de viols et agressions sexuelles aggravés reprochés à l'accusé, à l'occasion d'une instance en divorce opposant ce dernier à son épouse au cours de laquelle étaient invoqués les faits poursuivis (Crim. 21 févr. 1996, *Bull. crim.* n° 82). L'incompatibilité n'existe cependant que si les deux procès portent sur les mêmes faits. À l'inverse, la présence de magistrats du siège qui connaissent de deux procès successifs concernant la même personne n'est pas contraire à l'exigence d'impartialité lorsque chacune des procédures en cause se rapporte à des faits distincts. La Cour de cassation a ainsi admis qu'un magistrat qui, en qualité de juge civil, a fait partie de la formation qui a prononcé le divorce de l'accusé à ses torts exclusifs, peut siéger à la cour d'assises dès lors que cette décision est fondée sur des faits différents de ceux qui ont motivé le renvoi devant la cour d'assises (Crim. 5 juill. 1994, *Bull. crim.* n° 265).

Tel est précisément le cas en l'espèce puisque les faits retenus par le juge aux affaires familiales pour prononcer le divorce aux torts de M. Y... procèdent d'insultes et de mauvais traitements physiques et psychologiques, ce qui peut caractériser les délits de violences psychologiques (C. pén., art. 222-14-3) ou de harcèlement entre conjoints (C. pén., art. 222-33-2-1), tandis que les faits aujourd'hui poursuivis sont constitutifs d'une agression sexuelle aggravée (C. pén., art. 222-28). Les faits dont il s'agit étant différents de ceux appréhendés par le juge en qualité de juge aux affaires familiales, rien ne s'oppose donc à la présence de ce magistrat en qualité d'assesseur.

III/ Sur le représentant du ministère public gendre de la présidente du tribunal

À titre liminaire, on relèvera qu'en vertu du principe de l'invisibilité du ministère public, rien n'interdit qu'un magistrat du parquet se trouve substitué par un autre magistrat du parquet. De jurisprudence constante, l'exigence d'impartialité ne vise que les juges et ne s'applique pas aux magistrats qui composent le ministère public dès lors que ceux-ci ne décident pas du bien-fondé de l'accusation en matière pénale (Crim. 6 janv. 1998, *Bull. crim.* n° 1). Il en résulte notamment qu'un même magistrat peut requérir successivement dans la même affaire devant les cours d'assises statuant en première instance et en appel (Crim. 21 mai 2003, *Bull. crim.* n° 103). De même, la circonstance que les fonctions de parquetier soient occupées par un magistrat qui a des liens familiaux avec l'une des parties est indifférente (Crim. 6 janv. 1998, préc., affaire dans laquelle l'avocat général était le parrain du fils du principal prévenu). Pour les mêmes raisons, on ne pourra arguer, en l'espèce, du fait que le procureur de la République soit le gendre de la présidente du tribunal correctionnel pour écarter celui-ci. Il est par ailleurs exclu d'exciper de ce lien de parenté pour le récuser puisque les magistrats du ministère public sont irrécusables (C. pr. pén., art. 669, al. 2). En revanche, Maître Quatrevin peut demander la récusation de la présidente du tribunal en application de l'art. 668, C. pr. pén., dont le 1° fait interdiction à un juge de siéger dans une juridiction s'il est parent ou allié de l'une des parties ou de son conjoint.

Il faut préciser que ce motif de récusation doit être soulevé en temps utile, c'est-à-dire avant la clôture des débats devant le tribunal correctionnel dans la mesure où la

Cour de cassation considère que les parties ne sont pas recevables à mettre en cause devant la juridiction supérieure l'impartialité d'un des magistrats, en invoquant une violation de l'art. 6, § 1, Conv. EDH, lorsqu'elles n'ont pas usé de la possibilité d'en obtenir le respect en récusant ce magistrat par application de l'art. 668, C. pr. pén. (Crim. 29 sept. 2004, *Bull. crim.* n° 226).

2. Les opérations de police

Il nous faut envisager les contrôles d'identité et vérifications d'identité (I), les fouilles (II), la surveillance et l'infiltration (III). Nous le verrons par la suite mais il faut le mentionner immédiatement : l'une des difficultés rencontrées par les étudiants confrontés à un cas pratique est de bien comprendre que ces opérations peuvent s'insérer dans une enquête de police d'ores et déjà diligentée ou qu'elles peuvent être la source qui justifiera l'ouverture d'une enquête de police.

I/ Les contrôles et vérifications d'identité

Il vous faut bien distinguer le contrôle d'identité et les vérifications qui suivent le contrôle qui se révélerait infructueux. Nous verrons les cas de contrôle d'identité (A) puis les vérifications d'identité (B).

A – Les cas de contrôle d'identité

Il faut distinguer les contrôles d'identité de police judiciaire (1), intervenant en répression de l'infraction ou aux fins de recherche d'infractions, des contrôles d'identité de police administrative (2) s'inscrivant dans une logique de prévention de l'infraction.

1 • Les contrôles d'identité de police judiciaire

Il en existe deux types : les contrôles d'identité à finalité proprement répressive (a) et les contrôles d'identité aux fins de recherche d'infractions (b).

a. Les contrôles à finalité répressive

Il existe, en vertu de l'art. 78-2, C. pr. pén., **cinq cas** de contrôles d'identité de police judiciaire. Le texte prévoit en effet qu'il peut être procédé à un contrôle d'identité de police judiciaire **quand il y a une ou plusieurs raisons plausibles de soupçonner** que : 1° l'intéressé a commis ou tenté de commettre une infraction; 2° l'intéressé se prépare à commettre un crime ou un délit; 3° l'intéressé est susceptible de fournir des renseignements utiles à une enquête sur un crime ou un délit; 4° l'intéressé a violé les obligations ou interdictions auxquelles elle est soumise dans le cadre d'un contrôle judiciaire (CJ), d'une mesure d'Assignation à résidence assortie d'une surveillance électronique (ARSE), d'une peine ou d'une mesure suivie par le juge de l'application des peines ; 5° l'intéressé fait l'objet de recherches ordonnées par l'autorité judiciaire.

Ces prévisions légales appellent plusieurs observations. Il convient d'abord de noter que ce n'est que dans le cas n° 1 que le législateur vise l'infraction de manière générale. Dans les cas n° 2 et n° 3, sont seuls visés les crimes et les délits. Seul le cas n° 1 peut donc justifier un contrôle d'identité du fait d'une contravention. Par ailleurs, le cas n° 5 vise l'autorité judiciaire, ce qui exclut donc l'autorité administrative. Ainsi, les étrangers faisant l'objet de recherches ordonnées par l'autorité administrative ne peuvent pas voir leur identité contrôlée sur ce fondement.

Les « raisons plausibles » qui justifient un tel contrôle de police judiciaire doivent être objectives (Crim. 2 mai 2007, *Bull. crim.* n° 112). Peut ainsi constituer une raison plausible puis un indice apparent permettant, respectivement, un contrôle d'identité puis l'ouverture d'une enquête de flagrance, la fuite d'une personne manifestant une volonté persistante de se soustraire à un contrôle d'identité requis par le procureur de la République (Crim. 14 avr. 2015, *Bull. crim.* n° 80). Au contraire, il est constant qu'un OPJ ne peut procéder à un contrôle d'identité en application de l'art. 78-2, al. 1er, C. pr. pén., sur la base d'une simple dénonciation anonyme non corroborée par d'autres éléments d'information ni confortée par des vérifications apportant des éléments précis et concordants (Civ. 1re, 31 mai 2005, *Bull. civ.* I, n° 234).

Soyez vigilants : vous devez bien distinguer les contrôles d'identité des relevés d'identité car les auteurs des seconds, à la différence des auteurs des premiers, ne disposent d'aucun pouvoir de coercition : si la personne refuse ou se trouve dans l'impossibilité de justifier de son identité, ils doivent faire appel à l'assistance d'un OPJ. Les contrôles d'identité ne peuvent être effectués que par les OPJ ou, sur l'ordre et sous la responsabilité de ceux-ci, les APJ et APJA mentionnés aux art. 20 et 21, 1°, C. pr. pén. Les autres catégories de policiers n'ont pas ce pouvoir, même s'ils sont compétents pour dresser des procès-verbaux en matière contraventionnelle. La loi du 15 avril 1999 sur les polices municipales autorise en effet certains APJA, notamment les agents de police municipale, à relever l'identité des contrevenants pour dresser les procès-verbaux concernant des contraventions aux arrêtés de police du maire, des contraventions au Code de la route que la loi et les règlements les autorisent à verbaliser ou des contraventions qu'ils peuvent constater en vertu d'une disposition législative expresse. Toutefois, en cas de refus ou d'impossibilité de justification de l'identité, l'agent doit rendre compte à un OPJ qui peut alors ordonner la présentation sur-le-champ du contrevenant. L'OPJ procédera alors à une vérification d'identité dans les conditions prévues à l'art. 78-3, C. pr. pén., qui précise à cet égard que le délai de retenue de quatre heures court à compter du relevé d'identité. À défaut de cet ordre, le contrevenant ne peut pas être retenu. Toutefois, pendant le temps nécessaire à l'information et à la décision de l'officier de police judiciaire, le contrevenant est tenu de demeurer à la disposition d'un agent mentionné au même premier alinéa. La violation de cette obligation est punie de deux mois d'emprisonnement et de 7 500 € d'amende (C. pr. pén., art. 78-6, al. 1er). Des dispositions similaires sont prévues à l'article 529-4, C. pr. pén., au profit des agents des services de transports publics des personnes.

b. Les contrôles aux fins de recherche d'infractions

• *Les opérations « coup de poing »* : selon l'art. 78-2, al. 7, C. pr. pén., il peut être procédé, par des OPJ, et, sur l'ordre et sous la responsabilité de ceux-ci, par des APJ et par les APJA mentionnés aux 1°, 1° *bis* et 1° *ter* de l'art. 21 du code, à un contrôle d'identité sur réquisitions écrites du procureur de la République aux fins de recherche et de poursuite d'infractions que ce magistrat précise (Civ. 2e, 19 févr. 2004, *Bull. civ.* II, n° 70 : pour prendre ses réquisitions aux fins de contrôle d'identité, le procureur de la République n'a pas à démontrer l'existence d'indices de commission, ou de risque de commission, des infractions visées par cet article ou un risque d'atteinte à l'ordre public). L'identité de toute personne peut être contrôlée dans les lieux et pour une période de temps déterminés par ce magistrat. Le fait que le contrôle d'identité révèle des infractions autres que celles visées dans les réquisitions du procureur de la République ne constitue pas une cause de nullité des procédures incidentes.

Soyez vigilant : le Conseil constitutionnel dans une décision QPC du 24 janvier 2017 a formulé une réserve d'interprétation d'application immédiate : les contrôles d'identité requis par le procureur de la République ne sauraient dans leur mise en œuvre méconnaître la liberté d'aller et de venir ; dès lors ils ne sauraient autoriser, en particulier par un cumul de réquisitions portant sur des lieux ou des périodes différents, la pratique de contrôles d'identité généralisés dans le temps ou dans l'espace (Cons. const. 24 janv. 2017, décis. n° 2016-606/607 QPC). La chambre criminelle de la cour de cassation vient de faire application de cette réserve dans un arrêt du 14 mars 2018 (n° 17-14.424). Rappelant la réserve du Conseil, selon laquelle les dispositions de l'art. 78-2, al. 6, C. pr. pén., dans leur rédaction antérieure à celle issue de la loi n° 2016-731 du 3 juin 2016, ne sauraient, sans méconnaître la liberté d'aller et de venir, autoriser le procureur de la République, en particulier par un cumul de réquisitions portant sur des lieux ou des périodes différents, à requérir des contrôles d'identité généralisés dans le temps ou dans l'espace, elle censure une ordonnance du premier président de la Cour d'appel de Paris prolongeant une réquisition du procureur de la République aux fins de contrôle d'identité, alors que pouvait être constatée une succession ininterrompue de réquisitions de contrôles d'identité. Pour la haute juridiction, la succession ininterrompue de réquisitions de contrôles d'identité dans les mêmes lieux conduisait à un contrôle unique de trente-six heures, généralisé dans le temps et dans l'espace conduit à un contrôle unique généralisé dans le temps et dans l'espace, lequel méconnaît, en conséquence, la liberté d'aller et de venir.

Ces dispositions doivent être rapprochées de celles prévues à l'art. 78-2-2, C. pr. pén., qui autorisent les fouilles de véhicules ainsi que les opérations

« coup de poing » aux fins de recherche et poursuite d'infractions limitativement énumérées (not. terrorisme, trafic de stupéfiants, vol aggravé et recel). À la différence des dispositions générales de l'art. 78-2 qui ne prévoient aucune limite de temps, l'art. 78-2-2 précise que l'autorisation donnée par le procureur de la République ne vaut que pour vingt-quatre heures (renouvelable toutefois selon la même procédure).

• *La lutte contre le travail clandestin* : l'art. 78-2-1, C. pr. pén., prévoit que les OPJ et, sur l'ordre ou la responsabilité de ceux-ci, les APJ et les APJA mentionnés aux articles 20 et 21 (1°) du code, peuvent, sur réquisitions du procureur de la République, entrer dans les lieux à usage professionnel, leurs annexes et dépendances (Crim. 6 déc. 2005, *Bull. crim.* n° 315 : sauf s'ils constituent un domicile), afin, notamment, de s'assurer que les activités qui y sont exercées (et effectivement exercées... v. Crim. 1er sept. 2020, n° 19-87.499 : « Encourt la cassation l'arrêt, qui, après avoir constaté à bon droit, au vu des circonstances relevées, que les enquêteurs étaient entrés régulièrement dans les locaux d'une société, énonce que la vérification du numéro de série d'un véhicule n'outrepassait pas les pouvoirs que les officiers de police judiciaire tenaient des réquisitions du procureur de la République, alors qu'il se déduit du procès verbal de contrôle qu'aucune activité de réparation n'était en cours dans les locaux, de sorte que lesdits enquêteurs ne pouvaient s'y maintenir et procéder à des actes d'investigation, hors le cas de flagrance ») ont donné lieu à l'immatriculation au répertoire des métiers ou au registre du commerce et des sociétés lorsqu'elle est obligatoire, ainsi qu'aux déclarations exigées par les organismes de protection sociale et l'administration fiscale. Ils peuvent à cette occasion contrôler l'identité des personnes « occupées » (Civ. 1re, 6 janv. 2010, *Dr. pénal* 2010, comm. 28 : mais pas de toutes celles présentes dans les lieux), dans le but de vérifier qu'elles figurent sur le registre du personnel ou ont fait l'objet des déclarations préalables à l'embauche.

Les réquisitions du procureur de la République sont écrites et précisent les infractions, parmi celles visées aux art. L. 324-9 et L. 341-6, devenus L. 8221-1, L. 8221-2 et L. 5221-8, L. 5221-11, L. 8251-1, C. trav., qu'il entend faire rechercher et poursuivre, ainsi que les lieux dans lesquels l'opération de contrôle se déroulera. Si l'existence des réquisitions écrites du procureur de la République délivrées en application de l'art. 78-2-1, C. pr. pén., est une condition de validité du contrôle, la Cour de cassation a précisé que leur présentation à la personne disposant des lieux ou à son représentant n'est pas prévue à peine de nullité (Crim. 15 févr. 2005, *Bull. crim.* n° 57). Ces réquisitions sont prises pour une **durée maximum d'un mois**.

2 • Les contrôles d'identité de police administrative

Nous distinguerons les contrôles de police administrative à proprement parler (a) et les contrôles Schengen (b).

a. Les contrôles de police administrative

Selon l'art. 78-2, al. 8, C. pr. pén., l'identité de toute personne peut être contrôlée pour « prévenir une atteinte à l'ordre public, notamment à la sécurité des personnes ou des biens », et ce « quel que soit le comportement de la personne ». La mise en œuvre d'un tel contrôle d'identité ne saurait cependant être abandonnée à la libre appréciation des policiers (Cons. const. décis. n° 93-323 DC du 5 août 1993). Aussi les policiers doivent-ils pouvoir justifier du contrôle en rapportant dans le procès-verbal l'existence d'un risque sérieux et actuel d'atteinte à l'ordre public à l'endroit et au moment où celui-ci a eu lieu (Crim. 17 déc. 1996, *Bull. crim.* n° 470 : est irrégulier le contrôle d'identité opéré dans le cadre d'une mission de police administrative lorsque le procès-verbal de police se borne à une référence abstraite à de « nombreuses infractions » commises sur le lieu de l'interpellation, sans invoquer aucune circonstance particulière à l'espèce pouvant établir la réalité d'un risque sérieux et actuel d'une atteinte à l'ordre public ; Civ. 2e, 26 avr. 2001, *Bull. civ.* II, n° 79 : le contrôle est régulier même si le motif de l'interpellation qui fait suite au contrôle de la personne n'a aucun lien avec les infractions précédemment relevées dans le secteur).

b. Les contrôles Schengen

Selon l'art. 78-2, al. 9 à 17, C. pr. pén., l'identité de toute personne peut être contrôlée :

– dans une zone comprise entre la frontière terrestre de la France avec les États parties à la Convention de Schengen et une ligne tracée à 20 kilomètres en deçà, pouvant aller jusqu'au premier péage autoroutier au-delà de cette limite ;

– dans les zones accessibles au public des ports, aéroports et gares ferroviaires ou routières ouverts au trafic international et désignés par arrêté ;

– dans un rayon maximal de dix kilomètres autour des ports et aéroports constituant des points de passage frontaliers désignés par arrêté en raison de l'importance de leur fréquentation et de leur vulnérabilité ;

– à bord des trains effectuant une liaison internationale sur la portion du trajet située entre la frontière et le premier arrêt au-delà des vingt kilomètres de la frontière, voire au-delà sur les lignes ferroviaires effectuant une liaison internationale désignées par arrêté ministériel et présentant des caractéristiques particulières de desserte ;

– dans certains espaces des territoires et départements d'Outre-mer.

Ce type contrôle doit avoir pour objectif de « vérifier le respect des obligations de détention, de port et de présentation des titres et documents nécessaires au franchissement des frontières ». **Tout détournement de procédure est frappé de nullité** (Crim. 3 mai 2007, *Bull. crim.* n° 117). Par ailleurs, en écho à la condamnation de la France par la Cour de justice de l'Union européenne (CJUE 22 juin 2010, *Aziz Melki et Sélim Abdeli*, n° C-188/10 et C-189/10) et à la jurisprudence de la Cour de cassation qui y a fait suite (Ass. plén., 29 juin 2010, n° 10-40.001 QPC et 10-40.002 QPC), la loi n° 2011-267 du 14 mars 2011, dite « LOPPSI 2 », a complété l'art. 78-2, al. 8, C. pr. pén., en y insérant deux précisions :

– la première pour indiquer que les contrôles Schengen s'inscrivent dans le cadre de « la prévention et la recherche des infractions liées à la criminalité transfrontalière »;

– la seconde pour prévenir la mise en œuvre systématique de ces dispositions en ajoutant, *in fine*, que « pour l'application du présent alinéa, le contrôle des obligations de détention, de port et de présentation des titres et documents prévus par la loi ne peut être pratiqué que pour une durée n'excédant pas six heures [douze heures depuis la loi du 30 oct. 2017] consécutives dans un même lieu et ne peut consister en un contrôle systématique des personnes présentes ou circulant dans les zones ou lieux mentionnés au même alinéa ».

Comme précédemment, le fait que le contrôle d'identité révèle une infraction autre que celle de non-respect des obligations susvisées ne constitue pas une cause de nullité des procédures incidentes.

B – Les vérifications d'identité

La personne contrôlée peut établir son identité « par tout moyen » (C. pr. pén., art. 78-2, al. 1er). Si le policier a des doutes quant aux éléments fournis, ou bien si la personne invitée à justifier de son identité est dans l'impossibilité de le faire ou s'y oppose (Civ. 1re, 10 juill. 2013, *Bull. civ.* I, n° 152), elle peut être retenue, soit sur place soit dans le local de la police, aux fins de vérification de son identité.

Cette rétention ne peut excéder quatre heures à compter du contrôle (huit heures à Mayotte), ni plus que le temps strictement exigé par l'établissement de l'identité de l'intéressé (C. pr. pén., art. 78-3, al. 3). Cette durée s'impute, le cas échéant, sur celle de la GAV (C. pr. pén., art. 78-4).

La personne doit alors être présentée immédiatement à un OPJ qui la met en mesure de fournir par tout moyen les éléments permettant d'établir son identité et qui procède, s'il y a lieu, aux opérations de vérification nécessaires. L'OPJ doit en outre l'informer de son droit de faire aviser le procureur de la République de la vérification dont il fait l'objet et de prévenir à tout moment sa famille ou toute personne de son choix.

Si la personne n'a pu justifier de son identité au terme de ces quatre heures, il est procédé à une vérification technique qui donne lieu, après autorisation d'un magistrat (procureur de la République en cas d'enquête de flagrance ou préliminaire, ainsi qu'en matière de police administrative; juge d'instruction dans le cadre d'une commission rogatoire) à la prise d'empreintes digitales ou de photographies lorsque celle-ci constitue l'unique moyen d'établir l'identité de l'intéressé.

L'ensemble des dispositions de l'article 78-3, C. pr. pén., sont prescrites à peine de nullité (Crim. 7 févr. 1995, *Bull. crim.* n° 51).

On relèvera que la loi du 3 juin 2016 a institué un nouveau dispositif de retenue administrative (C. pr. pén., art. 78-3-1) à des fins de vérification de la situation administrative d'une personne dont il existe des raisons sérieuses de penser que son comportement est lié à des activités à caractère terroriste ou qu'elle est en relation directe et non fortuite avec une personne ayant un tel comportement. Ce texte vise à donner un fondement juridique à la retenue dont sont l'objet certaines personnes faisant l'objet d'une fiche dite « S ».

II/ Les fouilles des véhicules, des navires et des bagages

Quatre cas de fouilles de véhicules sont prévus par le C. pr. pén.

• *Les fouilles effectuées sur réquisitions du procureur aux fins de recherche de certaines infractions* : l'art. 78-2-2, II, C. pr. pén., autorise les OPJ, assistés, le cas échéant, des APJ et des APJA mentionnés aux 1°, 1° *bis* et 1° *ter* de l'art. 21 du code, sur réquisitions écrites du procureur de la République, à procéder à la visite des véhicules circulant, arrêtés ou stationnant sur la voie publique ou dans des lieux accessibles au public, et ce aux fins de recherche et de poursuite des infractions suivantes : infractions terroristes, infractions en matière de prolifération des armes de destruction massive, infractions en matière d'armes et d'explosifs, vol aggravé, recel, trafic de stupéfiants. Le texte précise que ces opérations ne peuvent être accomplies que dans les lieux et pour la période de temps, qui ne peut excéder vingt-quatre heures renouvelables selon la même procédure, que le procureur de la République a déterminés. Il est en outre indiqué que la visite du véhicule se déroule en présence du conducteur ou du propriétaire du véhicule ou, à défaut, d'une personne requise à cet effet par l'officier ou l'agent de police judiciaire et qui ne relève pas de son autorité administrative. La présence d'une personne extérieure n'est toutefois pas requise si la visite comporte des risques graves pour la sécurité des personnes et des biens. Un procès-verbal mentionnant le lieu et les dates et heures du début et de la fin de ces opérations est rédigé dans les conditions prévues par l'art. 78-2-2, al. 3, C. pr. pén., dont un exemplaire est remis à l'intéressé et un autre est transmis sans délai au procureur de la République. Le législateur a admis la validité des procédures incidentes dans l'hypothèse où ces opérations (contrôle d'identité ou visite de véhicules) révéleraient des infractions autres que celles visées par les réquisitions du procureur de la République.

• *Les fouilles effectuées sur réquisitions du procureur de la République aux fins de recherche et de poursuite du délit de participation armée à une manifestation ou à une réunion* : l'art. 78-2-5, C. pr. pén., issu de la loi n° 2019-290 du 10 avril 2019 visant à renforcer et garantir le maintien de l'ordre public lors des manifestations, autorise les OPJ mentionnés aux 2° à 4° de l'art. 16 du code et, sous la responsabilité de ces derniers, les agents mentionnés à l'art. 20 et aux 1°, 1° *bis* et 1° *ter* de l'art. 21, sur réquisitions du procureur de la République, aux fins de recherche et de poursuite du délit prévu par l'art. 431-10, C. pén., à procéder à la visite des véhicules circulant, arrêtés ou stationnant sur la voie publique ou dans des lieux accessibles au public, dans les conditions prévues au II du même article 78-2-2. Le fait que cette opération révèle d'autres infractions ne constitue pas une cause de nullité des procédures incidentes.

• *Les fouilles effectuées en flagrance* : l'art. 78-2-3, C. pr. pén., autorise les OPJ, assistés, le cas échéant, des APJ et des APJA mentionnés aux 1°, 1° *bis* et 1° *ter* de l'art. 21, à procéder à la visite des véhicules circulant ou arrêtés sur la voie publique ou dans des lieux accessibles au public s'il existe à l'égard du conducteur ou d'un passager une ou plusieurs raisons plausibles de soupçonner qu'il a commis (ou tenté de commettre), comme auteur ou comme complice, un crime ou un délit flagrant.

• *Les fouilles préventives soumises à l'accord du conducteur* : l'art. 78-2-4, C. pr. pén., autorise les OPJ et, sur l'ordre et sous la responsabilité de ceux-ci, les APJ et les APJA mentionnés aux 1°, 1° *bis* et 1° *ter* de l'article 21 du code, afin de prévenir une atteinte grave à la sécurité des personnes et des biens, à procéder non seulement aux contrôles d'identité prévus au huitième alinéa de l'article 78-2 (contrôles de police administrative) mais aussi à la visite des véhicules circulant, arrêtés ou stationnant sur la voie publique ou dans des lieux accessibles au public, sous réserve de solliciter et d'obtenir l'accord du conducteur.

La loi du 23 mars 2019 a étendu le dispositif de fouilles prévu par l'art. 78-2-2, C. pr. pén., à la fouille des navires présents en mer territoriale, se dirigeant ou ayant déclaré leur intention de se diriger vers un port ou vers les eaux intérieures (C. pr. pén., art. 78-2-2, III).

La loi du 22 mars 2016 avait quant à elle étendu ces procédures de fouilles préventives de véhicules à l'inspection visuelle des bagages ou leur fouille « dans les véhicules de transports publics de voyageurs ou leurs emprises immobilières » (gares, stations de métro, etc.). La loi du 3 juin 2016 a supprimé cette restriction et autorise désormais la fouille des bagages de toutes les personnes contrôlées dans le cadre des art. 78-2-2 à 78-2-4, C. pr. pén., précision étant faite que les propriétaires des bagages ne peuvent être retenus que le temps strictement nécessaire au déroulement de l'inspection visuelle ou de la fouille des bagages qui doit avoir lieu en leur présence (C. pr. pén., art. 78-2-2, III *bis*).

III/ Les opérations de surveillance et d'infiltration

Dans le cadre de la lutte contre la criminalité en bande organisée, le législateur autorise les forces de police judiciaire à mettre en œuvre des opérations de surveillance (A) et d'infiltration (B).

A – La surveillance

Soyez vigilant : les forces de police judiciaire peuvent surveiller toute personne suspectée d'avoir commis une infraction, sans condition particulière dès lors que cette surveillance n'est pas intrusive (à défaut, il faut mettre en œuvre les règles propres aux écoutes téléphoniques, aux perquisitions, à la sonorisation, etc.). Mais ces opérations sont en principe limitées au ressort géographique des enquêteurs même si, on l'a vu, depuis la loi du 23 mars 2019, les OPJ peuvent, en vertu de l'art. 18, al. 3, C. pr. pén., se transporter sur toute l'étendue du territoire national, à l'effet d'y poursuivre leurs investigations et de procéder à des auditions, perquisitions et saisies, après en avoir informé le procureur de la République saisi de l'enquête ou le juge d'instruction. Ils sont dans ce cas tenus d'être assistés d'un OPJ territorialement compétent si ce magistrat le décide. Le procureur de la République du tribunal judiciaire dans le ressort duquel les investigations sont réalisées est également informé par l'OPJ de ce transport.

Toutefois, dans le cadre de la lutte contre la délinquance en bande organisée, le législateur a allégé les règles procédurales. En vertu de l'art. 706-80, C. pr. pén., les OPJ (et les APJ agissant sous leur autorité) peuvent étendre à l'ensemble du territoire national la surveillance des personnes contre lesquelles il existe des raisons plausibles de les soupçonner d'avoir commis l'une des infractions visées aux art. 706-73, 706-73-1 et 706-74 du code, ainsi que la surveillance de l'acheminement ou du transport des objets, biens et produits tirés de la commission de ces infractions ou servant à les commettre. La loi exige l'information du procureur de la République. Le domaine de la surveillance est relativement large puisqu'il vise non seulement les personnes mais aussi les biens (qui peuvent être tant ceux servant à préparer la commission de ces infractions que ceux tirés de celles-ci). **Les OPJ et APJ ne disposent** cependant **d'aucun pouvoir coercitif, n'ayant pas d'autre possibilité que d'observer** les personnes ou les biens surveillés.

B – Les infiltrations

Selon l'art. 706-81, C. pr. pén., les opérations d'infiltration peuvent être autorisées lorsque les nécessités de l'enquête (de flagrance ou préliminaire) ou de l'instruction concernant l'un des crimes ou délits entrant dans le champ d'application des art. 706-73 et 706-73-1, C. pr. pén., le justifient.

Les infiltrations sont autorisées par réquisitions du procureur au stade de l'enquête, ou par CR du juge d'instruction dans le cadre de l'information. Cette autorisation est écrite et motivée au regard des nécessités d'investigation, par référence notamment à la complexité de celles-ci ou à l'opacité du groupe criminel. Elle doit également viser les infractions des chefs desquelles sont conduites les investigations. L'opération ne peut être autorisée pour une période supérieure à quatre mois, renouvelable dans les mêmes conditions de forme et de durée (C. pr. pén., art. 706-83). L'ensemble des opérations est placé sous le contrôle du magistrat qui dirige les investigations. Celui-ci doit donc être régulièrement informé de l'évolution de l'infiltration afin de pouvoir apprécier si celle-ci est toujours nécessaire. Le magistrat peut en effet ordonner à tout moment qu'il soit mis la fin à l'opération, quand bien même le terme initialement fixé ne serait pas survenu.

L'agent infiltré, dont l'identité reste masquée, agit sous la direction d'un OPJ qui va coordonner l'opération et sera le seul interlocuteur de l'autorité l'ayant ordonnée. Il est en particulier le rédacteur des PV exposant le contenu de l'opération et le seul à pouvoir être entendu sur le déroulement de celle-ci. L'objectif de l'infiltration est de permettre à un enquêteur de s'intégrer dans une organisation criminelle afin d'observer le fonctionnement interne de celle-ci et de permettre ainsi son démantèlement. L'art. 706-82, C. pr. pén., énumère les actes qu'il peut commettre à cet effet : acquérir, détenir, transporter ou délivrer des substances, biens, produits, documents ou informations tirés de la commission des infractions ou servant à leur commission ; utiliser ou mettre à disposition des personnes se livrant à ces infractions des moyens de caractère juridique ou financier ainsi que des moyens de transport, de dépôt, d'hébergement, de conservation et de télécommunication. Ces actes ne peuvent être accomplis que si cela est nécessaire. Par ailleurs, à peine de nullité de la procédure (C. pr. pén., art. 706-81, dern. al.) et de retrait de l'immunité pénale de l'agent, les actes ne peuvent en aucun cas constituer une incitation à commettre une infraction.

Outre l'immunité pénale dont l'agent bénéficie pour les actes qu'il commet dans le cadre de l'opération et qui le rendent co-auteur, complice ou receleur d'une infraction, celui-ci est autorisé à faire usage d'une identité d'emprunt (C. pr. pén., art. 706-81), son identité réelle ne devant apparaître à aucun stade de la procédure (C. pr. pén., art. 706-84).

Le principe ainsi énoncé admet une exception : la confrontation avec l'agent infiltré. En effet, lorsqu'une personne est directement mise en cause par les constatations faites par l'agent infiltré, elle peut demander à être confrontée avec ce dernier (**soyez vigilant** : cette possibilité n'est toutefois ouverte que dans les cas de l'information et du jugement. Une personne mise en cause dans le cadre de l'enquête ne peut faire cette demande à ce stade de la procédure). Cette demande doit être analysée comme un droit, et ne peut être refusée que lorsque la condition de fond n'est pas remplie, c'est-à-dire lorsque la personne n'est pas directement mise en cause par des constatations effectuées par un agent ayant personnellement réalisé les opérations. La confrontation est réalisée dans les conditions prévues par l'article 706-61, C. pr. pén., c'est-à-dire par l'intermédiaire d'un dispositif technique permettant l'audition à distance, et de masquer la voix de l'agent infiltré. Dans tous les cas, les questions posées à l'agent infiltré à l'occasion de cette confrontation ne doivent en aucun cas avoir pour objet ou pour effet de révéler, directement ou indirectement, sa véritable identité.

Dans la mesure où la personne mise en cause ne peut être confrontée directement et de façon ouverte avec l'agent infiltré, aucune condamnation ne peut être prononcée sur le seul fondement des déclarations faites par ce dernier. En revanche, si l'agent infiltré accepte que son anonymat soit levé, le principe précité n'a plus lieu d'être et les déclarations de l'agent infiltré revêtent dès lors la même force probatoire que celles de tout autre agent ou officier de police judiciaire.

Cas pratique n° 4

› Énoncé

Un lundi matin, Joshua, 19 ans, marche dans la rue adjacente à la gare de Lyon. Il se dépêche – le départ de son train à destination du Sud de la France est prévu dans 8 minutes – lorsque deux agents de la police municipale lui demandent de justifier son identité. Alors que, agacé, il sort de sa poche sa carte d'identité, les policiers le conduisent au commissariat, où, présenté à un officier de police judiciaire, Joshua conteste la possibilité d'être retenu de la sorte. L'OPJ lui précise alors que le contrôle frontalier dont il a fait l'objet a été entrepris à la suite d'une dénonciation anonyme informant que Joshua serait un trafiquant de faux papiers d'identité. Joshua se demande tout de même s'il n'aurait pas pu être contrôlé sur un autre fondement. Quoi qu'il en soit, aucune preuve ne venant corroborer cette dénonciation à l'issue des 24 premières heures de garde à vue, l'officier de police judiciaire déclare à Joshua qu'il peut quitter librement le commissariat.

Relevez les irrégularités du contrôle d'identité.

› Correction

Joshua s'apprête à prendre le train lorsqu'il fait l'objet d'un contrôle d'identité frontalier. Alors qu'il justifie son identité auprès des agents de police municipale qui ont procédé au contrôle, Joshua est conduit au commissariat où il apprend que son contrôle d'identité a été entrepris après qu'une dénonciation anonyme l'ait accusé d'être un trafiquant de faux papiers. Aucune preuve ne venant corroborer cette dénonciation, Joshua, qui a été placé en garde à vue, est libéré à l'issue d'un délai de 24 heures.

La première irrégularité relevée a trait à la qualité des agents de police ayant procédé au contrôle (I), la seconde à la nature du contrôle d'identité opéré (II).

I/ La qualité des agents de police

L'art. 78-2, al. 1er, C. pr. pén., encadre les contrôles d'identité. Il précise plus particulièrement que ces contrôles ne peuvent être effectués que par des « officiers de police judiciaire et, sur l'ordre et sous la responsabilité de ceux-ci, les agents de police judiciaire et agents de police judiciaire adjoints mentionnés aux articles 20 et 21-1° ». Sont considérés comme agents de police judiciaire les élèves-gendarmes affectés en unité opérationnelle, les gendarmes n'ayant pas la qualité d'officier de police judiciaire, ou encore les fonctionnaires des services actifs de la police nationale, titulaires et stagiaires, n'ayant pas la qualité d'officier de police judiciaire (C. pr. pén., art. 20). Les APJA visés par l'art. 21-1, 1°, C. pr. pén., sont par exemple représentés par les fonctionnaires des services actifs de police nationale ne remplissant pas les conditions prévues par l'art. 20, ou encore par les volontaires servant en qualité de militaire dans la gendarmerie et les militaires servant au titre de la réserve opérationnelle de la gendarmerie nationale ne remplissant pas les conditions prévues par l'art. 20-1. Force est de constater que les agents de police municipale ne figurent pas dans cette liste et n'ont, par conséquent, aucune compétence pour procéder à un contrôle d'identité. Dans ces conditions, le contrôle d'identité opéré n'est pas régulier.

II/ La nature du contrôle d'identité

Joshua a été contrôlé sur le fondement d'un contrôle d'identité frontalier, alors même qu'il se trouvait à l'extérieur de la gare. Au titre de l'art. 78-2, al. 9, C. pr. pén., les contrôles d'identité frontaliers peuvent être entrepris « dans une zone comprise entre la frontière terrestre de la France avec les États parties à la convention signée à Schengen le 19 juin 1990 et une ligne tracée à 20 kilomètres en deçà, ainsi que dans les zones accessibles au public des ports, aéroports et gares ferroviaires ou routières ouverts au trafic international et désignés par arrêté et aux abords de ces gares ». En l'espèce, Joshua a été interpellé dans la rue adjacente à la gare de Lyon, qui peut tout à fait être considérée comme étant « aux abords » de la gare. Le contrôle d'identité est donc, sur ce point, parfaitement régulier.

Rien n'est moins sûr concernant la nature du contrôle d'identité.

Les contrôles d'identité frontaliers poursuivent un objectif précis. Ces derniers sont entrepris pour prévenir et rechercher « des infractions liées à la criminalité transfrontalière » ou encore « en vue de vérifier le respect des obligations de détention, de port et de présentation des titres et documents prévues par la loi » (C. pr. pén., art. 78-2, al. 9). Il s'agit de contrôles de nature administrative, qui ne peuvent donc pas être mis en œuvre lorsque la personne est soupçonnée d'avoir commis une infraction. Or tel est bien le cas ici, le contrôle d'identité de Joshua ayant été entrepris à la suite d'une dénonciation anonyme laissant penser que celui-ci est un trafiquant de faux papiers. Le contrôle d'identité de Joshua ne poursuivait donc pas les objectifs de l'art. 78-2, al. 9, C. pr. pén. : il ne s'agissait pas de prévenir une infraction pénale ou de contrôler le respect des obligations de détention de titres et documents de séjour, mais bien d'appréhender un individu soupçonné d'avoir commis une infraction. La Cour de cassation refuse un tel détournement. Dans un arrêt du 3 mai 2007 (n° 07-81331), elle a censuré la cour d'appel qui avait confirmé la possibilité de contrôler l'identité d'un individu sur le fondement du contrôle frontalier, à la suite d'une dénonciation anonyme précisant que celui-ci se livrerait habituellement à un trafic de stupéfiants. La Cour de cassation a jugé qu'« en prononçant ainsi, alors que les opérations effectuées ne répondaient pas à toutes les conditions prévues par l'art. 78-2, al. 4, C. pr. pén., et sans rechercher si elles ne relevaient pas d'un autre type de contrôle, la chambre de l'instruction a méconnu le sens et la portée du texte précité et du principe rappelé ci-dessus ». La similitude des faits de cet arrêt avec ceux de l'espèce conduit à conclure à l'irrégularité du contrôle opéré.

La question se pose de savoir si Joshua n'aurait pas pu être contrôlé sur un autre fondement. Le contrôle d'identité ayant été entrepris à la suite d'une dénonciation anonyme précisant que Joshua est un trafiquant de faux papiers, l'on pense immédiatement au contrôle judiciaire d'identité. L'art. 78-2, al. 2, C. pr. pén., permet en effet aux autorités de police habilitées de procéder à un contrôle judiciaire d'identité lorsque la personne est soupçonnée d'avoir commis ou tenté de commettre une infraction. Tel est bien le cas en l'espèce, la fabrication de faux documents constituant un délit puni de trois ans d'emprisonnement et de 45 000 euros d'amende (C. pén., art. 441-1).

Pour autant, ce contrôle aurait-il pu être mis en œuvre sur la base d'une simple dénonciation anonyme ? Une réponse négative s'impose, la Cour de cassation jugeant qu'« une dénonciation anonyme non corroborée par d'autres éléments d'information ni confortée par des vérifications apportant des éléments précis et concordants ne constitue pas une raison plausible de soupçonner qu'une personne a commis ou tenté de commettre une infraction, permettant à des officiers de police judiciaire ou, sur l'ordre et sous la responsabilité de ceux-ci, à des agents de police judiciaire, de procéder à son contrôle d'identité sur le fondement de l'article 78-2, alinéa 1er, du Code de procédure pénale » (Civ. 1re, 31 mai 2005, n° 04-50033). Joshua n'aurait donc pas pu être contrôlé sur le fondement du contrôle judiciaire d'identité, aucun élément ne venant corroborer la dénonciation anonyme en l'espèce.

Cas pratique n° 5

› Énoncé

Une équipe de police est en patrouille dans le XVIIIe arrondissement de Paris. Elle décide, à 17 h 25, de procéder, sur réquisition préalable et écrite du procureur de la République de Paris, au contrôle d'identité de Damien, qui, un sac à dos sur les épaules, se rendait à la répétition du groupe de *heavy metal* dont il est membre. Ne supportant plus d'être sans cesse contrôlé, Damien décide de quitter les lieux en courant.

Le contrôle d'identité était-il régulier ? Votre réponse serait-elle la même si la réquisition mentionnée avait succédé à d'autres réquisitions du procureur ? Et si le contrôle avait eu lieu, en l'absence de réquisition du procureur de la République, aux abords de la gare du Nord ?

› Correction

Nous distinguerons trois hypothèses : celle décrites par les faits (I), celle où serait intervenu un cumul de réquisitions (II) puis celle où le contrôle aurait eu lieu, sans réquisition préalable du procureur de la République, aux abords de la gare du Nord (III).

I/ L'hypothèse décrite par les faits

L'opération de contrôle d'identité est l'opération par laquelle une personne est interpellée et invitée à justifier, sur-le-champ et par tout moyen, de son identité. Toute personne se trouvant sur le territoire national doit accepter de se soumettre à un contrôle d'identité effectué dans certaines conditions par les autorités de police. Le législateur a mis en place deux catégories de contrôles d'identité : les contrôles d'identité de police judiciaire, intervenant en répression de l'infraction, et les contrôles d'identité de police administrative qui s'inscrivent dans une logique de prévention de l'infraction.

L'article 78-2, C. pr. pén., dispose que sur réquisitions écrites du procureur de la République, aux fins de recherche et de poursuite d'infractions qu'il précise, l'identité de toute personne peut être contrôlée dans les lieux et pour une période de temps déterminée par ce magistrat.

Ce contrôle prescrit par l'autorité judiciaire, en l'espèce le procureur de la République, est ordonné aux fins de recherche et de poursuite d'infractions qu'il précise par réquisitions devant être écrites. Il appartient au service de police ou de gendarmerie lorsqu'il formule sa demande au Parquet, de motiver les raisons pour lesquelles le contrôle est sollicité.

En l'espèce, ce contrôle d'identité a été autorisé sur réquisition écrite et préalable du procureur de la République. Le cadre de ce contrôle d'identité n'exige pas de rapporter la preuve qu'une infraction vient de se commettre, ou de la nécessité de prévenir une atteinte à l'ordre public. Aucun motif ne permet d'en contester en l'espèce la régularité.

II/ L'hypothèse d'un cumul de réquisitions

Le Conseil constitutionnel, dans sa décision QPC du 24 janvier 2017, a formulé une réserve d'interprétation d'application immédiate. Les contrôles d'identité requis par le procureur de la République ne sauraient dans leur mise en œuvre méconnaître la liberté d'aller et de venir dès lors qu'ils ne sauraient autoriser, en particulier par un cumul de réquisitions portant sur des lieux ou des périodes différents, la pratique de contrôles d'identité généralisés dans le temps ou dans l'espace.

La chambre criminelle de la cour de cassation vient d'ailleurs de faire application de cette réserve dans un arrêt du 14 mars 2018 (n° 17-14.424). Rappelant la réserve du Conseil, selon laquelle les dispositions de l'art. 78-2, al. 6, C. pr. pén., dans leur rédaction antérieure à celle issue de la loi n° 2016-731 du 3 juin 2016, ne sauraient, sans méconnaître la liberté d'aller et de venir, autoriser le procureur de la République, en particulier par un cumul de réquisitions portant sur des lieux ou des périodes différents, à requérir des contrôles d'identité généralisés dans le temps ou dans l'espace, elle censure une ordonnance du premier président de la Cour d'appel de Paris prolongeant une réquisition du procureur de la République aux fins de contrôle d'identité, alors que pouvait être constatée une succession ininterrompue de réquisitions de contrôles d'identité. Pour la haute juridiction, la succession ininterrompue de réquisitions de contrôles d'identité dans les mêmes lieux conduisait à un contrôle unique de trente-six heures, généralisé dans le temps et dans l'espace conduit à un contrôle unique généralisé dans le temps et dans l'espace, lequel méconnaît, en conséquence, la liberté d'aller et de venir.

En l'espèce, le cumul de réquisitions entacherait d'irrégularité le contrôle effectué sur Damien.

III/ L'hypothèse d'une absence de réquisition et d'un contrôle effectué aux abords de la gare du Nord

Les contrôles d'identité de police administrative, destinés à prévenir la commission d'une infraction, sont de deux ordres :

– l'art. 78-2, al 3, C. pr. pén., prévoit le contrôle d'identité de toute personne, quel que soit son comportement, pour prévenir une atteinte à la sécurité des personnes et des biens. Un tel contrôle n'est néanmoins possible qu'à la condition que des circonstances concrètes caractérisant un risque d'atteinte à l'ordre public soient préalablement établies. Or, tel n'aurait pas été le cas en l'espèce ;

– en vue de la mise en œuvre des accords de Schengen, le législateur prévoit que des contrôles d'identité peuvent toujours être effectués dans une zone comprise dans un rayon de 20 km autour de la frontière, ainsi que des zones portuaires, aéroportuaires et des gares ferroviaires ou routières ouvertes au trafic international. La gare du Nord dont il est fait mention en l'espèce constituant sans nul doute une gare ferroviaire ouverte au trafic international, c'est vraisemblablement dans ce cadre juridique que le contrôle d'identité auquel il aurait été procédé en l'espèce trouverait son fondement. Resterait toutefois à en examiner la régularité. La mise en œuvre d'un contrôle d'identité « Schengen » ne requérant aucune autre condition que celle tenant au critère géographique, et celle-ci aurait été remplie en l'espèce. Nous aurions pu être tentés de conclure à la régularité du contrôle effectué. Cependant, dans une célèbre décision du 22 juin 2010, la CJUE a censuré les dispositions issues de l'art. 78-2, al. 4, C. pr. pén. Elle juge en effet que les prévisions du droit communautaire relatives à la liberté d'aller et de venir (art. 67, § 2, TFUE et art. 20 et 21 règlement n° 562/2006) s'opposent à une législation nationale conférant aux autorités de police d'un État membre « la compétence de contrôler, uniquement dans une zone de 20 kilomètres à partir de la frontière terrestre de cet État avec les États parties à la Convention d'application de l'accord de Schengen, l'identité de toute personne, indépendamment du comportement de celle-ci et de circonstances particulières établissant un risque d'atteinte à l'ordre public, en vue de vérifier le respect des obligations de détention, de port et de présentation des titres et des documents prévues par la loi, sans prévoir l'encadrement nécessaire de cette compétence garantissant que l'exercice pratique de ladite compétence ne puisse pas revêtir un effet équivalent à celui des vérifications aux frontières ». Ainsi, le droit communautaire s'oppose aux législations nationales prévoyant un contrôle aux frontières des États signataires de l'accord de Schengen de 1985 en dehors de circonstances particulières, liées notamment au comportement des individus et aux exigences de la sûreté. C'est pourquoi la loi du 14 mars 2011 (loi dite « Loppsi II ») a prévu, à l'article 78-2, al. 8, C. pr. pén. (devenu l'art. 78-2, al. 9) que de tels contrôles ne peuvent désormais être réalisés que « pour la prévention et la recherche des infractions liées à la criminalité transfrontalière ». Reprenant les exigences de la CJUE, le législateur prévoit que « le contrôle des obligations de détention, de port et de présentation des titres et documents prévus par la loi ne peut être pratiqué que pour une durée n'excédant pas douze heures consécutives dans un même lieu et ne peut consister en un contrôle systématique des personnes présentes ou circulant dans les zones ou lieux mentionnés au même alinéa ». Ainsi, le contrôle effectué en l'espèce ne serait régulier qu'à la condition que ces exigences aient été respectées.

Cas pratique n° 6

› *Énoncé*

Le 1er avril dernier, las de faire l'objet d'incessants contrôles de police, Guillaume décide de se dissimuler derrière un arbre au passage d'une voiture de police. Ce comportement ne manque pas d'éveiller la suspicion des agents qui procèdent immédiatement au contrôle de l'identité de Guillaume. Malheureusement, celui-ci a oublié ses papiers d'identité. Les policiers le conduisent alors au commissariat où ils procèdent à son audition. Au bout de trois heures de rétention, une feuille tombe de la poche de Guillaume. Un policier s'en saisit. Quelle n'est pas sa surprise quand il découvre qu'il s'agit d'un courrier signé d'un fameux groupe terroriste qui remercie son destinataire pour l'aide qu'il a apporté « dans la préparation du grand jour ». Guillaume a beau expliquer qu'il s'est trompé de blouson en sortant du café ce matin, et que ce courrier ne lui appartient pas, un officier de police judiciaire lui notifie immédiatement son placement en garde à vue (il est 10 h du matin). Ce n'est que le 7 avril à 9 h que Guillaume sortira du commissariat lavé de tout soupçon.

Que pensez-vous de la régularité de cette procédure ?

Soucieux d'éveiller l'amour de Blandine, Simon prend la route pour aller lui offrir les nombreux bijoux qu'il vient de recevoir en héritage. Pris dans son excitation, il ne se rend pas compte qu'il circule largement au-dessus des limitations de vitesse. Aussi, il ne tarde pas à être pris en chasse par des policiers, qui le contraignent finalement à s'arrêter. Alors que les policiers s'approchent du véhicule, ils aperçoivent pêle-mêle, sur le siège avant du véhicule, les bijoux. Ils demandent des explications à Simon, mais celui-ci, pris de panique, exige « un mandat » pour répondre aux questions. Ceux-ci décident alors de procéder à la fouille de sa voiture. Simon est ensuite conduit au commissariat et interrogé durant 3 heures au terme desquelles, lavé de tout soupçon, il est relâché.

Quid de la régularité de la procédure ?

› *Correction*

Il convient d'étudier la régularité des actes effectués à l'encontre de Guillaume (I) et de Simon (II).

I/ Sur la régularité des actes effectués à l'encontre de Guillaume

Le 1er avril, Guillaume se dissimule derrière un arbre au passage d'une voiture de police. Ce comportement éveille la suspicion des agents qui procèdent au contrôle de son identité. Mais ce dernier a oublié ses papiers d'identité. Les policiers le conduisent alors au commissariat où ils procèdent à son audition. Au bout de trois heures de rétention, une feuille tombe de la poche de Guillaume. Un policier s'en saisit. Il s'agit d'un courrier signé d'un fameux groupe terroriste qui remercie son destinataire pour l'aide qu'il a apporté « dans la préparation du grand jour ». Bien que Guillaume explique que ce courrier ne lui appartient pas, un officier de police judiciaire lui notifie immédiatement son placement en garde à vue (il est 10 h du matin). Ce n'est que le 7 avril à 9 h que Guillaume sortira du commissariat lavé de tout soupçon. Il s'agit de s'interroger sur la régularité de cette procédure.

A – Sur la régularité du contrôle d'identité

C'est ici à un contrôle d'identité de police judiciaire que se livrent les policiers. L'art. 78-2, C. pr. pén., prévoit notamment la possibilité pour les agents et officiers de police judiciaire de procéder à un contrôle d'identité quand il y a une ou plusieurs raisons plausibles de soupçonner que l'intéressé a commis ou tenté de commettre une infraction, ou bien qu'il se prépare à commettre un crime ou un délit.

En l'espèce, Guillaume tâche de se dissimuler derrière un arbre à l'arrivée du véhicule de police. Peut-on considérer qu'il s'agit là d'un comportement suspect au sens de l'art. 78-2, C. pr. pén. ?

De manière constante, la jurisprudence considère que le seul fait de faire demi-tour à la vue des policiers ne peut justifier ce type de contrôle (en ce sens, v. not. Civ. 1re, 10 mai 2006). En revanche, la tentative de dissimulation à la vue des policiers, attitude beaucoup plus significative, justifie un CIPJ. Ainsi, dans un arrêt du 17 janvier 2006, la première chambre civile décide que le comportement d'une personne consistant à tenter de se dissimuler à la vue d'un véhicule de police est constitutif d'un comportement laissant légitimement croire que la personne est sur le point de commettre ou vient de commettre l'infraction. Un tel comportement est donc de nature à justifier que soit effectué un contrôle d'identité de police judiciaire.

B – Sur la régularité de la vérification d'identité

Guillaume n'étant pas en mesure de justifier de son identité, les policiers le conduisent au commissariat et procèdent à son audition. Il s'agit de s'assurer de la régularité d'une telle mesure. Selon l'art. 78-3, C. pr. pén., si la personne contrôlée ne peut établir son identité ou refuse de le faire, on entre dans la phase vérification d'identité. L'intéressé peut alors être retenu sur place ou dans un local de police. Il doit être présenté immédiatement à l'OPJ qui le met en mesure de fournir son identité par tous moyens. Il l'informe également de son droit d'informer le procureur de la République de la vérification dont il fait l'objet, et de prévenir sa famille. La procédure ne sera régulière qu'à la condition que ces formalités aient été respectées.

La rétention ne peut excéder quatre heures. En l'espèce, la vérification d'identité a duré trois heures. La procédure apparaît dès lors régulière.

C – Détermination du cadre juridique d'enquête

Lors de la rétention due à la vérification d'identité, un document compromettant tombe de la poche de Guillaume. Il convient de déterminer, à partir de ce moment, dans quel cadre juridique agissent les policiers.

L'énoncé ne faisant pas mention de l'ouverture d'une information judiciaire, on suppose que l'action policière s'inscrit dans la perspective de l'enquête de police. Reste à déterminer s'il s'agit d'une enquête de flagrance ou d'une enquête préliminaire.

L'art. 53, C. pr. pén., énumère quatre cas dans lesquels la flagrance est caractérisée : l'infraction se commet actuellement; l'infraction vient de se commettre; dans un temps très voisin de l'action la personne soupçonnée est poursuivie par la clameur publique; dans un temps très voisin de l'action la personne soupçonnée est trouvée en possession d'objets ou présente des traces ou indices laissant penser qu'elle a participé à l'infraction. Chacun de ces quatre cas suppose qu'une infraction ait été préalablement commise. Or, l'énoncé ne fait pas mention de la commission récente d'une infraction pénale. On pourrait certes songer à l'infraction de 421-2-1, C. pén., consistant dans le fait de participer à une action terroriste, mais rien ne nous permet de déterminer quand aurait eu lieu l'acte de participation. Le défaut du critère temporel rend la situation de flagrance impossible à démontrer.

De plus, la lecture de l'énoncé nous invite à penser, non que l'infraction terroriste a été commise, mais qu'elle se prépare. Les policiers agiraient dans ce cas dans le cadre d'une enquête préliminaire. C'est au regard de ce cadre juridique qu'il convient d'examiner la régularité de la garde à vue.

D – Régularité de la garde à vue

1 • Régularité du placement en garde à vue

Plusieurs points doivent être étudiés :

– **L'autorité compétente pour décider d'un placement en GAV** : selon l'art. 77, C. pr. pén., seul l'OPJ est compétent pour procéder au placement en garde à vue. Ses droits ont ici bien été notifiés à Guillaume par un OPJ. La garde à vue est donc à cet égard régulière.

– **Les personnes susceptibles d'être placées en GAV** : seuls les suspects peuvent être placés en garde à vue. La loi les définit comme « les personnes à l'encontre desquelles il y a des raisons plausibles de soupçonner qu'elles ont commis ou tenté de commettre une infraction ». Guillaume, qui a en l'espèce été trouvé en possession d'un courrier semblant attester de sa participation à un groupe terroriste, correspond effectivement à cette définition.

– **Les infractions pour lesquelles l'enquête permet un placement en GAV** : la loi du 14 avril 2011 limite par ailleurs le placement en garde à vue aux crimes et aux délits punis d'une peine d'emprisonnement. L'infraction terroriste dont il est question en l'espèce entre sans aucun doute dans ces prévisions.

– **Les motifs justifiant un placement en GAV** : le placement en garde à vue n'est régulier, depuis la loi du 14 avril 2011, qu'à la condition que la garde à vue constitue l'unique moyen de parvenir à l'un des six objectifs limitativement énumérés par le législateur. Parmi ces objectifs est notamment mentionnée la nécessité de permettre l'exécution des investigations impliquant la présence ou la participation de la personne. Or, en l'espèce, l'audition de Guillaume apparaît bien nécessaire à la prévention d'une action terroriste. La garde à vue apparaît donc régulière à cet égard.

– **L'information du procureur de la République** : le procureur de la République doit être informé par les enquêteurs « dès le début de la garde à vue ». En l'espèce, rien n'est précisé. Ce n'est qu'à cette condition que la GAV pourra être régulière.

– **Le moment du placement en GAV** : il convient de déterminer le moment auquel est intervenu le placement en garde à vue. De jurisprudence constante, la garde à vue commence dès que la personne « a été contrainte de se tenir à la disposition de la police ». C'est ce que l'on appelle le placement effectif en garde à vue.

Cependant, les policiers procèdent souvent à un placement rétroactif en garde à vue (autrement appelé placement théorique), qu'ils fixent au moment auquel la personne s'est tenue à la disposition de la police, qu'il y ait ou non contrainte. Le placement effectif marque le moment auquel les policiers doivent notifier ses droits à l'intéressé. Le placement théorique détermine quant à lui le point de départ de la durée du délai de garde à vue. Il s'agit donc de savoir à quels moments sont intervenus en l'espèce chacun de ces placements en garde à vue.

D'abord, s'agissant du placement théorique en garde à vue, il ne fait guère de doute qu'il est intervenu au moment où Guillaume s'est tenu à la disposition de la police, soit à 7 h le matin du 1er avril. C'est ce moment qu'il faudra prendre en compte pour décompter la durée de la garde à vue.

Ensuite, s'agissant du placement effectif, la contrainte est apparue au moment où le policier a découvert le courrier tombé de la poche de Guillaume, à 10 h. C'est par conséquent à ce moment qu'il faut fixer le moment du placement effectif en garde à vue.

2 • Régularité du déroulement de la garde à vue

Plusieurs points doivent ici aussi être examinés successivement :

– **La durée de la garde à vue** : la garde à vue dure en principe 24 heures. Elle peut être prolongée de 24 heures sur autorisation écrite et motivée du procureur de la République, cette prolongation devant intervenir, en principe, à la suite de la présentation préalable de l'intéressé au procureur de la République. En outre, depuis la loi du 14 avril 2011, deux conditions supplémentaires doivent être remplies pour que la prolongation soit régulière. D'une part, l'infraction doit consister en un crime ou en un délit puni d'une peine au moins égale à un an d'emprisonnement. Tel est bien le cas en l'espèce. D'autre part, la prolongation doit apparaître comme l'unique moyen de parvenir à l'un des six objectifs limitativement énumérés par le législateur et mentionnés plus haut. Cette condition semble également remplie. C'est le placement théorique en garde à vue qu'il convient de considérer pour décompter ce délai. Ainsi, en l'espèce, la garde à vue débute à 7 h le matin du 1er avril. La prolongation doit par conséquent intervenir à 7 h le matin du 2 avril, et la mesure prendre fin à 7 h le matin du 3 avril.

Cependant, on soupçonne ici Guillaume d'une infraction terroriste. Or, les infractions terroristes relèvent de la procédure pénale dérogatoire applicable à la criminalité organisée mise en place par la loi dite Perben 2. La garde à vue peut ainsi faire l'objet de deux prolongations supplémentaires de 24 heures chacune. Elle peut donc être portée à 96 heures. Ces prolongations doivent être autorisées, par décision écrite et motivée, à la requête du procureur de la République, par le juge des libertés et de la détention. Si l'on considère que la garde a vue de Guillaume a donné lieu a donné lieu a deux prolongations supplémentaires, la première a dû intervenir le 3 avril à 7 h, et la seconde, le 4 avril à la même heure. Guillaume, devrait être libéré le 5 avril à 7 h.

Mais la loi du 23 janvier 2006 offre la possibilité de la prolonger encore en matière de terrorisme imminent. Deux conditions doivent toutefois être remplies pour que la prolongation au-delà des 96 heures soit possible : l'infraction en raison de laquelle la garde à vue est exécutée doit consister en une infraction terroriste (c'est le cas en l'espèce); il doit ressortir des premiers éléments de l'enquête qu'il existe un risque sérieux de l'imminence d'une action terroriste en France ou à l'étranger (on déduit ici cette condition du fait qu'un courrier émanant d'un groupe terroriste notoire semble annoncer une action terroriste dans un avenir proche). La nouvelle prolongation est décidée, à titre exceptionnel, par le juge des libertés, par décision écrite et motivée, obtenue à la requête du procureur de la République. La durée de la nouvelle prolongation est de vingt-quatre heures, renouvelable une fois. La garde à vue peut donc être portée à 144 heures. La première prolongation relative aux infractions terroristes doit avoir eu lieu le 5 avril à 7 h; la seconde, le 6 avril à 7 h. La libération de Guillaume doit donc intervenir le 7 avril à 7 h. Or, on sait que c'est à 9 h le 7 avril que Guillaume a finalement été libéré, soit deux heures trop tard.

Le C. pr. pén. ne prévoit rien quant à la sanction d'une garde à vue irrégulière. Toutefois, l'art. 171, C. pr. pén., prévoit la nullité de la procédure quand une formalité substantielle a été méconnue. Or, la chambre criminelle considère les dispositions relatives à la garde à vue comme des formalités substantielles. Les deux dernières heures de garde à vue seront donc déclarées nulles. Les aveux que Guillaume aurait à cette occasion pu formuler seraient déclarés irrecevables.

– **La notification du placement en garde à vue avec énoncé des droits** : la notification doit être effectuée par un OPJ. Cette condition a bien été respectée en l'espèce. Mais surtout, l'art. 63-1, C. pr. pén., impose que la notification du placement en garde à vue et des droits qu'elle permet soit immédiate. C'est en l'espèce bien le cas, puisqu'elle a été concomitante au placement effectif en garde à vue. Quant à son contenu, la notification doit porter sur le placement en garde à vue et la durée possible de la mesure, ainsi que sur les droits du gardé à vue. À cet égard, la personne doit notamment être informée de son droit à garder le silence. La notification apparaît ici avoir été régulièrement effectuée.

– **Le droit de faire prévenir une personne par téléphone et le droit à un examen médical** : d'après l'art. 63-2, C. pr. pén., la possibilité pour le gardé à vue de faire prévenir sa famille ou un proche doit se faire au plus tard dans un délai de 3 heures à compter du moment ou la personne en formule la demande. C'est dans le même délai que doit intervenir l'examen médical. C'est de nouveau le placement effectif qu'il convient de considérer pour apprécier la régularité de la mesure.

– **Le droit de communiquer avec un tiers** : prévu désormais par l'art. 63-2 II C. pr. pén., il est issu de la loi du 3 juin 2016. En l'espèce, rien n'est précisé...

– **Le respect des droits de la défense** : depuis la loi du 14 avril 2011, plusieurs règles protectrices des droits de la défense de la personne gardée à vue doivent être respectées :

- *Entretien initial avec l'avocat* : par exception, en matière de terrorisme, l'intervention de l'avocat est reportée à la 72e heure de garde à vue. Trois conditions doivent néanmoins être réunies, depuis la loi du 14 avril 2011, pour qu'un tel report soit régulier. D'abord, des raisons impérieuses tenant aux circonstances de l'espèce doivent justifier le report. La nécessité de déjouer un attentat terroriste semble ici répondre à cette condition. Ensuite, le report doit permettre notamment de prévenir une atteinte aux personnes. Tel est bien le cas ici. Enfin, sur la forme, le report de l'entretien avec l'avocat jusqu'à la fin de la 24e heure est décidé par décision écrite et motivée du procureur de la République, tandis que le report de l'intervention de l'avocat au-delà de la 24e heure est décidé par décision écrite et motivée du JLD. Guillaume devrait donc pouvoir s'entretenir avec son avocat à la 72e heure de garde à vue. Néanmoins, la loi du 23 janvier 2006, a mis en place la possibilité de repousser cet entretien à la 96e heure lorsqu'une action terroriste apparaît imminente, et la loi du 14 avril 2011 n'a pas modifié cette prévision. Ainsi, ce n'est qu'à la 96e heure de garde à vue que Guillaume pouvait s'entretenir avec son avocat. C'est à compter du placement effectif en garde à vue qu'il convient de décompter ce délai.

- *Assistance de l'avocat aux auditions de la personne gardée à vue* : l'art. 63-4-2, C. pr. pén., prévoit la possibilité pour la personne gardée à vue de demander que l'avocat assiste à ses auditions et confrontations. Dans ce cas, la première audition, sauf si elle porte uniquement sur les éléments d'identité, ne peut débuter sans la présence de l'avocat avant l'expiration d'un délai de deux heures suivant l'avis adressé de la demande du gardé à vue d'être assistée par un avocat. Si l'avocat se présente après l'expiration de ce délai alors qu'une audition ou une confrontation est en cours, celle-ci est interrompue à la demande de la personne gardée à vue afin de lui permettre de s'entretenir avec son avocat et que celui-ci prenne connaissance du dossier. Si la personne gardée à vue ne demande pas à s'entretenir avec son avocat, celui-ci peut assister à l'audition en cours dès son arrivée dans les locaux du service de police judiciaire ou à la confrontation. Quelques dérogations à ces nouvelles règles très contraignantes sont toutefois aménagées par le législateur. D'abord, lorsque les nécessités de l'enquête exigent une audition immédiate de la personne, le procureur de la République peut autoriser, par décision écrite et motivée, sur demande de l'officier de police judiciaire, que l'audition débute sans attendre l'expiration du délai de deux heures. Ensuite, à titre exceptionnel, sur demande de l'officier de police judiciaire, le procureur de la République ou le JLD, peut autoriser, par décision écrite et motivée, le report de présence de l'avocat lors des auditions ou confrontations, si cette mesure apparaît indispensable pour des raisons impérieuses tenant aux circonstances particulières de l'enquête, soit pour permettre le bon déroulement d'investigations urgentes tendant au recueil ou à la conservation des preuves, soit pour prévenir une atteinte imminente aux personnes. Néanmoins, dans cette dernière hypothèse, le procureur de la République ne peut différer la présence de l'avocat que pendant une durée maximale de douze heures. Le JLD peut alors, sur requête du procureur de la République, autoriser à différer la présence de l'avocat, au-delà de la douzième heure, jusqu'à la vingt-quatrième heure, dans les seules hypothèses où la personne est gardée à vue pour un crime ou un délit puni d'une peine d'emprisonnement supérieure ou égale à cinq ans. Les autorisations du procureur de la République et du juge des libertés et de la détention ainsi prévues doivent toujours être écrites et motivées par référence aux conditions prévues par le législateur au regard des éléments précis et circonstanciés résultant des faits de l'espèce. Lorsqu'il a été fait application de telles dérogations, le procureur de la République ou le JLD peut également, dans les mêmes conditions et selon les mêmes modalités, décider que l'avocat ne peut, pour une durée identique, consulter les procès-verbaux d'audition de la personne gardée à vue.

II/ Sur la régularité des actes effectués à l'encontre de Simon

Il nous faut déterminer le cadre juridique des investigations (A) avant d'étudier la régularité de la fouille du véhicule de Simon (B) puis l'audition de celui-ci (C).

A – Détermination du cadre juridique de l'action policière

Selon l'art. 53, C. pr. pén., la flagrance est caractérisée lorsque l'infraction est constatée par les policiers alors qu'elle « se commet actuellement ». Ce cas semble être exploitable en l'espèce, puisque Simon semble, au moment de son interpellation, receler des bijoux volés. Mais encore faut-il que se trouvent réunis deux critères pour conclure à la flagrance de l'infraction.

Le critère temporel ne pose ici pas problème puisque l'infraction de recel se commet actuellement. Mais la situation de flagrance est aussi subordonnée à un critère d'apparence : il n'y a infraction flagrante que si son existence est révélée par des indices apparents constatables extérieurement par la police judiciaire. On parle d'indices apparents d'un comportement délictueux. L'indice apparent du comportement délictueux consisterait ici dans la conjonction de plusieurs éléments : les bijoux pêle-mêle sur le siège passager, le dépassement des limitations de vitesse, et l'état de panique dans lequel se trouve Simon à la vue des policiers. On conclura donc à l'existence d'indices apparents d'un comportement délictueux.

Enfin, l'enquête de flagrance n'est possible que pour un crime ou un délit punissable d'une peine d'emprisonnement (C. pr. pén., art. 67). Il est en l'espèce question de recel, infraction qui répond à l'évidence à cette dernière condition.

Nous pouvons conclure de ces différentes constatations que l'action policière s'inscrit dans la perspective d'une enquête de flagrance.

B – Sur la régularité de la fouille du véhicule

Les fouilles consistent dans la recherche d'indices dans tous les autres endroits qu'un lieu immobilier clos (par exemple, la personne elle-même ou son véhicule). Pour l'essentiel, perquisitions et fouilles sont soumises au même régime, sauf sur un point : les fouilles ne sont pas soumises au régime des heures légales. Elles peuvent donc être effectuées à tout moment. De plus, en enquête de flagrance, elles ne nécessitent pas l'accord de l'intéressé. Elles doivent enfin être effectuées en présence de l'intéressé. La fouille effectuée dans le véhicule de Simon répond à chacune de ces conditions et apparaît donc régulière.

C – Sur la régularité de l'audition

S'agissant de la régularité de l'audition il convient de distinguer selon que Simon s'est ou non prêté volontairement à l'opération. Si Simon a suivi de son plein gré les policiers, sans contrainte, l'audition pourrait être régulière. En effet, comme le rappelle la Cour de cassation dans un arrêt du 8 septembre 2004, à partir du moment où une personne collabore volontairement et sans contrainte à l'enquête aucune disposition n'impose qu'elle soit placée sous le régime de la garde à vue. Le fait qu'il existe à son encontre des indices permettant de penser qu'elle a commis une infraction ne fait pas naître une obligation de placement en garde à vue. Toutefois, il est suspect et les droits énumérés à l'article 61-1, C. pr. pén., auraient dû lui être notifiés.

En revanche, si Simon s'est trouvé contraint de se prêter aux opérations policières, les policiers auraient dû lui notifier son placement en garde à vue dès que la contrainte est apparue. À défaut, l'audition sera déclarée irrégulière et annulée.

3. Les enquêtes de police

La détermination du ou des cadres d'investigation dans lesquelles sont effectués les actes qui vous sont décrits dans un cas pratique apparaît comme un élément fondamental de votre démonstration. Du cadre juridique dépendra en effet le régime de ces actes et donc leurs conditions de régularité ainsi que l'autorité compétente pour les réaliser. C'est donc une étape préalable qui doit faire l'objet de développements exprès et mis en avant, idéalement, dans une subdivision de votre réponse. Nous présenterons ces cadres d'enquête (I) puis le régime des actes qui peuvent être diligentés dans chacun de ceux-ci (II).

I/ Le préalable nécessaire : la détermination des cadres juridiques de l'investigation policière

Lorsqu'il n'est point fait mention d'un réquisitoire introductif délivré par le procureur de la République ou d'une plainte avec constitution de partie civile qui saisirait un juge d'instruction, les actes qui vous sont décrits ont nécessairement été effectués dans le cadre d'une enquête de police. Cette mention, qui doit être expressément précisée dès l'orée de votre démonstration – puisqu'elle permet à votre correcteur de voir que vous raisonnez logiquement et par élimination –, doit vous conduire ensuite à envisager plus précisément dans quel(s) cadre(s), parmi les différents cadres de l'investigation policière, les actes décrits sont susceptibles d'avoir été effectués. Cette étape est nécessaire, même si l'énoncé vous mentionne expressément que les actes ont été effectués dans tel ou tel cadre. En effet, les autorités qui ont, en l'espèce, agit, peuvent elles-mêmes s'être trompées dans la détermination du cadre juridique de leur action. Cette détermination doit toutefois être entreprise selon une double démarche, à la fois statique (A) et dynamique (B) car le cadre initial ou les cadres initiaux est ou sont susceptible(s) d'évoluer.

A – Première étape : la détermination statique des cadres de l'investigation policière

En bonne méthode, il vous faut d'abord trancher, au préalable, expressément et rapidement, une alternative simple : sommes-nous, en l'espèce, dans l'un des cadres d'enquête *sui generis* prévus par le Code de procédure pénale ou sommes-nous dans l'un des cadres traditionnels de l'investigation policière (1) ? Si l'on ne se situe pas dans un cadre *sui generis*, vient ensuite l'étape fondamentale qui consiste à déterminer, au sein des cadres traditionnels, l'on se situe en enquête de flagrance ou en enquête préliminaire (2). Enfin, il vous faudra parachever votre démonstration en déterminant si l'enquête de flagrance ou l'enquête préliminaire mise en lumière est susceptible d'autoriser l'exercice de pouvoirs dérogatoires et, principalement, si s'applique notamment la procédure relative à la criminalité et à la délinquance organisée (3).

1 • Le préalable : sommes-nous dans l'un des cadres d'enquête *sui generis* prévus par le C. pr. pén. (sous-étape 1) ?

Pour répondre à l'urgence générée par certaines situations très particulières, le législateur a mis en place des cadres d'enquête très spécifiques, qui ne répondent pas aux conditions de la flagrance mais qui permettent le déploiement de certains pouvoirs de flagrance : il s'agit de l'enquête portant sur une mort ou de blessures suspectes (C. pr. pén., art. 74) ou sur la disparition d'une personne (C. pr. pén., art. 74-1) ou visant à la recherche d'une personne en fuite (C. pr. pén., art. 74-2).

Ces trois cadres d'enquête, présentent certains traits communs :

– il ne peut y être recouru que sur instruction du procureur, l'OPJ ne pouvant agir d'office ;

– est permis le déploiement des pouvoirs de l'enquête de flagrance prévus aux art. 56 à 62, C. pr. pén. (**ce qui, *a contrario* exclut notamment le recours à GAV**) ;

– est permis le recours à la géolocalisation, sur autorisation du procureur, pour une durée de quinze jours consécutifs. À l'issue de ce délai, cette opération est autorisée par le JLD à la requête du procureur pour une durée maximale d'un mois renouvelable ; dans le cadre d'une instruction ou d'une information pour recherche des causes de la mort ou des causes de la disparition mentionnées aux art. 74, 74-1 et 80-4, par le juge d'instruction, pour une durée maximale de quatre mois renouvelable dans les mêmes conditions de forme et de durée (C. pr. pén., art. 230-32, 2° et 3° ; art. 230-33, 1° et 2°, dans leur rédaction issue de la loi du 23 mars 2019, dispositions déclarées conformes à la Constitution par Cons. const. 21 mars 2019, décis. n° 2019-778 DC, § 148 à 150).

Au-delà, de ce régime commun certaines différences apparaissent et il faut distinguer :

– *L'enquête de mort ou de blessures suspectes et l'enquête portant sur la disparition d'une personne*, ne peut s'étendre au-delà d'une durée de huit jours à compter des instructions du procureur. À l'issue de ce délai, les investigations peuvent se poursuivre dans les formes de l'enquête préliminaire, le procureur pouvant requérir l'ouverture d'une instruction préparatoire pour recherche des causes de la mort ou de la disparition (v. pour les spécificités de cette dernière procédure, l'art. 80-4, C. pr. pén.). En outre, il faut encore distinguer :

- *l'enquête de mort ou de blessures suspectes* ne peut être diligentée que par un OPJ et en cas de découverte d'un cadavre, si la cause de la mort est inconnue ou suspecte, ou en cas de découverte d'une personne grièvement blessée lorsque la cause de ses blessures est inconnue ou suspecte. Dans une telle hypothèse, l'OPJ qui en est avisé informe immédiatement le procureur, se transporte sans délai sur les lieux et procède aux premières constatations. Le procureur se rend sur place s'il le juge nécessaire et se fait assister de personnes capables d'apprécier la nature des circonstances du décès. Il peut, toutefois, déléguer aux mêmes fins, un OPJ de son choix ;
- *l'enquête portant sur la disparition d'une personne* peut quant à elle être diligentée par un OPJ, assisté d'un APJ, et lorsque la disparition d'un mineur ou d'un majeur protégé vient d'intervenir ou d'être constatée, ou en cas de disparition d'un majeur présentant un caractère inquiétant ou suspect eu égard aux circonstances, à l'âge de l'intéressé ou à son état de santé.

– *L'enquête visant à la recherche de personnes en fuite* ne connaît pas de délai. Elle permet en outre le recours sur autorisation du JLD saisi par requête du procureur, la mise en place d'écoutes téléphoniques pour une durée de deux mois renouvelables dans la limite de six mois en matière correctionnelle. Elle peut être effectuée par un OPJ, assisté le cas échéant d'un APJ, aux fins de rechercher et de découvrir une personne en fuite faisant l'objet d'un mandat d'arrêt délivré par le juge d'instruction, le JLD, la chambre de l'instruction ou son président ou le président de la cour d'assises, alors qu'elle est renvoyée devant une juridiction de jugement ; d'un mandat d'arrêt délivré par une juridiction de jugement ou par le JAP ; condamnée à une peine privative de liberté sans sursis supérieure ou égale à un an ou à une peine privative de liberté supérieure ou égale à un an résultant de la révocation d'un sursis assorti ou non d'une probation, lorsque cette condamnation est exécutoire ou passée en force de chose jugée ; inscrite au fichier judiciaire national automatisé des auteurs d'infractions terroristes ayant manqué aux obligations prévues à l'art. 706-25-7, C. pr. pén. ; inscrite au fichier judiciaire national automatisé des auteurs d'infractions sexuelles ou violentes ayant manqué aux obligations prévues à l'art. 706-53-5, C. pr. pén. ; ayant fait l'objet d'une décision de retrait ou de révocation d'un aménagement de peine ou d'une libération sous contrainte, ou d'une décision de mise à exécution de l'emprisonnement prévu par la juridiction de jugement en cas de violation des obligations et interdictions résultant d'une peine, dès lors que cette décision a pour conséquence la mise à exécution d'un quantum ou d'un reliquat de peine d'emprisonnement supérieur à un an.

2 • Le fondamental : sommes-nous dans le cadre de l'enquête de flagrance ou dans celui de l'enquête préliminaire (sous-étape 2) ?

En bonne méthode, il vous faut d'abord expressément vérifier si les actes qui vous sont décrits ont pu être effectués dans le cadre de l'enquête de flagrance (a), puisque, à défaut, ils auront nécessairement été diligentés dans le cadre de l'enquête préliminaire (b).

a. L'enquête de flagrance

Elle ne peut être diligentée que par un OPJ (C. pr. pén., art. 17, al. 2, et art. 53 ; v. toutefois les art. 60-1 s., C. pr. pén., dans leur rédaction issue de la loi du 23 mars 2019, qui autorisent l'APJ, sous le contrôle d'un OPJ, à procéder à des réquisitions en flagrance) après information du procureur et ne peut intervenir que lorsqu'une infraction d'une gravité suffisante peut être qualifiée de flagrante. En outre, elle ne peut être diligentée que pour une durée limitée et à condition que les actes effectués le soient sans discontinuer. *Il est donc impératif, pour la caractériser, que vous décliniez chacune des conditions suivantes et tenant à :*

– **l'information du procureur** : l'art. 54, C. pr. pén., impose à l'OPJ d'informer immédiatement le procureur de la République. Toutefois, cette obligation, qui rappelle celle plus générale posée par l'art. 19, C. pr. pén., n'est pas prescrite à peine de nullité (Crim. 26 févr. 1991, *Bull. crim.* n° 96) ;

– **la gravité de l'infraction** : l'enquête de flagrance n'est possible que pour un crime ou un délit punissable d'une peine d'emprisonnement (C. pr. pén., art. 67). Toutefois la jurisprudence prend en compte les difficultés que peuvent rencontrer les enquêteurs dans la détermination de la qualification des faits (notamment en cas de violences qui, selon l'ITT ou la qualité de la victime sont susceptibles de recevoir une qualification contraventionnelle ou correctionnelle v. C. pén., art. R. 624-1, R. 625-1 et 222-13). Elle décide à cet égard que l'apparence vaut réalité (Crim. 9 janv. 1990, n° 89-84.238 : est régulière au regard des art. 53, 56, 67, C. pr. pén., la perquisition effectuée par un OPJ agissant en état de flagrance, dès lors, d'une part, que cet état doit s'apprécier au moment de l'intervention de cet officier dans le cadre d'une enquête visant un délit passible d'emprisonnement et, d'autre part, qu'il n'importe que, par la suite, les faits poursuivis aient reçu une qualification contraventionnelle). Ainsi, peu importe que l'infraction se révèle finalement moins grave que l'OPJ ne l'avait initialement cru. Seul compte le fait que la qualification erronée ait paru vraisemblable à l'agent au moment où il a agi ;

– **la flagrance de l'infraction** : l'art. 53, C. pr. pén., énumère limitativement quatre cas dans lesquels la flagrance est caractérisée. Il faut de manière systématique établir l'existence de deux critères cumulatifs pour conclure à une situation de flagrance :

- *un critère temporel* : l'infraction flagrante est celle qui au moment de sa constatation par les policiers, ou bien est en train de se commettre (cas n° 1), ou bien a été commise il y a peu de temps : l'infraction vient de se commettre (cas n° 2) ; dans un temps très voisin de l'action, la personne soupçonnée est poursuivie par la clameur publique (cas n° 3) ; dans un temps très voisin de l'action, la personne soupçonnée est trouvée en possession d'objets ou présente des traces ou indices laissant penser qu'elle a participé à l'infraction (cas n° 4). La durée entre le moment de la commission de l'infraction et celui où elle est constatée est assez largement appréciée par la jurisprudence qui s'appuie sur les circonstances de faits. C'est le cas pour les violences sexuelles ou plus largement, pour les infractions ayant fortement impressionné la victime (Crim. 17 mai 1993, n° 92-81.496 : révélation par la victime de sévices sexuels qui se sont commis la veille alors que les gendarmes agissaient jusque-là en mode préliminaire ; Crim. 8 avr. 1998 : est régulière la perquisition opérée suivant la procédure de flagrance au domicile d'un individu dès la réception de la plainte de la victime pour des faits d'extorsion de fonds sous la menace d'une arme, dès lors que la victime, impressionnée par des menaces de représailles, a hésité à porter plainte et ne s'est résolue à le faire que deux jours plus tard, à l'incitation d'un membre de sa famille). En revanche, la flagrance ne se trouve pas caractérisée lorsqu'un crime a été révélé six jours après sa commission (Crim. 11 févr. 1998, *Bull. crim.* n° 55) ;

- *un critère d'apparence ou visuel* : il n'y a infraction flagrante que si son existence est révélée par des indices constatables objectivement par la police judiciaire. On parle d'« indices apparents d'un comportement délictueux » (Crim. 22 janv. 1953, *Isnard, Bull. crim.* n° 54). Constitue un indice apparent, l'avis donné par la victime d'une infraction qui vient de se commettre, même avant l'enregistrement de sa plainte (Crim. 8 oct. 1985, n° 84-95.606). Il en va de même de la révélation faite par la victime d'une infraction qui est sur le point de se commettre (Crim. 22 avr. 1992, n° 90-85.125). Plus récemment, la chambre criminelle a considéré que le seul marquage d'un chien spécialisé dans la recherche de produits stupéfiants devant la porte d'un appartement constitue un indice objectif et apparent d'un comportement suspect, caractérisant la flagrance (Crim. 11 déc. 2019, n° 19-82.457). Mais, tel n'est pas le cas, en revanche, d'une dénonciation anonyme : un coup de téléphone anonyme n'est pas un indice apparent d'un comportement délictueux révélant l'existence d'une infraction (Crim. 2 févr. 1988, n° 87-81.147). Aussi, si les policiers sont renseignés anonymement, ne peuvent-ils ouvrir qu'une enquête préliminaire car toute procédure ouverte en flagrance à la suite de renseignements anonymes est nulle. Une dénonciation anonyme peut toutefois devenir un indice apparent d'un comportement délictueux lorsqu'elle est confortée par des vérifications apportant des indices précis et concordants (Crim. 23 oct. 1991, n° 90-85.321) ;

– **la durée limitée de l'enquête** : la loi du 23 juin 1999 avait posé la règle suivant laquelle cette enquête est limitée à huit jours à compter du premier acte d'enquête (C. pr. pén., art. 53, al. 2). La loi du 9 mars 2004 a cependant aménagé une dérogation à cette règle : lorsque des investigations nécessaires à la manifestation de la vérité pour un crime ou un délit puni d'une peine supérieure ou égale à cinq ans d'emprisonnement ne peuvent être différées, le procureur de la République peut décider la prolongation de l'enquête pour une durée maximale de huit jours. La durée de l'enquête de flagrance peut donc dans ce cas être portée à seize jours (*NB* : le § 1er de l'art. 49 du projet de loi de programmation 2018-2022 et de réforme de la justice, qui prévoyait une prolongation possible de la flagrance en droit commun dès lors que le délit commis est été puni de trois ans d'emprisonnement et une durée de la flagrance de seize jours lorsque l'infraction qui fait l'objet des investigations est soit un crime soit un délit relevant de la délinquance organisée a été censuré par le Conseil constitutionnel : v. Cons. const. 21 mars 2019, décis. nº 2019-778 DC, § 191) ;

– **la continuité des actes** : c'est une exigence prétorienne traditionnelle reprise par l'art. 53, al. 2, C. pr. pén. Toutefois, il faut bien la comprendre : elle nécessite que des actes soient effectués sans discontinuer, non que des PV soient dressés sans discontinuer (Crim. 20 déc. 1994, nº 94-84.744 : lorsqu'il résulte des pièces de la procédure que l'enquête de flagrance commencée le 15 février s'est poursuivie sans interruption jusqu'au 19 févr., il n'importe qu'aucun procès-verbal relatant les investigations n'ait été établi le 16 février).

Consécration prétorienne de la rétro-flagrance

On connaît *les limites temporelles de l'enquête de flagrance* : huit jours avec prolongement possible de huit jours sur décision du procureur si des investigations nécessaires à la manifestation de la vérité pour un crime ou un délit puni d'une peine supérieure ou égale à cinq ans d'emprisonnement ne peuvent être différées, à condition toutefois que les actes d'investigation s'effectuent, sans discontinuer. Quant aux *limites personnelles de l'enquête de flagrance*, la jurisprudence n'en fixe aucune (Crim. 12 mai 2009, nº 09-81.434, où le demandeur au pourvoi invoquait le fait qu'il n'avait commis aucun acte délictueux depuis plusieurs semaines et qu'il n'existait pas de rapport entre lui et le flagrant délit – trafic de drogue – constaté. La chambre criminelle ne répond pas à l'argument et approuve la chambre de l'instruction d'avoir rejeté la demande d'annulation : « [a]ttendu qu'en l'état de ces énonciations, la chambre de l'instruction a justifié sa décision au regard de l'article 53, al. 2, C. pr. pén., qui prévoit qu'à la suite de la constatation d'un flagrant délit, l'enquête de flagrance menée sous le contrôle du procureur de la République peut se poursuivre sans discontinuer pendant huit jours ») et la loi se contente de définir, pour certains actes d'investigation, les personnes qui peuvent les subir (les « personnes qui paraissent avoir participé au crime ou détenir des pièces, informations ou objets relatifs aux faits incriminés » pour les perquisitions, en vertu de l'art. 56, C. pr. pén. ; « toute personne » pour les prélèvements externes, les réquisitions, la défense de s'éloigner en vertu des art. 55-1, 60-1 et 61, C. pr. pén.).

Quelles en sont, toutefois, les limites matérielles ? À vrai dire, la réponse semble évidente, elle figure à l'art. 53, C. pr. pén. : il s'agit du crime ou de délit flagrant, c'est-à-dire de celui « qui se commet actuellement, ou qui vient de se commettre », étant précisé qu'il y a aussi crime ou délit flagrant « lorsque, dans un temps très voisin de l'action, la personne soupçonnée est poursuivie par la clameur publique, ou est trouvée en possession d'objets, ou présente des traces ou indices, laissant penser qu'elle a participé au crime ou au délit ». L'enquête s'étend ainsi *in rem* : c'est le crime ou le délit flagrant qui déclenche la procédure et délimite les actes de l'enquête de flagrance pouvant être diligentés. C'est d'ailleurs la commission de ce crime ou ce délit qui marque les limites temporelles de l'enquête (Crim. 18 sept. 2013,

►

Bull. crim. n° 264 : la découverte postérieure, par les policiers, d'éléments nouveaux relatifs aux mêmes faits ne saurait avoir pour effet l'ouverture d'une nouvelle procédure de flagrance. En d'autres termes, la flagrance ne peut renaître pour autoriser qu'il soit à nouveau investigué, dans ce même cadre, sur les faits qui ont présidé à sa naissance). Peut-elle toutefois renaître pour des faits antérieurs à ceux qui ont présidé à sa naissance ? En d'autres termes, la découverte d'infractions connexes à l'infraction flagrante et antérieures à celle-ci justifie-t-elle que la procédure applicable à la seconde soit étendue aux premières ? La chambre criminelle apporte une réponse positive dans un **arrêt en date du 31 octobre 2017** (Crim. 31 oct. 2017, n° 17-81.842). En l'espèce, c'est une telle extension que critiquait le demandeur au pourvoi alors que la chambre de l'instruction avait rejeté le moyen tiré de la nullité du recueil de plaintes pour des faits de viols commis antérieurement à l'interpellation, en flagrance, pour vol avec arme. La chambre de l'instruction avait ainsi considéré que « rien n'interdit que dans ce même cadre procédural, les enquêteurs étendent leurs investigations à des faits connexes de nature à caractériser des infractions pénales, qui quoiqu'antérieurs aux faits flagrants, sont révélés concomitamment ou subséquemment à ceux-ci pendant l'enquête ». Le demandeur soutenait quant à lui que la notion de connexité, prévue par l'art. 203, C. pr. pén., ne pouvait servir à justifier l'extension du régime de la flagrance à d'autres infractions. La chambre criminelle ne se laisse pas convaincre. Elle admet qu'**« à la suite de la constatation d'un crime ou délit flagrant, l'enquête de flagrance peut être étendue à l'ensemble des infractions connexes à celui-ci »**. Elle précise toutefois que « **c'est à la condition qu'il existe entre les faits objet des investigations des rapports étroits, analogues à ceux que la loi a spécialement prévus** ». Or, « en retenant que les enquêteurs étaient fondés, dans le cadre de l'enquête de flagrance, à étendre leurs investigations à des faits de nature similaire aux faits flagrants, imputés au même individu et qui leur avaient été révélés concomitamment ou subséquemment à ceux-ci pendant l'enquête, quoique commis antérieurement aux faits flagrants, la chambre de l'instruction a prononcé par des motifs insuffisants ». Elle ne censure cependant pas la décision de la chambre de l'instruction, « dès lors que le recueil des plaintes et l'audition consécutive des plaignants relativement aux faits non flagrants ne présentaient aucun caractère coercitif de nature à porter atteinte aux intérêts du demandeur et auraient pu être accomplis en enquête préliminaire ».
La solution est novatrice, car c'est la première fois que la chambre criminelle admet expressément que la connexité justifie l'extension de la procédure de flagrance. Toutefois, la chambre criminelle manifeste sa volonté d'assurer un contrôle sur la caractérisation, par les juges du fond, de cette connexité. Aussi lorsque celle-ci sera retenue par les juges du fait, la Cour de cassation vérifiera si, à défaut d'entrer dans l'énumération de l'art. 203, C. pr. pén. – l'art. 203 énonce quatre cas de connexité : une connexité par unité de temps lorsque des infractions ont été commises « en même temps par plusieurs personnes réunies » ; une connexité par concert préalable, lorsque les infractions « ont été commises par différentes personnes, même en différents temps et en divers lieux, mais par suite d'un concert formé par avance entre elles » ; une connexité par relation de cause à effet, « lorsque les coupables ont commis les unes pour se procurer les moyens de commettre les autres, pour en faciliter, pour en consommer l'exécution ou pour en assurer l'impunité » ; une connexité par appropriation frauduleuse, « lorsque des choses enlevées, détournées ou obtenues à l'aide d'un crime ou d'un délit ont été en tout ou en partie recelées » –, il existe à tout le moins

entre elles des rapports analogues à ceux que la loi a déterminés. Or, si les dispositions de l'art. 203 du code ne sont pas limitatives, la similarité des faits et leur découverte concomitante à celle de l'infraction véritablement flagrante ne justifient pas à elles seules, comme le pensait la chambre de l'instruction, l'extension du champ de la procédure de flagrance.

b. L'enquête préliminaire

Si l'on ne se situe pas dans un cadre *sui generis*, et si les conditions de la flagrance ne sont pas réunies, les investigations auront nécessairement été diligentées en enquête préliminaire. Née des nécessités de la pratique policière, l'enquête préliminaire, anciennement dénommée « enquête officieuse », a été intégrée dans le Code de procédure pénale (C. pr. pén., art. 75 s.) par la loi du 31 décembre 1957. Cette enquête, qui peut être effectuée par les OPJ et, sous le contrôle de ceux-ci, les APJ désignés à l'art. 20, C. pr. pén. (C. pr. pén., art. 75), présente certaines caractéristiques :

– **Il s'agit, comme son nom l'indique, d'une enquête préliminaire** : le code qualifie expressément l'enquête d'infraction non flagrante d'enquête « préliminaire », ce qui interdit au procureur de la République de faire diligenter une enquête (en ce sens, C. pr. pén., art. 14, al. 1er, qui dispose que la PJ est chargée « de constater les infractions à la loi pénale, d'en rassembler les preuves et d'en rechercher les auteurs tant qu'une information n'est pas ouverte »; *égal.* Crim. 21 août 1961, rendu en matière militaire, où le commissaire du gouvernement avait procédé à certaines investigations postérieurement à la décision de renvoi du procureur militaire devant le tribunal permanent des forces armées et avant le jugement : la chambre criminelle considère que ces actes « ayant le caractère d'actes d'information », ils ne pouvaient être effectués que par le seul président du tribunal militaire).

– **Aucune réelle condition ne préside à son ouverture** : l'art. 75, C. pr. pén., prévoit seulement que les OPJ, et, sous le contrôle de celui-ci, l'APJ, soit sur les instructions du procureur, soit d'office, procèdent à des enquêtes préliminaires. Cela s'explique par le fait que les moyens dont l'enquête préliminaire permet la mise en œuvre sont moins importants que ceux de l'enquête de flagrance. On retrouve en pratique l'enquête préliminaire lorsque la police recherche des renseignements à la suite d'indications données par un citoyen quelconque (Crim. 9 nov. 2010, n° 10-82.918 : une enquête préliminaire peut être ouverte à la suite d'un renseignement anonyme), lorsque la durée de l'enquête de la flagrance est écoulée, ou encore lorsque le procureur sollicite des renseignements qui lui sont utiles pour prendre parti sur les poursuites. L'enquête préliminaire est ainsi de mise à chaque fois que l'enquête de flagrance ne peut être mise en œuvre et qu'aucune instruction préparatoire n'est ouverte. Elle constitue souvent une forme d'enquête par défaut.

– **Aucune durée n'est fixée par le code** : à la différence de l'enquête de flagrance, l'enquête préliminaire ne connaît pas de limite quant à sa durée. Le législateur du 15 juin 2000 a toutefois institué quelques mesures visant à assurer un contrôle du déroulement de telles enquêtes :

- *obligation pour l'enquêteur de rendre compte au procureur* des enquêtes préliminaires menées d'office depuis plus de six mois et *devoir pour le procureur de la République qui sollicite une telle enquête de fixer aux enquêteurs un délai d'exécution de leur mission*, délai qu'il pourra prolonger (C. pr. pén., art. 75-1) ;
- *obligation pour l'OPJ enquêtant préliminairement sur un crime ou un délit d'avertir le procureur de la République dès qu'une personne à l'encontre de laquelle existent des indices faisant présumer qu'elle a commis ou tenté de commettre l'infraction est identifiée* (C. pr. pén., art. 75-2) ; cependant, cette obligation n'est pas prescrite à peine de nullité (Crim. 23 août 2005, n° 03-87.719).

La loi du 9 mars 2004 a en outre institué une mesure de contrôle des enquêtes préliminaires conduites en matière de criminalité organisée ayant abouti à un placement en garde à vue. Conformément à l'art. 706-105, C. pr. pén., la personne qui a été placée en garde à vue en enquête six mois auparavant et qui n'a pas fait l'objet de poursuites peut interroger le procureur sur la suite qu'il réserve à l'enquête. Celui-ci dispose alors de deux possibilités :

- *soit le procureur décide de poursuivre l'enquête préliminaire et envisage de procéder à une nouvelle audition ou à un nouvel interrogatoire de la personne* : la personne est alors informée, dans les deux mois suivant la réception de sa demande, qu'elle peut demander qu'un avocat puisse consulter le dossier de la procédure, le dossier étant alors mis à la disposition de l'avocat au plus tard dans les quinze jours suivant la demande ;
- *soit le procureur décide de classer l'affaire en ce qui concerne la personne* : il l'informe dans les deux mois suivant la réception de sa demande.

En droit commun, la loi du 3 juin 2016, a souhaité renforcer les garanties durant l'enquête sous la forme, principalement d'un élargissement relatif de l'accès au dossier. Ce point de la réforme suit deux voies distinctes, selon que l'initiative vient du suspect ou du procureur :

- *la première voie concerne les suspects qui ont été entendus par la police judiciaire en audition libre ou en garde à vue* (C. pr. pén., art. 77-2, I). Un an après cette mesure, les personnes qui en ont fait l'objet peuvent demander au procureur de consulter le dossier de la procédure afin de formuler des observations. Le droit de consulter le dossier est alors soumis à plusieurs conditions. D'une part, le procureur doit estimer que l'enquête lui paraît terminée. D'autre part, il doit envisager de poursuivre la personne, soit par citation directe, soit par la convocation de l'art. 390-1, C. pr. pén. (à l'exception de toute autre mode d'exercice de l'action publique ou de recours à un classement sans suite, à une aide à la décision de l'article 41-1 ou à une alternative aux poursuites). Ces deux conditions étant remplies, le suspect est autorisé, soit directement, soit par l'intermédiaire de son avocat, à consulter une copie de la procédure. Il peut alors formuler des observations ou des demandes d'actes dans le délai d'un mois. Corrélativement, si une victime a porté plainte dans cette affaire, elle est informée par le procureur qu'elle dispose des mêmes droits que la personne mise en cause. Enfin, si la procédure de consultation du dossier est engagée, durant la période d'un mois, elle empêche le ministère public de poursuivre l'enquête ou de prendre une décision sur l'action publique. Par exception, ce magistrat peut décider soit d'ouvrir une information, soit d'engager une procédure de CRPC, soit enfin de procéder au déferement devant lui de la personne mise en cause selon la procédure de l'art. 393, C. pr. pén. ;

- *la seconde voie d'accès au dossier est à l'initiative du procureur de la République* (C. pr. pén., art. 77-2, II). Celui-ci peut, à tout moment de l'enquête, communiquer tout ou partie de la procédure à la personne mise en cause ou à la victime pour recueillir leurs observations.

3 • Le complémentaire : sommes-nous dans un cadre dérogatoire et, principalement, dans le cadre d'une enquête relevant de la criminalité et de la délinquance organisée (sous-étape 3) ?

Vous devez garder en tête qu'il vous faut, lors de la détermination des cadres d'enquête, procéder comme un archéologue, pour mettre à jour différentes strates. Tels des couches et sédiments, les cadres d'enquête traditionnels que sont la flagrance et la préliminaire peuvent en effet se chevaucher synchroniquement avec des cadres dérogatoires pour permettre l'utilisation de pouvoirs plus coercitifs. Il existe de nombreuses procédures particulières applicables à la poursuite, à l'enquête, à l'instruction et au jugement des infractions. La loi du 9 mars 2004 a notamment institué une nouvelle procédure pénale dérogatoire au domaine d'application large : la procédure applicable à la délinquance et à la criminalité organisée. **La délinquance et la criminalité organisée forment une catégorie d'infractions qui se divisent en deux ensembles** :

– *le premier ensemble comprend les infractions les plus graves, qui sont définies par l'art. 706-73, C. pr. pén., et auquel s'applique l'ensemble de la procédure dérogatoire.* Certaines infractions visées sont considérées par le législateur comme révélatrice d'une organisation criminelle : il s'agit notamment des infractions terroristes, du trafic de stupéfiants, de la traite des êtres humains, du proxénétisme, du blanchiment de ces infractions, de l'association de malfaiteurs, etc. D'autres infractions entrent dans la liste de l'art. 706-73, C. pr. pén., lorsqu'elles sont commises avec la circonstance aggravante de bande organisée. C'est le cas du meurtre, des actes de torture, de l'enlèvement et de la séquestration, du vol, de l'extorsion, des destructions, dégradations et détériorations d'un bien, etc. Le Conseil constitutionnel a toutefois considéré que si le vol commis en bande organisée trouve sa place dans cette liste, il ne saurait en être ainsi que s'il présente des éléments de gravité suffisants pour justifier les mesures dérogatoires sinon ces procédures spéciales imposeraient une rigueur non nécessaire au sens de l'article 9 DDHC. Aussi appartient-il à l'autorité judiciaire d'apprécier l'existence de tels éléments de gravité dans le cadre de l'application de cette procédure (Cons. const. 2 mars 2004, n° 2004-492 DC) ;

– *le second ensemble regroupe les infractions qui ne portent pas atteinte en elles-mêmes « à la sécurité, à la dignité ou à la vie des personnes »* (Cons. const. 9 oct. 2014, décis. n° 2014-420/421 QPC) *et qui, lorsqu'elles sont commises en bande organisée, vont autoriser l'application de la procédure dérogatoire, à l'exception de la GAV de 96 heures* (C. pr. pén., art. 706-88). La liste figure à l'art. 706-73-1, C. pr. pén., et concerne essentiellement des atteintes aux biens : escroquerie, atteinte aux systèmes de traitement automatisé de données à caractère personnel mis en œuvre par l'État, dissimulation d'activités ou de salariés, blanchiment de ces infractions, etc.

Ainsi, l'application de la procédure dérogatoire sera souvent subordonnée à ce que l'infraction dont la commission est soupçonnée a bien été commise en bande organisée, et vous devrez caractériser cette circonstance. Elle se trouve définie par l'art. 132-71, C. pén., comme « tout groupement formé ou toute entente établie en vue de la préparation, caractérisée par un ou plusieurs faits matériels, d'une ou de plusieurs infractions ». La jurisprudence a pu apporter certaines précisions : cette circonstance suppose ainsi la préméditation des infractions et, à la différence de l'association de malfaiteurs, une organisation structurée entre ses membres (Crim. 8 juill. 2015, n° 14-88.329 : justifie en conséquence sa décision la chambre de l'instruction qui énonce que la seule constitution d'une équipe de plusieurs malfaiteurs ne peut suffire à qualifier la bande organisée dès lors que cette équipe ne répond pas au critère supplémentaire de structure existant depuis un certain temps et qu'en l'espèce les équipes de malfaiteurs n'étaient pas toujours constituées de la même manière mais de façon variable avec trois, quatre ou cinq membres ; Crim. 11 janv. 2017, n° 16-80610 : justifie sa décision l'arrêt qui, pour retenir la circonstance aggravante de bande organisée, relève que l'évasion a été préparée par un groupe structuré, composé du frère du prévenu et d'individus, dont certains ont été identifiés, qui s'était procuré des armes et deux véhicules et dont l'objectif était d'attaquer le fourgon de police afin que M. X... puisse s'échapper).

On relèvera que la loi du 9 mars 2004 avait créé un art. 706-104, C. pr. pén., qui prévoyait que « [l]e fait qu'à l'issue de l'enquête ou de l'information ou devant la juridiction de jugement la circonstance aggravante de bande organisée ne soit pas retenue ne constitue pas une cause de nullité des actes régulièrement accomplis en application des dispositions du présent titre ». Le législateur semblait ainsi consacrer une immunité aux actes dérogatoires réalisés de mauvaise foi, alors que les officiers de police savaient pertinemment que la circonstance aggravante de bande organisée ne pouvait être retenue. Dans sa décision du 2 mars 2004, le Conseil constitutionnel a toutefois censuré une telle extension, considérant que, « si le législateur pouvait exonérer de nullité les actes d'enquête ou d'instruction dès lors que la circonstance aggravante de bande organisée paraissait caractérisée à la date où ils ont été autorisés, il ne pouvait exonérer, de façon générale, des actes qui auraient été autorisés en méconnaissance des exigences susmentionnées ». La sévérité apparente du Conseil doit cependant être relativisée. Ce que refuse ce dernier, c'est le blanc-seing donné aux organes policiers. En revanche, il admet expressément que le législateur puisse conférer l'immunité aux actes réalisés lorsque la circonstance de bande organisée paraissait caractérisée au moment où ils ont été autorisés. Dès lors, il est très probable qu'en la matière, comme dans le cadre de la flagrance, la jurisprudence valide, sur le fondement de l'apparence, une procédure fondée sur une qualification retenant la circonstance aggravante de criminalité organisée qui se révélerait finalement erronée.

La prolongation de l'enquête après l'ouverture de l'instruction préparatoire

La loi du 23 mars 2019 a introduit une innovation à l'art. 80-5, C. pr. pén., en autorisant le procureur, lorsqu'il requiert l'ouverture d'une information judiciaire, si la recherche de la manifestation de la vérité pour un crime ou un délit puni d'une peine supérieure ou égale à trois ans d'emprisonnement nécessite que les investigations en cours ne fassent l'objet d'aucune interruption, à autoriser les OPJ et APJ des services ou unités de police judiciaire qui étaient chargés de l'enquête à poursuivre certaines opérations limitativement énumérées – interception, enregistrement et transcription de correspondances émises par la voie des communications électroniques (C. pr. pén., art. 706-95) ; géolocalisation (C. pr. pén., art. 230-32 à 230-35), surveillance sur tout le territoire de l'acheminement ou du transport des objets, biens ou produits tirés de la commission de ces infractions ou servant à les commettre (C. pr. pén., art. 706-80) ; infiltration (C. pr. pén., art. 706-81) ; accès, à distance et à l'insu de la personne visée, aux correspondances stockées par la voie des communications électroniques accessibles au moyen d'un identifiant informatique (C. pr. pén., art. 706-95-1) ; utilisation de l'*IMSI catcher* (C. pr. pén., art. 706-95-20) ; utilisation d'un dispositif technique ayant pour objet, sans le consentement des intéressés, la captation, la fixation, la transmission et l'enregistrement de paroles prononcées par une ou plusieurs personnes à titre privé ou confidentiel, dans des lieux ou véhicules privés ou publics, ou de l'image d'une ou de plusieurs personnes se trouvant dans un lieu privé (C. pr. pén., art. 706-96) et utilisation d'un dispositif technique ayant pour objet, sans le consentement des intéressés, d'accéder, en tous lieux, à des données informatiques, de les enregistrer, de les conserver et de les transmettre (C. pr. pén., art. 706-102-1) – **pendant une durée ne pouvant excéder quarante-huit heures à compter de la délivrance du réquisitoire introductif**. Cette autorisation fait l'objet d'une décision écrite, spéciale et motivée, qui mentionne les actes dont la poursuite a été autorisée. Le juge d'instruction peut à tout moment mettre un terme à ces opérations. L'autorisation délivrée par le procureur n'est versée au dossier de la procédure qu'en même temps que les procès-verbaux relatant l'exécution et constatant l'achèvement des actes dont la poursuite a été autorisée et qui ont, le cas échéant, été prolongés par le juge d'instruction. Cette innovation s'applique que l'enquête prolongée ait débuté en flagrance ou en préliminaire. **Toutefois, dans ce dernier cas, une fois le réquisitoire introductif délivré, l'enquête n'aura de préliminaire que le nom… Attention, cette hypothèse ne doit pas être confondue avec celle où, investiguant sur commission rogatoire sur les faits dont le juge d'instruction est saisi, les OPJ découvriraient des faits nouveaux**. En vertu de leur pouvoir propre, ces derniers peuvent ouvrir

►

une enquête de flagrance ou une enquête préliminaire sur les faits nouveaux. Il y a ici substitution d'un cadre d'investigation incident à un autre principal, alors que dans l'hypothèse nouvelle il y a prolongation de l'enquête initiale.

B – La détermination dynamique des cadres de l'investigation policière

Le préalable de la détermination statique des cadres d'investigation effectué, il vous faut ensuite, expressément, appréhender ces cadres d'une manière dynamique. C'est une étape qui pose souvent difficulté aux étudiants-candidats. Il faut bien garder à l'esprit que les investigations constituent un processus qui s'étale dans la durée, et que la détermination du cadre initial de celles-ci est un préalable nécessaire mais insuffisant. En effet, les actes d'investigation qui vous sont décrits le sont de manière chronologique, ils se succèdent, et chacun est déterminé par le résultat produit par le précédent. Or, les étudiants-candidats se contentent bien souvent d'appréhender les cadres d'enquête d'une manière figée, statique, comme si le cadre initial mis en lumière avait vocation à se maintenir tout au long de la phase policière des investigations. Pourtant, les actes d'investigation sont susceptibles de s'inscrire dans un autre cadre que celui que vous avez mis en avant initialement. Ainsi, sauf certaines prohibitions posées par la loi (par ex., en vertu des art. 74 et 74-1, C. pr. pén., l'enquête de mort ou de blessures suspectes et l'enquête portant sur la disparition d'une personne ne peuvent aboutir qu'à une enquête préliminaire ou à une instruction préparatoire), les cadres d'enquête peuvent se succéder les uns aux autres de manière chronologique, et il vous faut mettre en lumière d'éventuels chevauchements diachroniques… Il est donc fondamental de bien séquencer, chronologiquement, les actes pour préciser à votre correcteur, à partir de quel moment, la procédure a basculé dans un autre cadre. Outre cette mutabilité des cadres d'enquête qu'il vous appartient d'expliciter (1), il vous faut garder à l'esprit que la jurisprudence autorise le juge, saisi *a posteriori*, à substituer sa propre appréciation dans la détermination des cadres d'enquête, afin de procéder au sauvetage de la procédure (2).

1 • La mutabilité des cadres d'enquête

Conservez en tête trois idées simples :

a. L'enquête préliminaire (comme l'instruction préparatoire que nous envisagerons plus tard) peut être l'avenir de l'enquête de flagrance, de l'enquête de mort suspecte ou relative à la disparition d'une personne

On l'a vu, l'enquête de flagrance a une durée limitée (de même que l'enquête de mort suspecte ou relative à la disparition d'une personne). Au-delà de la durée légale (rappelons-le, pour la flagrance, huit jours renouvelables avec l'autorisation du procureur pour les seules infractions punies de plus de cinq ans d'emprisonnement ; pour l'enquête de mort suspecte ou relative à la disparition d'une personne, huit jours), les actes ont nécessairement été effectués en préliminaire (sauf hypothèse de l'ouverture d'une instruction préparatoire). De même, l'une des conditions de validité des actes effectués en flagrance est la continuité de ceux-ci. En cas de rupture dans la continuité, l'acte effectué tardivement aura nécessairement été effectué en préliminaire. Aussi, certains actes effectués sans l'assentiment de la personne ou sans l'autorisation du procureur au-delà de la durée légale ou après la rupture de continuité seront irréguliers.

b. Des opérations de police, de même que l'enquête préliminaire, peuvent être la source de l'enquête de flagrance

La jurisprudence autorise la police, lorsqu'elle est dénuée statiquement de coercition, à rechercher, voire à provoquer, de manière dynamique, l'indice apparent qui lui permettra d'agir en flagrance. Cette mutabilité des cadres d'enquête est favorisée :

• *Par la conception souple de la nature de la suspicion qui est requise pour qu'émerge l'indice apparent permettant de déployer l'enquête de flagrance :* si, comme on l'a vu, la jurisprudence requiert, pour que les pouvoirs coercitifs de l'enquête de flagrance puissent être déployés, la caractérisation d'un indice apparent, elle admet, non seulement que **l'apparence d'un indice puisse résulter de l'addition de plusieurs indices simples, mais aussi que les enquêteurs puissent provoquer à l'apparence** (par ex. : Crim. 5 oct. 2011, *Bull. crim.* n° 195 : informés par une dénonciation anonyme de l'existence d'un trafic de cocaïne en région parisienne depuis la République Dominicaine, les services de police avaient ouvert une enquête préliminaire à l'encontre de M. X..., soupçonné d'être en relation avec M. Z..., individu défavorablement connu des services de police pour des faits de trafic de stupéfiants. Les enquêteurs, ayant appris que M. X... et sa femme revenaient d'un séjour en République Dominicaine et que M. Z... venait chercher ceux-ci à l'aéroport, décidèrent, au constat que M. X... revenait avec cinquante kilos de bagages supplémentaires par rapport à son départ de France, de mettre en place un dispositif de surveillance et de procéder au contrôle d'identité de tous ces individus sur le parking de l'aéroport. À la suite de ce contrôle, les enquêteurs avaient demandé aux intéressés d'ouvrir l'une de leurs valises qui étaient toutes verrouillées, mais ceux-ci avaient prétendu n'avoir ni code, ni clé. Devant un tel refus, les enquêteurs décidèrent de forcer les serrures, et purent constater que la valise contenait des pains de cocaïne. La chambre de l'instruction avait considéré que lors de l'ouverture de la valise, « il existait déjà des indices objectifs apparents, rendant probable la commission d'une infraction ». Or, il est clair que, parmi ces indices, la chambre de l'instruction ne manque pas de relever « les déclarations des époux X... quant à leur impossibilité de procéder à l'ouverture de leurs propres bagages ». Aussi, est-ce la demande d'ouverture de la valise et les explications peu crédibles des protagonistes qui semblent rendre suffisante la vraisemblance de la commission de l'infraction, vraisemblance seulement esquissée par la réunion des autres indices. C'est donc bien la demande d'ouverture émanant des policiers qui emporte la conviction de la chambre de l'instruction, et ce sont les policiers qui ont finalement provoqué la réaction du suspect).

• *Par l'indifférence à la source des indices caractérisant la suspicion requise :* outre la souplesse de son interprétation de la nature de la suspicion requise par la loi, la jurisprudence manifeste une complète indifférence à la source de celle-ci. La chambre criminelle admet que les OPJ, agissant en enquête préliminaire, puissent procéder selon les règles prévues pour l'enquête de flagrance dès l'instant où ils relèvent des indices apparents d'un comportement délictueux révélant que l'infraction, objet de leurs investigations, répond à la définition de l'art. 53, C. pr. pén. De même, valide-t-elle la saisine de la police en flagrance dès lors qu'avait été révélée une infraction flagrante au cours d'une opération administrative régulière, comme c'est le cas d'un contrôle d'identité (Crim. 13 janv. 1986, *Bull. crim.* n° 19), voire d'un contrôle douanier (Crim. 18 avr. 1988, *Bull. crim.* n° 162) ou même d'un contrôle routier (Crim. 9 janv. 2002, *Bull. crim.* n° 2) réguliers.

Cette indifférence de la jurisprudence à la source de l'indice apparent caractérisant l'état de flagrance permet notamment aux enquêteurs d'user de l'enquête préliminaire dans une optique attentiste, d'attendre que s'accumulent ainsi les informations permettant d'obtenir, à terme, un indice apparent. **Elle autorise ainsi un montage procédural par le biais duquel les policiers débutent leurs investigations par une enquête préliminaire comportant un certain nombre d'investigations (surveillances, filatures, vérifications), avant de basculer en enquête de flagrance, enquête qui constituera le cadre coercitif dans lequel s'opérera l'interpellation, la fouille à corps et tous les actes subséquents**. Ainsi, dans le cadre d'une dénonciation anonyme, insuffisante à elle seule pour constituer un indice apparent ouvrant droit à l'usage des pouvoirs de flagrance, les policiers peuvent surveiller un suspect en voiture et procéder à un contrôle routier, lequel permettra la révélation d'un indice apparent lors de la manipulation d'une roue de secours contenant des stupéfiants (Crim. 9 janv. 2002, précité). Ils peuvent même, dans le cadre de surveillances de personnes soupçonnées de se livrer à un trafic de stupéfiants, en enquête préliminaire, procéder à l'interpellation et à des actes d'enquête en flagrance à l'encontre d'une trentaine de toxicomanes, poursuivre les surveillances en enquête préliminaire puis, à nouveau, procéder à l'interpellation en flagrance, à la suite de la reprise du trafic, d'un toxicomane, plus de six mois après le début des surveillances (Crim. 12 mai 2009, *Bull. crim.* n° 90).

• *Parce que le basculement vers la flagrance s'opère* erga omnes : l'enquête de flagrance qui vient subséquemment se substituer à l'enquête préliminaire au cours de laquelle des indices apparents d'un trafic de stupéfiants ont été relevés à l'encontre de certains individus s'étend à tous les protagonistes initialement surveillés, y compris ceux que les policiers n'auraient pas vus participer aux échanges de stupéfiants (Crim. 5 sept. 2018, n° 16-87.180).

c. L'exécution d'une commission rogatoire délivrée par une juge d'instruction peut-être la source d'une enquête

La jurisprudence admet que l'OPJ rogatoirement commis conserve ses pouvoirs propres puisés dans les enquêtes, et qu'aucune obligation légale ne pèse sur lui d'aviser le juge d'instruction de la découverte d'infractions non comprises dans sa saisine s'il sollicite immédiatement les instructions du procureur, comme le prescrit l'art. 40, C. pr. pén. (Crim. 30 oct. 2012, *Bull. crim.* n° 228). L'OPJ rogatoirement commis peut ainsi, sur les faits distincts :

– *se livrer à une enquête de flagrance* : des policiers rogatoirement commis qui découvrent des indices révélant l'existence d'agissements délictueux en cours, étrangers à la saisine du juge d'instruction – et donc à la commission rogatoire –, sont en droit de procéder à des investigations en application des règles prévues pour la flagrance (Crim. 19 janv. 1999, *Bull. crim.* n° 9) ;

– *se livrer à une enquête préliminaire* : de même, si l'OPJ commis ne peut instrumenter au-delà des faits dont l'a saisi le juge d'instruction, il ne lui est pas interdit, lorsqu'il découvre des faits nouveaux ne répondant pas aux conditions de la flagrance, de mettre en œuvre l'ensemble des pouvoirs qu'il tient des règles prévues pour l'enquête préliminaire (Crim. 7 mai 2002, n° 01-80.317 : dans une telle hypothèse, il peut saisir des objets, mais à la condition d'avoir préalablement recueilli l'assentiment exprès de la personne au domicile de laquelle a eu lieu la découverte, en application des art. 75 et 76, C. pr. pén., sans pouvoir accomplir d'actes coercitifs sur le fondement de la commission rogatoire qui lui avait permis la découverte des faits nouveaux).

2 • L'admission de la substituabilité de l'appréciation juridictionnelle à l'appréciation policière des cadres d'enquête

À la mutabilité recherchée *a priori* par la police, la jurisprudence ajoute une mutabilité spontanée constatée *a posteriori*. Celle-ci autorise, en effet, le juge à procéder au sauvetage d'une procédure en substituant sa propre appréciation à celle de la police :

– *La chambre criminelle approuve les juges du fond d'avoir refusé d'annuler les actes d'une enquête déclarée à tort de flagrance par les OPJ s'il apparaît que ceux-ci sont réguliers au regard du régime de l'enquête préliminaire* (Crim. 17 mai 1994, *Bull. crim.* n° 186). Par là même, elle approuve les OPJ qui, doutant d'agir en flagrance, se révèlent précautionneux en recueillant l'assentiment de la personne ou l'autorisation du procureur préalablement à la réalisation d'un acte d'enquête.

– *La chambre criminelle approuvait même jusqu'alors les juges du fond d'avoir refusé d'annuler les actes coercitifs d'une enquête considérée à tort comme préliminaire s'il apparaît que les conditions de la flagrance étaient réunies.* Par son arrêt du 5 octobre 2011, la chambre criminelle a admis que, lors de son contrôle, le juge peut substituer sa propre appréciation à celle des autorités policières (Crim. 5 oct. 2011, précité : dans cette espèce, pour valider la procédure qui avait suivi l'ouverture d'une valise contenant des stupéfiants sans le consentement de son propriétaire, la chambre de l'instruction s'était appuyée sur les différentes constatations effectuées par les OPJ et s'était efforcée de vérifier l'existence préalable de signes extérieurs et apparents révélant les infractions, objets des investigations policières. Toutefois, le particularisme du contrôle juridictionnel effectué dans cette espèce réside dans ce que la chambre de l'instruction ne se contente pas de vérifier la réunion des conditions de la flagrance que le policier aurait lui-même caractérisées. Elle s'efforce, en réalité, de caractériser elle-même l'existence préalable de signes extérieurs et apparents révélant les infractions, objets des investigations policières, à l'encontre de l'appréciation qui avait été celle du policier. En effet, les fonctionnaires de police n'avaient signalé dans leur procès-verbal agir en flagrance qu'à compter du constat de la présence de stupéfiants à l'intérieur de la valise (écrivant « [d]ès lors agissant en flagrant délit… »), ce qui indique que, selon eux, l'infraction n'était pas flagrante au moment de l'ouverture forcée du bagage. Pourtant, les juges du fond, approuvés par la Cour de cassation, déclarent que, « si les enquêteurs ont indiqué sur leur procès-verbal la mention de la flagrance postérieurement à la découverte des produits stupéfiants, antérieurement à cette découverte, il existait déjà des indices objectifs apparents, rendant probable la commission d'une infraction, indices recueillis à l'issue d'une procédure régulière permettant de modifier le cadre juridique des investigations et d'effectuer ainsi la perquisition de la valise sans l'assentiment exprès des intéressés »). **Aussi apparaissait-il que l'unique condition pour agir en flagrance soit que les policiers aient eu connaissance, au préalable, d'indices apparents, mais qu'il ne soit pas formellement exigé qu'ils aient compris que ces indices caractérisaient la situation de flagrance**. Cette substituabilité de l'appréciation juridictionnelle semble toutefois remise en cause, du moins lorsque les policiers ont initialement agi dans un autre cadre que celui fixé par le Code de procédure pénale, par un arrêt du 7 janvier 2020 (n° 19-83.774). Dans cette espèce, après avoir observé le franchissement d'un carrefour au feu rouge et une circulation à vive allure par un automobiliste, des fonctionnaires de police le poursuive afin d'effectuer un contrôle routier. Pour ce faire, ils pénètrent dans le parking souterrain d'un immeuble dont le portail a été ouvert par l'automobiliste. Lors du contrôle routier, ils constatent une forte odeur de cannabis émanant du coffre du véhicule et y saisissent 6 kg de stupéfiant. Par la suite, la perquisition du domicile de l'automobiliste permet la découverte de 22,5 kg de ce même produit ainsi que 33 000 € en espèce et une réplique de pistolet automatique. L'automobiliste est mis en examen des chefs d'infractions à la législation sur les stupéfiants, association de malfaiteurs et blanchiment et dépose une requête en annulation de pièces de la procédure. La cour d'appel rejette la nullité tirée de l'entrée des fonctionnaires de police dans le parking souterrain. Les juges du second degré constatent en premier lieu que les policiers ne pouvaient accéder aux parties communes de l'immeuble sans autorisation dans le cadre juridique du contrôle routier. Néanmoins ils affirment ensuite que les magistrats ne sont aucunement liés à la qualification opérée dans le procès-verbal. Sur la base de cette affirmation, ils caractérisent l'infraction de mise en danger délibérée de la vie d'autrui, afin de mettre en exergue l'existence d'un délit flagrant. Celui-ci a justifié la pénétration dans le parking souterrain, qui a permis la découverte de produits stupéfiants devant être appréhendés comme la preuve d'un second délit flagrant. Le prévenu forme un pourvoi en cassation et la Haute juridiction casse et annule l'arrêt de la cour d'appel. La Cour de cassation indique que « les juges ne peuvent, pour justifier la mise en œuvre des pouvoirs prévus [à l'art. 53, C. pr. pén.] en cas de crime ou de délit fragrant, substituer leurs propres déductions aux constatations initiales des officiers ou agents de police judiciaire desquelles il résulte que ceux-ci ont entendu procéder à un contrôle routier en application du code de la route [cf. : art L. 233-2 et R. 233-1, C. route] ».

II/ Le régime des actes de l'investigation policière

Une fois déterminé, de manière statique et de manière dynamique, le cadre d'investigation dans lequel les actes décrits ont été réalisés, il vous sera possible d'étudier la régularité de ceux-ci. Nous déclinerons ainsi les conditions de régularité des différents actes effectués selon le cadre dans lequel ils ont été réalisés.

Nous envisagerons d'abord les actes pouvant être réalisés indifféremment en enquête préliminaire ou en enquête de flagrance (A), puis les actes ne pouvant être réalisés, dans le cadre de l'enquête, qu'à la condition que l'enquête relève de la criminalité ou de la délinquance organisée (B).

A – Les actes d'investigation pouvant être réalisés indifféremment en enquête de flagrance ou en enquête préliminaire

Nous envisagerons les perquisitions et saisies (1), l'interception de correspondances électroniques stockées (2), les prélèvements et examens médicaux (3), les réquisitions (4), la vidéosurveillance sur la voie publique (5), l'enquête sous pseudonyme (6), la géolocalisation (7), l'interpellation (8), les reconstitutions et parades d'identification (9), les auditions et interrogatoires (10).

1 • Les perquisitions et saisies

Elles sont régies par les art. 56 et 76, C. pr. pén. Il nous faut envisager la notion de perquisition (a), le régime (b) et l'issue de celle-ci (c).

a. La notion de perquisition

La chambre criminelle définit la perquisition comme « la recherche, à l'intérieur d'un lieu normalement clos, notamment au domicile d'un particulier, d'indices permettant d'établir l'existence d'une infraction ou d'en déterminer l'auteur » (Crim. 29 mars 1994, *Bull. crim.* n° 118).

En conséquence, il n'y a perquisition (et donc nécessité de se soumettre au régime de celle-ci) qu'à la condition qu'il y ait :

– *pénétration dans un lieu clos* (Crim. 14 avr. 2015, *Bull. crim.* n° 80 : il n'y a pas de perquisition lorsque des policiers accèdent aux parties communes d'un immeuble d'habitation dont la porte d'entrée n'est pas fermée), *ce qui vise en particulier le domicile* (la chambre criminelle retient du domicile une conception autonome de celle qu'en a le Code civil : Crim. 24 juin 1987, *Bull. crim.* n° 267 : le terme « domicile », au sens des articles 56 et 76, C. pr. pén., « ne signifie pas seulement le lieu où une personne a son principal établissement mais encore le lieu où, qu'elle y habite ou non, elle a le droit de se dire chez elle, quels que soient le titre juridique de son occupation et l'affectation donnée aux locaux » ; Crim. 17 oct. 1995, *Bull. crim.* n° 310 : ce qui s'entend de tout lieu pourvu des équipements nécessaires à une habitation ou qui abrite une personne y exerçant une activité permanente) *et y inclut les dépendances du lieu visité – hangars, garages, véhicules stationnés dans un lieu privé –* (en revanche, ne sont pas soumises aux conditions prévues en la matière : les vérifications faites dans un casier de consigne de gare : Crim. 12 oct. 1993, *Bull. crim.* n° 287 ; ou dans un coffre d'automobile stationné sur la voie publique : Crim. 8 nov. 1979, *Bull. crim.* n° 311) ;

– *afin de rechercher des indices* (Crim. 23 oct. 2013, *Bull. crim.* n° 203 : ce qui suppose que l'OPJ se livre à une fouille en vue d'entrer en possession de documents ou tout autre élément de preuve ; Crim. 14 sept. 2004, *Bull. crim.* n° 206 : tel n'est pas le cas lorsque des policiers se bornent à parcourir les pièces d'une habitation et à faire des constatations matérielles ; Crim. 15 mars 1990, *Bull. crim.* n° 117 : ne constitue pas davantage une perquisition le fait pour des gendarmes de se rendre à 22 h au domicile d'un suspect dans le seul but de l'inviter à les accompagner à la brigade, aux fins d'audition, dès lors que les gendarmes n'ont effectué audit domicile aucune investigation) ; toutefois, les articles 56, 76, 94 et 97, C. pr. pén., dans leur rédaction issue de la loi n° 2010-768 du 9 juillet 2010, autorisent désormais la perquisition « en tous lieux » pour les seules recherche et saisie de biens susceptibles de confiscation en application de l'art. 131-21, C. pén. ; peut ainsi être saisi en cours d'enquête, quel qu'en soit le cadre procédural, tout bien susceptible de confiscation ;

– *et il faut que ce soit un OPJ* (C. pr. pén., art. 56) *ou un magistrat* (C. pr. pén., art. 56-1 à 56-4 et 92) *qui procèdent par eux-mêmes à ces recherches* (Crim. 12 févr. 2008, *Bull. crim.* n° 34 et 35 et Crim. 10 mars 2004, *Dr. pénal* 2004, comm. 97 : il n'y a pas lieu de faire application des règles relatives à la perquisition lorsque les policiers saisissent des documents ou objets qui leur ont été spontanément remis par des particuliers ou à leur demande).

b. Le régime de la perquisition

- **Les heures de perquisition**

Selon l'art. 59, C. pr. pén., **sauf réclamation faite de l'intérieur de la maison, les perquisitions doivent, à peine de nullité de la procédure, débuter après 6 h ou avant 21 h** (*NB* : la perquisition qui a débuté avant 21 h mais qui se prolonge après cet horaire est parfaitement valable, le critérium pour apprécier la régularité d'une perquisition tient en effet au commencement de la mesure, non à son prolongement).

Par exception, le législateur autorise des perquisitions nocturnes :

– *en cas d'état de siège* décrété en Conseil des ministres (art. 36, Const.);

– *en cas d'état d'urgence prévu par la loi du 3 avril 1955*, si le décret qui le déclare le prévoit expressément. Les perquisitions nocturnes ne peuvent concerner que les infractions dont la nature est en lien avec les faits qui justifient l'état d'urgence; la loi n° 2017-1510 du 30 octobre 2017 renforçant la sécurité intérieure et la lutte contre le terrorisme a intégré dans le droit commun les dispositions prévues à l'art. 11 de la loi du 3 avril 1955, permettant ainsi à l'autorité administrative de procéder à des visites domiciliaires et à des saisies à des fins de prévention des actes de terrorisme (CSI, art. L. 229-1 s.);

– *pour les infractions liées au trafic de stupéfiants*, l'art. 706-28, C. pr. pén., précisant toutefois que ces perquisitions de nuit ne sont possibles que dans « des locaux où l'on use en société de stupéfiants ou dans lesquels sont fabriqués, transformés ou entreposés illicitement des stupéfiants lorsqu'il ne s'agit pas de locaux d'habitation »;

– *en matière de proxénétisme*. L'art. 706-35, C. pr. pén., autorise en effet les perquisitions à toute heure du jour et de la nuit, à l'intérieur de tout hôtel, maison meublée, débit de boissons, club, cercle, dancing, lieu de spectacle et tout autre lieu ouvert au public ou utilisé par le public lorsqu'il est constaté que des personnes se livrant à la prostitution y sont reçues habituellement;

– *dans le cadre de la criminalité organisée*. Les perquisitions doivent alors être autorisées par le JLD par ordonnance écrite et motivée, qui précise la qualification de l'infraction dont la preuve est recherchée, ainsi que l'adresse des lieux dans lesquels la perquisition peut être faite, à la requête du procureur de la République. **Elles peuvent être effectuées en tous lieux en cas d'enquête de flagrance** (C. pr. pén., art. 706-89). **Elles sont en revanche limitées aux lieux qui ne concernent pas des locaux d'habitation en cas d'enquête préliminaire** (C. pr. pén., art. 706-90). **Tout en maintenant ce principe, la loi du 3 juin 2016 a apporté une exception et modifié l'art. 706-90, C. pr. pén., afin d'autoriser, en cas d'urgence, mais pour les seules enquêtes préliminaires concernant les infractions de terrorisme mentionnées au 11° de l'article 706-73, les perquisitions nocturnes dans les locaux d'habitation « lorsque leur réalisation est nécessaire afin de prévenir un risque d'atteinte à la vie ou à l'intégrité physique ».**

• **Les modalités de la perquisition**

Sauf lorsque la perquisition doit être effectuée par un magistrat (C. pr. pén., art. 56-1 à 56-4, v. *infra*), cette opération relève de la **compétence exclusive des OPJ** (C. pr. pén., art. 56).

En cas d'enquête préliminaire, **l'OPJ doit recueillir l'assentiment de la personne chez laquelle l'opération a lieu** (C. pr. pén., art. 76, al. 1er), lequel doit être consigné par écrit de la main de l'intéressé (C. pr. pén., art. 76, al. 2). **En cas de refus du chef de maison, et sous réserve que l'enquête se rapporte à un crime ou à un délit puni d'une peine d'emprisonnement d'une durée égale ou supérieure à trois ans (depuis la loi du 23 mars 2019), le JLD peut, à la requête du ministère public, décider, par ordonnance motivée, que ces opérations seront effectuées sans l'assentiment de l'intéressé** (C. pr. pén., art. 76, al. 4). Le non-respect de cette disposition emporte la nullité de la perquisition et des actes subséquents, sans qu'il soit nécessaire de rapporter la preuve d'un grief (Crim. 30 mai 1980, *Bull. crim.* n° 165).

Dans le cadre de la flagrance, **le consentement de l'occupant n'est pas requis**. Cependant, afin que l'on ne puisse mettre en doute la régularité des découvertes auxquelles elle peut donner lieu, **la perquisition doit, conformément à l'art. 57, C. pr. pén., avoir lieu en présence de l'occupant des lieux perquisitionnés**; lorsque la perquisition a lieu dans les locaux d'une PM, l'OPJ doit être accompagné du représentant légal ou d'une personne qui se comporte comme tel, à l'exception de celle qui a lieu dans le bureau personnel du dirigeant social et auxquelles ce dernier, sauf application de l'article 57, al. 2, C. pr. pén., doit nécessairement assister (Crim. 18 juin 2003, *Bull. crim.* n° 129). **En cas d'impossibilité, l'OPJ doit inviter l'intéressé à désigner un représentant de son choix; à défaut, il doit choisir deux témoins requis à cet effet par lui, en dehors des personnes relevant de son autorité administrative.** Ces dispositions sont prévues à peine de nullité (C. pr. pén., art. 59, al. 2). La nullité de la perquisition ne sera toutefois prononcée que si l'irrégularité invoquée fait grief au demandeur (Crim. 17 sept. 1996, *Bull. crim.* n° 316). L'art. 706-94, C. pr. pén., apporte un tempérament à cette règle lorsque l'enquête porte sur une infraction relevant de la liste fixée par l'art. 706-73 : lorsqu'une infraction est commise en bande organisée, le procureur peut autoriser l'OPJ à exécuter la perquisition sans la présence du maître de maison lorsque celui-ci est placé en GAV et que son transport sur les lieux présente des risques graves soit de troubles à l'ordre public ou d'évasion, soit de disparition des preuves. La perquisition est alors effectuée en présence de deux témoins requis par l'OPJ ou d'un représentant désigné par celui dont le domicile est en cause, étant précisé qu'il s'agit là d'une alternative dont la mise en œuvre est abandonnée à l'OPJ (*NB* : le juge d'instruction dispose des mêmes prérogatives lorsque la personne concernée est en GAV ou détenue en un autre lieu).

Dans tous les cas, un PV est dressé sur-le-champ et signé par le maître des lieux, son représentant, ou les deux témoins (Crim. 14 oct. 2015, *Bull. crim.* n° 308 : la signature des deux témoins est requise à peine de nullité de la perquisition, alors même que leur présence serait établie par le procès-verbal de perquisition) ; au cas de refus, il en est fait mention au PV.

- **Le particularisme des perquisitions effectuées dans certains lieux**

De manière générale, l'OPJ qui procède à la perquisition doit, au préalable, prendre « toutes mesures utiles pour que soit assuré le respect du secret professionnel et des droits de la défense » (C. pr. pén., art. 56, al. 3). Des précautions particulières doivent en outre être respectées lorsque la perquisition s'effectue chez certains professionnels :

– *Les perquisitions faites au cabinet ou au domicile des avocats (C. pr. pén., art. 56-1)* : elles ne peuvent être effectuées que par un magistrat et en présence du bâtonnier ou de son délégué. Le bâtonnier (ou son représentant) a la possibilité de s'opposer à la saisie de tout document qui relèverait des droits de la défense, sous le contrôle du JLD. Elles ne peuvent par ailleurs être effectuées qu'à la suite d'une décision écrite et motivée prise par le magistrat qui y procède, laquelle indique la nature de l'infraction ou des infractions sur lesquelles portent les investigations, les raisons justifiant la perquisition et l'objet de celle-ci (Crim. 9 févr. 2016, *Bull. crim.* n° 34 : l'absence, dans la décision prise par le magistrat, des motifs justifiant la perquisition et décrivant l'objet de celle-ci, qui prive le bâtonnier, chargé de la protection des droits de la défense, de l'information qui lui est réservée et interdit ensuite le contrôle réel et effectif de cette mesure par le JLD éventuellement saisi, porte nécessairement atteinte aux intérêts de l'avocat concerné). Cette décision doit être portée dès le début de la perquisition à la connaissance du bâtonnier ou de son délégué et aucune saisie ne peut concerner de documents ou d'objets relatifs à d'autres infractions que celles mentionnées dans ladite décision. Ces dispositions sont édictées à peine de nullité (C. pr. pén., art. 56-1, al. 1er, *in fine*).

Il résulte encore de l'art. 56-1, al. 2, C. pr. pén., que le magistrat qui effectue la perquisition doit veiller à ce que les investigations conduites ne portent pas atteinte au libre exercice de la profession d'avocat.

Le législateur a étendu le champ d'application des dispositions de l'article 56-1, al. 1 et 2, C. pr. pén., aux perquisitions effectuées dans les locaux de l'ordre des avocats ou des caisses de règlement pécuniaire des avocats. Afin de prendre en compte la spécificité de telles perquisitions, qui sont en effet susceptibles de provoquer une gêne dans le fonctionnement de l'ensemble des cabinets d'avocats d'un même Barreau et qui doivent de ce fait demeurer très exceptionnelles, il est alors prévu qu'en cas d'opposition à la saisie d'un document par le bâtonnier, les attributions confiées au juge des libertés et de la détention sont exercées par le président du tribunal judiciaire. Il en est de même en cas de perquisition au cabinet ou au domicile du bâtonnier.

– *Les perquisitions dans le cabinet d'un médecin, d'un notaire ou d'un huissier* doivent être effectuées par un magistrat et en présence d'un responsable de l'ordre ou de l'organisation professionnelle à laquelle appartient l'intéressé ou de son représentant (C. pr. pén., art. 56-3). Cette liste est limitative

(Crim. 18 juin 2003, *Bull. crim.* n° 129 : à propos d'une perquisition effectuée au cabinet d'un mandataire judiciaire).

– *Les perquisitions dans les entreprises de presse ou au domicile des journalistes* : en vertu de l'art. 56-2, C. pr. pén., les perquisitions dans les locaux d'une entreprise de presse, d'une entreprise de communication audiovisuelle, d'une entreprise de communication au public en ligne, d'une agence de presse, ainsi que celles menées dans les véhicules professionnels de ces entreprises ou agences ou au domicile d'un journaliste lorsque les investigations sont liées à son activité professionnelle ne peuvent être effectuées que par un magistrat. La loi soumet par ailleurs ces perquisitions à des règles calquées sur celles applicables aux perquisitions menées chez les avocats. Plus précisément, ces perquisitions doivent être précédées d'une décision écrite et motivée d'un magistrat qui indique la nature de l'infraction sur laquelle portent les investigations, ainsi que les raisons justifiant la perquisition et l'objet de celle-ci. Le contenu de cette décision est porté dès le début de la perquisition à la connaissance du journaliste (ou plus généralement de la personne présente en application de l'article 57). En outre, le magistrat et le journaliste ont seuls le droit de prendre connaissance des documents ou des objets découverts lors de la perquisition avant leur éventuelle saisie, et aucune saisie ne peut concerner des documents ou des objets relatifs à d'autres infractions que celles mentionnées dans cette décision. L'ensemble de ces dispositions nouvelles sont édictées à peine de nullité.

Il est prévu d'autre part que le journaliste – de même que son représentant, ou à défaut un des deux témoins requis par le magistrat – peut s'opposer à la saisie des documents qui pourraient permettre l'identification de ses informateurs et faire trancher cette contestation par le juge des libertés et de la détention.

Le magistrat doit enfin veiller à ce que les investigations conduites ne portent pas atteinte au libre exercice de la profession de journaliste et ne constituent pas un obstacle ou n'entraînent pas un retard injustifié à la diffusion de l'information.

– *Les perquisitions faites dans les lieux couverts par le secret de la défense nationale* : l'art. 56-4, I, C. pr. pén. régit les perquisitions dans les lieux abritant des éléments couverts par le secret de la défense nationale, dont la liste est limitativement établie par arrêté du Premier ministre. La perquisition ne peut être réalisée que par un magistrat, en présence du président de la Commission consultative du secret de la défense nationale ou de l'un de ses représentants, éventuellement assisté de toute personne habilitée à cet effet. L'article 56-4, II envisage quant à lui l'hypothèse dans laquelle une perquisition effectuée dans un lieu ordinaire révèle la présence d'éléments couverts par le secret de la défense nationale. Selon ce texte, le magistrat présent sur le lieu, ou immédiatement avisé par l'OPJ qui effectue la perquisition, en informe le président de la CCSDN. Les éléments classifiés sont placés sous scellés, sans en prendre connaissance, par le magistrat ou l'OPJ qui les a découverts, puis sont remis ou transmis, par tout moyen en conformité avec la réglementation applicable aux secrets de la défense nationale, au président de la commission afin qu'il en assure la garde.

L'ensemble de ces dispositions sont édictées à peine de nullité (C. pr. pén., art. 56-4, IV).

– *Les perquisitions dans les locaux d'une juridiction* : tirant les conséquences de la décision n° 2015-506 QPC du 4 décembre 2005 par laquelle le Conseil constitutionnel a déclaré contraire à la Constitution certaines dispositions relatives aux modalités de perquisition et de saisie en matière pénale, en raison de l'absence de dispositions spécifiques concernant les perquisitions dans les locaux d'une juridiction, la loi du 3 juin 2016 a inséré dans le C. pr. pén. un art. 56-5 qui réglemente les perquisitions dans les locaux d'une juridiction ou au domicile d'une personne exerçant des fonctions juridictionnelles et qui tendent à la saisie de documents susceptibles d'être couverts par le secret du délibéré. Ces perquisitions doivent être effectuées par un magistrat, en présence du premier président de la cour d'appel ou du premier président de la Cour de cassation ou de son délégué. Ces mesures doivent être précédées d'une décision écrite et motivée qui indique la nature de l'infraction sur laquelle portent les investigations, les raisons justifiant la perquisition et l'objet de celle-ci. Le contenu de la décision est porté dès le début de la perquisition à la connaissance du premier président ou de son délégué par le magistrat. Celui-ci, le premier président ou son délégué ont seuls le droit de consulter ou de prendre connaissance des documents ou des objets se trouvant sur les lieux préalablement à leur éventuelle saisie. Aucune saisie ne peut concerner des documents ou des objets relatifs à d'autres infractions que celles mentionnées dans la décision précitée. Ces dispositions sont prévues à peine de nullité. Le magistrat qui effectue la perquisition veille par ailleurs à ce que les investigations conduites ne portent pas atteinte à l'indépendance de la justice.

Le premier président ou son délégué peut s'opposer à la saisie d'un document ou d'un objet s'il estime cette saisie irrégulière. Le document ou l'objet est alors placé sous scellé fermé, puis transmis au JLD qui, dans un délai de cinq jours à compter de la réception des pièces, doit statuer sur l'opposition par ordonnance motivée non susceptible de recours. S'il estime qu'il n'y a pas lieu à saisir le document ou l'objet, le JLD ordonne sa restitution et, le cas échéant, la cancellation de toute référence à ce document ou à son contenu ou à cet objet figurant dans le dossier de la procédure. Dans le cas contraire, il ordonne le versement du scellé et du procès-verbal au dossier de la procédure. Cette décision n'exclut pas la possibilité ultérieure pour les parties de demander la nullité de la saisie.

c. L'issue de la perquisition

À l'issue de la perquisition, l'OPJ peut procéder à des saisies ou à des captations de contenu informatique. Depuis la loi du 23 mars 2019, la personne chez qui la perquisition a eu lieu peut exercer un recours de nature juridictionnel pour contester la perquisition.

• **Les saisies**

L'OPJ (ou le magistrat qui procède à la perquisition) peut saisir tout ce qui peut servir à la manifestation de la vérité dans les conditions prévues par l'art. 56, C. pr. pén. En application du second alinéa de cet article, seul l'OPJ réalisant la perquisition, les personnes requises en application de l'article 57, C. pr. pén., ou celles requises car il y a lieu de procéder à des constatations ou à des examens techniques ou scientifiques, peuvent prendre connaissance des documents dont la saisie est envisagée. En vertu du quatrième alinéa de ce texte, les objets et documents saisis sont immédiatement inventoriés et placés sous scellés. La saisie de données informatiques s'effectue selon des techniques spécifiques prévues par les al. 5 à 7. En cas de saisie de fonds ou valeurs, le procureur de la République peut, sous certaines conditions énumérées au huitième alinéa, autoriser leur dépôt à la Caisse des dépôts et consignations ou à la Banque de France ou sur un compte ouvert auprès d'un établissement bancaire par l'Agence de gestion et de recouvrement des avoirs saisis et confisqués. Des dispositions particulières sont prévues pour la saisie de fausse monnaie aux alinéas 9 et 10. Enfin, le dernier alinéa permet à l'OPJ de retenir sur place les personnes présentes lors de la perquisition et susceptibles de fournir des renseignements sur les objets saisis.

Ce pouvoir de saisie trouve cependant sa limite dans le principe des droits de la défense, qui commande de respecter la confidentialité des correspondances échangées entre un avocat et son client (Crim. 13 déc. 2006, *Bull. crim.* n° 313). Par exception à cette règle affirmée par l'art. 66-5 de la loi du 31 décembre 1971 sur certaines professions judiciaires et juridiques, la saisie de la correspondance échangée entre un avocat et son client est licite lorsque celle-ci est étrangère aux droits de la défense (Crim. 5 juill. 1993, *Bull. crim.* n° 236). Par ailleurs, ce secret ne saurait s'opposer à la saisie de documents établissant la participation de l'avocat à une infraction, serait-elle distincte de celle dont les forces de police (ou le juge d'instruction) sont saisies (Crim. 5 oct. 1999, *Bull. crim.* n° 206), sauf dans l'hypothèse où la correspondance est trouvée au cabinet ou au domicile de l'avocat compte tenu des dispositions impératives de l'article 56-1, C. pr. pén.

Les saisies peuvent également résulter de l'art. 54, C. pr. pén., qui fait obligation aux OPJ, en cas de crime ou de délit flagrant, de veiller à « la conservation des indices susceptibles de disparaître et de tout ce qui peut servir à la manifestation de la vérité ».

• **La captation de contenu informatique**

L'article 57-1, al. 1er, C. pr. pén., prévoit la possibilité pour les OPJ, au cours d'une perquisition effectuée dans les conditions de l'enquête de droit commun, d'accéder par un système informatique implanté sur les lieux où se déroule la perquisition à des données intéressant l'enquête en cours, dès lors que ces données sont accessibles à partir du système initial ou disponibles pour le système initial. En outre, la loi du 13 novembre 2014 a offert aux enquêteurs une nouvelle possibilité d'accéder à un contenu informatique. En effet, en vertu de l'art. 57-1, al. 2, C. pr. pén., prévoit désormais qu'ils « peuvent également, dans les conditions de perquisition prévues au présent code, accéder par un système informatique implanté dans les locaux d'un service ou d'une unité de police ou de gendarmerie à des données intéressant l'enquête en cours et stockées dans un autre système informatique, si ces données sont accessibles à partir du système initial. » Le texte précise en outre que « les officiers de police judiciaire peuvent, par tout moyen, requérir toute personne susceptible : 1° d'avoir connaissance des mesures appliquées pour protéger les données auxquelles il est permis d'accéder dans le cadre de la perquisition ; 2° de leur remettre les informations permettant d'accéder aux données ». Le fait de s'abstenir de répondre dans les meilleurs délais à cette réquisition est puni d'une amende de 3 750 €.

- **Le recours juridictionnel**

Le **nouvel art. 802-2, C. pr. pén., issu de la loi du 23 mars 2019**, permet de demander au JLD l'annulation d'une perquisition ou d'une visite domiciliaire en l'absence de poursuite de la personne concernée six mois après l'accomplissement de l'acte, et ce dans le délai d'un an. Cela permettra de faire annuler un tel acte, ce qui ne pouvait avoir lieu auparavant en l'absence de poursuite devant une juridiction d'instruction ou de jugement. Le Conseil constitutionnel a validé cette disposition sous la réserve que, lorsque la décision contestée « a été ordonnée par un juge des libertés et de la détention, ce juge ne saurait, sans méconnaître le principe d'impartialité, statuer sur la demande tendant à l'annulation de sa décision » (Cons. const. 21 mars 2019, décis. n° 2019-778 DC, § 198). L'article 802-2 ne sera toutefois applicable qu'aux perquisitions et visites domiciliaires intervenues à compter du lendemain de la publication de la loi du 23 mars 2019.

La mise en état patrimoniale des affaires pénales

Les règles relatives aux perquisitions et aux saisies que nous venons d'envisager ont toutes pour finalité le recueil de la preuve pénale. Il vous faut toutefois garder à l'esprit que la procédure pénale a largement développé, à côté de cette mise en état probatoire, une autre forme de mise en état : la mise en état patrimoniale des affaires pénales. Celle-ci, qui peut se développer au stade de l'enquête de police, comme au stade de l'instruction préparatoire, a pour vocation d'anticiper l'éventuelle décision de la juridiction de jugement qui consisterait en l'infliction de la peine complémentaire de confiscation.

La peine de confiscation est prévue par l'art. 131-21, C. pén. :

- *quant au domaine de la confiscation* : la peine complémentaire de confiscation est encourue dans les cas prévus par la loi ou le règlement ; elle est également encourue de plein droit pour les crimes et pour les délits punis d'une peine d'emprisonnement d'une durée supérieure à un an, à l'exception des délits de presse. **Dans ces hypothèses, la confiscation sera d'ailleurs obligatoire pour les objets qualifiés de dangereux ou nuisibles** par la loi ou le règlement, ou dont la détention est illicite, que ces biens soient ou non la propriété du condamné (C. pén., art. 131-21, al. 7) ;

►

• *quant à l'objet de la confiscation* : la confiscation peut porter :
– sur tous les biens meubles ou immeubles, quelle qu'en soit la nature, *divis* ou *indivis*, ayant servi à commettre l'infraction ou qui étaient destinés à la commettre, et dont le condamné est propriétaire ou, sous réserve des droits du propriétaire de bonne foi, dont il a la libre disposition ;
– sur tous les biens qui sont l'objet ou le produit direct ou indirect de l'infraction, à l'exception des biens susceptibles de restitution à la victime. Si le produit de l'infraction a été mêlé à des fonds d'origine licite pour l'acquisition d'un ou plusieurs biens, la confiscation peut ne porter sur ces biens qu'à concurrence de la valeur estimée de ce produit ;
– sur tout bien meuble ou immeuble défini par la loi ou le règlement qui réprime l'infraction ;
– également, s'il s'agit d'un crime ou d'un délit puni d'au moins cinq ans d'emprisonnement et ayant procuré un profit direct ou indirect, sur les biens meubles ou immeubles, quelle qu'en soit la nature, *divis* ou *indivis*, appartenant au condamné ou, sous réserve des droits du propriétaire de bonne foi, dont il a la libre disposition, lorsque ni le condamné, ni le propriétaire, mis en mesure de s'expliquer sur les biens dont la confiscation est envisagée, n'ont pu en justifier l'origine (C. pén., art. 131-21, al. 5) ;
– lorsque la loi qui réprime le crime ou le délit le prévoit, sur tout ou partie des biens appartenant au condamné ou, sous réserve des droits du propriétaire de bonne foi, dont il a la libre disposition, quelle qu'en soit la nature, meubles ou immeubles, *divis* ou *indivis* (C. pén., art. 131-21, al. 6).

La peine complémentaire de confiscation s'applique dans les mêmes conditions à tous les droits incorporels, quelle qu'en soit la nature, *divis* ou *indivis*.

La confiscation peut être ordonnée en valeur. La confiscation en valeur peut être exécutée sur tous biens, quelle qu'en soit la nature, appartenant au condamné ou, sous réserve des droits du propriétaire de bonne foi, dont il a la libre disposition. Pour le recouvrement de la somme représentative de la valeur de la chose confisquée, les dispositions relatives à la contrainte judiciaire sont applicables.

La chose confisquée est, sauf disposition particulière prévoyant sa destruction ou son attribution, dévolue à l'État, mais elle demeure grevée, à concurrence de sa valeur, des droits réels licitement constitués au profit de tiers.

Lorsque la chose confisquée est un véhicule qui n'a pas été saisi ou mis en fourrière au cours de la procédure, le condamné doit, sur l'injonction qui lui en est faite par le ministère public, remettre ce véhicule au service ou à l'organisme chargé de sa destruction ou de son aliénation.

Quant aux règles qui régissent la mise en état patrimoniale, elles diffèrent sensiblement de celles qui ont trait à la mise en état probatoire :
– *en enquête de flagrance*, l'OPJ peut se transporter sur tous les lieux où sont susceptibles de se trouver des biens confiscables et procéder à une perquisition aux fins de saisie. **Si la perquisition est effectuée aux seules fins de rechercher et de saisir des biens dont la confiscation est prévue par les al. 5 et 6 de l'art. 131-21, C. pén.** – biens dont le mis en cause ne peut justifier l'origine ou biens visés par un texte en permettant la confiscation de tout ou partie –, **elle doit être préalablement autorisée par le procureur de la République** (C. pr. pén., art. 56, al. 1er, *in fine*). Dans tous les cas, la saisie des biens peut être maintenue par l'OPJ avec l'accord du procureur de la République (C. pr. pén., art. 56, al. 7) ;

►

– *en enquête préliminaire*, les perquisitions, visites domiciliaires et saisies de biens dont la confiscation est prévue à l'art. 131-21, C. pén., ne peuvent être effectuées sans l'assentiment exprès de la personne chez laquelle l'opération a lieu. Cet assentiment doit faire l'objet d'une déclaration écrite de la main de l'intéressé ou, si celui-ci ne sait écrire, il en est fait mention au procès-verbal ainsi que de son assentiment. Les dispositions prévues par les articles 56 et 59, C. pr. pén., sont applicables, ce qui implique notamment que la perquisition n'ait lieu qu'entre 6 h et 21 h. Toutefois, le JLD peut décider, à la requête du procureur de la République, que la saisie aura lieu sans l'accord de l'intéressé si la recherche de biens dont la confiscation est prévue à l'article 131-21 du Code pénal le justifie. La décision du magistrat doit être écrite et motivée (C. pr. pén., art. 76) ;
– *au cours de l'instruction préparatoire*, le juge d'instruction peut procéder à des perquisitions dans tous les lieux où peuvent se trouver des biens dont la confiscation est prévue par l'art. 131-21, C. pén. (C. pr. pén., art. 94). La saisie des biens peut être maintenue par l'OPJ avec l'accord du juge d'instruction (C. pr. pén., art. 97, al. 5). Pour garantir l'exécution de la peine de confiscation d'un bien appartenant à une personne mise en examen, le juge d'instruction peut, sans requête préalable du ministère public, ordonner la saisie de ce bien (Crim. 6 mai 2015, n° 15-80.086).

2 • L'interception de correspondances électroniques stockées (notamment les mails)

Elle était jusque-là réservée à la délinquance et à la criminalité organisée. **La loi du 23 mars 2019 l'a étendue aux crimes**. Désormais, en vertu de l'art. 706-95-1, C. pr. pén., si les nécessités de l'enquête relative à un crime ou à l'une des infractions entrant dans le champ d'application des art. 706-73 et 706-73-1, C. pr. pén., l'exigent, JLD peut, à la requête du procureur, autoriser par ordonnance motivée l'accès, à distance et à l'insu de la personne visée, aux correspondances stockées par la voie des communications électroniques accessibles au moyen d'un identifiant informatique. Les données auxquelles il a été permis d'accéder peuvent être saisies et enregistrées ou copiées sur tout support.

3 • Les prélèvements et examens médicaux

Trois groupes de dispositions autorisent les OPJ ou, sous le contrôle de ceux-ci, les APJ, à procéder ou à faire procéder à des prélèvements ou à des examens médicaux sur certaines catégories de personnes qui sont tenues de s'y soumettre sous peine de sanction pénale :

– *Art. 55-1, 76-2 et 154-1, C. pr. pén. : il s'agit des prélèvements nécessaires à la réalisation d'examens de comparaison* avec les traces et indices révélés au cours de l'enquête de flagrance ou préliminaire (al. 1er), outre *les opérations de relevés signalétiques* telles que la prise d'empreintes ou de photographies afin d'alimenter les fichiers de police (al. 2). **Ces actes sont accomplis sur autorisation du procureur dans le cadre de l'enquête préliminaire**. Ils concernent non seulement les suspects, mais encore toute personne susceptible de fournir des renseignements sur les faits en cause. Cependant, seul le refus du suspect constitue un délit punissable d'une peine d'emprisonnement et d'une peine d'amende (al. 3).

– *Art. 706-56, C. pr. pén. : il s'agit de prélèvements biologiques destinés à alimenter le FNAEG* à l'égard des personnes (condamnées ou suspectes) visées par l'art. 706-54 et 706-55, C. pr. pén. Le consentement de la personne à la mesure est nécessaire. Mais à l'instar des prélèvements externes, le refus de se soumettre à un prélèvement biologique est érigé en délit (§ II). Qui plus est, lorsqu'il s'agit d'effectuer un prélèvement sur une personne condamnée pour crime ou pour un délit puni de dix ans d'emprisonnement, le prélèvement peut être effectué sans l'accord de l'intéressé ; le recours à la contrainte suppose toutefois des réquisitions écrites du procureur de la République (§ I, al. 5).

– *Art. 706-47-2, C. pr. pén. : il s'agit d'examens médicaux ou de prises de sang en vue de déterminer si une personne suspectée d'avoir commis une infraction sexuelle n'est pas atteinte d'une MST.* Le médecin qui est requis à cette fin par l'OPJ doit « s'efforcer » d'obtenir le consentement (al. 2) ; le refus de se soumettre à ce dépistage expose l'intéressé à des sanctions pénales (al. 5). Comme précédemment, le recours à la contrainte suppose des réquisitions écrites du procureur de la République (ou du juge d'instruction) (al. 3).

4 • Les réquisitions

Nous distinguerons les réquisitions à homme de l'art et à manouvrier (a) des réquisitions aux fins de renseignements ou de remise de documents (b).

a. Les réquisitions à Homme de l'art ou à manouvrier

– *Quant aux réquisitions à Homme de l'art,* les art. 60 et 77-1, C. pr. pén., autorisent l'OPJ ou l'APJ à faire appel à des experts afin de procéder « à des constatations ou à des examens techniques ou scientifiques » (Crim. 31 mars 2020, n° 19-85.756 : l'art. 60, C. pr. pén., peut fonder un prélèvement sanguin contraint, « l'article 8 de la Conv. EDH n'interdisant pas en tant que tel le recours à une intervention médicale sans le consentement d'un suspect en vue de l'obtention de la preuve de sa participation à une infraction dans toutes ses circonstances »). L'Homme de l'art qui est ainsi requis de fournir ses services doit prêter serment, par écrit, d'apporter son concours à la justice en son honneur et en sa conscience. Par exception, les personnes figurant, en tant qu'experts, sur une des listes énoncées à l'art. 157, C. pr. pén., sont dispensées de cette obligation.

L'OPJ ou l'APJ peut agir seul en cas de flagrance (C. pr. pén., art. 60), **mais il doit en revanche y être autorisé spécialement par le procureur de la République en cas d'enquête préliminaire** (C. pr. pén., art. 77-1 ; Crim. 17 déc. 2019, n° 19-83.358 : l'autorisation donnée par le procureur de la République aux OPJ de faire procéder à des examens techniques ou scientifiques doit être donnée dans le cadre de la procédure d'enquête préliminaire en cours et non par voie d'autorisation générale et permanente préalable ;

cette interprétation est commandée par la nécessité de garantir la direction effective des enquêtes préliminaires par le procureur de la République), et ce **à peine de nullité de la procédure** (Crim. 14 oct. 2003, n° 03-84.539 : « les dispositions de l'article 77-1 du Code de procédure pénale sont édictées dans l'intérêt d'une bonne administration de la justice » et « leur méconnaissance est constitutive d'une nullité à laquelle les dispositions de l'article 802 dudit code sont étrangères »; Crim. 18 juin 2019, n° 19-80.105 : « les dispositions de ce texte, qui permet au procureur de la République, ou sur son autorisation, à l'officier de police judiciaire, de confier des constatations ou des examens techniques et scientifiques à des personnes qualifiées, sont édictées en vue de garantir la fiabilité de la recherche et de l'administration de la preuve »; cassation de l'arrêt ayant rejeté la demande en nullité tirée de l'absence d'autorisation du procureur au motif que l'individu n'avait aucun droit sur l'emballage saisi ou sur le lieu de sa découverte et qu'il ne démontrait pas l'existence d'une atteinte à sa vie privée résultant des réquisitions qu'il critiquait : « en prononçant ainsi, alors qu'elle avait constaté que les réquisitions en cause avaient été délivrées sans qu'il soit justifié d'une autorisation du procureur de la République et que l'absence d'une telle autorisation peut être invoquée par toute partie y ayant intérêt, la chambre de l'instruction a méconnu le sens et la portée » de l'art. 77-1, C. pr. pén.).

On relèvera que la loi du 24 décembre 2020 a facilité le recours aux réquisitions à Homme de l'art dans l'enquête préliminaire en prévoyant :

- que le procureur peut, par la voie d'instructions générales, autoriser les OPJ à requérir toutes personnes qualifiées afin de procéder à des examens médicaux ou psychologiques de la victime ou de procéder à des examens médicaux de la personne suspectée d'avoir commis une des infractions mentionnées à l'art. 706-47 (essentiellement les homicides, assassinats, actes de tortures et de barbarie ainsi que les agressions sexuelles commis sur un mineur) ou exigés en application de l'art. 706-115 (expertise du majeur protégé poursuivi). Le procureur est avisé sans délai de ces réquisitions. Ces instructions générales ont une durée qui ne peut excéder six mois. Elles peuvent être renouvelées (C. pr. pén., art. 77-1, al. 3);
- qu'aucune autorisation n'est nécessaire lorsque l'OPJ a recours à une personne qualifiée aux fins : de procéder à la comparaison entre une empreinte génétique issue de trace biologique et l'empreinte génétique d'une personne à l'encontre de laquelle il existe une ou plusieurs raisons plausibles de soupçonner qu'elle a commis l'une des infractions mentionnées à l'art. 706-55, ou à la comparaison entre plusieurs traces biologiques; de procéder à la comparaison entre une trace digitale ou palmaire et l'empreinte digitale ou palmaire d'une personne à l'encontre de laquelle il existe une ou plusieurs raisons plausibles de soupçonner qu'elle a commis un crime ou un délit, ou à la comparaison entre plusieurs traces digitales ou palmaires (C. pr. pén., art. 77-1, al. 4).

– *Quant aux réquisitions à* manouvrier (par ex. mobilisation d'un serrurier pour obtenir l'ouverture d'une porte, d'un ambulancier pour le transport d'un cadavre, etc.), elles ne sont pas réglementées par le C. pr. pén., mais par l'art. R. 642-1, C. pén., lequel se contente de prévoir que « le fait, sans motif légitime, de refuser ou de négliger de répondre soit à une réquisition émanant d'un magistrat ou d'une autorité de police judiciaire agissant dans l'exercice de ses fonctions, soit, en cas d'atteinte à l'ordre public ou de sinistre ou dans toute autre situation présentant un danger pour les personnes, à une réquisition émanant d'une autorité administrative compétente, est puni de l'amende prévue pour les contraventions de la 2e classe ».

b. Les réquisitions aux fins d'obtention de renseignements ou de remise de documents

En vertu des art. 60-1 et 77-1-1, C. pr. pén., l'OPJ ou l'APJ a la possibilité de requérir « de toute personne, de tout établissement ou organisme privé ou public ou de toute administration publique qui sont susceptibles de détenir des informations intéressant l'enquête, y compris celles issus d'un système informatique ou d'un traitement de données nominatives, de lui remettre ces documents, sans que puisse lui être opposée, sans motif légitime, l'obligation au secret professionnel ». Ces réquisitions permettent d'obtenir, par ex., le contenu de vidéosurveillances, des relevés bancaires, des relevés d'appels téléphoniques. Est en revanche exclue la possibilité d'obtenir communication de la teneur des messages eux-mêmes (Crim. 6 nov. 2013, *Bull. crim.* n° 217).

On relèvera que la loi du 24 décembre 2020 a, là aussi, facilité le recours aux réquisitions de vidéosurveillance en prévoyant que le procureur peut, par la voie d'instructions générales, autoriser les OPJ et APJ, pour des catégories d'infractions qu'il détermine, à requérir de toute personne, de tout établissement ou organisme privé ou public ou de toute administration publique, de leur remettre des informations intéressant l'enquête qui sont issues d'un système de vidéoprotection. Le procureur est avisé sans délai de ces réquisitions. Ces instructions générales ont une durée qui ne peut excéder six mois. Elles peuvent être renouvelées (C. pr. pén., art. 77-1-1, dern. al.).

À l'exception des personnes mentionnées aux articles 56-1 à 56-3, C. pr. pén., le fait de s'opposer à une telle réquisition ou de ne pas y répondre « dans les meilleurs délais » est puni d'une amende correctionnelle de 3 750 €. Les personnes morales sont également responsables pénalement, dans les conditions prévues par l'article 121-2 du Code pénal. En ce qui concerne les personnes mentionnées aux articles 56-1 à 56-3 du C. pr. pén., la remise des documents ne peut intervenir qu'avec leur accord, la Cour de cassation ayant précisé à cet égard que cet accord n'est requis que pour la remise des documents détenus par ces personnes (Crim. 17 déc. 2013, *Bull. crim.* n° 259 ; Crim. 19 mars 2014, *Bull. crim.* n° 88).

Comme précédemment, les OPJ ou APJ peuvent agir seuls en cas de flagrance, tandis qu'en enquête préliminaire, ces officiers et agents ne peuvent agir que sur autorisation du procureur (Crim. 23 mai 2006, *Dr. pénal* 2006, comm. 131 : l'autorisation du procureur de la République peut être donnée verbalement et la mention sur la réquisition de la formule « sur autorisation du procureur de la République » est suffisante pour satisfaire aux conditions légales en ce que cette mention permet de présumer que la procédure a été respectée). La méconnaissance de ces dispositions est constitutive d'une nullité qui n'est pas soumise à la démonstration d'un grief (Crim. 1er sept. 2005, *Bull. crim.* n° 211).

On relèvera que les art. 60-2 et 77-1-2, C. pr. pén., aménagent des règles similaires pour la communication d'informations contenues dans un système informatique.

Soyez vigilant : ces règles ne s'appliquent pas aux remises spontanées de documents, qui n'obéissent à aucune condition particulière (en ce sens, v. not. Crim. 12 mars 2008, n° 07-88.604, qui décide que la simple demande, faite par les OPJ, à une personne de leur remettre des documents intéressant l'enquête, demande à laquelle cette personne répond spontanément, ne constitue pas une réquisition au sens de l'art. 77-1-1, C. pr. pén., et n'est donc pas soumise à autorisation préalable du Procureur).

5 • La vidéosurveillance sur la voie publique

Dans un arrêt en date du 8 décembre 2020, la chambre criminelle a estimé que « le procureur de la République tient des articles 39-3 et 41 du Code de procédure pénale le pouvoir de faire procéder, sous son contrôle effectif et selon les modalités qu'il autorise s'agissant de sa durée et de son périmètre, à une vidéosurveillance sur la voie publique, aux fins de rechercher la preuve des infractions à la loi pénale. L'ingérence dans la vie privée qui résulte d'une telle mesure présentant par sa nature même un caractère limité et étant proportionnée au regard de l'objectif poursuivi, elle n'est pas contraire à l'article 8 de la Convention européenne des droits de l'homme » (Crim. 8 déc. 2020, n° 20-83.885).

6 • L'enquête sous pseudonyme

Elle a été modifiée par la loi du 23 mars 2019 pour être désormais autorisée y compris durant l'enquête ne relevant pas de la criminalité ou de la délinquance organisée (extension déclarée conforme à la Constitution ; v. Cons. const. 21 mars 2019, décis. n° 2019-778 DC, § 151 à 157). L'art. 706-87-1, C. pr. pén., est donc abrogé à compter du 1er juin 2019 et remplacé par l'article 230-46. En vertu de ce dernier texte, **aux seules fins de constater les crimes et les délits punis d'une peine d'emprisonnement commis par la voie des communications électroniques, et lorsque les nécessités de l'enquête ou de l'instruction le justifient**, les OPJ et APJ agissant au cours de l'enquête ou sur commission rogatoire peuvent, s'ils sont affectés dans un service spécialisé et spécialement habilités à cette fin dans des conditions précisées par arrêté du ministre de la justice et du ministre de l'intérieur, procéder sous pseudonyme aux actes suivants sans en être pénalement responsables : 1° participer à des échanges électroniques, y compris avec les personnes tibles d'être les auteurs de ces infractions ; 2° extraire ou conserver par en les données sur les personnes susceptibles d'être les auteurs de ces infractions et tout élément de preuve ; 3° après autorisation du procureur de la République ou du juge d'instruction saisi des faits, acquérir tout contenu, produit, substance, prélèvement ou service, y compris illicite, ou transmettre en réponse à une demande expresse des contenus illicites.

À peine de nullité, l'autorisation prévue au 3°, qui peut être donnée par tout moyen, est mentionnée ou versée au dossier de la procédure et les actes autorisés ne peuvent constituer une incitation à commettre ces infractions.

Les actes mentionnés au présent article s'effectuent sous le contrôle du procureur de la République ou du juge d'instruction.

7 • La géolocalisation

Elle a vu son régime modifié par la loi du 23 mars 2019 :

– **elle est désormais possible pour tous les crimes et les délits punis d'au moins trois ans d'emprisonnement**, contre cinq sauf exception auparavant (C. pr. pén., art. 230-32, al. 1°). En contrepartie, la mesure ne peut être autorisée durant l'enquête par le procureur que pour une durée de huit jours lorsqu'il ne s'agit ni d'une enquête prévue aux art. 74 à 74-2, C. pr. pén., ni d'un crime ou d'une infraction relevant de la criminalité organisée contre quinze auparavant (C. pr. pén., art. 230-33). Au-delà, comme c'était déjà le cas, c'est au JLD ou au juge d'instruction d'autoriser la mesure. Une durée maximale de ces opérations est désormais fixée, à un an en droit commun et à deux ans en criminalité organisée (C. pr. pén., art. 230-33, avant dern. al.). La géolocalisation est mise en place par l'OPJ ou, sous sa responsabilité, par l'APJ, ou prescrite sur réquisitions de l'OPJ. Le magistrat qui a autorisé les opérations de géolocalisation doit en outre en contrôler la mise en œuvre (C. pr. pén., art. 230-37) ;

– **il peut être recouru à la géolocalisation « d'une personne, à l'insu de celle-ci, d'un bien ou de tout autre objet », lorsque cette opération est « exigée par les nécessités » de la procédure** (C. pr. pén., art. 230-32). La loi n'exige donc pas que la personne faisant l'objet de la surveillance soit suspecte, le texte visant de manière générale « une personne » sans autre précision. De même, les objets susceptibles d'être géolocalisés n'étant pas limitativement énumérés, tout objet peut l'être soit par l'exploitation de sa technologie propre (téléphone portable, véhicule équipé d'un système GPS) soit par le biais de la pose d'une balise (moyen de transport, conteneur) ;

– **lorsque la mesure de géolocalisation requiert l'utilisation d'une balise, l'installation ou le retrait de ce dispositif peut nécessiter de s'introduire dans un espace privé, sans le consentement et en l'absence de l'occupant des lieux.** L'art. 230-34, C. pr. pén., qui précise que ces opérations doivent être réalisées « aux seules fins de mettre en place le moyen technique », excluant ainsi la réalisation concomitante de toute saisie ou perquisition, définit les conditions dans lesquelles ces intrusions peuvent être autorisées. Ce texte opère une distinction :

- *s'agissant tout d'abord des lieux privés destinés ou utilisés à l'entrepôt de véhicules, fonds, valeurs, marchandises ou matériels, ainsi que les véhicules situés sur la voie publique ou dans de tels lieux,* l'intrusion est autorisée, y compris en dehors des heures prévues à l'art. 59, C. pr. pén., par le procureur ou le juge d'instruction selon le cadre procédural dans lequel se déroulent les investigations ;
- *en ce qui concerne ensuite les lieux privés ne constituant pas des lieux d'entrepôt ou des lieux d'habitation,* il n'est possible de s'introduire dans de tels lieux privés que si la procédure est relative à une infraction punie d'une peine d'emprisonnement supérieure ou égale à cinq ans, ou est diligentée dans le cadre des articles 74 à 74-2 ou 80-4, C. pr. pén. Le procureur ou le juge d'instruction, selon le cadre d'enquête, est compétent pour autoriser la pénétration dans cette catégorie de lieux, y compris en dehors des heures prévues à l'article 59 du C. pr. pén. ;
- *enfin, il n'est possible de pénétrer dans les lieux d'habitation,* que dans le cadre des enquêtes visées aux articles 74 à 74-2 ou 80-4, C. pr. pén., ou des procédures relatives à une infraction punie d'au moins cinq ans d'emprisonnement. La décision relève de la compétence du JLD, saisi sur requête du ministère public en cas d'enquête diligentée par le procureur de la République.

Par exception, l'art. 230-34, al. 5, C. pr. pén., dresse une liste de lieux dans lesquels il est impossible de pénétrer pour installer ou retirer un dispositif de géolocalisation (lieux mentionnés aux articles 56-1 à 56-4, C. pr. pén., ainsi que le bureau ou le domicile des personnes mentionnées à l'article 100-7, C. pr. pén.).

– **Par exception aux dispositions précitées, l'art. 230-35, C. pr. pén., reconnaît un pouvoir d'initiative aux OPJ en cas d'urgence « résultant d'un risque imminent de dépérissement des preuves ou d'atteintes graves aux personnes ou aux biens ».** En cas d'urgence, un OPJ peut ainsi mettre en place ou prescrire d'initiative une mesure de géolocalisation, sans autorisation préalable du procureur ou du juge d'instruction. Il dispose également de la possibilité de s'introduire de sa propre initiative dans tout lieu privé, à l'exclusion d'un lieu d'habitation.

Le pouvoir ainsi reconnu aux OPJ est cependant encadré, et ce à différents niveaux :

- *l'OPJ doit d'abord informer immédiatement le procureur de la République ou le juge d'instruction de la mise en place de cette mesure, et le cas échéant de l'introduction dans un lieu privé autre que ceux soumis à un régime spécifique.* Le magistrat informé peut alors ordonner, sans formalisme particulier, l'interruption des opérations de géolocalisation ;
- *la validité de l'opération de géolocalisation décidée d'initiative en cas d'urgence par l'OPJ est conditionnée par la prise d'une décision écrite en ce sens par l'autorité judiciaire compétente dans le délai de 24 heures.* À

défaut, les opérations de géolocalisation réalisées doivent être considérées comme inexistantes et ne peuvent faire l'objet de retranscription et d'utilisation dans le cadre de la procédure (Crim. 17 nov. 2015, *Bull. crim.* n° 257).

Même en cas d'urgence, l'OPJ ne dispose pas de la possibilité de pénétrer dans un lieu d'habitation sans autorisation judiciaire préalable. Il lui est, en effet, nécessaire d'obtenir l'autorisation du JLD ou du juge d'instruction selon les distinctions établies à l'article 230-34, C. pr. pén. Néanmoins, afin de ne pas compromettre la réalisation de ces actes urgents, l'article 230-35, al. 2, C. pr. pén., prévoit que l'autorisation du JLD ou du juge d'instruction peut, dans ces circonstances, être donnée par tout moyen (même verbalement), pourvu qu'une autorisation écrite intervienne dans un délai de 24 heures. Cette autorisation doit, le cas échéant, être accompagnée de la requête du procureur ou du juge d'instruction saisissant le juge des libertés et de la détention.

8 • L'interpellation

• **En flagrance**, le pouvoir d'appréhender la personne soupçonnée est reconnu par le célèbre art. 73, C. pr. pén., à tout citoyen, y compris l'OPJ, l'APJ ou l'APJA. L'application de cette disposition a généré un important contentieux, ce qui a fourni à la Cour de cassation l'occasion de venir encadrer l'action des particuliers. D'abord, l'appréhension par un particulier n'est possible qu'en cas de crime ou de délit. Elle est donc exclue en matière contraventionnelle. Ensuite, l'appréhension doit avoir pour objet de placer la personne entre les mains de la justice. **Plus précisément, l'art. 73, C. pr. pén., autorise deux actions aux particuliers** :

– *appréhender l'auteur d'un crime ou d'un délit*. À cet égard l'auteur d'une infraction flagrante ne se laisse le plus souvent pas arrêter par un particulier sans essayer de fuir ou de se débattre. C'est la raison pour laquelle la chambre criminelle admet que l'arrestation de l'art. 73, C. pr. pén., puisse aller jusqu'à l'usage de la violence. Cet usage n'est bien sûr admis que lorsque les violences ont été exercées dans la mesure nécessaire à l'arrestation et de manière proportionnée ;

– *le conduire devant l'officier de police le plus proche*, la jurisprudence exigeant que cet officier ait été avisé dans les meilleurs délais eu égard aux circonstances.

• **En préliminaire**, l'art. 78, C. pr. pén., prévoit que les personnes convoquées par un OPJ pour les nécessités de l'enquête sont tenues de comparaître. L'OPJ peut contraindre à comparaître par la force publique, avec l'autorisation préalable du procureur de la République, les personnes qui n'ont pas répondu à une convocation à comparaître ou dont on peut craindre qu'elles ne répondent pas à une telle convocation. Le procureur de la République peut également autoriser la comparution par la force publique sans convocation préalable en cas de risque de modification des preuves ou indices matériels, de pressions sur les témoins ou les victimes ainsi que sur leur famille ou leurs proches, ou de concertation entre les coauteurs ou complices de l'infraction.

NB : le projet de loi de programmation contenait un art. 49, § III, qui permettaient au procureur de la République d'autoriser, en préliminaire, les agents chargés de procéder à la comparution d'une personne soupçonnée d'avoir commis ou tenté de commettre un crime ou tout délit puni d'une peine d'au moins trois ans d'emprisonnement, à pénétrer dans un domicile après six heures et avant vingt et une heures. Cette disposition a été déclarée inconstitutionnelle (Cons. const. 21 mars 2019, préc., § 195). La solution antérieure rendue par la chambre criminelle se trouve ainsi confortée : l'art. 78 ne permet pas à l'OPJ autorisé par le procureur à contraindre une personne à comparaître par la force publique, de pénétrer de force dans un domicile, une telle atteinte à la vie privée ne pouvant résulter que de dispositions légales spécifiques confiant à un juge le soin d'en apprécier préalablement la nécessité (Crim. 22 févr. 2017, n° 16-82.412 ; Crim. 18 sept. 2019, n° 18-84.885).

9 • Les reconstitutions et parades d'identification

Dans un arrêt en date du 26 février 2003, la chambre criminelle avait approuvé une chambre de l'instruction d'avoir rejeté la requête en nullité du PV de transport et de reconstitution effectués dans le cadre d'une enquête de flagrance. Pour la chambre criminelle : « la réalisation d'une reconstitution dans le cadre d'une enquête de flagrance n'est prohibée par aucun texte et [...] les officiers de police judiciaire, qui n'étaient pas tenus de rédiger un procès-verbal dans les formes prévues par les articles 62 et 429, alinéa 2, du Code de procédure pénale, ont agi dans la limite des pouvoirs conférés par les articles 53 à 66 du Code de procédure pénale ». La chambre ajoutait que « dès lors qu'aucun procédé déloyal n'a été utilisé et qu'il appartient aux juridictions d'instruction et de jugement d'apprécier la valeur et la portée des éléments de preuve, la chambre de l'instruction a justifié sa décision ».

Cette solution a récemment trouvé une consécration législative – et donc, un encadrement – avec la loi du 3 juin 2016 qui a inséré un art. 61-3 à notre C. pr. pén. aux termes duquel « [t]oute personne à l'égard de laquelle existent une ou plusieurs raisons plausibles de soupçonner qu'elle a participé, en tant qu'auteur ou complice, à la commission d'un délit puni d'emprisonnement peut demander qu'un avocat de son choix ou, si elle n'est pas en mesure d'en désigner un, qu'un avocat commis d'office par le bâtonnier : 1° l'assiste lorsqu'elle participe à une opération de reconstitution de l'infraction ; 2° soit présent lors d'une séance d'identification des suspects dont elle fait partie. La personne est informée de ce droit avant qu'il soit procédé à ces opérations. L'avocat désigné peut, à l'issue des opérations, présenter des observations écrites qui sont jointes à la procédure. Il peut directement adresser ces observations ou copie de celles-ci au procureur de la République. Lorsque la victime ou le plaignant participe à ces opérations, un avocat peut également l'assister dans les conditions prévues à l'article 61-2 ». Ces dispositions sont applicables à l'enquête préliminaire (C. pr. pén., art. 76-1).

10 • Les auditions et interrogatoires

Nous distinguerons l'audition des témoins (a) puis les auditions et interrogatoires des suspects (b).

a. L'audition des témoins

L'OPJ peut appeler et entendre toutes les personnes – simples témoins ou véritables suspects – susceptibles de fournir des renseignements sur les faits ou les objets et documents saisis (C. pr. pén., art. 61 et 78). Les personnes convoquées sont tenues de comparaître ; à défaut, un OPJ, après avoir obtenu l'autorisation préalable du procureur, peut les y contraindre par la force publique.

Si l'individu convoqué est un témoin, il ne peut être retenu au poste de police que le temps nécessaire pour recueillir ses déclarations, sans que cette durée ne puisse excéder quatre heures. Les auditions de témoins donnent lieu à la rédaction d'un PV. La personne entendue procède alors elle-même à sa lecture, peut y faire consigner ses observations avant d'y apposer sa signature. En cas de refus, mention en est faite sur ledit procès-verbal (C. pr. pén., art. 61, al. 4 et 78, al. 4). **La chambre criminelle a récemment précisé que ces dispositions ne s'appliquent pas lorsque le témoin procède à des déclarations spontanées à l'OPJ qui se rend sur les lieux de l'infraction flagrante** (Crim. 31 oct. 2017, n° 17-81842 : « aucune disposition législative non plus que réglementaire ne fait obstacle à ce que, en application de l'article 54 du Code de procédure pénale, l'officier de police judiciaire présent sur les lieux d'une infraction flagrante recueille les déclarations sommaires qui lui sont spontanément faites par les personnes qui se présentent à lui, préalablement à leur audition ultérieure » ; *a contrario*, toutefois, la solution laisse place à des irrégularités car les déclarations non sommaires ou qui résultent de questions posées par l'OPJ imposeront la rédaction d'un procès-verbal d'audition, distinct du procès-verbal d'infraction initial. En somme, rapport d'infraction initial en deçà de la déclaration provoquée, procès-verbal distinct au-delà de la déclaration sommaire spontanée...).

Si lors de l'audition, l'OPJ constate l'existence de raisons plausibles de soupçonner que le témoin a en réalité commis ou tenté de commettre une infraction, il peut poursuivre cette audition sous le régime de l'audition libre si la personne était entendue sans contrainte. En revanche, l'OPJ doit poursuivre cette audition sous le régime de la garde à vue si le témoin était entendu sous contrainte (C. pr. pén., art. 62, al. 3 et 4).

b. L'audition des suspects

Soyez vigilant : le droit français connaît depuis la décision du Conseil constitutionnel du 18 novembre 2011 (Cons. const. 18 nov. 2011, décis. n° 2011-191/194/ 195/196/197 QPC), mise en œuvre et complétée par la loi

du 27 mai 2014, officiellement, deux cadres d'audition des suspects dont il faut parfaitement maîtriser l'articulation : le premier est un cadre par lequel aucune contrainte n'est exercée, il s'agit de l'audition libre (α). Le second est un cadre coercitif, il s'agit de la garde à vue (β).

α. ***L'audition libre***

L'article 61-1, C. pr. pén., prévoit que, sans préjudice des garanties spécifiques applicables aux mineurs, la personne à l'égard de laquelle il existe des raisons plausibles de soupçonner qu'elle a commis ou tenté de commettre une infraction peut être entendue librement sur ces faits. Les enquêteurs ne peuvent toutefois procéder à l'audition libre d'une personne suspecte qu'à la condition que cette personne ne soit pas contrainte de se tenir à la disposition de la police ou de la gendarmerie. **En effet, aussitôt qu'une telle contrainte apparaît, la personne doit faire l'objet d'un placement en garde à vue, et les droits afférents à cette mesure doivent être mis en œuvre.**

Surtout, la loi du 27 mai 2014 a profondément remanié le régime de l'audition libre, pour la rapprocher de la mesure de garde à vue. En effet, le texte institue la possibilité pour le suspect d'un crime ou d'un délit puni d'une peine d'emprisonnement faisant l'objet d'une audition « libre » d'être assisté d'un avocat au cours de son audition. En outre, la loi du 27 mai 2014 met en place de multiples obligations d'information à charge des enquêteurs, lesquelles doivent être mentionnées au PV. Ainsi, la personne suspecte ne peut faire l'objet d'une audition hors le régime de la garde à vue qu'après avoir été informée : de la qualification, de la date et du lieu présumés de l'infraction qu'elle est soupçonnée d'avoir commise ou tenté de commettre ; de son droit de quitter à tout moment les locaux où elle est entendue ; le cas échéant, de son droit d'être assistée par un interprète ; de son droit au silence ; si l'infraction pour laquelle elle est entendue est un crime ou un délit puni d'une peine d'emprisonnement, de son droit d'être assistée au cours de son audition ou de sa confrontation, par un avocat choisi par elle ou, à sa demande, désigné d'office par le bâtonnier de l'ordre des avocats ; de la possibilité de bénéficier, le cas échéant gratuitement, de conseils juridiques dans une structure d'accès au droit. Quant à la mise en œuvre de cette obligation d'information, la loi du 27 mai 2014 prévoit au surplus que, si le déroulement de l'enquête le permet, lorsqu'une convocation écrite est adressée à la personne en vue de son audition, cette convocation indique « l'infraction dont elle est soupçonnée, son droit d'être assistée par un avocat ainsi que les conditions d'accès à l'aide juridictionnelle, les modalités de désignation d'un avocat d'office et les lieux où elle peut obtenir des conseils juridiques avant cette audition ».

β. ***La garde à vue***

- **Le placement en garde à vue**

– *Quant aux personnes pouvant être placées en GAV* : **seuls les suspects de crime ou de délit peuvent être placés en GAV**, c'est-à-dire « les personnes qui sont suspectées d'avoir commis ou tenté de commettre un crime ou un délit puni d'emprisonnement » (C. pr. pén., art. 62-2, 77 et 154). La GAV est exclue s'agissant des mineurs de treize ans. L'art. 4 de l'ord. du 2 février 1945 dispose toutefois, qu'à titre exceptionnel, les mineurs de dix à treize ans, contre lesquels il existe « des indices graves ou concordants » de participation à un crime ou à un délit puni d'au moins cinq ans d'emprisonnement, peuvent être retenus à la disposition d'un OPJ avec l'accord préalable et sous le contrôle d'un magistrat (du parquet, juge d'instruction ou juge des enfants). Cette retenue ne peut excéder douze heures, sauf prolongation ordonnée par le magistrat pour la même durée. Toutes ces solutions sont reprises par le futur Code de la justice pénale des mineurs, aux art. L. 413-1 et L. 413-2 de celui-ci, code qui entrera en vigueur le 30 sept. 2021.

– *Quant à l'autorité pouvant décider d'un placement en GAV* : selon le I de l'art. 63, C. pr. pén., **seul un OPJ est compétent** pour procéder au placement en garde à vue. De plus, selon l'al. 2 du I de l'art. 63, C. pr. pén., **l'OPJ doit informer, dès le début de la mesure, le procureur de la République**, par tout moyen (Crim. 1er avr. 2008, n° 07-84.542 : cet avis n'est soumis à aucune formalité particulière), du placement de la personne en garde à vue, et lui donner connaissance des motifs de ce placement ainsi qu'en faire mention dans le PV (Crim. 25 juin 2013, *Gaz. Pal.* 13-15 oct. 2013, p. 38, note Fourment : le défaut d'accomplissement de ces formalités fait nécessairement grief à la personne concernée). **L'information doit être immédiate** (Crim. 24 mai 2016, n° 16-80.564 : si aucun élément de la procédure n'établit une circonstance insurmontable justifiant la décision de différer tant la notification de ses droits à l'intéressé que l'information du procureur de la République, un délai d'une demi-heure à trois quarts d'heure entre le placement de la personne en GAV et le respect de ces formalités est excessif et justifie l'annulation de la GAV et de la procédure subséquente).

On relèvera que la loi du 23 mars 2019 a introduit un nouvel art. 706-112-1 au C. pr. pén., qui encadre désormais la GAV des personnes placées sous tutelle ou sous curatelle, pour permettre notamment au tuteur ou au curateur d'être avisé et d'exercer certains droits, et ce afin d'apporter une réponse à une déclaration d'inconstitutionnalité (Cons. const. 14 sept. 2018, n° 2018-730 QPC).

– *Quant aux motifs justifiant le placement en GAV* : l'art. 62-2, C. pr. pén., abandonne la référence aux nécessités de l'enquête utilisée antérieurement et limite le recours à la garde à vue aux hypothèses dans lesquelles cette mesure constitue **l'unique moyen de parvenir à l'un des six objectifs limitativement énumérés par le législateur** : permettre l'exécution des investigations impliquant la présence ou la participation de la personne ; garantir la présentation de la personne devant le procureur de la République afin que ce magistrat puisse apprécier la suite à donner à l'enquête ; empêcher que la personne ne modifie les preuves ou indices matériels ; empêcher que la personne ne fasse pression sur les témoins ou les victimes ainsi que sur leur famille ou leurs proches ; empêcher que la personne ne se concerte avec d'autres personnes susceptibles d'être ses coauteurs ou complices ; garantir la mise en œuvre des mesures destinées à faire cesser le crime ou le délit. **La loi du 23 mars 2019 a ajouté un motif, non du placement en GAV, mais de la prolongation de celle-ci.** La GAV peut désormais être prolongée, non seulement lorsqu'elle est l'unique moyen de parvenir à l'un au moins des objectifs mentionnés aux 1° à 6° de l'art. 62-2, mais aussi lorsqu'elle est l'unique moyen « de permettre, dans les cas où il n'existe pas dans le tribunal de locaux relevant de l'article 803-3 [c'est-à-dire de dépôt], la présentation de la personne devant l'autorité judiciaire ».

Sous l'empire du droit antérieur à la loi du 14 avril 2011, la chambre criminelle avait manifesté son hostilité à ce que les juges du fond puissent contrôler la nécessité d'un placement en GAV (Crim. 4 janv. 2005 : censure des juges du fond qui s'étaient livrés à une appréciation des motivations ayant guidé un placement en garde à vue : « la décision de placer en garde à vue relève d'une faculté que l'officier de police judiciaire tient de la loi et qu'il exerce, dans les conditions qu'elle définit, sous le seul contrôle du procureur de la République »). La chambre criminelle a, depuis, admis que les juges puissent contrôler la pertinence des motifs du placement en GAV, même si elle autorise aussi les juges du fond à substituer leur propre appréciation à celle de l'OPJ (Crim. 28 mars 2017, n° 16-85.018 : d'une part, il incombe à la chambre de l'instruction de contrôler que la mesure de garde à vue remplit les exigences de l'article 62-2, et, d'autre part, dans l'exercice de ce contrôle, cette chambre a la faculté de relever un autre critère que celui ou ceux mentionnés par l'OPJ).

– *La notification des droits* : selon l'art. 63-1, C. pr. pén., la personne placée en GAV doit immédiatement être informée de ses droits, par un OPJ ou, sous le contrôle de celui-ci, par un APJ, à savoir :

- 1° de son placement en GAV ainsi que de la durée de la mesure et de la ou des prolongations dont celle-ci peut faire l'objet ;
- 2° de la qualification, de la date et du lieu présumés de l'infraction qu'elle est soupçonnée d'avoir commise ou tenté de commettre ainsi que des motifs mentionnés aux 1° à 6° de l'article 62-2 justifiant son placement en GAV (Crim. 29 sept. 2020, n° 20-80.509 : le défaut de notification, lors du placement en garde à vue, d'une circonstance aggravante conférant une nature criminelle aux faits reprochés au suspect constitue une nullité à grief présumé : « le défaut de notification de cette qualification criminelle a nécessairement porté atteinte aux intérêts des personnes concernées dès lors que leurs auditions n'ont pas été enregistrées, comme elles auraient dû l'être en application de l'art. 64-1, C. pr. pén. ») ;
- 3° du fait qu'elle bénéficie : du droit de faire prévenir un proche et son employeur ainsi que, si elle est de nationalité étrangère, les autorités consulaires de l'État dont elle est ressortissante, conformément à l'art. 63-2 ; du droit d'être examinée par un médecin, conformément à l'art. 63-3 ; du droit d'être assistée par un avocat, conformément aux art. 63-3-1 à 63-4-3 ; s'il y a lieu, du droit d'être assistée par un interprète ; du droit de consulter, dans les meilleurs délais et au plus tard avant l'éventuelle prolongation de

la GAV, les documents mentionnés à l'art. 63-4-1 ; du droit de présenter des observations au procureur ou, le cas échéant, au JLD, lorsque ce magistrat se prononce sur l'éventuelle prolongation de la garde à vue, tendant à ce qu'il soit mis fin à cette mesure (si la personne n'est pas présentée devant le magistrat, elle peut faire connaître oralement ses observations dans un procès-verbal d'audition, qui est communiqué à celui-ci avant qu'il ne statue sur la prolongation de la mesure) ; du droit, lors des auditions, après avoir décliné son identité, de faire des déclarations, de répondre aux questions qui lui sont posées ou de se taire.

Cette notification doit se faire dans une langue que l'intéressé comprend (Crim. 22 oct. 2002, *Bull. crim.* n° 191), le cas échéant après qu'un formulaire écrit lui soit remis pour son information immédiate. Il résulte par ailleurs de l'art. 706-71, avant dern. al., C. pr. pén., qu'en cas de nécessité l'assistance d'un interprète peut se faire par l'intermédiaire de moyens de télécommunications, notamment par téléphone, pourvu que le PV de GAV constate l'impossibilité matérielle pour celui-ci de se déplacer (Civ. 1re, 12 mai 2010, *Bull. civ.* I, n° 114). La Cour de cassation a précisé que la notification des droits ne saurait se limiter à la remise du document prévu à l'article 803-6 du C. pr. pén. (Crim. 1er déc. 2015, *Bull. crim.* n° 270).

La notification des droits est une formalité substantielle dont la violation emporte de plein droit la nullité de la GAV (Crim. 14 déc. 1999, *Bull. crim.* n° 301 et 302 : « tout retard dans la mise en œuvre de cette obligation, non justifié par une circonstance insurmontable, porte nécessairement atteinte aux intérêts de la personne concernée » ; Civ. 1re, 18 mai 2005, *Bull. civ.* I, n° 214 : la nécessité de trouver un interprète constitue une circonstance insurmontable de nature à justifier un retard dans la notification des droits de la personne ; Crim. 22 juin 2010, *Bull. crim.* n° 112 : il en va ainsi y compris lorsque la personne placée en GAV, qui avait dans un premier temps indiqué ne pas comprendre le français mais seulement l'anglais, se décide après plus de huit heures à admettre qu'elle comprenait le français ; Crim. 19 déc. 2007, n° 07-81.740 : constitue une circonstance insurmontable l'état d'ébriété de la personne gardée à vue dès lors qu'elle n'est pas en mesure de comprendre la portée des droits qui auraient pu lui être notifiés et de les exercer utilement ; à l'inverse, Crim. 10 mai 2000, *Bull. crim.* n° 181 : la notification ne saurait être retardée lorsque l'intéressé, malgré son état d'ivresse, est en état de répondre aux questions qui lui sont posées). La chambre criminelle a récemment apporté des précisions sur la question de la notification de la qualification des faits reprochés en estimant, d'une part, que le défaut de notification à la personne gardée à vue de la modification de qualification d'une infraction qu'elle est soupçonnée d'avoir commis ou tenté de commettre, ordonné par le procureur, ne peut entraîner le prononcé d'une nullité que s'il en est résulté pour elle une atteinte effective à ses intérêts, au sens de l'art. 802, C. pr. pén. (Crim. 15 oct. 2019, n° 19-82.380) et, d'autre part, que la notification à la personne gardée à vue d'une extension de la poursuite initiale, d'un autre chef, effectuée par application de l'art. 65, C. pr. pén., n'a pas pour effet de générer une GAV distincte de celle en cours au moment de cette notification (Crim. 14 nov. 2019, n° 19-83. 285, à propos d'une personne ayant indiquée s'appeler Y… qui fut placée en rétention pour CI sur le fondement de l'art. 78-3, C. pr. pén., puis en GAV pour refus de se soumettre à des relevés signalétiques et au prélèvement biologique ; les autorités suisses ayant signalé que sa photographie correspondait en réalité à M. X…, l'individu s'est vu ensuite notifier l'extension des poursuites au chef d'usurpation d'identité : cassation de l'arrêt de la chambre de l'instruction ayant procédé à l'annulation du placement en GAV et de la mise en examen en ce qu'ils concernent les seules infractions de refus de se prêter aux prises d'empreintes digitales et de se soumettre aux opérations de relevés signalétiques, et non en ce qu'ils concernent l'infraction d'usurpation d'identité).

La distinction entre placement théorique et placement effectif en garde à vue

La question de la détermination du moment du placement en GAV a soulevé de nombreuses difficultés en jurisprudence. Contrairement à ce que l'on pourrait penser, le placement n'intervient pas forcément à l'arrivée dans les locaux de la police. Que l'on soit en enquête préliminaire ou de flagrance, la GAV commence dès que la personne a été contrainte de se tenir à la disposition de la police. C'est ce que l'on appelle le placement effectif en garde à vue. Cependant, les policiers doivent souvent procéder à un placement rétroactif ou théorique en garde à vue, fixé au moment auquel la personne s'est tenue à la disposition de la police, qu'il y ait eu ou non contrainte. **Ainsi, de jurisprudence constante, la chambre criminelle distingue entre deux placements en garde à vue** :

– *le placement effectif en garde à vue*, fixé au moment auquel la contrainte de se tenir à disposition de la police est apparue, marque l'instant auquel ses droits doivent être notifiés à la personne et à partir duquel commence à courir le calcul du délai de mise en œuvre de ces différents droits (Crim. 6 déc. 2000, *Bull. crim.* n° 67) ;

– *le placement théorique en garde à vue*, fixé au moment auquel la personne s'est tenue à disposition de la police sans contrainte, sert de point de départ au calcul de la durée de la garde à vue.

Cette distinction a permis à la jurisprudence de procéder à une imputation avantageuse des privations de liberté successives :

– *d'abord, dans l'hypothèse où une garde à vue fait immédiatement suite à une autre mesure de rétention* (vérification d'identité par ex.), la durée de la première rétention doit s'imputer sur la durée de la GAV. La durée de la GAV sera donc amputée du temps durant lequel se sera prolongée la première rétention. En revanche, les droits que la GAV permet ne seront effectifs qu'à compter du placement en GAV lui-même ;

– *ensuite, dans le cas particulier de deux GAV qui se succèdent*, la chambre criminelle décide que, si une personne peut être soumise, à l'occasion de faits distincts, à des mesures de GAV immédiatement successives et indépendantes l'une de l'autre (ex. : GAV ordonnée pour une seconde infraction qui serait découverte à l'occasion d'une GAV décidée pour une première infraction), elle ne peut être retenue de manière continue à la disposition des OPJ pendant une période totale excédant la durée maximale de GAV autorisée par la loi (Crim. 17 mars 2004). La durée d'une première mesure de GAV doit ainsi s'imputer sur la durée de la seconde, ordonnée du chef d'une autre infraction, qui la suit immédiatement ;

►

– *enfin, dans l'hypothèse où une même personne serait placée plusieurs fois en GAV pour les mêmes faits*, la règle est que la durée des précédentes périodes de GAV s'impute sur la durée de la mesure.
Auparavant d'essence jurisprudentielle, ces solutions ont été légalement consacrées par la loi du 27 mai 2014 à l'art. 63 III al. 1er et 2nd, C. pr. pén.

• **L'exécution de la garde à vue**

– ***Le respect de la dignité de la personne gardée à vue*** : depuis la réforme du 14 avril 2011, le C. pr. pén. contient un art. 63-5 qui énonce que « la garde à vue doit s'exécuter dans des conditions assurant le respect de la dignité de la personne. Seules peuvent être imposées à la personne gardée à vue les mesures de sécurité strictement nécessaires ». La référence à la dignité renvoie à l'art. 3, Conv. EDH, qui prohibe les traitements inhumains et dégradants. À travers cette référence, la CEDH a tendance à dégager un ensemble de garanties minimales applicables à toute personne privée de liberté, quels que soient la durée et le moment de la détention. De façon générale, peuvent être sanctionnés sur ce fondement les mauvais traitements, quelle qu'en soit la forme, infligés à la personne privée de liberté. La sanction des cas extrêmes de violences policières n'a bien évidemment pas attendu 2011 (CEDH 27 août 1992, req. n° 12850/87, *Tomasi c/ France*). En revanche, **l'introduction effective du principe de dignité dans le code s'est accompagnée de deux évolutions significatives pour assurer la protection de la personne placée en garde à vue** :

- *c'est, tout d'abord, la pratique des fouilles corporelles qui est directement visée par la dignité du gardé à vue.* La pratique des fouilles intégrales est, par principe, interdite (C. pr. pén., art. 63-6, al. 1er *in fine*). Ces dernières ne peuvent intervenir qu'à titre exceptionnel et sont soumises à des conditions. Les fouilles intégrales doivent ainsi être justifiées par les nécessités de l'enquête et décidées par un OPJ. En outre, elles ne sont possibles que si les autres procédés (palpations et moyens de détection électronique) ne peuvent être utilisés. Lorsque ces conditions sont remplies, la fouille intégrale doit être réalisée par une personne de même sexe dans un espace fermé (C. pr. pén., art. 63-7, al. 1er). Par ailleurs, lorsque les nécessités de l'enquête impliquent de procéder à des investigations corporelles internes, elles ne peuvent être réalisées que par un médecin requis à cet effet (C. pr. pén., art. 63-7, al. 2) ;
- *la dignité concerne ensuite les conditions dans lesquelles les personnes gardées à vue sont maintenues à la disposition des enquêteurs.* Afin de ne pas trop aggraver la vulnérabilité de la personne, la loi prévoit que le gardé à vue « dispose, au cours de son audition, des objets dont le port ou la détention sont nécessaires au respect de sa dignité » (C. pr. pén., art. 63-6, al. 2). Au-delà, la question la plus délicate concerne l'état des cellules de GAV qui n'a pas été directement abordé par les réformes successives. La France a d'ailleurs été condamnée par la Cour européenne en raison des conditions matérielles de détention dans un commissariat de police (CEDH

2 oct. 2014, req. n° 2871/11, *Fakailo et autres c/ France*). La Cour retient un traitement inhumain et dégradant en raison de l'exiguïté des locaux – entre 1 et 2 m² là où le comité de prévention de la torture en recommande au moins 7 –, de leur manque de lumière naturelle, de l'absence de toilettes isolées, ainsi que d'un système d'aération.

– ***L'enregistrement de la GAV :*** tous les interrogatoires de GAV doivent donner lieu à un enregistrement audiovisuel lorsque les faits sont de nature criminelle, quel que soit le cadre juridique de l'enquête : flagrance (C. pr. pén., art. 64-1), préliminaire (C. pr. pén., art. 77, dern. al.) ou sur commission rogatoire (C. pr. pén., art. 154, dern. al.). L'enregistrement, qui est détruit cinq ans après l'extinction de l'action publique, ne peut être consulté qu'en cas de contestation du contenu d'un PV. La chambre criminelle a toutefois précisé qu'un tel enregistrement n'est obligatoire que si l'interrogatoire est réalisé dans les locaux d'un service ou d'une unité de police ou de gendarmerie (Crim. 11 juill. 2012, *Bull. crim.* n° 167, écartant l'application de l'art. 64-1, C. pr. pén., dans le cas d'un interrogatoire de garde à vue qui avait eu lieu dans les locaux d'un hôpital). Il s'agit là d'une formalité substantielle dont l'omission, non justifiée par un obstacle insurmontable, porte nécessairement atteinte aux intérêts de la personne concernée (Crim. 22 juin 2010, *Bull. crim.* n° 112).

L'art. 64-1, C. pr. pén., envisage deux situations au titre des circonstances insurmontables :

- *celle où le nombre de personnes gardées à vue devant être simultanément interrogées fait obstacle à l'enregistrement de tous les interrogatoires.* L'OPJ doit en référer au procureur sans délai afin que celui-ci désigne, par décision écrite versée au dossier, la ou les personnes dont les interrogatoires ne seront pas enregistrés ;
- *celle où l'enregistrement ne peut être effectué pour des raisons techniques.* Le procureur doit être immédiatement avisé (alors même qu'il n'est pas en mesure de résoudre ce problème) et le procès-verbal d'interrogatoire doit mentionner cette impossibilité et en préciser la nature, qui ne saurait être tirée d'un motif trop général (Crim. 3 avr. 2007, *Bull. crim.* n° 104).

– ***La durée de la GAV*** : elle est fonction des nécessités de l'enquête, mais surtout de la nature des faits :

- *la personne gardée à vue ne peut être retenue plus de vingt-quatre heures,* temps sur lequel il faut imputer, le cas échéant, la durée des autres privations de liberté subies ou des mises à disposition des enquêteurs voulues (v. *supra*, p. 128) ;
- *la GAV peut cependant être prolongée pour vingt-quatre heures supplémentaires* (soit un total de 48 heures), sur autorisation écrite du procureur (ou du juge d'instruction), mais, depuis la loi du 14 avril 2011, seulement si l'infraction que la personne est soupçonnée avoir commise ou tenté de commettre est un crime ou un délit puni d'une peine d'emprisonnement supérieure ou égale à un an, et si la prolongation de la mesure est l'unique moyen de parvenir à l'un au moins des objectifs mentionnés aux 1° à 6° de

l'art. 62-2 (C. pr. pén., art. 63, § II). On l'a vu, la loi du 23 mars 2019 a ajouté un nouveau motif : « permettre, dans les cas où il n'existe pas dans le tribunal de locaux relevant de l'article 803-3 [c'est-à-dire de dépôt], la présentation de la personne devant l'autorité judiciaire ».

Quel que soit le régime juridique de l'enquête, avant la loi du 23 mars 2019, la prolongation de la GAV ne pouvait intervenir qu'après présentation au procureur (ou au juge d'instruction), étant précisé que cette formalité pouvait être accomplie par l'utilisation d'un moyen de communication audiovisuelle. À titre exceptionnel, la prolongation pouvait être accordée par décision écrite et motivée, sans présentation préalable. Sauf circonstances particulières dont il appartenait à l'OPJ de rendre compte dans le PV de la GAV, l'omission de cette formalité portait nécessairement atteinte aux intérêts de la personne gardée à vue (Crim. 9 mai 2001, *Bull. crim.* n° 115). **Depuis la loi du 23 mars 2019**, l'art. 63, II, al. 3, C. pr. pén., se contente de préciser que « le procureur de la République peut subordonner son autorisation à la présentation de la personne devant lui. Cette présentation peut être réalisée par l'utilisation d'un moyen de télécommunication audiovisuelle ».

- *La GAV peut en outre faire l'objet de deux prolongations supplémentaires de vingt-quatre heures chacune* (soit un total de 96 heures), lorsque l'enquête porte sur certaines infractions entrant dans le champ d'application de l'art. 706-73, C. pr. pén. (C. pr. pén., art. 706-88).

Ces prolongations sont autorisées, par décision écrite et motivée, soit par le JLD à la requête du procureur, soit par le juge d'instruction lorsqu'il s'agit d'une enquête sur commission rogatoire. La première prolongation de 24 heures ne peut être accordée qu'après présentation de l'intéressé devant le juge. La seconde prolongation de 24 heures peut, à titre exceptionnel, être autorisée sans présentation préalable de la personne en raison des nécessités des investigations en cours ou à effectuer. Par ailleurs, dans l'hypothèse où la durée prévisible des investigations restant à réaliser à l'issue des premières quarante-huit heures de garde à vue le justifie, le JLD ou le juge d'instruction peuvent décider que la garde à vue fera l'objet d'une seule prolongation supplémentaire de quarante-huit heures.

Par exception, on l'a vu, la GAV ne peut excéder 48 heures en matière : 1° d'escroquerie en bande organisée ; 2° de dissimulation d'activités ou de salariés, de recours aux services d'une personne exerçant un travail dissimulé, de marchandage de main-d'œuvre, de prêt illicite de main-d'œuvre ou d'emploi d'étranger sans titre de travail, commis en bande organisée ; 3° de blanchiment ou de recel du produit, des revenus ou des choses provenant des délits mentionnés aux 1° et 2° ; 4° d'association de malfaiteurs ayant pour objet la préparation de l'une des infractions mentionnées aux 1° à 3° ; 5° de non-justification de ressources correspondant au train de vie lorsque le délit est en relation avec l'une des infractions mentionnées aux 1° à 4° (C. pr. pén., art. 706-73-1).

○ *La loi n° 2006-204 du 23 janvier 2006 relative à la lutte contre le terrorisme* a complété cet article par un septième alinéa, devenu l'article 706-88-1 depuis la loi du 14 avril 2011, en vertu duquel, s'il ressort des premiers éléments de l'enquête ou de la garde à vue elle-même qu'il existe un risque sérieux de l'imminence d'une action terroriste en France ou à l'étranger, ou que les nécessités de la coopération internationale le requièrent impérativement, le juge des libertés et de la détention peut, à titre exceptionnel, décider, par décision écrite et motivée, que la garde à vue en cours d'une personne, se fondant sur l'une des infractions visées au 11° de l'article 706-73, fera l'objet d'une prolongation supplémentaire de vingt-quatre heures, renouvelable une fois (soit un total de 144 heures).

Il existe également un régime dérogatoire en ce qui concerne les mineurs délinquants. Plus précisément, l'art. 4, V de l'ord. du 2 février 1945 dispose qu'aucune prolongation de la GAV ne peut être ordonnée à l'égard des mineurs âgés de treize à seize ans qui ont commis un délit puni d'une peine inférieure à cinq ans d'emprisonnement. D'autre part, la GAV des mineurs de plus de treize ans ne peut être prolongée sans présentation de l'intéressé au magistrat du parquet ou au juge d'instruction (art. L. 431-10, CJPM, qui entrera en vigueur le 30 sept. 2021, cf. loi du 26 févr. 2021). Enfin, l'art. 4, VII prévoit qu'en matière de criminalité organisée, les dispositions dérogatoires de l'article 706-88, C. pr. pén., à l'exception de celles relatives au report de l'intervention de l'avocat, sont applicables aux mineurs de plus de seize ans « lorsqu'il existe une ou plusieurs raisons plausibles de soupçonner qu'une ou plusieurs personnes majeures ont participé, comme auteurs ou complices, à la commission de l'infraction » (art. L. 431-11, CJPM, qui qui entrera en vigueur le 30 sept. 2021, cf. loi du 26 févr. 2021).

– ***Les droits de la personne gardée à vue :***

- *Le droit de faire prévenir ou, désormais, de prévenir un proche* (C. pr. pén., art. 63-2) :

○ Le gardé à vue a le droit de faire prévenir, par téléphone, une personne de la mesure dont il fait l'objet. Il peut s'agir d'une personne avec laquelle « elle vit habituellement ou l'un de ses parents en ligne directe, l'un de ses frères et sœurs » ; de son employeur ; des autorités consulaires de son pays lorsque la personne gardée à vue est de nationalité étrangère. L'OPJ doit en principe contacter la personne désignée, ou du moins accomplir les diligences nécessaires à cet effet, et ce, sauf circonstance insurmontable, dans le délai de trois heures à compter de la demande (C. pr. pén., art. 63-2, al. 3). Il peut cependant s'en abstenir si l'avertissement de cette personne est, « au regard des circonstances, indispensable afin de permettre le recueil ou la conservation des preuves ou de prévenir une atteinte grave à la vie, à la liberté ou à l'intégrité physique d'une personne ». Il doit alors faire part de ses inquiétudes « sans délai » au procureur, qui peut seul décider de l'opportunité de faire ou non droit à la demande du gardé à vue (C. pr. pén., art. 63-2, al. 2).

◦ La loi du 3 juin 2016 a complété ce droit en ajoutant un § II à l'art. 63-2, C. pr. pén., qui reconnaît au suspect le droit de s'entretenir avec la personne désignée. En pratique, l'OPJ peut autoriser la personne en GAV qui en fait la demande à communiquer, par écrit, par téléphone ou lors d'un entretien, avec un des tiers mentionnés au I, s'il lui apparaît que cette communication n'est pas incompatible avec les objectifs mentionnés à l'article 62-2 et qu'elle ne risque pas de permettre une infraction. Afin d'assurer le bon ordre, la sûreté et la sécurité des locaux dans lesquels s'effectue la garde à vue, l'enquêteur détermine le moment, les modalités et la durée de cette communication, qui ne peut excéder trente minutes et intervient sous son contrôle, le cas échéant en sa présence ou en la présence d'une personne qu'il désigne. Si la demande de communication concerne les autorités consulaires, l'OPJ ne peut s'y opposer au-delà de la 48e heure de la GAV.

La violation de ces droits n'est pas prévue par la loi à peine de nullité ; et il n'existe pas de jurisprudence ayant érigé ce droit au rang de formalité substantielle.

On relèvera qu'aux termes de l'art. 4, II de l'ord. du 2 février 1945, lorsqu'un mineur est placé en GAV, l'OPJ doit, dès que le procureur ou le juge chargé de l'information a été avisé de cette mesure, en informer les parents, le tuteur, la personne ou le service auquel est confié le mineur. Il ne peut être dérogé à cette obligation que sur décision du procureur ou du juge chargé de l'information et pour la durée que le magistrat détermine et qui ne peut excéder vingt-quatre heures ou, lorsque la garde à vue ne peut faire l'objet d'une prolongation, douze heures (art. L. 431-7, CJPM, qui entrera en vigueur le 1er oct. 2020).

- *Le droit de se faire examiner par un médecin* (C. pr. pén., art. 63-3) : le gardé à vue a la possibilité de se faire examiner par un médecin, désigné par le procureur ou l'OPJ, pour vérifier si cette mesure est compatible avec son état de santé. Ce même droit est accordé au procureur ou à l'OPJ qui, à tout moment, peuvent d'office désigner un médecin pour examiner la personne gardée à vue. Cet examen peut en outre intervenir à la requête d'un membre de la famille en l'absence de demande de la personne gardée à vue, du procureur ou de l'OPJ. Il est alors de droit. L'examen peut être renouvelé en cas de prolongation. Il est en revanche automatique en cas de prolongation en application des dispositions de l'art. 706-88, C. pr. pén.

S'agissant des mineurs de seize ans, l'art. 4, III de l'ord. du 2 février 1945 fait obligation au procureur ou au juge chargé de l'information de désigner un médecin dès le début de la GAV.

Le médecin doit alors examiner sans délai la personne gardée à vue, étant précisé que, sauf décision contraire du médecin, cet examen doit être pratiqué à l'abri du regard et de toute écoute extérieurs afin de permettre le respect de la dignité et du secret professionnel.

En cas d'avis négatif, le gardé à vue doit recevoir les soins qui s'imposent et, le cas échéant, être conduit à l'hôpital. Dans cette hypothèse, la GAV est en principe suspendue (ce qui suppose de notifier à l'intéressé la levée de sa garde à vue), mais pourra être reprise après que les médecins auront indiqué que l'état du patient est compatible avec cette mesure et que ce dernier peut être entendu (Crim. 11 juill. 2012, *Bull. crim.* n° 167).

Le non-respect de ces dispositions ne peut être sanctionné que lorsque l'irrégularité dénoncée a eu pour effet de porter atteinte aux intérêts de la partie qu'elle concerne (Crim. 25 févr. 2003, *Bull. crim.* n° 50). En effet, sauf situation particulière, l'absence d'examen médical n'est une cause de nullité de la procédure que si le requérant peut apporter la preuve d'un grief (Civ. 1re, 10 oct. 2012, *Bull. civ.* I, n° 196). Par exception, la nullité est encourue de plein droit lorsqu'une GAV se poursuit dans des conditions qui, selon le constat médical, ne sont pas compatibles avec l'état de santé de l'intéressé (Crim. 27 oct. 2009, *Bull. crim.* n° 176).

- *Le droit à l'assistance d'un avocat* (C. pr. pén., art. 63-3-1 s.) : dès le début de la garde à vue, et à chaque prolongation, la personne gardée à vue peut demander à être assisté par un avocat de son choix ou commis d'office pour un entretien confidentiel de trente minutes (C. pr. pén., art. 63-4, al. 2). L'avocat est informé de la nature et de la date présumée de l'infraction (C. pr. pén., art. 63-3-1), mais il peut en outre consulter le PV de notification du placement en GAV, le certificat médical ainsi que les PV d'audition du gardé à vue (C. pr. pén., art. 63-4-1). Toute méconnaissance de cette prescription porte nécessairement atteinte aux droits de la défense (Crim. 17 nov. 2015, *Bull. crim.* n° 255). La liste des documents susceptibles d'être consultés par l'avocat est toutefois limitative (Crim. 18 déc. 2012, *Bull. crim.* n° 281). En revanche, « aucune disposition légale ne prévoit la présence de l'avocat lors de l'exploitation d'un téléphone portable, assimilable à une perquisition » et « la communication à un OPJ, sur sa sollicitation, d'une information permettant l'accès à un espace privé préalablement identifié, qu'il soit ou non dématérialisé, pour les besoins d'une perquisition, ne constitue pas une audition au sens de l'art. 63-4-2, C. pr. pén. » (Crim. 12 janv. 2021, n° 20-84.045).

Soyez vigilant : l'OPJ n'est soumis qu'à une obligation de moyens. Certes, lorsqu'une telle demande lui a été faite, l'OPJ doit prendre contact avec l'avocat désigné ou informer « par tous moyens et sans délai » le bâtonnier de la demande de commission d'un avocat d'office, et tout délai non justifié entraîne la nullité de la procédure (Civ. 1re, 6 déc. 2005, *Bull. civ.* I, n° 473). Mais l'OPJ doit seulement prendre contact avec l'avocat désigné ou informer par tout moyen et sans délai le bâtonnier de la demande de commission d'office, et il importe peu qu'e l'avocat ne se présente pas. Ce contact peut prendre la forme d'un simple message sur le répondeur de l'avocat (Crim. 29 oct. 2008, n° 08-84.990). Cependant, il importe que le PV prévu par l'art. 64 du C. pr. pén. rende compte des diligences accomplies par l'OPJ pour satisfaire aux exigences de l'article 63-4 du même code (Civ. 1re, 14 juin 2005). Ainsi, la loi ne fait pas davantage obligation à l'OPJ de rendre effectif l'entretien avec l'avocat (Crim. 13 févr.

1996, *Bull. crim.* n° 73). Aucune nullité ne saurait être prononcée lorsque l'impossibilité pour l'intéressé de s'entretenir avec un avocat est le résultat de circonstances insurmontables, extérieures aux forces de police judiciaire, tels que le refus de l'avocat de se déplacer (Civ. 1re, 26 oct. 2011, n° 10-19.316).

La personne gardée à vue peut en outre demander l'assistance de son avocat durant ses auditions et confrontations (C. pr. pén., art. 63-4-2). Dans ce cas, la première audition, sauf si elle porte uniquement sur les éléments d'identité du gardé à vue, ne peut débuter sans la présence de l'avocat choisi ou commis d'office avant l'expiration d'un délai de deux heures suivant l'avis adressé à ce dernier (al. 1er), sauf lorsque les nécessités de l'enquête exigent une audition immédiate de la personne (al. 3). Dans cette dernière hypothèse, le procureur peut autoriser, par décision écrite et motivée, sur demande de l'OPJ, que l'audition débute sans attendre l'expiration du délai de carence.

À titre exceptionnel, le procureur ou le JLD peuvent autoriser, par décision écrite et motivée, le report de la présence de l'avocat lors des auditions ou confrontations (mais non de l'entretien confidentiel de 30 minutes), si cette mesure apparaît indispensable pour des raisons impérieuses tenant aux circonstances particulières de l'enquête, soit pour permettre le bon déroulement d'investigations urgentes tendant au recueil ou à la conservation des preuves, soit pour prévenir une atteinte imminente aux personnes (al. 4). Le procureur peut ainsi différer la présence de l'avocat pendant une durée maximale de douze heures (al. 5). En outre, lorsque la personne est gardée à vue pour un crime ou un délit puni d'une peine d'emprisonnement supérieure ou égale à cinq ans, le JLD peut, sur requête du procureur, autoriser à différer la présence de l'avocat, au-delà de la douzième heure, jusqu'à la vingt-quatrième heure (al. 5). En même temps qu'ils autorisent à différer la présence de l'avocat lors des auditions ou confrontations, le procureur ou le JLD peuvent également décider que l'avocat ne peut, pour une durée identique, consulter les PV d'audition de la personne gardée à vue (al. 6).

L'avocat peut prendre des notes au cours des auditions et confrontations (C. pr. pén., art. 63-4-2, al. 1er). Il doit en revanche attendre la fin de ces mesures pour poser des questions, auxquelles l'OPJ ou l'APJ sous la direction duquel est menée l'audition ou la confrontation peut d'ailleurs s'opposer si celles-ci sont de nature à nuire au bon déroulement de l'enquête (C. pr. pén., art. 63-4-3, al. 2). L'avocat peut en outre adresser des observations écrites au procureur après chacune de ses interventions (C. pr. pén., art. 63-4-3, al. 3). À cette occasion, il peut notamment transmettre au magistrat, s'il l'estime utile à l'exercice des droits de la défense, les questions refusées par l'OPJ lors de l'interrogatoire de son client (Crim. 20 nov. 2013, n° 13-84.280).

Selon l'art. 63-4-4, C. pr. pén., « [s]ans préjudice de l'exercice des droits de la défense, l'avocat ne peut faire état auprès de quiconque pendant la durée de la garde à vue ni des entretiens avec la personne qu'il assiste, ni des informations qu'il a recueillies en consultant les procès-verbaux et en assistant aux auditions et aux confrontations ».

Soyez vigilant : s'agissant des mineurs, l'assistance d'un avocat est obligatoire. Selon l'article 4, IV de l'ordonnance du 2 février 1945, dès le début de la GAV, le mineur doit être assisté par un avocat. Il doit être immédiatement informé de ce droit. Lorsque le mineur n'a pas sollicité l'assistance d'un avocat, cette demande peut également être faite par ses représentants légaux qui sont alors avisés de ce droit lorsqu'ils sont informés de la garde à vue en application du II du présent article. Lorsque le mineur ou ses représentants légaux n'ont pas désigné d'avocat, le procureur de la République, le juge chargé de l'instruction ou l'officier de police judiciaire doit, dès le début de la garde à vue, informer par tout moyen et sans délai le bâtonnier afin qu'il en commette un d'office (art. L. 431-9, CJPM, qui entrera en vigueur le 30 sept. 2021, conformément à l'art. 2 de la loi du 26 février 2021 ratifiant l'ord. du 11 septembre 2019 portant partie législative du code de la justice pénale des mineurs ; Crim. 16 oct. 2019, n° 19-81.084 : le respect de ces dispositions est prescrit à peine de nullité, leur inobservation portant atteinte aux droits du mineur poursuivi ; l'audition d'un mineur, assisté par un avocat d'office, est nulle si le mineur n'a pas été assisté par un avocat dès le début de sa garde à vue et que ses parents n'ont pas été informés qu'ils pouvaient lui choisir un avocat).

- *Les exceptions au droit à l'assistance d'un avocat :* par dérogation, lorsque la personne est placée en GAV pour une infraction entrant dans le champ d'application de l'art. 706-73, l'intervention de l'avocat peut être différée, mais seulement en considération de raisons impérieuses tenant aux circonstances de l'enquête ou de l'instruction, soit pour permettre le recueil ou la conservation des preuves, soit pour prévenir une atteinte aux personnes, pendant une durée maximale de quarante-huit heures ou, s'il s'agit d'une infraction mentionnée aux 3° ou 11° du même art. 706-73, pendant une durée maximale de soixante-douze heures.
- *Le droit de se taire :* la loi du 14 avril 2011 a rétabli l'obligation d'informer le gardé à vue du droit, lors des auditions, sauf celle visant à établir son identité, « de faire des déclarations, de répondre aux questions qui lui sont posées ou de se taire » (C. pr. pén., art. 63-1, 3°).

• **L'issue de la GAV**

– *Le renforcement des droits de la défense* : selon l'art. 63-8, C. pr. pén., à l'issue de la GAV, la personne est, sur instruction du procureur sous la direction duquel l'enquête est menée, soit remise en liberté, soit déférée devant ce magistrat :

- si la personne est remise en liberté sans qu'aucune décision n'ait été prise par le procureur sur l'action publique, elle est informée qu'à l'expiration d'un délai de six mois à compter de la fin de la GAV, si elle n'a pas fait l'objet de poursuites, elle pourra interroger le procureur sur la suite donnée ou susceptible d'être donnée à la procédure ;

- si la personne est déférée : jusqu'à la loi du 27 mai 2014, le C. pr. pén. n'imposait la présence de l'avocat au moment du déferement qu'en matière de délinquance organisée (C. pr. pén., art. 706-106). La loi du 27 mai 2014 a étendu cette obligation à la totalité des délits, renforçant ainsi la place faite au principe du contradictoire et aux droits de la défense dans la phase préalable au jugement (sur le déferement, v. *infra*, p. 183).

– *Le petit-dépôt de nuit* : l'art. 803-2, C. pr. pén., prévoit que la personne qui sort de GAV comparaît le jour même devant le Procureur ou, en cas d'ouverture d'une information, devant le juge d'instruction saisi de la procédure. Par dérogation, l'art. 803-3, C. pr. pén., énonce que, en cas de nécessité, et sauf dans les hypothèses où la garde à vue ordonnée en matière de criminalité organisée aura duré plus de 72 heures, la personne peut comparaître le jour suivant et peut être retenue à cette fin dans des locaux de la juridiction spécialement aménagés, à la condition que cette comparution intervienne au plus tard dans un délai de vingt heures à compter de l'heure à laquelle la GAV a été levée, à défaut de quoi l'intéressé est immédiatement remis en liberté. Le magistrat devant lequel l'intéressé est appelé à comparaître est informé sans délai de l'arrivée de la personne déférée dans les locaux de la juridiction. En outre, lorsque la GAV a été prolongée mais que cette prolongation n'a pas été ordonnée par le JLD ou par un juge d'instruction, la personne retenue doit être effectivement présentée à la juridiction saisie ou, à défaut, au JLD avant l'expiration du délai de vingt heures. Durant cette rétention, la personne dispose des droits du gardé à vue (droit de faire prévenir un proche et droit à un examen médical notamment). Elle peut également à tout moment demander à s'entretenir avec un avocat, lequel a accès aux pièces du dossier de la procédure dans les conditions définies pour la mesure de GAV.

B – Les actes d'enquête ne pouvant être réalisés, dans le cadre de l'enquête qu'à la condition qu'elle constitue une enquête relevant de la criminalité ou de délinquance organisée

Outre la surveillance étendue sur tout le territoire sans qu'il soit besoin pour l'OPJ agissant hors de son ressort d'être accompagné par un OPJ territorialement compétent, l'infiltration, la garde à vue qui excède 48 heures et les perquisitions de nuit, certains actes réalisés dans le cadre de l'enquête ne peuvent être justifiés que si celle-ci est relative à la criminalité ou à la délinquance organisée. Il s'agit de l'*IMSI catcher* (1), des sonorisations et des fixations d'images de certains lieux ou véhicules (2) et des écoutes téléphoniques (3).

La refonte des actes d'investigation pouvant être mis en œuvre en matière de criminalité et de délinquance organisée par la loi du 23 mars 2019 : la création des « techniques spéciales d'enquête »

La loi du 23 mars 2019 a procédé à une refonte des actes d'investigation pouvant être mis en œuvre en matière de criminalité et de délinquance organisée, sous l'appellation de « techniques spéciales d'enquête ». Le législateur a unifié le régime des techniques spéciales d'enquête, avec les nouveaux art. 706-95-11 et suivants, C. pr. pén. **Les modalités d'autorisation, de prolongation et de contrôle de ces mesures, telles que les sonorisations, les intrusions informatiques ou le recours aux *IMSI catchers*, sont unifiées (C. pr. pén., art. 706-95-11 s. : ces techniques s'appliquent aux infractions visées par les art. 706-73 et 706-73-1, C. pr. pén. ; en vertu de l'art. 706-95-12, C. pr. pén., elles sont autorisées, durant l'enquête, par le JLD et, durant l'instruction, par le juge d'instruction – la loi du 24 décembre 2020 a toutefois prévu qu'en cas d'urgence résultant d'un risque imminent de dépérissement des preuves ou d'atteinte grave aux personnes ou aux biens dûment motivé, l'autorisation du juge d'instruction peut être délivrée sans avis préalable du procureur de la République [C. pr. pén., art. 706-95-13] – ; l'autorisation est écrite et motivée par référence aux éléments de fait et de droit justifiant que ces opérations sont nécessaires ; elle n'a pas de caractère juridictionnel et n'est pas susceptible de recours ; l'autorisation du JLD est valable pour une durée d'un mois renouvelable, celle du juge d'instruction pour une durée de quatre mois renouvelable)**.

Le législateur avait souhaité rendre applicables les techniques spéciales, outre la criminalité et la délinquance organisées, pour tous les crimes, ce qui a été censuré par le Conseil constitutionnel compte tenu du « recours à des techniques d'enquête particulièrement intrusives pour des infractions ne présentant pas nécessairement un caractère de particulière complexité », sans l'assortir de garanties suffisantes (Cons. const. 23 mars 2019, préc., § 164). Il a également censuré la possibilité qui avait été prévue de permettre, en cas d'urgence, au procureur d'autoriser pour vingt-quatre heures le recours à ces techniques spéciales d'enquête (§ 166). En revanche, on l'a vu, les art. 706-95-1 et 706-95-2 permettent l'interception de correspondances électroniques stockées pour tous les crimes, en plus de la criminalité et de la délinquance organisées.

1 • L'*IMSI Catcher*

L'*IMSI* (*International Mobile Subscriber Identity*) *catcher* est un appareil portatif qui se met en relation avec les appareils connectés (téléphones portables, tablettes, montres électroniques, etc.) et capte leurs données techniques de connexion. Le recours à l'*IMSI catcher* peut s'avérer utile pour savoir quel appareil utilise le suspect et quel est son numéro de téléphone afin de procéder à une écoute téléphonique. Toutefois, l'*IMSI catcher* permet également de capter des conversations. Cette double nature explique le double régime de ce dispositif :

– en vertu de l'art. 706-95-20, I, C. pr. pén. il peut être recouru à l'*IMSI Catcher* afin de recueillir les données techniques de connexion permettant l'identification d'un équipement terminal ou du numéro d'abonnement de n utilisateur, ainsi que les données relatives à la localisation d'un équipe-.nent terminal utilisé (sur autorisation du JLD pour un mois renouvelable dans l'enquête ou du juge d'instruction pour quatre mois renouvelable, conformément à l'art. 706-95-16, C. pr. pén.) ;

– en outre, en vertu de l'art. 706-95-20, II, C. pr. pén., il peut être recouru à la mise en place ou à l'utilisation de cet appareil ou de ce dispositif afin d'intercepter des correspondances émises ou reçues par un équipement terminal. Les modalités prévues aux articles 100-3 à 100-7 du présent code sont alors applicables et, lorsque ces interceptions sont autorisées par le JLD à la requête du procureur, les attributions confiées au juge d'instruction ou à l'OPJ commis par lui sont exercées par le procureur de la République ou l'officier de police judiciaire requis par ce magistrat. Les correspondances interceptées en application du présent II ne peuvent concerner que la personne ou la liaison visée par l'autorisation d'interception. **Par dérogation les durées maximales de l'autorisation donnée par le JLD ou le juge d'instruction de l'interception des correspondances prévue au présent II sont de quarante-huit heures renouvelables une fois**.

2 • La sonorisation et la fixation d'images dans les lieux privés

En vertu de l'art. 706-96, C. pr. pén., il peut être recouru à l'occasion d'une enquête portant sur un crime ou un délit relevant des art. 706-73 et 706-73-1, C. pr. pén., sur autorisation du JLD valable un mois et renouvelable (conformément à l'art. 706-95-16, C. pr. pén.) à la mise en place d'un dispositif technique ayant pour objet, sans le consentement des intéressés, la captation, la fixation, la transmission et l'enregistrement de paroles prononcées par une ou plusieurs personnes à titre privé ou confidentiel, dans des lieux ou véhicules privés ou publics, ou de l'image d'une ou de plusieurs personnes se trouvant dans un lieu privé.

En vue de mettre en place le dispositif technique permettant la sonorisation ou la fixation d'images, le JLD peut autoriser l'introduction dans un véhicule ou un lieu privé, y compris hors des heures prévues à l'article 59, à l'insu ou sans le consentement du propriétaire ou du possesseur du véhicule ou de l'occupant des lieux ou de toute personne titulaire d'un droit sur ceux-ci (Crim. 18 juin 2019, n° 18-86.421 : au sens des art. 230-34 et 706-96-1, C. pr. pén., ni les espaces de circulation, ni les emplacements de stationnement, ni les boxes fermés du parking souterrain d'un immeuble collectif d'habitation ne constituent des lieux d'habitation, de sorte que l'autorisation du JLD n'est pas requise pour y pénétrer en dehors des heures prévues par l'art. 59, al. 2, du code, aux fins de procéder à l'installation d'un dispositif de géolocalisation ou de captation d'images). Ces opérations, qui ne peuvent avoir d'autre fin que la mise en place du dispositif technique, sont effectuées sous son contrôle. Cette disposition s'applique également aux opérations ayant pour objet la désinstallation du dispositif technique ayant été mis en place.

La mise en place du dispositif technique mentionné à l'article 706-96 ne peut concerner les lieux mentionnés aux articles 56-1,56-2,56-3 et 56-5 ni être mise en œuvre dans le véhicule, le bureau ou le domicile des personnes mentionnées à l'article 100-7.

3 • Les écoutes téléphoniques

En principe les écoutes téléphoniques ne peuvent pas être pratiquées par les OPJ et APJ agissant dans le cadre d'une enquête de police. Cette règle résulte d'une condamnation de la France par la CEDH dans les affaires *Huvig et Kruslin* du 24 avril 1990. Depuis cette condamnation, la loi du 10 juillet 1991 interdit le recours aux écoutes téléphoniques par les OPJ et APJ agissant dans le cadre de l'enquête. En revanche, l'utilisation d'un procédé technique ayant pour seul objet l'identification de l'auteur d'appels téléphoniques reste permise. La loi du 9 mars 2004 a cependant aménagé une exception au principe de la prohibition des écoutes durant l'enquête. En effet, ce texte réintroduit dans notre droit la possibilité de faire procéder à des écoutes téléphoniques dans le cadre de l'enquête de police en matière de criminalité organisée. Les lois du 13 novembre 2007 et du 6 décembre 2013 ont étendu cette possibilité aux infractions relevant de la délinquance économique, financière et fiscale. De telles écoutes doivent être autorisées par le JLD à la requête du procureur, pour une durée maximale de 1 mois renouvelable une fois (C. pr. pén., art. 706-95). Si l'autorisation du JLD doit intervenir avant qu'il soit procédé à l'interception, peu importe en revanche le moment auquel le document portant autorisation est effectivement transmis aux autorités policières, cette transmission pouvant tout à fait avoir lieu après l'interception (en ce sens, Crim. 26 mars 2008). En outre, le défaut d'autorisation constitue une nullité soumise à l'exigence d'un grief (Crim. 26 juin 2007). Ces écoutes téléphoniques dérogatoires sont par ailleurs soumises au même régime que les écoutes téléphoniques déjà autorisées dans le cadre d'une instruction et réglementées par les articles 100 et s., C. pr. pén., à cette différence près qu'elles ne sont pas placées sous le contrôle du juge d'instruction, mais sous celui du JLD.

Cas pratique n° 7

Sujet donné à l'examen d'entrée au CRFPA en septembre 2017

› Énoncé

Le 20 avril 2017 le commissariat de X... reçoit un appel anonyme qui informe que M. Z... (déjà bien connu des services de police pour divers délits : vols, extorsions...) prépare un cambriolage dans le quartier cossu de Belair. Quelques policiers se déplacent sur les lieux mais leur enquête ne révèle rien d'anormal. Alors que deux policiers étaient en surveillance dans le quartier le 28 avril, ils assistent toutefois à un vol à l'arraché commis par trois individus sans pouvoir les interpeller. Une heure plus tard, dans le même quartier, les mêmes policiers croisent un jeune homme (Paul Y...) qui ressemble trait pour trait à l'un des auteurs du vol et est vêtu de manière identique. Il adopte de plus un comportement fuyant à la vue des forces de l'ordre. Les policiers lui demandent de bien vouloir le suivre et l'amènent au commissariat. Il y est placé en garde à vue à son arrivée à 15 h et ses droits lui sont notifiés. Il est entendu par deux policiers de 15 h 30 à 17 h. Il avoue alors que cela fait plusieurs semaines qu'il commet des vols en groupe et dénonce nommément l'un de ses comparses Yannick D...

Les policiers décident alors de perquisitionner le domicile de ce dernier qui est absent. La perquisition qui débute à 20 h, le même jour et en présence de deux voisins de Yannick D..., ne permet pas de retrouver les biens qui ont été volés mais les policiers découvrent une quantité assez importante de cocaïne. Ils choisissent de ne pas saisir le stock mais de monter une opération pour tenter d'identifier le fournisseur de Yannick D... Ayant réussi à retrouver ce dernier au bout de 8 jours par une mesure de géolocalisation, l'un des policiers se fait passer pour un consommateur de drogue et réussit à obtenir une rencontre avec le fournisseur de Yannick D... Pendant cette rencontre le fournisseur et Yannick D... expliquent comment et à quel prix de la cocaïne pourra être achetée. Ces deux individus sont interpellés à l'issue de cette rencontre.

De quels moyens dispose chaque protagoniste pour contester la régularité des opérations policières menées ?

› *Correction*

Les faits soumis amènent à examiner la régularité des actes d'enquête accomplis (II) ce qui implique, au préalable, de déterminer le cadre procédural dans lesquels les actes ont été diligentés (I).

I/ Détermination du cadre procédural

L'énoncé ne faisant pas mention de l'ouverture d'une information judiciaire, l'action policière s'inscrit dans le cadre d'une enquête de police. Il ne saurait s'agir d'une enquête relevant des cadres prévus par les art. 74, 74-1 et 74-2, C. pr. pén., puisqu'il n'est aucunement question en l'espèce d'investiguer sur une mort suspecte, une disparition inquiétante ou sur la recherche d'une personne en fuite. Reste à déterminer s'il s'agit d'une enquête de flagrance ou d'une enquête préliminaire.

L'enquête de flagrance ne peut intervenir que lorsqu'une infraction d'une gravité suffisante peut être qualifiée de flagrante. Elle ne peut être diligentée que pour une durée limitée et à condition que les actes effectués le soient sans discontinuer :

– **La gravité de l'infraction** : l'enquête de flagrance n'est possible que pour un crime ou un délit punit d'une peine d'emprisonnement (C. pr. pén., art. 67). Mais la jurisprudence décide à cet égard que l'apparence vaut la réalité (Crim. 9 janv. 1990 : est régulière au regard des art. 53, 56, 67, C. pr. pén., la perquisition effectuée par un officier de police judiciaire agissant en état de flagrance, dès lors, d'une part, que cet état doit s'apprécier au moment de l'intervention de cet officier dans le cadre d'une enquête visant un délit passible d'emprisonnement et, d'autre part, qu'il n'importe que, par la suite, les faits poursuivis aient reçu une qualification contraventionnelle). Ainsi, peu importe que l'infraction se révèle finalement moins grave que l'officier ne l'avait initialement cru. Seul compte le fait que la qualification erronée ait paru vraisemblable à l'agent au moment où il a agi.

– **La flagrance de l'infraction** : l'article 53, C. pr. pén., énumère limitativement quatre cas dans lesquels la flagrance est caractérisée : l'infraction se commet actuellement (cas n° 1); l'infraction vient de se commettre (cas n° 2); dans un temps très voisin de l'action, la personne soupçonnée est poursuivie par la clameur publique (cas n° 3); dans un temps très voisin de l'action, la personne soupçonnée est trouvée en possession d'objets ou présente des traces ou indices laissant penser qu'elle a participé à l'infraction (cas n° 4). Que l'on soit dans la perspective de l'un ou l'autre de ces quatre cas, il faut de manière systématique établir l'existence de deux critères cumulatifs pour conclure à une situation de flagrance :

- *un critère temporel* : l'infraction flagrante est celle qui au moment de sa constatation par les policiers, ou bien est en train de se commettre (cas n° 1), ou bien a été commise il y a peu de temps (cas n° 2, 3 et 4). La durée entre le moment de la commission de l'infraction et celui où elle est constatée est assez largement appréciée par la jurisprudence qui s'appuie sur les circonstances de faits. C'est le cas pour les violences sexuelles ou plus largement, pour les infractions ayant fortement impressionné la victime (Crim. 17 mai 1993 : révélation par la victime de sévices sexuels qui se sont commis la veille alors que les gendarmes agissaient jusque-là en mode préliminaire; Crim. 8 avr. 1998 : est régulière la perquisition opérée suivant la procédure de flagrance au domicile d'un individu dès la réception de la plainte de la victime pour des faits d'extorsion de fonds sous la menace d'une arme, dès lors que la victime, impressionnée par des menaces de représailles, a hésité à porter plainte et ne s'est résolue à le faire que deux jours plus tard, à l'incitation d'un membre de sa famille);

- *un critère d'apparence ou visuel* : il n'y a infraction flagrante que si son existence est révélée par des indices constatables extérieurement par la police judiciaire. On parle d'« indices apparents d'un comportement délictueux » (Crim. 22 janv. 1953, *Isnard*, *Bull. crim.* n° 54), la chambre criminelle exerçant son contrôle sur ce point :

  ○ de jurisprudence constante depuis les années 80, constitue un indice apparent, l'avis donné par la victime d'une infraction qui vient de se commettre, même avant l'enregistrement de sa plainte. Il en va de même d'une dénonciation faite par une personne identifiée;

  ○ mais, tel n'est pas le cas en revanche d'une dénonciation anonyme : un coup de téléphone anonyme n'est pas un indice apparent d'un comportement délictueux révélant l'existence d'une infraction (Crim. 2 févr. 1988). Aussi, les policiers renseignés anonymement ne peuvent-ils ouvrir qu'une enquête préliminaire car toute procédure ouverte en flagrance à la suite de renseignements anonymes est nulle. Une dénonciation anonyme peut toutefois devenir un indice apparent d'un comportement délictueux lorsqu'elle est confortée par des vérifications apportant des indices précis et concordants (en ce sens, v. not. Crim. 11 juill. 2007).

– **Durée limitée à 8 jours** : jusqu'à la loi du 23 juin 1999 l'enquête de flagrance ne connaissait aucune limitation de durée. La loi du 23 juin 1999 a posé la règle suivant laquelle cette enquête est limitée à 8 jours à compter du premier acte d'enquête (C. pr. pén., art. 53, al. 2). Si, au-delà des 8 jours, les preuves ne sont pas réunies, les investigations doivent être poursuivies, soit dans le cadre d'une instruction, soit dans le cadre d'une enquête préliminaire. La loi du 9 mars 2004 a cependant aménagé une dérogation à cette règle : lorsque des investigations nécessaires à la manifestation de la vérité pour un crime ou un délit puni d'une peine supérieure ou égale à cinq ans d'emprisonnement ne peuvent être différées, le procureur de la République peut décider la prolongation de l'enquête pour une durée maximale de huit jours (C. pr. pén., art. 53, al. 3). La durée de l'enquête de flagrance peut donc dans ce cas être portée à seize jours.

– **Continuité des actes de l'enquête de flagrance** : c'est une exigence prétorienne traditionnelle. Toutefois, il faut bien la comprendre : elle nécessite que des actes soient effectués sans discontinuer, non des PV soient dressés sans discontinuer (Crim. 20 déc. 1994 : lorsqu'il résulte des pièces de la procédure que l'enquête de flagrance commencée le 15 février s'est poursuivie sans interruption jusqu'au 19 février, il n'importe qu'aucun procès-verbal relatant les investigations n'ait été établi le 16 février).

En l'espèce, les policiers débutent leurs investigations à la suite d'une dénonciation anonyme. Celle-ci ne pouvant constituer à elle seule, un indice apparent d'un comportement délictueux, il est clair que les policiers ne pouvaient agir en flagrance et que leur action se situe dans le cadre de l'enquête préliminaire.

Cependant, le 28 avril, ceux-ci assistent à un vol à l'arraché. Le vol constituant un délit puni d'emprisonnement (de trois ans à l'état simple : C. pén., art. 311-3 ; de cinq ans en cas de réunion : C. pén., art. 311-4, 1°) ou un crime (de quinze ans de réclusion criminelle lorsqu'il est commis en bande organisée : C. pén., art. 311-9), la condition de gravité de la flagrance peut être caractérisée. En outre, les faits viennent de se commettre, ce qui correspond au cas n° 2 visé par l'art. 53, C. pr. pén. Il est également possible de caractériser à l'encontre de Paul Y... des indices apparents d'un comportement délictueux (ressemblance très forte, présence sur les lieux du délit dans un temps très voisin de l'action, comportement fuyant...). Les policiers peuvent donc agir dans le cadre de l'enquête de flagrance. Toutefois, cette enquête de flagrance ne peut durer plus de huit jours. Il sera cependant possible de prolonger la durée de cette enquête de huit jours dans la mesure où les faits font encourir plus de cinq ans d'emprisonnement à leurs auteurs (le vol semble en effet avoir été commis par trois individus et pourra être retenu la circonstance de réunion qui fait encourir, à chaque auteur ou complice cinq ans d'emprisonnement : C. pén., art. 311-4, 1°) à condition toutefois d'obtenir l'autorisation du procureur de la République.

L'enquête a donc commencé comme enquête préliminaire pour se poursuivre en enquête de flagrance.

Toutefois, l'enquête de flagrance menée pour le vol à l'arraché va conduire à découvrir de nouveaux indices apparents d'un autre comportement délictueux, à savoir la détention de stupéfiants (C. pén., art. 222-37 : délit puni de 10 ans d'emprisonnement et de 7 500 000 € d'amende). Les conditions de gravité et de flagrance de l'infraction sont donc à nouveau réunies pour justifier une nouvelle enquête de flagrance qui durera huit jours avec possibilité de prolongement sur autorisation du procureur de la République.

La question de la continuité des actes d'enquête effectués se pose mais la géolocalisation opérée semble permettre d'assurer cette continuité. À défaut l'enquête se poursuivrait alors sous le régime de l'enquête préliminaire (étant entendu que la découverte postérieure par les policiers d'éléments nouveaux relatifs aux mêmes faits ne saurait avoir pour effet l'ouverture d'une nouvelle procédure de flagrance : Crim. 18 déc. 2013).

En outre, l'identification du fournisseur de Yannick D... ayant eu lieu « au bout de huit jours », les policiers devaient, au-delà, pour poursuivre leurs investigations en flagrance, pour une durée de huit jours supplémentaires, solliciter l'autorisation du procureur de la République.

II/ Régularité des actes accomplis

Nous envisagerons la garde à vue de Paul Y... (A) puis la perquisition effectuée chez Yannick D... (B), puis la géolocalisation (C) et enfin la rencontre et l'interpellation de Yannick D... et de son fournisseur (D).

A – La garde à vue de Paul

Il convient ici de contrôler la régularité du placement en garde à vue (1) avant de s'assurer de celle de son exécution (2).

1 • Sur la régularité du placement en garde à vue

Plusieurs points doivent être envisagés :

– **L'autorité compétente pour décider d'un placement an GAV et l'information du procureur** : selon le I de l'art. 63, C. pr. pén., seul un OPJ est compétent pour procéder au placement en garde à vue. De plus, selon l'al. 2 du I de l'art. 63, C. pr. pén., l'OPJ doit informer, dès le début de la mesure, le procureur de la République, par tout moyen, du placement de la personne en garde à vue. En l'espèce, aucune information particulière ne nous est fournie. Ces conditions devront avoir été respectées, à défaut, la garde à vue sera irrégulière.

– **Les infractions dont le soupçon de commission autorise un placement en GAV** : depuis loi du 15 juin 2000, seul un suspect de crime ou de délit puni d'emprisonnement peut être placé en garde à vue. Aujourd'hui, l'art. 62-2, C. pr. pén., définit le suspect comme « une personne à l'encontre de laquelle il existe une ou plusieurs raisons plausibles de soupçonner qu'elle a commis ou tenté de commettre un crime ou un délit puni d'une peine d'emprisonnement ». En l'espèce, cette condition ne fait pas de difficulté puisque Paul Y... peut se voir reprocher un vol, délit puni d'emprisonnement.

– **Les motifs du placement** : depuis la loi du 14 avril 2011, la garde à vue doit également constituer l'unique moyen de parvenir à l'un au moins des six objectifs fixés par l'art. 62-2, C. pr. pén. En l'espèce, on peut penser qu'au regard de l'attitude de Paul Y... et compte tenu de la commission récente d'un vol à l'arraché à plusieurs, son placement en garde à vue constituait l'unique moyen ou d'empêcher qu'il ne modifie les preuves ou indices matériels (3°) ou d'empêcher qu'il ne se concerte avec ses coauteurs ou complices (5°).

– **Le moment du placement en GAV** : reste enfin à déterminer le moment auquel est intervenu le placement en garde à vue. La jurisprudence considérait traditionnellement que la garde à vue commence dès que la personne a été contrainte de se tenir à la disposition de la police. C'est ce que la doctrine appelle le placement effectif en garde à vue. Cependant, ce placement effectif permet seulement d'apprécier le moment où la notification des droits doit avoir lieu. Pour calculer le délai de garde à vue, la jurisprudence se fondait sur le placement théorique qui peut être antérieur au placement effectif, puisqu'il était fixé au moment auquel la personne s'était tenue à la disposition de la police, qu'elle y ait ou non été contrainte. Ainsi, le placement effectif marquait le moment auquel les policiers devaient notifier ses droits à l'intéressé. Le placement théorique déterminait quant à lui le point de départ de la durée du délai de garde à vue. En l'espèce, il s'agit de déterminer à quels moments sont intervenus chacun de ces placements en garde à vue :

- *Sur le placement théorique en garde à vue et le point de départ du délai de garde à vue* : la loi du 27 mai 2014 a repris la jurisprudence antérieure. Le III de l'article 63, C. pr. pén., dispose ainsi que « si, avant d'être placée en garde à vue, la personne a été appréhendée ou a fait l'objet de toute autre mesure de contrainte pour ces mêmes faits, l'heure du début de la garde à vue est fixée, pour le respect des durées prévues au II du présent article, à l'heure à partir de laquelle la personne a été privée de liberté. Si la personne n'a pas fait l'objet d'une mesure de contrainte préalable, mais que son placement en garde à vue est effectué dans le prolongement immédiat d'une audition, cette heure est fixée à celle du début de l'audition ». Aussi, s'agissant du placement théorique en garde à vue, il est intervenu au moment où Paul Y... s'est tenu à la disposition de la police, même sans contrainte, soit le 28 avril, une heure après le vol à l'arraché. C'est ce moment qu'il faudra prendre en compte pour décompter la durée de la garde à vue.
- *Sur le point de départ du placement effectif.* La question du placement effectif en garde à vue ne soulève pas de difficulté : il se situe au moment où Paul Y... a effectivement été privé de sa liberté, soit à 15 h le 28 avril. C'est à ce moment que ses droits devaient lui être notifiés et, en l'espèce, c'est bien à ce moment-là que ses droits lui ont été notifiés. Le contenu de cette notification est fixé par l'art. 63-1, C. pr. pén. Toutefois, en l'espèce, rien n'est dit en revanche de l'information donnée sur la nature de l'infraction.

2 • Sur la régularité du placement en garde à vue

Plusieurs points doivent ici être examinés successivement :

– **La durée de la garde à vue** : en enquête de flagrance, la garde à vue dure 24 heures (C. pr. pén., art. 63, II, al. 1er). Elle peut être prolongée de 24 heures sur autorisation écrite du procureur de la République, lorsque l'infraction dont la personne est soupçonnée est un crime ou un délit puni d'une peine d'emprisonnement supérieure ou égale à un an (C. pr. pén., art. 63, II, al. 2). L'autorisation ne peut en principe être accordée qu'après présentation de la personne au procureur de la République. Toutefois, cette présentation peut être réalisée par l'utilisation d'un moyen de télécommunication audiovisuelle et peut, à titre exceptionnel, être accordée par une décision écrite et motivée, sans présentation préalable.

C'est le placement théorique en garde à vue qu'il convient de considérer pour décompter ce délai, conformément au III de l'art. 63, C. pr. pén. Ainsi, en l'espèce, la garde à vue débute une heure après le vol à l'arraché. La prolongation éventuelle devait par conséquent intervenir, théoriquement 24 heures après ce moment et la garde à vue devait prendre fin 48 heures après.

NB : s'il est possible de caractériser en l'espèce un vol en bande organisée, la garde à vue pouvait durer théoriquement 96 heures conformément aux art. 706-73 et 706-88, C. pr. pén.

– **La présence de l'avocat** : l'entretien avec l'avocat doit intervenir dès le début de la garde à vue. L'art. 63-3-1, C. pr. pén., dispose ainsi que « dès le début de la garde à vue, la personne peut demander à être assistée par un avocat. Si elle n'est pas en mesure d'en désigner un ou si l'avocat choisi ne peut être contacté, elle peut demander qu'il lui en soit commis un d'office par le bâtonnier ». Et l'alinéa 2 de l'article 63-4, C. pr. pén., précise que cet entretien « ne peut excéder trente minutes ».

C'est ici aussi le placement effectif en garde à vue qu'il convient de prendre en compte. Toutefois, les policiers ne sont à cet égard tenus que d'une obligation de moyen, et non de résultat.

La Cour européenne des droits de l'homme a redéfini précisément les conditions de l'intervention de l'avocat en garde à vue. Elle a ainsi notamment jugé que l'art. 6, § 3, Conv. EDH, impose la présence de l'avocat dès le début de la garde à vue et durant les interrogatoires auxquels cette mesure donne lieu, ainsi que l'accès du conseil au dossier de la procédure (CEDH 27 nov. 2008, *Salduz c/ Turquie*). Ainsi, la législation française antérieure à la loi du 14 avril 2011 réformant la mesure de garde à vue, n'était pas conforme aux exigences conventionnelles.

Aussi, l'alinéa 1 de l'art., 63-4-2, C. pr. pén., dispose-t-il désormais que « [l]a personne gardée à vue peut demander que l'avocat assiste à ses auditions et confrontations. Dans ce cas, la première audition, sauf si elle porte uniquement sur les éléments d'identité, ne peut débuter sans la présence de l'avocat choisi ou commis d'office avant l'expiration d'un délai de deux heures suivant l'avis adressé dans les conditions prévues à l'article 63-3-1 de la demande formulée par la personne gardée à vue d'être assistée par un avocat ».

Ainsi, en l'espèce, si les policiers ont accompli en temps voulu les diligences nécessaires à la mise en œuvre de l'entretien avec l'avocat, la procédure est régulière, peu importe que la présence de l'avocat aux auditions n'ait finalement pas pu avoir lieu.

– **Les conditions de l'audition** : l'audition doit être menée sous la direction d'un OPJ (C. pr. pén., art. 63-4-3).

B – La perquisition effectuée chez Yannick D...

Dans le cadre des enquêtes préliminaires, il résulte des dispositions de l'art. 76, C. pr. pén., que les perquisitions, visites domiciliaires et saisies de pièces à conviction ne peuvent être effectuées sans l'assentiment exprès de la personne chez laquelle l'opération a lieu. Cet assentiment doit en principe faire l'objet d'une déclaration écrite de la main de l'intéressé. Exceptionnellement, il peut être procédé à une perquisition sans l'assentiment de l'intéressé, sur décision du juge des libertés et de la détention, conformément à l'art. 76, al. 4, C. pr. pén.

À l'inverse, dans le cadre de l'enquête de flagrance, les perquisitions et saisies sont régies par l'article 56, C. pr. pén. D'abord, d'après l'art. 56, al. 1, C. pr. pén., les perquisitions peuvent être effectuées chez les personnes qui paraissent avoir participé à l'infraction ou détenir des objets et pièces relatifs aux faits incriminés. Ensuite, les perquisitions ne peuvent en principe être effectuées qu'entre 6 h et 21 h. Enfin, la personne chez laquelle l'opération se déroule doit être présente. Si c'est impossible, elle doit nommer un représentant. À défaut, l'OPJ nomme deux témoins. L'accord de l'intéressé n'est en revanche pas requis. Au cours de la perquisition, l'OPJ doit procéder à la saisie de tout ce qui peut servir à la manifestation de la vérité.

En l'espèce, la perquisition effectuée chez Yannick D... a bien eu lieu en flagrance puisque l'on se situe dans un temps très proche de l'action. Elle pouvait en conséquence avoir lieu sans l'assentiment de Yannick D... Ce dernier paraît bien avoir participé à l'infraction et détenir des objets et pièces relatifs aux faits incriminés. En outre, la perquisition a eu lieu pendant les heures légales. Enfin, même si Yannick D... n'était pas présent, les policiers ont pris soin de nommer deux témoins.

La perquisition est donc régulière et il est indifférent que les policiers n'aient pas découvert des indices relatifs au vol à l'arraché, mais des indices incidents relatifs à une détention de stupéfiants. La découverte de ces indices apparents va justifier l'ouverture d'une enquête de flagrance pour ces faits nouveaux.

C – La géolocalisation

Les conditions de validité de cette mesure sont fixées à l'article 230-32, C. pr. pén. La mesure doit être justifiée par les nécessités « d'une enquête ou instruction relative à un délit prévu au livre II du Code pénal ». C'est le cas de l'art. 222-34, C. pr. pén., qui réprime la détention de stupéfiant...

Elle doit être mise en place par un OPJ et être autorisée par le procureur dans le cadre d'une enquête de flagrance comme d'une enquête préliminaire (C. pr. pén., art. 230-33) pour huit jours depuis la loi du 23 mars 2019 (quinze jours à l'époque où le sujet de ce cas pratique a été donné). En l'espèce, sous réserve du respect de ces conditions, la géolocalisation paraît régulière.

D – La rencontre et l'interpellation de Yannick D... et de son fournisseur

L'article 706-82, C. pr. pén., vient autoriser, dans le cadre de la procédure applicable à la criminalité organisée (C. pr. pén., art. 706-73) les opérations de livraison au profit des policiers infiltrés. En vertu de ce texte, « les officiers ou agents de police judiciaire autorisés à procéder à une opération d'infiltration peuvent, sur l'ensemble du territoire national, sans être pénalement responsables de ces actes : 1° Acquérir, détenir, transporter, livrer ou délivrer des substances, biens, produits, documents ou informations tirés de la commission des infractions ou servant à la commission de ces infractions; 2° Utiliser ou mettre à disposition des personnes se livrant à ces infractions des moyens de caractère juridique ou financier ainsi que des moyens de transport, de dépôt, d'hébergement, de conservation et de télécommunication ».

Il faut toutefois au préalable que l'infiltration ait été autorisée par le procureur de la République (C. pr. pén., art. 706-81, al. 1er). En outre, les actes mentionnés à l'art. 706-82, C. pr. pén., ne peuvent, à peine de nullité « constituer une incitation à commettre des infractions » (C. pr. pén., art. 706-81, al. 2).

En l'espèce il serait possible de s'appuyer sur cette disposition pour valider l'opération montée par les policiers. Deux difficultés émergent toutefois :

– la procédure ne sera régulière que si les actes effectués n'ont pas incité à commettre des infractions. Or, en l'espèce, il est fait mention d'un des policiers qui se fait passer pour un consommateur de drogue et réussit à obtenir une rencontre avec le fournisseur de drogues. Sans plus de précisions sur les actes précisément commis par le policier, il est difficile de trancher catégoriquement en faveur ou au détriment de la validité de l'opération ;

– il est nécessaire que le vol ait effectivement été commis en bande organisée car seule cette circonstance autorise la mise en œuvre des pouvoirs de la procédure dérogatoire décrits aux art. 706-73 et s., C. pr. pén. (C. pr. pén., art. 706-73, 7°). Il faut rappeler que l'article 706-104, C. pr. pén., aux termes duquel « Le fait qu'à l'issue de l'enquête ou de l'information ou devant la juridiction de jugement la circonstance aggravante de bande organisée ne soit pas retenue ne constitue pas une cause de nullité des actes régulièrement accomplis en application des dispositions du présent titre », a été abrogé par le Conseil constitutionnel dans sa décision n° 2004-492 DC du 2 mars 2004. On relèvera en outre que le vol en bande organisée étant puni de quinze ans de réclusion criminelle (C. pén., art. 311-9), il constitue un crime et, en conséquence, une instruction préparatoire devra nécessairement être ouverte par le procureur de la République (C. pr. pén., art. 79).

Cas pratique n° 8

› *Énoncé*

De retour de vacances, les époux Pinot ont la mauvaise surprise de constater que leur maison a été cambriolée. Après en avoir informé la police par téléphone, deux agents et une équipe de techniciens d'investigation se transportent sur les lieux pour y effectuer les premières constatations (enquête de voisinage, relevés d'empreintes, etc.). L'un des policiers (Richard) constate alors la présence de caméras de surveillance dans la résidence privée où vit la famille Pinot. Aussitôt, et sur les indications de M. Pinot, il se rend chez le président de la copropriété et lui demande de lui remettre les enregistrements vidéo. De retour au poste, Richard procède au visionnage des enregistrements. Il peut ainsi constater que le cambriolage a eu lieu deux jours plus tôt. Mais surtout, il parvient à identifier l'un des cambrioleurs, Christian B..., bien connu des services de police. Avec deux autres policiers, Richard se rend par la suite au domicile de Christian B..., une HLM située dans le nord de la ville, dans l'espoir de cueillir l'individu. Ils parviennent facilement à pénétrer dans l'immeuble, le digicode de la porte d'entrée n'étant plus en service depuis bien longtemps. Une fois dans le hall, ils montent au 3e étage et sonnent à la porte. Pas de réponse. Avec l'aide d'un serrurier, ils procèdent à l'ouverture de la porte. À leur grand désespoir, Christian B... n'est pas chez lui. Peu importe, les policiers font appel à deux voisins pour assister à la fouille de l'appartement, qui s'avère infructueuse. Christian B... sera finalement arrêté quelques heures plus tard lors d'un banal contrôle routier. En effet, affectés à une opération de prévention de sécurité routière, des policiers municipaux ont vu un véhicule faire demi-tour brusquement alors qu'il arrivait à leur proximité. Après une poursuite dans les rues de la ville, les policiers sont parvenus à obliger le conducteur à s'arrêter. Ils lui ont demandé de justifier de son identité – ce que Christian B... a refusé –, ont fouillé la voiture – sans rien y découvrir –, et ont conduit l'individu au commissariat.

Il vous est demandé d'examiner la régularité de la procédure.

› *Correction*

En bonne méthode, il nous faut d'abord déterminer le cadre juridique des investigations effectuées (I) de vérifier la régularité de celles-ci (II).

I/ La détermination du cadre juridique des investigations

Les faits concernés n'ayant initialement pas donné lieu à l'ouverture d'une instruction préparatoire, les investigations s'inscrivent dans le cadre de l'enquête de police. Il ne saurait s'agir d'une enquête relevant des cadres prévus par les art. 74, 74-1 et 74-2, C. pr. pén., puisqu'il n'est aucunement question en l'espèce d'investiguer sur une mort suspecte, une disparition inquiétante ou sur la recherche d'une personne en fuite. Reste à déterminer s'il s'agit d'une enquête de flagrance ou d'une enquête préliminaire.

L'enquête de flagrance ne peut intervenir que lorsqu'une infraction d'une gravité suffisante peut être qualifiée de flagrante :

– **La gravité de l'infraction** : l'enquête de flagrance n'est possible que pour un crime ou un délit punissable d'une peine d'emprisonnement (C. pr. pén., art. 67). Mais la jurisprudence décide à cet égard que l'apparence vaut la réalité (Crim. 9 janv. 1990).

Cette condition légale est remplie en l'espèce dès lors que les faits dénoncés par les époux constituent un vol, délit prévu à l'article 311-1, C. pén., et puni à l'état simple de 3 ans d'emprisonnement et 45 000 € d'amende en vertu de l'article 311-3 du même code.

– **La flagrance de l'infraction** : l'article 53, C. pr. pén., énumère limitativement quatre cas dans lesquels la flagrance est caractérisée : l'infraction se commet actuellement (cas n° 1); l'infraction vient de se commettre (cas n° 2); dans un temps très voisin de l'action, la personne soupçonnée est poursuivie par la clameur publique (cas n° 3); dans un temps très voisin de l'action, la personne soupçonnée est trouvée en possession d'objets ou présente des traces ou indices laissant penser qu'elle a participé à l'infraction (cas n° 4).

Que l'on soit dans la perspective de l'un ou l'autre de ces quatre cas, il faut de manière systématique établir l'existence de deux critères cumulatifs pour conclure à une situation de flagrance :

- *Un critère d'apparence ou visuel* : il n'y a infraction flagrante que si son existence est révélée par des indices constatables extérieurement par la police judiciaire. On parle d'« indices apparents d'un comportement délictueux » (Crim. 22 janv. 1953, *Isnard, Bull. crim.* n° 54). De jurisprudence constante, constitue un indice apparent, l'avis donné par la victime d'une infraction qui vient de se commettre, même avant l'enregistrement de sa plainte. Il en va de même d'une dénonciation faite par une personne identifiée ; mais, tel n'est pas le cas en revanche d'une dénonciation anonyme : un coup de téléphone anonyme n'est pas un indice apparent d'un comportement délictueux révélant l'existence d'une infraction (Crim. 2 févr. 1988).

Pas de difficultés en l'espèce, les époux ayant informé les policiers du cambriolage dont ils ont été victimes, peu importe qu'ils n'aient pas encore formalisé une plainte au commissariat.

- *Un critère temporel* : l'infraction flagrante est celle qui au moment de sa constatation par les policiers, ou bien est en train de se commettre (cas n° 1), ou bien a été commise il y a peu de temps (cas n° 2, 3 et 4). La durée entre le moment de la commission de l'infraction et celui où elle est constatée est assez largement appréciée par la jurisprudence qui s'appuie sur les circonstances de faits. Ainsi, la Cour de cassation a considéré comme flagrant le viol dénoncé par la victime 28 heures après les faits (Crim. 26 févr. 1991, *Bull. crim.* n° 96). Elle a de même déclaré régulière une perquisition réalisée suivant la procédure de flagrance dès la réception d'une plainte pour extorsion de fonds sous la menace d'une arme, déposée par la victime deux jours après la commission de faits (Crim. 8 avr. 1998, n° 97-80.610). À l'inverse, s'agissant des hypothèses où l'infraction commise n'est pas de nature à fortement impressionner la victime, un délai plus court est retenu par les juridictions. À titre d'exemple, un arrêt de la cour d'appel de Douai (8 sept. 1960, *JCP G* 1960. II. 11777), a estimé qu'un crime ayant été « dénoncé par sa victime treize heures après sa commission » et l'auteur appréhendé trente-six heures après les faits, il n'y avait plus flagrance.

S'agissant de l'hypothèse où, comme en l'espèce, l'infraction n'est pas de nature à fortement impressionner la victime, il y a lieu d'apprécier strictement le critère temporel. Or, le vol a été commis deux jours avant que les époux ne rentrent de vacances. La condition liée au critère temporel n'est donc pas remplie. Il conviendrait donc de conclure que l'enquête menée ne peut être qu'une enquête préliminaire.

II/ La régularité des différents actes d'investigation

A – La demande tendant à la remise des enregistrements vidéos

Les enquêteurs tiennent de la loi la possibilité de « requérir de toute personne [...] qui [est] susceptible de détenir des documents intéressant l'enquête, y compris ceux issus d'un système informatique ou d'un traitement de données nominatives, de [leur] remettre ces documents, sans que puisse [leur] être opposée, sans motif légitime, l'obligation au secret professionnel », ces réquisitions ne peuvent être mises en œuvre, en enquête préliminaire, que sur autorisation du procureur de la République (C. pr. pén., art. 77-1-1), la Cour de cassation considérant que l'absence d'une telle autorisation emporte de plein droit la nullité de la procédure (Crim. 1er sept. 2005, *Bull. crim.* n° 211 ; Crim. 6 déc. 2005, *Bull. crim.* n° 319).

Toutefois, il convient de préciser que si les officiers de police judiciaire ne peuvent pas, au cours d'une enquête préliminaire, « requérir » une personne détenant des documents intéressant l'enquête de les leur remettre s'ils n'y ont pas été autorisés par le procureur de la République, ils peuvent en revanche tout à fait légalement le lui « demander ». Et si l'intéressé remet volontairement les documents sollicités, le prévenu ne peut arguer d'une violation des dispositions de l'article 77-1-1 du Code de procédure pénale dès lors que la remise a été faite sans que les policiers recourent à la contrainte (Crim. 12 mars 2008, *Dr. pénal* 2008, comm. 75).

Ainsi, l'on distingue la remise contraignante, qui prend la forme d'une réquisition écrite, dont la validité est subordonnée à l'autorisation préalable du procureur de la République dans le cadre d'une enquête préliminaire, et la remise volontaire, qui fait suite à une simple demande, qui n'est subordonnée à aucune condition.

En l'espèce, il est indiqué que Richard a « demandé » au président de la copropriété de lui remettre les enregistrements vidéo des caméras de surveillance. Il ne s'agit donc pas d'une réquisition au sens de l'article 77-1-1, C. pr. pén., mais d'une simple demande à laquelle la personne sollicitée a volontairement donné suite. Ce qui est de nature à faire échec à toute éventuelle requête en nullité.

B – La perquisition

1 • L'introduction dans le hall d'immeuble

Dans la mesure où les enquêteurs agissent dans le cadre d'une enquête préliminaire, il convient de raisonner sur le terrain de l'article 76 du C. pr. pén. qui prévoit la possibilité pour ceux-ci de se transporter au domicile des personnes suspectées d'avoir participé aux faits incriminés ou de détenir des pièces, informations ou tout autre objet de nature à en rapporter la preuve, et d'y effectuer une perquisition (ou une visite domiciliaire). Il ressort cependant de ce texte que, l'officier de police judiciaire ne peut s'introduire dans les lieux et y effectuer des recherches qu'après avoir sollicité et recueilli l'assentiment de la personne chez laquelle l'opération a lieu (al. 1), lequel doit être consigné par écrit de la main de l'intéressé (al. 2). Or, en l'espèce, les policiers ont pénétré dans l'immeuble sans accord préalable de Christian B..., ni du juge des libertés et de la détention ainsi que le permettrait l'alinéa 4 de l'article 76, C. pr. pén.

Peut-on estime que l'introduction dans le hall d'immeuble constitue une perquisition ?

On ne peut en effet parler de perquisition que s'il est procédé à « la recherche, à l'intérieur d'un lieu normalement clos, notamment au domicile d'un particulier, d'indices permettant d'établir l'existence d'une infraction ou d'en déterminer l'auteur » (Crim. 29 mars 1994, *Bull. crim.* n° 118). Depuis un arrêt rendu le 27 mai 2009, la chambre criminelle a, en effet, analysé les parties communes d'un immeuble comme étant un lieu privé. Celui-ci se définit comme « l'endroit qui n'est ouvert à personne, sauf autorisation de celui qui l'occupe d'une manière permanente ou temporaire ». Toutefois, la chambre criminelle a récemment considéré que ne constituent pas un lieu clos, les parties communes d'un immeuble d'habitation dont la porte d'entrée n'est pas fermée (Crim. 14 avr. 2015, *Bull. crim.* n° 80).

Dans l'espèce étudiée, le digicode de la porte d'entrée ne fonctionne plus depuis bien longtemps, de sorte que ce qui était normalement un lieu privé est devenu un lieu accessible au public, et notamment aux policiers. Il s'en déduit que les policiers pouvaient librement entrer dans l'immeuble et monter au 3e étage pour aller sonner à la porte de l'appartement occupé par Christian B... sans que cela appelle la moindre contestation sur le plan juridique.

2 • L'introduction dans l'appartement de Christian B...

a. L'intervention d'un serrurier

L'intervention du serrurier n'appelle pas de commentaire particulier : les forces de police (officier ou agent de police judiciaire) peuvent requérir les services de manouvriers pour les besoins de l'enquête (ambulance, pompes funèbres, interprète...). Selon l'art. R. 642-1, le fait, sans motif légitime, de refuser ou de négliger de répondre à une telle réquisition est puni de l'amende prévue pour les contraventions de la 2e classe. Par suite, de même qu'un enquêteur peut requérir un serrurier pour procéder à l'ouverture d'un coffre-fort au cours d'une perquisition (Crim. 3 avr. 2013, *Bull. crim.* n° 73), il était loisible à Richard de se faire assister d'un serrurier pour procéder à l'ouverture de la porte.

b. Le déroulement de la perquisition

Nous devons toujours raisonner sur le terrain de l'article 76 du C. pr. pén. (perquisitions dans le cadre de l'enquête préliminaire).

Selon l'article 76, C. pr. pén., les perquisitions, fouilles et saisies de l'enquête préliminaire nécessitent le consentement exprès de la personne chez laquelle elles ont lieu. Le consentement de l'intéressé doit faire l'objet d'une déclaration écrite de sa main.

Toutefois, depuis la loi du 23 mars 2019 les perquisitions de l'enquête préliminaire peuvent être effectuées sans l'assentiment de la personne chez laquelle elles ont lieu s'il s'agit d'une enquête relative à un délit puni d'une peine d'au moins 3 ans d'emprisonnement et si elles sont autorisées par le JLD, à la requête du procureur de la République, par une décision écrite et motivée. Cette formalité est prescrite à peine de nullité (C. pr. pén., art. 76, al. 4).

En l'espèce, les policiers ont effectué la perquisition en présence de deux témoins. Or, pareille possibilité est prévue en enquête de flagrance dans le cas où il serait impossible de procéder en présence du chef de maison ou d'un représentant de son choix (art. 57). Il est totalement exclu de procéder à cette méthode dans le cadre de l'enquête préliminaire. Concernant, une éventuelle autorisation du JLD, rien dans les faits ne permet de l'affirmer et Christian B... n'a pas donné son consentement à la perquisition. Il faut donc conclure à la nullité de la perquisition et des saisies subséquentes.

C – L'arrestation et ses suites

1 • Le contrôle d'identité

Ayant constaté un véhicule dont le conducteur tentait d'échapper à un contrôle routier, les policiers municipaux se sont engagés dans une course-poursuite et sont parvenus à obliger le conducteur à s'arrêter. Ils lui ont alors demandé de justifier de son identité. Cette demande est-elle légitime ?

La question mérite d'être posée car, conformément aux dispositions prévues à l'article 78-2, alinéa 1er, du Code de procédure pénale, seuls les officiers de police judiciaire, ou sur leur ordre et sous leur responsabilité, les agents de police judiciaire et agents de police judiciaire adjoints mentionnés aux articles 20 et 21, 1° peuvent inviter une personne à justifier de son identité.

Or, les agents de police municipale, visés à l'article 21, 2°, ne relèvent pas de cette liste. Un contrôle d'identité serait donc nécessairement frappé de nullité.

Les policiers municipaux sont en revanche habilités, en vertu de l'article 78-6 du Code de procédure pénale, à relever l'identité des contrevenants aux fins de dresser des procès-verbaux concernant des contraventions aux arrêtés de police du maire, des contraventions au Code de la route que la loi et les règlements les autorisent à verbaliser ou des contraventions qu'ils peuvent constater en vertu d'une disposition législative expresse.

En l'espèce, on peut considérer que, durant la poursuite, afin d'échapper aux policiers, Christian B... a commis diverses infractions au Code de la route, ce qui serait de nature à justifier la demande des agents municipaux.

2 • La fouille du véhicule

La fouille des véhicules circulant sur la voie publique est réglementée aux articles 78-2-2 à 78-2-4, C. pr. pén.

Au vu des faits rapportés, le seul fondement pertinent est l'article 78-2-3 qui autorise la fouille des véhicules lorsqu'il existe à l'égard du conducteur (ou du passager) une ou plusieurs raisons plausibles de soupçonner qu'il a commis, comme auteur ou comme complice, un crime ou un délit flagrant.

Or, de jurisprudence constante, le comportement suspect d'un individu peut constituer un tel indice. Ainsi a-t-il été notamment jugé à propos du comportement incohérent d'un conducteur qui avait constaté qu'il faisait l'objet d'une surveillance policière et avait tenté d'échapper au véhicule qui l'avait pris en filature (Crim. 9 janv. 2002, *Bull. crim.* n° 2).

Le problème vient de ce que seuls les officiers de police judiciaire peuvent effectuer une telle fouille (assistés, le cas échéant, des agents de police judiciaire et des agents de police judiciaire adjoints mentionnés aux 1°, 1° *bis* et 1° *ter* de l'article 21).

Les policiers municipaux ne disposent d'aucune prérogative en la matière. La fouille est donc nulle, ce qui importe peu dès lors qu'elle s'est révélée infructueuse.

3 • La possibilité de retenir Christian B... et de le conduire au commissariat

a. Sur la possibilité de retenir Christian B...

Il ressort en effet de l'art. 78-6, C. pr. pén., que si le contrevenant refuse de justifier de son identité, l'agent doit en rend compte immédiatement à tout officier de police judiciaire de la police nationale ou de la gendarmerie nationale territorialement compétent. Cet officier peut alors lui ordonner sans délai de lui présenter sur-le-champ le contrevenant ou de retenir celui-ci pendant le temps nécessaire à son arrivée ou à celle d'un agent de police judiciaire agissant sous son contrôle. À défaut d'un tel ordre, l'agent ne peut retenir le contrevenant.

Or, en l'espèce, l'énoncé ne rend nullement compte d'un quelconque appel au commissariat et encore moins d'un ordre de conduire Christian B… au poste de police.

b. Sur la possibilité de conduire Christian B… au commissariat

Il ressort de l'article 73 du Code de procédure pénale qu'en cas de crime flagrant ou de délit flagrant puni d'une peine d'emprisonnement, toute personne – donc y compris un agent de police municipale – a qualité pour en appréhender l'auteur et conduire celui-ci devant l'officier de police judiciaire le plus proche. Or, ainsi qu'il a été vu précédemment, le comportement de Christian B… caractérise l'indice apparent d'une infraction flagrante (*cf.* 2). Et si les policiers municipaux n'étaient pas en mesure de savoir de quelle infraction il s'agit, et donc de déterminer si les faits constituaient un crime flagrant ou un délit flagrant puni d'une peine d'emprisonnement, cette condition n'est pas prévue à peine de nullité, de sorte que la procédure est régulière quelle que soit la qualification finalement retenue (à rappr. de Crim. 9 janv. 1990, *Bull. crim.* n° 16, à propos de l'article 53, C. pr. pén.).

Il convient en outre de souligner que la chambre criminelle rappelle régulièrement que si toute personne a qualité pour appréhender l'auteur présumé d'une infraction flagrante et le conduire devant l'officier de police judiciaire le plus proche et peut à cette fin faire l'usage de la force si celle-ci est nécessaire et proportionnée aux conditions de l'arrestation, l'article 73, C. pr. pén., constitue un fait justificatif de permission de la loi qui autorise l'usage de la force dès lors que celle-ci est, non pas légitime, mais nécessaire à l'arrestation de l'auteur présumé des faits jusqu'à l'arrivée des services de police (Crim. 1er oct. 2013).

En conséquence, les policiers municipaux étaient fondés à conduire Christian B… au commissariat.

Cas pratique n° 9

› *Énoncé*

Joshua est ravi. Il vient de débuter le stage de ses rêves dans un cabinet d'avocat parisien. Pourtant, quelques jours plus tard, les parents d'Iris, 14 ans, déposent plainte (le 7 août) à son encontre. Ils précisent que leur fille est effondrée depuis plusieurs jours. Inquiets, ils l'ont pressée d'expliquer les raisons de son état. Ce n'est que la veille au soir que celle-ci leur a avoué avoir eu des relations sexuelles, le 30 juillet, avec un garçon plus âgé qu'elle. Les enquêteurs décident immédiatement d'ouvrir une enquête de flagrance et d'entendre Joshua librement. Au cours de la première audition de ce dernier, les enquêteurs informent Joshua de ses droits et notamment des raisons pour lesquelles il est entendu devant eux. Ce dernier leur confirme alors avoir connu Iris au début des vacances et l'avoir vue à plusieurs reprises au cours de soirées. Néanmoins, il nie dans un premier temps avoir eu quelconque relation sexuelle avec la jeune fille.

Ce n'est qu'après que les enquêteurs lui aient précisé les raisons de sa présence et de son audition (en même temps que l'ensemble de ses droits), que Joshua avoue avoir eu une relation sexuelle avec Iris en précisant aussitôt que celle-ci était tout à fait consentante et que cet acte s'inscrivait dans le cadre d'une relation naissante. Par ailleurs, il précise aux policiers, pour étayer le consentement d'Iris, que cette dernière lui envoyait des photos dénudées et postait sur les réseaux sociaux de nombreuses photos d'eux bien avant cette relation sexuelle (ils se connaissaient depuis le début des vacances). Entendue dans le même temps par les policiers, Iris confirme d'abord que la relation sexuelle en question a eu lieu à la date indiquée par Joshua, et ajoute avoir été tout à fait consentante pour s'y adonner. Néanmoins, après plusieurs minutes d'audition, Iris s'effondre et avoue subir des pressions de la part de Joshua qui, pour s'assurer de son silence, la menace de diffuser sur les réseaux sociaux les photos dénudées qu'elle lui a envoyées.

Après de telles révélations, les enquêteurs décident de placer Joshua en garde à vue. Ils l'informent verbalement de cette décision et de ses droits, à l'issue de la dernière audition dans le cadre de laquelle Joshua était entendu librement. Aucun document ne lui est en revanche présenté avant la notification de la prolongation de la mesure à l'issue d'un délai de 24 heures. Dès le début de la prolongation, Joshua demande à s'entretenir avec un avocat. Les policiers lui répondent qu'ils souhaitent d'abord lui poser quelques questions sur sa vie familiale, et qu'ils préviendront son avocat juste après. C'est d'ailleurs ce qu'ils font, et Joshua s'entretiendra avec son conseil deux heures après la prolongation de sa garde à vue, qui durera quarante-huit heures.

La garde à vue est levée le 10 août à 14 h et Joshua apprend qu'il va être déféré devant le juge d'instruction désormais saisi de la procédure. Immédiatement conduit au Palais de justice, il ne comparaît devant le magistrat que le lendemain matin, à 9 h. Il comprend les raisons de cette attente en écoutant la conversation des policiers qui le surveillent : le magistrat n'aurait pas été informé de son arrivée au Palais.

Soucieux du devenir de son fils, le père de Joshua souhaite qu'il soit représenté par le meilleur avocat pénaliste. Il vous contacte donc dès le premier jour de la garde à vue de son fils. Vous appelez immédiatement les enquêteurs pour les informer de cette désignation. Vous apprenez toutefois que l'une de vos consœurs défend finalement Joshua. Cette dernière vous précise que son client n'a pas été informé de la désignation faite par son père à votre profit.

Relevez les différentes irrégularités de la procédure suivie à l'encontre de Joshua.

› Correction

Nous examinerons la décision des enquêteurs d'ouvrir une enquête de flagrance (I), la mesure d'audition libre (II), puis la garde à vue (III) et ses suites (IV).

I/ Sur la décision des enquêteurs d'ouvrir une enquête de flagrance

Après le dépôt de plainte des parents d'Iris, les enquêteurs ont décidé d'ouvrir une enquête de flagrance. Les faits ne laissent pourtant pas apparaître les conditions nécessaires à l'ouverture d'une telle enquête.

L'enquête de flagrance s'inscrit dans le cadre de l'article 53 du Code de procédure pénale. Ce dernier qualifie de « crime ou délit flagrant le crime ou le délit qui se commet actuellement, ou qui vient de se commettre » et précise qu'« il y a aussi crime ou délit flagrant lorsque, dans un temps très voisin de l'action, la personne soupçonnée est poursuivie par la clameur publique, ou est trouvée en possession d'objets, ou présente des traces ou indices, laissant penser qu'elle a participé au crime ou au délit ». À ces précisions, il faut encore ajouter un critère temporel, l'enquête de flagrance ne pouvant être ouverte qu'à la condition que l'infraction ait été révélée aux policiers, au plus tard, dans les 48 heures de sa survenance.

Or, en l'espèce, ce critère fait particulièrement défaut, les faits précisant que la relation sexuelle entre Iris et Joshua a eu lieu le 30 juillet, soit environ une semaine avant le dépôt de plainte. Il convient par conséquent de se tourner davantage vers l'ouverture d'une **enquête préliminaire**, régie par les articles 75 et suivants du Code de procédure pénale.

II/ Sur l'audition libre

Joshua est entendu dans le cadre d'une mesure d'audition libre, prévue à l'**article 61-1 du Code de procédure pénale**. Cette mesure semble légale. Il apparaît en effet qu'il existe à son encontre « des raisons plausibles de soupçonner qu'[il] a commis ou tenté de commettre une infraction », portées principalement par la plainte déposée à son encontre par les parents d'Iris. Dès lors, il convient d'écarter le régime de l'article 62 du Code de procédure pénale relatif à l'audition des personnes contre lesquelles il n'existe aucune raison plausible de soupçonner qu'elles ont commis ou tenté de commettre une infraction.

L'audition libre est prévue en matière de délits et de crimes flagrants, mais l'article 77 du Code de procédure pénale étend son application à l'enquête préliminaire. Malgré l'absence de contrainte inhérente à cette mesure, la personne entendue dans le cadre d'une audition libre bénéficie de **droits spécifiques**. L'article 61-1 du Code de procédure pénale prévoit ainsi l'octroi de droits relatifs à l'information de la personne auditionnée. Cette information concerne d'abord la qualification de l'infraction qu'elle est soupçonnée d'avoir commise ou d'avoir tenté de commettre ainsi que la date et le lieu présumés de la commission de celle-ci. La personne concernée doit ensuite être avertie de son droit de quitter à tout moment les locaux où elle est entendue, d'être assistée par un interprète, d'effectuer des déclarations, de répondre aux questions qui lui sont posées ou de se taire. Par ailleurs, lorsque l'infraction pour laquelle elle est entendue est un crime ou un délit puni d'une peine d'emprisonnement, la personne auditionnée doit être informée de son droit d'être assistée par un avocat au cours de son audition ou de sa confrontation. Elle peut choisir librement ce dernier ou, si elle en fait la demande, celui-ci sera désigné d'office par le bâtonnier de l'ordre des avocats. Dans cette hypothèse, elle doit être informée que les frais seront à sa charge sauf si elle remplit les conditions d'accès à l'aide juridictionnelle, qui lui sont rappelées par tout moyen. Enfin, la personne auditionnée doit être informée de la possibilité de bénéficier, le cas échéant gratuitement, de conseils juridiques dans une structure d'accès au droit.

Les faits révèlent que les enquêteurs ont informé Joshua de l'ensemble de ses droits inhérents à la mesure d'audition libre, *a priori* **de manière verbale**. Ce mode de notification ne pose pas de difficulté particulière : contrairement à la notification des droits en cas de placement en garde à vue, la loi ne prévoit pas expressément de notification par remise d'un formulaire lors d'une audition libre. L'article 61-1 du Code de procédure pénale précise seulement que « lorsqu'une convocation écrite est adressée à la personne en vue de son audition, cette convocation indique l'infraction dont elle est soupçonnée, son droit d'être assistée par un avocat ainsi que les conditions d'accès à l'aide juridictionnelle, les modalités de désignation d'un avocat d'office et les lieux où elle peut obtenir des conseils juridiques avant cette audition ». Tel n'est pas le cas en l'espèce, rien dans les faits n'indiquant que Joshua ait été convoqué de manière écrite.

Le moment de la notification semble en revanche poser davantage problème. Il apparaît que cette notification n'est intervenue qu'au cours de l'audition du suspect. Or, la notification des droits du suspect doit avoir lieu dès le début de son audition libre. C'est en tout cas le sens de l'article 61-1 du Code de procédure pénale lorsqu'il dispose que « la personne à l'égard de laquelle il existe des raisons plausibles de soupçonner qu'elle a commis ou tenté de commettre une infraction ne peut être entendue librement sur ces faits **qu'après avoir été informée** » de l'ensemble des droits inhérents à cette mesure. Toute notification effectuée après le début de l'audition doit donc être considérée tardive et porte atteinte aux droits de la défense. La jurisprudence est limpide sur ce point et les décisions rendues en matière de garde à vue peuvent ici être transposées (par ex. : Crim. 3 déc. 1996, n° 96-8; Crim. 24 nov. 1998, n° 98-82.496; Crim. 22 janv. 2014, n° 13-81.289).

III/ Sur la mesure de garde à vue

La mesure de garde à vue subie par Joshua révèle plusieurs irrégularités ayant trait à la durée de cette mesure (A), à la notification des droits (B), à l'entretien avec un avocat à l'issue de la prolongation (C) et enfin à la désignation d'un avocat par le père de Joshua (D).

A – La durée de la mesure

Joshua a été placé en garde à vue à l'issue de son audition libre. Ce passage de l'une à l'autre de ces mesures apparaît possible à la lecture de l'article 63, III, du Code de procédure pénale. Ce dernier dispose que « si, avant d'être placée en garde à vue, la personne a été appréhendée ou a fait l'objet de toute autre mesure de contrainte pour ces mêmes faits, l'heure du début de la garde à vue est fixée, pour le respect des durées prévues au II du présent article, à l'heure à partir de laquelle la personne a été privée de liberté. Si la personne n'a pas fait l'objet d'une mesure de contrainte préalable, mais que son placement en garde à vue est effectué dans le prolongement immédiat d'une audition, cette heure est fixée à celle du début de l'audition ».

Par ailleurs, la lecture de cette disposition révèle immédiatement une irrégularité dans la procédure de garde à vue subie par Joshua. Si cette mesure apparaît nécessaire (notamment au regard de l'article 62-2, 1°, 2°, 4° et 5°), les faits indiquent qu'elle a duré 48 heures, conformément au délai légal prévu par le Code de procédure pénale. Pourtant, l'article 63, III du Code de procédure pénale indique clairement que, lorsqu'une mesure de garde à vue est prononcée à la suite d'une audition libre, **l'heure du début de la garde à vue est fixée à celle du début de l'audition libre**, conformément aux dispositions de l'article 63, III, du Code de procédure pénale. La garde à vue de Joshua souffre donc d'une irrégularité inhérente à sa durée.

B – La notification des droits

Le prononcé d'une mesure de garde à vue emporte, pour les enquêteurs, l'obligation de notifier ses droits au suspect. Cette notification doit intervenir « immédiatement » après le prononcé de la mesure, conformément à l'article 63-1 du Code de procédure pénale. Ce point ne pose pas de difficulté en l'espèce, les enquêteurs ayant informé Joshua de ses droits en même temps que son placement en garde à vue. Toutefois, l'article précité précise que la personne gardée à vue doit être informé de ses droits « dans une langue qu'elle comprend, le cas échéant au moyen du formulaire prévu au treizième alinéa », formulaire qui « doit lui être remis pour son information immédiate ». Or, ce formulaire n'a pas été remis à Joshua. Plus encore, la notification des droits doit être portée au procès-verbal du déroulement de la garde à vue. Pour des raisons pratiques, la Cour de cassation autorise certes, au moment de l'interpellation, une notification simplement verbale mais à condition qu'elle porte sur les droits du gardé à vue et que la rédaction du procès-verbal intervienne dès le retour des enquêteurs au service de police (par ex. : Civ. 2e, 23 janv. 2003, n° 01-50.066). Les circonstances sont différentes en l'espèce, la mesure de garde à vue ayant été prononcée à la suite de l'audition libre. Par ailleurs, les faits indiquent clairement qu'« aucun document » n'a été présenté à Joshua. Ce dernier n'a donc pas bénéficié d'une notification écrite de ses droits, ce qui constitue une irrégularité.

C – L'entretien avec un avocat à l'issue de la prolongation de la mesure

Les faits indiquent que Joshua a demandé à s'entretenir avec son avocat dès le début de la prolongation de sa garde à vue, mais que les enquêteurs ont différé cette demande. Pourtant, la jurisprudence précise que lorsque la garde à vue fait l'objet d'une prolongation, la personne peut, à sa demande, s'entretenir avec un avocat dès le début de cette prolongation. Dans un arrêt du 14 mars 2017, la Cour de cassation a ainsi censuré la chambre de l'instruction qui avait rejeté le moyen pris de la nullité de la prolongation de la garde à vue, tiré de ce que le gardé à vue n'a pas pu s'entretenir avec un avocat dès le début de cette mesure. Elle a jugé que cette décision encourt la cassation, le demandeur ayant déclaré, dès la notification de la prolongation de la garde à vue, qu'il souhaitait s'entretenir avec un avocat et qu'il ne résulte d'aucun procès-verbal que les enquêteurs ont avisé l'avocat du demandeur de cette demande (Crim. 14 mars 2017, n° 16-84.352). La prolongation de la garde à vue est ainsi irrégulière et encourt la nullité.

D – La désignation d'un avocat par le père de Joshua

L'article 63-3-1, alinéa 3 du Code de procédure pénale prévoit que l'avocat peut être désigné par la ou les personnes prévenues par application de l'article 63-2 du même Code. Cette désignation doit cependant être confirmée par la personne gardée à vue. Or, les faits indiquent que Joshua n'a pas été informé de la désignation effectuée par son père et qu'il n'a donc par conséquent pas été en mesure de la confirmer et de l'accepter.

Cette situation révèle sans conteste une irrégularité de nature à entraîner la nullité de la garde à vue. La jurisprudence précise en effet qu'il se déduit de l'article 63-3-1 du Code de procédure pénale que, d'une part, tout mis en cause doit pouvoir, à tout moment, bénéficier de l'assistance d'un avocat choisi par lui-même ou désigné par une personne régulièrement avisée de son placement en garde à vue et que d'autre part, cette désignation doit lui être aussitôt notifiée afin qu'il puisse la confirmer. Elle juge ainsi qu'encourt la cassation l'arrêt qui rejette la requête en nullité de la garde à vue alors que, avisée de façon expresse par un officier de police judiciaire de cette mesure, la mère de la personne concernée, pouvant désigner un avocat pour assister son fils, a, pendant la première journée de la garde à vue, désigné un avocat, qui a aussitôt pris contact par téléphone avec ledit officier de police judiciaire pour l'informer de cette désignation sans que la personne placée en garde à vue ait été mise en mesure de dire si elle l'acceptait (Crim. 4 oct. 2016, 16-81.778).

IV/ Les suites de la garde à vue

La garde à vue de Joshua a été levée le 10 août à 14 h mais ce dernier n'a été présenté au juge d'instruction que le lendemain matin, à 9 h. Se pose donc la question de la régularité du maintien sous contrainte de Joshua durant le temps écoulé entre la fin de sa garde à vue et sa comparution devant le juge d'instruction.

L'article 803-2 du Code de procédure pénale dispose que « toute personne ayant fait l'objet d'un déférement à l'issue de sa garde à vue ou de sa retenue à la demande du procureur de la République ou du juge de l'application des peines **comparaît le jour même** devant ce magistrat ou, en cas d'ouverture d'une information, devant le juge d'instruction saisi de la procédure ». Au titre de cette disposition, Joshua aurait donc dû comparaître le 10 août devant le juge d'instruction. Le Code de procédure pénale aménage toutefois un tempérament à cette règle. L'article 803-3 du Code précité précise ainsi qu'« **en cas de nécessité**, [...] la personne **peut comparaître le jour suivant** et peut être retenue à cette fin dans des locaux de la juridiction spécialement aménagés, à la condition que cette comparution intervienne au plus tard dans **un délai de 20 heures** à compter de l'heure à laquelle la garde à vue ou la retenue a été levée, à défaut de quoi l'intéressé est immédiatement remis en liberté ». Autrement dit, la personne déférée peut faire l'objet d'un « **petit-dépôt de nuit** » sous

deux conditions : qu'elle soit présentée au magistrat au plus tard 20 heures après la levée de sa garde à vue et que le maintien sous contrainte soit « nécessaire ».

En l'espèce, la garde à vue de Joshua a pris fin le 10 août à 14 h ; il a été présenté au juge d'instruction le 11 août à 9 h, soit 19 heures après la levée de sa garde à vue. La **condition temporelle** de l'article 803-3 du Code de procédure pénale **est donc respectée**. La condition de nécessité peut quant à elle faire référence à des circonstances ou à des contraintes matérielles (Crim. 13 juin 2018, n° 17-85.940). En l'espèce, les faits précisent que le magistrat devant lequel Joshua a été déféré n'a pas été informé de son arrivée au Palais avant le lendemain matin 9 h. **Cette circonstance ne constitue en rien une contrainte matérielle** qui aurait pu justifier la nécessité de procéder au petit-dépôt de nuit. Le petit-dépôt de nuit dont Joshua a fait l'objet est donc irrégulier.

Enfin, il faut relever que le **défaut d'information** du magistrat est par ailleurs contraire à l'article 803-3 alinéa 2 du Code de procédure pénale qui dispose que « le magistrat devant lequel l'intéressé est appelé à comparaître est informé sans délai de l'arrivée de la personne déférée dans les locaux de la juridiction ». Si, en principe, Joshua aurait pu faire d'un petit-dépôt de nuit, les conditions dans lesquelles ce dernier a été effectué révèlent ainsi l'irrégularité d'une telle procédure.

4. L'action publique

C'est une question évidente qui est souvent posée par les concepteurs de cas pratiques : une fois les investigations décrites, il vous est demandé simplement de déterminer quelles sont les suites qu'il est possible de donner à l'affaire ? La réponse n'est bien souvent pas compliquée, elle est seulement potentiellement longue en raison du grand nombre d'options qui s'offrent désormais au procureur de la République… D'où la nécessité d'avoir les idées extrêmement claires sur les possibilités et les sujétions que représente pour le procureur, le choix de telle ou telle voie, et d'avoir un schéma opérationnel en tête. Nous verrons ainsi que, l'action publique recevable (I), le procureur de la République pourra décider de se laisser le temps de la réflexion en recourant à une aide à la décision puis décider de recourir à une alternative aux poursuites ou d'exercer l'action publique en choisissant dans une large mesure – excepté si l'infraction est un crime puisque l'instruction préparatoire est obligatoire en matière criminelle (C. pr. pén., art. 79) – le mode de déclenchement de cette action (II).

I/ La recevabilité de l'action publique

Les conditions de recevabilité de l'action publique sont envisagées de manière négative par l'art. 6, C. pr. pén., qui énumère les causes générales d'extinction de l'action publique. Il faut cependant aller au-delà de la lettre de l'art. 6, C. pr. pén., et envisager certaines conditions de recevabilité particulières à l'exercice de l'action publique. Nous envisagerons successivement les conditions particulières à l'exercice de l'action publique (A) puis les conditions générales d'exercice de l'action publique connues sous l'expression de causes d'extinction de l'action publique (B).

A – Les conditions de recevabilité particulières à l'exercice de l'action publique

La recevabilité de la décision de poursuivre peut être subordonnée à une condition particulière lorsque la loi le prévoit : soit une plainte ou une autorisation (1), soit une décision de justice (2).

1 • Les poursuites subordonnées à une plainte ou à une autorisation

Nous verrons, d'une part, les poursuites subordonnées à une plainte (a), d'autre part, les poursuites subordonnées à une autorisation (b).

a. Les poursuites subordonnées à une plainte

• **Nécessité d'une plainte préalable** : on peut relever deux types d'infractions dont la poursuite se trouve subordonnée à une plainte :

– *Les délits dits « privés »* : pour réprimer certaines infractions qui mettent en cause essentiellement des intérêts privés, une poursuite ne peut être déclenchée que si la victime a déposé plainte. Il en va ainsi notamment des injures et diffamations (L. 29 juill. 1881, art. 48), de la chasse sur le terrain d'autrui (C. envir., art. L. 428-1), de la divulgation d'informations nominatives résultant de fichiers ou de traitements informatiques (C. pén., art. 226-22), de l'atteinte à l'intimité de la vie privée (C. pén., art. 226-6). La chambre criminelle a toutefois considéré comme réguliers les actes d'enquête requis par le procureur sur des faits susceptibles de recevoir cette dernière qualification qui lui ont été dénoncés préalablement au dépôt d'une plainte par la personne qui en serait victime (Crim. 31 janv. 2012, n° 11-85.464).

– *Les délits fiscaux (le « verrou de Bercy »)* : le ministère public ne peut pas mettre en mouvement l'action publique sans avis conforme préalable de la commission des infractions fiscales, pour le contentieux de l'impôt (CGI, art. 1741 et LPF, art. L. 226 s.). Cette commission est composée de magistrats du Conseil d'État et de la Cour des comptes. La jurisprudence veille au respect de cette règle de la plainte préalable jugée conforme à la Constitution (Cons. const. 22 juill. 2016, n° 2016-555 QPC : l'art. L 228 LPF n'est contraire ni au principe d'égalité devant la loi, ni aux principes d'indépendance de l'autorité judiciaire et de séparation des pouvoirs, ni au principe de nécessité des peines), par exemple elle décide que si le ministère public ouvre des poursuites pour une infraction qualifiée de droit commun et que le juge saisi requalifie en infraction fiscale, la condamnation qui en résulte sera nulle à défaut de plainte préalable (Crim. 10 nov. 1987, *Bull. crim.* n° 397). L'obligation d'obtenir une plainte préalable ne s'applique toutefois qu'à l'égard du redevable de l'impôt ou son représentant légal, et non à l'égard d'un coauteur ou d'un complice (Crim. 30 oct. 1989, *Bull. crim.* n° 386). La plainte produit un effet *in rem* et non *in personam* : il en résulte que le procureur peut poursuivre des personnes non visées dans la plainte préalable mais qui ont participé au délit (Crim. 2 mai 1984, *Bull. crim.* n° 151). Des poursuites engagées sans la plainte préalable nécessaire ne peuvent pas être régularisées par le dépôt ultérieur d'une telle plainte, par exemple après l'ouverture d'une instruction et avant le renvoi devant la juridiction de jugement (Crim. 16 juin 1949, *Bull. crim.* n° 216). Dans tous les cas, le ministère public n'est pas obligé de poursuivre.

La loi du 23 octobre 2018 a toutefois restreint la portée du « verrou de Bercy ». En effet, l'art. L. 228, LPF, prévoit désormais que « l'administration est tenue de dénoncer au procureur de la République les faits [...] qui ont conduit à l'application, sur des droits dont le montant est supérieur à 100 000 € » (i) soit d'une majoration de 100 %, (ii) soit d'une majoration de 80 %, (iii) soit d'une majoration de 40 % si le contribuable a déjà fait l'objet d'une majoration de 100 % ou de 80 % au cours des six années passées. En outre, l'administration fiscale est également tenue de transmettre au procureur de la République les dossiers ayant fait l'objet d'une majoration de 40 %, 80 % ou 100 % appliquées à un contribuable tenu d'adresser une déclaration de situation patrimoniale et une déclaration d'intérêts à la Haute autorité pour la transparence de la vie publique lorsque cette majoration concerne des droits d'un montant supérieur à 50 000 €.

- **Effet du retrait de plainte** : en principe, le désistement de la victime à son action civile est sans effet sur l'action publique si celle-ci a été régulièrement mise en mouvement (Crim. 1er juin 1987, *Bull. crim.* n° 224, pour un abus de confiance; Crim. 18 oct. 1989, *Bull. crim.* n° 367). Cependant il en va différemment lorsque la plainte est précisément une condition nécessaire de la poursuite (C. pr. pén., art. 2, al. 2 et art. 6, al. 3). Le retrait de la plainte arrête la poursuite (Crim. 14 janv. 1997, *Bull. crim.* n° 9, à propos d'une atteinte à la vie privée). Le désistement opère *in rem* et donc joue à l'égard de tous les participants à l'infraction (Crim. 22 mai 1986, préc.).

b. La poursuite subordonnée à une autorisation

- **La poursuite des parlementaires** : en vertu de l'art. 26 de la Constitution, le ministère public est libre de poursuivre les parlementaires, sauf si l'assemblée dont il relève décide de suspendre la poursuite pendant la durée de la session. L'assemblée peut même être réunie de plein droit pour décider de la suspension des poursuites pendant le cours de la session suivante. Une autorisation du bureau de l'assemblée est nécessaire pour arrêter le parlementaire, sauf crime ou délit flagrants. Ce régime ne s'applique pas aux coauteurs et complices du parlementaire qui n'auraient pas cette qualité (Crim. 3 févr. 1955, *JCP* 1955. II. 8663). Le même régime trouve à s'appliquer aux députés européens (Crim. 4 févr. 1997, *Bull. crim.* n° 45).

- **La poursuite des ministres** : pour les infractions sans lien avec l'exercice de leurs fonctions, les membres du gouvernement peuvent être poursuivis comme n'importe quels citoyens. En revanche, pour les faits commis dans l'exercice de leurs fonctions, l'avis conforme de la commission des requêtes, saisie par le procureur général ou par la victime de l'infraction, est nécessaire. Cette commission peut décider de classer les faits ou d'en saisir le procureur général afin qu'il poursuive l'infraction. Aucun recours n'est prévu contre sa décision (art. 13 à 17, loi n° 93-1252 du 23 nov. 1993).

2 • Les poursuites subordonnées à une décision de justice

L'art. 6-1, C. pr. pén., consacre un particularisme procédural afin d'éviter que le déroulement des procédures pénales soit perturbé par la mise en cause de la responsabilité pénale des policiers, gendarmes ou magistrats enquêteurs, pour une prétendue infraction commise au cours des investigations. En vertu de ce texte en effet, « [l]orsqu'un crime ou un délit prétendument commis à l'occasion d'une poursuite judiciaire impliquerait la violation d'une disposition de procédure pénale, l'action publique ne peut être exercée que si le caractère illégal de la poursuite ou de l'acte accompli à cette occasion a été constaté par une décision devenue définitive de la juridiction répressive saisie » et « [l]e délai de prescription de l'action publique court à compter de cette décision ». En d'autres termes, **la nullité de la poursuite ou de l'acte support de l'infraction reprochée à un policier, à un gendarme ou à un magistrat devra être soulevée puis prononcée au cours de la poursuite judiciaire avant que son auteur ne puisse être mis en cause.**

Pour que l'obstacle posé par l'art. 6-1, C. pr. pén., soit opposable, il est nécessaire que l'infraction dénoncée implique la violation d'une disposition de procédure pénale. Aussi est-il nécessaire que cette violation constitue l'élément matériel de l'infraction (par ex. Crim. 17 janv. 2012, n° 10-88.079 : non-respect des délais de la garde à vue ou de la détention provisoire – qui peut constituer le crime ou le délit d'atteinte à la liberté individuelle par abus d'autorité de l'art. 432-4, C. pén.; Crim. 26 juin 1979, *Bull. crim.* n° 227 : écoutes téléphoniques irrégulières – celles-ci pouvant constituer le délit d'atteinte à la vie privée de l'art. 226-1, C. pén.; Crim. 28 nov. 1979, *Bull. crim.* n° 342 : méconnaissance des règles relatives aux perquisitions – susceptibles de constituer le délit de violation de domicile par une personne dépositaire de l'autorité publique, dans l'exercice de ses fonctions, prévu par l'art. 432-8, C. pén.; Crim. 12 déc. 1988, *Bull. crim.* n° 420 : retranchement de pièces produites dans un dossier d'instruction imputé à un magistrat instructeur caractérisant une atteinte aux droits de la défense et au principe du contradictoire – susceptible de constituer un abus de confiance au sens de l'art. 314-1, C. pén.; Crim. 29 janv. 1997, *Bull. crim.* n° 39 : irrégularité d'un examen médical pratiqué par un expert judiciaire – susceptible de constituer le crime de viol réprimé par l'art. 222-23, C. pén., en cas de fouilles anales; Crim. 7 déc. 2005, n° 05-81.483 : fausseté d'un PV de notification de GAV quant à l'heure et au lieu de son établissement qui implique une violation de l'art. 63-1, C. pr. pén., et constitutive d'un faux en écriture publique). En revanche, tel ne sera pas le cas, lorsque l'infraction dénoncée, commise à l'occasion d'une procédure, pourra être constituée en elle-même, sans qu'il soit nécessaire de constater une irrégularité de procédure. En ce cas, l'annulation de la procédure pourra être la conséquence de la commission de l'infraction, mais elle ne constituera pas un obstacle au déclenchement de l'action publique dès lors que l'irrégularité éventuellement constatée n'est pas un élément constitutif de l'infraction. La chambre criminelle a ainsi considéré que le délit de subornation commis à l'occasion d'une poursuite judiciaire n'implique pas la violation d'une règle de procédure pénale (Crim. 27 sept. 2005, n° 05-84.032). De même, la violation du secret de l'enquête et de l'instruction et du secret professionnel par l'une des personnes qui y est tenue, sous les peines des articles 226-13 et 226-14 du Code pénal, n'implique pas la violation d'une disposition de procédure pénale, au sens de l'article 6-1 du Code de procédure pénale (Crim. 23 nov. 2010, n° 09-85.969). Enfin, le port des menottes ou des entraves, simples modalités d'une arrestation, n'impliquent pas, à eux seuls, lorsqu'ils sont contestés, une violation d'une règle de procédure pénale : dès lors, l'action publique déclenchée du chef d'abus d'autorité et de violences aggravées, par les victimes de tels faits contre les policiers, n'est pas soumise au régime de l'article 6-1 du C. pr. pén. (Crim. 30 mai 2012, n° 10-88.905). Dans un arrêt en date du 30 mars 2016, la chambre criminelle a pu estimer, par ailleurs, que l'obstacle posé par l'art. 6-1, C. pr. pén., ne saurait trouver application lorsque la procédure à l'occasion de laquelle l'acte dénoncé aurait été commis n'a donné lieu à la saisine d'aucune juridiction pénale habilitée à constater le caractère illégal de la poursuite ou de l'acte accompli (Crim. 20 mars 2016, n° 14-87.251).

B – Les causes d'extinction de l'action publique

Nous envisagerons successivement la chose jugée (1), l'abrogation de la loi pénale (2), le décès de la personne poursuivie (3), l'amnistie (4), la prescription (5), laissant de côté la transaction, qui est une cause d'extinction visée par l'art. 6 du C. pr. pén., en renvoyant aux développements consacrés à la composition pénale et à la CJIP.

1 • La chose jugée

• **Le principe** : l'autorité de la chose jugée constitue un principe directeur de la procédure pénale inscrit dans de nombreuses normes votées par le législateur (C. pr. pén., art. 6, 368, 695-22 et 696-4, 4°) ou élaborées au niveau international (art. 14, § 7, PIDCP; art. 4, protocole n° 7, Conv. EDH). Elle se produit par l'effet d'une décision définitive rendue par une juridiction répressive relativement à l'action publique. C'est une exception d'ordre public et doit être relevée d'office par le juge (Crim. 5 juill. 1907, *DP* 1909. 1. 542). Elle suppose :

– *qu'il y ait une identité de faits* : un même fait ne peut donner lieu contre le prévenu à deux actions pénales distinctes (Crim. 13 déc. 1990, n° 90-80.108), même sous une qualification différente. En matière criminelle, aucune personne acquittée légalement ne peut être reprise ou accusée à raison des mêmes faits, même sous une qualification différente (C. pr. pén., art. 368). Ainsi, après une condamnation définitive pour recel de bijoux, est irrecevable contre le même prévenu une poursuite pour vol de ces bijoux, alors que les faits incriminés ayant fait l'objet de poursuites successives, sous des qualifications différentes, étaient, pour partie au moins, identiques dans leurs éléments légaux et matériels, et alors que les qualifications retenues devenaient exclusives l'une de l'autre (Crim. 6 juin 1979, *Bull. crim.* n° 193). En revanche, de nouvelles poursuites sont recevables à l'égard d'un délit qui se renouvelle et présente par sa nature le caractère d'une infraction successive et non d'une infraction continue (Crim. 9 févr. 1965, *Gaz. Pal.* 1965. 1. 420) ;

– *qu'il y ait identité de parties* : la chose jugée ne met pas obstacle à des poursuites contre d'autres participants aux mêmes faits (Crim. 9 févr. 1956, *D.* 1956. 501).

• **Les limites** : l'autorité de la chose jugée peut être remise en cause :

– *si des poursuites ayant entraîné condamnation révèlent la fausseté du jugement ou de l'arrêt qui a déclaré l'action publique éteinte*, celle-ci pourra être reprise, la prescription étant réputée suspendue jusqu'au jour de la condamnation du coupable de faux ou d'usage de faux (C. pr. pén., art. 6, al. 2) ;

– *par un pourvoi en révision*, lequel permet de remettre en cause toute décision ayant reconnu une personne coupable d'un crime ou d'un délit (C. pr. pén., art. 622, 3°). Il peut être engagé même après la mort du condamné (C. pr. pén., art. 622-2, 4°), lorsque se présente une des circonstances énumérées à l'article 622, sans que l'amnistie y mette obstacle : « lorsque, après une condamnation, vient à se produire un fait nouveau ou à se révéler un élément inconnu de la juridiction au jour du procès de nature à établir l'innocence du condamné ou à faire naître un doute sur [l]a culpabilité » ;

– *par le réexamen d'une décision pénale définitive*, lequel peut être demandé au bénéfice de toute personne reconnue coupable d'une infraction lorsqu'il résulte d'un arrêt rendu par la CEDH que la condamnation a été prononcée en violation des dispositions de la Conv. EDH, dès lors que, par sa nature et sa gravité, la violation constatée entraîne pour le condamné des conséquences dommageables auxquelles la « satisfaction équitable » allouée sur le fondement de l'art. 41 de la Conv. ne saurait mettre un terme (C. pr. pén., art. 622-1).

2 • L'abrogation de la loi pénale

L'abrogation de la loi pénale, qui enlève à l'acte son caractère délictueux et fait disparaître l'élément légal de l'infraction, produit un effet immédiat et absolu : nul ne peut plus être poursuivi ou condamné pour un fait qui n'est plus punissable. L'abrogation s'applique ainsi immédiatement aux infractions qui, commises avant son entrée en vigueur, n'ont pas donné lieu à jugement passé en force de chose jugée, conformément au principe constitutionnel de l'application immédiate des lois pénales plus douces ou « rétroactivité *in mitius* ».

L'abrogation peut être expresse, tacite, ou résulter de la survenance du terme d'application d'une loi temporaire (Crim. 7 nov. 1922, *DP* 1924. 1. 217). La question de l'abrogation tacite est parfois une source de difficultés, particulièrement en matière douanière. Lorsqu'une disposition législative, support légal d'une incrimination, demeure en vigueur, l'abrogation des textes réglementaires pris pour son application n'a pas d'effet rétroactif (Crim. 7 juin 1990, *Bull. crim.* n° 232). De même, n'ayant pas de portée rétroactive, l'abrogation d'un acte administratif individuel pénalement sanctionné est sans effet sur la validité de poursuites fondées sur la violation antérieure de cet acte (Crim. 19 févr. 1997, *Bull. crim.* n° 68).

L'abrogation de la loi pénale au cours des poursuites laisse subsister l'action civile à condition que le juge en soit déjà régulièrement saisi (Crim. 30 oct. 1946, *D.* 1947. 50). Ainsi, l'annulation motivée par l'abrogation de la loi pénale postérieure à la saisine de la juridiction répressive n'a d'effet sur la décision qu'en ce qui concerne l'action publique, et la juridiction reste compétente pour statuer sur les intérêts civils (Crim. 15 mars 1995, *Bull. crim.* n° 104).

3 • Le décès de la personne poursuivie

À n'importe quel stade de la procédure et si une condamnation a été prononcée, jusqu'à ce que celle-ci soit devenue définitive, l'action publique s'éteint par la mort de la personne poursuivie, mise en examen, prévenue ou accusée. Toute poursuite non encore menée à son terme doit immédiatement cesser : juge d'instruction ou juridiction de jugement doivent constater l'extinction de l'action publique (Crim. 3 mars 1949, *Bull. crim.* n° 80). Si la poursuite a été continuée par erreur, la décision peut être rapportée sans qu'il y ait lieu à révision (Crim. 22 juill. 1890, *Bull. crim.* n° 45). Si la personne poursuivie ou mise en examen avait versé un cautionnement, celui-ci doit être restitué. Mais le décès de l'une des personnes dénoncées n'éteint pas l'action publique à l'égard des co-auteurs ou complices de celle-ci (Crim. 23 juill. 1974, *JCP* 1975. II. 18091).

Aucune peine, même pécuniaire, ne peut plus être prononcée ni, si, ayant été prononcée, elle n'était pas encore définitive, être exécutée. Toutefois, les mesures à caractère réel, quelle que soit leur qualification, peuvent être imposées aux ayants droit du prévenu ou exécutées à leur encontre : il peut être procédé au recouvrement de l'amende ou à l'exécution de la confiscation (C. pén., art. 133-1), à la démolition d'une construction édifiée sans permis, qualifiée de réparation civile au profit de tiers (C. urb., art. L. 480-5), à la confiscation visant l'instrument du délit ou la chose produite par le délit (exemple de la confiscation à la suite d'infractions à la législation sur les courses de chevaux, Crim. 9 déc. 1991, *Bull. crim.* n° 465).

L'action civile ne peut plus être portée devant le juge répressif devenu incompétent, mais elle peut se poursuivre s'il en avait été régulièrement saisi (Crim. 23 févr. 1966, *Bull. crim.* n° 69). Si elle n'a pas été intentée auparavant, la victime doit alors porter son action civile devant les juridictions civiles dans le délai de prescription du droit civil.

En revanche, le décès n'éteint pas l'action en révision : il est toujours possible de faire établir l'innocence d'une personne condamnée décédée (C. pr. pén., art. 622-2, 4°).

4 • L'amnistie

L'amnistie pure et simple ou en considération des faits ou de certaines circonstances personnelles ôte son caractère délictueux aux faits et éteint immédiatement l'action publique dès l'entrée en vigueur de la loi d'amnistie. Elle efface les condamnations prononcées, et entraîne la remise de toutes les peines (C. pén., art. 133-9) ; elle est d'ordre public le prévenu ne peut y renoncer, fût-ce pour établir son innocence (Ch. réun., 12 mai 1870, *DP* 1870. 1. 283). La condamnation amnistiée ne peut plus être tenue comme un premier terme de la récidive (Crim. 5 juin 1996, *Bull. crim.* n° 232). Elle s'oppose à ce que les faits amnistiés reçoivent une qualification autre que celle qui leur avait été antérieurement donnée par la prévention et qui a été retenue dans un jugement (Crim. 31 oct. 2006, *Bull. crim.* n° 262). Il est interdit à toute personne qui, dans l'exercice de ses fonctions, a connaissance de condamnations pénales, d'en rappeler l'existence sous quelque forme que ce soit (C. pén., art. 133-11).

Le droit à réparation subsiste à l'extinction de l'action publique puisque l'amnistie ne préjudicie pas aux tiers (C. pén., art. 133-10). Les lois d'amnistie réservent d'ordinaire les intérêts civils et disposent expressément que l'action civile, si elle avait été portée devant le juge répressif avant l'entrée en vigueur de la loi d'amnistie, se poursuit devant lui. Il en résulte également que les mesures qualifiées de réparations civiles peuvent toujours être prononcées : ainsi la démolition en matière d'infractions à la législation sur l'urbanisme (Crim. 12 juill. 1966, *Bull. crim.* n° 198).

5 • La prescription

La loi du 27 février 2017 est venue réformer la prescription en matière pénale et constitue une source inépuisable de difficultés dans laquelle le concepteur d'un cas pratique peut piocher... On envisagera la nature et les effets de la prescription (a), les délais (b), l'interruption (c) et la suspension de celle-ci (d).

a. La nature et les effets de la prescription de l'action publique

Selon l'art. 6, C. pr. pén., la prescription éteint l'action publique. Les juges considèrent « qu'elle ôte aux faits poursuivis tout caractère délictueux » (Crim. 27 oct. 1993, *Bull. crim.* n° 320).

La prescription est une mesure d'ordre public et, à ce titre, est péremptoire, devant être relevée d'office par les juridictions d'instruction ou de jugement (Crim. 20 mai 1980, *Bull. crim.* n° 156), sous réserve de permettre aux parties d'en débattre et de présenter leurs observations (Crim. 8 janv. 2013, *Bull. crim.* n° 9). Elle peut être invoquée à tout stade de la procédure, même devant la Cour de cassation, à condition que l'on trouve dans les énonciations de la décision attaquée des éléments suffisants, puisqu'interdiction est faite à cette juridiction d'entrer dans l'examen des faits (Crim. 20 oct. 1992, *Bull. crim.* n° 330). La prescription de l'action publique ne constitue toutefois pas un principe fondamentalement reconnu par les lois de la République (Ass. plén., 20 mai 2011, *Bull. crim.* n° 5, 6, 7, 8).

b. Les délais et le point de départ de la prescription de l'action publique

La loi du 27 février 2017 :

– *instaure de nouveaux délais de droit commun de prescription de l'action publique pour les crimes* (C. pr. pén., art. 7 nouveau : vingt ans) *et pour les délits* (C. pr. pén., art. 8 nouveau : six ans) ;

– *consolide les délais dérogatoires, en matière criminelle* (l'article 7, al. 2, C. pr. pén., dispose que le délai est porté trente ans pour les crimes mentionnés au C. pr. pén. relatifs aux terrorisme – C. pr. pén., art. 706-16 –, au trafic de stupéfiants – C. pr. pén., art. 706-26 – ou de matières ou armes nucléaires, biologiques, chimiques, de destruction massive – C. pr. pén., art. 706-167 – ; le délai de trente ans s'applique aussi aux crimes contre l'espèce humaine – C. pén., art. 214-1 à 214-4, et aux crimes de guerre contenus dans le livre IV *bis*, C. pén.) *et en matière délictuelle* (C. pr. pén., art. 8, al. 2 : dix ans pour les délits mentionnés à l'article 706-47, C. pr. pén., lorsqu'ils sont commis sur des mineurs, à l'exception de ceux mentionnés aux articles 222-29-1 et 227-26, C. pén., excluant ainsi les agressions sexuelles et les atteintes sexuelles ; vingt ans à partir de la majorité de la victime en cas de violences volontaires – C. pén., art. 222-12 –, les agressions sexuelles – C. pén., art. 222-29-1 – ou atteinte sexuelle – C. pén., art. 227-26 – sur mineur de quinze ans ; vingt ans également pour les délits punis de dix ans d'emprisonnement lorsqu'ils portent sur les matières ou armes nucléaires, biologiques, chimiques, de destruction massive – C. pr. pén., art. 706-167 –, le terrorisme – C. pr. pén., art. 706-16, à l'exception de celles d'apologie ou commises par voie de presse – C. pén., art. 421-5-2 et 421-5-2-1 –, les stupéfiants – C. pr. pén., art. 706-26 – ou les délits de guerre prévus au livre IV *bis*, C. pén.) ;

– *ne modifie pas les délais de prescription des infractions de presse* : 3 mois en principe (art. 65, loi du 29 juill. 1881) sauf provocations à la discrimination, à la haine, à la violence, à la diffamation ou des injures proférées à l'égard d'une personne ou d'un groupe de personnes à raison de leur origine ou de leur appartenance ou de leur non-appartenance à une ethnie, une nation, une race ou une religion déterminée ou à raison de leur sexe, de leur orientation ou identité sexuelle ou de leur handicap, où le délai est porté à un an (art. 65-3, loi du 29 juill. 1881) ;

– *confirme l'imprescriptibilité des crimes contre l'humanité* (C. pr. pén., art. 7, al. 3) ;

– *consolide également les règles du report du point de départ de la prescription de l'action publique* (C. pr. pén., art. 9-1, al. 1er : « le délai de prescription de l'action publique des crimes et délits mentionnés à l'article 706-47 du présent code et aux articles 222-10 et 222-12 du Code pénal, lorsqu'ils sont commis sur un mineur, court à compter de la majorité de ce dernier » ; l'article 9-1, al. 2, C. pr. pén., reprend la règle visant expressément le clonage reproductif ayant conduit à la naissance d'un enfant et fixe le point de départ de la prescription au moment de la majorité de ce dernier) à l'exception de la règle de report du point de départ de la prescription à l'égard des personnes particulièrement vulnérables, qui n'est pas reprise (la loi du 14 mars 2011 avait rajouté un troisième alinéa à l'article 8, C. pr. pén. : lorsque certaines infractions énumérées limitativement – l'abus de faiblesse, le vol, l'escroquerie, l'abus de confiance, le détournement de gage, le recel – étaient commises à l'encontre d'une personne vulnérable « du fait de son âge, d'une maladie, d'une infirmité, d'une déficience physique ou psychique ou de son état de grossesse », le délai de prescription courait « à compter du jour où l'infraction apparaît à la victime dans des conditions permettant l'exercice de l'action publique ») ;

– *consacre les notions d'infraction occulte et d'infraction dissimulée* : l'art. 9-1, al. 3, C. pr. pén., dispose « par dérogation au premier alinéa des articles 7 et 8 du présent code, le délai de prescription de l'action publique de l'infraction occulte ou dissimulée court à compter du jour où l'infraction est apparue et a pu être constatée dans des conditions permettant la mise en mouvement ou l'exercice de l'action publique, sans toutefois que le délai de prescription puisse excéder douze années révolues pour les délits et trente années révolues pour les crimes à compter du jour où l'infraction a été commise » ;

– *instaure toutefois un délai butoir* : le report du point de départ de la prescription connaît une limite absolue fixée en fonction de la nature de l'infraction – il ne peut excéder douze années révolues pour les délits et trente années révolues pour les crimes à compter du jour où l'infraction a été commise (C. pr. pén., art. 9-1, al. 3) ;

– *contient une disposition transitoire, en son article 4* : « La présente loi ne peut avoir pour effet de prescrire des infractions qui, au moment de son entrée en vigueur, avaient valablement donné lieu à la mise en mouvement ou à l'exercice de l'action publique à une date à laquelle, en vertu des dispositions législatives alors applicables et conformément à leur interprétation jurisprudentielle, la prescription n'était pas acquise ». La chambre criminelle a précisé qu'il résulte des travaux parlementaires que cette disposition « a eu pour seule finalité, selon l'intention du législateur, de prévenir la prescription de certaines infractions occultes ou dissimulées par l'effet de la loi nouvelle », en conséquence, « ce texte doit être interprété restrictivement et ne saurait avoir pour effet de déroger de façon générale aux dispositions de l'art. 112-2, 4°, C. pén., selon lesquelles les lois relatives à la prescription de l'action publique sont applicables immédiatement à la répression des infractions commises avant leur entrée en vigueur, lorsque les prescriptions ne sont pas acquises » (Crim. 13 oct. 2020, n° 19-87.787).

On relèvera que la loi du 3 août 2018 est venue modifier l'art. 7 du C. pr. pén. afin de porter de vingt à trente ans le délai de prescription de l'action publique, courant à compter de la majorité de la victime, de certains crimes violents ou de nature sexuelle commis sur des mineurs. La liste de ces crimes est celle figurant à l'article 706-47 de ce code, qui a par ailleurs été complétée pour viser l'ensemble des meurtres commis sur un mineur (et non plus seulement ceux commis avec viol ou torture), ainsi que les crimes de violences sur un mineur de quinze ans ayant entraîné une mutilation ou une infirmité permanente. Conformément à l'art. 112-2 (4°), C. pén., ces dispositions s'appliquent immédiatement aux cas dans lesquels la prescription n'est pas déjà acquise, c'est-à-dire pour les crimes commis sur des mineurs nés à compter du 6 août 1980 et qui ont atteint leur majorité après le 6 août 1998, soit moins de 20 ans avant l'entrée en vigueur de la nouvelle loi, le 6 août 2018.

c. L'interruption de la prescription de l'action publique

L'interruption du délai de prescription de l'action publique se traduit par un anéantissement du délai déjà couru par l'effet de certains actes de procédure investis spécialement de ce pouvoir en donnant naissance à un nouveau délai identique à celui prévu initialement (C. pr. pén., nouv. art. 9-2, al. 6). Elle « est applicable aux infractions connexes ainsi qu'aux auteurs ou complices non visés par l'un de ces mêmes acte, jugement ou arrêt » (C. pr. pén., art. 9-2, al. 7).

Quatre types d'actes sont, en vertu de l'art. 9-2, C. pr. pén., issu de la loi du 27 février 2017, susceptibles d'interrompre la prescription de l'action publique :

– « *tout acte, émanant du ministère public ou de la partie civile, tendant à la mise en mouvement de l'action publique*, prévu aux articles 80, 82, 87, 88, 388, 531 et 532 du présent code et à l'article 65 de la loi du 29 juillet 1881 sur la liberté de la presse ». Sont visés expressément les réquisitoires introductifs ou supplétifs du procureur de la République ; la plainte avec constitution de partie civile ; les modes de saisine du tribunal correctionnel par comparution volontaire des parties, citation directe, convocation par procès-verbal, comparution immédiate, renvoi par une juridiction d'instruction ; la saisine du tribunal de police par citation, renvoi par juridiction d'instruction, comparution volontaire des parties, avertissement. Il convient de remarquer que **la plainte simple n'interrompt pas la prescription, seule la constitution de partie civile ayant cette vigueur procédurale car apte à déclencher indirectement les poursuites** (Crim. 11 juill. 2012, n° 11-87.583 : une plainte adressée au procureur de la République ne constitue pas un acte de poursuite ou d'instruction et n'a pas d'effet interruptif de la prescription de l'action publique ; Crim. 9 juill. 2003, n° 03-82.063 : toutefois, le PV contenant la dénonciation d'une infraction constitue un acte interruptif de prescription) ;

– « *tout acte d'enquête émanant du ministère public, tout procès-verbal dressé par un officier de police judiciaire ou un agent habilité exerçant des pouvoirs de police judiciaire tendant effectivement à la recherche et à la poursuite des auteurs d'une infraction* ». La loi adopte une conception hostile à la prescription en consacrant non seulement les actes de poursuite et d'instruction eux-mêmes mais encore ceux qui en sont, en quelque sorte les actes préparatoires. Toutefois, **l'acte qui n'a pas pour finalité la recherche de la preuve de l'infraction concernée ou ne manifeste pas la volonté de poursuivre, n'est pas interruptif** : c'est le cas notamment du procès-verbal de synthèse (Crim.

3 nov. 2015, *Bull. crim.* n° 237). De même, n'interrompt pas la prescription, ni le compte rendu effectué par le service enquêteur au procureur, ni la transmission de la procédure d'enquête à celui-ci, quand bien même il les aurait sollicités (Crim. 5 avr., 2018, n° 17-83166) ;

– « *tout acte d'instruction prévu aux articles 79 à 230 du présent code, accompli par un juge d'instruction, une chambre de l'instruction ou des magistrats et officiers de police judiciaire par eux délégués, tendant effectivement à la recherche et à la poursuite des auteurs d'une infraction* », reprenant les solutions jurisprudentielles larges qui accordaient ce régime juridique aux commissions rogatoires adressées par le juge d'instruction aux policiers afin de procéder à des opérations de vérification ou aux autorités compétentes d'un État étranger ;

– « *tout jugement ou arrêt, même non définitif, s'il n'est pas entaché de nullité* ». Il peut être remarqué que la condition de validité n'est pas retenue pour les autres catégories d'actes. Cette analyse validerait indirectement la jurisprudence de la Cour de cassation qui considérait comme des actes interruptifs certains actes irréguliers, qu'il s'agisse d'actes d'enquête, de poursuite ou la consultation du fichier national des permis de conduire.

Soyez vigilant toutefois : la chambre criminelle a récemment indiqué l'énumération prévue à l'art. 9-2, C. pr. pén., des actes qui interrompent la prescription de l'action publique n'est pas limitative (Crim. 21 janv. 2020, n° 19-84.450 : constitue ainsi un tel acte la délivrance du titre exécutoire de l'amende forfaitaire majoré).

d. La suspension de la prescription

Avant la loi du 27 février 2017, certaines dispositions particulières visaient déjà la suspension de la prescription de l'action publique (par ex., on l'a vu, l'art. 6-1, C. pr. pén. ; l'art. 85, al. 2, C. pr. pén. : l'action publique est suspendue, au profit de la victime, du dépôt de la plainte jusqu'à la réponse du procureur ou, au plus tard, une fois écoulé un délai de trois mois ; l'art. 41-1, C. pr. pén. : mise en œuvre des aides à la décision sur l'action publique ; l'art. 41-1-2, C. pr. pén. : mise en œuvre d'une CJIP).

La suspension de la prescription est prévue dorénavant de manière générale à l'art. 9-3, C. pr. pén. : « Tout obstacle de droit, prévu par la loi, ou tout obstacle de fait insurmontable et assimilable à la force majeure, qui rend impossible la mise en mouvement ou l'exercice de l'action publique, suspend la prescription ». La suspension arrête pour un temps la prescription en cours, mais une fois l'obstacle levé, celle-ci reprend au point où elle s'était arrêtée.

Sous l'empire du droit antérieur, l'Assemblée plénière de la Cour de cassation avait pu approuver, dans la célèbre affaire de l'octuple infanticide, une chambre de l'instruction d'avoir retenu un obstacle insurmontable résultant de ce « que les grossesses [...] masquées par [l']obésité, ne pouvaient être décelées par [l]es proches ni par les médecins consultés pour d'autres motifs médicaux, [...] les accouchements ont eu lieu sans témoin, que les naissances n'ont pas été déclarées à l'état civil, […] les cadavres des nouveau-nés sont restés cachés jusqu'à la découverte fortuite des deux premiers corps le 24 juillet 2010 et que, dans ces conditions, nul n'a été en mesure de s'inquiéter de la disparition d'enfants nés clandestinement, morts dans l'anonymat et dont aucun indice apparent n'avait révélé l'existence » (Ass. plén., 7 nov. 2014, *Bull. Ass. plén.* n° 613). Plus récemment, la chambre criminelle a considéré, à propos du meurtre, que la seule dissimulation du corps ne caractérise pas un obstacle insurmontable à l'exercice des poursuites pouvant justifier la suspension de la prescription de l'action publique (Crim. 13 déc. 2017, n° 17-83.330). En outre, l'amnésie traumatique ne constitue pas une cause de suspension de l'action publique (Crim. 17 oct. 2018, n° 17-86.161 : à propos d'un viol, la chambre criminelle approuve une chambre de l'instruction d'avoir constaté l'acquisition de la prescription de l'action publique en relevant que « l'amnésie traumatique invoquée par la partie civile ne peut être considérée comme constituant un obstacle de fait insurmontable et assimilable à la force majeure ayant pu suspendre le délai de prescription »).

II/ L'opportunité dans le déclenchement de l'action publique

L'action publique étant recevable, le procureur de la République peut décider soit de se donner le temps de la réflexion et, afin d'être mieux éclairé sur la décision à prendre, recourir à l'une des aides à la décision figurant à l'art. 41-1, C. pr. pén. (A), soit prendre directement une décision sur l'action publique (B).

A – Le préalable éventuel : le recours à une aide à la décision de l'art. 41-1, C. pr. pén.

Théoriquement, le procureur peut décider de recourir aux mesures listées par l'art. 41-1, C. pr. pén., pour n'importe quelle catégorie d'infractions, même s'il paraît peu probable qu'il y soit recouru en matière criminelle. En vertu de l'art. 41-1, C. pr. pén., le procureur peut ainsi, préalablement à sa décision sur l'action publique, directement ou par l'intermédiaire d'un OPJ, d'un délégué ou d'un médiateur « s'il lui apparaît qu'une telle mesure est susceptible d'assurer la réparation du dommage causé à la victime, de mettre fin au trouble résultant de l'infraction ou de contribuer au reclassement de l'auteur des faits » proposer de nombreuses mesures (1) dont nous préciserons les effets et les attributs (2).

1 • Le contenu des aides à la décision

Le procureur de la République peut :
– *de manière générale* : procéder à un rappel à la loi (1°) ; orienter l'auteur des faits vers une structure sanitaire, sociale ou professionnelle, cette mesure

pouvant consister dans l'accomplissement par l'auteur des faits, à ses frais, d'un stage ou d'une formation dans un service ou un organisme sanitaire, social ou professionnel, et notamment d'un stage de citoyenneté, d'un stage de responsabilité parentale, d'un stage de sensibilisation à la lutte contre l'achat d'actes sexuels, d'un stage de responsabilisation pour la prévention et la lutte contre les violences au sein du couple et sexistes, d'un stage de lutte contre le sexisme et de sensibilisation à l'égalité entre les femmes et les hommes ou d'un stage de sensibilisation aux dangers de l'usage de produits stupéfiants (2°) ; demander à l'auteur des faits de régulariser sa situation au regard de la loi ou des règlements (3°) ou de réparer le dommage causé (4°) ; procéder, à la demande ou avec l'accord de la victime, à une mission de médiation (5°) ; depuis la loi du 23 mars 2019, demander à l'auteur des faits de ne pas paraître, pour une durée qui ne saurait excéder six mois, dans un ou plusieurs lieux déterminés dans lesquels l'infraction a été commise ou dans lesquels réside la victime (7°) ;

– *en cas d'infraction commise à l'occasion de la conduite d'un véhicule terrestre à moteur*, demander à l'auteur des faits, à ses frais, un stage de sensibilisation à la sécurité routière (3°, *in fine*) ;

– *en cas d'infraction commise soit contre son conjoint, son concubin ou son partenaire lié par un pacte civil de solidarité, soit contre ses enfants ou ceux de son conjoint, concubin ou partenaire*, demander à l'auteur des faits de résider hors du domicile ou de la résidence du couple et, le cas échéant, de s'abstenir de paraître dans ce domicile ou cette résidence ou aux abords immédiats de celui-ci, ainsi que, si nécessaire, de faire l'objet d'une prise en charge sanitaire, sociale ou psychologique ; cette mesure est également applicable lorsque l'infraction est commise par l'ancien conjoint ou concubin de la victime, ou par la personne ayant été liée à elle par un PACS, le domicile concerné étant alors celui de la victime. Pour l'application du présent de cette mesure, le procureur recueille ou fait recueillir, dans les meilleurs délais et par tous moyens l'avis de la victime sur l'opportunité de demander à l'auteur des faits de résider hors du logement du couple. Sauf circonstances particulières, cette mesure est prise lorsque sont en cause des faits de violences susceptibles d'être renouvelés et que la victime la sollicite. Le procureur peut préciser les modalités de prise en charge des frais afférents à ce logement pendant une durée qu'il fixe et qui ne peut excéder six mois.

2 • Les effets et les attributs des aides à la décision

• **Quant aux effets** : les réponses pénales de l'art. 41-1 du C. pr. pén. ne produisent aucun effet substantiel : elles ne constituent pas une décision de culpabilité et l'auteur demeure juridiquement innocent (Crim. 6 déc. 2011, n° 11-80.419 : « c'est à tort que la chambre de l'instruction a énoncé que le rappel à la loi impliquait la constitution d'un délit alors que cette mesure, prise par une autorité de poursuite, n'établit pas la culpabilité de la personne suspectée ou poursuivie »).

• **Quant aux attributs** : les mesures de l'art. 41-1, C. pr. pén. :

– *ne sont pas revêtues, au pénal, de l'autorité de la chose jugée* qui éteint, en vertu de l'art. 6, C. pr. pén., l'action publique. Quel que soit le comportement de l'individu qui se serait vu administrer un rappel à la loi, par exemple, le ministère public peut, après cette administration, déclencher l'action publique (Crim. 21 juin 2011, n° 11-80.003 : « le procureur de la République peut, préalablement à sa décision sur l'action publique, prescrire l'une des obligations prévues par ledit article, sans que l'exécution de cette obligation éteigne l'action publique »). Ainsi, **ces mesures, ne constituent pas des alternatives aux poursuites, mais un préalable, un « préambule » à la décision sur l'action publique**. Aussi, les mesures de l'article 41-1 du C. pr. pén. peuvent-elles éventuellement se cumuler, même en cas de succès, avec des poursuites ultérieures, déclenchées éventuellement par la victime, ou avec une alternative aux poursuites ;

– *n'ont aucune force exécutoire, au pénal* : la force exécutoire est l'attribut du jugement qui permet de poursuivre directement l'exécution de la condamnation prononcée. C'est un remède à l'absence d'exécution spontanée. Les mesures décidées sur le fondement de l'art. 41-1, C. pr. pén., n'ont pas force exécutoire puisqu'en cas de non-exécution de la mesure, le procureur doit recourir à une composition pénale ou intenter des poursuites. Le dernier al. de l'art. 41-1 dispose ainsi qu'« [e]n cas de non-exécution de la mesure en raison du comportement de l'auteur des faits, le procureur de la République, sauf élément nouveau, met en œuvre une composition pénale ou engage des poursuites ». La force exécutoire peut toutefois, s'agissant des intérêts civils, être indirectement conférée à la médiation organisée dans le cadre de l'art. 41-1, C. pr. pén. L'art. 41-1 5°, C. pr. pén., prévoit en effet que le procureur peut faire procéder à une mission de médiation entre l'auteur des faits et la victime et que « si l'auteur des faits s'est engagé à verser des dommages-intérêts à la victime, celle-ci peut, au vu de ce procès-verbal, en demander le recouvrement suivant la procédure d'injonction de payer, conformément aux règles prévues par le code de procédure civile ». La jurisprudence a, de son côté, confirmé la possibilité pour la victime qui souhaite obtenir l'exécution de l'accord issu de la médiation d'utiliser la procédure de droit commun, conférant même à un tel accord, un caractère transactionnel (Civ. 1re, 10 avr. 2013, n° 12-13.672) ;

– *n'intervertissent pas les prescriptions* : la prescription de la peine des art. 133-2 à 133-4, C. pén., ne se substitue pas à la prescription de l'action publique des art. 7 et s., C. pr. pén., après le prononcé de la réponse pénale, puisque l'art. 41-1, al. 9, C. pr. pén., prévoit seulement que la procédure « suspend la prescription de l'action publique » lorsque le procureur recourt à l'une des mesures prévues (égal. Crim. 17 oct. 2017, n° 16-85.193) ;

– *ne sont pas inscrites au casier judiciaire* (l'art. 768, C. pr. pén., qui régit le casier judiciaire, ne vise essentiellement que les condamnations contradictoires ou par défaut non frappées d'opposition, et les compositions pénales) ;

– *ne peuvent constituer le premier terme de la récidive ou de la réitération* (celui-ci doit en effet résulter d'une condamnation définitive – C. pén., art. 132-8 s. ; C. pén., art. 132-16-7 –, de sorte que l'individu évincé de son domicile ou rappeler à la loi sur le fondement de l'art. 41-1 qui commettrait une seconde infraction, ne serait pas en état de récidive légale, ni en état de réitération).

B – La décision sur l'action publique : classer, recourir à une alternative aux poursuites ou poursuivre ?

La décision sur l'action publique peut consister en toutes hypothèses, en un classement sans suite (1), à recourir à une alternative aux poursuites, si les conditions prévues par la loi le permettent (2), ou à poursuivre en déclenchant l'action publique (3).

1 • Classer

• **Le classement sans suite et l'opportunité des poursuites** : l'art. 40, C. pr. pén., consacre le principe de l'opportunité des poursuites en prévoyant que le procureur de la République reçoit les plaintes et dénonciations et apprécie la suite à leur donner. Ce principe laisse toute latitude au procureur, qui peut tout à fait décider de ne pas déclencher les poursuites alors même que l'infraction est avérée. Celui-ci apprécie en effet selon sa conscience, en fonction de la gravité de l'infraction, de la personnalité de l'auteur, et du trouble causé à l'ordre public, l'opportunité soit d'engager des poursuites, soit de classer sans suite la procédure.

La décision de classement sans suite constitue, d'après la jurisprudence, une décision d'administration judiciaire qui demeure privée de l'autorité de la chose jugée et est insusceptible de faire l'objet d'un recours de nature juridictionnelle. C'est là une différence essentielle avec une ordonnance de non-lieu du juge d'instruction qui, mettant fin à l'action publique, présente un caractère juridictionnel et se trouve soumise à l'appel des parties. Le procureur peut ainsi, jusqu'à l'expiration du délai de prescription, revenir sur sa décision première et exercer des poursuites, sans avoir à justifier de la survenance de faits nouveaux.

L'opportunité des poursuites connaît une limite fondamentale : la plainte avec constitution de partie civile. L'action civile exercée par la voie de l'action a pour effet de mettre en mouvement l'action publique. Cette règle a été consacrée par la Cour de cassation dès le début du XIXe siècle s'agissant de la citation directe, puis étendue à la plainte avec constitution de partie civile par le célèbre arrêt dit *Laurent Atthalin* rendu par la chambre criminelle le 8 décembre 1906. Elle est aujourd'hui énoncée à l'art. 1, al. 2, C. pr. pén.

• **L'encadrement du classement sans suite** : la loi du 9 mars 2004, est venue encadrer le classement par trois mesures :

– *obligation de motivation du classement sans suite* (C. pr. pén., art. 40-1, 3°) : lorsque les faits portés à la connaissance du procureur constituent une infraction commise par une personne identifiée, celui-ci ne peut désormais classer sans suite que si « les circonstances particulières liées à la commission des faits le justifient » ;

– *obligation d'information des victimes* (C. pr. pén., art. 40-2) : le procureur doit aviser les victimes des suites qu'il entend donner à leur plainte ou à leur signalement. Lorsqu'il décide de classer sans suite la procédure, il doit de surcroît indiquer les raisons juridiques ou d'opportunité qui justifient cette décision ;

– *recours contre un classement sans suite* (C. pr. pén., art. 40-3) : toute personne ayant dénoncé des faits au procureur de la République peut former un recours auprès du procureur général contre la décision de classement sans suite prise à la suite de cette dénonciation. Le procureur général peut alors enjoindre au procureur de la République d'engager des poursuites par instructions écrites et versées au dossier de la procédure. S'il estime le recours infondé, il doit en informer l'intéressé. Se trouve ainsi consacrée l'existence du recours hiérarchique auprès du procureur général près la cour d'appel, depuis toujours reconnu par la pratique.

2 • Recourir à une alternative (si les conditions légales sont satisfaites)

On relèvera que la loi du 23 mars 2019 a abrogé l'une des alternatives aux poursuites consacrée jusque-là par le C. pr. pén., la transaction par officier de police judiciaire ou TOPJ. Désormais, deux procédures alternatives sont prévues par celui-ci : la composition pénale (a) et la convention judiciaire d'intérêt public ou CJIP (b).

a. La composition pénale

En vertu de l'art. 41-2, C. pr. pén., le procureur peut, « tant que l'action publique n'a pas été mise en mouvement, proposer, directement ou par l'intermédiaire d'une personne habilitée, une composition pénale ».

• **Champ d'application** : les délits punis de cinq ans d'emprisonnement au plus ainsi que, le cas échéant, une ou plusieurs contraventions connexes (C. pr. pén., art. 41-2, al. 1er) ou les contraventions commises par une personne physique (C. pr. pén., art. 41-3, al. 1er) âgée de plus de treize ans (Ord. du 2 février 1945, art. 7-2 ; art. L. 422-3, CJPM, qui entrera en vigueur le 1er oct. 2020) ou, depuis la loi du 23 mars 2019, par une personne morale dont le représentant légal ou toute personne bénéficiant, conformément à la loi ou à ses statuts, d'une délégation de pouvoir à cet effet reconnaît sa responsabilité pénale pour les faits qui lui sont reprochés (C. pr. pén., art. 41-3-1 A). Sont toutefois expressément exclus du champ de la composition pénale les délits de presse, d'homicides involontaires ou les délits politiques.

• **Mesures pouvant être proposées (pour les mesures applicables aux mineurs v. art. 7-2, ord. 2 févr. 1945) :**

– *aux personnes physiques* : versement d'une amende au Trésor public dont le montant ne peut excéder le montant maximum de l'amende encourue ; dessaisissement de la chose qui a servi ou était destinée à commettre l'infraction ou qui en est le produit ; remise de véhicule, de permis de conduire ou de chasse ou son passeport pour six mois maximum, accomplissement de divers stages, réalisation d'un travail non rémunéré pour une durée maximale de soixante heures, dans un délai qui ne peut être supérieur à six mois au profit de la collectivité ; depuis la loi du 23 mars 2019, ne pas paraître, pour une durée qui ne saurait excéder six mois, dans le ou les lieux désignés par le procureur de la République et dans lesquels l'infraction a été commise ou dans lesquels réside la victime, etc. Lorsque la victime est identifiée, et sauf si l'auteur des faits justifie de la réparation du préjudice commis, le procureur doit également proposer à ce dernier de réparer les dommages causés par l'infraction dans un délai qui ne peut être supérieur à six mois. Il informe la victime de cette proposition. Cette réparation peut consister, avec l'accord de la victime, en la remise en état d'un bien endommagé par la commission de l'infraction. On relèvera que lorsque l'infraction commise est une contravention, les durées de privation du permis de conduire ou du permis de chasser ne peuvent notamment dépasser trois mois, la durée du travail non rémunéré ne pouvant quant à elle être supérieure à trente heures, dans un délai maximum de trois mois (C. pr. pén., art. 41-3, al. 2) ;

– *aux personnes morales* : versement d'une amende de composition qui est du quintuple de l'amende encourue par les personnes physiques (C. pr. pén., art. 41-3-1 A, al. 2nd) ou indemnisation de la victime seulement (C. pr. pén., art. 41-3-1 A, al. 1er).

• **Procédure** :

– *La validation de principe de la proposition par un juge du siège* : la proposition du procureur peut être transmise par un OPJ et fait l'objet d'une décision écrite et signée de ce magistrat, qui précise la nature et le quantum des mesures proposées, et qui est jointe à la procédure. La composition pénale peut être proposée dans une maison de justice et du droit. La personne est informée qu'elle peut se faire assister par un avocat avant de donner son accord à la proposition du procureur. Ledit accord est recueilli par procès-verbal. Une copie de ce procès-verbal lui est transmise. Lorsque l'auteur des faits donne son accord aux mesures proposées, le procureur saisit par requête le président du tribunal correctionnel ou de police ou le juge des enfants aux fins de validation de la composition. Le procureur informe de cette saisine l'auteur des faits et, le cas échéant, la victime. Le président du tribunal peut procéder à l'audition de l'auteur des faits et de la victime, assistés, le cas échéant, de leur avocat. **Une fois la composition acceptée, le choix de cette procédure devient irrévocable pour le Procureur**, la chambre criminelle ayant considéré que, « lorsque l'auteur des faits a donné son accord aux mesures proposées par le procureur de la République, ce dernier est tenu de saisir le président du tribunal aux fins de validation de la composition et ne recouvre la possibilité de mettre en mouvement l'action publique que si ce magistrat refuse de valider la composition ou si, une fois la validation intervenue, l'intéressé n'exécute pas intégralement les mesures décidées » (Crim. 20 nov. 2007, n° 07-82808).

La loi du 23 mars 2019 a précisé que le magistrat valide la composition pénale lorsque ces conditions sont remplies et qu'il estime les mesures proposées justifiées au regard des circonstances de l'infraction et de la personnalité de son auteur. Il refuse de valider la composition s'il estime que la gravité des faits, au regard des circonstances de l'espèce, ou que la personnalité de l'intéressé, la situation de la victime ou les intérêts de la société justifient le recours à une autre procédure, ou lorsque les déclarations de la victime entendue apportent un éclairage nouveau sur les conditions dans lesquelles l'infraction a été commise ou sur la personnalité de son auteur. Désormais, le juge peut contrôler l'opportunité de la mesure proposée par le procureur. Il ne peut toutefois, pas plus qu'auparavant, contrôler la légalité des actes d'investigation effectués.

Si ce magistrat rend une ordonnance validant la composition, les mesures décidées sont mises à exécution. Dans le cas contraire, la proposition devient caduque. La décision du président du tribunal, qui est notifiée à l'auteur des faits et, le cas échéant, à la victime, n'est pas susceptible de recours.

– *L'exception : l'absence de validation pour les délits punis d'une peine d'emprisonnement d'une durée inférieure ou égale à trois ans lorsqu'est proposée une amende de composition d'un montant inférieur à 3 000 € ou un dessaisissement d'une chose n'excédant pas ce montant* (C. pr. pén., art. 41-2, al. 27, *in fine*). C'est une innovation importante issue de la loi du 23 mars 2019 et qui a été déclarée conforme par le Conseil constitutionnel (Cons. const. 21 mars 2019, décis. n° 2019-778 DC, § 269 à 271, qui écarte toute atteinte au principe d'égalité et aux principes de séparation des autorités de poursuite et de jugement et de séparation des pouvoirs compte tenu des faibles seuils retenus).

• **Effets et attributs** : les décisions prises par le procureur dans le cadre de la composition pénale et validées, lorsque la validation est requise, par le juge du siège :

– *ne sont pas revêtues, au civil, de l'autorité de la chose jugée* (Crim. 24 juin 2008, *Bull. crim.* n° 162 : une proposition acceptée fut validée par le président du tribunal et la composition exécutée dans les quatre mois. Bien qu'ayant reçu l'indemnité fixée, la victime exerça l'action civile devant le président du tribunal, lequel déclara sa demande irrecevable comme se heurtant à l'autorité de la chose jugée attachée à la validation. La cour d'appel infirma cette décision, considérant qu'aucune transaction, au sens des articles 2044 et suivants du C. civ., n'avait été conclue et qu'en conséquence, la demande de la partie civile était recevable. La chambre criminelle approuve la décision des juges d'appel « notamment au regard de l'article 41-2, al. 9, C. pr. pén., selon lequel la composition pénale, si elle éteint l'action publique, ne fait pas échec au droit de la partie civile de délivrer citation directe devant le tribunal correctionnel statuant sur les seuls intérêts civils » ; Soc., 13 janv. 2009, *Bull.* V n° 1 : « [...] l'ordonnance aux fins de validation de la composition pénale rendue par le président du tribunal en application de l'art. 41-2, C. pr. pén., sans débat contradictoire à seule fin de réparer le dommage, l'action publique étant seulement suspendue, n'a pas autorité de chose jugée au pénal sur le civil »). On relèvera toutefois que **la loi du 23 mars 2019 a supprimé la possibilité pour la victime de citer directement la personne ayant accepté la composition pénale devant le tribunal correctionnel afin que celui-ci statue sur les seuls intérêts civils. Désormais, la victime peut seulement demander au procureur de la République de citer l'auteur des faits à une audience devant le tribunal pour lui permettre de se constituer partie civile.** Le tribunal, composé d'un seul magistrat exerçant les pouvoirs conférés au président, ne statue alors que sur les seuls intérêts civils, au vu du dossier de la procédure qui est versé au débat. La victime a également la possibilité, au vu de l'ordonnance de validation, lorsque l'auteur des faits s'est engagé à lui verser des dommages et intérêts, d'en demander le recouvrement suivant la procédure d'injonction de payer, conformément aux règles prévues par le Code de procédure civile. Le procureur informe la victime de ses droits ainsi que, lorsqu'il cite l'auteur des faits devant le tribunal correctionnel, de la date de l'audience (C. pr. pén., art. 41-2, al. 30, dans sa rédaction issue de la loi du 23 mars 2019) ;

– *ne sont revêtues, au pénal, de l'autorité de la chose jugée que si elles sont exécutées* : la simple validation de la composition pénale ne confère pas, en effet, une telle autorité puisque l'art. 41-2, al. 30, C. pr. pén., prend soin de préciser que c'est l'exécution, non la validation qui éteint l'action publique. *A contrario*, le déclenchement de l'action publique antérieurement à l'exécution de la composition pénale demeure théoriquement possible par le ministère public (avant acceptation de la personne, *cf.* Crim. 20 nov. 2007, préc.). En revanche, lorsqu'elle est exécutée, la composition pénale sera revêtue d'une telle autorité et l'action publique sera éteinte (en ce sens, C. pr. pén., art. 6 qui vise comme cause d'extinction de l'action publique « l'exécution d'une composition pénale ») ;

– *n'ont pas force exécutoire* : la validation par le juge du siège permet certes la mise à exécution des mesures décidées, puisque l'article 41-2, al. 27, C. pr. pén., indique que « si ce magistrat rend une ordonnance validant la composition, les mesures décidées sont mises à exécution ». Elle ne confère cependant pas force exécutoire à la décision qui permettrait au ministère public de procéder à l'exécution forcée par le recours à la force publique, puisque, **en cas de non-exécution de la mesure en raison du comportement de l'auteur des faits, la seule solution – qui est d'ailleurs une obligation – qui s'offre au ministère public est, « sauf élément nouveau », l'engagement des poursuites** (C. pr. pén., art. 41-2, al. 28, *in fine*) ;

– *n'intervertissent pas les prescriptions* : c'est bien la prescription de l'action publique qui est interrompue par les actes tendant à la mise en œuvre ou de l'exécution d'une composition pénale (41-2, al. 29, C. pr. pén.), non la prescription de la peine qui a commencé à courir;

– *ne peuvent constituer le premier terme de la récidive même lorsqu'elles sont exécutées* (Cass., avis, 18 janv. 2010, n° 0090005P : « une amende de composition pénale exécutée ne peut pas constituer le premier terme d'une récidive, au sens de l'article 132-10 du Code pénal » ; Crim. 30 nov. 2010, n° 10-80460) ;

– *les compositions pénales exécutées figure au casier judiciaire* : bulletin n° 1 des personnes physiques (C. pr. pén., art. 41-2, al. 31) et, depuis la loi du 23 mars 2019, bulletin n° 2 des personnes morales (C. pr. pén., art. 775-1 A, 7°).

b. La CJIP

En vertu de l'art. 41-1-2, C. pr. pén., issu de la loi du 9 décembre 2016, « tant que l'action publique n'a pas été mise en mouvement, le procureur de la République peut proposer à une personne morale mise en cause pour un ou plusieurs délits » une CJIP.

• **Champ d'application** : la CJIP n'est applicable qu'aux PM et uniquement pour certains délits : corruptions et trafics d'influence actifs comme passifs, blanchiment de fraude fiscale. La loi du 23 octobre 2018 relative à la fraude a récemment élargi la CJIP au délit de fraude fiscale. La loi du 24 décembre 2020 a étendu la CJIP au blanchiment des corruptions et trafics d'influence actifs comme passifs et a introduit la CJIP environnementale applicable à « un ou plusieurs délits prévus par le code de l'environnement ainsi que pour des infractions connexes, à l'exclusion des crimes et délits contre les personnes prévus au livre II du Code pénal » (C. pr. pén., art. 41-1-3).

• **Mesures pouvant être proposées :** il y en a trois :

– *le versement d'une amende* d'intérêt public au Trésor public (dont le montant est fixé de manière proportionnée aux avantages tirés des manquements constatés, dans la limite de 30 % du chiffre d'affaires moyen annuel calculé sur les trois derniers chiffres d'affaires annuels connus à la date du constat de ces manquements) ;

– *la soumission à un programme de mise en conformité*, pour une durée maximale de trois ans qui vise à contraindre l'entreprise à adapter ses procédures internes de prévention et de détection des faits de corruption et de trafic d'influence ou à régulariser sa situation au regard de la loi ou des règlements; ce programme s'effectue sous le contrôle de l'Agence française anticorruption (AFA) ou des services compétents du ministère chargé de l'Environnement aux frais de la PM concernée dans la limite d'un plafond fixé dans la convention;

– *la réparation du préjudice* causée à la victime lorsque celle-ci est identifiée ou la réparation du préjudice écologique. Les sommes en question devront être payées dans un délai maximum d'un an (de trois ans dans le cadre de la CJIP environnementale).

• **Procédure** : en cas d'accord entre la PM mise en cause et le procureur, ce dernier saisira le président du tribunal judiciaire aux fins de validation de la convention. La proposition de convention est jointe à la requête du procureur. La requête contient un exposé précis des faits ainsi que la qualification juridique susceptible de leur être appliquée. Le procureur informe de cette saisine la PM mise en cause et, le cas échéant, la victime. Le président procède à l'audition, en audience publique, de la PM mise en cause et de la victime assistées, le cas échéant, de leur avocat. À l'issue d'une audience publique et de débats contradictoires, celui-ci sera libre de valider ou non la proposition de convention en « vérifiant le bien-fondé du recours à cette procédure, la régularité de son déroulement, la conformité du montant de l'amende [...] et la proportionnalité des mesures prévues aux avantages tirés des manquements ». Sa décision est insusceptible de recours. En cas de validation la PM mise en cause dispose d'un délai de dix jours pour exercer son droit de rétractation. La rétractation est notifiée au procureur par LRAR. Si la PM mise en cause n'exerce pas ce droit de rétractation, les obligations que la convention comporte sont mises à exécution. Dans le cas contraire, la proposition devient caduque.

Si le président du tribunal ne valide pas la proposition de convention ou si la PM exerce son droit de rétractation, le procureur ne peut faire état devant la juridiction d'instruction ou de jugement des déclarations faites ou des documents remis par la PM au cours de la procédure prévue au présent article.

• **Effets et attributs** : les CJIP proposées et validées :

– *n'emportent « pas déclaration de culpabilité »* (C. pr. pén., art. 41-1-2, II, al. 4) ;

– *n'ont pas, au civil, autorité de la chose jugée* : la solution devrait être identique à celle jugée avant l'entrée en vigueur de la loi du 23 mars 2019, à propos de la composition pénale, l'art. 41-1-2, IV, al. 2, C. pr. pén., prévoyant que l'exécution de la CJIP « ne fait cependant pas échec au droit des personnes ayant subi un préjudice du fait des manquements constatés, sauf l'État, de poursuivre la réparation de leur préjudice devant la juridiction civile » ;

– *ne sont revêtues, au pénal, de l'autorité de la chose jugée que si elles sont exécutées* : l'art. 41-1-3, IV, al. 2, C. pr. pén., précise en effet que c'est « [l]'exécution des obligations prévues par la convention [qui] éteint l'action publique » ;

– *n'ont pas force exécutoire, au pénal* : la validation par le juge du siège permet certes la mise à exécution des mesures décidées, puisque l'art. 41-1-2, II, al. 3, C. pr. pén., indique que si la PM mise en cause n'exerce son droit de rétractation, « les obligations que la convention comporte sont mises à exécution ». Elle ne confère cependant pas force exécutoire à la décision puisque « si, dans le délai prévu par la convention, la PM mise en cause ne justifie pas de l'exécution intégrale des obligations prévues, le procureur de la République met en mouvement l'action publique, sauf élément nouveau » (il en va de même en cas de refus de validation ou d'exercice du droit de rétractation par la PM). Dans ce cas, à peine de nullité, le procureur notifie à la PM mise en cause l'interruption de l'exécution de la convention lorsque cette personne ne justifie pas de l'exécution intégrale des obligations prévues. Cette décision prend effet immédiatement. Le cas échéant, elle entraîne de plein droit la restitution de l'amende d'intérêt public versée au Trésor public prévue au 1° du I. Elle n'entraîne cependant pas la restitution des éventuels frais supportés par la PM et occasionnés par le recours par l'AFA à des experts ou à des personnes ou autorités qualifiées pour l'assister dans la réalisation d'analyses juridiques, financières, fiscales et comptables nécessaires à sa mission de contrôle.

La force exécutoire peut toutefois, s'agissant des intérêts civils, être indirectement conférer à la CJIP. L'art. 41-1-2, II, al. 7, C. pr. pén., prévoit en effet que « la victime peut, au vu de l'ordonnance de validation, demander le recouvrement des dommages et intérêts que la PM s'est engagée à lui verser suivant la procédure d'injonction de payer » ;

– *n'intervertissent pas les prescriptions* : c'est en effet la prescription de l'action publique qui se trouve suspendue durant l'exécution de la convention (C. pr. pén., art. 41-1-2, IV, al. 1er) ;

– *ne sont pas inscrites au casier judiciaire de la PM* mais font l'objet d'un communiqué de presse du procureur et d'une publication sur le site internet des ministères de la Justice et de l'Économie (C. pr. pén., art. 41-1-2, II, al. 5 et 6) ;

– *ne sauraient constituer le premier terme de la récidive*, puisque la CJIP « n'a ni la nature ni les effets d'un jugement de condamnation » (C. pr. pén., art. 41-1-2, II, al. 4).

3 • Poursuivre

On assiste, à l'exception de la poursuite en matière criminelle où la saisine d'un juge d'instruction par la voie du réquisitoire introductif demeure obligatoire (C. pr. pén., art. 79), à une diversification des voies du déclenchement des poursuites en forme contentieuse (a) mais aussi en forme non contentieuse (b) dont dispose le procureur de la République.

a. Les voies du déclenchement des poursuites en forme contentieuse

Nous distinguerons les modes de poursuites selon qu'ils nécessitent (α) ou non (β) un déferement devant le procureur de la République, étant précisé que les premiers sont propres à la saisine du tribunal correctionnel alors que certains des seconds sont applicables devant le tribunal de police.

α. Les modes de poursuites nécessitant un défèrement

Il s'agit de la comparution immédiate ou CI, de la convocation par procès-verbal ou COPV, et de la nouvelle procédure de comparution à délai différé ou CODD, prévues par les art. 393 et s. *Ces trois voies présentent des points communs* :

– elles ne sont pas applicables ni aux mineurs, ni en matière de délits de presse, de délits politiques ou d'infractions dont la procédure de poursuite est prévue par une loi spéciale (C. pr. pén., art. 397-6) ;

– elles débutent par un déferement devant le procureur, dont la loi du 27 mai 2014 a renforcé le caractère contradictoire, car elles permettent au procureur de solliciter des mesures restrictives ou privatives de liberté (contrôle judiciaire ou CJ, assignation à résidence avec surveillance électronique ou ARSE voire, pour certaines, détention provisoire ou DP) :

Le défèrement

- **Moment du défèrement** : en principe le jour même de la notification de la fin de la GAV (C. pr. pén., art. 803-2) et au plus tard le jour suivant dans un délai de 20 heures à compter de l'heure à laquelle la GAV est levée (C. pr. pén., art. 803-3 issu de la loi du 9 mars 2004, qui a légalisé le « petit dépôt de nuit »). Le procureur peut ainsi décider d'une rétention de 20 heures à la suite de la GAV, et il incombe à la juridiction, saisie d'une requête en nullité d'une telle rétention, de s'assurer de l'existence des circonstances ayant justifié la mise en œuvre de cette mesure (Crim. 13 juin 2018, n° 17-85.940). Le dépassement de ce délai de 20 heures entraîne la nullité de la saisine du tribunal correctionnel (Crim. 6 déc. 2005, n° 05-82450 : car le PV valant saisine du tribunal a, pour support nécessaire, la rétention du prévenu entachée d'illégalité) mais pas de la mesure de GAV qui ne trouve pas son support nécessaire dans cette irrégularité (la GAV étant nécessairement antérieure à la rétention).
- **Procédure du défèrement** : au cours du défèrement, le procureur va informer la personne de son droit d'être assistée par un interprète et par un avocat de son choix ou commis d'office, constater son identité et lui faire connaître les faits qui lui sont reprochés ainsi que leur qualification juridique. L'avocat ou la personne déférée lorsqu'elle n'est pas assistée par un avocat peut consulter sur-le-champ le dossier. L'avocat peut communiquer librement avec son client (C. pr. pén., art. 393, al. 2 et 3). Le procureur avertit alors la personne de son droit de faire des déclarations, de répondre aux questions qui lui sont posées ou de se taire. Après avoir, le cas échéant, recueilli les observations de la personne ou procédé à son interrogatoire, le procureur entend, s'il y a lieu, les observations de l'avocat, portant notamment sur la régularité de la procédure, sur la qualification retenue, sur le caractère éventuellement insuffisant de l'enquête et sur la nécessité de procéder à de nouveaux actes.
- **Issue du défèrement** : au vu de ces observations, le procureur soit opte pour la procédure de CI, de COPV ou de CODD, soit requiert l'ouverture d'une information, soit ordonne la poursuite de l'enquête, soit prend toute autre décision sur l'action publique en application de l'art. 40-1, C. pr. pén. S'il décide d'un recours à une CI, une COPV ou une CODD, il doit informer la victime (C. pr. pén., art. 393-1). S'il ordonne la poursuite de l'enquête et que la personne est à nouveau entendue, elle a le droit d'être assistée, lors de son audition, par son avocat, en application de l'art. 63-4-3 (C. pr. pén., art. 393, al. 4). Mention de ces formalités est faite au PV à peine de nullité de la procédure (C. pr. pén., art. 393, al. 5). **La loi du 23 mars 2019 a créé la possibilité d'un regroupement de poursuites à une même audience** : lorsque le procureur envisage de poursuivre une personne soit par COPV, soit en CI, il peut décider de fixer à la même audience, afin qu'elles puissent être jointes à la

►

procédure ou examinées ensemble, de précédentes poursuites exercées par COPV, COPJ, CRPC, ordonnance pénale ou ordonnance de renvoi du juge d'instruction. Hors le cas de la CI, cette décision doit intervenir au moins dix jours avant la date de l'audience. Le prévenu et son avocat en sont informés sans délai (C. pr. pén., art. 393, avant dern. al.). **Le Conseil constitutionnel a toutefois formulé une réserve d'interprétation** : dans le cas d'une CI, le regroupement peut avoir pour effet de diminuer le temps restant à courir avant la date des audiences initialement prévues pour chacune des poursuites faisant l'objet de ce regroupement. Si le prévenu peut, en vertu de l'art. 397-1, C. pr. pén., refuser d'être jugé immédiatement et obtenir un renvoi de l'audience dans un délai qui ne peut être inférieur à deux semaines, en revanche le tribunal peut, sur le fondement de l'art. 397-3 du même code, le placer en DP. Ainsi, un prévenu susceptible d'accepter d'être jugé immédiatement pour l'infraction qui justifie initialement son renvoi en CI pourrait être conduit, par l'effet du regroupement de plusieurs poursuites, à être placé en DP pour des motifs liés à l'affaire qui a donné lieu à la CI, alors que son refus d'être jugé séance tenante tient à sa volonté de disposer de suffisamment de temps pour terminer de préparer sa défense sur les affaires pour lesquelles il avait été initialement renvoyé devant le tribunal correctionnel dans des délais plus longs et pour lesquelles, le cas échéant, il avait déjà pris des dispositions. Aussi, « les dispositions contestées ne sauraient dès lors, sans méconnaître les droits de la défense, priver le tribunal correctionnel, dans ce cas, de la possibilité de renvoyer les seules affaires pour lesquelles le prévenu ne consent pas à être jugé séance tenante ou qui n'apparaissent pas au tribunal en l'état d'être jugées » (Cons. const. 21 mars 2019, décis. n° 2019-778 DC, § 284).

• **La comparution immédiate ou CI** : elle consiste à faire comparaître immédiatement devant le tribunal correctionnel une personne à laquelle le ministère public vient de notifier les faits qui lui sont reprochés. D'une manière générale le parquet choisi ce mode de poursuite lorsqu'ils trouvent opportun qu'une réponse pénale ferme et immédiate soit apportée. En pratique cette procédure concerne principalement les personnes ayant des antécédents judiciaires qui ont commis des faits facilement élucidés.

– *Domaine d'application* : la CI est possible :

- hors flagrance, lorsque la peine maximale encourue est au moins égale à deux ans d'emprisonnement, qu'il apparaît au procureur que les charges réunies sont suffisantes et que l'affaire est en état d'être jugée (Crim. 19 févr. 2002, n° 01-84.903 : le maximum de la peine s'apprécie sans tenir compte de l'aggravation résultant éventuellement de l'état de récidive) ;

- en cas de flagrant délit le procureur peut saisir le tribunal correctionnel selon la procédure de CI dès lors que la peine encourue est au moins égale à six mois d'emprisonnement s'il estime que les éléments de l'espèce justifient une telle procédure.

– *Procédure :*

- La comparution devant le tribunal doit avoir lieu, en principe, le jour même de la décision du procureur de recourir à la CI (C. pr. pén., art. 395, al. 3). Toutefois si la réunion du tribunal est impossible le jour même, le procureur peut saisir le JLD afin que ce dernier ordonne le placement en

DP de la personne mise en cause jusqu'à sa comparution devant le tribunal correctionnel qui devra avoir lieu au plus tard le troisième jour ouvrable suivant (C. pr. pén., art. 396). Dans ce cas, le procureur n'a pas à rapporter la preuve concrète et effective de l'impossibilité de faire comparaître le prévenu ce jour-là (Crim. 23 mai 2006, n° 05-83.149 : la chambre criminelle exclut en conséquence tout contrôle de la condition tenant à l'impossibilité de faire comparaître le prévenu le jour même de son défèrement alors même que cette impossibilité serait susceptible d'entraîner un placement détention provisoire; elle donne ainsi un contenu extrêmement large à l'impossibilité prévue par la loi qui peut résulter aussi bien de l'absence de disponibilité des juges pendant les jours fériés que de l'encombrement du rôle). Le JLD statue en chambre du conseil en présence du greffier sur les réquisitions du ministère public et après avoir recueilli les observations éventuelles du prévenu de son avocat et avoir fait procéder à l'enquête sociale prévue par l'art. 41, al. 7, C. pr. pén.; si ce n'est déjà fait. Si le JLD estime que le recours à la DP n'est pas nécessaire il peut soumettre le prévenu jusqu'à sa comparution devant le tribunal à une ou plusieurs obligations du CJ ou le placer sous ARSE.

- Lors de la comparution devant le tribunal le président va constater l'identité du prévenu son avocat ayant été avisé. En vertu de l'art. 397, C. pr. pén., le prévenu ne peut être jugée immédiatement avec son accord recueilli en présence de son avocat ou si celui-ci n'est pas présent un avocat désigné d'office sur demande par le bâtonnier. Si le prévenu ne consent pas être jugée immédiatement si l'affaire ne paraît pas en état d'être jugée, le tribunal, après avoir recueilli les observations des parties et de leur avocat renvoie l'affaire une audience qui doit avoir lieu dans un délai qui ne peut être inférieur à deux semaines, sauf renonciation expresse du prévenu, ni supérieure à six semaines (C. pr. pén., art. 397-1). Toutefois lorsque la peine encourue est supérieure à sept ans d'emprisonnement le prévenu peut demander à bénéficier d'un délai de deux mois jusqu'à quatre mois maximum (C. pr. pén., art. 397-1, al. 2). Lorsque le tribunal renvoie l'affaire, il peut décider de placer le prévenu sous CJ ou en DP par une décision motivée (C. pr. pén., art. 397-3). La décision de placement de maintien du prévenu en DP doit être spécialement motivée. En outre lorsque le prévenu est en DP le jugement au fond doit être rendu dans les deux mois qui suivent le jour de sa première comparution devant le tribunal. Faute de décision au fond à l'expiration de ce délai il doit en effet être mis fin à la DP, et le prévenu, s'il n'est pas détenu pour une autre cause doit être mis d'office en liberté. Lorsque le prévenu en DP encourt une peine d'emprisonnement supérieure à sept ans d'emprisonnement et qu'il a demandé ce que l'examen de l'affaire se déroule dans un délai supérieur à deux mois mais inférieur à quatre mois, ce délai est porté à quatre mois.

Depuis l'entrée en vigueur de la loi du 4 avril 2006 si le prévenu placé sous CJ se soustrait aux obligations qui lui sont imposées, le procureur peut saisir le JLD pour qu'il décerne mandat d'arrêt ou d'amener, et qu'il ordonne, conformément aux dispositions de l'article 135-2, C. pr. pén., le placement en DP de l'intéressé.

En toute hypothèse, dans tous les cas de renvoi, le prévenu ou son avocat peut demander au tribunal d'ordonner tout acte d'information qu'il estime nécessaire à la manifestation de la vérité relatif aux faits reprochés ou à la personnalité de l'intéressé (C. pr. pén., art. 397-2, al. 3).

- Si l'affaire n'est pas en état d'être jugée le tribunal peut ordonner par jugement un supplément d'information et le confier à l'un de ses membres ou à un juge d'instruction (C. pr. pén., art. 397-2). S'il estime que la complexité de l'affaire nécessite des investigations supplémentaires, il peut renvoyer le dossier au procureur par une décision qui n'est pas susceptible d'appel (C. pr. pén., art. 397-2, al. 2). Dans ce cas le tribunal peut ordonner le maintien du prévenu en DP jusqu'à sa comparution devant le juge d'instruction. Cette comparution doit avoir lieu le jour même, à défaut de quoi le prévenu est remis en liberté d'office. Toutefois si les faits relèvent de la compétence d'un pôle de l'instruction et qu'il n'existe pas de pôle au sein du tribunal judiciaire, cette comparution doit intervenir dans un délai de trois jours ouvrables, à défaut de quoi le prévenu est remis en liberté d'office (C. pr. pén., art. 392-2, al. 3).

• **La comparution à délai différé ou CODD** : c'est une innovation introduite par la loi du 23 mars 2019 (C. pr. pén., art. 397-1-1) :

– *Domaine d'application* : le même que celui de la CI. Il peut être recouru à la CODD s'il existe contre la personne des charges suffisantes pour la faire comparaître devant le tribunal correctionnel, mais que l'affaire n'est pas en état d'être jugée selon la procédure de CI parce que n'ont pas encore été obtenus les résultats de réquisitions, d'examens techniques ou médicaux déjà sollicités, si le prévenu est assisté par un avocat choisi par lui ou désigné par le bâtonnier.

– *Procédure* : le prévenu est présenté devant le JLD, qui statue sur les réquisitions du ministère public aux fins de CJ, d'ARSE ou DP, après avoir recueilli les observations éventuelles du prévenu ou de son avocat. Les réquisitions du procureur précisent les raisons justifiant le recours à la CODD, en indiquant s'il y a lieu les actes en cours dont les résultats sont attendus. La DP ne peut être ordonnée que si la peine d'emprisonnement encourue est égale ou supérieure à trois ans. L'ordonnance rendue est susceptible d'appel dans un délai de dix jours devant la chambre de l'instruction.

L'ordonnance prescrivant le CJ, l'ARSE ou la DP, rendue dans les conditions et selon les modalités prévues à l'art. 396, énonce les faits retenus et saisit le tribunal ; elle est notifiée verbalement au prévenu et mentionnée au procès-verbal dont copie lui est remise sur-le-champ. **Le prévenu doit comparaître devant le tribunal au plus tard dans un délai de deux mois, à défaut de quoi il est mis fin d'office au CJ, à l'ARSE ou à la DP.**

Si le prévenu placé sous CJ ou sous ARSE se soustrait aux obligations qui lui sont imposées, les dispositions du deuxième al. de l'art. 141-2 et de l'art. 141-4 sont applicables ; les attributions confiées au juge d'instruction par les mêmes articles 141-2 et 141-4 sont alors exercées par le procureur de la République.

Les procès-verbaux ou autres pièces résultant des réquisitions, examens techniques ou médicaux sont versés au dossier de la procédure dès leur accomplissement et mis à la disposition des parties ou de leur avocat.

Jusqu'à l'audience de jugement, le prévenu ou son avocat peuvent demander au président du tribunal la réalisation de tout acte qu'ils estiment nécessaire à la manifestation de la vérité, conformément aux dispositions de l'art. 388-5, dont les deuxième à dernier alinéas sont applicables. Si le prévenu est détenu, la demande peut être faite au moyen d'une déclaration auprès du chef de l'établissement pénitentiaire. Cette déclaration est constatée et datée par le chef de l'établissement pénitentiaire, qui la signe, ainsi que le demandeur. Si celui-ci ne peut signer, il en est fait mention par le chef de l'établissement.

Pour la mise en œuvre de la CODD, le déferement ou la présentation devant le JLD peuvent intervenir dans un lieu autre que le tribunal si l'état de santé de cette personne ne permet pas de l'y transporter. Lorsqu'il est fait application de la CODD, la victime en est avisée par tout moyen. Elle peut alors se constituer partie civile et déposer des demandes d'actes conformément à l'art. 388-5, C. pr. pén.

• **La convocation par procès-verbal ou COPV** : elle est prévue à l'art. 394, C. pr. pén., et consiste pour le procureur, à faire déférer la personne mise en cause devant lui, le plus souvent à l'issue de sa garde à vue, afin de lui notifier les charges qui sont retenues à son encontre et la date d'audience à laquelle elle devra comparaître. **Elle est peu utilisée en pratique car elle suppose le déferement de la personne mise en cause. On lui préfère donc souvent la COPJ prévue par l'art. 390-1, C. pr. pén. Elle permet toutefois le placement de la personne mise en cause sous contrôle judiciaire avant le jugement sur décision du JLD.**

– *Domaine* : il est plus large que celui de la CI puisque ce mode de poursuite est applicable aux délits commis par des majeurs, quelle que soit la peine encourue.

– *Procédure* : comme la CI, la COPV débute par un déferement de la personne concernée devant le procureur en application de l'article 393, C. pr. pén., commun aux trois modes de poursuites. Selon l'art. 394, C. pr. pén., le procureur lui notifie alors les faits retenus à son encontre ainsi que le lieu, la date et l'heure de l'audience, laquelle ne peut avoir lieu dans un délai inférieur à dix jours et supérieur à deux mois. Le procureur doit également informer le prévenu qu'il doit comparaître à l'audience en possession des justificatifs de ses revenus ainsi que de ses avis d'imposition ou de non-imposition. Cette notification, mentionnée au procès-verbal dont copie est remise sur le champ au prévenu, vaut citation à personne. L'avocat choisi ou le bâtonnier est informé, par tout moyen et sans délai, de la date et de l'heure de l'audience ; mention de cet avis est portée au PV.

– *Contrôle judiciaire possible* : le procureur peut traduire la personne mise en cause devant le JLD afin qu'elle soit placée sous contrôle judiciaire. Si le prévenu se soustrait aux obligations qui lui sont imposées, le procureur peut saisir le JLD pour que celui-ci décerne un mandat d'arrêt et d'amener à son encontre, et ordonne, conformément à l'article 135-2, C. pr. pén., le placement en détention provisoire de l'individu.

β. Les modes de poursuites ne nécessitant pas de déferement

Il y en a trois :

• **La comparution volontaire (C. pr. pén., art. 389)** : il s'agit d'un avertissement délivré par le ministère public qui dispense de citation s'il est suivi de la comparution volontaire de la personne à laquelle il est adressé. Il doit indiquer les faits poursuivis, et le texte de loi qui le réprime. Lorsqu'il s'agit d'un prévenu détenu, le jugement doit constater le consentement de l'intéressé à être jugé sans citation préalable.

C'est une procédure qui n'a quasiment plus d'utilité depuis que la loi du 30 décembre 1985 a créé la COPJ. En pratique l'avertissement permet de juger immédiatement une personne qui l'accepte lorsque l'acte de poursuite est incomplet.

• **La citation directe (C. pr. pén., art. 390)** : il s'agit d'un exploit d'huissier délivré la requête du ministère public. Elle constitue le mode ordinaire de poursuite puisqu'elle est possible qu'elle que soit la peine encourue. La citation informe le prévenu qu'il doit comparaître à l'audience en possession des justificatifs de ses revenus ainsi que de ses avis d'imposition ou de non-imposition, ou les communiquer à l'avocat qui le représente.

La citation doit satisfaire aux conditions de forme prévues par l'art. 550, C. pr. pén., et informer le prévenu de son droit d'être assisté par un avocat. En outre, l'art. 388-4, C. pr. pén., prévoit que les avocats des parties peuvent consulter le dossier de la procédure au greffe du tribunal judiciaire dès la délivrance de la citation. Ils peuvent alors se faire délivrer copie des pièces du dossier dans le mois qui suit la demande. La délivrance de la première copie de chaque pièce du dossier est gratuite. Pour assurer l'effectivité d'un tel accès au dossier, le texte prévoit que, lorsque le délai entre la signification de la citation et l'audience devant le tribunal est inférieur à deux mois et que le prévenu ou son avocat n'ont pas pu obtenir avant l'audience la copie du dossier demandé, le tribunal est tenu d'ordonner le renvoi de l'affaire à une date fixée à au moins deux mois à compter de la délivrance de la citation si le prévenu en fait la demande.

• **La convocation par officiers de police judiciaire ou COPJ (C. pr. pén., art. 390-1)** : il s'agit d'une convocation en justice notifiée le plus souvent par un OPJ ou APJ, sur instructions du procureur. Elle est, en général, utilisée dans le cadre du Traitement en Temps Réel (TTR) pour poursuivre à l'issue de leur garde à vue les auteurs de vols simples, de violences volontaires ou de délits de conduite d'un véhicule sous l'empire d'un état alcoolique.

La COPJ doit énoncer le fait poursuivi, viser le texte de loi qui le réprime et indiquer le tribunal saisi, le lieu, la date et l'heure de l'audience. Elle doit, en outre, préciser que le prévenu peut se faire assister d'un avocat. Elle doit informer le prévenu qu'il doit comparaître à l'audience en possession des justificatifs de ses revenus ainsi que de ses avis d'imposition ou de non-imposition. Elle est constatée par un PV signé du prévenu qui en reçoit copie.

L'art. 390-1, C. pr. pén., impose que la convocation informe le prévenu de son droit d'être assisté par un avocat. L'art. 391, C. pr. pén., précise quant à lui que « toute personne ayant porté plainte est avisée par le parquet de la date de l'audience ». En outre, l'art. 388-4, C. pr. pén., relatif à l'accès au dossier, est applicable à la COPJ.

b. Les voies du déclenchement des poursuites en forme non-contentieuse

Nous distinguerons les modes de déclenchement de l'action publique qui consacrent l'inversion du contentieux (α) et ceux consacrant la négation du contentieux (β). On précisera que ces derniers sont seulement applicables aux délits.

α. Les modes de poursuites consacrant l'inversion du contentieux

La technique de l'inversion du contentieux, que la procédure civile française connaît par le jeu de l'ordonnance sur requête et, typiquement, par la procédure de l'injonction de payer, connaît, en matière répressive, un essor remarquable. Les mêmes raisons expliquent, ici et là, ce succès.

Lorsqu'il s'agit, en matière civile, de contraindre un débiteur au paiement d'une somme d'argent qui est due parce que les faits ne sont guère contestables, non contestés, et que l'application de la règle de droit à la situation de fait ne suscite aucune difficulté, le législateur a pu estimer que l'adoption de la procédure de droit commun – qui impliquerait que le créancier assigne devant la juridiction son débiteur afin d'obtenir, après discussion contradictoire et vérification du bien-fondé de sa demande, un jugement ayant force exécutoire – était disproportionnée. Comme le relève Georges De Leval, « la nécessité de procéder selon les voies ordinaires du droit commun est sans nécessité réelle dans les cas fréquents où le débiteur ne peut opposer aucun moyen sérieux de nature à faire l'objet d'un débat ». Dans une telle hypothèse, le recours à la procédure contentieuse préalablement à la délivrance du titre exécutoire présenterait plusieurs défauts : elle serait inutile, chronophage et dispendieuse. Il est donc apparu nécessaire de proposer une inversion du contentieux, en ce sens que l'initiative procédurale n'incombe plus au demandeur, mais au défendeur qui, s'étant vu réclamer un paiement doit, s'il conteste sa dette, adopter une attitude active en saisissant la juridiction.

Le législateur français, en matière répressive, s'est laissé séduire par la simplicité du procédé et le développement du « culte de l'incontestable », à une époque où les juridictions pénales sont encombrées par une masse d'affaires d'une faible complexité ou d'une faible gravité, où la culpabilité ne semble guère faire débat, où le mis en cause ne sera vraisemblablement pas à même de faire valoir quelque argument qui nécessiterait l'organisation d'un débat contradictoire. Il recourt volontiers à l'inversion du contentieux comme instrument d'une politique pénale. L'initiative procédurale n'incombe plus au ministère public, mais à la personne soupçonnée qui s'est vue reprocher la commission d'une infraction et s'en est trouvée sanctionnée sans avoir été entendue par le juge. Si elle conteste la sanction qui lui a été infligée, elle devra saisir le juge afin que soit rétablie la procédure de droit commun. En d'autres termes, la décision du juge ou le débat contradictoire est différé et peut fort bien ne jamais avoir lieu si la personne ne conteste pas la sanction infligée.

• **L'amende forfaitaire : l'inversion extra-juridictionnelle du contentieux** : cette procédure prévoit que pour certaines contraventions ou, depuis la loi du 18 novembre 2016, pour certains délits, l'action publique est éteinte par le paiement d'une amende forfaitaire. L'amende est payée directement à l'agent verbalisateur ou au service compétent. À défaut de paiement, l'amende forfaitaire est majorée de plein droit et elle est recouvrée par le Trésor public en vertu d'un titre exécutoire délivré par le ministère public (C. pr. pén., art. 495-18, dern al., et art. 529-2).

– *Champ d'application :*

- en matière contraventionnelle : il est vaste dans la mesure où il concerne les contraventions figurant sur une liste fixée par décret en Conseil d'État (C. pr. pén., art. 529, al. 1er ; C. pr. pén., art. R. 48-1). L'amende forfaitaire est exclusive de l'application des règles de la récidive. La procédure de l'amende forfaitaire n'est pas applicable si plusieurs infractions, dont l'une au moins ne peut donner lieu à une amende forfaitaire, ont été constatées simultanément ou lorsque la loi prévoit que la récidive de la contravention constitue un délit (C. pr. pén., art. 529, al. 2nd) ;

- en matière délictuelle : en vertu de l'art. 495-17, C. pr. pén., lorsque la loi le prévoit, l'action publique est éteinte par le paiement d'une amende forfaitaire délictuelle fixée par la loi, qui ne peut excéder les plafonds contraventionnels fixés par l'art. 131-13, C. pén. (1 500 €) :

  ◦ la loi du 18 novembre 2016 a ainsi forfaitisé deux délits, le délit de conduite sans permis (C. route, art. L. 221-1, IV : amende de 800 €) et le délit de conduite sans assurance de responsabilité civile (C. route, art. L. 324-2, IV : amende de 500 €), lorsque ces délits ont été constatés par un PV électronique dressé au moyen d'un appareil sécurisé permettant le recours à une signature manuscrite conservée sous forme numérique. Le décret n° 2017-429 du 28 mars 2017, entré en vigueur le 1er novembre 2018 précise aux art. D. 45-3 à D. 45-21, C. pr. pén., les modalités d'application de la forfaitisation applicable à ces délits ;

  ◦ la loi du 23 mars 2019 a, quant à elle, forfaitisé les délits de vente ou d'offre de boisson alcoolique non autorisée (CSP, art. L. 3352-5, dern. al. : amende de 200 €) ou à des mineurs de seize ans (CSP, art. L. 3353-3, dern. al. : amende de 300 €) ; d'usage illicite de stupéfiants (CSP, art. L. 3421-1, dern. al. : amende de 200 €) ; de vente à la sauvette (C. pén., art. 446-1, al. 3 : amende de 300 €) ; d'utilisation, au cours d'un transport routier, d'une carte de conducteur non conforme ou n'appartenant pas au conducteur l'utilisant, ou de conduite sans carte insérée dans le chronotachygraphe du véhicule (C. transp., art. L. 3315-5, dern. al. : amende de 800 €) ; d'occupation en réunion des parties communes des immeubles collectifs d'habitation (CCH, art. L. 126-3, dern. al. : amende de 200 €).

La procédure est applicable aux PM, le montant de l'amende étant quintuplé (C. pr. pén., art. 495-24-1). La procédure n'est pas applicable si le délit a été commis par un mineur ou en état de récidive légale ou si plusieurs infractions, dont l'une au moins ne peut donner lieu à une amende forfaitaire, ont été constatées simultanément. En outre, le Conseil constitutionnel a formulé une réserve d'interprétation : ces dispositions « ne sauraient, sans méconnaître le principe d'égalité devant la justice, s'appliquer à des délits punis d'une peine d'emprisonnement supérieure à trois ans » (Cons. const. 21 mars 2019, décis. n° 2019-778 DC, § 252).

– *Accès au juge théoriquement préservé*. L'éviction du juge de la procédure simplifiée est toutefois, en théorie, seulement potentiellement différée. La procédure réserve en effet le droit à l'intervention du juge de police ou correctionnel. L'auteur des faits peut refuser la procédure en adressant soit une requête en exonération au stade de l'amende forfaitaire, soit une réclamation motivée au stade de l'amende forfaitaire majorée. Il peut ainsi contester dans les quarante-cinq jours qui suivent la constatation de l'infraction ou l'envoi de l'avis de verbalisation, en formulant une requête tendant à son exonération du paiement de l'amende forfaitaire. Le contrevenant peut de même encore former réclamation au stade de la procédure de l'amende forfaitaire majorée, c'est-à-dire à défaut de paiement de l'amende forfaitaire ou d'avoir présenté une requête en exonération dans le délai de quarante-cinq jours. Celle-ci doit être adressée au ministère public dans le délai de trente jours de l'envoi de l'avis invitant le contrevenant à payer l'amende forfaitaire majorée (C. pr. pén., art. 530). L'officier du ministère public n'a alors, en théorie, d'autre choix que de renoncer aux poursuites et de classer sans suite l'affaire, de renvoyer le prévenu devant la juridiction compétence ou éventuellement de recourir à la procédure d'ordonnance pénale. Il ne peut aviser l'intéressé de l'irrecevabilité de la réclamation que si cette dernière est non motivée ou non accompagnée de l'avis de contravention (C. pr. pén., art. 530-1).

– *Accès au juge pratiquement entravé*. L'accès au juge théoriquement préservé s'avère toutefois en pratique largement entravé.

D'abord, l'art. 529-10, 2°, C. pr. pén. fixe une condition de recevabilité particulière à la requête adressée au ministère public contestant une des contraventions mentionnées à l'article L. 121-3, C. route, celle de la production d'un document démontrant qu'il a été acquitté une consignation préalable. Or, même si la CEDH, dans son arrêt *Thomas c/ France* du 29 avril 2008, a estimé qu'une telle consignation ne constituait pas une atteinte au droit d'accès au tribunal, l'exigence de consignation préalable a nécessairement pour effet de dissuader le contrevenant.

Ensuite, dans le cadre de ces mêmes contraventions mentionnées à l'article L. 121-3, C. route, l'avant-dernier al. de l'art. 529-10, C. pr. pén., dispose que « l'officier du ministère public vérifie si les conditions de recevabilité de la requête ou de la réclamation prévues par le présent article sont remplies », sans que la loi n'organise de recours contre la décision d'irrecevabilité prononcée par le ministère public. L'accès au juge est donc subordonné à la seule appréciation du parquet, et le parquet se voit ainsi érigé en juge de premier et dernier ressort de l'accès au juge. Dans sa décision du 29 septembre 2010, le Conseil constitutionnel a formulé une réserve d'interprétation aux termes de laquelle « le droit à un recours juridictionnel effectif impose que la décision du ministère public déclarant irrecevable la réclamation puisse être contestée devant la juridiction de proximité ; qu'il en va de même de la décision déclarant irrecevable une requête en exonération lorsque cette décision a pour effet de convertir la somme consignée en paiement de l'amende forfaitaire ; que, sous cette réserve, le pouvoir reconnu à l'officier du ministère public de déclarer irrecevable une requête en exonération ou une réclamation ne méconnaît pas l'article 16 de la Déclaration de 1789 ». Comme l'avait relevé Jacques-Henri Robert, puisque la loi ne prévoit pas de procédure spécifique et que le Conseil ne requiert pas de modification législative, la Cour de cassation est invité implicitement a usé de la voie qu'elle a ouverte en interprétant extensivement l'article 530-2 du Code de procédure pénale ainsi rédigé : « [a]insi, le prétendu contrevenant peut contester la déclaration d'irrecevabilité de sa protestation sans qu'il y ait lieu de distinguer selon que le ministère public s'est fondé sur l'inobservation de conditions de forme imposées par la loi [...] ou sur une autre cause [...] ». Ce qu'a confirmé la chambre criminelle dans un arrêt du 25 mars 2014, après que la CEDH ait condamné la France pour l'état du droit antérieur.

Enfin, si, à la suite d'une requête en exonération ou à une réclamation, le ministère public décide de renvoyer le contrevenant devant une juridiction pénale, celle-ci se trouve liée par une amende-plancher : en cas de condamnation, l'art. 530-1, al. 2, C. pr. pén., prévoit que le juge ne peut prononcer une amende d'un montant inférieur à celui de l'amende forfaitaire prévue pour la contravention contestée, ni inférieur au montant de l'amende forfaitaire majorée dans les cas où le contrevenant ne s'est pas acquitté de l'amende initiale dans les délais et les conditions requis.

La loi de modernisation de la justice au XXIe siècle du 18 novembre prévoit désormais que le paiement de l'amende forfaitaire ou l'émission à cette fin d'un titre exécutoire non susceptible de réclamation (pour l'amende forfaitaire majorée) sont assimilés à une condamnation définitive en matière de récidive légale des contraventions de la 5e classe (C. pr. pén., art. 530-7, créé). La loi du 23 mars 2019 a abrogé l'art. 530-7, al. 2, C. pr. pén., qui assimilait le paiement de l'amende forfaitaire à une condamnation définitive en matière de récidive légale des contraventions de la 5e classe. Désormais, les amendes forfaitaires pour les contraventions de la 5e classe et pour les délits seront seulement inscrites au casier judiciaire national automatisé (C. pr. pén., art. 768).

• **L'ordonnance pénale : l'inversion juridictionnelle du contentieux** : cette procédure consiste, pour le procureur, à communiquer directement le dossier de la procédure au président du tribunal avec ses réquisitions quant à la ou aux peines qui doivent être prononcées, le président statuant sans débat préalable par une ordonnance portant relaxe ou condamnation à une amende ou à une ou plusieurs des peines complémentaires encourues. L'ordonnance est ensuite transmise au ministère public qui doit la faire notifier au prévenu et à la partie civile qui disposent d'un délai de trente jours en matière contraventionnelle ou de quarante-cinq jours en matière délictuelle pour former opposition. À défaut d'opposition, l'ordonnance devient exécutoire. L'inertie de l'auteur vaut acceptation de la décision juridictionnelle dans la procédure de l'ordonnance pénale.

– *Champ d'application* : la procédure est applicable :

- en matière contraventionnelle : à toutes les contraventions y compris commises en récidive (C. pr. pén., art. 524). La procédure n'est toutefois pas applicable si le prévenu, auteur d'une contravention de la 5e classe, était âgé de moins de dix-huit ans au jour de l'infraction. Cette procédure ne peut plus être poursuivie lorsque la victime du dommage causé par la contravention a fait citer directement le prévenu avant qu'ait été rendue l'ordonnance ;
- en matière délictuelle (et aux contraventions connexes) : notamment, aux délits de vol ; de recel ; de filouterie ; de détournement de gage ou d'objet saisi ; de destructions, dégradations et détériorations d'un bien privé ou public ; de fuite, lorsqu'il est commis à l'occasion de la conduite d'un véhicule ; de vente à la sauvette ; d'usage de produits stupéfiants prévu au premier alinéa de l'article L. 3421-1 CSP ; d'occupation des espaces communs des immeubles collectifs d'habitation ; aux délits prévus par le Code de la route (C. pr. pén., art. 495-1, II). La procédure n'est pas applicable si le prévenu était âgé de moins de dix-huit ans au jour de l'infraction ; si la victime a fait directement citer le prévenu avant qu'ait été rendue l'ordonnance ; si le délit a été commis en même temps qu'un délit ou qu'une contravention pour lequel la procédure d'ordonnance pénale n'est pas prévue ; si les faits ont été commis en état de récidive légale (C. pr. pén., art. 495-1, III).

Procédure et peines pouvant être prononcées : le ministère public communique au juge compétent le dossier de la poursuite et ses réquisitions. Le juge statue sans débat préalable par une ordonnance pénale, motivée seulement en matière délictuelle (C. pr. pén., art. 495-2, al. 2nd), portant soit relaxe, soit condamnation à une amende ainsi que, le cas échéant, à une ou plusieurs des peines complémentaires encourues. S'il estime qu'un débat contradictoire est utile, le juge renvoie le dossier au ministère public aux fins de poursuite dans les formes de la procédure ordinaire. En matière délictuelle, les peines complémentaires peuvent être prononcées à titre principal et le montant maximal de l'amende pouvant être prononcé est limité à la moitié de celui de l'amende encourue sans pouvoir excéder 5 000 € (C. pr. pén., art. 495-1, al. 2, *in fine*).

– *Effets et attributs de l'ordonnance pénale* (C. pr. pén., art. 495-5 à 495-6 et art. 528-1 et 528-2) : l'ordonnance pénale à laquelle il n'a pas été formé opposition a les effets d'un jugement passé en force de chose jugée. Cependant, elle n'a pas l'autorité de la chose jugée à l'égard de l'action civile en réparation des dommages causés par l'infraction. Le code réserve le droit de la partie lésée de citer directement l'auteur des faits devant le tribunal.

β. *Les modes de poursuites consacrant la négation du contentieux*

Il y en a deux :

• **La comparution sur reconnaissance préalable de culpabilité ou CRPC** : elle constitue un mode de poursuite par lequel le procureur propose à la personne qu'il soupçonne d'avoir commis une infraction, une peine ne pouvant être supérieure, depuis la loi du 23 mars 2019, à trois ans d'emprisonnement et ne pouvant excéder la moitié de la peine encourue, lorsque celle-ci reconnaît sa culpabilité (C. pr. pén., art. 495-8).

– *Champ d'application* : la loi du 13 décembre 2011 a élargi le domaine de la CRPC, jusque-là limité aux infractions punies d'une peine d'emprisonnement inférieure à 5 ans. Désormais, la procédure est applicable en principe à l'ensemble des délits, à l'exception de ceux mentionnés à l'art. 495-16, C. pr. pén. – les délits commis par un mineur de dix-huit ans, les délits de presse, les délits d'homicides involontaires, les délits politiques –, et des délits d'atteintes volontaires et involontaires à l'intégrité des personnes et d'agressions sexuelles lorsqu'ils sont punis d'une peine d'emprisonnement d'une durée supérieure à cinq ans (C. pr. pén., art. 495-7). La loi du 23 octobre 2018 a en outre ouvert la CRPC au délit de fraude fiscale.

– *Procédure* : le recours à la CRPC peut être à l'initiative du procureur, de la personne mise en cause ou de son avocat. Depuis la loi du 23 mars 2019, « [l]e procureur de la République peut, avant de proposer une peine [...], informer par tout moyen la personne ou son avocat des propositions qu'il envisage de formuler », ce qui semble ouvrir la possibilité d'une négociation entre le procureur et la personne mise en cause ou son avocat. La proposition est faite alors que la personne est convoquée à cette fin ou déférée devant le procureur. Ce dernier recueille la reconnaissance des faits reprochés avant de formuler sa proposition en présence de l'avocat de l'intéressé. La personne ne peut renoncer à son droit d'être assistée par un avocat. L'avocat doit pouvoir consulter sur-le-champ le dossier. La personne peut librement s'entretenir avec son avocat, hors la présence du procureur, avant de faire connaître sa décision. Elle est avisée par le procureur qu'elle peut demander à disposer d'un délai de dix jours avant de faire connaître si elle accepte ou si elle refuse la ou les peines proposées (C. pr. pén., art. 495-8, al. 5 à 8). Lorsque la personne demande à bénéficier d'un délai avant de se prononcer le procureur peut la présenter devant le JLD pour que celui-ci ordonne son placement sous CJ, sous ARSE et si l'une des peines proposées est égale ou supérieure à deux mois d'emprisonnement ferme et que le procureur a proposé sa mise à exécution immédiate, son placement en DP jusqu'à ce qu'elle comparaisse de nouveau devant le procureur. Cette nouvelle comparution doit intervenir dans un délai compris entre dix et vingt jours à compter de la décision du JLD. À défaut, il est mis fin au CJ, à l'ARSE ou à la DP de l'intéressé si l'une de ces mesures a été prise (C. pr. pén., art. 495-10).

Lorsque, en présence de son avocat, la personne accepte la ou les peines proposées, elle est présentée devant le juge saisi par le procureur d'une requête en homologation. Si la personne n'est pas détenue, elle peut être convoquée devant le juge par lui dans un délai inférieur ou égal à un mois. Le juge entend la personne et son avocat. Après avoir vérifié la réalité des faits et leur qualification juridique, il peut décider d'homologuer les peines proposées par le procureur. Il statue le jour même par ordonnance motivée. La procédure se déroule en audience publique; la présence du procureur à cette audience n'est pas obligatoire (C. pr. pén., art. 495-9).

L'ordonnance par laquelle le juge décide d'homologuer la ou les peines proposées est motivée par les constatations, d'une part, que la personne, en présence de son avocat, reconnaît les faits qui lui sont reprochés et accepte la ou les peines proposées par le procureur de la République, d'autre part, que cette ou ces peines sont justifiées au regard des circonstances de l'infraction et de la personnalité de son auteur. L'ordonnance a les effets d'un jugement de condamnation. Elle est immédiatement exécutoire. Lorsque la peine homologuée est une peine d'emprisonnement ferme, la personne est, selon les distinctions prévues au deuxième alinéa de l'article 495-8, soit immédiatement incarcérée en maison d'arrêt, soit convoquée devant le juge de l'application des peines, à qui l'ordonnance est alors transmise sans délai. Dans tous les cas, elle peut faire l'objet d'un appel de la part du condamné, conformément aux dispositions des articles 498, 500, 502 et 505. Le ministère public peut faire appel à titre incident dans les mêmes conditions. À défaut, elle a les effets d'un jugement passé en force de chose jugée (C. pr. pén., art. 495-11).

La loi du 23 mars 2019 a ajouté un art. 495-11-1 au C. pr. pén. qui reprend une réserve qu'avait formulée le Conseil constitutionnel dans sa décision du 2 mars 2004 : « [s]ans préjudice des cas dans lesquels les conditions prévues au premier alinéa de l'article 495-11 ne sont pas remplies, le président peut refuser l'homologation s'il estime que la nature des faits, la personnalité de l'intéressé, la situation de la victime ou les intérêts de la société justifient une audience correctionnelle ordinaire ou lorsque les déclarations de la victime entendue en application de l'article 495-13 apportent un éclairage nouveau sur les conditions dans lesquelles l'infraction a été commise ou sur la personnalité de son auteur ».

Depuis la loi n° 2009-526 du 12 mai 2009 de simplification et de clarification du droit et d'allégement des procédures, le procureur recourir à la technique dite de la « double-convocation » lui permettant de saisir parallèlement le juge homologateur et d'ordonner une COPV simultanément à la mise en œuvre de la procédure de CRPC (C. pr. pén., art. 495-15-1).

– *Effets et attributs de l'ordonnance d'homologation* : l'ordonnance d'homologation produit les effets d'un jugement de condamnation, dont le prévenu peut interjeter appel (C. pr. pén., art. 495-11, al. 3) La chambre criminelle considère qu'il s'instaure devant le juge homologateur un débat au fond. Aussi, dès lors qu'il résulte de l'art. 385, C. pr. pén., que les exceptions de nullité de la procédure doivent, à peine de forclusion, être présentées avant toute défense au fond, la Haute juridiction en déduit que le prévenu qui a interjeté appel de l'ordonnance d'homologation ne peut soulever, pour la première fois devant la cour d'appel, une exception de nullité relative à l'enquête qui a précédé la mise en œuvre de la procédure de comparution sur reconnaissance préalable de culpabilité (Crim. 22 févr. 2012, *Bull. crim.* n° 52). **Soyez vigilant : il vous faut donc faire état des nullités de la procédure devant le juge homologateur, à peine d'irrecevabilité devant la Cour d'appel.**

– *Recours possible à la CRPC à l'issue de l'instruction préparatoire.* La loi du 13 décembre 2011 a innové en autorisant le recours à la CRPC à l'issue de l'instruction préparatoire. En vertu de l'article 180-1, C. pr. pén., « si le juge d'instruction estime que les faits constituent un délit, que la personne mise en examen reconnaît les faits et qu'elle accepte la qualification pénale retenue, il peut, à la demande ou avec l'accord du procureur de la République, du mis en examen et de la partie civile, prononcer par ordonnance le renvoi de l'affaire au procureur de la République aux fins de mise en œuvre d'une comparution sur reconnaissance préalable de culpabilité conformément à la section 8 du chapitre Ier du titre II du livre II ».

• **La convention judiciaire d'intérêt public ou CJIP** : la CJIP présente une double nature, puisqu'elle constitue tout à la fois une alternative aux poursuites et une poursuite en forme alternative au procès contentieux :

– proposée « tant que l'action publique n'a pas été mise en mouvement », la CJIP constitue, on l'a vu, une alternative aux poursuites puisque son exécution éteindra l'action publique;

– mais la CJIP peut également être proposée, après le déclenchement de l'action publique par un réquisitoire introductif ou supplétif, au cours ou à l'issue de l'instruction préparatoire, par le juge d'instruction, « à la demande ou avec l'accord du procureur de la République », lorsque les faits qualifiés constituent un des délits mentionnés au I de l'article 41-1-2 (C. pr. pén., art. 180-2 et 180-3). La loi du 24 décembre 2020 a supprimé la nécessité que la personne morale mise en examen, à ce stade, reconnaisse les faits et qu'elle accepte la qualification pénale retenue.

Cas pratique n° 10

› Énoncé

Pierre et Émilie sont en voie de séparation. Pierre est partie à Deauville en laissant une lettre de rupture sur la table du petit déjeuner. Dans un excès de colère, Émilie dénonce Pierre à la police en indiquant qu'il a acheté un ordinateur volé et l'utilise sans sourciller. Le lendemain matin deux OPJ se rendent à la maison des parents de Pierre à Deauville. En présence de deux femmes de ménage – Pierre et ses parents passent une journée à la plage –, ils saisissent l'ordinateur portable dont le numéro de série avait été signalé comme volé.

Quelques semaines après cette perquisition, Pierre reçoit une convocation en vue d'une audition libre. Il se présente au commissariat, on lui notifie la qualification de l'infraction, à savoir le recel, la date et le lieu présumés du recel et son droit de quitter le commissariat à tout moment. Très à l'aise devant l'OPJ, Pierre répond à toutes les questions. Ses réponses ne laissent aucun doute : il a acquis l'ordinateur en parfaite connaissance de sa provenance illicite.

Pierre vous demande votre avis quant à la régularité de la procédure.

› Correction

Les faits de l'espèce soulèvent deux questions : d'une part, celle de la régularité de la perquisition (I), d'autre part, celle de la validité de l'audition libre de Pierre (II).

I/ La perquisition

Nous sommes en présence d'une perquisition, opérée à la suite d'une dénonciation non anonyme et en l'absence de l'intéressé (deux femmes de ménage étaient toutefois présentes). Afin d'apprécier la régularité de cet acte, il faut préalablement définir le cadre de l'enquête (A), car il conditionnera le régime juridique de la perquisition (B).

A – Le cadre de l'enquête

L'enquête préliminaire étant le cadre d'enquête par défaut, il conviendra de vérifier d'abord les conditions de l'enquête de flagrance.

En premier lieu, en vertu des articles 17 et 53, C. pr. pén., la compétence pour diligenter une enquête de flagrance revient en principe à un officier de police judiciaire. L'article 54, C. pr. pén., impose à l'OPJ une information immédiate du procureur de la République, étant précisé que la ladite information n'est pas prescrite à peine de nullité (cf. Crim. 26 févr. 1991). Cette condition semble remplie en l'espèce.

En deuxième lieu, il faut remplir un critère de la gravité de l'infraction prévu aux articles 67 et 53, C. pr. pén. : l'infraction en cause doit être un crime ou un délit puni d'une peine d'emprisonnement.

En l'espèce, il s'agit d'un délit de recel passible d'une peine de cinq ans d'emprisonnement en vertu de l'article 321-1, C. pén. Cette condition est également remplie.

En troisième lieu, une condition temporelle est exigée. En effet, l'article 53, C. pr. pén., énumère quatre cas de flagrance, à savoir, l'hypothèse où l'infraction est en train de se commettre, celle où l'infraction vient de se commettre, celle où, dans un temps très voisin de l'action, la personne soupçonnée est poursuivie par la clameur publique et, enfin, celle où, dans un temps très voisin de l'action, la personne soupçonnée est trouvée en possession d'objets, ou présente des traces ou indices, laissant penser qu'elle a participé à l'infraction. Autrement dit, il doit exister une proximité temporelle entre l'infraction et l'ouverture de l'enquête de flagrance. En l'espèce, le recel étant une infraction continue, on peut considérer qu'il est en train de se commettre. L'exigence temporelle est ainsi respectée.

Enfin, ne faut-il pas oublier de remplir le critère matériel de la flagrance. À ce titre, la jurisprudence exige un indice apparent et objectif du comportement délictueux (Crim. 30 mai 1980). Tel n'est pas le cas lorsqu'il n'existe qu'une dénonciation anonyme non corroborée par d'autres éléments (Crim. 11 juill. 2007). Cependant, constitue un indice objectif suffisant la dénonciation non anonyme faite aux policiers (par un internaute, par exemple : Crim. 1er oct. 2003) En l'espèce, la dénonciation par Émilie n'est pas anonyme. Elle suffit, de ce fait, pour caractériser un indice apparent d'une infraction en cours. Les conditions de l'enquête de flagrance sont donc réunies en l'espèce.

B – Le régime de la perquisition

En l'espèce des officiers de police judiciaire procèdent à une perquisition et saisie d'un ordinateur portable dans la maison des parents de Pierre, en présence de deux femmes de ménage et en l'absence de Pierre et de ses parents.

Selon la Cour de cassation la perquisition « implique la recherche, à l'intérieur d'un lieu normalement clos, notamment au domicile d'un particulier, d'indices permettant d'établir l'existence d'une infraction ou d'en déterminer l'auteur » (Crim. 29 mars 1994). Le domicile au sens de l'article 56, C. pr. pén., quant à lui, « ne signifie pas seulement le lieu où une personne a son principal établissement mais encore le lieu où, qu'elle y habite ou non, elle a le droit de se dire chez elle, quels que soient le titre juridique de son occupation et l'affectation donnée aux locaux » (Crim. 24 juin 1984).

L'acte d'enquête, en l'espèce, correspond tout à fait à cette définition. Qui plus est, les deux policiers qui se sont rendus dans la maison des parents de Pierre sont des officiers de police judiciaire (et donc compétents pour procéder à cet acte d'investigations en vertu de l'article 56, C. pr. pén.).

Qu'il s'agisse d'une enquête préliminaire ou de flagrance, une perquisition doit, en principe, avoir lieu aux heures légales, c'est-à-dire entre 6 h et 21 h, conformément à l'article 59, C. pr. pén.

En l'espèce, il est indiqué que les officiers de police judiciaire sont venus « le matin ». On suppose que cette venue a eu lieu après les six heures du matin.

En vertu de l'article 57, C. pr. pén., si le consentement de l'occupant n'est pas requis pour une perquisition ayant pour cadre l'enquête de flagrance, il n'en reste pas moins que les opérations doivent être faites en présence de la personne au domicile de laquelle la perquisition a lieu. En cas d'impossibilité de celle-ci, la personne désigne son représentant. À défaut, l'officier de police judiciaire choisit deux témoins (en dehors des personnes soumises à son autorité).

En l'espèce, la perquisition avait été effectuée en l'absence des occupants des lieux, il faudra que les officiers de police judiciaire démontrent l'impossibilité de les joindre (que la jurisprudence a tendance à apprécier strictement, par ex., Crim. 23 févr. 1988 : pour l'absence de l'occupant en raison de sa garde à vue). Sous cette réserve, la perquisition en présence de deux témoins, en l'occurrence, deux femmes de ménage, semble valable. Sinon, la nullité de la perquisition (et de la saisie en tant qu'acte subséquent) sera encourue (C. pr. pén., art. 59, al. 2), à la condition de démontrer le grief, conformément à l'article 802, C. pr. pén. (Crim. 17 sept. 1996).

Quant à la saisie, dans l'hypothèse de la validité de la perquisition, elle semble être régulière, puisqu'elle peut servir à la manifestation de la vérité. L'ordinateur a dû être inventorié et placé sous scellé.

Enfin, rappelons à Pierre que la loi du 23 mars 2019 a inséré dans le Code de procédure pénale un nouvel article 802-2 qui octroie, à la personne ayant subi une perquisition et « qui n'a pas été poursuivie devant une juridiction d'instruction ou de jugement au plus tôt six mois après l'accomplissement de cet acte peut, dans un délai d'un an à compter de la date à laquelle elle a eu connaissance de cette mesure, saisir le juge des libertés et de la détention d'une demande tendant à son annulation ».

II/ L'audition libre

En l'espèce Pierre a été auditionné librement. Il a été informé de la qualification de l'infraction (le recel), de la date et du lieu présumés dudit recel ainsi que de son droit de quitter le commissariat à tout moment. Lors de cette audition libre, Pierre a fait des déclarations auto-incriminantes. Il s'agit de vérifier si cette audition libre est valable.

Tout d'abord, rappelons que la garde à vue a désormais un caractère subsidiaire. Le principe est la liberté du suspect, l'exception est la contrainte (et donc sa garde à vue). En vertu de l'article 61-1, C. pr. pén., créé par la loi du 27 mai 2014, la « personne à l'égard de laquelle il existe des raisons plausibles de soupçonner qu'elle a commis ou tenté de commettre une infraction » peut être entendue librement, c'est-à-dire sans qu'il y ait une contrainte de se tenir à la disposition des enquêteurs. Si contrainte il y a, la personne doit être placée en garde à vue.

Cependant, selon l'article précité, de nombreuses obligations d'information incombent aux enquêteurs : ils doivent informer la personne suspectée non seulement de la qualification, de la date et du lieu présumés de l'infraction qu'elle est soupçonnée d'avoir commise ou tenté de commettre, du droit de quitter à tout moment les locaux où elle est entendue, du droit, le cas échéant, à un interprète, mais aussi du droit de faire des déclarations, de répondre aux questions qui lui sont posées ou de se taire, de la possibilité de bénéficier, le cas échéant gratuitement, de conseils juridiques dans une structure d'accès au droit et – pour les crimes et délits punis d'une peine d'emprisonnement – du droit d'être assistée au cours de son audition ou de sa confrontation, par un avocat choisi par elle ou, à sa demande, désigné d'office par le bâtonnier de l'ordre des avocats.

En l'espèce, la notification des droits qui avait été faite à Pierre n'est pas complète. L'officier de police judiciaire a omis de lui notifier son droit de se taire, son droit à une assistance par un avocat (le recel étant puni d'une peine de cinq ans d'emprisonnement) et son droit à des conseils juridiques dans une structure d'accès au droit. L'audition libre n'est pas valable.

Cas pratique n° 11

› Énoncé

Le 20 mars dernier, à 2 h du matin, une patrouille de police interpelle Pierre X..., qui circulait largement au-dessus des limitations de vitesse. Approchant pour le verbaliser, ils aperçoivent, depuis l'extérieur du véhicule, une dizaine d'ordinateurs portables négligemment posés sur la banquette arrière à côté d'un pied de biche. Immédiatement, ils nourrissent quelques soupçons quant à l'activité de Pierre, qui, de surcroît se montre extrêmement nerveux. Bien que celui-ci s'y oppose, les policiers décident de procéder à la fouille du véhicule sous le contrôle d'un officier de police judiciaire. En vérifiant les numéros de série des ordinateurs, ils constatent que ceux-ci sont le produit d'un vol commis dans un magasin informatique quelques semaines plus tôt. Dès la fin de la fouille, à 3 h, après avoir informé par téléphone le procureur de la République de leur découverte, les policiers présents procèdent à l'arrestation de l'intéressé et l'OPJ présent décide d'un placement en garde à vue. Mais Pierre ne se laisse pas faire, et les policiers doivent faire usage de la force pour lui passer les menottes. Pierre s'en tire avec quelques bleus sans gravité. Ils filent ensuite vers le commissariat, où un officier de police judiciaire les attend pour notifier à l'intéressé son placement en garde à vue (appelé sur une autre opération, l'officier de police judiciaire présent avait dû quitter prématurément les lieux). Ils y parviennent à 4 h du matin. Immédiatement, ses droits sont notifiés au conducteur. Pierre s'entretient avec un avocat dès 4 h 30 du matin, pour une durée de trente minutes avant que l'avocat quitte les lieux. Ses autres droits sont mis en œuvre conformément aux exigences légales. Pierre avoue finalement avoir commis l'infraction avant la fin de la garde à vue.

Que pensez-vous de la régularité de l'ensemble de la procédure ?

Une instruction est ensuite ouverte, sur réquisitoire introductif du procureur de la République, relativement aux infractions de vol et de recel de matériel informatique. Le magistrat instructeur place Pierre sous le statut de mis en examen, dans les conditions de forme requises par la loi. Il délivre aux enquêteurs une commission rogatoire portant sur les faits de vol et de recel, de manière à ce que ceux-ci procèdent à la mise en place d'écoutes sur la ligne téléphonique de Pierre. En interceptant ainsi une conversation entre Pierre et l'un de ses vieux amis, ils acquièrent la certitude que les deux compères se sont livrés à une importante entreprise d'extorsion aggravée quatorze ans auparavant, infraction pour laquelle trois personnes ont été déjà été définitivement condamnées en novembre 2008. À l'époque des faits, Pierre avait été inquiété, mais, faute d'éléments de preuve suffisants, il avait bénéficié d'un non-lieu.

Convaincus de « le tenir » cette fois-ci, les policiers procèdent, durant les heures légales et sur autorisation du procureur de la République, à la perquisition à son domicile.

Que pensez-vous du choix par le juge d'instruction du statut de mis en examen ? Des poursuites du chef d'extorsion aggravée sont-elles susceptibles d'être engagées ? Enfin, la perquisition est-elle conforme aux exigences légales ?

› *Correction*

Il nous faut étudier la régularité de la procédure antérieure à la saisine du juge d'instruction (I), la pertinence du choix fait par le juge d'instruction de mettre Pierre en examen (II), la recevabilité de l'action publique relative à l'extorsion aggravée (III) et, enfin, la régularité de la perquisition (IV).

I/ Sur la régularité de la procédure antérieure à la saisine du juge d'instruction

À 2 h du matin, circulant au-dessus des limitations de vitesse, Pierre X... est interpellé par une patrouille de police. Alors qu'ils procèdent à la verbalisation, les policiers aperçoivent, depuis l'extérieur du véhicule, une dizaine d'ordinateurs posés sur la banquette arrière à côté d'un pied de biche. Bien que M. X... s'y oppose, ils décident de fouiller le véhicule. En vérifiant les numéros de série des ordinateurs, ils constatent que ceux-ci sont le produit d'un vol commis quelques semaines plus tôt.

Dès la fin de la fouille, à 3 h, M. X... est arrêté, puis placé en garde à vue. Afin de s'assurer de la régularité de ces différents actes (B), il convient de déterminer au préalable dans quel cadre juridique ont agi les policiers (A).

A – Détermination du cadre juridique de l'action policière

Initialement, les policiers interpellent M. X... à la suite de la commission par celui-ci d'une infraction routière (excès de vitesse). Dans une telle hypothèse, les dispositions du Code de la route permettent aux agents de police judiciaire de contrôler les papiers d'un véhicule et l'identité du conducteur. Ainsi, au moment où les policiers s'approchent du véhicule ils agissent sur le fondement des dispositions spéciales du Code de la route. Mais une fois sur place, les policiers aperçoivent, sur la banquette arrière du véhicule, plusieurs ordinateurs et un pied de biche.

La question se pose donc de savoir si, à ce moment précis, les conditions de l'enquête de flagrance se trouvent réunies. Selon l'art. 53, C. pr. pén., la flagrance est caractérisée lorsque « l'infraction est en train de se commettre » (cas n° l), mais aussi lorsque « dans un temps très voisin de l'action, la personne soupçonnée est trouvée en possession d'objets ou présente des traces ou indices laissant penser qu'elle a participé à l'infraction » (cas n° 4).

En l'espèce chacun de ces deux cas de flagrance semble *a priori* exploitable. En effet, si l'on s'attache à l'infraction de vol, le cas n° 4 pourrait être envisagé. Toutefois, il semble que le vol ait eu lieu plusieurs semaines avant la découverte des ordinateurs et il semble difficile de considérer que Pierre fut trouvé, dans un temps très voisin de l'action en possession d'objets laissant penser qu'il a participé à l'infraction, comme le requiert le cas n° 4. Il semble plus judicieux de s'attacher non pas au vol, mais au recel car il s'agit d'une infraction continue, et c'est alors le cas n° I qu'il faudra qu'il faudra prendre en compte. En outre, on relèvera que dans un arrêt en date du 31 octobre 2017 (pourvoi n° 17-81.842), la chambre criminelle de la Cour de cassation a admis qu'« à la suite de la constatation d'un crime ou délit flagrant, l'enquête de flagrance peut être étendue à l'ensemble des infractions connexes à celui-ci [...] à la condition qu'il existe entre les faits objet des investigations des rapports étroits, analogues à ceux que la loi a spécialement prévus ». Or, l'art. 203, C. pr. pén., prévoit notamment un cas de connexité « lorsque des choses enlevées, détournées ou obtenues à l'aide d'un crime ou d'un délit ont été en tout ou en partie recelées ». Aussi, en l'espèce, les pouvoirs de flagrance pourraient virtuellement s'appliquer non seulement au recel qui se commet actuellement mais aussi au vol d'origine, à condition toutefois que la flagrance puisse être caractérisée à l'égard du recel.

Deux critères doivent se trouver réunis pour que la flagrance soit caractérisée à l'égard du recel : un critère matériel résultant de l'existence d'un indice apparent et un critère de gravité :

– *s'agissant du critère matériel*, la jurisprudence requiert, pour que soit ouverte une enquête de flagrance et, partant, que soit justifié l'usage de la coercition, l'existence d'un ou plusieurs indices apparents laissant présumer la commission d'une infraction (Crim. 4 janv. 1982). La suspicion des policiers doit dès lors se fonder sur des éléments objectifs permettant de déduire la commission d'une infraction. Ces indices sont divers dans la jurisprudence de la Cour de cassation, et peuvent être matériels ou bien tenant à l'attitude d'une personne. La jurisprudence retient une conception arithmétique de la suspicion nécessaire : plusieurs indices simples peuvent, en se cumulant, constituer un indice apparent.

En l'espèce, l'attention des policiers est attirée par la présence d'ordinateurs posés sur la banquette arrière du véhicule, et à proximité d'un pied de biche. De plus, M. X... se montre extrêmement nerveux. Le caractère inhabituel du nombre d'ordinateurs, la présence du pied de biche et l'attitude de M. X... constituent autant d'indices de la commission d'une infraction visée par l'article 53, C. pr. pén., quand bien même la nature exacte de celle-ci ne puisse être exactement déterminée. La situation de flagrance apparaît par conséquent caractérisée ;

– *s'agissant du critère de gravité*, la flagrance ne peut s'appliquer qu'à un crime ou, selon l'article 67, C. pr. pén., à un délit puni d'une peine d'emprisonnement. Il convient d'apprécier si cette qualification pouvait paraître raisonnable à l'époque des faits, mais peu importe que par la suite, les faits reçoivent une qualification contraventionnelle (Crim. 9 janv. 1990 ; Crim. 3 sept. 2002). Or, en l'espèce, tant le vol (C. pén., art. 311-1), que le recel (C. pén., art. 321-1), constituent des délits.

Précisons pour finir que la Cour de cassation considère qu'une enquête préliminaire et un contrôle d'identité peuvent être la source des indices caractérisant la flagrance. Elle rappelle ainsi que les officiers de police judiciaire, agissant en enquête préliminaire, peuvent procéder selon les règles prévues pour l'enquête de flagrance dès l'instant où ils relèvent des indices apparents d'un comportement délictueux révélant que l'infraction, objet de leurs investigations, répond à la définition de l'article 53 du Code de procédure pénale (Crim. 17 nov. 1998, *Bull. crim.* n° 302). La chambre criminelle avait pu, de la sorte, valider la saisine de la police en flagrance dès lors qu'avait été révélée une infraction au cours d'une opération administrative régulière, comme c'est le cas d'un contrôle d'identité (Crim. 13 janv. 1986, *Bull. crim.* n° 19 ; Crim. 2 mai 2007, *Bull. crim.* n° 112), voire d'un contrôle douanier (Crim. 18 avr. 1988, *Bull. crim.* n° 162) ou même d'un contrôle routier (Crim. 9 janv. 2002, *Bull. crim.* n° 2).

Une telle position, qui marque l'indifférence de la Haute juridiction quant à la source des indices constitutifs de la flagrance, favorise la mutabilité des cadres d'enquête. Elle permet ainsi de valider un montage procédural par le biais duquel les policiers débutent éventuellement leurs investigations par une enquête préliminaire comportant un certain nombre d'investigations (surveillances, filatures, vérifications), avant de basculer en enquête de flagrant délit qui constituera le cadre coercitif dans lequel s'opérera l'interpellation et tous les actes subséquents. Une telle indifférence permet concrètement aux policiers d'user de l'enquête préliminaire dans une optique attentiste, d'attendre que s'accumulent ainsi les informations permettant d'obtenir, à terme, un indice apparent.

Ainsi, en l'espèce, à partir du moment où les policiers aperçoivent l'objet volé ou recelé, ils sortent du cadre juridique du contrôle routier pour entrer dans celui de l'enquête de flagrance : au cours d'une opération régulière de contrôle routier, sont apparues les conditions permettant l'ouverture d'une enquête de flagrance.

C'est donc au regard des règles de cette enquête qu'il convient d'examiner la régularité des actes d'enquête.

B – Appréciation de la régularité des actes d'enquête

Il nous faut envisager successivement la fouille du véhicule de Pierre X… (1), l'arrestation (2) et la garde à vue subie par celui-ci (3).

1 • Sur la régularité de la fouille du véhicule

Selon l'art. 78-2-3, C. pr. pén., « [l]es officiers de police judiciaire, assistés, le cas échéant, des agents de police judiciaire et des agents de police judiciaire adjoints mentionnés aux 1°, 1° *bis* et 1° *ter* de l'article 21, peuvent procéder à la visite des véhicules circulant ou arrêtés sur la voie publique ou dans des lieux accessibles au public lorsqu'il existe à l'égard du conducteur ou d'un passager une ou plusieurs raisons plausibles de soupçonner qu'il a commis, comme auteur ou comme complice, un crime ou un délit flagrant ; ces dispositions s'appliquent également à la tentative ».

Les fouilles consistent dans la recherche d'indices dans tous les autres endroits qu'un lieu immobilier clos (par exemple, la personne elle-même ou son véhicule). Pour l'essentiel, perquisitions et fouilles sont soumises au même régime, à cette différence près que les fouilles ne sont pas soumises au régime des heures légales (Crim. 8 nov. 1979 : l'exigence de l'ouverture d'un coffre d'automobile au cours d'investigations policières concernant un crime flagrant n'a pas le caractère d'une perquisition domiciliaire et n'est donc pas soumise aux restrictions résultant des art. 56 s., C. pr. pén.). Elles peuvent donc être effectuées à tout moment. Ainsi, le fait que la fouille ait ici été effectuée à 2 h du matin ne constitue pas un motif d'irrégularité de la mesure. De plus, à l'image des perquisitions, et conformément à l'art. 78-2-3, C. pr. pén., les fouilles effectuées dans le cadre de l'enquête de flagrance ne nécessitent pas l'assentiment de la personne. Peu importe donc pour la régularité de l'opération que Pierre X... se soit ou non opposé à l'acte. Enfin, la fouille doit être effectuée en présence de l'intéressé, condition également remplie en l'espèce.

La fouille du véhicule de M. X... apparaît dès lors régulière.

2 • Sur la régularité de l'arrestation

L'art. 73, C. pr. pén., dispose qu'en cas de crime flagrant ou de délit flagrant puni d'une peine d'emprisonnement, « toute personne a qualité pour en appréhender l'auteur et le conduire devant l'officier de police judiciaire le plus proche ».

L'usage de la force n'est pas exclu pour procéder à une arrestation. La chambre criminelle de la Cour de cassation a ainsi considéré que l'usage de la force devait être nécessaire et proportionné aux conditions de l'arrestation (Crim. 13 avr. 2005).

En l'espèce, M. X... ne présente que quelques bleus, ce dont il résulte qu'il n'y a guère d'éléments pour considérer que l'usage de la force aurait été disproportionné. De plus, relevons qu'opposer une résistance violente à des personnes dépositaires de l'autorité publique dans l'exercice de leurs fonctions, peut constituer le délit de rébellion défini à l'art. 433-6 du C. pén.

Par ailleurs, l'art. 803, C. pr. pén., dispose qu'une personne peut être soumise au port des menottes si elle est considérée comme dangereuse pour autrui ou pour elle-même, ou bien si elle est susceptible de prendre la fuite.

En l'espèce, le fait que M. X... ait résisté à son arrestation justifie que les agents de police judiciaire l'aient soumis au port de menottes.

3 • Sur la régularité de la garde à vue

Ayant débutée à 2 h, la fouille s'achève à 3 h, heure à laquelle M. X... est arrêté. Après avoir informé par téléphone le procureur de la République, les agents de police judiciaire se rendent au commissariat. Ils y parviennent à 4 h du matin. Ses droits sont notifiés au suspect. Ses autres droits sont régulièrement mis en œuvre. M. X... avoue finalement avoir commis l'infraction avant la fin de la garde à vue.

Il convient ici de contrôler la régularité du placement en garde à vue (a) avant de s'assurer de celle de son exécution (b).

a. Régularité du placement en garde à vue

Plusieurs points doivent être examinés :

– **Selon le I de l'art. 63, C. pr. pén., seul un officier de police judiciaire est compétent pour décider d'un placement en garde à vue.** En l'espèce, le placement a bien été décidé par un OPJ. La garde à vue est donc à cet égard régulière.

– **En outre, depuis la loi du 15 juin 2000, seul un suspect de crime ou de délit puni d'emprisonnement peut être placé en garde à vue.** Aujourd'hui, l'art. 62-2, C. pr. pén., définit celui-ci comme « une personne à l'encontre de laquelle il existe une ou plusieurs raisons plausibles de soupçonner qu'elle a commis ou tenté de commettre un crime ou un délit puni d'une peine d'emprisonnement ». M. X..., dans le véhicule duquel des ordinateurs volés viennent d'être retrouvés, correspond effectivement à cette définition.

– **Depuis la loi du 14 avril 2011, la garde à vue doit constituer l'unique moyen de parvenir à l'un au moins des six objectifs fixés par l'art. 62-2, C. pr. pén.** En l'espèce, on peut penser qu'au regard de l'attitude de M. X... et compte tenu de la commission actuelle d'un recel, son placement en garde à vue constituait l'unique moyen ou d'empêcher qu'il ne modifie les preuves ou indices matériels (3°) ou, avec plus de certitude, de garantir la mise en œuvre des mesures destinées à faire cesser le délit de recel (6°).

– **Selon l'al. 2 du I de l'art. 63, C. pr. pén., l'officier de police judiciaire doit informer, dès le début de la mesure, le procureur de la République, par tout moyen, du placement de la personne en garde à vue.** En l'espèce, dès la fin de la fouille, à 3 h, les policiers ont informé par téléphone le procureur de la République de leur découverte, et l'on peut supposer que l'information comportait les motifs justifiant du placement en garde à vue ainsi que la qualification des faits.

– **Reste enfin à déterminer le moment auquel est intervenu le placement en garde à vue.** La jurisprudence considérait traditionnellement que la garde à vue commence dès que la personne a été contrainte de se tenir à la disposition de la police. C'est ce que la doctrine appelle le placement effectif en garde à vue. Cependant, ce placement effectif permet seulement d'apprécier le moment où la notification des droits doit avoir lieu. Pour calculer le délai de garde à vue, la jurisprudence se fondait sur le placement théorique qui peut être antérieur au placement effectif, puisqu'il était fixé au moment auquel la personne s'était tenue à la disposition de la police, qu'elle y ait ou non été contrainte. Ainsi, le placement effectif marquait le moment auquel les policiers devaient notifier ses droits à l'intéressé. Le placement théorique déterminait quant à lui le point de départ de la durée du délai de garde à vue.

En l'espèce, il s'agit de déterminer à quels moments est intervenu chacun de ces placements en garde à vue :

- *Sur le placement théorique en garde à vue et le point de départ du délai de garde à vue* : la loi du 27 mai 2014 a repris la jurisprudence antérieure. Le III de l'art. 63, C. pr. pén., dispose ainsi que « si, avant d'être placée en garde à vue, la personne a été appréhendée ou a fait l'objet de toute autre mesure de contrainte pour ces mêmes faits, l'heure du début de la garde à vue est fixée, pour le respect des durées prévues au II du présent article, à l'heure à partir de laquelle la personne a été privée de liberté. Si la personne n'a pas fait l'objet d'une mesure de contrainte préalable, mais que son placement en garde à vue est effectué dans le prolongement immédiat d'une audition, cette heure est fixée à celle du début de l'audition ».

  Aussi, s'agissant du placement théorique en garde à vue, il est intervenu au moment où M. X... s'est tenu à la disposition de la police, soit au moment de l'interpellation par les policiers, à 2 h le matin du 20 mars. C'est ce moment qu'il faudra prendre en compte pour décompter la durée de la garde à vue.

- *Sur le point de départ du placement effectif et l'appréciation de la tardiveté de la notification des droits*. La question du placement effectif en garde à vue soulève en revanche davantage de difficultés. On pourrait songer que c'est au début de la fouille du véhicule que la contrainte est apparue et que doit être fixé le placement effectif en garde à vue. Cependant, la jurisprudence, adopte une conception restrictive de la notion de contrainte. Ainsi, dans un arrêt du 15 septembre 2004 (pourvoi n° 04-84012), la chambre criminelle avait pu décider, pour des circonstances proches, que la contrainte des policiers n'est intervenue que postérieurement à la perquisition. C'est par conséquent à la fin de la fouille, au moment de l'arrestation proprement dite, soit à 3 h, qu'il faut fixer le moment du placement effectif en garde à vue.

b. Régularité de l'exécution de la garde à vue

Plusieurs points doivent ici être examinés successivement :

– **La durée de la garde à vue** : en enquête de flagrance, la garde à vue dure 24 heures (C. pr. pén., art. 63, II, al. 1er). Elle peut être prolongée de 24 heures sur autorisation écrite du procureur de la République, lorsque l'infraction dont la personne est soupçonnée est un crime ou un délit puni d'une peine d'emprisonnement supérieure ou égale à un an (C. pr. pén., art. 63, II, al. 2). L'autorisation ne peut en principe être accordée qu'après présentation de la personne au procureur de la République. Toutefois, cette présentation peut être réalisée par l'utilisation d'un moyen de télécommunication audiovisuelle et peut, à titre exceptionnel, être accordée par une décision écrite et motivée, sans présentation préalable.

C'est le placement théorique en garde à vue qu'il convient de considérer pour décompter ce délai, conformément au III de l'art. 63, C. pr. pén. Ainsi, en l'espèce, la garde à vue débute à 2 h le matin du 20 mars. La prolongation devait par conséquent intervenir, théoriquement à 2 h le matin du 21 mars, et la mesure prendre fin à 2 h le matin du 22 mars.

– **La notification du placement en garde à vue avec énoncé des droits**, ou, sous le contrôle de celui-ci, par un APJ, selon l'art. 63, al. 1er, C. pr. pén. : la notification doit être effectuée par un officier de police judiciaire. Cette condition a bien été respectée en l'espèce. Mais surtout, l'art. 63-1, C. pr. pén., impose que la notification du placement en garde à vue et des droits qu'elle permet soit immédiate, ce qui signifie que la notification doit être concomitante au placement effectif en garde à vue : l'atteinte existe dès lors que la personne a été gardée sous contrainte des policiers aux services de police (Crim. 11 oct. 2000, *Bull. crim.* n° 296).

Les droits de M. X... auraient donc dû lui être notifiés à 3 h du matin. Or, en l'espèce, la notification n'intervient qu'à 4 h et apparaît donc tardive. Toutefois, la chambre criminelle admet le retard dans la notification des droits dès lors qu'il est justifié par des circonstances insurmontables. Dans un arrêt du 26 novembre 2008, elle a ainsi considéré que constitue une circonstance insurmontable le délai de route entre le lieu de rétention douanière et le service de police chargé de la garde à vue subséquente (Crim. 26 nov. 2008). Bien plus, elle a considéré que la notification des droits n'a pas été tardive lorsque la notification ne pouvait se faire lors de l'interpellation de la personne gardée à vue sur la voie publique et qu'elle a été réalisée dès son arrivée dans les locaux de la gendarmerie plus de trois-quarts d'heure après la fouille (Crim. 23 mars 1999, *Bull. crim.* n° 51 : dans cet arrêt la chambre criminelle approuve la chambre de l'instruction d'avoir écarté la nullité au motif que « cette notification ne pouvait "décemment" se faire sur la voie publique »).

En l'espèce, la durée du trajet entre le lieu de l'arrestation et le commissariat pourrait justifier le retard. Le retard dans la notification ne semble donc pas de nature à nécessairement rendre irrégulière la garde à vue de M. X...

– **La présence de l'avocat** : l'entretien avec l'avocat doit intervenir dès le début de la garde à vue. L'art. 63-3-1, C. pr. pén., dispose ainsi que « dès le début de la garde à vue, la personne peut demander à être assistée par un avocat. Si elle n'est pas en mesure d'en désigner un ou si l'avocat choisi ne peut être contacté, elle peut demander qu'il lui en soit commis un d'office par le bâtonnier ». Et l'al. 2 de l'art. 63-4, C. pr. pén., précise que cet entretien « ne peut excéder trente minutes ». C'est ici aussi le placement effectif en garde à vue qu'il convient de prendre en compte. Toutefois, les policiers ne sont à cet égard tenus que d'une obligation de moyen, et non de résultat.

La Cour européenne des droits de l'homme a redéfini précisément les conditions de l'intervention de l'avocat en garde à vue. Elle a ainsi notamment jugé que l'art. 6, § 3, Conv. EDH impose la présence de l'avocat dès le début de la garde à vue et durant les interrogatoires auxquels cette mesure donne lieu, ainsi que l'accès du conseil au dossier de la procédure (CEDH 27 nov. 2008, *Salduz c/ Turquie*). Ainsi, la législation française antérieure à la loi du 14 avril 2011 réformant la mesure de garde à vue, n'était pas conforme aux exigences conventionnelles. Aussi, l'al. 1er de l'art. 63-4-2, C. pr. pén., dispose-t-il désormais que « [l]a personne gardée à vue peut demander que l'avocat assiste à ses auditions et confrontations. Dans ce cas, la première audition, sauf si elle porte uniquement sur les éléments d'identité, ne peut débuter sans la présence de l'avocat choisi ou commis d'office avant l'expiration d'un délai de deux heures suivant l'avis adressé dans les conditions prévues à l'art. 63-3-1 de la demande formulée par la personne gardée à vue d'être assistée par un avocat ».

En l'espèce, arrivé au commissariat à 4 h du matin, M. X... s'entretint avec un avocat dès 4 h 30 du matin, pour une durée de 30 minutes avant que l'avocat ne quitte les lieux. Ainsi, lorsque, comme en l'espèce, les policiers ont accompli en temps voulu les diligences nécessaires à la mise en œuvre de l'entretien avec l'avocat, la procédure est régulière, peu importe que la présence de l'avocat aux auditions n'ait finalement pas pu avoir lieu.

II/ Sur le choix du statut de mis en examen

Saisi de l'affaire par le procureur de la République, le juge d'instruction place M. X... sous le statut de mis en examen. Il s'agit d'apprécier la régularité d'un tel choix.

Selon l'art. 80-1, C. pr. pén., le juge d'instruction peut mettre en examen une personne contre laquelle il existe des indices graves ou concordants de culpabilité. Ainsi, pour que la mise en examen soit possible, il faut pouvoir relever soit l'existence de plusieurs indices, même légers, dès lors qu'ils sont concordants, soit l'existence d'un seul indice, à la condition qu'il soit grave.

En l'espèce, des ordinateurs ont été retrouvés dans le véhicule de M. X..., ce qui constitue incontestablement un indice grave. Un indice grave étant caractérisé, il convient de conclure que la mise en examen n'était pas prématurée.

Toutefois, la mise en examen devient obligatoire en cas d'indices graves et concordants. L'art. 105, C. pr. pén., prohibe en effet les mises en examen tardives. Reste ainsi à déterminer dans quelle mesure les indices recueillis contre M. X... peuvent être qualifiés d'indices graves et concordants.

En l'espèce, M. X... s'est montré nerveux lors de la fouille. Il a en outre résisté à son interpellation par les policiers. De plus, il a formulé des aveux durant sa garde à vue. Tous ces éléments peuvent être regardés comme des indices concordants venant corroborer l'indice grave résultant des constatations effectuées par les policiers au cours de la fouille du véhicule. Il s'agit donc ici d'indices à la fois graves et concordants.

En conséquence, non seulement la mise en examen de M. X… est régulière, mais, de surcroît, elle s'imposait au juge d'instruction.

III/ Sur l'extinction de l'action publique relative à l'extorsion aggravée

Le juge d'instruction acquiert la certitude que M. X… s'est livré à une importante entreprise d'extorsion criminelle 14 ans auparavant, infraction, pour laquelle trois personnes ont été déjà été définitivement condamnées en novembre 2008. À l'époque des faits, M. X… avait été inquiété, mais, faute d'éléments de preuve suffisants, il n'avait pas été renvoyé devant la Cour d'assises. Il convient d'envisager les éventuels obstacles aux poursuites du chef d'extorsion : la question de la prescription de l'action publique (A) et celle de l'autorité des décisions dont il a pu faire l'objet (B).

A – La question de la prescription de l'action publique

Il résulte des dispositions de l'art. 6, C. pr. pén., que l'action publique s'éteint par la prescription. L'art. 7 du même code dispose que l'action publique s'éteint, en principe, par vingt années révolues à compter du jour où le crime a été commis. Dans sa rédaction antérieure à la loi du 27 février 2017, ce même article 7 du C. pr. pén. fixait un délai de prescription, pour les crimes, à dix ans. La jurisprudence assimilait aux actes de poursuite entraînant l'interruption de la prescription tous les jugements ou arrêts définitifs ou avant-dire droit (Crim. 23 mars 1912, et Paris, 1er févr. 1912), rendus contradictoirement ou par défaut. La loi du 27 février 2017 réformant la prescription en matière pénale a consacré cette solution : l'art. 9-2, C. pr. pén., dispose ainsi que « Le délai de prescription de l'action publique est interrompu par : 4° Tout jugement ou arrêt, même non définitif, s'il n'est pas entaché de nullité ».

En l'espèce, la Cour d'assises a condamné trois personnes par un arrêt rendu en novembre 2008. Cet arrêt constituait et constitue toujours un acte interruptif de prescription.

Quant aux effets de l'interruption de la prescription, rappelons que l'interruption de la prescription opère *in rem*, non *in personam*, et joue en conséquence à l'égard de tous les auteurs, coauteurs et complices, même non visés par l'acte d'instruction ou de poursuite (Crim. 5 juill. 1993, *Bull. crim.* n° 239 : l'interruption de la prescription de l'action publique, par l'accomplissement d'un acte d'instruction ou de poursuite, a un effet absolu qui se produit à l'égard de tous les auteurs et complices, connus ou inconnus).

Il en résulte que la prescription a nécessairement été interrompue à cette date, y compris à l'égard de M. X… bien que ce dernier n'ait pas été partie à cet arrêt. L'action publique n'est donc pas éteinte par la prescription, laquelle ne sera acquise, a minima, qu'en novembre 2028 (la loi nouvelle relative à la prescription étant d'application immédiate lorsque la prescription n'était pas acquise au jour de son entrée en vigueur : C. pén., art. 112-2 4°).

B – La question de l'autorité de la chose jugée

M. X... avait été inquiété, mais, faute d'éléments de preuve suffisants, il n'avait pas été renvoyé devant la cour d'assises. Sans plus de précisions, il convient d'envisager l'éventuelle autorité du classement sans suite ou du non-lieu dont il aurait pu bénéficier (1) et l'autorité de l'arrêt d'assises (2).

1 • L'absence d'autorité de la décision de non-lieu

L'art. 188, C. pr. pén., dispose que « la personne mise en examen à l'égard de laquelle le juge d'instruction a dit n'y avoir lieu à suivre ne peut plus être recherchée à l'occasion du même fait, à moins qu'il ne survienne de nouvelles charges ».

La réouverture de l'information clôturée par une ordonnance de non-lieu est la seule voie permettant de revenir sur l'autorité de chose jugée attachée à cette décision.

L'art. 189, C. pr. pén., définit ce qui constitue des charges nouvelles. Aux termes de cette disposition, sont considérées comme charges nouvelles les déclarations des témoins, pièces et procès-verbaux qui, n'ayant pu être soumis à l'examen du juge d'instruction, sont cependant de nature soit à fortifier les charges qui auraient été trouvées trop faibles, soit à donner aux faits de nouveaux développements utiles à la manifestation de la vérité.

En l'espèce, si M. X... avait bénéficié d'un non-lieu à l'issue de l'information, la réouverture de l'information est possible car les procès-verbaux des écoutes constituent des charges nouvelles. Conformément à l'art. 190, C. pr. pén., il appartient au ministère public seul de décider s'il y a lieu de requérir la réouverture de l'information sur charges nouvelles.

2 • L'absence d'autorité de l'arrêt d'assises à l'égard de M. X...

L'art. 6, C. pr. pén., dispose que l'action publique s'éteint par la chose jugée. Spécialement en matière criminelle, l'art. 368, C. pr. pén., rappelle qu'aucune personne acquittée légalement ne peut plus être reprise ou accusée à raison des mêmes faits, même sous une qualification différente. Conformément à une jurisprudence constante, l'exception d'autorité de la chose jugée ne peut être valablement invoquée que lorsqu'il existe une identité de cause, d'objet et de parties entre les deux poursuites.

En l'espèce, M. X... n'était pas partie à la précédente procédure criminelle, ce dont il résulte qu'il ne peut valablement invoquer l'exception d'autorité de chose jugée dont était assorti l'arrêt rendu par la cour d'assises.

L'action publique relative à l'extorsion aggravée n'est ainsi pas éteinte. Des poursuites sont donc susceptibles d'être exercées de ce chef.

IV/ Sur la régularité de la perquisition

Une instruction est ouverte, sur réquisitoire introductif du procureur de la République, relativement aux infractions de vols et de recel. Dans ce cadre, le magistrat instructeur délivre aux enquêteurs une commission rogatoire de manière à ce que ceux-ci procèdent à la mise en place d'écoutes téléphoniques. En interceptant une conversation entre M. X... et l'un de ses vieux amis, ils acquièrent la certitude que les deux compères se sont livrés à une importante entreprise d'extorsion aggravée. Les policiers procèdent alors, durant les heures légales, et sur autorisation du procureur de la République, à la perquisition à son domicile.

Afin de s'assurer de la régularité de la perquisition (B), il convient au préalable de déterminer dans quel cadre juridique ont agi les policiers (A).

A – Détermination du cadre juridique de l'action policière

En vertu de l'art. 80, C. pr. pén., le juge d'instruction ne peut informer qu'en vertu d'un réquisitoire du procureur de la République. Lorsque des faits, non visés au réquisitoire, sont portés à la connaissance du juge d'instruction, celui-ci doit immédiatement communiquer au procureur de la République les plaintes ou procès-verbaux qui les constatent. Le procureur de la République apprécie alors, en opportunité, la suite à donner à ces nouveaux faits, par exemple en saisissant le juge d'instruction par un réquisitoire supplétif, ou bien en ordonnant une enquête.

Ce texte pose ainsi le principe de la saisine *in rem* du juge d'instruction : celui-ci ne peut instruire que sur les seuls faits dont il est saisi, et déterminés à partir des qualifications retenues au réquisitoire introductif.

En l'espèce, le juge d'instruction a été saisi par réquisitoire du procureur de la République des chefs de vols et de recel. Les écoutes téléphoniques ont révélé des faits nouveaux d'extorsion aggravée dont le magistrat instructeur n'était à l'évidence pas saisi. Or, le procureur de la République ayant autorisé une perquisition au domicile de M. X..., on peut penser que celui-ci n'a pas entendu saisir le juge d'instruction de ces nouveaux faits au moyen d'un réquisitoire supplétif, mais qu'il a préféré ordonner une enquête qui, compte tenu de l'ancienneté des faits, est nécessairement une enquête en la forme préliminaire.

B – Régularité de la perquisition

Dans le cadre des enquêtes préliminaires, il résulte des dispositions de l'art. 76, C. pr. pén., que les perquisitions, visites domiciliaires et saisies de pièces à conviction ne peuvent être effectuées sans l'assentiment exprès de la personne chez laquelle l'opération a lieu. Cet assentiment doit en principe faire l'objet d'une déclaration écrite de la main de l'intéressé.

Exceptionnellement, il peut être procédé à une perquisition sans l'assentiment de l'intéressé, sur décision du JLD, conformément à l'art. 76, al. 4, C. pr. pén. L'article 57 du Code de procédure pénale ajoute que les opérations de perquisition doivent en principe être faites en présence de la personne au domicile de laquelle la perquisition a lieu.

En l'espèce, la perquisition effectuée au domicile de M. X... est irrégulière en ce qu'elle a été effectuée dans le cadre d'une enquête préliminaire, sans sa présence ni son assentiment, la seule autorisation du procureur de la République étant inopérante.

Cas pratique n° 12

› Énoncé

À l'occasion d'une instruction préparatoire ouverte des chefs de meurtre le juge d'instruction Bréchet procéda, régulièrement, à la mise en examen de Patrick X… Ce dernier lui tenait alors des propos décousus et, ayant été diagnostiqué schizophrène il y a quelques années, le juge sollicita alors une expertise psychiatrique pour confirmer ou infirmer le diagnostic. Cependant, au cours de l'expertise, Patrick X… commença à parler sans interruption et dans une logorrhée parfois peu compréhensible. Le psychiatre mentionnera ainsi dans son rapport l'allusion persistante à un meurtre que Patrick tentait de faire passer pour un accident. À la lecture du rapport d'expertise, le juge Bréchet se souvient. Patrick avait été entendu dans le cadre d'une affaire classée sans suite qui concernait la mort non élucidée d'une joggeuse, survenue en 2004 et dont le corps, enterré dans une carrière désaffectée, n'avait été retrouvé qu'en 2006. Bréchet n'était alors qu'auditeur de justice, mais il avait pu assister aux investigations dans le cadre d'une enquête menée pour rechercher la cause de la mort. Néanmoins, trop peu d'éléments avaient pu être réunis et le dernier acte présent au dossier, outre un procès-verbal de synthèse du 4 avril 2009, était un soit-transmis du parquet adressé le 5 mai 2009 à la Caisse d'Allocations Familiales de la victime afin de procéder à des vérifications. Le Parquet sollicita finalement l'ouverture d'une information judiciaire concernant la disparition de la joggeuse…

L'action publique vous paraît-elle recevable ?

› Correction

L'information judiciaire pour les faits révélés lors de l'examen psychiatrique venant juste d'être ouverte, aucun acte ne semble encore avoir été effectué, pourtant une question importante apparaît, celle de la prescription des faits.

Les faits de disparition se sont déroulés en 2004 et le corps a été découvert en 2006. À supposer qu'ils soient infractionnels, l'infraction à l'origine de la mort a alors été commise en 2004, point de départ classique du délai de prescription de l'action publique. En l'espèce, les faits commis en 2004 connaissaient une prescription de dix ans (en application de l'ancien art. 7, C. pr. pén.), mais des actes interruptifs dont nous devrons examiner la teneur ont été réalisés en 2009. La prescription de l'action publique a en outre fait l'objet d'une réforme le 27 février 2017, conduisant pour une large part à une codification de l'édifice prétorien en construction depuis de longues années. Néanmoins un certain nombre de dispositifs nouveaux ont été établis. Aujourd'hui, quel dispositif devons-nous appliquer ?

– **Les règles applicables** : la loi nouvelle est-elle d'application immédiate (c'est-à-dire s'applique-t-elle à des faits commis antérieurement à l'entrée en vigueur de la loi nouvelle mais qui génèrent une situation en cours, c'est-à-dire pour des faits non encore prescrits) ? Que dit la loi nouvelle ? Une seule disposition transitoire a été prévue dans la loi du 27 février 2017, en son art. 4 : « La présente loi ne peut avoir pour effet de prescrire des infractions qui, au moment de son entrée en vigueur, avaient valablement donné lieu à la mise en mouvement ou à l'exercice de l'action publique à une date à laquelle, en vertu des dispositions législatives alors applicables et conformément à leur interprétation jurisprudentielle, la prescription n'était pas acquise. » Autant dire que cela ne concerne pas notre hypothèse.

En revanche, l'art. 112-2, C. pén., dispose que « [s]ont applicables immédiatement à la répression des infractions commises avant leur entrée en vigueur : [...] 4° Lorsque les prescriptions ne sont pas acquises, les lois relatives à la prescription de l'action publique et à la prescription des peines ». Jusqu'à la loi du 9 mars 2004, la règle était assortie d'une condition : l'application immédiate était exclue lorsque son effet était d'aggraver le sort du prévenu. La raison était notamment l'assimilation, qui a perduré en jurisprudence jusque dans les années 1990, à une loi de fond (elles peuvent aboutir, lorsque la prescription est acquise à une impunité du coupable). Toutefois, si l'on conçoit la prescription de l'action publique comme étant un obstacle aux poursuites, l'on peut aussi très bien y voir une loi de forme, ce que consacre formellement l'art. 112-2, C. pén., et la loi du 9 mars est venue supprimer cette exception. Il se peut donc très bien que la loi nouvelle sur la prescription de l'action publique aggrave la situation de l'auteur, cela n'a plus aucune incidence.

L'application immédiate d'un délai de prescription qui n'est pas atteint doit donc normalement conduire à appliquer la loi nouvelle et donc à doubler la durée du délai de prescription de l'action publique (de dix ans à vingt ans).

– **L'examen de l'interruption de la prescription de l'action publique** : en 2008, l'appréciation d'un acte interruptif de prescription était purement prétorienne. La définition était purement jurisprudentielle : les actes de poursuites ou d'instruction visent tous les actes « qui ont pour objet de constater une infraction, d'en assembler les preuves et d'en rechercher les auteurs » (Crim. 9 mai 1936). La liste de ces actes a fait l'objet d'une jurisprudence foisonnante et parfois peu cohérente. La doctrine s'est alors attachée à dégager des critères matériel (nature de l'acte), organique (auteur de l'acte) ou encore finaliste (but de l'acte) pour tenter de dessiner une ligne directrice lisible, mais il en ressortait un indéniable manque de clarté. Aujourd'hui, c'est l'art. 9-2, C. pr. pén., qui est applicable. Il prévoit que le délai de prescription de l'action publique est interrompu par : 1° un réquisitoire introductif (initiative du ministère public ou à la suite d'une plainte avec constitution de partie civile) ; un déclinatoire de compétence ; un réquisitoire supplétif ; toute demande d'acte par le MP au JI ; ordonnance du JI y répondant ; une constitution de partie civile ; le constat par le JI du dépôt de plainte, détermination du montant de la consignation ; la saisine du TC, TP ou JP ; 2° tout acte d'enquête émanant du ministère public, tout PV dressé par un OPJ (ou un APJ exerçant des pouvoirs de police judiciaire) tendant effectivement à la recherche et à la poursuite des auteurs d'une infraction ; 3° tout acte d'instruction prévu aux articles 79 à 230, C. pr. pén. (instruction), accompli par un juge d'instruction, une chambre de l'instruction ou des magistrats et officiers de police judiciaire par eux délégués, tendant effectivement à la recherche et à la poursuite des auteurs d'une infraction ; 4° tout jugement ou arrêt, même non définitif, s'il n'est pas entaché de nullité. L'effet est radical : conformément à l'art. 9-2, 5° « Tout acte, jugement ou arrêt mentionné aux 1° à 4° fait courir un délai de prescription d'une durée égale au délai initial. »

Pour ce qui nous concerne, à savoir un PV de synthèse du 4 avril 2009 et un soit-transmis du 5 mai 2009, il faut établir leur pouvoir interruptif :

- *pour ce qui est du PV de synthèse*, la jurisprudence antérieure à la loi du 27 février 2017 était très claire : la prescription de l'action publique n'est pas interrompue par la transmission d'un rapport de synthèse d'enquête au procureur de la République (Crim. 3 nov. 2015, *Bull. crim.* n° 237). Au regard de la loi nouvelle relative aux actes d'enquête, il faut que ces actes tendent « effectivement à la recherche et à la poursuite des auteurs d'une infraction » : tout porte à croire que la jurisprudence antérieure à la réforme se trouvera confortée. En l'espèce, le PV de synthèse du 4 avril 2009 n'a pas pour finalité la découverte de l'infraction ou la poursuite de ses auteurs, et il ne saurait par conséquent interrompre la prescription;
- *pour le soit-transmis*, la jurisprudence est aussi très claire, malgré un édifice prétorien assez fourni : il faut impérativement que le soit-transmis tende à la poursuite d'une infraction. Concrètement, un soit-transmis adressé à l'Aide sociale à l'enfance pour recueillir des informations sur des victimes dans l'affaire des disparues de l'Yonne est interruptif de prescription (Crim. 20 févr. 2002, *Bull. crim.* n° 242); en revanche le soit-transmis adressé par le parquet à son bureau d'ordre (son secrétariat) pour retrouver un dossier égaré ne tend pas directement à la découverte d'une infraction ou à la poursuite de son auteur (Crim. 19 févr. 2008, *Bull. crim.* n° 202). En l'occurrence, conformément à la jurisprudence de 2002, le soit-transmis adressé à une administration conduit à l'interruption de la prescription de l'action publique. En revanche la réponse adressée par l'administration, elle, ne saurait interrompre la prescription.

De même, en application de la loi nouvelle, la jurisprudence a été codifiée puisqu'en application de l'art. 9-2, C. pr. pén., est interruptif de prescription « tout acte d'enquête émanant du ministère public [...] tendant effectivement à la recherche et à la poursuite des auteurs d'une infraction ».

En l'occurrence le regard rétrospectif sur l'acte réalisé en 2009 conduit à penser qu'il était et qu'il demeure interruptif de prescription (de toute façon en application de la loi nouvelle, les actes ayant valablement interrompu la prescription avant la loi nouvelle ne sauraient être remis en cause, c'est le sens de l'art. 4 de la loi portant dispositions transitoires).

– **Effets de l'interruption** : sous l'ancienne jurisprudence comme sous l'empire de la loi nouvelle, l'effet est redoutable : c'est un nouveau délai qui commence.

En l'espèce, dans la mesure où le soit-transmis est interruptif de prescription : il fait courir un nouveau délai de dix ans, conduisant à un report de la prescription au 5 mai 2019. Mais il faut appliquer immédiatement la loi nouvelle. Le cumul des règles applicables conduit au raisonnement suivant : l'effet de l'acte interruptif est de faire commencer un nouveau délai au 5 mai 2009. L'effet de la loi nouvelle est de s'appliquer immédiatement (le crime se prescrit par vingt années) en fixant comme point de départ le jour de l'infraction commise ou du dernier acte interruptif réalisé (comme le soit-transmis est le dernier acte de procédure réalisé et qu'il est interruptif de prescription, il constituera le point de départ du raisonnement). Par conséquent, le nouveau délai de prescription de vingt années commence à courir au 5 mai 2000 et conduit à une extinction de l'action publique au 5 mai 2029.

Cas pratique nº 13

› Énoncé

Lors d'une patrouille sur le marché de la rue des Pyrénées samedi dernier, le lieutenant Petit a surpris Clément, le voisin de son fils, en train de voler des œufs. Pris sur le fait, l'OPJ tente de lui expliquer qu'il va dresser un procès-verbal pour constater le vol et qu'il serait plus intelligent de sa part d'accepter de le suivre pour une audition libre afin d'éviter une garde à vue compte tenu de la valeur de la chose volée. Mais Clément piqué dans son ego et furieux de s'être fait prendre la main dans le sac, se montre très véhément en lui disant qu'il ne « traite pas avec la flicaille » et qu'il ferait mieux d'aller voir ailleurs, tout en lui faisant un signe évocateur en passant son pouce en travers de sa gorge. Petit l'interpelle, le place régulièrement en garde à vue pour vol (infraction prévue et réprimée par les art. 311-1 et 311-3, C. pén.) et outrage sur personne dépositaire de l'autorité publique (infraction prévue et punie par l'art. 433-5, C. pén.). Il en informe le procureur, et tous deux sont d'accord sur le principe d'expédier rapidement cette affaire d'une grande simplicité.

Quelles sont les options procédurales à la disposition du parquet ?

› Correction

Les réponses pénales pouvant être apportées à la commission des deux délits sont nombreuses. En vertu de l'art. 40, C. pr. pén., le procureur de la République « apprécie la suite à leur donner conformément aux dispositions de l'article 40-1 ». C'est le très célèbre principe de l'opportunité des poursuites.

Toutefois, avant de décider soit de classer sans suite, soit de recourir à une alternative aux poursuites, soit encore de déclencher des poursuites, le procureur peut se donner du temps et soumettre l'individu à une sorte d'épreuve, en recourant à l'une des aides à la décision qui sont décrites par l'art. 41-1, C. pr. pén. (rappel à la loi, orientation vers une structure sanitaire ou sociale, par ex.). Le choix de recourir à une telle mesure préserve la liberté d'action du procureur puisque la chambre criminelle estime que même en cas de réussite, les mesures de l'article 41-1, C. pr. pén., n'éteignent pas l'action publique et le procureur de la République conserve la possibilité, tant que la prescription de l'action publique n'est pas acquise, de déclencher des poursuites ou de recourir à une alternative aux poursuites (Crim. 21 juin 2010, préc.). Toutefois, en cas d'échec, le procureur doit recourir à une alternative ou déclencher des poursuites, sauf élément nouveau (C. pr. pén., art. 41-1, dern. al.).

Si le procureur estime cette réponse pénale insuffisante, il peut recourir à une alternative aux poursuites. On relèvera que la loi du 23 mars 2019 a supprimé la transaction par officier de police judiciaire. Il n'est donc pas ici question d'y recourir. De même faut-il exclure la CJIP qui n'est ouverte qu'aux infractions commises par une personne morale. La seule alternative ouverte en l'espèce serait la composition pénale. Elle permettrait un traitement d'autant plus efficace si le procureur propose une amende qui ne dépasse pas le plafond contraventionnel dans la mesure où la loi du 23 mars

2019 a exclu, avec la bénédiction du Conseil constitutionnel, la validation d'une telle proposition par un juge du siège. En cas de réussite, l'action publique serait éteinte.

Le procureur pourrait préférer exercer l'action publique :

– il pourrait songer à requérir l'ouverture d'une instruction préparatoire en délivrant un réquisitoire introductif. Toutefois, l'instruction est facultative en matière délictuelle et sa plus-value en l'espèce serait très limitée : l'affaire est simple, aucune investigation supplémentaire n'est nécessaire. En outre, l'OPJ et le procureur souhaitent traiter cette affaire rapidement;

– parce que le dossier semble en état d'être jugé, le procureur pourrait, après déferement de Clément dans son cabinet, décidé de renvoyer en jugement soit par le biais d'une comparution immédiate (C. pr. pén., art. 395 : en flagrance, la peine encourue doit être d'au moins six moins, ce qui est le cas en l'espèce) ou de convocation par procès-verbal (C. pr. pén., art. 394 : il s'agit d'une notification par le Procureur de l'audience au mis en cause de comparaître librement dans un délai de dix jours à deux mois; si besoin, le procureur peut demander au JLD de prononcer un contrôle judiciaire). Si certains résultats d'actes d'investigations doivent encore parvenir au procureur (du type résultat des réquisitions des vidéos de surveillance de la rue des Pyrénées), il pourrait recourir à la procédure créée par la loi du 23 mars 2019, la comparution à délai différé;

– si le procureur ne souhaite pas s'embêter avec un déferement, il peut décider de renvoyer en jugement devant le tribunal correctionnel par le biais d'une convocation par OPJ (C. pr. pén., art. 390-1);

– il pourrait également être intéressant pour le procureur d'utiliser la procédure simplifiée de l'ordonnance pénale (C. pr. pén., art. 495 s., c'est un mode simplifié de jugement, mais qui ne s'applique que pour une liste limitative d'infractions : il ne faut pas qu'il requiert une amende supérieure à 5 000 € ni de peine d'emprisonnement). Pour le vol, l'ordonnance pénale est applicable puisque l'art. 495, C. pr. pén., vise bien « 1° Le délit de vol prévu à l'article 311-3 du Code pénal ainsi que le recel de ce délit prévu à l'article 321-1 du même code ». En revanche l'outrage envers une personne dépositaire de l'autorité publique n'est pas expressément mentionné, ce qui prive du recours à l'ordonnance pénale. En outre, le procureur pourrait recourir à la CRPC car les infractions devant être traitées sont des délits (C. pr. pén., art. 495-7).

Cas pratique n° 14

› *Énoncé*

À la suite d'une saisie de documents informatiques trouvés au domicile d'un ancien salarié, un juge d'instruction, saisi d'une affaire de blanchiment de fraude fiscale en bande organisée, dispose d'indices attestant que la banque dans laquelle travaille Jean a apporté son concours quant au placement et à la dissimulation des fonds à de nombreux contribuables qui n'avaient pas déclaré à l'administration fiscale les avoirs qu'ils détenaient sur leurs comptes bancaires.

Jean vous demande si sa banque peut éviter une condamnation pénale et bénéficier d'une mesure alternative aux poursuites pénales. Expliquez soigneusement les implications de la solution que vous proposez.

› *Correction*

L'infraction pénale qui concerne la banque est celle du blanchiment de fraude fiscale, puisque la banque avait participé au placement et à la dissimulation des fonds des contribuables français.

La question qui est posée en l'espèce est celle de l'évitement d'une condamnation pénale grâce à des mesures alternatives aux poursuites. Or, l'énoncé du sujet indique clairement que le juge d'instruction est déjà saisi de l'affaire. Cela signifie que le procureur de la République, qui procède ou fait procéder à tous les actes nécessaires à la recherche et à la poursuite des infractions à la loi ou au règlement, a décidé d'engager des poursuites en l'espèce. Cette option lui est offerte par l'art. 40-1, 1°, C. pr. pén., lorsqu'il estime que les faits qui ont été portés à sa connaissance constituent une infraction commise par une personne dont l'identité et le domicile sont connus et pour laquelle aucune disposition légale ne fait obstacle à la mise en mouvement de l'action publique.

Dans ces conditions, la mise en œuvre d'une alternative aux poursuites des articles 41-1, 41-1-2 ou 41-2, C. pr. pén., ou un classement sans suite ne sont plus envisageables en l'espèce. En effet, puisque nous sommes déjà dans la phase de l'instruction préparatoire, de prime abord, la condamnation pénale ne peut être évitée que pour des raisons relatives au fond de l'affaire (et qu'il n'est pas opportun d'évoquer dans le cadre de cette épreuve, en tout état de cause). Toutefois, procéduralement parlant, cette conclusion est trop hâtive.

En effet, l'article 180-2, C. pr. pén., créé par la loi du 9 décembre 2016, a prévu une passerelle assez originale qui permet au magistrat instructeur saisi des faits de renvoyer la procédure au procureur de la République dans une optique de conclusion d'un accord entre lui et la personne morale. L'originalité de cette passerelle découle justement d'une logique contradictoire : nonobstant le fait que l'action publique est déjà mise en mouvement – une information judiciaire est cours –, sera mise en place une procédure, la convention judiciaire d'intérêt public, relevant initialement des alternatives à la poursuite auxquelles l'art. 180-2, C. pr. pén., renvoie.

Dès lors, nous allons présenter cette passerelle procédurale (I) avant d'analyser les conditions (II), les mesures relevant de la convention judiciaire d'intérêt public (III) et la procédure à suivre (IV).

[Nous ne proposons pas en l'espèce la passerelle de l'article 180-1, C. pr. pén., à savoir passerelle de l'instruction à la comparution sur reconnaissance préalable de culpabilité, car il s'agit d'un mode de jugement pour les délits et qui produit les effets d'une condamnation.]

I/ La passerelle de l'instruction à la CJIP

L'art. 180-2, C. pr. pén., dispose que le juge d'instruction peut, à la demande du procureur de la République ou de sa propre initiative (mais avec l'accord du procureur de la République dans ce cas), prononcer par ordonnance la transmission de la procédure au procureur de la République aux fins de mise en œuvre de la procédure de convention judiciaire d'intérêt public (prévue à l'art. 41-1-2, C. pr. pén.).

L'alinéa 3 de l'art. 180-2, C. pr. pén., énonce que cette ordonnance a pour effet la suspension de l'instruction à l'égard de la personne morale (et non pas des autres personnes poursuivies). Les mesures relevant du contrôle judiciaire, en revanche, sont maintenues jusqu'à la validation de la convention.

En l'espèce, si l'instruction est toujours en cours et jusqu'à la procédure de règlement de l'article 180-2, C. pr. pén., le recours à ce mécanisme procédural reste possible.

Dans ce cas, le procureur de la République aura trois mois, à compter de la transmission de la procédure, pour conclure la convention (le dernier alinéa de l'article 180-2, C. pr. pén.). Et si l'accord n'est pas trouvé, ou si la convention n'est pas validée par le juge ou la personne morale se rétracte ou n'exécute pas intégralement les obligations de la convention, « le procureur de la République transmet la procédure au juge d'instruction, accompagnée des réquisitions aux fins de reprise de l'information ».

En d'autres termes, si la banque dans laquelle travaille Jean veut éviter le risque d'une condamnation pénale, elle devra accepter l'accord qui lui sera, le cas échéant, proposé par le procureur de la République.

II/ Les conditions de la CJIP

En quoi consiste la convention judiciaire d'intérêt public de l'article 41-1-2, C. pr. pén., et quelles sont ses conditions ? Il s'agit d'une procédure relevant d'une logique de la justice consensuelle, si ce n'est négocié, et qui aboutit à une conclusion d'une convention dont l'exécution éteint l'action publique ; de ce fait elle permet d'éviter les incertitudes quant aux issues du procès pénal et la mauvaise publicité pour l'infracteur. Elle est destinée exclusivement aux personnes morales ayant commis certaines infractions : corruptions et trafics d'influence passifs et actifs, blanchiment de fraude fiscale, délit de fraude fiscale, et, depuis la loi du 24 décembre 2020, blanchiment de corruptions et trafics d'influence passifs et actifs (C. pr. pén., art. 41-1-2, al. 1er).

Dans le cadre de l'instruction – cette condition n'apparaissait qu'à l'article 180-2, al. 1er, C. pr. pén., et ne concernait pas la CJIP – alternative aux poursuites *stricto sensu* – il fallait que la personne morale accepte la qualification pénale retenue et reconnaisse les faits. La loi du 24 décembre 2020 a toutefois supprimé la nécessité que la personne morale mise en examen, à ce stade, reconnaisse les faits et qu'elle accepte la qualification pénale retenue.

III/ Les mesures proposées

Aux termes de l'art. 41-1-2, C. pr. pén. (auquel renvoie l'art. 180-2, C. pr. pén.), trois types de mesures, le cas échéant cumulables, peuvent être proposées au titre de la CJIP. Premièrement et le plus souvent, il s'agira d'une « amende d'intérêt public » versée au Trésor public. Le montant de cette amende sera déterminé en fonction des avantages tirés des manquements constatés dans la limite de 30 % du chiffre d'affaires moyen annuel calculé sur les trois derniers chiffres d'affaires annuels connus à la date du constat desdits manquements. Autrement dit, le parquet peut proposer une amende supérieure à celles encourues pour l'infraction en cause.

Deuxièmement, la CJIP peut prévoir une soumission à un programme de mise en conformité dont la durée ne peut pas être supérieure à trois ans. Ce programme a pour but de contraindre la personne morale à adapter ces procédures internes de prévention et de détection des infractions susvisées. L'Agence française anticorruption exerce le contrôle de ce programme, programme qui s'effectue d'ailleurs aux frais de l'entreprise (la convention fixe le plafond de ces frais). Enfin, si la victime de l'infraction est identifiée, la convention fixe le montant de la réparation du préjudice causé à la victime. Cette réparation doit être versée à la victime dans un délai maximum d'un an.

IV/ La procédure

Si l'accord est trouvé entre la personne morale et le procureur, encore faudra-t-il que la convention soit validée par un magistrat du siège. L'alinéa 4 de l'article 41-1-2, C. pr. pén., exige, par ailleurs, que la proposition de la conclusion de la convention judiciaire d'intérêt public soit portée à la connaissance de la victime afin que cette dernière puisse transmettre des éléments quant à la réalité et l'étendue du préjudice subi.

Le président du Tribunal judiciaire tiendra une audience publique permettant des débats contradictoires. Afin de prendre la décision de validation ou de non-validation de la convention, le juge vérifie « le bien-fondé du recours à cette procédure, la régularité de son déroulement, la conformité du montant de l'amende [...] et la proportionnalité des mesures prévues aux avantages tirés des manquements ». S'il décide de valider la convention, la personne morale dispose d'un délai de dix jours pendant lequel elle peut se rétracter. Une fois ce délai dépassé, les obligations de la convention sont mises en exécution.

La validation de la convention n'équivaut pas à une déclaration de culpabilité.

C'est en cela qu'elle pourra intéresser la banque en l'espèce, à la condition que cette dernière puisse y trouver son intérêt, ce qui sous-entend, entre autres, qu'elle ait la capacité de payer l'amende d'intérêt public.

Enfin, la CJIP ne sera pas inscrite au casier judiciaire de la personne morale, mais fera l'objet d'une publication sur le site internet des ministères de la justice et de l'économie et d'un communiqué du parquet.

5. La victime et l'action civile

Nous distinguerons les droits de la victime qui sont détachés de l'exercice de l'action civile (I) des droits attachés à l'exercice de cette action (II). En effet, une question simple, souvent posée dans un cas pratique de procédure pénale, est la suivante : comment la victime peut-elle obtenir l'indemnisation de son préjudice ? Or de trop nombreux étudiants oublient qu'aujourd'hui, l'indemnisation de la victime se trouve potentiellement détachée de l'exercice par celle-ci de l'action civile devant le juge pénal ou le juge civil...

I/ Les droits de la victime détachés de l'exercice de l'action civile

D'une part un renforcement de la considération manifestée à l'égard de la victime et un renforcement de l'information (A), d'autre part, un renforcement du droit à l'indemnisation (B).

A – La protection et l'information de la victime

Nous distinguerons la protection (1) de l'information de la victime (2).

1 • La protection de la victime

On relèvera un renforcement de la protection de la victime par de très nombreuses mesures :

– **création du « guichet unique »** : la plainte de la victime, comme la dénonciation émanant d'un tiers, peut être adressée soit aux services de police judiciaire (C. pr. pén., art. 15-3), soit au procureur de la République (C. pr. pén., art. 40). En outre, « les officiers et agents de police judiciaire sont tenus de recevoir les plaintes déposées par les victimes d'infractions à la loi pénale, y compris lorsque ces plaintes sont déposées dans un service ou une unité de police judiciaire territorialement incompétents. Dans ce cas, la plainte est, s'il y a lieu, transmise au service ou à l'unité territorialement compétents » (C. pr. pén., art. 15-3, al. 1er) ;

– **possibilité d'une plainte par voie électronique** qui ne peut être imposée à la victime et qui ne dispense pas les enquêteurs, si la gravité des faits le justifie, de procéder à son audition (C. pr. pén., art. 15-3-1, issue de la loi du 23 mars 2019) ;

– **obligation de délivrance, en cas de plainte, d'un récépissé** mentionnant les délais de prescriptions de l'action publique et la possibilité d'interrompre des délais par une plainte avec constitution de partie civile, et d'une copie, à sa demande, du PV de dépôt de plainte (C. pr. pén., art. 15-3, al. 2) ;

– **droit à l'assistance d'un avocat en cas de confrontation** au cours de l'audition libre (C. pr. pén., art. 61-2) et au cours de la garde à vue (C. pr. pén., art. 63-4-5) ;

– **possibilité pour la victime de violences conjugales ou de viol de se voir octroyer par le procureur, en cas de grave danger la menaçant, si elle y consent expressément, un dispositif de téléprotection** lui permettant d'alerter les autorités publiques. Avec son accord, ce dispositif peut, le cas échéant, permettre sa géolocalisation au moment où elle déclenche l'alerte. Le dispositif de téléprotection ne peut être attribué qu'en l'absence de cohabitation entre la victime et l'auteur des violences et lorsque ce dernier a fait l'objet d'une interdiction judiciaire d'entrer en contact avec la victime (C. pr. pén., art. 41-3-1) ;

– **possibilité pour la victime de violences conjugales de bénéficier du dispositif du bracelet anti-rapprochement** (la loi n° 2019-1480 du 28 déc. 2019 visant à agir contre les violences au sein de la famille est venue ajouter un article 15-3-2 au C. pr. pén. aux termes duquel « en cas de plainte déposée pour une infraction punie d'au moins trois ans d'emprisonnement commise par le conjoint de la victime, son concubin ou le partenaire lié à elle par un pacte civil de solidarité, y compris lorsqu'ils ne cohabitent pas, ou commise par l'ancien conjoint ou concubin de la victime ou par le partenaire ayant été lié à elle par un pacte civil de solidarité, l'officier ou l'agent de police judiciaire qui reçoit la plainte informe la victime, oralement et par la remise d'un document, qu'elle peut demander ou consentir à bénéficier du dispositif électronique mobile anti-rapprochement prévu à l'article 138-3 du présent code, l'article 132-45-1 du Code pénal ou l'article 515-11-1 du Code civil, qui est susceptible d'être ordonné par la juridiction compétente ») ;

– **droit à l'accompagnement** : à tous les stades de l'enquête, la victime peut, à sa demande, être accompagnée par son représentant légal et par la personne majeure de son choix, sauf décision contraire motivée prise par l'autorité judiciaire compétente (C. pr. pén., art. 10-4) ;

– **évaluation des besoins la victime** : dès que possible, les victimes font l'objet d'une évaluation personnalisée, afin de déterminer si elles ont besoin de mesures spécifiques de protection au cours de la procédure pénale (C. pr. pén., art. 10-5, al. 1er) ;

– **droit pour la victime de participer à une mesure de justice restaurative** (C. pr. pén., art. 10-1).

Attention toutefois, le droit à l'interprète est réservé par le législateur à la seule victime partie civile (C. pr. pén., art. 10-3).

2 • L'information de la victime

L'art. préliminaire, du C. pr. pén., dispose que « II. – L'autorité judiciaire veille à l'information et à la garantie des droits des victimes au cours de toute procédure pénale ». **Cette exigence générale se trouve déclinée et imposée aux acteurs de la procédure pénale** :

• *Aux OPJ et APJ* : en vertu de l'art. 10-2, C. pr. pén., ils doivent par tout moyen, informer les victimes de leur droit d'obtenir la réparation de leur préjudice, par l'indemnisation de celui-ci ou par tout autre moyen adapté, y compris, s'il y a lieu, une mesure de justice restaurative ; de se constituer partie civile soit dans le cadre d'une mise en mouvement de l'action publique par le parquet, soit par la voie d'une citation directe de l'auteur des faits devant la juridiction compétente ou d'une plainte portée devant le juge d'instruction ; d'être, si elles souhaitent se constituer partie civile, assistées d'un avocat qu'elles peuvent choisir ou qui, à leur demande, est désigné par le bâtonnier de l'ordre des avocats près la juridiction compétente, les frais étant à la charge des victimes sauf si elles remplissent les conditions d'accès à l'aide juridictionnelle ou si elles bénéficient d'une assurance de protection juridique ; d'être aidées par un service relevant d'une ou de plusieurs collectivités publiques ou par une association conventionnée d'aide aux victimes ; de saisir, le cas échéant, la commission d'indemnisation des victimes d'infraction, lorsqu'il s'agit d'une infraction mentionnée aux art. 706-3 ou 706-14, C. pr. pén. ; d'être informées sur les mesures de protection dont elles peuvent bénéficier. Les victimes sont également informées des peines encourues par les auteurs des violences et des conditions d'exécution des éventuelles condamnations qui pourraient être prononcées ; pour les victimes qui ne comprennent pas la langue française, de bénéficier d'un interprète et d'une traduction des informations indispensables à l'exercice de leurs droits ; d'être accompagnées chacune, à leur demande, à tous les stades de la procédure, par leur représentant légal et par la personne majeure de leur choix, sauf décision contraire motivée prise par l'autorité judiciaire compétente ; de déclarer comme domicile l'adresse d'un tiers, sous réserve de l'accord exprès de celui-ci. Toutefois, lorsque la victime est une personne dépositaire de l'autorité publique ou chargée d'une mission de service public et que l'infraction a été commise en raison de ses fonctions ou de sa mission, elle est informée qu'elle peut déclarer, sans cet accord, son adresse professionnelle.

• *Au procureur de la République* : qui doit informer les victimes sur les alternatives mises en place ou sur le classement sans suite et sur les motifs de celui-ci (C. pr. pén., art. 40-2) ; informer la victime des faits ou sa famille en cas d'évasion d'une personne susceptible de leur faire courir un risque, sauf s'il ne paraît pas opportun de communiquer cette information au regard du risque qu'elle pourrait entraîner pour l'auteur des faits (C. pr. pén., art. 40-5).

• *Au juge d'instruction* : dès le début de l'information, il doit avertir la victime d'une infraction de l'ouverture d'une procédure, de son droit de se constituer partie civile et des modalités d'exercice de ce droit. Si la victime est mineure, l'avis est donné à ses représentants légaux (C. pr. pén., art. 80-3).

B – L'indemnisation de la victime

La victime peut se voir indemniser indépendamment de l'exercice de l'action civile devant le juge répressif. Il en va ainsi dans le cadre des aides à la décision et des alternatives aux poursuites (1) et devant les commissions d'indemnisation des victimes d'infractions ou CIVI (2).

1 • Dans le cadre des aides à la décision et des alternatives aux poursuites

On rappellera que l'une des aides à la décision de l'art. 41-1, C. pr. pén., autorise le procureur à demander à l'auteur des faits de réparer le dommage (C. pr. pén., art. 41-1, 4°).

En outre, dans le cadre de la composition pénale, lorsque la victime est identifiée, et sauf si l'auteur des faits justifie de la réparation du préjudice commis, le procureur doit proposer à ce dernier de réparer les dommages causés par l'infraction dans un délai qui ne peut être supérieur à six mois. Il informe la victime de cette proposition. Cette réparation peut consister, avec l'accord de la victime, en la remise en état d'un bien endommagé par la commission de l'infraction (C. pr. pén., art. 41-2, al. 23). La victime peut toutefois demander au procureur de citer l'auteur des faits à une audience devant le tribunal pour lui permettre de se constituer partie civile. Le tribunal, composé d'un seul magistrat exerçant les pouvoirs conférés au président, ne statue alors que sur les seuls intérêts civils, au vu du dossier de la procédure qui est versé au débat. La victime a également la possibilité, au vu de l'ordonnance de validation, lorsque l'auteur des faits s'est engagé à lui verser des dommages et intérêts, d'en demander le recouvrement suivant la procédure d'injonction de payer, conformément aux règles prévues par le Code de procédure civile. Le procureur de la République informe la victime de ses droits ainsi que, lorsqu'il cite l'auteur des faits devant le tribunal correctionnel, de la date de l'audience (C. pr. pén., art. 41-2, al. 30).

Également, dans le cadre de la CJIP, lorsque la victime est identifiée, et sauf si la PM mise en cause justifie de la réparation de son préjudice, la convention prévoit le montant et les modalités de la réparation des dommages causés par l'infraction dans un délai qui ne peut être supérieur à un an. La victime est informée de la décision du procureur de proposer la conclusion d'une CJIP à la PM mise en cause. Elle transmet au procureur tout élément permettant d'établir la réalité et l'étendue de son préjudice (C. pr. pén., art. 41-1-2, I, al. 5). La victime peut, au vu de l'ordonnance de validation, demander le recouvrement des dommages et intérêts que la personne morale s'est engagée à lui verser suivant la procédure d'injonction de payer, conformément aux règles prévues par le Code de procédure civile (C. pr. pén., art. 41-1-2, II, dern. al.). L'exécution des obligations prévues par la convention éteint l'action publique. Elle ne fait cependant pas échec au droit des personnes ayant subi un préjudice du fait des manquements constatés, sauf l'État, de poursuivre la réparation de leur préjudice devant la juridiction civile (C. pr. pén., art. 41-1-2, IV, al. 2).

2 • Devant les commissions d'indemnisation des victimes d'infraction ou CIVI

• **Conditions** : les victimes peuvent obtenir sous certaines conditions énumérées par les art. 706-3 et 706-14, C. pr. pén., une réparation :

– *s'agissant des atteintes graves à la personne, l'indemnisation est intégrale (C. pr. pén., art. 706-3)* : elle suppose que le préjudice résulte de faits volontaires ou non qui présentent le caractère matériel d'une infraction, et que les faits aient soit entraîné la mort, une incapacité permanente ou une ITT personnel égale ou supérieure à un mois ; soit sont prévus et réprimés par les articles 222-22 à 222-30, 224-1 A à 224-1 C, 225-4-1 à 225-4-5, 225-5 à 225-10, 225-14-1 et 225-14-2 et 227-25 à 227-27, C. pén. En outre, les faits doivent avoir été commis sur le territoire national ou la victime droit être de nationalité française ou ;

– *s'agissant des atteintes aux biens ou des atteintes légères à la personne, l'indemnisation est subsidiaire (C. pr. pén., art. 706-14) :* ainsi toute personne qui, victime d'un vol, d'une escroquerie, d'un abus de confiance, d'une extorsion de fonds ou d'une destruction, d'une dégradation ou d'une détérioration d'un bien lui appartenant, ne peut obtenir à un titre quelconque une réparation ou une indemnisation effective et suffisante de son préjudice, et se trouve de ce fait dans une situation matérielle ou psychologique grave, lorsque ses ressources sont inférieures au plafond prévu par l'article 4 de la loi n° 91-647 du 10 juillet 1991 relative à l'aide juridique pour bénéficier de l'aide juridictionnelle partielle, compte tenu, le cas échéant, de ses charges de famille, peut obtenir une indemnité au maximum égale au triple du montant mensuel de ce plafond de ressources. Ces dispositions sont aussi applicables aux personnes mentionnées à l'art. 706-3 qui, victimes d'une atteinte à la personne prévue par cet article, ne peuvent à ce titre prétendre à la réparation intégrale de leur préjudice, les faits générateurs de celui-ci ayant entraîné une incapacité totale de travail inférieure à un mois.

• **Procédure** : l'indemnisation est décidée par une commission instituée dans le ressort de chaque tribunal judiciaire, dénommée CIVI, qui a le caractère d'une juridiction civile. Elle est composée de deux magistrats du siège ainsi que d'une personne de la société civile. La victime doit porter sa demande d'indemnisation devant la CIVI, à peine de forclusion, soit dans le délai de trois ans à compter de la commission de l'infraction, soit, si des poursuites pénales sont exercées, dans le délai d'un an après que la juridiction a définitivement statué sur l'action publique ou sur l'action civile engagée devant la juridiction répressive. La CIVI a ensuite pour tâche de vérifier l'existence du droit à réparation et de l'évaluer. Elle est, à cet égard, dotée de pouvoirs d'enquête (C. pr. pén., art. 706-6). Si elle estime qu'il y a lieu à indemnisation, elle rend une décision favorable qu'elle notifie au fonds de garantie, chargé de verser cette indemnisation dans le délai d'un mois à compter de la notification de la décision de la CIVI. Lorsque des poursuites pénales ont été engagées, la décision de la commission peut intervenir avant qu'il ait été statué sur l'action publique. En effet, la commission n'est pas liée par la décision de la juridiction répressive. Le fonds ayant indemnisé la victime est ensuite subrogé dans ses droits pour obtenir de l'auteur de l'infraction le remboursement de l'indemnité versée. Pour exercer ce droit, le législateur a attribué au fonds de garantie le pouvoir de se constituer partie civile.

II/ Les droits de la victime attachés à l'exercice de l'action civile

Nous envisagerons d'abord les conditions de recevabilité de l'action civile (A) puis les modes d'exercice de cette action civile (B).

A – La recevabilité de l'action civile

La recevabilité de l'action civile se trouve subordonnée non seulement à l'intérêt à agir (1), mais aussi à la capacité à agir (2) et parfois à la qualité à agir (3).

1 • L'intérêt à agir

Selon l'article 2, C. pr. pén., « l'action civile en réparation du dommage causé par un crime, un délit ou une contravention appartient à tous ceux qui ont personnellement souffert du dommage directement causé par l'infraction ». L'article 3, al. 2nd, C. pr. pén., précise qu'elle est « recevable pour tous chefs de dommages, aussi bien matériels que corporels ou moraux, qui découleront des faits objets de la poursuite ».

a. L'intérêt à agir des personnes physiques

Ainsi, pour être recevable à agir, le demandeur personne physique doit justifier avoir subi :

• **Un préjudice certain** (par opposition au préjudice éventuel dont la réalisation est hypothétique). Le préjudice invoqué peut n'être que futur dès lors qu'il a un caractère certain au jour de la décision, ou est à tout du moins susceptible d'une évaluation immédiate. Le préjudice peut également résulter d'une perte de chance, pourvu que la chance soit réelle et sérieuse (Crim. 19 mars 1997, *Bull. crim.* n° 109).

– *La condition de certitude du préjudice est toutefois mise à mal lorsque l'action civile est portée directement devant les juridictions d'instruction.* En effet, selon une jurisprudence constante, il suffit alors que les circonstances sur lesquelles la victime s'appuie donnent le préjudice comme possible. Il appartiendra ensuite aux juridictions d'instruction d'établir sa certitude.

– *En outre, il ne faut pas confondre le caractère certain du préjudice avec son caractère réparable.* À la différence du premier, le second n'est pas une condition de recevabilité de l'action civile. Depuis l'arrêt *Randon*, rendu par la chambre criminelle le 22 janvier 1953, il est en effet acquis en jurisprudence que le droit d'obtenir réparation n'est pas une condition de recevabilité de l'action civile devant le juge pénal, une telle action pouvant très bien n'être motivée que « par le souci de corroborer l'action publique et de participer à la manifestation de la vérité » (Crim. 22 janv. 1953, *Randon-Flandin, D.* 1953, p. 109, rapp. M. Patin, *S.* 1953, 7, 150). Le droit de se constituer partie civile n'est donc pas subordonné au droit d'être indemnisé, lequel est décrit comme une simple faculté dont la partie civile est libre de ne pas user. Ainsi, dans un arrêt du 30 octobre 2006, la Haute Cour a pu estimer que « même dans le cas où la réparation du dommage échapperait à la compétence de la juridiction judiciaire, la personne qui, conformément à l'article 2 du Code de procédure pénale, prétend avoir été lésée par une infraction, est recevable à se constituer partie civile pour établir l'existence de cette infraction » (Crim. 30 oct. 2006).

• **Un préjudice personnel**, c'est-à-dire propre à la personne qui en demande réparation (par opposition au préjudice social que seul le ministère public est en principe autorisé à faire valoir). La question de l'existence d'un préjudice personnel est délicate lorsque l'action civile est exercée en réparation du préjudice causé par une infraction d'intérêt général. Après avoir longtemps conclu à l'irrecevabilité de telles actions, la jurisprudence les accueille aujourd'hui de plus en plus souvent, considérant que la protection de l'intérêt général n'est pas exclusive de celle d'intérêts particuliers. Ainsi, par exemple, dans un arrêt du 17 septembre 2003, la chambre criminelle a admis la recevabilité de l'action civile des parents de la victime d'un meurtre pour le délit de recel de malfaiteurs du fait du préjudice moral subi par eux au cours de la période précédant la reddition du criminel (Crim. 17 sept. 2003, *Bull. crim.* : « l'article 434-6 du Code pénal a également pour but la protection des intérêts privés et autorise, par voie de conséquence, l'exercice de l'action civile dans les conditions prévues par les articles 2 et 3 du Code de procédure pénale »). Il demeure toutefois quelques infractions d'intérêt général pour lesquelles la chambre criminelle continue d'exclure l'action civile. Dans un arrêt du 1er octobre 1996, la Cour de cassation a en ce sens jugé que l'infraction d'atteinte au secret de la défense nationale a pour objet exclusif la défense de l'intérêt général (Crim. 1er juill. 1996).

• **Un préjudice direct**, qui se rattache à l'infraction par un lien de cause à effet :

– *cela concerne bien évidemment la victime directe de l'infraction, mais aussi la victime par ricochet* (Crim. 9 févr. 1989, *Bull. crim.* n° 63 : l'épouse et les enfants d'une personne blessée pouvaient obtenir réparation du préjudice moral causé par le spectacle des graves blessures infligées à leur mari et père, considérablement diminué sur le plan physique et intellectuel ; Crim. 4 févr. 1998, *Bull. crim.* n° 43 : enfant né des relations incestueuses imposées par un père à sa fille mineure; Crim. 27 mars 2008, *Bull. crim.* n° 84 : sœurs de la victime d'agressions sexuelles aggravées qui ont pu rapporter la preuve d'un préjudice moral, personnel, distinct de celui subi par leur jeune sœur et en relation avec les infractions dénoncées par cette dernière; Crim. 23 sept. 2010 [deux arrêts] : est recevable l'action civile de l'enfant né d'un viol contre l'auteur de cette infraction. Dans les deux affaires, l'action civile était exercée par la mère en tant que représentante légale de son enfant. L'enfant est considéré par la Haute Cour comme une victime par ricochet, subissant un préjudice moral, non du fait de sa naissance, mais du fait de la « connaissance qu'il aura des faits en grandissant », des « difficultés de construction », et de l'« éventuelle impossibilité de faire établir son lien de filiation paternelle » [hypothèse d'un viol incestueux]. Comme l'exige l'art. 2, C. pr. pén., la Cour de cassation relève ainsi l'existence d'un préjudice à la fois personnel et direct de l'enfant en énonçant, au visa des articles 2 et 3, C. pr. pén., que « les proches de la victime d'une infraction sont recevables à rapporter la preuve d'un dommage dont ils ont personnellement souffert et qui découle des faits objets de la poursuite »);

– *l'action successorale, qui est l'action en réparation du préjudice subi par le défunt mais exercée par les héritiers est en outre recevable.* Bien que deux arrêts rendus par l'assemblée plénière de la Cour de cassation soient venus limiter leurs possibilités quant aux modalités d'exercice de l'action civile, la jurisprudence décide de manière constante que les héritiers de la victime immédiate sont recevables à poursuivre l'indemnisation du préjudice subi par leur auteur devant la juridiction pénale. Cette solution trouve son explication dans le fait que le droit à réparation de la victime est un véritable droit de créance, né dans son patrimoine, puis recueilli à son décès par ses ayants cause. Si aujourd'hui, les héritiers peuvent exiger la réparation de tous les préjudices subis par la victime avant sa mort (préjudice matériel, corporel, mais même le préjudice moral), il n'en a pas toujours été ainsi. Dans un premier temps, la jurisprudence n'accordait, lorsque les héritiers se constituaient parties civiles au nom du défunt, que la réparation du préjudice matériel subi par ce dernier (Crim. 28 janv. 1960). Deux arrêts du 30 avril 1976 rendus par une chambre mixte de la Cour de cassation ont renversé la jurisprudence. La Cour de cassation a affirmé qu'« il résulte de l'article 1382 du code civil, des articles 2, 3 et 10 du code de procédure pénale et des articles 731 et 732 du code civil, que toute personne victime d'un dommage quelle qu'en soit la nature, a droit d'en obtenir réparation de celui qui l'a causé par sa faute; le droit à réparation du dommage résultant de la souffrance morale éprouvée par des parents en raison de la mort de leur fils victime d'un accident, dont la responsabilité incombe à un tiers, étant né dans leur patrimoine, se transmet à leur décès, à leurs héritiers » (Ch. mixte 30 avr. 1976; Crim. 28 oct. 1992).

En revanche, est irrecevable l'action civile de celui qui a participé à l'infraction (Crim. 7 févr. 2001, *Bull. crim.* n° 38; confirmé par Crim. 21 sept. 2011, n° 16-82.082). Dans le même sens, la Cour de cassation a jugé que ne saurait prétendre être indemnisée du préjudice matériel résultant pour elle de la destruction d'un chalet de plage une commune qui avait illégalement autorisé cette construction (Crim. 4 nov. 2008, *Bull. crim.* n° 220).

b. L'intérêt à agir des personnes morales

Les personnes morales peuvent alléguer d'un préjudice personnel et direct (personne morale victime d'un vol par exemple). Leur action civile est alors recevable dans les mêmes conditions que celle des personnes physiques.

On relèvera toutefois que la jurisprudence fait preuve d'une certaine souplesse en admettant la recevabilité de l'action civile exercée :

– *par l'État en réparation de son préjudice moral* : la jurisprudence a récemment évolué de manière significative sur ce point. Dans un premier temps, les juges avaient admis que l'État ou d'autres personnes morales de droit public puissent se constituer partie civile en réparation de leur préjudice matériel, ce qui visait par exemple le remboursement de sommes versées (Crim. 16 avr. 1985, *Bull. crim.* n° 135). Puis, dans un second temps les magistrats reconnurent aux personnes morales autres que l'État le droit d'obtenir réparation de leur préjudice moral (par ex. Crim. 14 mars 2007 qui juge qu'une ville est recevable à se constituer partie civile pour des faits de corruption commis par son ancien maire, de tels faits causant un préjudice moral à la ville en portant atteinte à sa notoriété). Enfin, par un arrêt du 10 mars 2004 (*Bull. crim.* n° 64), la Cour de cassation a accepté que l'État se porte partie civile dans des poursuites pénales exercées contre certains de ses agents pour trafic d'influence et favoritisme au motif qu'il « éprouve un préjudice moral résultant du discrédit que le comportement des prévenus a jeté sur la fonction publique toute entière, et de l'affaiblissement de l'autorité de l'État qui en est résulté ». La Haute Cour excluait jusqu'alors nettement l'action civile dans ce cas, au motif que l'action civile se confondait dans de telles situations avec l'action publique. Il est en effet difficile de distinguer entre le préjudice moral de l'État et le préjudice social : l'État représentant la société, la peine découlant de l'exercice de l'action publique assure la réparation du préjudice causé à la société. L'arrêt du 10 mars 2004 affirme cependant que le préjudice moral personnellement subi par l'État et le préjudice social ne se confondent pas nécessairement, puisque la chambre criminelle y relève l'existence d'un « préjudice moral distinct de l'atteinte à l'intérêt social » : un délit commis par un agent public nuit à la collectivité toute entière, mais aussi à cette entité abstraite qu'est l'État, et dont l'image est ternie. L'État peut ainsi désormais demander réparation du préjudice moral qu'il subit personnellement ;

– *par des établissements bancaires du fait d'infractions commises à l'encontre de leurs clients* : dans deux arrêts du 14 novembre 2007 (*Bull. crim.* n°s 277 et 278), la Cour de cassation admet pour la première fois la recevabilité de la constitution de partie civile d'établissements bancaires du chef des infractions de contrefaçon de carte de paiement, d'usage de carte de paiement contrefaisante, et d'escroquerie commises à l'encontre de leurs clients. Dans la première affaire, après avoir pris connaissance des codes d'accès aux comptes bancaires de ses parents, un jeune homme avait procédé à des virements à son profit. La cour d'appel, avait rejeté la constitution de partie civile de l'établissement bancaire du chef d'escroquerie au motif que le préjudice invoqué par celui-ci résultait directement, non pas de l'escroquerie, mais de l'exécution de ses obligations contractuelles envers les titulaires des comptes (mise en œuvre d'une assurance pour couvrir la perte des sommes escroquées). La Cour de cassation censure cette décision : « en prononçant ainsi, alors que les manœuvres frauduleuses employées, qui ont eu pour effet de déposséder la banque de fonds détenus pour le compte de ses clients, auxquels elle était tenue de les représenter, sont directement à l'origine du préjudice invoqué, la cour d'appel a méconnu le sens et la portée » de l'art. 2, C. pr. pén. Dans la seconde affaire, un employé de restaurant avait relevé les numéros des cartes de paiement de clients, pour les exploiter plus tard à son profit. Les établissements bancaires des clients s'étaient constitués parties civiles dans les poursuites engagées contre le serveur indélicat, après avoir dû indemniser leurs clients des pertes subies, en exécution de leurs obligations contractuelles. La Cour de cassation conclut ici encore à la recevabilité de cette action civile en constatant l'existence d'un préjudice direct et personnel en la personne des établissements bancaires. Ces deux décisions s'inscrivent dans la tendance jurisprudentielle qui consiste à admettre très largement la recevabilité de l'action civile, quitte à faire perdre toute consistance à l'exigence d'un préjudice personnel et direct pourtant posée à l'art. 2, C. pr. pén. ;

– *par l'employeur du fait d'infractions commises par un salarié à l'encontre de ses clients* : dans un arrêt rendu le 11 décembre 2013 (*Bull. crim.* n° 251), la chambre criminelle de la Cour de cassation juge recevable la constitution de partie civile d'une compagnie d'assurances du chef de l'abus de confiance commis par l'un de ses préposés au préjudice de ses clients. La Cour de cassation juge en l'espèce que la société d'assurances a subi un préjudice matériel direct à la suite du détournement de placements financiers dont elle a été privée et qu'elle a dû rembourser à ses clients. Surtout, elle estime que le retentissement médiatique sur les clients d'une affaire concernant un abus de confiance commis par l'un de ses préposés occasionne une atteinte à l'image de la société, que ce préjudice moral est personnel et qu'il découle directement de l'infraction. Elle retient ainsi ici encore une conception large des conditions que doit revêtir le préjudice ouvrant droit à constitution de partie civile.

Quant à la loi, elle admet la recevabilité de l'action civile des tiers subrogés dans les droits de la victime immédiate : il s'agit principalement des assureurs qui auraient indemnisé la victime immédiate du préjudice causé par l'infraction. Ces personnes n'ayant subi qu'un préjudice indirect, leur action civile devrait s'avérer irrecevable devant le juge répressif. Toutefois le législateur est intervenu pour leur permettre, dans certaines conditions, d'exercer l'action civile devant les juridictions répressives. Ainsi, l'art. 388-1, C. pr. pén., permet aux assureurs ayant couvert le dommage subi par la victime immédiate du fait de l'infraction, d'exercer l'action civile devant la juridiction répressive. Ils ne peuvent néanmoins exercer cette action que par la voie de l'intervention. L'action leur est en effet interdite. En outre, cette possibilité est limitée par la loi aux hypothèses d'homicide et blessures involontaires.

2 • La capacité à agir

– L'action des mineurs victimes d'infraction est ainsi exercée par ses représentants légaux (ou l'un d'eux), à savoir ses père et mère qui exerce l'autorité parentale ou son tuteur, sauf la possibilité de désigner un mandataire *ad hoc* lorsque la défense des intérêts du mineur ne peut être suffisamment assurée par ceux-ci (C. pr. pén., art. 706-55).

– De même, le majeur sous tutelle ne peut agir que l'intermédiaire de son tuteur. En revanche, la victime placée sous curatelle ou sous sauvegarde de justice peut librement exercer l'action civile. Par exception, le majeur sous curatelle à qui il est fait défense d'ester en justice sans l'assistance de son curateur, par application de l'art. 511, C. civ., n'est pas recevable à agir seul (Crim. 28 oct. 1997, *Bull. crim.* n° 354). Par ailleurs, en toute hypothèse, un majeur sous curatelle doit être assisté de son curateur (Crim. 8 mars 2000, *Bull. crim.* n° 110).

– Pareillement, si la victime en redressement judiciaire garde sa capacité pour tous les actes qui ne sont pas compris dans la mission de l'administrateur, ce qui peut donc l'autoriser à former une demande en réparation, la liquidation judiciaire implique une incapacité du débiteur sanctionnée par la nullité absolue des actes que ce dernier aurait passé, en sorte que seul le liquidateur peut poursuivre le recouvrement des créances en réparation dont serait titulaire le débiteur.

– Dans le cas où la victime est une personne morale de droit privé, l'action civile sera engagée par son représentant légal. Et dans l'hypothèse où l'infraction serait commise par ce dernier, la loi reconnaît aux associés ou actionnaires d'engager la responsabilité civile ou pénale du dirigeant social en agissant au nom et pour le compte de la société par une action que l'on appelle une action sociale exercée *ut singuli* (C. civ., art. 1843-5).

– S'agissant enfin des personnes morales de droit public, elles peuvent se constituer partie civile par l'intermédiaire de leurs représentants légaux, conformément aux règles du droit administratif. Il ressort toutefois des articles L. 2132-5, L. 3133-1 et L. 4143-1, CGCT que le tribunal administratif peut autoriser un contribuable à exercer une action appartenant à la commune, au département ou à la région que celle-ci (ou celui-ci) refuse ou néglige d'exercer. Ces textes ne distinguant pas entre les différentes actions, ils n'excluent pas l'action en réparation d'une infraction au nom de la collectivité territoriale (Crim. 12 mai 1992, *Bull. crim.* n° 186).

3 • La qualité à agir

La loi reconnaît à certains groupements qualité pour se constituer partie civile en réparation du préjudice résultant de l'atteinte à l'intérêt collectif dont ils assurent la défense. Il s'agit des groupements professionnels (a), ainsi que des associations et des fondations (b).

a. Le cas des groupements professionnels

• **Les syndicats** : la jurisprudence reconnaît depuis longtemps aux syndicats le droit d'agir devant les juridictions répressives (Ch. réunies 5 avr. 1913, *D.* 1914. 1. 65), solution reprise à l'art. L. 2132-3, C. trav. : « Les syndicats professionnels peuvent, devant toutes les juridictions, exercer tous les droits réservés à la partie civile, relativement aux faits portant un préjudice direct ou indirect à l'intérêt collectif de la profession qu'ils représentent ».

L'action civile des syndicats n'est recevable que si les faits dénoncés portent préjudice à l'ensemble de la profession, ce qui est le cas, par exemple, en cas d'exercice illégal de la médecine (Crim. 10 mai 1988, *Bull. crim.* n° 198), d'infractions aux lois sociales (Crim. 29 oct. 1996, *Bull. crim.* n° 379), de travail dissimulé (Crim. 6 déc. 2011, *Bull. crim.* n° 244) ou encore de harcèlement moral sur le lieu de travail (Crim. 5 févr. 2013, *Dr. pénal* 2013, comm. 81). En revanche, il n'y a pas d'atteinte à l'intérêt collectif et l'action civile exercée par le syndicat est irrecevable quand le préjudice ne s'étend pas à l'ensemble de la profession, mais ne concerne qu'un ou plusieurs de ses membres (Crim. 27 oct. 1992, *Bull. crim.* n° 344 ; égal. Crim. 16 févr. 1999, *Bull. crim.* n° 18 : le préjudice collectif ne saurait résulter de la seule mise en examen d'un membre de la profession pour une infraction en rapport avec celle-ci). Il se peut toutefois qu'un seul des membres de la profession soit physiquement touché par l'infraction et que l'intérêt collectif se trouve de ce fait lésé (ex. : le meurtre d'un convoyeur de fonds dans l'exercice de ses fonctions pourrait porter atteinte à l'intérêt collectif de la profession de convoyeur de fonds). Lorsqu'il y a atteinte à l'intérêt collectif, le syndicat peut exercer l'action civile syndicale même si la victime directe de l'infraction qui a provoqué la lésion de l'intérêt collectif, ne fait pas partie du syndicat ou si le syndicat ne représente qu'un nombre restreint d'ouvriers. Il n'est pas nécessaire non plus que le syndicat soit représentatif au sein de l'entreprise dans laquelle l'infraction a été commise (Crim. 31 janv. 2012, *Bull. crim.* n° 31). Dans tous les cas, seul un syndicat légalement constitué est recevable à se constituer partie civile (Crim. 22 mai 2007, *Bull. crim.* n° 132).

• **Les ordres professionnels** (avocats, médecins, experts-comptables, etc.), institués par la loi, auxquels on assimile les chambres et conseils régionaux des officiers ministériels (notaires), ont également reçu qualité pour exercer les droits de la partie civile en cas d'atteinte aux intérêts généraux de la profession qu'ils défendent. Par exemple, l'Ordre des avocats est recevable à agir en cas d'exercice illicite des activités de consultation en matière juridique (Crim. 8 juin 1995, *Bull. crim.* n° 211) ou de port illégal du costume d'avocat

(Crim. 5 nov. 1997, *Bull. crim.* n° 377), mais ne saurait intervenir dans le cadre d'une poursuite exercée à l'occasion du crime de tentative d'homicide volontaire et des délits de séquestration arbitraire, dégradation volontaire de bien immobilier, violences ou voies de fait aggravées dont a été victime un avocat inscrit à l'Ordre (Crim. 5 févr. 1992, *Bull. crim.* n° 54).

b. Le cas des associations et des fondations

• **Les associations** : le législateur a multiplié les dispositions particulières visant à conférer aux associations la possibilité d'exercer les droits reconnus aux parties civiles, dont la plupart ont été codifiées (C. pr. pén., art. 2-1 s.). La recevabilité de l'action civile des associations est subordonnée à certaines conditions qui tiennent :

– aux associations elles-mêmes, qui, d'une part, doivent être reconnues d'utilité publique ou agréées, et, d'autre part, doivent, de par leurs statuts, se proposer de défendre un intérêt collectif qui correspond à celui prévu par la loi (Crim. 28 nov. 2006, *Bull. crim.* n° 300) ;

– aux infractions pour lesquelles les associations peuvent exercer l'action civile, les textes qui reconnaissent aux associations le droit d'exercer l'action civile n'accordant ce droit que pour des infractions déterminées (Crim. 22 mai 2007, *Bull. crim.* n° 133) ;

– aux modalités de l'action civile puisque si les associations peuvent se voir reconnaître la possibilité d'exercer les droits reconnus à la partie civile – elles peuvent alors, comme une partie civile, soit exercer l'action civile par voie de citation directe (délits et contraventions) ou par voie de constitution auprès d'un juge d'instruction, soit seulement intervenir dans une procédure déjà engagée par le ministère public ou par une autre victime –, leurs droits sont parfois subordonnés à l'accord de la victime (C. pr. pén., art. 2-1, 2-2, 2-6, 2-8, 2-10, 2-12, 2-15 et 2-18) ou la mise en mouvement antérieure de l'action publique (C. pr. pén., art. 2-3, 2-9, 2-12, 2-15, 2-16, 2-18 et 2-20), le non-respect de cette condition étant sanctionné par l'irrecevabilité de l'action civile (Crim. 25 nov. 2008, *Bull. crim.* n° 238).

Quant aux associations de consommateurs elles peuvent, lorsqu'elles sont régulièrement déclarées et ont pour objet statutaire explicite la défense des intérêts des consommateurs peuvent, si elles ont été agréées à cette fin, « exercer les droits reconnus à la partie civile relativement aux faits portant un préjudice direct ou indirect à l'intérêt collectif des consommateurs » (C. consom., art. L. 621-1, al. 1er).

• **Les fondations** : la loi du 18 novembre 2016 de modernisation de la justice du XXIe siècle a étendu cette faculté aux fondations reconnues d'utilité publique (dans les mêmes conditions et sous les mêmes réserves que celles relatives aux associations mentionnées à l'art. 2-1, C. pr. pén.).

B – L'exercice de l'action civile

En vertu des art. 3 et 4, C. pr. pén., la partie civile dispose d'une option pour exercer son action (1) et peut choisir de l'exercer séparément de l'action publique ou en même temps que celle-ci (2).

1 • Le droit d'option

Nous envisagerons les limites (a) puis l'irrévocabilité de l'option (b).

a. Les limites de l'option

L'option n'est possible qu'autant que les voies civile et pénale sont ouvertes. Or, la loi et la jurisprudence interdisent parfois l'une ou l'autre de ces voies :

– *ainsi, la voie civile est notamment fermée en ce qui concerne l'action civile en matière de diffamation* prévue par les art. 30 (envers les corps constitués et les administrations publiques) et 31 (envers les ministres, les parlementaires, les fonctionnaires, les jurés ou les témoins) de la loi du 29 juillet 1881 (art. 46 de la loi). Il est alors impossible en ces matières de poursuivre l'action civile séparément de l'action publique et cette prohibition, qui est d'ordre public, impose au juge civil saisi d'une action de cette nature de se déclarer d'office incompétent (Civ. 1re, 21 févr. 2006, *Bull. civ.* I, n° 88) ;

– *inversement, la voie répressive est exceptionnellement fermée* : devant les juridictions d'exception (par ex., devant la CJR, art. 13, loi organique n° 93-1252 du 23 novembre 1993) ; lorsque le créancier se prévaut de l'action oblique (Crim. 16 janv. 1964, *Bull. crim.* n° 16) ou lorsque le subrogé se prévaut des droits de la victime (Crim. 14 nov. 1974, *Bull. crim.* n° 333 ; par exception, l'art. 388-1, C. pr. pén., dispose que lorsque des poursuites pénales sont exercées, les assureurs appelés à garantir le dommage sont admis à intervenir et peuvent être mis en cause devant la juridiction répressive), lorsque les héritiers exercent l'action successorale alors que l'action publique n'a pas été mise en mouvement par le ministère public ou par la victime directe de son vivant (Ass. plén., 9 mai 2008, n° 05-87.379 ; n° 06-85.751) puisque l'action civile ne peut, dans ces cas être, portée que devant la juridiction civile ; lorsque l'action publique est éteinte en raison de l'autorité de la chose jugée (Crim. 18 nov. 2014, *Bull. crim.* n° 239) ou de la prescription (Crim. 2 avr. 2008, *Dr. pénal* 2008, comm. 87) : **gardez en tête en effet qu'en vertu de l'art. 10, C. pr. pén., lorsque l'action civile est exercée devant une juridiction répressive, elle se prescrit selon les règles de l'action publique, mais que lorsqu'elle est exercée devant une juridiction civile, elle se prescrit selon les règles du Code civil et peut ainsi être portée devant le juge civil pendant 10 ans** (C. civ., art. 2226, al. 1er), **sauf dans les cas où la créance mise en recouvrement serait contractuelle ou légalement soumise à une prescription plus courte ou plus longue** (ainsi, en cas de dommages causés par des tortures, actes de barbarie ou agressions sexuelles contre des mineurs, l'art. 2226, al. 2, C. civ. porte la prescription à 20 ans).

La vocation vindicative de l'action civile

La jurisprudence distingue de longue date le droit de poursuivre et le droit de demander réparation (Crim. 22 janv. 1953, aff. *Randon Flandin*, *D.* 1953. 109 ; Crim. 23 juill. 1953, aff. *Thaler*, *JCP* 1953. II. 7896). Selon cette distinction, la victime est recevable à se constituer partie civile et à mettre en mouvement l'action publique à l'encontre d'une personne alors même que la réparation du dommage causé par l'infraction échapperait à la compétence de la juridiction répressive, et que la victime n'aurait aucune créance en indemnisation à l'encontre de l'auteur de l'infraction. Il en va ainsi : en cas d'accident du travail (Crim. 13 sept. 2005, *Bull. crim.* n° 224) ou de responsabilité des instituteurs en raison d'un dommage causé par ou à un élève qui lui est confié (Crim. 20 sept. 2006, *Bull. crim.* n° 230).

b. L'irrévocabilité de principe de l'option

Une fois que la partie lésée a exercé son option entre la voie civile et la voie pénale, son choix est en principe irrévocable. Il ne lui est plus possible de revenir en arrière, ce qu'exprime l'adage *Electa una via, non datur recursus ad alternam* repris à l'art. 5, C. pr. pén., aux termes duquel « [l]a partie qui a exercé son action devant la juridiction civile compétente ne peut la porter devant la juridiction répressive ». Cette règle n'est pas d'ordre public : il ne s'agit que d'une règle d'intérêt privé qui doit être invoquée par le prévenu lui-même, et ce *in limine litis*, c'est-à-dire avant toute défense au fond (Crim. 16 févr. 2010, *Bull. crim.* n° 23). La chambre criminelle vient de préciser non seulement qu'elle « ne peut être utilement opposée devant le juge pénal lorsque celui-ci a été saisi le premier de l'action civile des parties civiles », mais aussi qu'elle suppose « que les demandes aient été portées devant le juge civil et devant le juge pénal, ce qui exclut l'application (de l'art. 5, C. pr. pén.) lorsque le demandeur à l'action civile devant le juge pénal saisit également le juge administratif ». Le prévenu ne peut en outre l'invoquer pour la première fois devant la cour d'appel (Crim. 28 févr. 1968, *Bull. crim.* n° 67), ou devant la Cour de cassation (Crim. 21 juin 1976, *Bull. crim.* n° 221), et s'il l'a déjà invoquée devant le tribunal, il doit le faire à nouveau devant la cour d'appel faute de quoi elle sera considérée comme abandonnée et ne pourra être invoquée devant la Cour de cassation (Crim. 30 oct. 1969, *Bull. crim.* n° 276).

Soyez vigilant : l'option n'est irrévocable qu'autant qu'il s'agit de la même action en réparation que celle engagée devant le tribunal civil, tant au point de vue de son objet, que de sa cause et des parties (Crim. 29 mars 1995, *Bull. crim.* n° 131 : rien n'empêche la partie lésée d'intenter devant la juridiction répressive une action civile différente par sa cause ou son objet de celle exercée devant la juridiction civile) et à condition que la partie lésée ait saisi la juridiction civile en connaissance de cause, c'est-à-dire en sachant que le fait dommageable constituait une infraction pénale (Crim. 22 mars 1955, *Bull. crim.* n° 169).

En outre, l'irrévocabilité de l'option connaît de très nombreuses atténuations autorisant :

– *le passage du pénal au civil* : selon l'art. 5, C. pr. pén., l'option n'est irrévocable que si la victime a d'abord choisi la voie civile. À l'inverse, si elle a fait le choix de la voie répressive, elle peut l'abandonner pour saisir la juridiction civile, du moins tant que la juridiction répressive saisie n'a pas rendu un « jugement sur le fond » (Crim. 14 juin 1983, *Bull. crim.* n° 179 ; égal. art. 426, C. pr. pén), formule qui s'entend d'une décision sur la culpabilité et la responsabilité civile du prévenu (Civ. 1re, 25 mai 1987, *Bull. civ.* I, n° 164 : tel n'est pas le cas d'un jugement constatant la prescription de l'action publique et disant n'y avoir à statuer sur l'action civile). Il convient de préciser à cet égard que la demande formée devant le juge des référés (qui est un juge civil) aux fins d'obtenir des mesures provisoires relatives aux faits objets de la poursuite, n'est pas considérée comme un abandon de la voie pénale, ce qui est justifié par le fait que celui-ci ne connaît pas du principal (C. pr. pén., art. 5-1 ; Crim. 21 juin 2000, *Bull. crim.* n° 238). On indiquera par ailleurs que, dans le cas où la victime passe du pénal au civil, elle se heurtera, si elle saisit ensuite le juge civil, à la règle « le criminel tient le civil en l'état » (v. *infra*) ;
– *le passage du civil au pénal* : bien qu'ayant choisi la voie civile, la victime est parfois autorisée à aller devant les juridictions répressives. Ainsi, il n'y a pas d'obstacle à la saisine du juge pénal lorsque la juridiction civile saisie : était une juridiction étrangère (Crim. 22 nov. 1967, *Bull. crim.* n° 297) ; n'était pas compétente pour statuer sur l'action civile (C. pr. pén., art. 5) ; l'a été par le ministère public avant qu'un jugement sur le fond n'ait été rendu par la juridiction civile (C. pr. pén., art. 5 ; Crim. 22 nov. 2005, *Bull. crim.* n° 300).

2 • La mise en œuvre du droit d'option

Il nous faut envisager les deux hypothèses, selon que la victime fait le choix de la voie répressive (a) ou de la voie civile (b).

a. L'exercice de l'action civile devant la juridiction répressive

La victime peut se constituer par voie d'action ou de manière incidente par voie d'intervention. En tout état de cause, son action est accessoire au jugement sur l'action publique :

• **La constitution par voie d'action : la constitution de partie civile peut se faire par voie d'action :**

– *soit en délivrant une citation directe*, par exploit d'huissier, devant la juridiction de jugement (il s'agit d'une assignation à comparaître comportant un exposé des faits ainsi que la description et le montant des préjudices allégués) ;
– *soit en déposant une plainte avec constitution de partie civile* ou PCPC auprès du doyen des juges d'instruction (qui peut prendre la forme d'une simple lettre).

Lorsque le juge d'instruction constate le dépôt de la PCPC, il peut demander à la partie civile de verser une consignation préalable déterminée en fonction de ses revenus ou, au contraire, l'en dispenser (C. pr. pén., art. 88). Il existe des dispositions similaires devant le tribunal correctionnel (C. pr. pén., art. 392-1). Le paiement de cette somme est une condition de recevabilité de l'action publique engagée par la partie civile (Crim. 16 avr. 2013, *Bull. crim.* n° 87). Il s'agit, ce faisant, de garantir le paiement de l'amende civile qui pourra lui être infligée en cas de non-lieu ou de relaxe (C. pr. pén., art. 88-1, al. 1er). La loi en fixe le maximum à 15 000 €, soit le montant maximum de l'amende civile encourue en cas de constitution de partie civile abusive ou dilatoire. La somme consignée est restituée si l'amende n'est pas prononcée (C. pr. pén., art. 88-1, al. 2).

• **La constitution par voie d'intervention** : la victime peut également se constituer de manière incidente, par voie d'intervention, et ce à tout moment de la procédure, mais jamais pour la première fois en appel :

– *elle peut le faire dès la phase d'enquête de police, avec l'accord du procureur*. Il suffit pour cela que la victime formule sa demande de restitution ou de dommages-intérêts auprès d'un OPJ ou APJ, qui en dresse procès-verbal (C. pr. pén., art. 420-1, al. 2) ;

– *au stade de l'instruction, la partie civile peut intervenir par simple déclaration verbale ou par lettre*. La constitution sera alors constatée par procès-verbal ;

– *la victime peut encore se constituer partie civile avant l'audience, par déclaration au greffe* (C. pr. pén., art. 419 et 420). L'article 420-1, C. pr. pén., autorise même la victime à se constituer partie civile, directement ou par son avocat, par LRAR, télécopie ou tout moyen de communication électronique parvenue au tribunal 24 heures au moins avant la date de l'audience, lorsqu'elle demande soit la restitution d'objets saisis, soit des dommages-intérêts ; elle doit alors joindre à sa demande toutes les pièces justificatives de son préjudice. La loi du 23 mars 2019 a précisé que lorsque le délai de 24 heures n'a pas été respecté mais que le tribunal a effectivement eu connaissance, avant les réquisitions du ministère public sur le fond, de la constitution de partie civile, l'irrecevabilité ne peut être relevée.

– *La constitution de partie civile peut enfin intervenir pendant l'audience de première instance*, par déclaration consignée par le greffier ou par dépôt de conclusions (C. pr. pén., art. 419).

Renforcement contemporain de la lutte contre l'abus de constitution de partie civile

Afin de lutter contre les parties civiles abusives, outre le versement d'une consignation (C. pr. pén., art. 88) **et le paiement d'une amende civile** (C. pr. pén., art. 91 et 177-2) **ou de dommages-intérêts pour abus de constitution de partie civile** (C. pr. pén., art. 425 et 472), **le législateur contemporain a mis en place certains mécanismes dissuasifs** :

– *Création, par la loi du 5 mars 2007, d'une condition de recevabilité supplémentaire à la PCPC* : la constitution de partie civile devant le doyen des juges d'instruction n'est recevable qu'à condition que la personne justifie soit que le procureur de la République lui a fait connaître

►

qu'il n'engagera pas lui-même des poursuites à la suite de la plainte déposée devant lui ou un service de police judiciaire, soit qu'un délai de trois mois s'est écoulé depuis qu'elle a déposé plainte (C. pr. pén., art. 85, al. 2). Cette condition de recevabilité ne vaut toutefois pas en matière criminelle, ni pour les délits prévus par la loi du 29 juillet 1881 sur la liberté de la presse ou pour certains délits électoraux énumérés à l'article 85, C. pr. pén. Corrélativement, puisque la victime n'a plus l'initiative des poursuites, il est prévu, conformément à la règle selon laquelle la prescription ne peut courir contre celui qui ne peut agir, que la prescription de l'action publique se trouve suspendue à son profit, du dépôt de la plainte jusqu'à la réponse du procureur ou, au plus tard, une fois écoulé le délai de trois mois.

– *Depuis la loi du 23 mars 2019, possibilité pour le procureur, avant de prendre ses réquisitions, lorsque le juge d'instruction lui communique la plainte de « demander au juge d'instruction un délai supplémentaire de trois mois pour permettre la poursuite des investigations »* (C. pr. pén., art. 86, al. 1er). La décision du juge d'instruction constitue une mesure d'administration judiciaire insusceptible de recours. Lorsque les investigations réalisées au cours de l'enquête effectuée à la suite de la plainte permis d'établir qu'une personne majeure mise en cause pour les faits de nature délictuelle reprochés par la victime pourrait faire l'objet de poursuites mais que l'action publique n'a pas été mise en mouvement par le procureur, le procureur peut également requérir du juge d'instruction de rendre une ordonnance de refus d'informer, tout en invitant la partie civile à engager des poursuites par voie de citation directe (C. pr. pén., art. 86, al. 4, *in fine*).

– *Possibilité pour le procureur avant de prendre ses réquisitions, lorsque la plainte n'est pas suffisamment motivée ou justifiée, de demander au juge d'instruction d'entendre la partie civile et, le cas échéant, d'inviter cette dernière à produire toute pièce utile à l'appui de sa plainte* s'il n'y a pas été procédé d'office par le juge d'instruction (C. pr. pén., art. 86, al. 3).

– *La loi du 5 mars 2007 a par ailleurs aménagé un autre obstacle à l'ouverture d'une information judiciaire.* En vertu de l'art. 86, al. 4, C. pr. pén., lors de la communication de la constitution de partie civile par le juge d'instruction au procureur, celui-ci peut prendre des réquisitions de non-lieu lorsqu'il estime, le cas échéant au vu des investigations réalisées au cours de l'enquête de police à la suite du dépôt de la plainte, que les faits dénoncés par la partie civile n'ont pas été commis. Le juge d'instruction peut ainsi clore l'information par une ordonnance de non-lieu sans avoir accompli le moindre acte d'investigation, alors qu'il lui était auparavant fait obligation d'instruire sur les faits dont il est régulièrement saisi, sauf à rendre une ordonnance de refus d'informer lorsque les faits ne peuvent légalement comporter une poursuite ou si, à supposer ces faits démontrés, ils ne peuvent admettre aucune qualification pénale. La Cour de cassation vérifie à cet égard que soit établi de façon manifeste que les faits dénoncés n'ont pas été commis (Crim. 3 mars 2009, *Bull. crim.* n° 49). Encourt en revanche la cassation, l'arrêt qui, en l'absence de toute investigation de la juridiction d'instruction, prononce un tel non-lieu sans qu'il résulte de ses énonciations que les faits n'ont manifestement pas été commis (Crim. 6 oct. 2009, *Bull. crim.* n° 164).

• **Le caractère accessoire de l'action civile** : si l'action civile est recevable, elle est alors considérée comme l'accessoire du jugement sur l'action publique, de sorte que ce qui est jugé sur l'action publique a autorité sur l'action civile. La victime sera donc indemnisée de ses préjudices en cas de déclaration de culpabilité du prévenu. Elle sera au contraire déboutée de sa demande si ce dernier est mis hors de cause.

Par exception :

– L'art. 470-1, C. pr. pén., dispose cependant que « [l]e tribunal saisi, à l'initiative du ministère public ou sur renvoi d'une juridiction d'instruction, de poursuites exercées pour une infraction non intentionnelle au sens des 2e, 3e et 4e alinéas de l'article 121-3 du Code pénal, et qui prononce une relaxe, demeure compétent, sur la demande de la partie civile ou de son assureur formulée avant la clôture des débats, pour accorder, en application des règles du droit civil, réparation de tous les dommages résultant des faits qui ont fondé la poursuite ». Cette réparation est alors allouée sur un fondement autre que la faute civile (par ex. responsabilité du fait des choses, Crim. 1er oct. 1997, *Bull. crim.* n° 316) ou en application de la loi du 5 juillet 1985 sur les accidents de la circulation (Crim. 13 oct. 1987, *Bull. crim.* n° 347). Ce texte a toutefois un domaine d'application limité. Ainsi, le juge pénal ne peut l'appliquer d'office (Crim. 12 févr. 1997, *Bull. crim.* n° 56) et la victime doit en solliciter l'application, étant observé que cette possibilité lui est refusée lorsqu'elle a elle-même saisi le tribunal correctionnel par citation directe (Crim. 22 mars 1990, *Bull. crim.* n° 127).

– Par ailleurs, la loi du 10 juillet 2000 a précisé que l'absence de faute pénale non intentionnelle ne fait pas obstacle à l'exercice d'une action devant un juge civil pour obtenir la réparation d'un dommage sur le fondement de l'art. 1383, C. civ. ou de l'art. L. 452-1 du Code de la sécurité sociale (C. pr. pén., art. 4-1). Relevons enfin qu'en vertu de l'art. 464, C. pr. pén., qu'en matière civile, la compétence de la juridiction pénale, limitée à l'examen des demandes formées par les parties civiles contre les prévenus, ne s'étend pas aux recours de ces derniers entre eux. Il n'appartient donc pas à cette juridiction de prononcer un partage de responsabilité entre les coauteurs du dommage dont la réparation a été ordonnée (Crim. 26 févr. 2013, *Bull. crim.* n° 47).

Les particularismes de l'action civile en cas d'appel interjeté par la seule partie civile d'un jugement de relaxe

L'action civile n'est recevable que s'il est établi que la partie civile a été victime d'une infraction, qu'il appartient donc au juge pénal de constater. Il en résulte que la juridiction répressive ne peut se prononcer sur l'action civile qu'autant qu'il a été préalablement statué au fond sur l'action publique (Crim. 18 nov. 2014, *Bull. crim.* n° 239). En cas de jugement de relaxe prononcée par le tribunal correctionnel, la partie civile peut faire appel devant le juge pénal sur ses seuls intérêts civils (C. pr. pén., art. 497, 3°), mais, dans l'hypothèse où seule la partie civile interjette appel d'une décision de relaxe prononcée par le tribunal correctionnel, la chambre criminelle considérait que les juges d'appel, qui ne pouvaient certes entrer en voie de condamnation et prononcer une peine contre le prévenu définitivement relaxé, devaient néanmoins rechercher si les faits constituaient « une infraction pénale » (Crim. 5 sept. 2006, n° 05-83.390) ou entraient « dans les prévisions des textes fondant la poursuite » (Crim. 12 févr. 2013, n° 12-82.945), pour entrer en voie d'indemnisation. En d'autres termes, c'est par référence à l'infraction dont la constatation avait été rejetée par les premiers juges que l'indemnisation pouvait être accueillie par les

►

juges d'appel. La lettre de l'article 2, C. pr. pén. – qui définit l'action civile comme l'action « en réparation du dommage causé par un crime, un délit ou une contravention appartient à tous ceux qui ont personnellement souffert du dommage directement causé par l'infraction » – imposait en effet que les juges d'appel saisis à cette occasion n'accorde la réparation qu'en qualifiant pénalement les faits, ce alors même qu'ils n'étaient plus saisis de l'action publique. De manière paradoxale, si ce n'est contradictoire, pour les seuls besoins de l'action civile, l'arrêt d'appel contredisait la solution retenue par les juges du premier degré. Le prévenu, devenu seulement intimé en appel par le jeu combiné de sa précédente relaxe et de l'absence d'appel interjeté, par lui-même, un co-prévenu ou le ministère public, était considéré à la fois comme innocent – au regard de l'action publique – mais comme coupable – au regard de l'action civile.

Par un important arrêt du 5 février 2014, la chambre criminelle a rompu avec sa solution antérieure, mettant fin au hiatus qui résultait de la solution traditionnelle et tirant les conséquences de l'arrêt *Lagardère* rendu par la CEDH (CEDH 12 avr. 2012, n° 18851/07). Alors qu'une cour d'appel, statuant sur appel formé par la seule partie civile après relaxe du prévenu du chef d'abus de confiance, avait octroyé à celle-ci une indemnisation en considérant que les faits présentaient « la matérialité du délit d'abus de confiance », la chambre criminelle précise dans un attendu de principe que « le dommage dont la partie civile, seule appelante du jugement de relaxe, peut obtenir réparation de la part de la personne relaxée résulte de la faute civile démontrée à partir et dans la limite des faits objet de la poursuite » (Crim. 5 févr. 2014, *Bull. crim.* n° 35). Les faits objet de la poursuite se substituent aux prévisions du texte fondant la poursuite. L'indemnisation se trouve en conséquence détachée de la commission de l'infraction (par définition exclue en raison de la relaxe prononcée en première instance) et rattachée à la commission d'une faute civile. Interdiction est désormais faite aux juridictions d'appel de vérifier l'existence d'une infraction pénale, obligation leur est faite de vérifier qu'une faute civile n'a pas été commise. C'est par le rappel de cette solution que vient d'ailleurs de se clore la très médiatique affaire dite « du Carlton de Lille » (Crim. 28 févr. 2018, n° 16-85.518 : sur la base d'un renseignement selon lequel un responsable de deux hôtels lillois mettait en relation des prostituées avec la clientèle, le parquet de Lille avait demandé aux services de police judiciaire de procéder à des investigations. Au vu des résultats de cette enquête préliminaire, celui-ci décida de requérir l'ouverture d'une information, le 28 mars 2011, puis, par réquisitoires supplétifs, d'élargir le champ des investigations diligentées par les juges d'instruction co-saisis, en raison de la révélation de faits nouveaux. Par ordonnance du 26 juillet 2013, les juges d'instruction renvoyèrent devant le tribunal correctionnel quatorze prévenus, parmi lesquels quatre d'entre eux, pour proxénétisme aggravé. Deux de ces derniers prévenus l'étaient également des chefs d'escroquerie et d'abus de biens sociaux. Par jugement en date du 12 juin 2015, le tribunal correctionnel relaxa les quatre prévenus du chef de proxénétisme aggravé. Deux des prévenus furent en revanche condamnés respectivement pour abus de confiance et escroquerie. En raison de cette relaxe, le tribunal déboutait une association des demandes de dommages-intérêts formulées à l'encontre des quatre prévenus. Seule l'association interjeta appel du jugement. La cour d'appel de Douai, dans un arrêt en date du 16 juin 2016, infirma partiellement le jugement et reconnu que les quatre intimés avaient commis une faute civile ouvrant droit à réparation au profit de l'association. Elle considéra que le plus célèbre des intimés avait commis une faute civile ayant consisté à mettre son appartement à disposition afin d'y accueillir pour ses amis et lui-même des prostituées en vue de leur participation à des rencontres sexuelles, qu'un autre aida et assista à la prostitution d'une jeune femme et fit office d'intermédiaire, qu'un autre co-intimés aida et assista la prostitution d'une autre jeune femme et embaucha plusieurs personnes en vue de la prostitution, et, enfin, que le dernier co-intimé avait fait office d'intermédiaire entre des prostituées et le premier intimé dans l'espoir d'obtenir des témoignages de la reconnaissance d'un homme public. Trois des co-intimés formèrent alors un pourvoi en cassation. Au visa des art. 6, § 1, Conv. EDH, et 2 et 497, C. pr. pén., la chambre criminelle censure l'arrêt rendu et procède à une cassation sans renvoi. Elle rappelle ainsi sa jurisprudence désormais bien établie : « le dommage dont la partie civile, seule appelante d'un jugement de relaxe, peut obtenir réparation doit résulter d'une faute démontrée à partir et dans les limites des faits objet de la poursuite ». Or, selon elle, la Cour de Douai, « a caractérisé des comportements relevant non pas du proxénétisme aggravé, objet des poursuites pénales, mais du recours à la prostitution, infraction non susceptible d'être poursuivie à la date des faits »).

b. L'exercice de l'action civile devant la juridiction civile

L'art. 4, C. pr. pén., dans sa rédaction issue de la loi du 5 mars 2007 établit la distinction suivante :

– *s'agissant de l'action « en réparation du préjudice causé par l'infraction »*, c'est-à-dire de l'action civile de l'art. 2, C. pr. pén., le juge civil doit surseoir à statuer dès lors que l'action publique a été mise en mouvement avant qu'un jugement sur le fond ait été rendu et, conformément au principe de l'autorité sur le civil de la chose jugée au pénal, la décision du juge répressif sur le caractère infractionnel ou non du fait reproché s'impose à la juridiction civile (sous réserve des dispositions prévues par l'art. 4-1, C. pr. pén.) ;

– *s'agissant des autres actions exercées devant la juridiction civile*, la mise en mouvement de l'action publique « n'impose pas la suspension du jugement les concernant ». Le juge civil est donc libre de juger immédiatement ou d'attendre la décision de son collègue pénal. Et cette liberté du juge civil va loin puisqu'il peut statuer de suite « même si la décision à intervenir au pénal est susceptible d'exercer, directement ou indirectement une influence sur la solution du procès civil ». On relèvera que la décision du juge civil de prononcer ou non le sursis à statuer jusqu'au prononcé d'une décision définitive sur l'action publique relève de son pouvoir discrétionnaire (Soc. 17 sept. 2008, *Bull. civ.* V, n° 164). Et dans le cas où le juge civil déciderait de mener à son terme le procès porté devant lui, sans attendre la décision du juge pénal, cette décision « exclut toute atteinte de sa part à la présomption d'innocence de la personne dont il est amené, le cas échéant, à sanctionner le comportement » (Civ. 1re, 31 oct. 2012, *Bull. civ.* I, n° 226).

Cas pratique n° 15

› Énoncé

Mme X… vient vous consulter car ses enfants majeurs rencontrent quelques difficultés.

Linda X…, est actuellement en litige avec son ancien employeur devant la juridiction prud'homale à la suite de son licenciement. Cependant, elle est visée par une plainte avec constitution de partie civile de ce dernier pour vol : elle a en effet subtilisé avant de quitter l'entreprise où elle travaillait, un certain nombre de documents qu'elle compte utiliser pour démontrer devant les prud'hommes le caractère abusif de son licenciement. En outre, la meilleure amie de Linda, Vanessa, est sous le choc. Appelé pour intervenir sur les lieux d'un braquage, le père de Vanessa, fonctionnaire de police, fut touché par une balle tirée par l'unique malfaiteur présent. Emmené d'urgence à l'hôpital, celui-ci a finalement succombé à ses blessures deux jours après le braquage.

Mme X… craint que d'éventuelles investigations concernant le vol reproché à sa fille ne viennent retarder la procédure prud'homale. Elle souhaiterait également savoir si Vanessa peut obtenir une réparation pécuniaire et devant quelle juridiction ?

› Correction

Nous envisagerons d'abord l'incidence du dépôt de plainte avec constitution de l'employeur sur la procédure prud'homale (I) puis l'indemnisation de Vanessa (II).

I/ L'incidence du dépôt de plainte de l'employeur sur la procédure prud'homale

Le principe de la primauté du procès pénal sur le procès civil emporte l'application de la règle suivant laquelle le criminel tient le civil en l'état.

Ainsi, l'art. 4, C. pr. pén., impose au juge civil de surseoir à statuer dans l'attente de la décision pénale dès lors que l'action publique aura été mise en mouvement avant l'engagement du procès civil ou au cours de ce procès et que l'on relèvera une identité de faits entre les deux actions. Quant à cette dernière condition, jusqu'à la loi du 5 mars 2007, la Cour de cassation l'interprétait largement imposant au juge civil de surseoir à statuer dès lors que la décision pénale était « susceptible d'influer » sur la décision civile. Il n'était ainsi pas nécessaire qu'il y ait identité d'objet, de partie ou de cause ; un simple risque d'influence suffisait à imposer le sursis au jugement du juge civil. Une telle interprétation n'allait pas sans encourager les procédures dilatoires dans lesquelles une action publique était mise en mouvement dans le seul but de retarder un jugement civil. C'est pourquoi le législateur du 5 mars 2007 est venu mettre un terme à cette interprétation et restreindre ainsi le champ d'application du sursis au jugement. En effet, l'art. 4, C. pr. pén., prévoit désormais que le criminel ne tient plus le civil en l'état à l'exception des instances civiles statuant sur l'action civile en réparation du dommage causé par l'infraction. La mise en mouvement de l'action publique n'impose plus en effet la suspension du jugement des autres actions exercées devant la juridiction civile, de quelque nature qu'elles soient, même si la décision à intervenir au pénal est susceptible d'exercer, directement ou indirectement, une influence sur la solution du procès civil.

En l'espèce, l'instance devant les prud'hommes ne conduira pas à ce qu'il soit statué sur l'action civile en réparation du dommage causé par l'infraction de vol. Par conséquent, le juge civil n'aura pas à surseoir à statuer pour attendre la décision du juge pénal. La plainte avec constitution de partie civile de l'employeur pour les faits de vol n'aura pas de conséquence sur le délai de jugement devant l'instance prud'homale.

II/ L'indemnisation de Vanessa

Pour obtenir indemnisation, Vanessa peut déclencher l'action civile (A) ou demander à la Commission d'indemnisation des victimes d'infractions (B).

A – L'exercice de l'action civile

– *Capacité à agir* : seule une personne capable peut exercer l'action civile. Cette règle s'applique tant aux personnes physiques qu'aux personnes morales.

En l'espèce, aucune mention n'est faite quant à une éventuelle mesure de protection dont ferait l'objet Vanessa. Par conséquent, elle bénéficie de la capacité d'exercer une action civile.

– *Intérêt à agir* : selon l'art. 2, C. pr. pén., « l'action civile n'est ouverte qu'à ceux qui ont été personnellement et directement lésés par l'infraction ». Ainsi, il est en principe exigé que soit rapportée la preuve d'un préjudice personnel pour que l'intérêt à agir puisse être caractérisé. Il faut à cet égard distinguer selon que Vanessa demande réparation de son propre préjudice ou qu'elle réclame, en sa qualité d'ayant droit de son père, réparation du préjudice subi par celui-ci avant son décès :

- les héritiers de la victime peuvent exercer une action civile qui ne doit pas être confondue avec l'action successorale. En effet, alors que l'action successorale est l'action en réparation du préjudice subi par le défunt mais exercée par les héritiers, l'action civile des proches de la victime immédiate est une action personnelle, qui vise la réparation du préjudice personnellement éprouvé par les proches de la victime immédiate. Après avoir longtemps déclaré irrecevable l'action civile de telles victimes, la Cour de cassation l'admet aujourd'hui très largement, si bien que désormais, les proches – et parmi eux les héritiers – peuvent exercer l'action civile devant les juridictions répressives en réparation de leur préjudice personnel. Toutefois, encore faut-il, lorsqu'une victime par ricochet désire mettre en mouvement l'action publique, qu'elle démontre avoir un intérêt à agir au pénal en apportant la double preuve de l'existence d'un dommage par elle personnellement subi et d'un lien causal direct entre ce dommage et l'infraction. Tel est naturellement le cas lorsque la victime par ricochet est la fille de la victime d'un homicide, ce décès privant celle-ci du soutien financier et moral que le défunt lui apportait.

  Dans le cas d'espèce, Vanessa sera donc recevable à exercer cette action devant le juge pénal : elle n'a pas subi un préjudice hypothétique ou éventuel du fait de la mort de son père mais un préjudice bel et bien certain. En outre, elle a bien souffert personnellement de la mort de son père, le caractère personnel du préjudice subi peut donc être caractérisé ;

- l'action civile des héritiers de la victime immédiate est recevable quand il s'agit de mettre en mouvement l'action successorale. Cette dernière est l'action en réparation du préjudice subi par le défunt mais exercée par les héritiers. La jurisprudence décide de manière constante que les héritiers de la victime immédiate sont recevables à poursuivre l'indemnisation du préjudice subi par leur auteur devant la juridiction pénale. Le droit à réparation de la victime est en effet un véritable droit de créance, né dans son patrimoine, puis recueilli à son décès par ses ayants cause.

Toutefois, l'action civile de l'héritier n'est recevable devant les juridictions pénales que si l'action publique a déjà été mise en mouvement par la victime avant son décès ou est mise en mouvement par le ministère public. Ce principe a été posé par l'assemblée plénière de la Cour de cassation dans deux arrêts du 9 mai 2008.

Dans le cas d'espèce, cette condition n'est pas remplie. Aussi, sauf à ce que des poursuites soient ultérieurement engagées par le procureur de la République, Vanessa devra en l'état exercer cette action devant le juge civil.

B – L'indemnisation par la CIVI

Pendant longtemps la victime resta relativement démunie, notamment lorsque l'auteur de l'infraction était inconnu, en fuite ou insolvable. Mais le législateur, dans un mouvement initié par la loi du 3 janvier 1977 « garantissant l'indemnisation de certaines victimes de dommages corporels résultant d'une infraction », et amplement réformé par la loi du 6 juillet 1990 organisant l'indemnisation intégrale des victimes d'atteintes graves à la personne entreprit de lui offrir une véritable procédure d'indemnisation détachée de toute action dirigée contre l'auteur même de l'infraction. Par l'intermédiaire d'un recours devant les Commissions d'indemnisation des victimes d'infractions, les victimes directes de l'infraction ou ses héritiers, comme les victimes par ricochet peuvent désormais obtenir sous certaines conditions, une réparation intégrale des dommages résultant des atteintes graves à la personne ainsi qu'une réparation partielle et subsidiaire des dommages résultant d'atteintes légères à la personne ou de certaines atteintes aux biens.

Pour prétendre à indemnisation par le fonds de garantie, la victime doit démontrer qu'elle a subi un préjudice résultant de l'une des infractions énumérées aux art. 706-3 et 706-1, C. pr. pén.

Ainsi, aux termes de l'article 706-3, C. pr. pén. : « Toute personne ayant subi un préjudice résultant de faits volontaires ou non qui présentent le caractère matériel d'une infraction peut obtenir la réparation intégrale des dommages qui résultent des atteintes à la personne, lorsque sont réunies les conditions suivantes :

1° Ces atteintes n'entrent pas dans le champ d'application de l'article 53 de la loi de financement de la sécurité sociale pour 2001 (n° 2000-1257 du 23 décembre 2000) ni de l'article L. 126-1 du code des assurances ni du chapitre Ier de la loi n° 85-677 du 5 juillet 1985 tendant à l'amélioration de la situation des victimes d'accidents de la circulation et à l'accélération des procédures d'indemnisation et n'ont pas pour origine un acte de chasse ou de destruction des animaux susceptibles d'occasionner des dégâts.

2° Ces faits :

– soit ont entraîné la mort, une incapacité permanente ou une incapacité totale de travail personnel égale ou supérieure à un mois ;

– soit sont prévus et réprimés par les articles 222-22 à 222-30, 224-1 A à 224-1 C, 225-4-1 à 225-4-5, 225-5 à 225-10, 225-14-1 et 225-14-2 et 227-25 à 227-27 du Code pénal ; (viol et agression sexuelle ; atteinte sexuelle ; réduction en esclavage ; traite des êtres humains).

3° La personne lésée est de nationalité française ou les faits ont été commis sur le territoire national.

La réparation peut être refusée ou son montant réduit à raison de la faute de la victime ».

L'indemnisation est décidée par une commission instituée dans le ressort de chaque tribunal judiciaire, généralement dénommée CIVI (commission d'indemnisation des victimes d'infractions), qui a le caractère d'une juridiction civile. Elle est composée de deux magistrats du siège ainsi que d'une personne de la société civile. La victime doit porter sa demande d'indemnisation devant la CIVI, à peine de forclusion, soit dans le délai de trois ans à compter de la commission de l'infraction, soit, si des poursuites pénales sont exercées, dans le délai d'un an après que la juridiction a définitivement statué sur l'action publique ou sur l'action civile engagée devant la juridiction répressive. La CIVI a ensuite pour tâche de vérifier l'existence du droit à réparation et de l'évaluer. Elle est, à cet égard, dotée de pouvoirs d'enquête (C. pr. pén., art. 706-6.). Si elle estime qu'il y a lieu à indemnisation, elle rend une décision favorable qu'elle notifie au fonds de garantie, chargé de verser cette indemnisation dans le délai d'un mois à compter de la notification de la décision de la CIVI. Lorsque des poursuites pénales ont été engagées, la décision de la commission peut intervenir avant qu'il ait été statué sur l'action publique. En effet, la commission n'est pas liée par la décision de la juridiction répressive. Le fonds ayant indemnisé la victime est ensuite subrogé dans ses droits pour obtenir de l'auteur de l'infraction le remboursement de l'indemnité versée. Pour exercer ce droit, le législateur a attribué au fonds de garantie le pouvoir de se constituer partie civile.

En l'espèce, Vanessa pourrait demander une indemnisation à la CIVI de son préjudice personnel et, en sa qualité d'héritière, du préjudice subit par son père : les faits présentent en effet le caractère matériel d'une infraction et elle n'est pas forclos.

Cas pratique n° 16

› *Énoncé*

Pour l'organisation du bal annuel qui clôt chaque année, lors du dernier week-end du mois de juillet, le championnat de cricket franco-britannique, le maire d'une petite commune normande, la commune de X…, a fait installer une scène sur la place principale du village. Alors que le bal battait son plein, une voiture conduite par Bertrand fonça brusquement dans la foule. Deux jeunes Anglaises qui assistaient au concert furent percutées par la voiture et tuées sur le coup. La voiture termina sa course sur le rond-point situé à l'entrée de la commune de Y… sans causer davantage de dommage – forte heureusement – alors que des fêtards se rendaient au bal. Bertrand s'en sortit quant à lui indemne. L'accident fut relayé par les médias et fit beaucoup de bruit. Une expertise révélera que Bertrand roulait à une vitesse comprise entre 110 et 120 km/h, la vitesse maximale autorisée sur la totalité du parcours suivi étant de 50 km/h. Bertrand expliquera par la suite qu'il a été victime d'un malaise l'empêchant de retirer son pied de l'accélérateur. Il affirme, ce qui sera confirmé, qu'aucun dispositif de sécurité, tel que l'installation de barrières et de panneaux de signalisation, n'était mis en place sur la place. Le maire du village de X… reconnaîtra avoir pensé pouvoir se passer du dispositif de sécurité, pourtant obligatoire en de telles circonstances, la commune ne disposant pas des fonds nécessaires. Considérant qu'elle a subi un préjudice en raison de la publicité néfaste provoquée par l'accident, la commune de Y… estime qu'elle a été victime d'une mise en danger et a l'intention de se constituer partie civile.

Vous expliquerez la procédure à suivre et évaluerez la recevabilité de cette action.

De son côté, soucieux de se faire valoir auprès de Blandine, Joey lui confie l'arme à feu qu'il détient illégalement. Blandine, lui avait avoué, sans lui en expliquer la raison, chercher une arme à feu quelques semaines plus tôt. Trois jours après, Joey apprend par les journaux le suicide de Blandine avec une arme à feu. La mère de Blandine vous fait part de son intention de se constituer partie civile à l'occasion des poursuites pénales exercées contre Joey pour détention illégale d'arme à feu.

L'action civile de la mère de Blandine vous semble-t-elle de nature à prospérer ?

› *Correction*

Nous envisagerons d'abord la procédure à suivre en envisageant les modes qui sont offerts à la commune pour se constituer partie civile (I). Nous envisagerons ensuite la recevabilité de l'action civile de la commune (II) puis celle de la mère de Blandine (III).

I/ Sur les modes de constitution de partie civile

Devant les juridictions répressives, l'action civile peut être engagée soit par la voie de l'action, soit par la voie de l'intervention. Si l'action publique a déjà été engagée par le ministère public, la victime ne pourra agir que par la voie de l'intervention. En revanche, si l'action publique n'a pas encore été engagée par le ministère public, la victime aura le choix entre deux possibilités : attendre sans certitude que le ministère public engage l'action publique pour s'y joindre par la voie de l'intervention, ou porter son action civile devant la juridiction répressive par la voie de l'action. Son action déclenchera alors l'action publique : cette règle a été consacrée par la Cour de cassation dès le début du XIXe siècle s'agissant de la citation directe, puis étendue à la plainte avec constitution de partie civile par célèbre arrêt dit *Laurent Atthalin* rendu par la chambre criminelle le 8 décembre 1906. Elle est aujourd'hui énoncée à l'art. 1, al. 2, C. pr. pén. Dans les deux cas, on dit qu'il y a constitution de partie civile.

– **L'intervention** : l'intervention n'est possible que dans la mesure où le ministère public a déjà mis en mouvement l'action publique. Elle peut dans ce cas être effectuée à plusieurs stades de la procédure :

- *au stade de l'enquête de police* : l'art. 420-1, C. pr. pén., prévoit que la victime peut formuler une demande de constitution de partie civile dès le stade de l'enquête de police. Elle formule alors sa demande à un OPJ. Cette demande vaudra constitution de partie civile avec l'accord du parquet, si celui-ci décide ultérieurement d'engager des poursuites;
- *au stade de l'instruction préparatoire* : l'intervention est portée devant le juge d'instruction. Le parquet et les autres parties peuvent contester une telle constitution de partie civile. Si le juge d'instruction la juge irrecevable, il peut la rejeter par ordonnance motivée susceptible d'appel;
- *au stade du jugement* : devant la juridiction de première instance, la constitution de partie civile peut se faire avant ou pendant l'audience. L'intervention est en revanche impossible pour la première fois en appel.

– **L'action** : la victime agit par voie d'action lorsque l'action publique n'a pas été mise en mouvement par le parquet. Deux procédés peuvent alors être mis en œuvre :

- *la citation directe* : elle est impossible en matière criminelle, et, dans tous les cas, quand la personne poursuivie a moins de 18 ans ou quand l'auteur de l'infraction est inconnu ou en fuite. C'est en revanche le seul mode possible pour les contraventions. Pour les délits, le choix entre la citation directe et la plainte avec constitution de partie civile s'effectue librement. Avec cette procédure, il appartient à la victime de citer directement le prévenu par exploit d'huissier devant la juridiction de jugement. Le tribunal fixe alors le montant d'une consignation, laquelle garantit le paiement d'une amende en cas de citation abusive ou dilatoire;
- *la plainte avec constitution de partie civile* : elle constitue le seul mode d'action possible pour les crimes, et, dans tous les cas, lorsque l'auteur de l'infraction est inconnu ou en fuite, ou qu'il s'agit d'un mineur. Excepté ces situations, elle est possible pour tous les délits, et prohibée en matière contraventionnelle. La plainte avec constitution de partie civile prend la forme d'un courrier adressé au doyen des juges d'instruction. À l'instar de la citation directe, elle donne lieu au versement d'une consignation.

La loi du 5 mars 2007 a toutefois institué un mécanisme destiné à limiter les constitutions de partie civile par la voie de l'action, et donc le déclenchement de l'action publique par la victime : l'art. 85, al. 2, C. pr. pén., subordonne la recevabilité des plaintes avec constitution de partie civile à une condition nouvelle. En effet, désormais, de telles plaintes ne sont recevables qu'à la condition que la personne justifie, soit que le Procureur lui a fait connaître, à la suite d'une plainte déposée, qu'il n'engagera pas lui-même des poursuites, soit qu'un délai de trois mois s'est écoulé depuis que cette plainte a été déposée (disposition non applicable aux infractions de presse). La prescription de l'action publique, est alors suspendue, au profit de la victime, du dépôt de la plainte jusqu'à la réponse du procureur de la République ou, au plus tard, une fois écoulé le délai de trois mois.

II/ Sur la recevabilité de la constitution de partie civile de la commune de Y...

En vertu de l'art. 223-1, C. pén. : « Le fait d'exposer directement autrui à un risque immédiat de mort ou de blessures de nature à entraîner une mutilation ou une infirmité permanente par la violation manifestement délibérée d'une obligation particulière de prudence ou de sécurité imposée par la loi ou le règlement est puni d'un an d'emprisonnement et de 15 000 euros d'amende. »

Toutefois, ce texte, évoquant « un risque immédiat de mort ou de blessures de nature à entraîner une mutilation ou une infirmité permanente », ne paraît nullement applicable aux personnes morales et paraît circonscrit aux personnes physiques. C'est d'ailleurs en ce sens que s'est prononcée la Cour de cassation dans un arrêt du 5 avril 2011 (n° 09-83.277), celle-ci établissant que « l'infraction de risques causés à autrui relève de la catégorie des atteintes à la personne humaine dont la sanction est exclusivement destinée à protéger la personne physique ».

L'action de la commune sur ce terrain n'a donc aucune chance de prospérer.

III/ Sur la recevabilité de l'action civile de la mère de Blandine

Joey confie à Blandine l'arme à feu qu'il détient illégalement. Trois jours après, il apprend par les journaux le suicide de Blandine avec une arme à feu. La mère de Blandine se constitue partie civile à l'occasion des poursuites pénales exercées contre Joey pour détention illégale d'arme à feu. Le problème se pose de savoir si l'action civile de la mère de Blandine est de nature à prospérer.

Selon l'art. 2, C. pr. pén., tel qu'interprété par la Chambre criminelle, « l'action civile n'est ouverte qu'à ceux qui ont été personnellement et directement lésés par l'infraction ». Le préjudice doit être actuel, personnel, et direct. Ces trois caractères sont cumulatifs.

Il ne fait aucun doute que le préjudice subi par la mère de Blandine est à la fois actuel et personnel. Son caractère direct pose en revanche davantage de difficultés. Afin d'être qualifié de direct, le préjudice doit pouvoir être rattaché à l'infraction par un lien de cause à effet. Dans un arrêt du 25 octobre 2005, dans une affaire similaire, la Cour de cassation a conclu au rejet de la constitution de partie civile au motif que le préjudice résultant du suicide ne découle pas directement des infractions poursuivies. Cette solution s'explique aisément. La notion de préjudice direct au sens de l'article 2 implique l'immédiateté du préjudice par rapport au délit, une continuité entre l'un et l'autre, une indissociabilité. On ne peut pour admettre l'action civile se contenter du fait que le délit soit seulement la cause lointaine du préjudice.

Cas pratique n° 17

› *Énoncé*

Gaspard a commis quelques impairs à l'égard de son employeur (une société de prestation de services informatiques) notamment en travaillant sur un projet totalement personnel sur ses heures de travail, en mettant au point une technologie de connexion intraçable. Immédiatement licencié pour faute grave, Gaspard a saisi la juridiction prud'homale afin de contester son licenciement.

Par ailleurs, il a appris que son employeur avait déposé une plainte au commissariat pour abus de confiance. À ce titre, Gaspard a été régulièrement convoqué pour une audition : il s'est présenté et une fois arrivé sur place, lui ont été notifiés ses droits et détaillés les faits d'abus de confiance pour lesquels il était entendu. Les officiers disposaient déjà d'un certain nombre d'informations en raison de la perquisition effectuée la semaine précédente. Trois policiers s'étaient présentés à son domicile pour une perquisition, ce à quoi Gaspard s'était vertement opposé. Mais les enquêteurs, invoquant l'autorisation du juge, sont tout de même entrés. Ne sachant pas comment manipuler les trois ordinateurs que Gaspard avait évidemment paramétrés sur mesure, les enquêteurs ont fait appel à l'informaticien de la boutique spécialisée du bas de l'immeuble. Après que le technicien eut permis l'accès, les enquêteurs sont parvenus à copier l'ensemble des données et ont saisi les ordinateurs en vue d'une confiscation.

Gaspard a été malmené sur les trois heures qu'a duré l'audition. L'audition a même franchement tourné au vinaigre, conduisant Gaspard à quitter brusquement le commissariat, lorsque les enquêteurs ont posé des questions concernant son meilleur ami, Victor le nettoyeur, et qu'ils ont parlé d'association de malfaiteurs. En effet, ils ont sous-entendu que Victor et Gaspard avaient envisagé d'utiliser leur nouvelle technologie de connexion pour forcer un certain nombre de sécurités informatiques notamment dans le domaine bancaire. À ce moment-là Gaspard a maladroitement laissé échapper des indices faisant supposer son implication dans ce projet.

D'ailleurs, Gaspard vient d'être convoqué par le juge d'instruction pour un interrogatoire. Lorsqu'il s'est présenté, en refusant l'assistance de Maître Shifu, son avocat, qui n'avait pas pris la peine de venir consulter le dossier, Gaspard a appris qu'une information venait juste d'être ouverte pour association de malfaiteurs et diverses infractions aux systèmes de traitements automatisés de données. Dans ce cadre, le juge d'instruction avait autorisé le placement sur écoute de Joséphine, la compagne de Gaspard, qui, étant botaniste, n'a aucune connaissance particulière en informatique.

Néanmoins, ces écoutes ont révélé une discussion très compromettante pour Gaspard entre Joséphine et l'ancien avocat de Gaspard, Maître Shifu, lequel avait alors expressément proposé son concours pour un accueil de fonds. Or, le juge d'instruction n'a pas caché ses soupçons de blanchiment à Gaspard lors de l'interrogatoire.

Furieux, Gaspard souhaite changer de conseil et vient vous consulter. Il souhaite savoir :

1° pourquoi le conseil des prud'hommes tarde-t-il autant et refuse de se prononcer pour le moment en invoquant la procédure pénale en cours ;

2° s'il peut utilement contester les aspects les plus litigieux de la procédure menée à son encontre.

› *Correction*

Nous distinguerons les poursuites liées aux infractions commises par Gaspard (I) de celles l'association de malfaiteurs (II).

I/ Les poursuites liées aux infractions commises par Gaspard

Après avoir déterminé le cadre procédural dans lequel s'inscrit l'action des policiers (A), nous envisagerons le problème du sursis à statuer de l'instance prud'homale (B) puis la régularité de la perquisition (C) et de l'audition libre (D).

A – La détermination du cadre procédural

Une première instance a lieu sur le plan prud'homal, elle n'intéresse donc pas la matière pénale. En revanche, l'employeur, partie à cette instance a déposé plainte contre Gaspard pour des faits d'abus de confiance.

Quelles sont les suites à donner à cette plainte ? Conformément aux art. 40 et 41, C. pr. pén., c'est le procureur de la République qui a le monopole des poursuites et qui décide en toute opportunité des suites à donner aux plaintes et dénonciations.

En l'occurrence une enquête est diligentée. De quelle nature est-elle ? Si l'on met de côté les formes spéciales d'enquête qui n'ont pas vocation à s'appliquer ici, l'enquête est soit de flagrance, soit préliminaire.

L'enquête de flagrance (C. pr. pén., art. 53 et s.) est une enquête d'urgence impliquant de larges pouvoirs coercitifs, elle est donc soumise à des conditions assez restrictives. Il faut une infraction d'une gravité suffisante en situation de flagrance c'est-à-dire révélant une temporalité et une apparence de l'urgence. En toute hypothèse il faut un temps contemporain ou très voisin de l'action, ce qui n'est pas le cas ici.

Dès lors que la flagrance n'est pas envisageable, le cadre d'enquête de droit commun est l'enquête préliminaire.

B – Le sursis à statuer de l'instance prud'homale

Le refus du juge prud'homal de se prononcer sur le bien-fondé du licenciement revient à préciser l'autorité de la chose jugée au pénal sur le litige prud'homal.

Il n'y a pas de véritable texte qui prévoit l'autorité de la chose au pénal sur les affaires civiles, sociales ou commerciales, ce n'est donc que par rattachement plus ou moins forcé que l'on convient que le juge social doit ou plutôt peut surseoir à statuer. Plus précisément, l'art. 6, C. pr. pén., prévoit l'extinction de l'action publique par l'autorité de la chose jugée et l'art. 4, C. pr. pén., prévoit qu'il est sursis au jugement de l'action civile tant qu'il n'a pas été prononcé définitivement sur l'action publique lorsque celle-ci a été mise en mouvement. Mais rien n'est dit en matière prud'homale. Pour le dire autrement, dès lors qu'il ne s'agit pas d'une action en responsabilité du préjudice causé par l'infraction, aucun fondement ne prévoit que le criminel tient le social en l'état.

Néanmoins, si rien n'oblige le juge prud'homal à surseoir à statuer, rien ne l'en empêche non plus. La Cour de cassation estime que cela relève d'un pouvoir discrétionnaire du juge (Soc. 17 sept. 2008, *Bull.* n° 164). Il en ressort que le juge social peut prononcer le sursis à statuer non pas en application d'une règle de droit gouvernant le sursis à statuer mais dans l'exercice de son pouvoir discrétionnaire.

Mais il semble que cela relève davantage d'une sorte de mesure de bonne administration de la justice (c'est-à-dire dont les magistrats ne doivent aucun compte et qui n'est pas susceptible de recours ou d'annulation), car tout ce qui est jugé au pénal n'a pas nécessairement autorité sur le social (Soc. 13 janv. 2009 estimant que « l'ordonnance aux fins de validation de la composition pénale rendue par le président du tribunal en application de l'article 41-2 du Code de procédure pénale, sans débat contradictoire à seule fin de réparer le dommage, l'action publique étant seulement suspendue, n'a pas autorité de chose jugée au pénal sur le civil »).

Dès lors, en l'espèce, il n'y a aucune difficulté, le juge prud'homal peut parfaitement surseoir et n'a aucun compte à rendre sur sa décision.

C – La perquisition

Le cadre de l'enquête préliminaire prévoit des règles précises en matière de perquisition. Deux difficultés doivent être examinées en l'espèce : d'une part, se pose la question de l'absence de consentement de Gaspard à la mesure ; d'autre part, les enquêteurs pouvaient-ils solliciter un manouvrier (un technicien) pour copier les données informatiques des ordinateurs de Gaspard ?

1 • Le consentement

L'art. 76, C. pr. pén., prévoit bien que les opérations de perquisition ne peuvent être effectuées sans l'assentiment exprès de la personne chez laquelle l'opération a lieu. Or, en l'espèce, l'on sait que Gaspard s'est opposé à la mesure.

Les enquêteurs pouvaient-ils entrer et fouiller sans l'autorisation de l'occupant des lieux ?

Deux dérogations permettent de passer outre le consentement de la personne concernée.

Il s'agit de l'art. 76, al. 4, C. pr. pén., qui prévoit que puisse être autorisée une perquisition sans consentement par le JLD soit parce que la gravité de l'infraction rend nécessaire une telle mesure soit parce que la possibilité d'envisager une confiscation justifie une telle mesure (envisagée à titre de peine complémentaire en application de l'art. 131-21, C. pén.).

– quant à l'hypothèse de la gravité de l'infraction : il s'agit de l'art. 76, al. 4 : « si les nécessités de l'enquête relative à un crime ou à un délit puni d'une peine d'emprisonnement d'une durée égale ou supérieure à trois ans l'exigent », le JLD peut, à la requête du procureur de la République, décider, par une décision écrite et motivée, que les opérations prévues au présent article seront effectuées sans l'assentiment de la personne chez qui elles ont lieu.

En l'espèce, les faits poursuivis constituent un abus de confiance, cela suffit pour remplir la condition puisque l'abc fait encourir une peine de trois ans d'emprisonnement à son auteur. L'autorisation du JLD de passer outre le consentement pourrait être envisageable au regard de la gravité des faits ;

– quant à l'hypothèse de l'éventuelle confiscation : l'art. 76, al. 4, C. pr. pén., prévoit également que « si la recherche de biens dont la confiscation est prévue à l'art. 131-21, C. pén., le justifie, le juge des libertés et de la détention du tribunal judiciaire peut, à la requête du procureur de la République, décider, par une décision écrite et motivée, que les opérations prévues au présent article seront effectuées sans l'assentiment de la personne chez qui elles ont lieu ».

En l'espèce, l'on sait que la mesure conduit à la saisie de données en vue de leur confiscation. *A priori*, la condition de la possibilité de confiscation des biens recherchés lors de la perquisition est établie et elle permet d'envisager d'y procéder sans l'assentiment de l'occupant et avec l'autorisation du JLD.

Pour s'assurer de la régularité d'une telle mesure il faut donc que le JLD, dans son autorisation envisage la confiscation de biens détenus par le suspect (ce qui ne paraît pas poser de difficulté ici en l'absence de précisions : il s'agit ici de saisir des données, des ordinateurs dans le cadre d'une enquête ouverte pour des faits d'abus de confiance concernant un informaticien).

Une telle autorisation est soumise à un formalisme minutieux, prescrit à peine de nullité, l'on est donc en présence d'une nullité formelle :

– il faut une autorisation qui doit être préalable (il ne saurait y avoir de régularisation *a posteriori*, Crim. 3 avr. 2013) ;

– la décision du JLD précise la qualification de l'infraction dont la preuve est recherchée mais aussi l'adresse des lieux de la mesure ;

– cette décision est motivée par référence aux éléments de fait et de droit justifiant que ces opérations sont nécessaires. Il ne s'agit donc pas de se contenter de dire que la mesure est nécessaire, il faut une réelle motivation. Et il semble que la simple reprise de la réquisition du parquet ne soit pas suffisante (Crim. 23 nov. 2016 : la motivation doit être adaptée et circonstanciée).

En dehors de ces formalités, il ne semble pas y avoir d'exigences particulières (par exemple quant à la date, Crim. 16 mai 2018 : validité d'une perquisition autorisée six mois avant sa réalisation).

En l'espèce, peu d'indications nous sont données. L'on s'en tiendra alors aux conditions à respecter pour que l'acte soit valable. Les enquêteurs ont « invoqué l'autorisation du juge ». Pour passer outre le consentement, il faut impérativement que ce soit le JLD qui ait autorisé par une décision écrite, motivée et circonstanciée la perquisition sans le consentement.

Concrètement, l'autorisation doit être justifiée au regard de la recherche de biens susceptibles de faire l'objet d'une confiscation. L'art. 131-21, C. pén., prévoit des confiscations qui peuvent être générales ou spéciales. En toute hypothèse, il est possible de saisir les biens en tant que produit de l'infraction, que moyen ayant servi à commettre l'infraction, en tant que décrit par l'infraction ou bien en tant que produit illicite ou dangereux.

En l'espèce, la possibilité d'une telle confiscation est spécialement envisagée par l'art. 314-10, 6°, C. pén., et il est possible que les ordinateurs aient servi à commettre l'infraction. Sans avoir plus de précision, l'on ne s'attarde pas et l'on peut raisonnablement penser qu'une telle mesure est possible. Mais il faut en outre qu'elle soit mentionnée par l'autorisation du JLD.

Une fois que l'autorisation judiciaire a permis d'écarter le consentement, il faudra que les conditions de la perquisition soient réunies, par exemple, la mesure se déroule en présence de l'intéressé, aux heures légales, etc.

Ce n'est donc qu'à l'appui d'une telle décision du JLD et sous réserve du respect de l'art. 76, al. 4, C. pr. pén., que les enquêteurs peuvent perquisitionner sans le consentement de la personne concernée.

Une fois la décision motivée, couvre-t-elle pour autant le recours à un technicien un manouvrier ?

2 • La réquisition d'un manouvrier

Est-il possible, sans formalité particulière, de faire appel à un technicien pour une manœuvre destinée à opérer une fouille informatique ?

L'exclusion du recours à un expert : si la perquisition est encadrée par l'article 76, l'appel à un expert est lui prévu par l'art. 77-1, C. pr. pén. (art. 60 pour la flagrance). Le texte prévoit, dans sa rédaction issue de la loi du 23 mars 2019, que « s'il y a lieu de procéder à des constatations ou à des examens techniques ou scientifiques, le procureur de la République ou, sur autorisation de celui-ci, l'officier ou l'agent de police judiciaire, a recours à toutes personnes qualifiées ». Toutefois, il faut distinguer le recours à un professionnel et le recours à un expert pour des constatations ou examens techniques ou scientifiques. En d'autres termes, il s'agit ici de solliciter un informaticien pour qu'il permette l'accès à un système informatique, il n'est pas demandé au professionnel une quelconque expertise ou analyse de données. L'on doit en réalité s'écarter de l'art. 77-1, C. pr. pén. Le recours à un professionnel ne semble pas régi par un texte particulier, simple pratique judiciaire, il est légal et ne semble pas poser de difficultés.

Le dispositif (ou plutôt l'absence de cadre légal) permet de recourir à tout professionnel, il n'est pas nécessaire qu'il prête serment (en revanche son refus d'effectuer la prestation pour laquelle il est sollicité est réprimé à l'art. R. 642-1, C. pén.).

Pour ce qui est de la réquisition de l'enquêteur : il est de jurisprudence constante que l'officier de police judiciaire a la faculté de solliciter de lui-même une telle intervention (par ex., Crim. 3 avr. 2013 : l'OPJ tenait de ses pouvoirs propres – c'est-à-dire *in fine* de ceux du procureur de la République – la faculté de requérir un serrurier pour procéder à l'opération contestée – en l'espèce l'ouverture d'un coffre-fort scellé).

En l'occurrence, la chambre criminelle s'était interrogée, comme le soulevait le moyen, sur le respect de l'art. 77-1, C. pr. pén., concernant le recours à un expert pour des constatations scientifiques ou techniques, mais en a écarté l'application en adoptant le raisonnement suivant : l'autorisation du JLD de passer outre le consentement viendrait en quelque sorte couvrir le recours à un professionnel (outre le fait qu'en l'espèce, le professionnel ne procède ici à aucune constatation, il se contente de permettre un accès informatique).

En l'espèce, sous condition suspensive de la régularité de l'autorisation du JLD pour passer outre le consentement de Gaspard, le fait que l'OPJ fasse appel à un professionnel ne semble pas relever, au regard de la jurisprudence, de l'article 77-1, C. pr. pén., encadrant le recours à un expert. Il s'agit ici d'un pouvoir propre de l'OPJ, et le professionnel doit accepter de prêter son concours.

Dès lors, une fois l'accès dans les données permis, il est procédé à une copie de ces informations. L'art. 76, al. 3, C. pr. pén., renvoie expressément à l'art. 56, lequel prévoit bien qu'« il est procédé à la saisie des données informatiques nécessaires à la manifestation de la vérité en plaçant sous main de justice soit le support physique de ces données, soit une copie réalisée en présence des personnes qui assistent à la perquisition ».

[Une réserve doit toutefois être soulignée : la régularité de la mesure est conditionnée par le fait que conformément à l'article 56 (auquel renvoie l'art. 76), l'OPJ « a seul, avec les personnes désignées à l'article 57 du présent code et celles auxquelles il a éventuellement recours en application de l'article 60, le droit de prendre connaissance des papiers, documents ou données informatiques avant de procéder à leur saisie ». Cela revient à exiger que le technicien du bas de la rue n'ait pas pris connaissance des données, mais en ait seulement permis l'accès (un peu comme un serrurier ne procède pas à la perquisition, il se contente de permettre l'ouverture de la porte).

En l'espèce, une copie est réalisée et il n'y a pas de difficulté apparente].

Sous réserve du respect des conditions de l'autorisation de la perquisition par le JLD, la mesure semble régulière.

D – L'audition libre

Gaspard fait l'objet d'une audition dont le déroulement nous est livré, il convient de vérifier la régularité de la mesure. L'on est certain qu'il s'agit d'une audition libre car il pèse sur Gaspard un certain nombre de soupçons, ce qui permet d'écarter l'audition d'une personne sur qui ne pèse aucun soupçon (C. pr. pén., art. 62). En l'espèce Gaspard est suspect, ce qui ne peut conduire qu'à deux sortes d'audition : l'audition libre ou la garde à vue. Gaspard n'est pas contraint, il n'est pas privé de liberté, il ne peut être qu'entendu librement. S'appliquent les art. 61-1 à 61-3, C. pr. pén.

La mesure est-elle possible en préliminaire ? L'art. 77 renvoie explicitement aux dispositifs de la flagrance en matière d'audition : « les dispositions des articles 61-1 et 61-2 relatives à l'audition d'une personne soupçonnée ou d'une victime ainsi que celles » des articles 62-2 à 64-1 relatives à la garde à vue, sont applicables lors de l'enquête préliminaire.

Les conditions de validité de la mesure ont-elles été respectées ? L'art. 61-1, C. pr. pén., impose principalement la notification d'un certain nombre de droits dont : la qualification des faits (date, lieu de l'infraction suspectée) ; le droit de partir à tout moment ; le droit de se taire ; le droit d'être assisté d'un avocat (et d'un interprète).

En l'espèce, nous savons que les droits ont été notifiés, il n'y a aucune irrégularité apparente. Nous savons qu'il a été régulièrement convoqué et qu'à son arrivée lui ont été détaillés les faits pour lesquels il était entendu, à savoir l'abus de confiance.

En outre, concernant la durée de la mesure, l'audition libre ne prévoit pas de durée limitée (comme les quatre heures de la retenue judiciaire). En l'espèce elle a duré trois heures, il n'y a pas d'irrégularité sur ce point.

La principale difficulté de l'audition concerne la fin de la mesure où les officiers ont interrogé Gaspard sur des faits qui ne semblent pas du tout correspondre à l'abus de confiance, puisqu'il est interrogé sur des faits d'association de malfaiteurs.

Est-ce que les enquêteurs étaient tenus d'informer Gaspard que la mesure concernait aussi ces faits-là ?

La loi est silencieuse sur ce point précis, et la jurisprudence n'a pas été saisie de cette question.

Le seul fondement légal serait l'article préliminaire qui garantit le droit d'être informé des charges retenues (art. préliminaire, III : Toute personne « a le droit d'être informée des charges retenues contre elle et d'être assistée d'un défenseur ») et de ne pas s'auto-incriminer (art. préliminaire, dernier al. : « En matière criminelle et correctionnelle, aucune condamnation ne peut être prononcée contre une personne sur le seul fondement de déclarations qu'elle a faites sans avoir pu s'entretenir avec un avocat et être assistée par lui »). Les fondements conventionnels relèvent de l'art. 6, § 3, Conv. EDH, selon lequel « tout accusé a le droit à « être informé, dans le plus court délai, dans une langue qu'il comprend et d'une manière détaillée, de la nature et de la cause de l'accusation portée contre lui » (et de l'article 5, § 2, si Gaspard était sous contrainte, mais il se présente spontanément dans le cadre d'une audition libre).

Certes est garanti le droit à être informé des charges pesant sur le prévenu, mais le non-respect de cette obligation n'est généralement sanctionné qu'au stade sentenciel (c'est-à-dire que le prévenu n'a pas s'en expliquer : par ex. Crim. 20 sept. 2000). En l'espèce, nous en sommes au stade de l'enquête. De plus, la jurisprudence ne semble pas s'être prononcée sur cette question (sous un angle conventionnel il a été statué sur la question de la requalification, mais non de la notification de charges incidentes).

La réponse sera donc prudente et argumentée.

Néanmoins, la souplesse et la prudence de cette approche semble tout de même limitée dès lors que la circulaire du 23 mai 2014 précise que « l'information sur la nature de l'infraction implique d'aviser le suspect entendu hors garde à vue de la qualification juridique des faits, telle qu'elle peut être appréciée à ce stade de l'enquête, mais n'impose pas d'indiquer à la personne le détail des faits qu'elle est soupçonnée d'avoir commis ou tenté de commettre. Lorsque la personne est soupçonnée d'avoir commis ou tenté de commettre plusieurs infractions, les différentes qualifications juridiques devront lui être notifiées ».

En effet, il semble que dès lors qu'il y a comparution volontaire, et que les OPJ semblaient avoir connaissance de ces faits avant le début de l'audition, ils auraient dû en informer le suspect.

En l'espèce, Gaspard, semble avoir été pris au dépourvu, sans avoir pu anticiper sa défense. Illustration en est des indices de son implication qu'il a laissés échapper : en réalité, de telles déclarations confinent à de l'auto-incrimination.

La difficulté est que quand bien même le texte n'aurait pas été respecté, il n'y a pas de précédent jurisprudentiel afin d'asseoir une éventuelle cause de nullité.

À partir de ce constat (les faits correspondent à une interdiction juridique qui n'est pas couverte par le droit), il n'en demeure pas moins que l'on peut raisonnablement estimer que l'exigence de notification de tous les faits doit être respectée et que le fait de dissimuler au suspect certaines accusations (qui plus est d'une gravité plus importante) qui rentrent dans le cadre de l'audition peut constituer une irrégularité.

Dès lors, sur le principe le suspect doit être nécessairement informé des faits pour lesquels il est suspecté doit se voir notifier les faits pour lesquels il est mis en cause. S'il est très clair que l'apparence prévaut (seuls les éléments à la connaissance des enquêteurs au moment de l'audition libre et qui sont susceptibles d'une qualification font l'objet d'une notification), en l'occurrence, certains sous-entendent une connaissance des faits antérieure au début de l'auditionner qui auraient dès lors dû être notifiés.

Par conséquent, il est possible d'envisager l'irrégularité de l'audition libre. Mais en application des articles 171, 802 mais surtout 174, quand bien même l'acte serait annulé (et l'on ne peut alors en tirer aucune information), peu d'actes subséquents sont concernés.

[Si une instruction a été ouverte, il semble que ce soit ultérieurement à l'audition qui ne pouvait donc se dérouler que dans le cadre d'une enquête préliminaire. Si la mesure d'audition est étudiée en estimant que l'instruction a déjà été ouverte, dans tous les cas pour les faits d'association de malfaiteurs, seul le juge d'instruction peut interroger pour ces faits en application combinée des art. 114 et 152, C. pr. pén. (cela relève en quelque sorte du domaine réservé du juge d'instruction, pour une illustration lorsque le prévenu est mis en examen, Crim. 5 mars 2013, Bull. *n° 56)].*

II/ Les poursuites concernant l'association de malfaiteurs

Deux questions sont susceptibles d'être soulevées pour appréhender les faits d'association de malfaiteurs, dans le cadre de l'instruction (A) : celle de l'assistance de l'avocat (B) et celle des écoutes (C).

A – Le cadre : l'instruction préparatoire

Une instruction préparatoire a été ouverte des faits d'association de malfaiteurs, mais l'on ne connaît pas les raisons de l'ouverture de cette information : l'on ne sait pas si ce sont les déclarations de Gaspard, ou bien si ce sont les informations trouvées lors de la saisie des données informatiques.

Il est probable que ces deux aspects aient participé à la volonté du parquet d'ouvrir une information (l'on ne connaît pas non plus l'infraction que le projet avait pour but d'accomplir, mais il ne s'agit pas de se lancer dans du droit pénal spécial, ici l'on se contente des qualifications données). En toute hypothèse, l'ouverture d'une information judiciaire en matière criminelle est obligatoire et en matière délictuelle relève du monopole du parquet (C. pr. pén., art. 79).

Sur le principe, l'on ne saurait donc contester ce réquisitoire et l'ouverture de l'information judiciaire, à moins qu'elle ne se fonde exclusivement que sur les déclarations faites par Gaspard lors de son audition libre. Mais cela semble peu probable dans la mesure où les enquêteurs semblaient avoir des informations issues de la perquisition qui, elle, est régulière.

B – La convocation pour l'interrogatoire et le refus de l'assistance de l'avocat

Une difficulté survient durant cette instruction et concerne l'assistance de l'avocat : Gaspard peut-il se passer de son avocat lors de l'interrogatoire de première comparution ?

Sans avoir la précision de l'audition, on sait qu'il s'agit d'un interrogatoire, probablement de première comparution : compte tenu des soupçons et des doutes du magistrat instructeur, on peut raisonnablement penser qu'il existe des indices laissant penser que Gaspard a commis une infraction et que cet interrogatoire est le préalable soit à une mise en examen, soit à l'octroi du statut de témoin assisté.

Dès lors, de deux choses l'une : soit c'est un interrogatoire de première comparution, les art. 116 et s. sont seuls applicables ; soit c'est un interrogatoire sans volonté initiale du juge d'instruction de mettre Gaspard en examen, dans ce cas nous sommes dans le cadre général de l'art. 114.

Si c'est un interrogatoire de première comparution, l'art. 116, C. pr. pén., prévoit notamment que « si l'avocat choisi ne peut être contacté ou ne peut se déplacer, la personne est avisée de son droit de demander qu'il lui en soit désigné un d'office pour l'assister au cours de la première comparution. L'avocat peut consulter sur-le-champ le dossier et communiquer librement avec la personne ». Or, en l'espèce, nous n'avons pas d'élément nous permettant de nous prononcer sur ce point. Néanmoins, la véritable question n'est pas celle de la désignation, mais celle de la renonciation. En l'absence de précision spéciale, l'on retourne au général, comme s'il s'agissait d'un interrogatoire classique (comme une audition ou une confrontation).

Dans ce cas, c'est l'art. 114, C. pr. pén., qui s'applique. Concernant l'assistance de l'avocat, les règles sont claires, l'art. 114, C. pr. pén., énonce que « les parties ne peuvent être entendues, interrogées ou confrontées, à moins qu'elles n'y renoncent expressément, qu'en présence de leurs avocats ou ces derniers dûment appelés ». Il est tout à fait possible pour le suspect d'exprimer sa volonté de ne pas être assisté par un avocat, mais encore faut-il que cette renonciation soit expresse.

La chambre criminelle a une position assise de longue date : le mis en examen peut renoncer à l'assistance de son conseil hors la présence de celui-ci (Crim. 5 janv. 1901 ; Crim. 9 avr. 1986 ou encore Crim. 14 nov. 1994). La seule condition impérieuse de cette renonciation est qu'elle soit expresse et préalable à l'interrogatoire – une renonciation *a posteriori* implique en réalité de renoncer à se prévaloir d'une action en nullité, comme le prévoit l'art. 172, C. pr. pén. : « la partie envers laquelle une formalité substantielle a été méconnue peut renoncer à s'en prévaloir et régulariser ainsi la procédure. Cette renonciation doit être expresse. Elle ne peut être donnée qu'en présence de l'avocat ou ce dernier dûment appelé ». Il est possible de renoncer à agir en nullité, évidemment uniquement lorsque la nullité est d'ordre privé, elles seules peuvent être « réparées ».

Cela ne signifie pas pour autant que le mis en cause n'a pas les moyens de se défendre. Si auparavant, cette renonciation avait pu être interprétée comme interdisant au suspect l'accès au dossier (Crim. 26 juin 1995), la loi du 27 mai 2014 a modifié l'art. 114 en prévoyant qu'« Après la première comparution ou la première audition, les avocats des parties ou, si elles n'ont pas d'avocat, les parties peuvent se faire délivrer copie de tout ou partie des pièces et actes du dossier ».

En l'espèce, il est seulement précisé que Gaspard a refusé l'assistance de son conseil, Maître Shifu. On peut probablement deviner dans les termes de l'énoncé que le fait de refuser implique un acte positif de renonciation explicite (devant donc être consignée). Mais il faudra de toute façon établir le caractère exprès et antérieur de cette renonciation à être assisté d'un avocat lors de l'interrogatoire.

C – Les écoutes

Le juge d'instruction place la compagne de Gaspard, Joséphine, sur écoute. Deux questions se posent alors : la première est de savoir si une écoute ne concernant pas une personne mise en cause peut être valablement réalisée ; la seconde vise la conversation avec un avocat.

1 • L'écoute d'une personne tierce

Nous sommes dans le cadre d'une instruction, les dispositions applicables pour ce que l'on dénomme couramment les écoutes relèvent des art. 100 et s., C. pr. pén., applicables pour les interceptions de correspondances émises par voie de télécommunication.

Il faut que l'infraction poursuivie fasse encourir une peine au moins égale à deux ans (sans avoir besoin des qualifications exactes, les atteintes au STAD et l'association de malfaiteurs entrent dans les conditions).

[NB : les faits d'association de malfaiteurs entrent certes dans le cadre de l'article 706-73 ouvrant sur les techniques spéciales d'enquêtes applicables à la criminalité organisée. Néanmoins en l'espèce, nous n'avons aucun indice d'une telle organisation et du déploiement d'un tel régime procédural, nous écartons alors le droit dérogatoire pour nous concentrer sur le droit commun.]

Pour ce qui est des personnes concernées, le dispositif des écoutes s'abstient de définir qui peut être placé sur écoute (implicitement, la loi de 1991 venue encadrer la pratique des écoutes a entériné la JP qui admet le placement sur écoute du mis en examen ou du témoin assisté). Plus largement, en réalité, toute ligne susceptible de fournir des informations quant à l'infraction poursuivie semble pouvoir faire l'objet d'une interception (cela a par exemple été tranché au sujet d'une cabine téléphonique, Crim. 9 déc. 1991).

C'est donc par un raisonnement en creux que l'on admet qu'une tierce personne puisse être placée sur écoute : comme aucune disposition ne le réglemente (hormis pour les personnes protégées, cf. *infra*), rien n'empêche de placer la compagne d'un suspect sur écoute, dès lors que les nécessités de l'information l'exigent et que les autres conditions sont respectées. C'est ce que prévoyait la jurisprudence avant l'avènement d'un cadre légal des écoutes (Crim. 17 juill. 1990, la Cour de cassation avait alors bien indiqué que les personnes intéressées n'étaient pas seulement celles sur lesquelles pèsent des indices de culpabilité).

Conclusion intermédiaire : l'on en vient à conforter la possibilité de placer toute personne susceptible de fournir un renseignement sur écoute, quand bien même ne serait-elle pas un suspect.

2 • La retranscription d'une conversation avec un avocat

Concernant les personnes protégées (un peu comme les domiciles protégés en matière de perquisitions au regard des art. 56-1 et s. : avocats, médecins, notaires, huissiers ou journalistes), les écoutes ne sauraient concerner indistinctement n'importe quelles personnes. Des formalités renforcées sont prévues lorsqu'est envisagée la mise sur écoute d'un parlementaire, d'un avocat ou d'un magistrat (C. pr. pén., art. 100-7). Mais en l'occurrence, ce n'est pas la ligne de Maître Shifu, qui est placée sur écoute, c'est celle de son interlocuteur.

Pour ce qui est de l'écoute d'un conseil, l'art. 100-5 prévoit expressément en son alinéa 2 que « À peine de nullité, ne peuvent être transcrites les correspondances avec un avocat relevant de l'exercice des droits de la défense. » La difficulté en l'espèce est que l'écoute ne concerne pas le mis en examen avec son conseil – dans ce cas, il n'y aurait pas de difficulté : Crim. 8 nov. 2000 : il est impossible de transcrire une conversation entre un avocat et son client – mais une tierce personne, non pas avec son propre conseil, mais avec le conseil de la personne interrogée (possiblement suspecte mais non encore mise en examen).

Aucune disposition légale ne cadre alors exactement avec notre situation. Néanmoins, la jurisprudence a été saisie d'une telle question, Crim. 22 mars 2016, *Bull.* 93. L'espèce était un peu différente car il s'agissait d'une ligne ouverte sous un nom d'emprunt afin de communiquer uniquement avec le conseil du titulaire déguisé de la ligne (le bâtonnier avait alors été informé d'une telle mesure).

Cependant, une analogie prudente est tout à fait concevable dès lors que la chambre criminelle avait statué en les termes suivants : « aucune disposition légale ou conventionnelle ne fait obstacle à la captation, à l'enregistrement et à la transcription des propos d'un avocat intervenant sur la ligne téléphonique d'un tiers régulièrement placé sous écoute, dès lors que, comme en l'espèce, en premier lieu, cet avocat n'assure pas la défense de la personne placée sous surveillance, qui n'est ni mise en examen ou témoin assisté ni même n'a été placée en garde à vue dans la procédure en cause, et, en second lieu, ses propos, seraient-ils échangés avec un client habituel, dont le contenu est étranger à tout exercice des droits de la défense dans ladite procédure ou dans toute autre, révèlent des indices de sa participation à des faits susceptibles de qualification pénale, tels que les a analysés, en l'espèce, sans insuffisance ni contradiction, la chambre de l'instruction ».

En l'espèce, les soupçons de participation de l'avocat à l'infraction, permettent de lever en quelque sorte la protection dont il bénéficie car les droits de la défense ne sont plus concernés. Il convient alors de valider l'interception de la conversation entre Joséphine et Maître Shifu.

De plus, et toute chose égale par ailleurs, Gaspard serait sans qualité à agir pour soulever une telle irrégularité (Crim. 3 mai 2001 ; Crim. 18 févr. 2015 pour les écoutes, prolongeant le revirement du 14 févr. 2012 en matière de garde à vue).

Pour conclure il ne semble pas envisageable de remettre en cause la régularité de l'instruction, comprenant les interceptions.

6. L'instruction préparatoire

Nous envisagerons ici l'instruction conduite par le juge d'instruction. Nous envisagerons par la suite l'instruction contrôlée par la chambre de l'instruction (v. *infra* thème n° 7 sur la chambre de l'instruction).

Plusieurs points fondamentaux de la procédure de l'instruction préparatoire participent des questions classiques qui sont soulevées dans un cas pratique : il en va ainsi de la saisine du juge d'instruction (I), des statuts de la personne mise en cause au cours de l'instruction (II), des pouvoirs dans l'instruction (III) et de la clôture de l'instruction (IV).

I/ La saisine du juge d'instruction

• **Elle est obligatoire en matière criminelle**, facultative en matière délictuelle et exceptionnelle en matière contraventionnelle (C. pr. pén., art. 79). Dans cette dernière hypothèse l'instruction ne peut être ouverte qu'à l'initiative du procureur en application de l'article 44, C. pr. pén. Il se déduit de ce dernier texte que la victime d'une contravention ne peut pas se constituer partie civile par voie d'action afin de provoquer l'ouverture d'une information judiciaire (Crim. 20 nov. 1979, *Bull. crim.* n° 326).

• **L'autosaisine du juge d'instruction est prohibée.** Cette prohibition implique :

– *que le juge ne peut donc informer que s'il a été préalablement saisi, soit par un réquisitoire introductif* du procureur de la République (C. pr. pén., art. 80, I, al. 1er), *soit par une plainte avec constitution de partie civile* émanant de la victime (C. pr. pén., art. 85) ;

– *que le juge d'instruction est saisi* in rem, c'est-à-dire qu'il n'est saisi que des faits qui sont expressément visés dans le réquisitoire introductif ou dans la plainte avec constitution de partie civile. Il ne pourra donc instruire que relativement à ces faits et toute investigation étrangère aux faits visés dans l'acte de saisine est nécessairement frappée de nullité (Crim. 28 sept. 2005, *Bull. crim.* n° 246). En revanche, n'étant pas saisi *in personam*, il peut instruire sur toutes les personnes qui paraissent avoir un rapport avec les faits.

Le principe de la saisine *in rem* a pour conséquence, pour le juge d'instruction :

– *l'interdiction d'instruire sur des faits nouveaux* qui apparaîtraient en cours d'information et pour lesquels il ne serait pas saisi. Pour pouvoir instruire sur de tels faits, le juge d'instruction doit en avoir été saisi, soit par une plainte additionnelle de la partie civile, soit par un réquisitoire supplétif du procureur de la République. Ainsi, selon l'art. 80, C. pr. pén., le juge d'instruction qui, en cours d'information, découvre des faits nouveaux pour lesquels il n'est pas saisi, doit en informer le procureur. Ce dernier peut alors, pour ces faits nouveaux, délivrer un réquisitoire supplétif, ouvrir une information différente, saisir la juridiction de jugement, ordonner une enquête, classer sans suite, procéder à une procédure alternative aux poursuites ou enfin, transmettre la procédure au parquet territorialement compétent. Toutefois, la jurisprudence a précisé que la saisine *in rem* n'interdit pas au juge d'instruire sur toutes les circonstances susceptibles d'aggraver les peines encourues par l'auteur, les circonstances dans lesquelles les faits ont été commis ne constituant pas en elles-mêmes des faits nouveaux (Crim. 18 janv. 1983, n° 80-93.631). En outre, la chambre criminelle considère que l'art. 80 n'interdit pas au juge d'instruction « avant toute communication au procureur de la République, d'en consigner la substance dans un procès-verbal et, le cas échéant, d'effectuer d'urgence des vérifications sommaires pour en apprécier la vraisemblance » (Crim. 6 févr. 1996, *Bull. crim.* n° 62). **Ainsi le juge d'instruction qui découvre fortuitement des faits nouveaux peut prendre des mesures conservatoires ou des mesures permettant d'en fixer les preuves** (par ex. Crim. 30 juin 1999, n° 99-81.426 : sont justifiés par l'urgence des actes effectués sans aucune mesure coercitive et accomplis sous trois jours, consistant en auditions de témoins, vérifications auprès de l'administration fiscale et remises volontaires de documents, et constituant la consignation, dans des procès-verbaux, de la substance de faits nouveaux portés à la connaissance du magistrat instructeur ou de l'officier de police judiciaire), **mais ne saurait en revanche, sans excéder ses pouvoirs, procéder à des vérifications approfondies ou à des actes qui présentent un caractère coercitif** (par ex. : Crim. 8 juin 2017, n° 17-80.709 : des questions posées par le juge d'instruction, auxquelles le fils de la personne mise en examen a répondu de manière circonstanciée, excèdent de simples vérifications sommaires, ce dernier ayant été conduit à confirmer, hors la présence d'un avocat, ses déclarations incriminantes antérieurement reçues par les services de police) ;

– *l'obligation de se prononcer sur l'ensemble des faits visés par le réquisitoire introductif ou la plainte avec constitution de partie civile.* Si tel n'a toutefois pas été le cas, la juridiction de jugement ne peut pas annuler l'ordonnance de règlement incomplète. Elle doit régulariser la procédure par l'intermédiaire du Procureur qui saisira de nouveau le juge d'instruction des faits initialement négligés. Jusqu'à la loi du 5 mars 2007, cette obligation interdisait au juge d'instruction de se fonder sur les résultats de l'enquête de police, pour, en l'absence de tout acte d'information propre à l'affaire en cours, refuser d'instruire (Crim. 20 juin 2006, *Bull. crim.* n° 185), ni refuser d'informer au motif que l'infraction ne lui semblait pas constituée (Crim. 15 janv. 2008, *Bull. crim.* n° 8). Cette solution doit aujourd'hui être nuancée puisque l'article 86, al. 4, C. pr. pén., on l'a vu, autorise le juge d'instruction à rendre une ordonnance de non-lieu *ab initio* lorsque les faits dénoncés par la partie civile n'ont manifestement pas été commis. Sous cette réserve, l'obligation faite au juge d'instruction d'informer sur les faits dont il est saisi ne cesse, conformément à l'art. 86, al. 4, C. pr. pén., « *que si, pour des causes affectant l'action publique elle-même, les faits ne peuvent légalement comporter une poursuite ou que, à les supposer démontrés, ils ne sauraient admettre aucune qualification pénale* » (Crim. 4 janv. 2005, *Bull. crim.* n° 1). Le juge d'instruction rend alors une ordonnance de refus d'informer lorsque les faits dont il est saisi ne constituent pas ou ne constituent plus une infraction.

- **Elle autorise la cosaisine ou la saisine d'un pôle de l'instruction** :

– *la cosaisine* est rendue possible par l'art. 83-1, C. pr. pén., « lorsque la gravité ou la complexité de l'affaire le justifie ». Ainsi, dès l'ouverture de l'information, le président du tribunal peut d'office ou à la requête du procureur de la République dans son réquisitoire introductif, adjoindre un ou plusieurs juges d'instruction au juge initial. En outre, à tout moment, le président du tribunal peut désigner un ou plusieurs juges d'instruction cosaisis, soit à la demande du juge chargé de l'information, soit sur réquisition du ministère public ou sur requête des parties (lesquelles peuvent renouveler leur demande tous les six mois) mais seulement avec l'accord du juge d'instruction. Enfin, en l'absence d'accord du juge chargé de l'information, ou lorsque le président du tribunal judiciaire s'abstient de répondre à la demande de cosaisine dans le délai d'un mois, la cosaisine peut être ordonnée par le président de la chambre de l'instruction agissant d'office, à la demande du président du tribunal judiciaire, sur réquisition du ministère public ou sur requête des parties. En cas de co-saisine, le juge initialement saisi coordonne le déroulement de l'information et a seul qualité pour : saisir le JLD, ordonner une mise en liberté d'office, rendre l'avis de fin d'information et l'ordonnance de règlement (C. pr. pén., art. 83-2) ;

– *les pôles de l'instruction* (C. pr. pén., art. 52-1) : ils connaissent des affaires criminelles (étant précisé que ce monopole subsiste même en cas de requalification des faits en cours d'information) et des affaires correctionnelles les plus complexes, qui donnent lieu à une cosaisine en vertu des articles 83-1 et 83-2, C. pr. pén., précités. La saisine de ces pôles peut indistinctement être le fait du procureur de la République territorialement compétent ou par le procureur de la République près le tribunal judiciaire au sein duquel se trouve le pôle. En revanche, le procureur de la République près ce tribunal judiciaire est seul compétent pour suivre le déroulement des informations jusqu'à leur règlement. Puis, en cas de renvoi aux fins de jugement, l'affaire est renvoyée devant la juridiction initialement compétente (C. pr. pén., art. 80, § II). Dans le cas particulier où le procureur de la République près le tribunal judiciaire dans lequel il y a un pôle de l'instruction constate que les faits imputés à la personne déférée devant lui ne relèvent pas de la compétence du pôle, il peut, avant de transmettre le dossier de la procédure au procureur de la République territorialement compétent, requérir le placement sous contrôle judiciaire ou en détention provisoire de la personne selon les modalités prévues par le troisième alinéa de l'article 394 et l'article 396 du C. pr. pén. Et dans l'hypothèse où l'intéressé serait placé en détention provisoire, il doit comparaître devant le procureur de la République territorialement compétent au plus tard le troisième jour ouvrable suivant. À défaut, il est mis d'office en liberté (C. pr. pén., art. 80, § III). À l'inverse, lorsqu'une personne est déférée au procureur de la République pour des faits de nature correctionnelle à propos desquels il estime qu'une information relevant de la compétence d'un pôle est nécessaire, il peut, selon les mêmes modalités, requérir le placement sous contrôle judiciaire ou en détention provisoire de la personne qui lui est déférée. De la même manière, et sous peine de la même sanction, si la personne est placée en détention provisoire, elle doit comparaître devant le juge d'instruction du pôle au plus le troisième jour ouvrable suivant (C. pr. pén., art. 397-7).

Enfin, s'il apparaît au cours d'une information ouverte au sein d'une juridiction dépourvue de pôle de l'instruction que les faits poursuivis constituent en réalité un crime, le juge d'instruction, aussitôt après avoir procédé aux formalités prévues par l'article 118 du C. pr. pén., et notamment avoir recueilli les observations de la personne mise en examen et celles de son avocat, doit se dessaisir au profit d'un juge du pôle de l'instruction compétent.

II/ Les statuts de la personne mise en cause dans l'instruction

C'est un point très important de l'instruction qui doit être bien maîtrisé, car vous devrez apprécier la pertinence des choix effectués par le juge d'instruction dont les actes vous sont éventuellement décrits. Il faut avoir en tête que chacun des statuts prévus par la loi comporte des droits mais aussi des sujétions. Cette ambivalence conduit à ce que le choix d'un statut est, pour le juge d'instruction, parfois une simple possibilité, parfois une véritable obligation. Nous distinguerons ainsi le statut de témoin assisté (A) et celui de mis en examen (B).

A – Le témoin assisté

Nous envisagerons d'abord l'octroi du statut (1), puis les droits et sujétions du témoin assisté (2).

1 • L'octroi du statut de témoin assisté

a. Véritable obligation ou simple possibilité pour le juge d'instruction d'octroyer le statut ?

Soyez vigilant : dans certains cas l'octroi du statut de témoin assisté s'impose au juge d'instruction, dans d'autres il s'agit d'une simple possibilité pour celui-ci :

– *Octroi obligatoire du statut* : le juge d'instruction doit obligatoirement accorder le statut de témoin assisté à cinq catégories de personnes : la personne nommément visée comme suspect dans un réquisitoire nominatif du procureur, sauf si cette personne est déjà mise en examen (C. pr. pén., art. 113-1) ; la personne qui est visée par une plainte et qui comparaît devant le juge, si elle en formule la demande, *a fortiori* quand il s'agit d'une plainte avec constitution de partie civile (C. pr. pén., art. 113-2, al. 1er) ; la personne mise en cause par la victime, si cette personne le demande et si elle comparaît devant le juge (C. pr. pén., art. 113-2, al. 1er) ; la personne contre laquelle le juge d'instruction a décerné un mandat de comparution, d'amener ou d'arrêt, sauf à la mettre en examen (C. pr. pén., art. 122) ; la personne mise en examen, et dont la mise en examen a été annulée (C. pr. pén., art. 174-1).

Attention : l'art. 113-6, al. 2, C. pr. pén., considère que « les dispositions de l'article 105 [C. pr. pén.] ne sont pas applicables au témoin assisté », ce qui signifie qu'aucune nullité n'est encourue si la personne à l'encontre de laquelle il existe des indices graves et concordants a été entendue alors qu'elle n'avait que le statut de témoin assisté. La solution est logique puisque l'intéressé ne subit alors aucun grief : il est assisté, comme le mis en examen, d'un avocat s'il le souhaite et ne prête pas serment.

Cette disposition n'interdit toutefois pas la sanction de l'octroi tardif du statut de témoin assisté : dans tous ces cas où l'octroi du statut est obligatoire, l'audition de la personne concernée comme simple témoin encourrait l'annulation, comme en cas de mise en examen tardive. Cette annulation entraînera celle de tous les actes dont les PV sont le support nécessaire. Il s'agira toutefois, comme pour la sanction de la mise en examen tardive (v. *infra*), d'une nullité d'ordre privé qui ne peut être invoquée que par l'intéressé lui-même et elle se trouve soumise à la démonstration d'un grief.

– *Octroi possible du statut* : le juge d'instruction a la possibilité d'accorder le statut de témoin assisté aux personnes à l'encontre desquelles il existe « des indices rendant vraisemblables » qu'elle ait pu participer à la commission des faits dont il est saisi (C. pr. pén., art. 113-2, al. 2).

b. Procédure

Le statut de témoin assisté peut être attribué soit au moment de la première audition de la personne concernée (C. pr. pén., art. 113-4, al. 1er) soit par lettre recommandée avant son audition par le juge d'instruction (C. pr. pén., art. 113-4, al. 2).

2 • Les droits et sujétions du témoin assisté

Le témoin assisté bénéficie d'un certain nombre de droits :

– il a le droit d'être assisté par un avocat (C. pr. pén., art. 113-3, al. 1er), qui est avisé préalablement des auditions et a accès au dossier de la procédure dans les conditions et selon les modalités prévues aux articles 114 et 114-1, C. pr. pén. ;

– il peut également demander à être confronté avec les personnes le mettant en cause et formuler des requêtes en nullité (C. pr. pén., art. 113-3, al. 2) ;

– il peut demander à tout moment à être mis en examen (C. pr. pén., art. 113-6.) ;

– il peut enfin refuser d'être entendu d'office par un OPJ agissant sur commission rogatoire (C. pr. pén., art. 152) ou demander la clôture de l'information à l'expiration du délai qui lui a été communiqué par le juge d'instruction (C. pr. pén., art. 175-1).

Il n'est cependant pas partie à la procédure. Il n'a donc pas qualité pour exercer les voies de recours contre les ordonnances du juge d'instruction (Crim. 28 mars 2006, *Bull. crim.* n° 87), ni pour demander la publication d'un arrêt de non-lieu ou l'insertion d'un communiqué informant le public des motifs et du dispositif de cette décision en vertu de l'art. 212-1, C. pr. pén., la « personne concernée » dont fait état ce texte ne pouvant être que celle visée à l'article 212, C. pr. pén., à savoir la personne mise en examen (Crim. 6 mars 2007, *Bull. crim.* n° 68). En outre, sa participation à l'instruction est réduite puisqu'il ne peut formuler aucune demande d'acte (Crim. 14 déc. 2011, *Bull. crim.* n° 257).

Le témoin assisté ne peut être placé sous CJ, sous ARSE ou en DP, ni faire l'objet d'une ordonnance de renvoi ou de mise en accusation (C. pr. pén., art. 113-5). Sa mise en examen peut toutefois avoir lieu en raison de l'apparition d'indices graves ou concordants et peut d'ailleurs avoir lieu en même temps que l'avis de fin d'information. Dans cette dernière hypothèse l'intéressé dispose d'un délai d'un mois si une personne mise en examen est détenue et de trois mois dans les autres cas pour demander des actes ou présenter une requête en annulation (C. pr. pén., art. 113-8, al. 3).

B – Le mis en examen

Nous envisagerons, selon la même logique, d'abord l'octroi du statut (1), puis les droits et sujétions du témoin assisté (2).

1 • L'octroi du statut de mis en examen

a. Conditions de fond de la mise en examen

Le statut de mis en examen se caractérise principalement par son ambivalence. En effet, d'une part, la mise en examen porte atteinte à la présomption d'innocence en ce qu'elle manifeste avant jugement la croyance de la justice dans la culpabilité de la personne. Pour cela, elle ne doit être ordonnée que lorsqu'il n'est plus possible de faire autrement. Mais, d'autre part, le statut de mis en examen constitue aussi un statut protecteur de la personne soupçonnée en ce qu'il lui garantit l'exercice de nombreux droits. Elle ne doit donc pas être ordonnée trop tardivement : la personne doit pouvoir exercer ses droits le plus tôt possible dans la procédure d'information. C'est pourquoi le législateur enserre ce statut entre un seuil minimum à partir duquel la mise en examen devient possible et un seuil maximum à partir duquel elle est obligatoire. La mise en examen ne doit donc être ni prématurée, ni tardive.

• **Prohibition des mises en examen prématurées** :

– *selon l'art. 80-1, al. 1er, C. pr. pén., la mise en examen n'est possible qu'en présence « d'indices graves* **ou** *concordants » de culpabilité.* Ainsi, il faut pouvoir relever soit l'existence de plusieurs indices, même légers, dès lors qu'ils sont concordants, soit l'existence d'un seul indice, à la condition qu'il soit grave. Il n'est pas nécessaire que les indices soient à la fois graves et concordants. Par exemple, une personne contre laquelle le seul indice de culpabilité résulterait d'une mise en cause incertaine par la victime ou par un témoin, ne pourrait être mise en examen car un tel indice ne peut être considéré comme grave. S'il existe toutefois d'autres indices de culpabilité, comme l'impossibilité pour la personne de préciser son emploi du temps au moment des faits ou sa reconnaissance par d'autres témoins, la mise en examen devient possible car, à défaut d'être graves, les indices sont concordants. De jurisprudence constante, une mise en cause formelle et circonstanciée par la victime ou par un témoin constitue un indice grave de culpabilité justifiant à lui seul la mise en examen de la personne. L'exigence d'indices graves ou concordants est prescrite à peine de nullité. Les conséquences de la nullité d'une mise en examen injustifiée ou prématurée seront toutefois moindres. En effet, selon l'art. 174-1, C. pr. pén., la personne sera dans ce cas considérée comme témoin assisté à compter de son interrogatoire de première comparution et pour l'ensemble de ses interrogatoires ultérieurs. L'intéressé ayant bénéficié de l'assistance d'un avocat, ses déclarations sont maintenues dans le dossier. Seule la mise en examen est annulée. La principale conséquence d'une telle annulation (outre le fait que la personne ne pourra plus, sauf à être remise en examen, être renvoyée devant la juridiction de jugement) est donc de mettre fin à la détention provisoire ou au contrôle judiciaire qui auraient pu éventuellement être ordonnés ;

– *en plus de l'existence d'indices graves ou concordants, l'art. 80-1, al. 2nd, C. pr. pén., précise que le juge d'instruction ne peut procéder à la mise en examen que s'il estime ne pas pouvoir recourir à la procédure de témoin assisté.* La mise en examen est donc subsidiaire. Cette question est cependant laissée à l'appréciation souveraine du juge d'instruction (Crim. 14 mai 2002, *Bull. crim.* n° 111), qui peut ainsi ordonner une telle mesure à tout moment de la procédure sous réserve de l'existence d'indices graves ou concordants contre la personne concernée (Crim. 13 sept. 2011, *Bull. crim.* n° 176).

• **Prohibition des mises en examen tardives** : *la mise en examen devient obligatoire en cas d'indices graves et concordants.* L'art. 105, C. pr. pén., prohibe en effet les mises en examen tardives. Dans cette hypothèse, les auditions et actes effectuées durant le temps ou la mise en examen aurait dû être notifiée seront frappés de nullité. Il s'agit d'une nullité d'ordre privé qui ne peut être invoquée que par l'intéressé lui-même, à l'exclusion des co-mis en examen (Crim. 26 mai 1976, *Bull. crim.* n° 186) et elle se trouve soumise à la démonstration d'un grief (Crim. 1er sept. 1987, *Bull. crim.* n° 308 : tel n'est pas le cas si la personne entendue n'a apporté, dans ses réponses, aucun élément nouveau ou lui étant défavorable).

b. Conditions de forme de la mise en examen

Les conditions de forme de la mise en examen diffèrent suivant que la personne a ou non déjà été entendue comme témoin assisté :

- **La personne n'a pas été entendue comme témoin assisté** : le juge d'instruction doit procéder à la mise en examen lors de l'interrogatoire de première comparution ou IPC. Deux phases doivent alors être respectées :

– *1re phase – phase préalable à l'interrogatoire de première comparution ou IPC :* elle peut se dérouler de deux manières :

- *par une convocation aux fins de première comparution* : le juge d'instruction informe la personne par lettre recommandée ou par OPJ qu'elle est convoquée, dans un délai compris entre dix jours et deux mois, pour qu'il soit procédé à sa première comparution. Cette lettre ou l'OPJ donne connaissance à la personne de chacun des faits pour lesquels la mise en examen est envisagée et de son droit à l'assistance d'un avocat. L'avocat est convoqué au plus tard cinq jours ouvrables avant l'interrogatoire La procédure est mise à sa disposition quatre jours ouvrables au plus tard avant l'interrogatoire ;
- *en l'absence de convocation* (la personne est directement présentée au juge d'instruction par le procureur par exemple), le juge d'instruction avise la personne de son droit de choisir un avocat ou de demander à ce qu'il lui en soit désigné un d'office. L'avocat choisi est informé par tout moyen et sans délai. S'il ne peut être contacté ou ne peut se déplacer, la personne est avisée de son droit de demander qu'il lui soit désigné un avocat d'office pour l'assister au cours de la première comparution. Une fois sur place, l'avocat peut consulter sur-le-champ le dossier et communiquer librement avec la personne. Dans cette hypothèse, la personne doit consentir à l'interrogatoire. L'accord pour être interrogé ne peut être donné qu'en présence de l'avocat. Aucun interrogatoire ne peut être réalisé à ce stade en l'absence de l'avocat.

– *2nde phase – l'IPC (C. pr. pén., art. 116)* : après avoir recueilli les déclarations de la personne ou procédé à son interrogatoire et entendu les observations de son avocat, le juge d'instruction lui notifie sa mise en examen. Il l'informe de ses droits de formuler des demandes d'actes ou des requêtes en nullité. S'il estime que le délai prévisible d'achèvement de l'information est inférieur à un an en matière correctionnelle ou à dix-huit mois en matière criminelle, le juge d'instruction donne connaissance de ce délai prévisible à la personne, et l'avise qu'à l'expiration dudit délai, elle pourra demander la clôture de la procédure. Dans le cas contraire, il indique à la personne qu'elle pourra demander la clôture de la procédure à l'expiration d'un délai d'un an en matière correctionnelle ou de dix-huit mois en matière criminelle. On notera que la loi du 5 mars 2007 a prévu un enregistrement audiovisuel, selon les mêmes conditions et modalités de mise en œuvre qu'en matière de GAV, pour les interrogatoires des personnes mises en examen pour des faits de nature criminelle, y compris l'IPC, ainsi que pour les confrontations (C. pr. pén., art. 116-1). La chambre criminelle a précisé que l'omission de cette formalité, hors les cas où la loi l'autorise, porte nécessairement atteinte aux intérêts de la personne concernée (Crim. 3 mars 2010, *Bull. crim.* n° 47). La nullité est encourue que la personne concernée ait déclaré vouloir faire des déclarations, répondre aux questions posées ou se taire, l'annulation portant alors sur l'intégralité de l'IPC, bien que les faits pour lesquels la personne a été mise en examen aient été à la fois criminels et correctionnels (Crim. 11 avr. 2018, n° 17-86.711). Lorsque l'intéressé est mis en cause tout à la fois pour des chefs criminels et d'autres délictuels, « l'absence d'enregistrement affecte nécessairement la régularité de l'intégralité » de l'interrogatoire, « même en ce qu'il porte pour partie sur des faits de nature délictuelle » (Crim. 11 avr. 2018, préc.). En revanche, lorsque la personne concernée n'est poursuivie que pour des délits dans une procédure qui, par ailleurs, et relativement à d'autres mis en cause, s'avère criminelle l'obligation d'enregistrement n'a pas à être respectée (Crim. 13 oct. 2020, n° 20-81.199). La chambre criminelle a également indiqué que les dispositions de l'art. 116-1, C. pr. pén., n'imposent l'enregistrement audiovisuel des interrogatoires des personnes mises en examen, en matière criminelle, que lorsqu'ils sont réalisés dans le cabinet du juge d'instruction – et non, par exemple, dans une chambre d'hôpital (Crim. 1er avr. 2009, *Bull. crim.* n° 64) –, ce qui s'entend « de tout local d'une juridiction dans lequel ce magistrat, de manière permanente ou occasionnelle, accomplit des actes de sa fonction » (Crim. 13 mai 2015, *Bull. crim.* n° 110). La loi prévoit les mêmes obstacles à l'enregistrement que ceux prévus par l'art. 64-1, C. pr. pén. (Crim. 4 nov. 2010, *Bull. crim.* n° 176). On rappellera enfin que l'exception contenue initialement à propos des crimes mentionnés à l'art. 706-73 du C. pr. pén. ou ceux prévus par les titres Ier et II du livre IV C. pén., a été abrogée par le Conseil constitutionnel dès lors que les dispositions litigieuses méconnaissaient le principe d'égalité (Cons. const. 6 avr. 2012, décis. n° 2012-228/229 QPC).

Il faut également mentionner l'existence de procédures de mise en examen d'urgence qui permettent dans certaines hypothèses de déroger à ces exigences rigoureuses. L'art. 117, C. pr. pén., énumère ainsi limitativement trois hypothèses dans lesquelles les garanties entourant l'interrogatoire ne s'appliqueront pas : un témoin est en danger de mort ; des indices sont sur le point de disparaître ; dans le cas d'une enquête de flagrance, le procureur et le juge d'instruction se sont transportés sur les lieux et une instruction a été immédiatement ouverte. Le PV doit alors faire mention de la cause caractérisant l'urgence et le juge d'instruction doit porter à la connaissance de l'intéressé les faits qui lui sont reprochés.

- **La personne a déjà été entendue comme témoin assisté** : si le juge d'instruction estime que sont apparus au cours de la procédure des indices graves ou concordants justifiant la mise en examen du témoin assisté, il a deux possibilités : 1) procéder à la mise en examen au cours d'un interrogatoire obéissant aux mêmes formes que celles précédemment décrites, la phase préalable à l'interrogatoire ne s'appliquant toutefois pas ici (Crim. 4 nov. 2020, n° 20-84.046 où, dans le cadre d'une information judiciaire, un individu avait fait l'objet d'un IPC à l'occasion duquel son droit de se taire lui est notifié conformément à l'art. 116, al. 5, C. pr. pén. ; à l'issue de cet interrogatoire, il fut placé sous le statut de témoin assisté. Par la suite, l'intéressé fut mis en examen : il n'y a pas lieu, à nouveau, de porter à sa connaissance le droit qui est le sien de faire des déclarations, de répondre aux questions qui lui sont posées, ou de se taire : « en premier lieu, préalablement entendu comme témoin assisté, le demandeur a eu connaissance de son droit de se taire » ; « en second lieu, aucun texte ne fait obligation au magistrat instructeur, de renouveler, à l'occasion de chaque acte, l'avertissement du droit de se taire ») ; 2) procéder à la mise en examen en adressant à la personne une lettre recommandée précisant les faits qui lui sont reprochés, et l'informant de ses droits. Dans ce cas, si la personne demande à être à nouveau entendue par le juge d'instruction, celui-ci est tenu de procéder à son interrogatoire.

2 • Les droits et sujétions du mis en examen

À la différence du témoin assisté, **la personne mise en examen devient partie à la procédure**. Elle a donc droit à l'assistance d'un avocat, a accès au dossier de la procédure, peut demander au juge d'instruction tout acte lui paraissant nécessaire à la manifestation de la vérité, peut exercer toutes les voies de recours, et demander au juge d'instruction de statuer en cours d'information sur la prescription de l'action publique, mais elle pourra être placée sous contrôle CJ, ARSE ou DP dans les conditions que nous envisagerons plus loin. En outre, depuis la loi du 5 mars 2007, un article 80-1-1, C. pr. pén., prévoit qu'une personne mise en examen peut solliciter du juge d'instruction qu'il revienne sur sa décision et lui accorde le statut de témoin assisté. Cette demande ne peut être faite qu'à l'issue d'un délai de six mois après la mise en examen, puis tous les six mois. Elle peut aussi être formulée dans les dix jours qui suivent la notification d'une expertise ou un interrogatoire au cours duquel la personne est entendue sur les résultats d'une commission rogatoire ou sur les déclarations de la partie civile, d'un témoin assisté ou d'une autre personne mise en examen.

L'accès au dossier de la procédure

Dans le cadre de l'instruction préparatoire, l'accès par les parties au dossier de la procédure est régi par l'art. 114, C. pr. pén. Selon ce texte dans sa version antérieure à la loi du 27 mai 2014, la personne mise en examen, la partie civile et le témoin assisté n'ont accès au dossier de la procédure que par l'intermédiaire de leur avocat. En effet, seul l'avocat bénéficie d'un accès direct au dossier, à charge pour lui, le cas échéant de transmettre des copies des pièces de ce dossier à son client. Ainsi, les parties non assistées d'un avocat ne bénéficient pas d'un accès au dossier de la procédure. En outre, l'article 114, C. pr. pén., comprend un mécanisme permettant au juge d'instruction de s'opposer à la remise de copies de pièces

►

de la procédure par l'avocat à son client en motivant sa décision « au regard des risques de pression sur les victimes, les personnes mises en examen, leurs avocats, les témoins, les enquêteurs, les experts ou toute autre personne concourant à la procédure ». L'avocat doit en effet informer le juge d'instruction, par lettre recommandée avec accusé de réception, de la liste des pièces ou actes dont il souhaite remettre une reproduction à son client. Le juge d'instruction dispose alors de cinq jours ouvrables à compter de la réception de la demande pour s'opposer par ordonnance à la remise de tout ou partie de ces reproductions. Le défaut de réponse du magistrat dans le délai de cinq jours permet à l'avocat de communiquer à son client la reproduction des pièces et actes dont il avait fourni la liste. Enfin, l'avocat peut contester sous deux jours l'ordonnance du juge d'instruction devant le président de la chambre de l'instruction. Celui-ci doit statuer par décision écrite et motivée insusceptible de recours. À défaut de réponse du président de la chambre d'accusation dans les cinq jours, l'avocat peut communiquer à son client la reproduction des pièces ou actes mentionnées sur la liste. Enfin, la communication des reproductions des copies à des tiers est interdite, la méconnaissance de cette interdiction par une partie constituant une infraction pénale, punie de 3 750 € d'amende (C. pr. pén., art. 114-1). Le client destinataire d'une reproduction doit, préalablement à son obtention, attester par écrit avoir pris connaissance de l'interdiction de la communiquer à des tiers et de la sanction prévue en cas de violation de cette règle. Ces restrictions de l'accès des parties privées au dossier de la procédure découlaient de la nécessité de préserver l'intégrité du dossier de la procédure, de protéger les personnes impliquées d'éventuelles pressions ou représailles, et de veiller au respect du secret de l'instruction.

Toutefois, afin d'assurer la transposition de la directive du 22 mai 2012 de l'Union européenne, la loi du 27 mai 2014 a mis un terme à plusieurs de ces restrictions. D'abord, le texte prévoit que, les parties qui ne sont pas assistées d'un avocat peuvent désormais se faire directement délivrer copie de tout ou partie des pièces ou actes du dossier, la délivrance devant intervenir dans le mois suivant la demande. Pourtant, dans une affaire *Menet c/ France* du 14 juin 2005, req. n° 39553/02, la CEDH avait jugé conforme aux exigences de l'art. 6 Conv. EDH le dispositif français d'accès au dossier de la procédure, rappelant qu'il n'est pas incompatible avec les droits de la défense de réserver à l'avocat l'accès au dossier de l'instruction. Cela découle en effet de la nécessité de préserver le caractère secret de l'instruction, lequel se justifie par des raisons relatives à la protection de la vie privée des parties au procès et aux intérêts de la justice. En outre, selon la loi nouvelle, que les copies soient sollicitées par l'avocat ou par une partie non assistée, elles ne sont plus délivrées « à leurs frais », mais gratuitement pour la première copie de chaque pièce ou acte. Par ailleurs la loi du 27 mai 2014 précise que « si le dossier a fait l'objet d'une numérisation, cette copie est remise sous forme numérisée ». La partie qui sollicite la délivrance d'une copie, directement ou par l'intermédiaire de son avocat, doit attester par écrit qu'elle a pris connaissance de l'interdiction de communiquer cette copie à un tiers et de la sanction prévue en cas de violation de cette règle. Le mécanisme permettant au juge d'instruction de s'opposer à la transmission de copies aux parties est maintenu, que la demande de copies ait été initialement émise par l'avocat ou directement par une partie. Celle-ci pourra ainsi également, le cas échéant, contester le refus du juge d'instruction devant le président de la chambre de l'instruction. Enfin, la loi du 27 mai 2014 porte à de 3 750 € à 10 000 €

►

l'amende encourue par une partie qui aurait diffusé à des tiers des copies de pièces du dossier de la procédure.
Il convient en dernier lieu de souligner que la loi du 28 mars 2014 relative aux géolocalisations comprend également plusieurs dispositions relatives au dossier de la procédure. Le texte met en effet en place la possibilité de ne pas joindre au dossier de la procédure certains éléments relatifs à des opérations de géolocalisation, qui auraient été conduites dans le cadre d'une instruction relevant de la délinquance et de la criminalité organisée.

III/ Les pouvoirs dans l'instruction

L'art. 81, al. 1er, C. pr. pén., dispose que « le juge d'instruction procède, conformément à la loi, à tous les actes d'information qu'il juge utiles à la manifestation de la vérité », et précise, *in fine*, qu'il « instruit à charge et à décharge ». Il a pour mission d'établir les faits (C. pr. pén., art. 81, al. 1er) et la personnalité de leur auteur (C. pr. pén., art. 81, al. 6 à 8). Il lui appartient aussi d'apprécier la personnalité de la victime et l'importance du préjudice subi (C. pr. pén., art. 81-1). La grande originalité du juge d'instruction résulte de ce qu'il endosse le double rôle d'enquêteur et de juge. Pour lui permettre d'exercer sa fonction d'enquêteur, le législateur l'a doté de pouvoirs d'investigation (A), tandis que sa fonction de juge a impliqué que lui soient octroyés des pouvoirs de juridiction (B). Nous dirons un mot également des pouvoirs de contrainte qu'il peut mobiliser ou solliciter (C).

A – Les pouvoirs d'investigation

Le juge d'instruction peut, d'office ou à la demande du procureur et des parties, recourir aux divers moyens de preuve admis par le Code de procédure pénale (1), en déléguant éventuellement ses pouvoirs dans le cadre d'une commission rogatoire (2).

1 • Le contenu des pouvoirs : les actes d'instruction

Nous distinguerons les pouvoirs pouvant être déployés dans l'instruction de droit commun (a) et les pouvoirs réservés à l'instruction en matière de criminalité et de délinquance organisée (b).

a. Les pouvoirs d'investigation dans l'instruction de droit commun

Les actes d'enquête mis à disposition du juge d'instruction sont nombreux. Outre les possibilités de se transporter sur les lieux de l'infraction pour y effectuer toutes constatations utiles (C. pr. pén., art. 92) ou de se transporter dans toute l'étendue du territoire national à effet d'y procéder à tous actes d'instruction (C. pr. pén., art. 93 : à charge pour lui d'aviser, au préalable, le procureur du tribunal dans le ressort duquel il se transporte) ou, dans le cadre d'une CR internationale, et avec l'accord des autorités de l'État concerné, de se transporter sur le territoire de cet État aux fins de procéder à des auditions (C. pr. pén., art. 93-1), le juge d'instruction peut effectuer :

– **des perquisitions, fouilles et saisies** (C. pr. pén., art. 94 à 97) : effectuées dans le cadre de l'instruction préparatoire, les perquisitions, fouilles et saisies sont soumises au même régime que celles de l'enquête de flagrance ;

– **des réquisitions** (C. pr. pén., art. 99-3 et -4) : elles obéissent aux mêmes conditions que celles de l'enquête de flagrance ;

– **des interrogatoires, auditions et confrontations** : le juge d'instruction peut citer toute personne dont la déposition lui paraît utile (C. pr. pén., art. 101). À peine de sanctions pénales (C. pén., art. 434-15-1), ces personnes sont tenues de comparaître (à défaut, le juge d'instruction peut recourir à la force publique), de prêter serment « de dire toute la vérité, rien que la vérité » (C. pén., art. 103) et de déposer (C. pr. pén., art. 109).

- *On ne parle d'interrogatoire* que lorsque c'est la personne mise en examen qui est questionnée par le juge. Le mis en examen ne peut être interrogé que si son avocat a été mis en mesure d'être présent. Il a toutefois la possibilité de renoncer à l'exercice de ce droit. L'avocat est convoqué au plus tard cinq jours ouvrables avant l'interrogatoire par lettre recommandée ou verbalement avec émargement au dossier de la procédure. La procédure est mise à sa disposition quatre jours ouvrables au plus tard avant chaque interrogatoire. Durant l'interrogatoire le juge d'instruction dirige les débats. À l'expiration d'un délai de quatre mois depuis sa dernière comparution, la personne mise en examen qui en fait la demande écrite doit être de nouveau interrogée par le juge d'instruction, dans les trente jours de la réception de la demande. Enfin, depuis la loi du 5 mars 2007 les interrogatoires font l'objet d'un enregistrement audiovisuel en matière criminelle. L'enregistrement ne peut être consulté, au cours de l'instruction ou devant la juridiction de jugement, qu'en cas de contestation sur la portée des déclarations recueillies, sur décision du juge d'instruction ou de la juridiction de jugement, à la demande du ministère public ou d'une des parties.

- *On parle d'audition lorsque la partie civile, le témoin assisté ou un simple témoin sont entendus par le juge d'instruction.* S'agissant de l'audition de la partie civile ou du témoin assisté, l'avocat doit être mis en mesure d'être présent, d'avoir accès au dossier de la procédure et de participer à l'audition suivant les mêmes règles que celles applicables à l'interrogatoire du mis en examen. Le juge d'instruction fait citer devant lui, par un huissier ou par un agent de la force publique, toutes les personnes dont la déposition lui paraît utile. Les témoins peuvent aussi être convoqués par lettre simple, par lettre recommandée ou par la voie administrative ; ils peuvent en outre comparaître volontairement.

- *Le mis en examen, le témoin assisté, la partie civile et le simple témoin peuvent être confrontés.* On applique ici les mêmes règles s'agissant de l'avocat et de l'organisation des débats. Tirant les leçons de l'affaire d'Outreau, la loi du 5 mars 2007 a apporté une limite à la liberté du juge d'instruction d'organiser des confrontations collectives. En effet, désormais l'art. 120-1, C. pr. pén., prévoit que les personnes peuvent dema confrontées séparément avec chacune des personnes les accu 31 oct. 2017, pourvoi n° 17-81842 : refus de toute applicabilité au ... la confrontation individuelle à l'enquête). Le juge d'instruction peut rejeter une telle demande mais son refus ne peut être motivé pour la seule raison qu'une confrontation collective est organisée ;

– **des écoutes téléphoniques**, à condition que l'infraction consiste en un **crime ou en un délit puni d'au moins trois ans d'emprisonnement**. Les conditions de forme auxquelles les écoutes sont soumises sont énumérées aux art. 100 et s., C. pr. pén. ;

– **des expertises** : le juge d'instruction peut ordonner tout type d'expertises. Les experts, choisis parmi les personnes qui figurent sur la liste nationale dressée par la Cour de cassation ou sur une des listes dressées par les cours d'appel, procèdent à leur mission sous le contrôle du juge d'instruction. Les conclusions de l'expert ne lient jamais le juge. Parmi les expertises, on compte notamment l'enquête de personnalité qui vise à éclairer le juge sur la personnalité de l'individu poursuivi. Elle est obligatoire en matière criminelle et facultative en matière délictuelle sauf quand l'infraction est commise par un mineur ou quand elle consiste en une infraction sexuelle, cas dans lesquels elle redevient obligatoire. La loi du 5 mars 2007 a profondément réformé le régime de l'expertise, renforçant son caractère contradictoire. Alors que jusqu'à présent l'ordre d'expertise restait secret, l'art. 161-1, C. pr. pén., dispose désormais que « copie de la décision ordonnant une expertise est adressée sans délai au procureur de la République et aux avocats des parties, qui disposent d'un délai de dix jours pour demander au juge d'instruction de modifier ou de compléter les questions posées à l'expert ou d'adjoindre à l'expert désigné, un expert de leur choix figurant sur une des listes ». Le juge d'instruction ne peut rejeter ces demandes que par voie d'ordonnance susceptible d'appel devant le président de la chambre de l'instruction, qui statue seul par décision motivée et non susceptible de recours. Le législateur a cependant aménagé trois exceptions à l'application de l'art. 161-1, C. pr. pén. : urgence de l'expertise ; la communication de l'expertise aux parties risque d'entraver l'accomplissement des investigations ; il s'agit d'une expertise dont les conclusions n'ont pas d'incidence sur la détermination de la culpabilité de la personne mise en examen. Une fois l'expertise ordonnée, la loi du 5 mars 2007 scinde en plusieurs étapes la procédure d'expertise. Elle prévoit d'abord, dans le seul cas où le délai donné à l'expert serait supérieur à un an, la possibilité pour le juge d'instruction de demander à l'expert la remise d'un rapport d'étape, notifié aux parties de manière à ce que celles-ci puissent formuler des observations en vue du rapport définitif. La loi du 5 mars 2007 institue ensuite un rapport provisoire. En effet, selon l'article 167-2, C. pr. pén., le juge d'instruction peut demander à l'expert de déposer un rapport provisoire avant son rapport définitif. Le ministère public et les parties disposent alors d'un délai fixé par le juge d'instruction (supérieur à 15 jours ou à un mois s'il s'agit d'une expertise comptable ou finan-

cière) pour adresser à l'expert et au juge leurs observations écrites. Si aucune observation n'est faite, le rapport provisoire est considéré comme le rapport définitif. Si des observations sont formulées, l'expert doit déposer un rapport définitif les prenant en compte. Une fois le rapport définitif établi, le juge d'instruction donne connaissance des conclusions des experts aux parties. Il leur fixe un nouveau délai (supérieur ou égal à 15 jours) pour présenter de nouvelles observations ou formuler une demande de complément d'expertise ou de contre-expertise. Le juge d'instruction ne peut rejeter une telle demande que par ordonnance motivée susceptible d'appel. Le délai écoulé, il ne peut plus être formulé de demande de contre-expertise, de complément d'expertise ou de nouvelle expertise portant sur le même objet, sous réserve de la survenance d'un élément nouveau ;
– **des géolocalisations** : l'art. 230-32, C. pr. pén., prévoit qu'il peut être recouru à la géolocalisation dans le cadre d'une instruction portant sur un crime ou sur un délit puni d'au moins trois ans d'emprisonnement ou de recherche des causes de la mort ou d'une disparition prévue à l'art. 80-4, C. pr. pén. La décision de procéder à une géolocalisation est prise par le juge d'instruction pour une durée de quatre mois renouvelable. La loi du 23 mars 2019 a désormais posé une limite : la durée totale de cette opération ne peut pas excéder un an (C. pr. pén., art. 232-33) ;
– **des gardes à vue** : elle obéit à un régime particulier dans la mesure où elle constitue un pouvoir propre de l'OPJ, et ne relève pas de la compétence du juge d'instruction. Ce dernier ne peut donc pas déléguer par la voie de CR un pouvoir dont il n'est pas titulaire à celui qui en est le vrai titulaire. Pour autant, cela n'exclut pas la possibilité de recourir à une mesure de GAV dans le cadre de l'instruction préparatoire. En effet, l'OPJ agissant sur commission rogatoire peut tout à fait décider de mettre en œuvre son pouvoir propre en ayant recours à un placement en garde à vue pour l'exécution de la CR. La GAV sera dans ce cas régie par les règles applicables à l'enquête de flagrance ;
– **des vidéosurveillances de la voie publique**, y compris par voie de commission rogatoire, mais à condition d'avoir expressément autorisé une telle mesure et d'en assurer le contrôle effectif (Crim. 11 déc. 2018, n° 18-82.365 : si le juge d'instruction tire de l'art. 81, C. pr. pén., interprété à la lumière de l'article 8 de la Conv. EDH, le pouvoir de faire procéder à une vidéosurveillance sur la voie publique aux fins de rechercher des preuves des infractions dont il est saisi, à l'encontre des personnes soupçonnées de les avoir commises, une telle ingérence dans la vie privée présentant, par sa nature même, un caractère limité et étant proportionnée au regard de l'objectif poursuivi, il doit résulter des pièces de l'information que la mesure a été mise en place sous le contrôle effectif de ce magistrat et selon les modalités qu'il a autorisées ; confirmé par Crim. 18 juin 2019, n° 18-86.421).

b. Les pouvoirs d'investigations dans l'instruction de délinquance et de criminalité organisée

– **Les perquisitions de nuit** : le juge d'instruction peut autoriser les OPJ agissant sur CR à procéder à des perquisitions et saisies de pièces à conviction en dehors des heures prévues à l'art. 59, lorsque ces opérations ne concernent pas des locaux d'habitation (C. pr. pén., art. 706-91, al. 1er). Par exception, ces opérations peuvent avoir lieu dans les locaux d'habitation, mais seulement en cas d'urgence et : 1° lorsqu'il s'agit d'un crime ou d'un délit flagrant ; 2° lorsqu'il existe un risque immédiat de disparition des preuves ou des indices matériels ; 3° lorsqu'il existe une ou plusieurs raisons plausibles de soupçonner qu'une ou plusieurs personnes se trouvant dans les locaux où la perquisition doit avoir lieu sont en train de commettre des crimes ou des délits entrant dans le champ d'application de l'article 706-73 ; 4° lorsque leur réalisation, dans le cadre d'une information relative à une ou plusieurs infractions terroriste, est nécessaire afin de prévenir un risque d'atteinte à la vie ou à l'intégrité physique.

– **La géolocalisation** : dans le cadre d'une instruction de criminalité organisée, la durée totale de cette opération est portée à deux ans (C. pr. pén., art. 230-33). En outre, afin de garantir l'anonymat des victimes ou des personnes ayant aidé un service enquêteur à installer un dispositif de géolocalisation, les art. 230-40 à 230-42, C. pr. pén., permettent d'écarter du débat contradictoire certaines informations et de les consigner dans un dossier distinct qui n'est pas accessible aux parties, à l'instar des dispositions relatives au témoignage anonyme. Aux termes de l'art. 230-40, C. pr. pén., le JLD peut décider, sur saisine du juge d'instruction, de consigner dans un dossier distinct les éléments suivants : la date, l'heure et le lieu où le moyen technique a été installé ou retiré ; l'enregistrement des données de localisation et les éléments permettant d'identifier une personne ayant concouru à l'installation ou au retrait du moyen technique mentionné à ce même article. **Cette possibilité, ouverte uniquement lors d'une information judiciaire relative à un crime ou à un délit prévu à l'article 706-73, C. pr. pén.**, ne saurait concerner que « des informations susceptibles de mettre gravement en danger la vie ou l'intégrité physique d'une personne, des membres de sa famille ou de ses proches » qui ne seraient « ni utile(s) à la manifestation de la vérité, ni indispensable(s) à l'exercice des droits de la défense ».

– **Les infiltrations** : de telles opérations ne peuvent être réalisées qu'en matière de criminalité organisée. Elles sont soumises au même régime que celles de l'enquête de police, sous cette réserve qu'elles ne sont plus alors autorisées par le procureur de la République, mais par le juge d'instruction.

– ***L'IMSI catcher***.

– **Les sonorisations et fixations d'images de certains lieux ou véhicules**.

– **Les écoutes téléphoniques** : le juge d'instruction peut décider de la mise en place d'écoutes téléphoniques. Il faut néanmoins pour cela que l'infraction consiste en un crime ou en un délit puni d'au moins trois ans d'emprisonnement. Les conditions de forme auxquelles les écoutes sont soumises sont énumérées aux art. 100 s., C. pr. pén.

– **La captation de contenu informatique** : la loi LOPPSI II du 14 mars 2011 a enrichi la procédure pénale dérogatoire applicable en matière de délinquance et de criminalité organisées de nouveaux pouvoirs d'investigation relatifs à la captation de données informatiques. Ces nouveaux actes ne peuvent être mis en œuvre que dans le cadre d'une instruction préparatoire intéressant des infractions relevant de la délinquance et de la criminalité organisées (C. pr. pén., art. 706-73), ou, depuis la loi du 6 décembre 2013, de la délinquance économique, financière et fiscale. Ainsi, l'art. 706-102-1, C. pr. pén., prévoit que, lorsque les nécessités de l'information concernant un crime ou un délit entrant dans le champ d'application de l'article 706-73, C. pr. pén., ou relevant de la procédure pénale dérogatoire applicable à la délinquance économique financière et fiscale l'exigent, le juge d'instruction peut, après avis du procureur, autoriser par ordonnance motivée les OPJ et APJ commis sur commission rogatoire à mettre en place un dispositif technique ayant pour objet, sans le consentement des intéressés, d'accéder, en tous lieux, à des données informatiques, de les enregistrer, les conserver et les transmettre, telles qu'elles s'affichent sur un écran pour l'utilisateur d'un système de traitement automatisé de données ou telles qu'il les y introduit par saisie de caractères. Ces opérations sont effectuées sous l'autorité et le contrôle du juge d'instruction. De telles opérations peuvent s'étendre sur une durée maximale de quatre mois. Toutefois, si les nécessités de l'instruction l'exigent, l'opération de captation des données informatiques peut, à titre exceptionnel et dans les mêmes conditions de forme, faire l'objet d'une prolongation supplémentaire de quatre mois (C. pr. pén., art. 706-95-16). En vue de mettre en place le dispositif technique mentionné à l'article 706-102-1, C. pr. pén., le juge d'instruction peut autoriser l'introduction dans un véhicule ou dans un lieu privé, y compris hors des heures prévues à l'article 59, à l'insu ou sans le consentement du propriétaire ou du possesseur du véhicule ou de l'occupant des lieux ou de toute personne titulaire d'un droit sur celui-ci. S'il s'agit d'un lieu d'habitation et que l'opération doit intervenir hors des heures légales, cette autorisation est délivrée par le juge des libertés et de la détention saisi à cette fin par le juge d'instruction. Ces opérations, qui ne peuvent avoir d'autre fin que la mise en place du dispositif technique, sont effectuées sous l'autorité et le contrôle du juge d'instruction.

2 • La délégation des pouvoirs : les commissions rogatoires

Le juge d'instruction dispose de la possibilité de déléguer certains de ses pouvoirs à des membres de la police judiciaire ou à d'autres magistrats par la voie de commissions rogatoires ou CR (C. pr. pén., art. 151 à 155). Les personnes auxquelles la commission rogatoire aura été délivrée peuvent alors procéder ou faire procéder, en lieu et place du juge d'instruction, à un ou plusieurs actes d'instruction. Il nous faut envisager les actes délégables (a), la portée de la délégation octroyée (b) mais aussi la forme et la durée de celle-ci (c).

a. Les actes délégables

– *Ce sont les actes d'investigation, à l'exclusion des pouvoirs de juridiction du juge d'instruction.* En cas de délégation d'une audition libre ou d'une GAV, les attributions du procureur sont exercées par le juge d'instruction (C. pr. pén., art. 154).

– *Toutefois, tous les pouvoirs d'investigation ne sont pas susceptibles d'être délégués à des membres de la police judiciaire.* Ainsi, le pouvoir de mettre en examen (C. pr. pén., art. 154-2) et celui d'interroger ou de confronter une personne mise en examen (C. pr. pén., art. 152, al. 2) ne peut être délégué qu'à un magistrat de l'ordre judiciaire (Crim. 5 mars 2013, *Bull. crim.* n° 56 a étendu cette interdiction au recueil de déclarations spontanées faites par le mis en examen). En outre, le pouvoir d'entendre une partie civile ou un témoin assisté par un OPJ délégué est soumis à la demande ou à l'accord de ceux-ci (C. pr. pén., art. 152, al. 2 ; Crim. 6 août 2008, *Bull. crim.* n° 171 a étendu la portée de ce texte aux personnes nommément visées par une PCPC mais qui n'ont pas encore acquis la qualité de témoin assisté faute d'avoir été présentées à un juge d'instruction).

b. Portée de la délégation

– *La CR peut prescrire un ou plusieurs actes d'investigation déterminés ou, indistinctement, tous les actes que le délégataire estimera utiles.* Il existe cependant un certain nombre d'actes que l'OPJ ne peut réaliser que si le juge l'y a expressément autorisé dans la CR : les écoutes téléphoniques, ou des sonorisations de lieux ou de véhicules.

– *L'art. 151, al. 3, C. pr. pén., tire la conséquence de la saisine* in rem *: le juge d'instruction ne peut délivrer de CR que pour les faits dont il est lui-même saisi.* Il s'en déduit que lorsque les OPJ ou les magistrats commis découvrent des faits nouveaux, ils ne peuvent procéder à aucun acte d'information sous couvert de l'exécution de la commission rogatoire, sauf la possibilité d'effectuer d'urgence les vérifications sommaires qui s'imposent pour en apprécier la vraisemblance, dès lors que celles-ci ne présentent pas un caractère coercitif (Crim. 13 déc. 2000, *Bull. crim.* n° 377). **Soyez vigilant toutefois car, on l'a vu, les OPJ conservent leurs pouvoirs propres** : il ne leur est pas interdit de sortir du cadre de la commission rogatoire et de mettre en œuvre l'ensemble des pouvoirs qu'ils tiennent des règles prévues pour l'enquête préliminaire ou de flagrance en cas de découverte de faits nouveaux (Ass. plén., 22 nov. 2002, *Bull. Ass. plén.* n° 2).

c. Forme et durée de la délégation

La CR est une délégation écrite (C. pr. pén., art. 151, al. 1er). Elle indique la nature de l'infraction, objet des poursuites. Elle est datée et signée par le magistrat qui la délivre et revêtue de son sceau (C. pr. pén., art. 151, al. 2). Selon l'article 151, C. pr. pén., l'OPJ commis par CR doit en aviser le procureur. Il ne s'agit cependant pas là d'une formalité prévue à peine de nullité (Crim. 10 janv. 1989, *Bull. crim.* n° 8). Le juge d'instruction fixe le délai dans lequel la CR doit lui être retournée avec les PV dressés pour son exécution. À défaut d'une telle fixation, la CR et les PV doivent lui être transmis dans les huit jours de la fin des opérations exécutées en vertu de celle-ci (C. pr.

pén., art. 151, dernier al.). La chambre criminelle a toutefois précisé que l'éventuel dépassement du délai imparti par le juge mandant pour l'exécution d'une CR ne saurait, en l'absence de retrait de cette délégation, avoir d'incidence sur la validité des actes accomplis dans le cadre de celle-ci (Crim. 15 févr. 2006, *Bull. crim.* n° 44).

Une fois exécutée, la commission rogatoire est retournée au juge d'instruction avec les procès-verbaux dressés lors de son exécution. Les pouvoirs d'investigation, même s'ils sont délégués, appartiennent toujours en propre au juge d'instruction qui les délègue. Ce juge exercera donc un contrôle sur leur exercice (Crim. 26 févr. 1997).

3 • Le contrôle des pouvoirs d'investigation

L'exercice par le juge d'instruction de ses pouvoirs d'information fait l'objet d'un contrôle de la part de la chambre de l'instruction, mais aussi de la part du parquet et des parties privées.

a. Le contrôle par les parties privées

Les pouvoirs de contrôle des parties privées sur les actes d'instruction se sont considérablement accrus depuis quelques années. Partie civile, mis en examen et témoin assisté ont accès au dossier de la procédure par l'intermédiaire de leur avocat dans les conditions précédemment décrites ; la partie civile et le mis en examen peuvent demander à ce qu'il soit procédé à tout acte qu'ils jugent utile à la manifestation de la vérité. Le témoin assisté peut quant à lui demander à ce qu'il soit procédé à une confrontation. Le juge d'instruction doit, s'il n'entend pas faire droit à ces demandes, rendre une ordonnance motivée susceptible d'appel au plus tard dans le délai d'un mois à compter de leur réception. Partie civile, mis en examen et témoin assisté peuvent en outre saisir la chambre de l'instruction de requêtes en nullité (v. *infra*, p. 300).

b. Le contrôle par le parquet

Le procureur de la République peut à tout moment se faire communiquer la procédure, à charge de la rendre dans les 24 heures. Il peut également requérir du magistrat instructeur tous actes lui paraissant utiles à la manifestation de la vérité et la mise en œuvre de toutes mesures de sûreté nécessaires. Si le juge d'instruction ne suit pas les réquisitions du procureur de la République, il doit rendre une ordonnance motivée susceptible d'appel dans les cinq jours. À l'expiration de ce délai, à défaut d'ordonnance, le procureur de la République peut, dans les dix jours, saisir directement la chambre de l'instruction. En outre, le procureur de la République peut requérir la communication de la procédure aux fins de transmission à la chambre de l'instruction lorsqu'il découvre une cause de nullité (v. *infra*, p. 300).

B – Les pouvoirs de contrainte

Nous distinguerons, d'une part, les mandats (1), d'autre part le contrôle judiciaire, l'assignation à résidence et la détention provisoire (2).

1 • Les mandats

Les mandats sont des ordres écrits émanant essentiellement du juge d'instruction ou du JLD. Aux termes de l'art. 122, C. pr. pén., « le juge d'instruction peut, selon les cas, décerner mandat de recherche, de comparution, d'amener ou d'arrêt. Le juge des libertés et de la détention peut décerner mandat de dépôt ». Tout mandat précise l'identité de la personne à l'encontre de laquelle il est décerné (C. pr. pén., art. 123, al. 1er), les mandats d'amener, de dépôt, d'arrêt et de recherche mentionnant en outre la nature des faits imputés à la personne, leur qualification juridique et les articles de loi applicables (C. pr. pén., art. 123, al. 2). Les mandats sont exécutoires dans toute l'étendue du territoire de la République (C. pr. pén., art. 124).

Les mandats de justice peuvent toutefois, dans certains cas prévus par la loi, être délivrés par certaines juridictions de jugement (le tribunal correctionnel peut décerner mandat de dépôt ou d'arrêt dans les conditions prévues par les art. 465 et 465-1, C. pr. pén. ; le président de la cour d'assises peut appeler toute personne à la barre, au besoin par mandat d'amener en vertu de l'art. 310 du même code) ou par le procureur de la République (mandat de recherche en cas de crime flagrant en application de l'art. 70, C. pr. pén.).

a. Le mandat de recherche

C'est un ordre donné à la force publique de rechercher la personne à l'encontre de laquelle il est décerné et de la placer en GAV dans les conditions prévues par l'article 135-1, C. pr. pén. Il ne peut être décerné qu'à l'égard d'une personne à l'encontre de laquelle il existe une ou plusieurs raisons plausibles de soupçonner qu'elle a commis ou tenté de commettre une infraction. En revanche, il ne peut pas être décerné à l'égard d'une personne ayant fait l'objet d'un réquisitoire nominatif, d'un témoin assisté ou d'un mis en examen (C. pr. pén., art. 122, al. 2). La personne découverte en vertu d'un mandat de recherche est placée en garde à vue par l'OPJ du lieu de la découverte. Le juge d'instruction saisi des faits est informé dès le début de la mesure. L'OPJ du lieu où la personne a été découverte peut être requis pour procéder à l'interrogatoire ainsi qu'aux fins d'exécution de tous actes d'information nécessaires par le juge d'instruction (C. pr. pén., art. 135-1).

b. Le mandat de comparution

Il a pour objet de mettre la personne en demeure de se présenter devant le juge d'instruction à l'heure et à la date indiquées (C. pr. pén., art. 122, al. 4). Il a le plus souvent pour effet de solenniser une première convocation infructueuse. Il ne peut être décerné qu'à l'encontre d'une personne à l'égard de laquelle il existe des indices graves ou concordants rendant vraisemblable qu'elle ait pu participer, comme auteur ou complice, à la commission d'une infraction, y compris si cette personne est témoin assisté ou mise en examen (C. pr. pén., art. 122, al. 3). Il est signifié par huissier à celui qui en est l'objet ou est notifié à celui-ci par un OPJ ou un APJ, ou par un agent de la force publique, lequel lui en délivre copie (C. pr. pén., art. 123, al. 3). Le juge d'instruction est tenu d'interroger immédiatement la personne qui fait l'objet d'un mandat de comparution (C. pr. pén., art. 125, al. 1er). Si l'intéressé ne comparaît pas, le juge d'instruction peut délivrer un mandat d'amener.

Lorsque la personne arrêtée en vertu d'un mandat de comparution (mais aussi d'amener ou d'arrêt) est retenue par les services de police ou de gendarmerie avant sa présentation devant un magistrat, le procureur du lieu d'arrestation est informé sans délai de cette rétention, et la personne a le droit de faire prévenir un proche aux conditions de l'art. 63-2 et d'être examinée par un médecin selon les dispositions de l'art. 63-3, C. pr. pén. (C. pr. pén., art. 133-1).

c. Le mandat d'amener

C'est l'ordre donné par le juge d'instruction à la force publique de conduire immédiatement devant lui la personne à l'encontre de laquelle il est décerné (C. pr. pén., art. 122, al. 5). Il n'est pas nécessaire qu'il soit précédé d'un mandat de comparution. C'est une mesure coercitive : l'agent qui exécute ce mandat (OPJ ou APJ) va appréhender la personne désignée en usant, si besoin est, de la force. En vertu de l'art. 134, C. pr. pén., l'agent chargé de l'exécution d'un mandat d'amener, d'arrêt ou de recherche peut s'introduire dans le domicile de l'intéressé entre 6 h et 21 h. Il peut se faire accompagner d'une force suffisante pour que la personne ne puisse se soustraire à la loi. Si la personne ne peut être saisie, un PV de perquisition et de recherches infructueuses est adressé au magistrat mandant.

Ses modalités d'exécution diffèrent suivant le lieu où la personne est retrouvée. Si la personne est retrouvée à moins de 200 km du siège du tribunal du juge mandant, elle doit être immédiatement présentée au juge d'instruction, qui procède à son interrogatoire. Dans le cas où celui-ci ne pourrait avoir lieu immédiatement, la personne peut être retenue par les services de police ou de gendarmerie pendant une durée maximum de 24 heures avant d'être présentée au juge d'instruction. À défaut, la personne doit être remise en liberté (C. pr. pén., art. 125, al. 2 ; toute personne arrêtée en vertu d'un mandat d'amener et qui a été retenue pendant plus de vingt-quatre heures sans avoir été interrogée, est considérée comme arbitrairement détenue, selon l'art. 126, C. pr. pén., et les magistrats ou fonctionnaires qui ont ordonné ou sciemment toléré cette rétention arbitraire sont passibles de poursuites pénales du chef d'atteinte à la liberté individuelle conformément aux art. 432-4 à 432-6, C. pén.). Les règles sont différentes si la personne est retrouvée à plus de 200 km du siège du tribunal. Il faut alors distinguer entre deux situations : 1) la personne peut être conduite dans les 24 heures devant le juge mandant : tout se déroule comme dans le cas précédent ; 2) il n'est pas possible de conduire dans les 24 heures la personne devant le juge mandant : elle est conduite devant le JLD du lieu d'arrestation (C. pr. pén., art. 127), lequel l'interroge sur son identité, reçoit ses déclarations après l'avoir avertie qu'elle est libre de ne pas en faire, lui demande si elle consent à être transférée ou si elle préfère attendre la décision du juge mandant (C. pr. pén., art. 128). Si la personne déclare s'opposer au transfèrement, elle est conduite dans la maison d'arrêt et avis immédiat est donné au juge d'instruction compétent. Le procès-verbal de cette comparution est par ailleurs transmis sans délai au juge d'instruction, qui décide alors s'il y a lieu d'ordonner le transfèrement (C. pr. pén., art. 129). Si tel est le cas, la personne appréhendée doit être conduite devant le juge mandant dans les quatre jours de la notification du mandat (C. pr. pén., art. 130). En cas de non-respect de ces délais, l'intéressée est libérée sur ordre du juge d'instruction, « à moins que sa conduite ait été retardée par des circonstances insurmontables » (C. pr. pén., art. 130-1).

d. Le mandat d'arrêt

C'est celui par lequel le juge d'instruction oblige la force publique à conduire la personne à la maison d'arrêt indiquée sur le mandat où elle sera reçue et détenue (C. pr. pén., art. 122, al. 6). Il ne peut être décerné qu'à l'encontre de personnes en fuite ou résidant hors du territoire de la République qui encourent au moins une peine d'emprisonnement (C. pr. pén., art. 131). Le mandat d'arrêt est diffusé sur l'ensemble du territoire national, où il est partout exécutoire. On opère s'agissant de sa mise à exécution la même distinction que pour le mandat d'amener (C. pr. pén., art. 133) : si la personne à moins de 200 km du siège du tribunal du juge mandant, elle doit être présentée au juge d'instruction dans les 24 heures de son arrestation pour qu'il soit procédé à son interrogatoire et qu'il soit le cas échéant statué sur son placement en détention provisoire suivant les conditions du droit commun. À défaut, de présentation dans les 24 heures, la personne est remise en liberté ; si la personne est arrêtée à plus de 200 km du siège du juge d'instruction qui a délivré le mandat, elle est conduite dans les 24 heures suivant son arrestation devant le procureur de la République du lieu de l'arrestation qui reçoit ses déclarations. Le transfèrement et la comparution devant le juge d'instruction se réalisent ensuite suivant les mêmes modalités que celles applicables au mandat d'amener. Contrairement au mandat d'amener, le mandat d'arrêt est un titre de détention. Ainsi, si le juge des libertés et de la détention décide d'un placement en détention provisoire, la délivrance d'un mandat de dépôt sera inutile, le mandat d'arrêt produisant effet. En outre, le mandat d'arrêt fait courir la détention provisoire à compter du jour où l'intéressé est écroué par le procureur de la République du lieu de l'arrestation. Par ailleurs, contrairement aux mandats de comparution et d'amener, le mandat d'arrêt conserve sa force exécutoire postérieurement à la clôture de l'instruction. Si la personne à l'encontre de laquelle il a été décerné est découverte après le règlement de l'information, le procureur de la République du lieu de l'arrestation est avisé dès le début de sa rétention par les services de police ou de gendarmerie. La rétention ne peut durer plus de 24 heures. La personne est alors conduite dans les 24 heures de son arrestation devant le procureur de la République dans le ressort duquel siège la juridiction de jugement saisie des faits. Le juge des libertés et de la détention peut, sur les réquisitions du procureur de la République, soit placer la personne sous contrôle judiciaire, soit ordonner son placement en détention provisoire jusqu'à sa comparution devant la juridiction de jugement.

e. Le mandat de dépôt

C'est l'ordre donné au chef de l'établissement pénitentiaire de recevoir et de détenir la personne à l'encontre de laquelle il est décerné. Il peut être décerné à l'encontre d'une personne mise en examen et ayant fait l'objet d'une ordonnance de placement en DP (C. pr. pén., art. 122, al. 8). Il suppose que l'individu concerné est à la disposition du juge lors de la délivrance du mandat, soit qu'il se soit présenté devant le juge d'instruction sur convocation, soit qu'il ait été amené devant lui en vertu d'un mandat d'amener ou d'arrêt ou à l'issue de l'exécution d'une commission rogatoire du juge. Le mandat de dépôt est établi à l'issue d'un débat contradictoire au terme duquel le juge des libertés et de la détention prend une ordonnance spécialement motivée prescrivant la mise en détention provisoire (v. *infra*).

2 • Le contrôle judiciaire, l'assignation à résidence, la détention provisoire

Nous envisagerons le contrôle judiciaire (a), l'assignation à résidence (b) et la détention provisoire (c).

a. Le contrôle judiciaire ou CJ

Créé par la loi du 17 juillet 1970 comme une alternative à la DP, le CJ consiste, lorsqu'il est ordonné dans le cadre de l'instruction préparatoire, à imposer à une personne mise en examen différentes obligations de faire ou de ne pas faire dans l'attente du jugement.

• **La décision de placement sous CJ** : au cours de l'instruction préparatoire, le CJ est ordonné par le juge d'instruction, qui statue après avoir recueilli les réquisitions du procureur. Il peut être également ordonné par le JLD, lorsqu'il est saisi (C. pr. pén., art. 137-2), par la chambre de l'instruction ou par les juridictions de jugement compétentes (C. pr. pén., art. 141-1). Le placement sous CJ peut intervenir à tout moment de l'information. Il peut notamment être ordonné en remplacement d'une DP ou d'une ARSE comme condition de la mise en liberté (C. pr. pén., art. 139).

Seul l'auteur d'un crime ou d'un délit puni d'emprisonnement peut être soumis à cette mesure (C. pr. pén., art. 138). Le CJ doit en outre être imposé par les nécessités de l'instruction – par ex. risque de fuite – ou à titre de mesure de sûreté – par ex. prévention d'une nouvelle infraction (C. pr. pén., art. 137, al. 2), ce que la motivation de la décision doit faire apparaître.

L'ordonnance de placement sous CJ est susceptible d'appel par le procureur et par la personne mise en examen.

• **Le contenu du contrôle judiciaire** :

– *Obligations du contrôle judiciaire* : elles sont diverses et permettent de surveiller l'intéressé, de l'assister ou encore de préserver les intérêts de la victime. Le juge peut imposer une ou plusieurs obligations choisies parmi la liste limitative prévue par l'art. 138, C. pr. pén. :

- Obligations de faire : informer le juge d'instruction de tout déplacement au-delà des limites fixées par l'ordonnance ; répondre aux convocations de toute autorité, association ou personne qualifiée désignée par le juge ; se soumettre aux mesures socio-éducatives destinées à favoriser l'insertion sociale et à prévenir la récidive ; se soumettre à un traitement ou à des soins notamment aux fins de désintoxication ; de constituer des sûretés personnelles ou réelles ; verser un cautionnement (le cautionnement est scindé en deux parties par la décision de placement sous CJ, la première visant à assurer la représentation de l'intéressé à tous les stades de la procédure, la seconde étant destinée à assurer la réparation des dommages causés par l'infraction ; la première partie du cautionnement sera restituée lorsque l'intéressé aura exécuté ses obligations et se sera soumis à la condamnation issue du jugement éventuel ; en cas contraire, elle sera acquise à l'État ; la seconde partie sera restituée dans les mêmes cas, sauf si elle a été versée par provision à la demande de la victime ou en exécution d'une décision judiciaire)...
- Obligations de ne pas faire : interdiction de s'absenter de son domicile ou de sa résidence, de se rendre dans certains lieux, de conduire des véhicules, de recevoir ou de rencontrer certaines personnes, d'émettre des chèques, d'exercer certaines activités professionnelles ou sociales...

La bonne exécution de ces obligations est soumise au contrôle de personnes physiques ou morales habilitées, et des services de police ou de gendarmerie désignés par le juge. Le juge peut réviser à tout moment les obligations du CJ, et ce, d'office ou à la demande de la personne mise en examen ou du parquet, soit en lui en imposant de nouvelles, soit en supprimant tout ou partie des obligations, soit en modifiant une ou plusieurs de ces obligations, voire en accordant une dispense occasionnelle ou temporaire d'observer certaines d'entre elles (C. pr. pén., art. 139, al. 2).

– *Durée et fin du contrôle judiciaire* : contrairement aux décisions de placement en DP, le placement sous CJ ne nécessite pas d'être régulièrement renouvelé. Il continue de produire ses effets tant que le juge ne décide pas d'y mettre fin, de supprimer ou de modifier des obligations, voire d'accorder une dispense occasionnelle ou temporaire d'observer certaines d'entre elles. Il s'impose ainsi pendant toute la durée de l'instruction jusqu'à l'ordonnance de règlement. À tout moment, le juge d'instruction peut accorder une mainlevée de la mesure d'office ou à la demande du mis en examen ou du parquet. Il statue sur une telle demande par ordonnance motivée susceptible d'appel dans un délai de cinq jours (C. pr. pén., art. 140). Le CJ peut aussi être remplacé par la DP lorsqu'il est devenu insuffisant au regard des nécessités de l'instruction ou lorsque l'intéressé s'est volontairement soustrait à ses obligations (C. pr. pén., art. 141-2 et 3).

À la clôture de l'information, en présence d'une ordonnance de mise en accusation, le CJ perdure jusqu'à la comparution de l'intéressé devant la juridiction de jugement (C. pr. pén., art. 181). Dans l'hypothèse d'une ordonnance de renvoi devant le tribunal correctionnel, le juge d'instruction peut décider du maintien du CJ judiciaire jusqu'à la comparution devant la juridiction de jugement par une ordonnance distincte spécialement motivée (C. pr. pén., art. 179).

b. L'assignation à résidence

La loi pénitentiaire du 24 novembre 2009 a restauré la possibilité, qui avait été instituée par la loi du 15 juin 2000 avant d'être supprimée par la loi du 9 septembre 2002, d'exécuter une DP à résidence sous placement sous surveillance électronique. L'ARSE est décidée par ordonnance motivée du juge d'instruction ou du JLD, qui statue après un débat contradictoire conformément aux exigences relatives au placement en DP. Elle peut également être décidée, sans débat contradictoire, par ordonnance statuant sur une demande de mise en liberté (C. pr. pén., art. 142-6). Dans tous les cas, elle est subordonnée à l'accord de l'intéressé.

S'agissant de son domaine, cette nouvelle mesure n'est applicable qu'aux personnes mises en examen qui encourent une peine d'au moins deux ans d'emprisonnement (C. pr. pén., art. 142-5). Quant à son contenu, l'ARSE oblige la personne à demeurer à son domicile ou dans une résidence fixée par le juge d'instruction ou le JLD et de ne s'en absenter qu'aux conditions et pour les motifs déterminés par ce magistrat. Cette obligation est exécutée sous le régime du placement sous surveillance électronique simple. Elle est ordonnée pour une durée qui ne peut excéder six mois. Elle peut être prolongée pour une même durée dans la limite de deux ans (C. pr. pén., art. 142-7). Le juge qui l'ordonne peut également prévoir qu'elle sera exécutée sous le régime du placement sous surveillance électronique mobile (C. pr. pén., art. 142-5, al. 3 : uniquement à l'encontre des personnes mises en examen pour une infraction punie de plus de sept ans d'emprisonnement et pour laquelle le suivi socio-judiciaire est encouru, sauf hypothèse de l'art. 142-11-1, C. pr. pén.). La personne peut être en outre astreinte aux obligations et interdictions prévues au titre du CJ.

La personne qui ne respecte pas les obligations résultant de l'ARSE peut faire l'objet d'un mandat d'arrêt ou d'amener et être placée en DP. Enfin, l'ARSE est assimilée à une DP pour l'imputation intégrale de sa durée sur celle d'une peine privative de liberté (C. pr. pén., art. 142-11).

c. La détention provisoire

Afin que la personne mise en examen ne puisse se soustraire à la justice, le législateur a confié au JLD le pouvoir de l'incarcérer dans une maison d'arrêt dans l'attente de l'audience de jugement. Il a néanmoins instauré de nombreuses règles destinées à encadrer le placement en détention provisoire, à limiter la durée d'une telle mesure, et à favoriser la remise en liberté.

- **Le placement en détention provisoire** :

– *Compétence pour placer en détention provisoire* : la loi du 15 juin 2000 a ôté au juge d'instruction la compétence pour ordonner un placement en DP et l'a confiée à un magistrat nouveau : le JLD, magistrat du siège ayant rang de président, de premier vice-président ou de vice-président et désigné par le président du tribunal judiciaire.

Désormais, lorsque le juge d'instruction estime souhaitable au cours d'une instruction préparatoire de placer en détention provisoire une personne mise en examen, il doit saisir le JLD par le biais d'une ordonnance motivée tendant au placement en DP (C. pr. pén., art. 137-1). **L'accord des deux magistrats (juge d'instruction et JLD) est donc en principe nécessaire pour qu'un placement en DP soit décidé. Toutefois, la loi du 9 mars 2004 a donné au procureur la possibilité de saisir directement le JLD aux fins de placement en DP en matière criminelle et pour les délits punis de dix ans d'emprisonnement dans la seule hypothèse où il a requis du juge d'instruction un placement en DP et n'a pas obtenu de réponse favorable.** Ses réquisitions doivent dans ce cas être motivées par la nécessité soit de « protéger la personne mise en examen », soit de « mettre fin au trouble exceptionnel et persistant à l'ordre public provoqué par la gravité de l'infraction, les circonstances de sa commission ou l'importance du préjudice qu'elle a causé » (C. pr. pén., art. 137-4).

– *Conditions de fond du placement en détention provisoire* :

– Personnes pouvant faire l'objet d'une détention provisoire (C. pr. pén., art. 137) : seule une personne mise en examen peut faire l'objet d'un placement en DP. Il faut en outre que cette personne encoure soit une peine criminelle, soit une peine correctionnelle d'une durée égale ou supérieure à trois ans d'emprisonnement. Un placement en DP demeure toutefois possible, alors même que de telles peines ne sont pas encourues, lorsque la personne mise en examen se soustrait volontairement aux obligations du CJ.

– Motivation au regard de l'art. 144, C. pr. pén. : la DP ne peut être ordonnée que s'il est démontré, au regard d'éléments précis et circonstanciés, qu'elle constitue l'unique moyen de parvenir à l'un ou plusieurs des sept objectifs énumérés par l'art. 144, C. pr. pén. : 1° conserver les preuves ou les indices matériels ; 2° empêcher une pression sur les témoins ou les victimes ainsi que sur leur famille ; 3° empêcher une concertation frauduleuse entre la personne mise en examen et ses coauteurs ou complices ; 4° protéger la personne mise en examen ; 5° garantir le maintien de la personne mise en examen à la disposition de la justice ; 6° mettre fin à l'infraction ou prévenir son renouvellement ; 7° en matière criminelle uniquement, mettre fin au trouble exceptionnel et persistant à l'ordre public provoqué par la gravité de l'infraction, les circonstances de sa commission ou l'importance du préjudice qu'elle a causé, ce trouble ne pouvant résulter du seul retentissement médiatique de l'affaire. La chambre criminelle se reconnaît le pouvoir de contrôler la légalité des motifs du placement en détention provisoire.

– Les obligations du CJ et de l'ARSE doivent apparaître insuffisantes (C. pr. pén., art. 137 et 144) : l'art. 144, C. pr. pén., spécialement, exige des juges qui prononcent un placement en DP de « démontrer, au regard des éléments précis et circonstanciés résultant de la procédure, qu'elle constitue l'unique moyen de parvenir à l'un ou plusieurs des objectifs et que ceux-ci ne sauraient être atteints en cas de placement sous contrôle judiciaire ou d'assignation à résidence avec surveillance électronique ». La Cour de cassation exerce désormais un contrôle rigoureux (Crim. 16 févr. 2010, *Bull. crim.* n° 28 : il appartient au JLD de s'expliquer, par des considérations de droit et de fait, sur chacun de ces éléments ; Crim. 13 oct. 2010, *Bull. crim.* n° 161 : ainsi, même correctement justifiée au fond, la décision de placement ou de maintien en DP est irrégulière si elle n'affirme pas corrélativement l'insuffisance du CJ et de l'ARSE).

– *Conditions de forme du placement en détention provisoire (C. pr. pén., art. 145)* : le JLD fait comparaître la personne mise en examen devant lui, assistée de son avocat. Après avoir, s'il l'estime utile, recueilli les observations de l'intéressé, il fait connaître à la personne mise en examen qu'il envisage de la placer en DP. Il l'informe que sa décision ne pourra intervenir qu'à l'issue d'un débat contradictoire et qu'elle a le droit de demander un délai pour préparer sa défense. Si la personne n'est pas déjà assistée d'un avocat, le juge l'avise qu'elle sera défendue par un avocat de son choix ou par un avocat commis d'office. L'avocat choisi ou désigné est avisé par tout moyen et sans délai. S'il ne peut se déplacer, il est remplacé par un avocat commis d'office.

Une fois l'avocat sur place (sa présence est obligatoire), le JLD statue, après un débat contradictoire. Il entend le ministère public, puis les observations de la personne mise en examen et, le cas échéant, celles de son avocat. Alors que jusqu'à présent, les débats se tenaient à l'audience d'un cabinet ou en chambre du conseil, la loi du 5 mars 2007, entendant renforcer le contrôle du placement en détention, pose le principe suivant lequel « le débat contradictoire a lieu et le juge statue en audience publique ». Toutefois, le ministère public, la personne mise en examen ou son avocat peuvent s'opposer à cette publicité en matière de criminalité organisée ou si la publicité « est de nature à entraver les investigations spécifiques nécessitées par l'instruction, à porter atteinte à la présomption d'innocence ou à la sérénité des débats ou à nuire à la dignité de la personne ou aux intérêts d'un tiers ». Le juge statue alors sur cette opposition en audience de cabinet par ordonnance motivée, après avoir recueilli les observations du ministère public, de la personne mise en examen et de son avocat. S'il fait droit à cette opposition, le débat a lieu et le juge statue en audience de cabinet.

Si la personne mise en examen ou son avocat sollicite un délai pour préparer sa défense, le JLD ne peut ordonner immédiatement le placement en détention. Dans ce cas, il peut, au moyen d'une ordonnance non susceptible d'appel, prescrire l'incarcération de la personne durée déterminée qui ne peut en aucun cas excéder quatre jours o Dans ce délai, il fait comparaître à nouveau la personne et, que cel ou non assistée d'un avocat, procède au débat contradictoire décrit plus haut. S'il n'ordonne pas le placement de la personne en DP, celle-ci est mise en liberté d'office.

À l'issue du débat, le JLD prend une ordonnance de placement en DP qui doit être motivée en droit et en fait. Après avoir rendu cette ordonnance, le JLD décerne le mandat de dépôt. Le parquet et la personne mise en examen peuvent faire appel de l'ordonnance de placement en DP devant la chambre de l'instruction (C. pr. pén., art. 185 et 186). La juridiction d'appel doit se prononcer dans les plus brefs délais, et au plus tard dans les dix jours de l'appel s'il s'agit d'une ordonnance de placement en détention et dans les quinze jours dans les autres cas ; à défaut, la personne est remise d'office en liberté, à moins que des vérifications n'aient été ordonnées ou que des circonstances imprévisibles et insurmontables mettent obstacle au jugement de l'affaire dans le délai imparti (C. pr. pén., art. 194, al. 4). Cet appel n'est pas suspensif. C'est pourquoi l'article 187-1 du C. pr. pén. permet au mis en examen, ainsi qu'au procureur de la République, lorsqu'il est interjeté appel d'une ordonnance de placement en DP, d'introduire un recours appelé « référé-liberté ». À peine d'irrecevabilité, cette requête doit être exercée en même temps que l'appel et présentée au plus tard le jour suivant la décision attaquée. Par cette procédure dont le seul objet est de déclarer l'appel suspensif, le président de la chambre d'instruction peut infirmer une ordonnance de mise en DP, mais il ne peut pas la confirmer. Pour cela, il faudra attendre l'appel sur lequel se prononcera la chambre de l'instruction.

Dans tous les cas, pour permettre au juge d'instruction de procéder à des vérifications relatives à la situation personnelle du mis en examen ou aux faits qui lui sont reprochés, lorsque ces vérifications sont susceptibles de permettre le placement de l'intéressé sous CJ, le JLD peut décider d'office de prescrire par ordonnance motivée l'incarcération provisoire du mis en examen pendant une durée déterminée qui ne saurait excéder quatre jours ouvrables jusqu'à la tenue du débat contradictoire. À défaut de débat dans ce délai, la personne est mise en liberté d'office. Cette ordonnance est susceptible de faire l'objet de la procédure de référé-liberté. L'incarcération provisoire est, le cas échéant, imputée sur la durée de la DP.

Cette procédure doit être répétée dans son entier à chaque prolongation de la DP.

• **La durée de la détention provisoire** : le juge d'instruction ou, s'il est saisi, le JLD doit ordonner la mise en liberté immédiate de la personne placée en DP dès que les conditions de cette détention ne sont plus remplies. **Ainsi, si l'accord des deux magistrats est nécessaire au placement en DP, la décision d'un seul d'entre eux suffit à la mise en liberté**. Dans tous les cas, la DP ne peut excéder une durée raisonnable au regard de la gravité des faits reprochés à la personne mise en examen et de la complexité des investigations nécessaires à la manifestation de la vérité.

La durée de la DP varie suivant qu'elle est ordonnée en matière correctionnelle ou en matière criminelle.

– *En matière correctionnelle* (C. pr. pén., art. 145-1) :

- la DP est limitée à quatre mois lorsque deux conditions sont cumulativement remplies : 1° la personne mise en examen n'a pas déjà été condamnée à une peine criminelle ou à une peine d'emprisonnement sans sursis supérieure à un an ; 2° elle encourt une peine inférieure ou égale à cinq ans ;

- dans les autres cas, à titre exceptionnel, le JLD peut décider de prolonger la détention provisoire pour une durée maximale de quatre mois par une ordonnance motivée rendue sous les mêmes conditions de forme et de fond que l'ordonnance prescrivant le placement en DP. Cette décision peut être renouvelée, toujours selon la même procédure, la durée totale de la détention ne pouvant toutefois excéder un an. Cette durée totale est portée à deux ans lorsqu'un des faits constitutifs de l'infraction a été commis hors du territoire national ou lorsque la personne est poursuivie pour trafic de stupéfiants, terrorisme, association de malfaiteurs, proxénétisme, extorsion de fonds ou infraction commise en bande organisée, et qu'elle encourt une peine égale à dix ans d'emprisonnement ;

- enfin, à titre exceptionnel, lorsque les investigations du juge d'instruction doivent être poursuivies et que la mise en liberté de la personne mise en examen causerait pour la sécurité des personnes et des biens un risque d'une particulière gravité, la chambre de l'instruction peut prolonger pour une durée de quatre mois la durée de deux ans. La chambre de l'instruction, devant laquelle la comparution personnelle du mis en examen est de droit, est alors saisie par ordonnance motivée du JLD.

L'art. 145-3, C. pr. pén., prévoit enfin que, lorsque la durée de la DP excède huit mois en matière délictuelle, les décisions ordonnant sa prolongation ou rejetant les demandes de mise en liberté doivent aussi comporter les indications particulières qui justifient en l'espèce la poursuite de l'information et le délai prévisible d'achèvement de la procédure.

– *En matière criminelle* (C. pr. pén., art. 145-2) :

- la DP est en principe limitée à un an ;

- toutefois, le JLD peut, à l'expiration de ce délai, prolonger la détention pour une durée maximale de six mois par une ordonnance motivée rendue sous les mêmes conditions de forme et de fond que l'ordonnance prescrivant le placement en DP. Cette décision peut être renouvelée selon la même procédure. Dans ce cas, la personne ne peut être maintenue en détention provisoire au-delà de deux ans lorsque la peine encourue est inférieure à vingt ans de réclusion criminelle, et au-delà de trois ans dans les autres cas. Ces délais sont portés respectivement à trois et quatre ans lorsque l'un des faits constitutifs de l'infraction a été commis hors du territoire national. Le délai est également de quatre ans lorsque la personne est poursuivie pour trafic de stupéfiants, terrorisme, proxénétisme, extorsion de fonds ou pour un crime commis en bande organisée;

- à titre exceptionnel, lorsque les investigations du juge d'instruction doivent être poursuivies et que la mise en liberté de la personne mise en examen causerait pour la sécurité des personnes et des biens un risque d'une particulière gravité, la chambre de l'instruction peut prolonger pour une durée de quatre mois les durées précédemment énoncées. La chambre de l'instruction, devant laquelle la comparution personnelle du mis en examen est de droit, est alors saisie par ordonnance motivée du JLD. Cette décision peut être renouvelée une fois sous les mêmes conditions et selon les mêmes modalités.

L'article 145-3, C. pr. pén., prévoit que lorsque la durée de la DP excède un an en matière criminelle, les décisions ordonnant sa prolongation ou rejetant les demandes de mise en liberté doivent aussi comporter les indications particulières qui justifient en l'espèce la poursuite de l'information et le délai prévisible d'achèvement de la procédure.

- **La fin de la détention provisoire** :

– *Les demandes de mise en liberté (DML)* : le procureur, la personne placée en DP ou son avocat peuvent, à tout moment, demander sa mise en liberté. La DML est adressée au juge d'instruction, qui communique immédiatement le dossier au procureur aux fins de réquisitions. Le juge d'instruction peut alors ordonner la mise en liberté. Dans le cas contraire, il doit, dans les cinq jours suivant la communication au procureur, la transmettre avec son avis motivé au JLD. Ce magistrat statue dans un délai de trois jours ouvrables, par une ordonnance comportant l'énoncé des considérations de droit et de fait qui constituent le fondement de cette décision par référence aux dispositions de l'art. 144. Faute par le JLD d'avoir statué dans ce délai, la personne peut saisir directement de sa demande la chambre de l'instruction qui, sur les réquisitions écrites et motivées du procureur général, se prononce dans les vingt jours de sa saisine faute de quoi la personne est mise d'office en liberté. Le droit de saisir dans les mêmes conditions la chambre de l'instruction appartient également au procureur. Par ailleurs, à l'expiration d'un délai de quatre mois depuis sa dernière comparution devant le juge d'instruction ou le magistrat par lui délégué et tant que l'ordonnance de règlement n'a pas été rendue, la personne détenue ou son avocat peut saisir directement d'une DML la chambre de l'instruction (C. pr. pén., art. 148; disposition déclarée conforme à la Constitution par Cons. const. 17 déc. 2010, décis. n° 2010-80 QPC, malgré le caractère écrit de la procédure et de l'absence de débat contradictoire préalablement à la décision du juge d'instruction et du JLD, sous réserve, de la communication au demandeur de l'avis du juge d'instruction et des réquisitions du ministère public).

La loi du 9 septembre 2002 a mis en place la procédure du « référé-détention » (C. pr. pén., art. 148-1-1). Lorsqu'une ordonnance de mise en liberté d'une personne placée en DP est rendue contrairement aux réquisitions du procureur, cette ordonnance est immédiatement notifiée à ce magistrat. Pendant un délai de quatre heures à compter de la notification, la personne ne peut pas être remise en liberté. Cette décision ne peut être adressée pour exécution au chef de l'établissement pénitentiaire. Le procureur peut alors interjeter appel de l'ordonnance de mise en liberté devant le greffier du JLD ou du juge d'instruction, en saisissant dans le même temps, le premier président de la cour d'appel d'un référé détention. Faute pour le procureur d'avoir formé un référé détention dans un délai de quatre heures à compter de la notification de l'ordonnance de mise en liberté, celle-ci revêtue d'une mention du greffier indiquant l'absence de référé-détention, sera adressée au chef de l'établissement pénitentiaire et la personne sera remise en liberté. Si le référé détention a été formé dans les temps, le premier président de la cour d'appel, ou le magistrat qui le remplace, statue au plus tard le 2e jour ouvrable suivant la demande. Pendant cette durée, les effets de l'ordonnance de mise en liberté sont suspendus et la personne reste détenue. S'il estime que le maintien en détention est manifestement nécessaire jusqu'à ce que la chambre de l'instruction statue dans les dix jours sur l'appel du ministère public il ordonne la suspension de la mise en liberté.

– *Mise en liberté d'office par la chambre de l'instruction* (C. pr. pén., art. 221-3) : la loi du 5 mars 2007 a institué un nouveau recours devant la chambre de l'instruction. Celle-ci peut désormais, à intervalles réguliers, être saisie de l'ensemble de la procédure relative à une DP, si trois conditions sont remplies : 1° un délai de trois mois s'est écoulé depuis le placement en DP de la personne mise en examen ; 2° la détention est en cours ; 3° l'avis de fin d'information n'a pas été délivré. Le président de la chambre de l'instruction peut alors d'office ou à la demande de la personne mise en examen ou du ministère public, saisir sa juridiction de l'examen de l'ensemble de la procédure, par une décision insusceptible de recours.

– *Détention provisoire et dignité des détenus :* la question de la préservation de la dignité des détenus a connu récemment de nombreux rebondissements :

- La Cour européenne des droits de l'Homme a ainsi condamné la France à trois reprises :
  - une première fois en 2013, pour violation de l'article 3 de la Convention européenne de sauvegarde des droits de l'homme et des libertés fondamentales, relatif à l'interdiction des traitements inhumains et dégradants (CEDH 25 avr. 2013, *Canali c/ France*, n° 40119/09) ;
  - une seconde fois le 30 janvier 2020, sur le fondement, non seulement de l'article 3, mais aussi de l'article 13, quant à lui relatif au droit à un recours effectif (CEDH 30 janv. 2020, *J.M.B. et autres c/ France*, n° 9671/15). La Cour a émis diverses recommandations, dont il résulte que l'État français se doit d'adopter des mesures générales aux fins, non seulement de garantir aux détenus des conditions de détention conformes à l'article 3, mais aussi d'établir un recours préventif et effectif, combiné avec le recours indemnitaire, permettant de redresser la situation dont les détenus sont victimes et d'empêcher la continuation d'une violation alléguée ;

- une troisième fois le 19 novembre 2020, sur le principe que le recours indemnitaire ouvert à la personne détenue doit se doubler d'une réparation effective et appropriée, ce qui n'était pas le cas en l'espèce, le détenu s'étant retrouvé débiteur de l'État pour des frais d'expertise à sa charge (CEDH 19 nov. 2020, *Barbotin c/ France*, n° 25338/16).

- La chambre criminelle a, quant à elle, accepté de faire évoluer sa jurisprudence, sur cette question de la dignité des détenus :
  - elle a d'abord posé le principe qu'une éventuelle atteinte à la dignité de la personne en raison des conditions de détention, si elle est susceptible d'engager la responsabilité de la puissance publique en raison du mauvais fonctionnement du service public, ne saurait constituer un obstacle légal au placement et au maintien en détention provisoire (Crim. 18 sept. 2019, n° 19-83.950) ;
  - puis, interprétant les recommandations de la CEDH, elle a jugé, par un arrêt du 8 juillet 2020, que même si ces recommandations s'adressent, par leur nature même, au gouvernement et au Parlement, il appartient au juge national, chargé d'appliquer la Convention, d'en tenir compte sans attendre une éventuelle modification des textes législatifs ou réglementaires, et que, en tant que gardien de la liberté individuelle, il lui incombe de veiller à ce que la détention provisoire soit, en toutes circonstances, mise en œuvre dans des conditions respectant la dignité des personnes, et de s'assurer que cette privation de liberté est exempte de tout traitement inhumain et dégradant. Aussi, après les vérifications nécessaires (sur les modalités d'appréciation de l'indignité de la détention : Crim. 25 nov. 2020, n° 20-84.886 : « Le juge saisi pour apprécier la nécessité de placer ou maintenir une personne en détention provisoire a l'obligation de garantir à cette personne placée dans des conditions indignes de détention un recours préventif et effectif permettant d'empêcher la continuation de la violation de l'article 3 de la Convention européenne des droits de l'homme. Lorsque la description faite par le demandeur de ses conditions personnelles de détention est suffisamment crédible, précise et actuelle, de sorte qu'elle constitue un commencement de preuve de leur caractère indigne, il appartient à la chambre de l'instruction, dans le cas où le ministère public n'aurait pas préalablement fait vérifier ces allégations, de faire procéder à des vérifications complémentaires afin d'en établir la réalité »), et dans le cas où serait constatée une atteinte au principe de dignité à laquelle il n'aurait pas été remédié, la mise en liberté de la personne doit-elle être ordonnée, en l'astreignant, le cas échéant, à une assignation à résidence avec surveillance électronique ou à un contrôle judiciaire (Crim. 8 juill. 2020, n° 20-81.739).

- De son côté, le Conseil constitutionnel a déclaré non conforme à la Constitution, avec effet au 1er mars 2021, le second alinéa de l'article 144-1 du Code de procédure pénale, relatif aux hypothèses de mise en liberté immédiate d'une personne placée en détention provisoire, faute pour ce texte de prévoir et d'aménager un recours devant le juge judiciaire permettant au justiciable d'obtenir qu'il soit mis fin aux atteintes à sa dignité résultant des conditions de sa détention (Cons. const. 2 oct. 2020, QPC n° 2020-858/859). Afin de prévenir cette échéance, une proposition de loi a été déposée le 11 février 2021 par M. François-Noël Buffet, tendant à garantir le droit au respect de la dignité en détention (texte n° 362), aux termes de laquelle la personne détenue aurait le choix de saisir soit le juge des référés, qui dispose d'un pouvoir d'injonction, soit le juge judiciaire, lequel n'a pas un tel pouvoir, mais qui peut ordonner une remise en liberté.

- Quant au Conseil d'État, dans une décision en date du 19 octobre 2020, il a souligné les limites du référé-liberté pour faire cesser les atteintes au respect de la dignité des personnes détenues, et ceci sur trois considérations, d'abord que des mesures d'ordre structurel sont insusceptibles d'être mises en œuvre à très bref délai et qu'elles ne sont pas au nombre des mesures d'urgence que la situation permet de prendre utilement dans le cadre des pouvoirs que le juge des référés tient de l'article L. 521-2 du Code de justice administrative, ensuite que les mesures que ce dernier prononce doivent s'apprécier en tenant compte des moyens dont dispose l'autorité administrative compétente, enfin qu'il ne lui appartient pas de s'assurer, au stade de sa décision, que l'administration procédera à l'exécution des mesures prononcées à son encontre (CE 19 oct. 2020, n° 439372).

Lorsqu'elle est saisie, la chambre de l'instruction statue au cours d'une procédure publique, sous réserve de l'opposition des parties ou du ministère public dans les conditions précédemment décrites. Les avocats de l'ensemble des parties et des témoins assistés sont convoqués à l'audience. Afin de mettre la chambre de l'instruction en état de décider en pleine connaissance du dossier elle peut ordonner, d'office ou à la demande des parties ou du ministère public, la comparution des personnes mises en examen et des témoins assistés. La comparution d'une personne mise en examen et placée en détention provisoire ne peut lui être refusée que par une décision spécialement motivée du président de la chambre de l'instruction. Deux jours ouvrables avant la date prévue pour l'audience, les parties ont la possibilité de déposer des mémoires afin de demander notamment la remise en liberté du détenu. La chambre de l'instruction peut alors ordonner la remise en liberté, même en l'absence de demande en ce sens. Cette mesure peut être ou non assortie d'un contrôle judiciaire. La chambre de l'instruction doit rendre son arrêt au plus tard trois mois après sa saisine par le président, à défaut de quoi les personnes placées en détention sont remises en liberté. Le recours à cette procédure est à nouveau possible six mois après que l'arrêt est devenu définitif, à condition qu'une détention provisoire soit toujours en cours, à moins que l'avis de fin d'information prévu par l'article 175 n'ait été délivré.

– *Le règlement de l'information :*

- en matière correctionnelle, l'art. 179, al. 3, C. pr. pén., prévoit que l'ordonnance de renvoi devant le tribunal correctionnel met fin à la DP. Toutefois, le juge d'instruction peut décider du maintien en DP jusqu'à la comparution devant le tribunal par une ordonnance distincte et spécialement motivée au regard de l'art. 144. La chambre de l'instruction dispose des mêmes possibilités. Le prévenu ainsi maintenu en DP doit être remis en liberté si le tribunal correctionnel n'a pas commencé à examiner au fond à l'expiration d'un délai de deux mois à compter de l'ordonnance de renvoi. Cependant, lorsque l'audience au fond ne peut avoir lieu dans ce délai, le tribunal peut, à titre exceptionnel, ordonner deux prolongations, à chaque fois pour une nouvelle durée de deux mois. Si le prévenu n'est toujours pas jugé à l'issue de la seconde prolongation, il est immédiatement remis en liberté. À chaque prorogation, la comparution personnelle du prévenu est de droit s'il en fait la demande. Le tribunal doit alors rendre une décision mentionnant les raisons de fait ou de droit qui font obstacle au jugement de l'affaire ;

- en matière criminelle, l'art. 181, C. pr. pén., prévoit qu'en cas d'ordonnance de mise en accusation, si l'accusé est placé en DP, il reste détenu jusqu'à son jugement par la cour d'assises. L'accusé détenu doit être immédiatement remis en liberté s'il n'a pas comparu devant celle-ci à l'expiration d'un délai d'un an à compter soit de la date à laquelle la décision de mise en accusation est devenue définitive s'il était alors détenu, soit de la date à laquelle il a été ultérieurement placé en détention provisoire. Toutefois, si l'audience sur le fond ne peut débuter avant l'expiration de ce délai, la chambre de l'instruction peut ordonner la prolongation de la détention provisoire pour une nouvelle durée de six mois (Crim. 2 sept. 2009, n° 09-83.938 : la prolongation de la détention après la clôture de l'information, ne peut être motivée par les seules difficultés récurrentes de fonctionnement de la cour d'assises, la chambre de l'instruction devant rechercher si les autorités compétentes ont apporté une diligence particulière à la poursuite de la procédure).

C – Les pouvoirs de juridiction

Gardez en tête que les ordonnances du juge d'instruction n'ont pas toutes la même nature et qu'il faut distinguer les ordonnances administratives des ordonnances juridictionnelles. Alors que les premières correspondent au rôle d'enquêteur du juge d'instruction, les secondes sont la manifestation essentielle de son statut de juge. La distinction est importante dans la mesure où les ordonnances administratives sont secrètes et insusceptibles de voies de recours, tandis que le juge d'instruction a l'obligation de donner avis aux parties des ordonnances juridictionnelles qui peuvent être susceptibles d'appel. Le législateur n'ayant pas fourni de critère pour distinguer entre ces deux catégories d'ordonnances, la jurisprudence qualifie d'ordonnances administratives celles par lesquelles le juge décide de la recherche des preuves ou organise l'administration de l'instruction (ex. : ordonnances prescrivant un transport sur les lieux ou une perquisition).

Les ordonnances juridictionnelles sont en revanche celles par lesquelles le juge statue soit d'office, soit à la requête d'une partie sur une prétention explicitement ou implicitement émise devant lui. Elles correspondent au rôle juridictionnel du juge d'instruction et se retrouvent à tous les stades de l'information. Ainsi, à l'ouverture de l'instruction, on trouve par exemple l'ordonnance de refus d'informer, l'ordonnance d'incompétence, ou encore l'ordonnance de dessaisissement. Au cours de l'information, l'ordonnance de refus d'un acte d'instruction, de saisine du juge des libertés et de la détention en vue d'un placement en détention provisoire, ou l'ordonnance de placement sous contrôle judiciaire sont celles que l'on rencontre le plus souvent. Enfin, les ordonnances de non-lieu, de mise en accusation, ou de renvoi devant la juridiction compétente clôtureront l'information. Les ordonnances juridictionnelles sont automatiquement assorties des voies de recours et des droits de la défense. Le ministère public peut faire appel de chacune d'entre elles dans un délai de cinq jours à compter de la notification d'une ordonnance non conforme à ses réquisitions ou à compter de la date à laquelle l'ordonnance a été rendue conformément à ses réquisitions. Les parties privées ne peuvent en revanche pas faire appel de toutes les ordonnances juridictionnelles du juge d'instruction :

– **Appel du mis en examen (C. pr. pén., art. 186 et 186-1)** : il s'agit des ordonnances : de refus de passage du statut de personne mise en examen à témoin assisté, de refus de prescrire un examen médical, psychologique, ou de refus de prescrire un acte utile à la manifestation de la vérité ; contestant le bien-fondé d'une demande tendant à constater la prescription de l'action publique, des ordonnances relatives à la recevabilité de la constitution de partie civile ; relative à la DP et au CJ, à l'expertise, à la compétence du juge d'instruction ; de mise en accusation ou de renvoi devant le tribunal correctionnel. Le Conseil constitutionnel a estimé que la liste de l'art. 186, C. pr. pén., ne saurait être considérée comme limitative (Cons. const. 13 juill. 2011, décis. n° 2011-153 QPC).

– **Appel de la partie civile (C. pr. pén., art. 186 et 186-3)** : il s'agit des ordonnances : de non-informer, de non-lieu ; faisant grief à ses intérêts civils ; relatives à la compétence du juge d'instruction ; relatives à l'expertise ; de refus de prescrire un examen médical, psychologique ; de refus de prescrire un acte utile à la manifestation de la vérité ; contestant le bien-fondé d'une demande tendant à contester la prescription de l'action publique ; de renvoi devant le tribunal correctionnel lorsqu'elle estime que les faits méritaient une qualification criminelle. En revanche, **l'appel de la partie civile ne peut jamais porter sur les ordonnances relatives à la DP ou au CJ**.

Le témoin assisté ne possède quant à lui aucune possibilité d'appel. L'appel des parties doit être formé dans les dix jours qui suivent la notification ou la signification de la décision. Lorsqu'il est interjeté appel d'une ordonnance le juge d'instruction poursuit son information sauf décision contraire du président de la chambre de l'instruction.

IV/ La clôture de l'instruction

Nous envisagerons la durée de l'instruction (A), puis le règlement de celle-ci (B).

A – La durée de l'instruction

Le juge d'instruction n'est plus souverain dans l'appréciation de la durée de l'instruction préparatoire :

– En vertu de l'art. 175-1, C. pr. pén., la personne mise en examen, le témoin assisté ou la partie civile peuvent, à l'expiration du délai prévisible d'achèvement de l'instruction qui leur a été préalablement indiqué par le juge d'instruction (C. pr. pén., art. 116, al. 9 ; C. pr. pén., art. 89-1, al. 2) demander au juge d'instruction de prononcer le renvoi devant la juridiction de jugement, ou de déclarer qu'il n'y a pas lieu à suivre. Une demande identique peut également être formée lorsqu'aucun acte d'instruction n'a été accompli pendant un délai de quatre mois. Dans les deux cas, le juge d'instruction peut y faire droit ou déclarer par ordonnance motivée qu'il y a lieu à poursuivre l'information dans le délai d'un mois suivant la réception de la demande. S'il décide d'y faire droit, il procède à la clôture de l'instruction. S'il décide de poursuivre l'instruction, ou à défaut pour le juge d'avoir statué dans le délai d'un mois, la personne mise en examen, le témoin assisté ou la partie civile, peuvent saisir le président de la chambre de l'instruction dans les cinq jours qui suivent la notification de la décision du juge ou à l'expiration du délai d'un mois. Une nouvelle demande peut être formée à l'expiration d'un délai de six mois. Lorsqu'il est saisi, le président de la chambre de l'instruction, décide, dans les huit jours de la transmission du dossier, par une ordonnance qui n'est pas susceptible de recours, s'il y a lieu ou non de saisir la chambre de l'instruction. Dans l'affirmative, la chambre de l'instruction peut, soit prononcer le renvoi devant la juridiction de jugement ou la mise en accusation devant la cour d'assises, soit déclarer qu'il n'y a pas lieu à suivre, soit évoquer, soit renvoyer le dossier de la procédure au même juge d'instruction ou à tel autre, afin de poursuivre l'information. Dans la négative, le président de la chambre de l'instruction ordonne, par décision motivée, le renvoi du dossier au juge d'instruction.

– En vertu de l'article 175-2, C. pr. pén., la durée de l'instruction ne peut excéder un délai raisonnable au regard de la gravité des faits reprochés à la personne mise en examen, de la complexité des investigations nécessaires à la manifestation de la vérité et de l'exercice des droits de la défense. Ce délai est fixé à deux ans à compter de l'ouverture de l'information. Si, à l'issue de ce délai, celle-ci n'est pas terminée, le juge d'instruction doit rendre une ordonnance motivée par référence aux critères susmentionnés, expliquant les raisons de la durée de la procédure, comportant les indications qui justifient la poursuite de l'information et précisant les perspectives de règlement (Crim. 17 janv. 2006, n° 05.82.197 : cette obligation n'est pas prescrite à peine de nullité). Cette ordonnance est communiquée au président de la chambre de l'instruction qui peut, par requête, saisir cette juridiction conformément aux dispositions de l'article 221-1, C. pr. pén. La chambre de l'instruction peut alors encore, dans l'intérêt d'une bonne administration de la justice, soit évoquer l'affaire, soit renvoyer le dossier au juge d'instruction ou à tel autre afin de poursuivre l'information.

Par ailleurs, la durée l'instruction ne peut excéder un délai raisonnable au regard de la gravité des faits reprochés à la personne mise en examen, de la complexité des investigations nécessaires à la manifestation de la vérité et de l'exercice des droits de la défense. Si, à l'issue d'un délai de deux ans à compter de l'ouverture de l'information, celle-ci n'est pas terminée, le juge d'instruction doit rendre une ordonnance motivée expliquant les raisons de la durée de la procédure, comportant les indications qui justifient la poursuite de l'information et précisant les perspectives de règlement. Cette exigence n'est toutefois pas prescrite à peine de nullité. L'ordonnance est communiquée au président de la chambre de l'instruction qui peut, par requête, saisir cette juridiction.

B – Le règlement de l'instruction

Nous envisagerons, successivement la procédure de règlement (1) puis le contenu de l'ordonnance de règlement (2).

1 • La procédure de règlement

Elle est prévue par l'art. 175, C. pr. pén., et se scinde en deux phases :

• **1re phase : l'avis de fin d'information** : aussitôt que l'information lui paraît terminée, le juge d'instruction communique le dossier au procureur par une ordonnance de soit-communiqué et en avise en même temps les parties, le témoin assisté, et leurs avocats, soit verbalement avec émargement au dossier, soit par lettre recommandée, soit par les soins du chef de l'établissement pénitentiaire lorsque la personne est détenue.

Le procureur dispose alors d'un délai d'un mois si une personne mise en examen est détenue ou de trois mois dans les autres cas pour adresser son réquisitoire définitif au juge d'instruction. Copie de ces réquisitions est adressée dans le même temps aux avocats des parties par lettre recommandée. En outre, le procureur peut, par réquisitoire supplétif, requérir du magistrat instructeur tous actes lui paraissant utiles à la manifestation de la vérité et toutes mesures de sûreté nécessaires.

Les parties, quant à elles, ont vu l'exercice de leurs droits encadrés par la loi du 23 mars 2019 : désormais, en vertu de l'art. 175, III et IV, C. pr. pén., elles disposent d'un délai de quinze jours à compter soit de chaque interrogatoire ou audition réalisé au cours de l'information, soit de l'envoi de l'avis de fin d'information pour faire connaître au juge d'instruction, qu'elles souhaitent adresser des observations ou formuler des demandes. Lorsqu'elles ont indiqué souhaiter exercer ces droits, elles disposent alors du même délai d'un mois ou de trois mois à compter de l'envoi de l'avis que celui offert au procureur pour formuler des demandes d'actes ou des requêtes en nullité et pour adresser des observations écrites au juge d'instruction, dont copie est adressée au procureur. Le témoin assisté n'est pas recevable à formuler des demandes d'actes, mais il dispose de la possibilité de former des requêtes en nullité. À défaut d'avoir indiqué, dans les quinze jours de la réception de l'avis de fin d'information, leur volonté de formuler des observations ou d'adresser des demandes d'actes, ou à défaut d'avoir exercé leurs droits dans les délais d'un mois ou de trois mois, **les parties ne seront plus recevables à formuler des demandes d'actes ou à présenter des requêtes en nullité**. Si, au cours de cette 1re phase, le juge d'instruction procède à un nouvel acte, il doit délivrer de nouveaux avis à parties et faire ainsi redémarrer un nouveau délai de première phase. La procédure de règlement reprend donc de zéro.

- **2e phase** : à l'issue de ce premier délai, le procureur, les parties et le témoin assisté disposent d'un nouveau délai de dix jours si une personne mise en examen est détenue ou d'un mois dans les autres cas pour adresser au juge d'instruction des réquisitions ou des observations complémentaires au vu des observations ou des réquisitions qui leur ont été communiquées. À l'issue de ce délai, le juge d'instruction peut rendre son ordonnance de règlement, et ce y compris s'il n'a pas reçu de réquisitions ou d'observations dans le délai prescrit, et examiner s'il existe ou non contre la personne mise en examen des charges constitutives d'une infraction, dont il détermine la qualification juridique (C. pr. pén., art. 176). La motivation de son ordonnance doit tenir compte des réquisitions et des observations écrites qui lui ont été adressées, en précisant les éléments à charge et à décharge concernant chacune des personnes mises en examen (C. pr. pén., art. 184).

2 • Contenu de l'ordonnance de règlement

L'ordonnance de règlement doit indiquer la qualification de l'infraction imputée à la personne. Elle doit être motivée au regard des réquisitions du ministère public et des observations des parties en précisant les éléments à charge et à décharge. Il existe différents types d'ordonnances de règlement.

a. Ordonnance de non-lieu

Il existe deux types de non-lieu : le non-lieu motivé en droit (inexistence d'une infraction pénale, prescription de l'action publique, cause d'irresponsabilité pénale…) et le non-lieu motivé en fait (charges insuffisantes pour poursuivre). Dans les deux cas, le non-lieu peut être partiel ou total. Si l'ordonnance de non-lieu est motivée en fait, l'information peut être rouverte, sous réserve du délai de prescription de l'action publique, s'il survient des charges nouvelles résultant de faits nouveaux (C. pr. pén., art. 188 et 189), étant précisé que cette réouverture ne peut avoir lieu que sur l'initiative du parquet (C. pr. pén., art. 190).

Le ministère public devra alors prendre un réquisitoire à fin de reprise. En l'absence de charges nouvelles, l'information ne pourra pas être rouverte contre les mêmes personnes pour les mêmes faits. En outre, quand il rend une ordonnance de non-lieu à l'issue d'une information ouverte sur constitution de partie civile, le juge d'instruction peut, sur réquisitions du procureur et par décision motivée, s'il considère que la constitution de partie civile a été abusive ou dilatoire, prononcer contre la partie civile une amende civile dont le montant ne peut excéder 15 000 € (C. pr. pén., art. 177-2).

Il faut toutefois faire mention ici du non-lieu qui serait motivé par une irresponsabilité pénale pour cause de trouble mental. La loi du 25 février 2008 a en effet institué une procédure nouvelle spécifiquement dédiée à cette situation. Désormais, si le juge d'instruction estime qu'il est susceptible de conclure à l'irresponsabilité pénale d'une personne pour cause de trouble mental, il doit en informer le procureur et les parties (C. pr. pén., art. 706-119). Ces derniers peuvent alors demander la saisine de la chambre de l'instruction afin qu'elle statue sur l'application de l'irresponsabilité pénale pour trouble mental. À défaut de saisine de la chambre de l'instruction, le juge d'instruction doit rendre une ordonnance de non-lieu précisant s'il existe des charges suffisantes établissant que l'intéressé a commis les faits qui lui sont reprochés (C. pr. pén., art. 706-120, al. 2).

b. Ordonnance de renvoi

S'il existe des charges contre le suspect, le juge d'instruction rend une ordonnance :

– *de renvoi devant le tribunal de police si les faits constituent une contravention* (C. pr. pén., art. 178, al. 1er) *ou devant le tribunal correctionnel si les faits poursuivis constituent un délit* (C. pr. pén., art. 179, al. 1er). **Soyez vigilant : la loi du 9 mars 2004 a légalisé la correctionnalisation judiciaire**, qui consiste à appliquer à des agissements constitutifs d'un crime au regard de la loi une qualification correctionnelle en déformant délibérément la réalité des faits – en éludant une circonstance aggravante ou en taisant certains éléments constitutifs d'un crime – pour tourner les règles légales relatives à la compétence juridictionnelle, lorsqu'il y est recouru par le juge d'instruction, à l'issue de l'instruction. En ce qu'elle a pour conséquence d'évincer l'application des règles d'ordre public relatives à la compétence des juridictions, cette pratique est longtemps demeurée illégale. Elle n'était alors possible qu'avec l'accord tacite de tous les acteurs du procès pénal de ne pas soulever l'incompétence du tribunal correctionnel. Une contestation pouvait cependant toujours intervenir jusqu'à la fin de la procédure, obligeant ainsi à reprendre de zéro une procédure criminelle. Désormais, l'art. 469, C. pr. pén., prévoit que lorsque la correctionnalisation est opérée par le juge d'instruction à l'issue de l'information, le tribunal correctionnel ne peut plus soulever son incompétence. En contrepartie, l'ordonnance de renvoi du juge d'instruction peut être frappée d'appel par les parties devant la chambre de l'instruction dans le seul but de contester la qualification correctionnelle retenue. À défaut d'appel, il est interdit au tribunal correctionnel de revenir sur la qualification délictuelle retenue, sauf dans un cas : quand il apparaît que des faits présentés comme commis de façon involontaire ont en réalité été commis intentionnellement, le tribunal correctionnel retrouve la possibilité de soulever son incompétence. En outre, la loi du 23 mars 2019 a créé un art. 179-2, C. pr. pén., qui prévoit que le juge d'instruction peut préciser dans l'ordonnance de renvoi la date d'audience devant le tribunal de police ou le tribunal correctionnel lorsque cette date lui a été préalablement communiquée par le procureur, ce qui dispense le procureur de délivrer une citation ;

– *de mise en accusation devant la cour d'assises si les faits retenus à la charge des personnes mises en examen constituent une infraction qualifiée crime par la loi* (C. pr. pén., art. 181, al. 1er). Le juge d'instruction transmet le dossier avec son ordonnance au procureur, qui l'envoie au greffe de la cour d'assises. L'ordonnance de règlement dessaisit le juge d'instruction. Postérieurement à l'ordonnance de règlement, le juge d'instruction n'a plus qualité pour instruire ni pour se prononcer sur la DP ou le CJ.

Soyez extrêmement vigilant car l'ordonnance de renvoi ou de mise en accusation purge les nullités : dans tous les cas, lorsqu'elle est devenue définitive, l'ordonnance couvre, s'il en existe, les vices de la procédure (C. pr. pén., art. 178, al. 2, art. 179, dern. al. et art. 181, al. 4).

Le secret de l'instruction (et de l'enquête)

Le secret de l'enquête et de l'instruction est consacré par l'art. 11, C. pr. pén. : « toute personne qui concourt à cette procédure est tenue au secret professionnel dans les conditions et sous les peines des articles 226-13 et 226-14 du Code pénal ». Les tiers à la procédure auxquels le secret serait divulgué sont quant à eux susceptibles d'être poursuivis du chef de recel de violation du secret de l'instruction. La violation du secret de l'instruction constitue ainsi une infraction pénale. Cette infraction présente la particularité de ne pouvoir être commise que par les seules les personnes qui concourent à la procédure. La Cour de cassation décide que cette notion inclut seulement les personnels de justice (magistrats, greffiers, policiers, expert...). Les non-professionnels de la justice (mis en examen, partie civile, témoin...) ne sont pas susceptibles de commettre l'infraction. Ils peuvent donc librement parler du dossier de l'instruction à des tiers. Il ne faut toutefois pas confondre cette situation avec celle dans laquelle ces personnes donneraient des copies d'actes ou de pièces de la procédure à des tiers. De tels agissements restent interdits. En effet, selon l'art. 114-1, C. pr. pén., la personne qui reçoit des copies des pièces du dossier ou de la procédure par l'intermédiaire de son avocat, encourt en cas de communication de ces copies à un tiers une amende de 3 750 €. Les avocats sont quant à eux dans une situation particulière, dans la mesure où, s'ils ne sont pas soumis au secret de l'instruction en tant que tel, ils sont en revanche tenus au secret professionnel en vertu des règles qui régissent l'exercice de leur profession (art. 5 du décret du 12 juillet 2005). Il en résulte que l'avocat ne peut communiquer à quiconque, sauf à son client pour les besoins de sa défense, des renseignements concernant des procédures pénales (Crim. 18 déc. 2001, *Bull. crim.* n° 273). En outre, dans l'hypothèse où une violation du secret de l'instruction viendrait à être caractérisée, elle donnerait lieu à la mise en œuvre de la responsabilité pénale de l'auteur de la violation, mais ne serait pas sanctionnée par la nullité sauf à démontrer qu'elle est concomitante à l'accomplissement de l'acte divulgué et porte atteinte aux intérêts de la partie concernée (v. cependant, pour la présence de journalistes lors d'une perquisition : Crim. 9 janv. 2019, n° 17-84.026). La loi du 9 mars 2004 a complété le dispositif protecteur du secret de l'instruction en donnant naissance à un nouveau délit de « divulgation d'informations judiciaires ». Selon l'article 434-7-2 « [s]ans préjudice des droits de la défense, le fait, pour toute personne qui, du fait de ses fonctions, a connaissance, en application des dispositions du code de procédure pénale, d'informations issues d'une enquête ou d'une instruction en cours concernant un crime ou un délit, de révéler sciemment ces informations à des personnes qu'elle sait susceptibles d'être impliquées comme auteurs, coauteurs, complices ou receleurs, dans la commission de ces infractions, lorsque cette révélation est réalisée dans le dessein d'entraver le déroulement des investigations ou la manifestation de la vérité, est puni de deux ans d'emprisonnement et de 30 000 euros d'amende. Lorsque l'enquête ou l'instruction concerne un crime ou un délit puni de dix ans d'emprisonnement relevant des dispositions de l'article 706-73 du code de procédure pénale, les peines sont portées à cinq ans d'emprisonnement et à 75 000 euros d'amende ». Ainsi défini, le secret de l'instruction est susceptible d'entrer en conflit avec le secret des sources des journalistes.

De la liberté d'expression telle que consacrée par l'art. 10 Conv. EDH, découle le droit des journalistes à la protection du secret de leurs sources (CEDH 27 mars 1996, *Goodwin*, n° 17488/90). Or, la protection du secret des sources des journalistes apparaît difficilement conciliable avec l'infraction de violation du secret de l'instruction, qui suppose pour être caractérisée que l'auteur de violation soit identifié comme une personne concourant à la procédure au sens de l'art. 11, C. pr. pén. Dans le conflit entre secret de l'instruction et secret des sources des journalistes, la Cour de cassation avait jusqu'à présent tendance à faire primer le premier (v. nota Crim. 30 oct. 2006, Crim. 12 juin 2007). La position de la CEDH était cependant différente. En effet, dans une décision *Dupuis et autres c/ France* du 7 juin 2007, la CEDH a conclu à la condamnation de la France, qui avait fait prévaloir la protection du secret de l'instruction sur la liberté d'expression, pour violation de l'art. 10 Conv. EDH. Dans cette affaire, les journalistes, auteurs du livre « les oreilles du président » relatif aux écoutes téléphoniques réalisées par la présidence de la république entre 1983 et 1986, avaient été condamnés par les juridictions françaises du chef recel de violation du secret de l'instruction. La CEDH juge cette condamnation constitutive d'une ingérence non nécessaire dans leur droit à la liberté d'expression, dans la mesure où l'ouvrage litigieux concerne un débat d'un intérêt public considérable répondant à « une demande soutenue et concrète du public ». Or, il faut mesurer avec beaucoup de prudence la condamnation de « journalistes qui participent à un débat public d'une telle importance ». À la suite de cette condamnation, le gouvernement a élaboré un projet de loi visant à garantir le droit des journalistes à la protection du secret de leurs sources. Ce projet a donné naissance à la loi du 4 janvier 2010 relative à la protection du secret des sources des journalistes, dont il convient d'examiner les apports. D'abord, ce texte inscrit au niveau législatif le principe de la nécessaire protection du secret des sources des journalistes. Ainsi, dans un nouvel article 2, la loi sur la liberté de la presse du 29 juillet 1881 prévoit que « [l]e secret des sources des journalistes est protégé dans l'exercice de leur mission d'information du public ».

►

Ensuite, la loi du 4 janvier 2010 affirme la prévalence du secret des sources des journalistes sur le secret de l'instruction. En effet, le texte pose la règle suivant laquelle « il ne peut être porté atteinte directement ou indirectement au secret des sources que si un impératif prépondérant d'intérêt public le justifie et si les mesures envisagées sont strictement nécessaires et proportionnées au but légitime poursuivi ». Le législateur précise à cet égard qu'il est tenu compte, pour apprécier la nécessité de l'atteinte, « de la gravité du crime ou du délit, de l'importance de l'information recherchée pour la répression ou la prévention de cette infraction et du fait que les mesures d'investigation envisagées sont indispensables à la manifestation de la vérité ». En outre, le législateur définit la notion d'atteinte indirecte au secret des sources comme « le fait de chercher à découvrir les sources d'un journaliste au moyen d'investigations portant sur toute personne qui, en raison de ses relations habituelles avec un journaliste, peut détenir des renseignements permettant d'identifier ces sources ». Lorsqu'une atteinte au secret des sources peut valablement être mise en œuvre, « elle ne peut en aucun cas consister en une obligation pour le journaliste de révéler ses sources ». Pareilles dispositions conduisent à rendre impossible toute poursuite d'un journaliste du chef de recel de violation du secret de l'instruction, en même temps qu'elles font obstacle à la découverte de l'auteur d'une violation du secret de l'instruction. Le secret des sources des journalistes devrait donc désormais prévaloir sur le secret de l'instruction. Si elle contribue au développement de la liberté d'expression, pareille disposition met immanquablement en péril non seulement l'efficacité de la procédure pénale, mais aussi la présomption d'innocence. Enfin, dans la même perspective, la loi du 4 janvier 2010 restreint les écoutes téléphoniques impliquant un journaliste : l'article 100-5, C. pr. pén., relatif aux interceptions de correspondances émises par la voie des télécommunications prévoit désormais que « à peine de nullité, ne peuvent être transcrites les correspondances avec un journaliste permettant d'identifier une source en violation de l'article 2 de la loi du 29 juillet 1881 sur la liberté de la presse. »

7. La chambre de l'instruction

Nous envisagerons ici les prérogatives de la chambre de l'instruction relatives à l'instruction préparatoire en nous intéressant à la saisine de la chambre de l'instruction (I) et aux pouvoirs exercés par elle (II), avant d'étudier la procédure régissant ses audiences (III), puis les arrêts rendus par cette juridiction (IV).

I/ La saisine de la chambre de l'instruction

Il nous faut distinguer la saisine directe de la chambre de l'instruction (A) et celle résultant du rythme de l'instruction préparatoire (B).

A – Saisine directe à raison d'un refus opposé par le juge d'instruction à une demande formulée devant lui

L'appel ne peut être dirigé que contre les actes juridictionnels du juge d'instruction, lesquels sont matérialisés par des ordonnances. On parle de saisine directe pour évoquer les hypothèses dans lesquelles, une demande préalablement présentée au juge d'instruction étant restée sans réponse à l'issue du délai imparti par la loi (ex. : demande d'acte), les parties en saisissent directement la chambre de l'instruction. Il s'agit d'une forme d'« appel par défaut ». Il faut distinguer selon que cette saisine directe porte sur une décision qui ne statue pas sur une mesure restrictive de liberté (a) ou, à l'inverse, porte sur une telle mesure (b).

1 • Hors contentieux des mesures restrictives de liberté

a. Conditions

Les conditions de l'appel et de la saisine directe diffèrent selon qu'ils sont exercés par le ministère public ou par les parties privées :

– *Appel du ministère public* (C. pr. pén., art. 185) : le ministère public peut faire appel de toutes les ordonnances du juge d'instruction par déclaration au greffe. Le procureur de la République dispose, depuis la loi du 23 mars 2019, comme le procureur général d'un délai de dix jours pour interjeter appel à compter de la notification de la décision (C. pr. pén., art. 185). L'appel et l'appel par défaut exercés par le ministère public ne sont pas soumis au filtre du président de la chambre de l'instruction.

– *Appel des parties privées* (partie civile et mis en examen, C. pr. pén., art. 186) : les parties disposent d'un délai de dix jours à compter de la notification de la décision pour interjeter appel, par déclaration au greffe de la juridiction qui a rendu la décision ou, si l'appelant est détenu, par déclaration au chef de l'établissement pénitentiaire qui la transmet sans délai au greffier. **Le président de la chambre de l'instruction exerce ici un rôle de filtre**. Il peut en effet déclarer irrecevable l'appel ou l'appel par défaut des parties privées par une ordonnance de non-admission d'appel insusceptible de recours.

b. Effets

• **Effet suspensif** : lorsqu'il est interjeté appel d'une ordonnance autre que de règlement ou que la chambre de l'instruction est directement saisie suite à l'inertie du juge d'instruction, le juge d'instruction poursuit son information y compris, le cas échéant, jusqu'au règlement de celle-ci (C. pr. pén., art. 187, al. 1er). Le président de la chambre de l'instruction peut cependant décider, par une décision insusceptible de recours, que l'instruction ne soit pas poursuivie avant qu'il ait été statué sur l'appel ou la demande. Il en va différemment lorsque l'appel porte sur l'ordonnance de clôture de l'instruction. Dans ce cas l'appel a un effet suspensif jusqu'à ce que la chambre de l'instruction ait statué.

• **Effet dévolutif** : l'étendue de la saisine de la chambre de l'instruction varie selon que l'appel porte sur une ordonnance en cours d'instruction, ou sur l'ordonnance de clôture :

– l'appel d'une ordonnance autre que l'ordonnance de clôture et l'appel par défaut limitent la saisine de la chambre de l'instruction à l'objet particulier dont il est interjeté appel. En effet, la Cour de cassation décide de manière constante que les art. 186, al. 1 et 3, et 186-1, C. pr. pén., ne sauraient autoriser les parties à faire faire juger, à l'occasion de ces procédures spéciales, des questions étrangères à leur unique objet (par ex. Crim. 10 déc. 1996, n° 96-84.073). **Cette règle de l'unique objet implique que l'objet de la saisine limite la compétence de la chambre de l'instruction, qui ne peut échapper à cette règle que si elle évoque** ;

– l'appel de l'ordonnance de clôture saisit la chambre de l'instruction de l'affaire dans son entier.

2 • En matière de mesures restrictives de liberté

L'appel et la saisine directe de la chambre de l'instruction sont soumis à un régime particulier lorsqu'ils interviennent relativement au CJ et à la DP. Il convient au préalable de rappeler que la partie civile n'est jamais admise à interjeter appel en la matière.

a. Conditions

• **Appel et saisine directe par le procureur de la République** : ici encore, le droit d'appel du ministère public est général : il peut porter sur toute ordonnance, et peut aussi bien viser à la restriction ou privation de liberté qu'à la mise en liberté de la personne. Le procureur de la République dispose en outre de la possibilité de saisir directement la chambre de l'instruction en cas d'inertie du juge d'instruction ou du juge des libertés et de la détention. La loi du 9 septembre 2002 lui a par ailleurs conféré, dans l'hypothèse de l'appel d'une ordonnance de mise en liberté, la possibilité de faire usage de la procédure du référé-détention (v. *supra*, p. 288). Enfin, lorsqu'en application de l'art. 207, al. 1, C. pr. pén. la chambre de l'instruction s'est, par mention expresse, réservé le contentieux de la détention, le procureur général peut la saisir lorsqu'il lui paraît nécessaire de prolonger cette mesure, la chambre de l'instruction statuant alors selon une procédure qui lui est propre (les règles relatives au débat contradictoire ne sont pas applicables ici).

• **Appel et saisine directe par la personne mise en examen** :

– *Appel* : l'appel doit être formé dans les mêmes conditions que celles examinées plus haut, et peut intervenir aussi bien en cours qu'en fin d'information. La personne mise en examen peut faire appel des ordonnances la plaçant en détention provisoire ou sous contrôle judiciaire ou prolongeant ces mesures, ainsi que des ordonnances refusant une demande de mainlevée du contrôle judiciaire ou de mise en liberté. Lorsqu'elle fait appel de l'ordonnance la plaçant en détention provisoire, la personne peut en outre faire usage de la procédure du « référé-liberté » (v. *supra*, p. 285).

– *Saisine directe* : il faut distinguer suivant que la saisine directe de la chambre de l'instruction intervient en cours ou en fin d'information.

- En cours d'information, la chambre de l'instruction dispose de plusieurs possibilités : 1° elle peut être directement saisie, lorsque le juge des libertés et de la détention ou le juge d'instruction n'a pas statué sur une demande de mise en liberté ou de mainlevée du contrôle judiciaire dans les cinq jours de la réception de la demande ; 2° suivant l'art. 207, al. 1er, C. pr. pén., elle peut se réserver expressément le contentieux de la détention provisoire et du contrôle judiciaire pendant toute la durée de l'information à l'occasion d'un appel ou d'une saisine directe intervenant en la matière ; 3° la personne détenue peut directement saisir la chambre de l'instruction d'une demande de mise en liberté lorsqu'un délai de quatre mois s'est écoulé depuis sa dernière comparution devant le juge d'instruction.
- Après la clôture de l'information, la chambre de l'instruction ne peut plus être directement saisie des mesures restrictives ou privatives de liberté que dans trois cas : 1° lorsque, en matière criminelle, le demandeur est mis en accusation, et tant qu'il n'est pas définitivement condamné par la cour d'assises ; 2° lorsqu'aucune juridiction n'est saisie (ex. : incompétence) ; 3° en cas de pourvoi en cassation. En revanche, en cas de renvoi devant le tribunal correctionnel, le juge d'instruction est seul compétent pour statuer sur le maintien des mesures restrictives de liberté, l'ordonnance de maintien en détention ou sous contrôle judiciaire étant alors susceptible d'appel.

b. Effets

La chambre de l'instruction dispose d'un délai de dix jours pour statuer sur l'appel d'une ordonnance de placement en détention provisoire ou de prolongation de la détention (sauf hypothèse du référé-liberté), délai porté à quinze jours lorsque l'intéressé a demandé à comparaître personnellement. Pour l'appel des ordonnances de refus de mise en liberté, les délais sont respectivement de quinze ou vingt jours selon que l'intéressé a ou non demandé à comparaître. Lorsque la chambre de l'instruction est saisie directement, le délai est de vingt jours. Aucun délai n'est en revanche fixé à la chambre de l'instruction pour statuer sur l'appel d'une ordonnance relative au contrôle judiciaire.

Obligation faite à la chambre de l'instruction de s'assurer de l'existence d'indices graves ou concordants dans le contentieux des mesures de sûreté

Dans un arrêt du 14 octobre 2020, la chambre criminelle avait énoncé, au visa de l'article 5, § 1, c), de la Conv. EDH, que « la chambre de l'instruction, à chacun des stades de la procédure, doit s'assurer que les conditions légales de la détention provisoire sont réunies, et notamment de l'existence d'indices graves ou concordants rendant vraisemblable la participation de la personne mise en examen aux faits reprochés » (Crim. 14 oct. 2020, n° 20-82.961).

Dans un arrêt du 27 janvier 2021, la chambre criminelle vient élargir sa solution à toutes les mesures de sûreté – ce qui, outre la DP, inclut le CJ et l'ARSE : « il résulte des articles 80-1 et 137 du Code de procédure pénale que les mesures de sûreté ne peuvent être prononcées qu'à l'égard de la personne à l'encontre de laquelle il existe des indices graves ou concordants rendant vraisemblable qu'elle ait pu participer, comme auteur ou comme complice, à la commission des infractions dont le juge d'instruction est saisi »; d'autre part, « il se déduit de l'article 5, § 1, c), de la Convention européenne des droits de l'homme que la chambre de l'instruction, à chacun des stades de la procédure, doit s'assurer, même d'office, que les conditions légales des mesures de sûreté sont réunies, en constatant expressément l'existence de tels indices » (Crim. 27 janv. 2021, n° 20-85.990). Ce contrôle, qu'il se réalise d'office ou sur le fondement d'une contestation élevée par le mis en examen, doit être un contrôle premier ou « préalable » (cf. Crim., *Note explicative relative à l'arrêt n° 202 du 27 janvier 2021 (20-85.990)* : lorsqu'elle est saisie du contentieux des mesures de sûreté, la condition légale tenant à l'existence d'indices graves ou concordants doit être la première condition que doit examiner la chambre de l'instruction ; et ce n'est que si elle conclut à la réalité de tels indices qu'elle peut, dans un second temps, se pencher sur les autres conditions définies par le législateur (conditions tenant à l'infraction reprochée et à la peine qui s'y attache, ou encore conditions posées, en matière de détention provisoire, par l'art. 144, C. pr. pén.). En outre, le contrôle que doit opérer la chambre de l'instruction, « propre à la matière des mesures de sûreté », « est sans incidence sur la validité de la mise en examen, laquelle ne peut être critiquée que dans le cadre des procédures engagées sur le fondement des articles 80-1-1 et 170 du Code de procédure pénale ». Autrement dit, la mise en examen ne peut être affectée par la décision rendue, en fait de CJ, ARSE ou DP, par la chambre de l'instruction, y compris si cette décision devait mettre en exergue une absence ou une insuffisance d'indices. C'est à l'intéressé qu'il reviendra d'entreprendre une démarche spécifique en ce sens, soit en sollicitant du magistrat instructeur le retrait de sa mise en examen (C. pr. pén., art. 80-1-1), soit en saisissant la chambre de l'instruction d'une demande distincte tendant à voir prononcer la nullité de sa mise en examen (C. pr. pén., art. 170 s.).

►

Dans une décision du 24 février 2021 (n° 20-86.537), les juges de cassation ont décidé que puisque, désormais, la question de l'existence des indices graves ou concordants « est dans les débats devant la chambre de l'instruction saisie du contentieux des mesures de sûreté », et que la personne concernée peut donc, à cette occasion, « être amenée à faire des déclarations qui, si elles figurent au dossier de la procédure, sont susceptibles d'être prises en considération par les juridictions prononçant un renvoi devant la juridiction de jugement ou une déclaration de culpabilité », il en « résulte » que « le droit de faire des déclarations, de répondre aux questions posées ou de se taire doit être porté à la connaissance de la personne qui comparaît devant la chambre de l'instruction saisie du contentieux d'une mesure de sûreté ». La chambre criminelle a tenu en même temps à préciser que « le défaut d'information du droit de se taire » doit être considéré comme « sans incidence sur la régularité de la décision rendue en matière de mesure de sûreté ». De fait, l'incidence de l'absence de notification du droit au silence sera ailleurs, en l'occurrence, dans l'impossibilité faite aux « juridictions appelées à prononcer un renvoi devant la juridiction de jugement ou une déclaration de culpabilité » de pouvoir « utilis[er] à son encontre » « les déclarations de l'intéressé »

B – Saisine à raison du rythme de l'information

Le législateur a mis en place trois mécanismes permettant la saisine directe de la chambre de l'instruction à raison du rythme de l'information.

1 • Saisine tendant au règlement de la procédure

L'art. 175-1, C. pr. pén., on l'a vu prévoit la possibilité pour la personne mise en examen, le témoin assisté ou la partie civile de demander au juge d'instruction le règlement de la procédure à l'expiration du délai prévisible d'achèvement de la procédure préalablement indiqué par le juge d'instruction ou lorsqu'aucun acte d'instruction n'a été accompli pendant un délai de quatre mois. Si le juge d'instruction rejette cette demande ou s'il n'y répond pas, les parties peuvent adresser leur contestation ou leur demande au président de la chambre de l'instruction. Celui-ci décide alors dans un délai de huit jours et par ordonnance non susceptible de recours, s'il y a lieu ou non de saisir la chambre de l'instruction (C. pr. pén., art. 207-1). Dans l'affirmative, toutes les parties ayant été convoquées, la chambre de l'instruction peut soit régler la procédure, soit instruire par elle-même en évoquant, soit renvoyer le dossier de la procédure au même juge d'instruction ou à tel autre, afin de poursuivre l'information.

2 • Saisine tendant à ce qu'il soit instruit

Lorsqu'un délai de quatre mois ou de deux mois si la personne est détenue s'est écoulé depuis le dernier acte d'instruction, l'art. 221-2, C. pr. pén., permet aux parties de saisir la chambre de l'instruction afin qu'en évoquant, elle exerce ses pouvoirs juridictionnels. Une requête doit dans ce cas être déposée au greffe de la chambre de l'instruction. Le président contrôle sa recevabilité, et statue par une ordonnance non susceptible de recours. Par ailleurs, l'art. 221-1, C. pr. pén., autorise le président à saisir lui-même la chambre de l'instruction pour une bonne administration de la justice lorsqu'un délai de quatre mois ou de deux mois si la personne est détenue s'est écoulé depuis la date du dernier acte d'instruction nécessaire à la manifestation de la vérité. Si, dans les deux mois – un mois en cas de détention – suivant le retour du dossier au même juge d'instruction, aucun acte n'est encore accompli, la chambre de l'instruction a le devoir, ou d'évoquer, ou de confier l'affaire à un autre juge d'instruction.

3 • Saisine instituée par la loi du 5 mars 2007

Depuis la loi du 5 mars 2007, la chambre de l'instruction peut, à intervalles réguliers, être saisie de l'ensemble de la procédure relative à une DP. Une telle saisine est subordonnée à la réunion de trois conditions : 1° un délai de trois mois s'est écoulé depuis le placement en détention provisoire ; 2° la détention est en cours ; 3° l'avis de fin d'information n'a pas été délivré. Ces conditions étant réunies, le président de la chambre de l'instruction peut d'office ou à la demande de la personne mise en examen ou du ministère public, dans les huit jours de la réception de la demande, saisir la chambre de l'instruction de l'examen de l'ensemble de la procédure. Une fois saisie, les avocats, les parties et le témoin assisté sont convoqués. Deux jours avant la date prévue pour l'audience, les parties ont la possibilité de déposer des mémoires afin de demander la remise en liberté du détenu, la réalisation d'actes, la nullité d'actes ou pièces de la procédure. Cette saisine entraîne la purge de la procédure de toutes les nullités antérieures. La chambre de l'instruction dispose à l'occasion d'une telle saisine d'importantes prérogatives : elle peut ordonner la remise en liberté ; prononcer la nullité d'un ou plusieurs actes ; prendre des mesures concernant l'instruction du dossier (soit en l'évoquant totalement ou partiellement, soit en désignant un ou plusieurs autres juges d'instruction pour suivre la procédure avec le juge ou les juges d'instruction déjà saisis) ; si « cette décision est indispensable à la manifestation de la vérité et à la bonne administration de la justice » et qu'il est impossible d'utiliser la solution précédemment évoquée, elle peut dessaisir la juge d'instruction et désigner un ou plusieurs nouveaux juges d'instruction ; elle peut renvoyer le dossier au juge d'instruction et lui enjoindre de réaliser certains actes dans un délai déterminé ; elle peut enfin ordonner le règlement de la procédure. La chambre de l'instruction doit rendre son arrêt au plus tard trois mois après sa saisine par le président, à défaut de quoi les personnes placées en détention sont remises en liberté. Le recours à cette procédure est à nouveau possible six mois après que l'arrêt est devenu définitif.

C – Saisine en matière de nullité

Pendant la durée de l'information, la chambre de l'instruction, sous le contrôle de la Cour de cassation, est seule compétente pour apprécier la régularité des actes de la procédure. Elle doit examiner la régularité de la procédure et statuer sur les nullités dans plusieurs hypothèses : lorsqu'elle est saisie du règlement de la procédure ou qu'elle instruit elle-même (C. pr. pén., art. 206), lorsque l'acte de saisine transmet à la chambre de l'instruction la connaissance de la totalité de l'affaire (ex. : appel de l'ordonnance de renvoi ou de non-lieu, évocation), lorsqu'elle est saisie d'une requête en nullité conforme aux exigences légales.

II/ Les pouvoirs de la chambre de l'instruction

A – Le pouvoir de réformation

La chambre de l'instruction exerce un pouvoir de réformation lorsque, en tant que juridiction du second degré, elle est saisie des appels contre les ordonnances du juge d'instruction. La chambre de l'instruction dispose en pareille hypothèse de plusieurs possibilités : 1° confirmer l'ordonnance attaquée, la chambre de l'instruction ayant dans ce cas l'obligation de renvoyer le dossier au juge d'instruction saisi ; 2° infirmer l'ordonnance attaquée, la chambre de l'instruction pouvant alors soit renvoyer le dossier au juge d'instruction saisi, soit désigner un autre juge d'instruction, soit évoquer pour poursuivre l'information et exercer son pouvoir de révision. Le pouvoir de réformation implique à la fois un contrôle d'opportunité et de légalité.

B – Le pouvoir d'annulation

La chambre de l'instruction exerce un pouvoir d'annulation lorsqu'elle est saisie d'un contentieux en annulation, d'office ou suite à une requête en nullité. Le pouvoir d'annulation n'implique qu'un contrôle de régularité de la procédure, et l'annulation suppose toujours qu'une disposition légale ou un principe général du droit ait été violé. Lorsque la chambre de l'instruction décide de ne pas conclure à la nullité, elle doit renvoyer le dossier de la procédure au juge d'instruction initialement saisi. Si elle décide au contraire d'annuler l'acte attaqué, elle peut, soit renvoyer le dossier au juge d'instruction saisi, soit désigner un autre juge d'instruction, soit évoquer le dossier et se substituer ainsi au juge d'instruction.

C – Le pouvoir de révision

Bien que non mentionné par le législateur, la doctrine évoque le pouvoir de révision pour désigner toutes les hypothèses dans lesquelles le législateur permet à la chambre de l'instruction de compléter les procédures soumises à son contrôle, redresser les qualifications, étendre l'information à d'autres chefs d'infractions ou à d'autres personnes. Le pouvoir de révision constitue ainsi un pouvoir propre de la chambre de l'instruction que MM. Merle et Vitu définissent de la manière suivante : « réviser, c'est examiner de nouveau pour changer, corriger ». La chambre de l'instruction n'est en mesure d'exercer son pouvoir de révision que lorsqu'elle est saisie de l'entier dossier de la procédure, ce que le législateur ne prévoit qu'en certaines hypothèses : 1° appel d'une ordonnance de mise en accusation ; 2° appel d'une ordonnance de non-lieu ; 3° appel d'une ordonnance de renvoi disqualifiante ; 4° réouverture d'une information en matière criminelle suite à un premier non-lieu, la chambre de l'instruction étant alors chargée de réviser l'instruction antérieure ; 5° saisine de la chambre de l'instruction par le procureur général pour redressement d'une qualification correctionnelle en qualification criminelle.

Lorsqu'elle exerce son pouvoir de révision, la chambre de l'instruction redevient, comme elle l'était en matière criminelle avant la loi du 15 juin 2000, une juridiction d'instruction du second degré. Elle dispose ainsi de nombreuses prérogatives :

– **Le supplément d'information** : la chambre de l'instruction peut, à la demande du procureur général, d'une des parties, ou d'office, ordonner tout acte d'information complémentaire qu'elle juge utile (C. pr. pén., art. 201). Il est dans ce cas procédé au supplément d'information soit par l'un des membres de la chambre, soit par un juge d'instruction qu'elle délègue à cet effet. Le magistrat délégué ne dispose que des pouvoirs d'investigation reconnus par la loi au juge d'instruction, à l'exclusion des pouvoirs juridictionnels dont l'exercice est strictement réservé à la chambre de l'instruction statuant collégialement. Quand la chambre de l'instruction estime que le supplément d'information est terminé, elle ordonne le dépôt du dossier de la procédure au greffe. Le Procureur général avise de ce dépôt les parties et leurs avocats par lettre recommandée.

– **L'extension de l'information** : les art. 202 et 203, C. pr. pén., confèrent à la chambre de l'instruction, par dérogation aux règles de saisine *in rem*, le pouvoir d'informer sur tous les chefs d'infractions résultant du dossier de la procédure, pourvu qu'ils soient imputables aux personnes renvoyées devant elle. La chambre de l'instruction peut donc, sans que sa saisine soit limitée par l'effet dévolutif de l'appel, statuer d'office ou sur réquisitions du procureur général, statuer sur tous les chefs d'infractions à l'égard de la personne renvoyée devant elle qui résultent du dossier de la procédure, peu importe que ces faits aient été ou non visés par le réquisitoire introductif. En outre, la chambre de l'instruction peut modifier ou compléter les qualifications qui ont été retenues. Enfin, l'art. 204, C. pr. pén., permet à la chambre de l'instruction d'étendre l'information à des personnes qui n'ont pas été renvoyées devant elle et d'ordonner leur mise en examen.

– **La décision de la chambre de l'instruction** : après avoir apprécié les charges contre la personne mise en examen, la chambre de l'instruction dispose de plusieurs possibilités : 1° rendre un arrêt de non-lieu. Cet arrêt, qui peut être motivé en droit ou en fait, met fin au contrôle judiciaire et à la détention provisoire. En cas de découverte ultérieure de charges nouvelles, la chambre de l'instruction sera seule compétente pour connaître de la réouverture de l'information ; 2° rendre un arrêt de renvoi devant le tribunal correctionnel ou de police : la personne détenue doit alors en principe être libérée, sauf si la chambre de l'instruction décide de la maintenir en détention provisoire ; 3° rendre un arrêt de mise en accusation : elle doit rendre un tel arrêt en cas de confirmation de l'ordonnance de mise en accusation dont il avait été interjeté appel, dans un délai de quatre mois à compter de cette ordonnance. À défaut, la personne doit être remise en liberté. L'arrêt de mise en accusation ayant en outre pour effet de purger la procédure de ses vices, la chambre de l'instruction doit en pareille hypothèse procéder à l'examen de la régularité de la procédure.

D – Le pouvoir d'évocation

Le pouvoir d'évocation permet à la chambre de l'instruction de connaître de l'entier dossier de la procédure et d'exercer son pouvoir de révision, alors même qu'elle n'est saisie que d'une question particulière et ponctuelle. L'évocation a pour effet de dessaisir de juge d'instruction de l'instruction préparatoire : c'est la chambre de l'instruction qui devra mener l'instruction à son terme.

C'est pourquoi l'évocation n'est possible que dans les cas limitativement prévus par le législateur : la chambre peut évoquer 1° lorsqu'elle prononce la nullité de la procédure (C. pr. pén., art. 206) ; 2° lorsque, saisie d'un appel d'une ordonnance du juge d'instruction hors le contentieux de la détention provisoire, elle infirme cette ordonnance (C. pr. pén., art. 207, al. 2) ; 3° lorsqu'elle est directement saisie suite à l'inertie du juge d'instruction face à une demande qui lui a été préalablement formulée par les parties ; 4° lorsque le procureur de la République saisit directement la chambre de l'instruction dans les dix jours de réquisitions auxquelles le juge d'instruction n'aurait pas répondu dans le délai de cinq jours qui lui est imparti par la loi ; 5° lorsqu'elle est saisie aux fins de clôturer la procédure au terme des délais prévisibles d'achèvement de celle-ci, tels que le juge d'instruction les avait notifiés ou lorsque quatre mois ou deux mois si la personne est détenue se sont écoulés sans qu'aucun acte ne soit accompli par le juge d'instruction ; 6° revenant sur le principe de l'exclusion de l'évocation s'agissant du contentieux de la détention provisoire, la loi du 5 mars 2007 a conféré à la chambre de l'instruction la possibilité d'évoquer lorsque les parties ou le ministère public usent de possibilité que leur offre la même loi de saisir la chambre de l'instruction de la procédure relative à une détention provisoire. En effet, le législateur prévoit que le président de la chambre de l'instruction peut, à cette occasion, d'office ou à la demande de la personne mise en examen ou du ministère public, saisir sa juridiction de l'examen de l'ensemble de la procédure. L'évocation est toujours facultative : la chambre de l'instruction apprécie, sans avoir à s'en justifier, s'il convient d'évoquer ou de renvoyer la procédure au même juge d'instruction ou à tel autre, afin de poursuivre l'information.

Depuis la loi du 9 mars 2004, l'art. 207, al. 2, C. pr. pén., prévoit la possibilité pour la chambre de l'instruction de n'évoquer que partiellement en ne procédant qu'à certains actes avant de renvoyer le dossier au juge d'instruction. L'évocation partielle n'est toutefois possible qu'en cas d'appel d'une ordonnance du juge d'instruction ou en cas de demande de certains actes.

L'exercice par la chambre de l'instruction de son pouvoir d'évocation lui permet de conduire seule l'instruction préparatoire, comme l'aurait fait le juge d'instruction auquel elle vient se substituer. Elle pourra mettre en œuvre toutes les prérogatives qui lui sont offertes par son pouvoir de révision (supplément d'information, extension de l'information, clôture de l'information, prononcé de nullités v. supra) et peut en outre statuer sur la détention provisoire ou le contrôle judiciaire en toute indépendance.

III/ La procédure devant la chambre de l'instruction

Nous distinguerons la procédure suivie avant l'audience (A) et la procédure suivie à l'audience (B).

A – Avant l'audience

Il appartient au procureur général près la Cour d'appel compétente de mettre l'affaire en état, c'est-à-dire de s'assurer que le dossier de la procédure est complet avant de le remettre à la chambre de l'instruction accompagné de son réquisitoire. La mise en état doit avoir lieu dans les 48 heures de la réception des pièces en matière de détention provisoire, et dans les dix jours en toute autre matière.

D'une manière générale, la chambre de l'instruction doit statuer dans les deux mois de la transmission du dossier au procureur général par le président de la chambre de l'instruction lorsqu'il joue le rôle de filtre. En cas d'appel d'une ordonnance de mise en accusation, la chambre de l'instruction dispose toutefois d'un délai de quatre mois pour statuer à compter de l'ordonnance. En matière de détention provisoire, la chambre de l'instruction doit se prononcer dans les dix jours de l'appel lorsqu'il s'agit d'une ordonnance de placement en détention, et dans les quinze jours dans les autres cas. Ces délais sont allongés de cinq jours lorsque la personne mise en examen demande à comparaître personnellement. Lorsque la chambre de l'instruction est saisie par une demande directe de mise en liberté, le délai est toujours de vingt jours. Dans tous les cas l'irrespect des délais entraîne la caducité du titre de détention, donc la mise en liberté d'office. Les procédures du référé-liberté et référé-détention obéissent à des délais beaucoup plus courts (v. *supra*, p. 285 et 288).

Le procureur général doit notifier par lettre recommandée à chacune des parties (mis en examen, partie civile), au témoin assisté, et à leurs avocats la date à laquelle l'affaire sera audiencée. Un délai minimum de quarante-huit heures en matière de détention provisoire, et de cinq jours en toute autre matière, doit s'écouler entre la date d'envoi et celle de l'audience. Durant ce délai, le dossier de la procédure doit être tenu à la disposition des avocats des personnes mises en examen et des parties civiles.

Les parties et leurs avocats peuvent produire des mémoires jusqu'au jour de l'audience. Ils doivent les communiquer au ministère public et aux autres parties. Les mémoires sont déposés au greffe de la chambre de l'instruction et visés par le greffier.

B – L'audience

Comme l'impose le respect du secret de l'instruction, les débats se tiennent en principe à huis clos en chambre du conseil. Ce principe connaît toutefois des exceptions : 1° une personne majeure mise en examen ou son avocat peut demander la publicité de l'audience ; 2° la loi du 5 mars 2007 pose la règle de la publicité des débats intervenant en matière de détention provisoire. Le ministère public, la personne mise en examen ou son avocat peuvent s'opposer à cette publicité dans les cas limitativement énumérés par la loi (faits relevant de la criminalité organisée, publicité de nature à entraver les investigations, à porter atteinte à la sérénité des débats ou à nuire à la dignité de la personne ou aux intérêts d'un tiers). La partie civile ou son avocat peuvent également s'opposer à la publicité, dans les seuls cas où celle-ci est en droit de demander le huis clos lors de l'audience de jugement. La chambre de l'instruction statue sur cette opposition en chambre du conseil après avoir entendu le parquet et les parties.

Sous réserve du contentieux de la détention, sauf décision contraire et discrétionnaire de la chambre de l'instruction, les parties ne comparaissent pas devant la chambre de l'instruction. Elles peuvent toutefois demander à comparaître. Quand elle ordonne la comparution d'une partie, la juridiction doit veiller au respect du principe du contradictoire en permettant à la partie adverse de participer aux débats. En matière de détention provisoire, la comparution personnelle du mis en examen est de droit dans trois cas : 1) en cours d'instruction, si la personne détenue en a fait la demande ; 2) lorsque la chambre de l'instruction est saisie par ordonnance du juge des libertés et de la détention, pour qu'il soit statué sur la demande de prolongation exceptionnelle de la détention provisoire ; 3) lorsque la chambre de l'instruction est saisie d'une demande de mise en liberté sur le fondement de l'art. 148-1, C. pr. pén.

Après le rapport du conseiller, le procureur général et les avocats des parties présentent des observations. Le prévenu ou son avocat ont la parole en dernier. Une fois les débats clos, la chambre de l'instruction délibère hors la présence du procureur général, des parties, et de leurs avocats.

IV/ Les arrêts de la chambre de l'instruction

Nous envisagerons d'abord les limites de l'obligation de statuer qui pèse sur la chambre de l'instruction (A) puis la portée des principaux arrêts rendus par la chambre de l'instruction (B).

A – Limites de l'obligation de statuer

La chambre de l'instruction a l'obligation de ne statuer que dans les limites de sa saisine. En effet, sous réserve de ses pouvoirs d'évocation et de révision, la chambre de l'instruction excède ses pouvoirs, lorsqu'elle prononce au-delà ou en dehors de sa saisine, ou quand elle s'arroge un pouvoir qu'elle n'a pas. C'est la conséquence de l'application de la règle de l'unique objet. La chambre de l'instruction a en revanche l'obligation de statuer dans toute l'étendue de sa saisine. Ainsi, saisie d'une ordonnance de clôture, la chambre de l'instruction doit apprécier le caractère complet de la procédure, la suffisance des charges et en examiner la régularité ; saisie en matière de nullité, elle doit se prononcer sur tous les moyens de nullité qui lui sont proposés et tirer les conséquences d'une éventuelle annulation sur la suite de la procédure…

B – Portée des principaux arrêts de la chambre de l'instruction

Quant à la portée des arrêts de renvoi sur la détention provisoire, jusqu'à la loi du 9 mars 2004, la chambre de l'instruction rendant un arrêt de mise en accusation devait décerner une ordonnance de prise de corps qui, pour l'accusé détenu, constituait un nouveau titre de détention et, pour l'accusé libre, consistait en une menace de se voir appréhendé s'il ne se soumettait pas à la suite de la procédure ou se soustrayait au contrôle judiciaire. Désormais, si l'accusé est placé en détention provisoire, le mandat de dépôt décerné contre lui conserve sa force exécutoire et l'intéressé reste détenu jusqu'à son jugement par la cour d'assises. S'il n'a pas comparu à l'expiration d'un délai d'un an à compter soit de la date à laquelle la décision de mise en accusation est devenue définitive s'il était alors détenu, soit de la date à laquelle il a été ultérieurement placé en détention provisoire, il est immédiatement remis en liberté. Toutefois, la chambre de l'instruction peut, à titre exceptionnel, ordonner la prolongation de la détention provisoire pour une nouvelle durée de six mois. Les règles sont les mêmes s'agissant du renvoi devant le tribunal correctionnel. La personne doit en revanche être immédiatement remise en liberté dans l'hypothèse d'un renvoi devant le tribunal de police. Quant à la régularité de la procédure, les arrêts de renvoi couvrent les vices de la procédure antérieure. Le contrôle de la régularité des actes de la procédure postérieurs à la décision de renvoi relève de la compétence de la juridiction de jugement. Les arrêts de renvoi devant la juridiction de jugement compétente ne lient pas cette juridiction quant à la qualification retenue. Réserve doit toutefois être faite des dispositions relatives à la correctionnalisation judiciaire.

Les pouvoirs propres du président de la chambre de l'instruction

Le président de la chambre de l'instruction se voit confier par l'art. 220, C. pr. pén., la mission générale de veiller au bon fonctionnement des cabinets d'instruction du ressort de la Cour d'appel et au bon usage de la DP, et dispose d'importants pouvoirs propres qu'il vous faut bien distinguer de ceux qu'exerce la chambre de l'instruction dans sa collégialité. S'agissant de ces derniers, nous avons notamment vu la possibilité pour le président de saisir la collégialité de la chambre de l'instruction lorsqu'un délai de 4 mois s'est écoulé depuis le dernier acte d'instruction (C. pr. pén., art. 221-1), le rôle essentiel de celui-ci dans le cadre du « référé-liberté » et du « référé-détention » (C. pr. pén., art. 187-1 et 148-1-1), la fonction de filtre qu'il exerce en certaines matières. En outre, lorsqu'un délai de trois mois s'est écoulé depuis le placement en DP de la personne mise en examen et que cette détention est toujours en cours, sans que le processus de règlement soit entamé, le président de la chambre de l'instruction peut, d'office ou à la demande du ministère public ou de la personne mise en examen, décider de saisir cette juridiction afin que celle-ci examine l'ensemble de la procédure (art. 221-3). Au terme d'un débat contradictoire en audience publique (si la personne mise en examen est majeure, sauf à ce que le ministère public, les parties ou leurs avocats s'opposent à cette publicité, ou que le président de la chambre de l'instruction ordonne que les débats se déroulent en chambre du conseil), la chambre de l'instruction peut : ordonner la mise en liberté des personnes mises en examen, assortie ou non du contrôle judiciaire, et ce même en l'absence de demande en ce sens ; prononcer la nullité d'un ou plusieurs actes dans les conditions prévues par l'article 206 du C. pr. pén. ; évoquer et procéder dans les conditions prévues par les articles 201, 202, 204 et 205, C. pr. pén. ; procéder à une évocation partielle du dossier en ne procédant qu'à certains actes avant de renvoyer le dossier au juge d'instruction ; renvoyer le dossier au juge d'instruction afin de poursuivre l'information, en lui prescrivant le cas échéant de procéder à un ou plusieurs actes dans un délai qu'elle détermine ; désigner un ou plusieurs autres juges d'instruction pour suivre la procédure avec le juge ou les juges d'instruction déjà saisis, conformément à l'article 83-1, C. pr. pén. ; procéder au dessaisissement du juge d'instruction et à la désignation d'un ou plusieurs juges d'instruction lorsque cette décision est indispensable à la manifestation de la vérité et à la bonne administration de la justice ; ordonner le règlement, y compris partiel, de la procédure. La chambre de l'instruction doit statuer dans le délai de trois mois après sa saisine par le président, à défaut de quoi les personnes placées en détention sont remises en liberté (Crim. 14 sept. 2011, *Bull. crim.* n° 179).

Enfin, six mois après que l'arrêt est devenu définitif, si une détention provisoire est toujours en cours, et sauf si l'avis de fin d'information a été délivré, le président de la chambre de l'instruction peut à nouveau saisir cette juridiction dans les conditions prévues par le présent article.

Outre ces prérogatives, le président de la chambre de l'instruction exerce également des fonctions qui lui sont propres : visiter les maisons d'arrêt du ressort de la cour d'appel et y vérifier la situation des personnes placées en DP chaque fois qu'il l'estime nécessaire et au moins une fois par trimestre ; en cas d'urgence, décerner mandat d'amener, d'arrêt ou de recherche et ordonner l'incarcération provisoire de la personne pendant une durée maximale de quatre jours jusqu'à la réunion de la chambre de l'instruction ; statuer en certaines circonstances décrites par l'art. 706-58, C. pr. pén., sur la recevabilité d'un témoignage anonyme ; être saisi dans le cas où le juge d'instruction s'oppose à la communication, par l'avocat, de copies de pièces de la procédure à son client ou de contestations de certaines décisions relatives à l'effacement de données du FNAEG (C. pr. pén., art. 706-55).

Cas pratique n° 18

› Énoncé

Le 20 janvier dernier, à la suite de la découverte à son domicile, dans l'Aveyron, du cadavre d'un homme, le procureur avait décidé de faire diligenter des investigations. Les gendarmes arrivèrent sur les lieux, procédèrent aux premières constatations matérielles et recueillirent les témoignages des riverains. L'homme avait visiblement été victime d'une blessure par arme à feux très peu de temps avant l'arrivée de ces derniers. L'orifice d'entrée de la balle se trouvait sur la tempe et une arme fut découverte juste à côté du corps. Aucun désordre apparent ne régnait au domicile du défunt. Certains riverains qui se présentèrent aux gendarmes indiquèrent à ceux-ci qu'ils entendirent vers 10 h du matin une détonation ressemblant à un coup de feu et témoignèrent de ce que le défunt était très déprimé depuis quelque temps, en raison d'un certain nombre de problèmes financiers.

Les prélèvements effectués sur le cadavre montrèrent toutefois rapidement qu'aucun résidu de tir ne se trouvait sur les mains de la victime. Approfondissant leurs investigations, les gendarmes recueillirent de nouveaux témoignages. Ces nouveaux témoins indiquèrent qu'ils virent, à l'heure du décès, une fourgonnette bleue, à l'intérieur de laquelle il semblait y avoir deux individus, déguerpir du lieu des faits à très vive allure.

Les gendarmes décidèrent alors de rechercher la fourgonnette. Ils finirent par déterminer le propriétaire de celle-ci, un certain M. X... qui fut interpellé et immédiatement placé en garde à vue avec l'aval du parquet. Au cours de celle-ci, M. X... nia farouchement toute implication dans l'affaire et indiqua qu'à l'heure de la mort, il se trouvait sur son lieu de travail. Il précisa que son beau-frère disposait d'un double des clefs et qu'il lui arrivait d'emprunter sa fourgonnette sans l'en avertir. Alors que la garde à vue de M. X... courrait, les gendarmes décidèrent de l'interpellation et du placement en garde à vue de M. Y... Des prélèvements furent effectués sur les vêtements des deux individus. Aucune trace de résidu de tir ne fut trouvée sur les vêtements de M. X... En revanche, la présence de résidus de tir fut constatée sur la veste de M. Y... Dans la poche de celle-ci, les gendarmes découvrirent les clefs de la fourgonnette. Les relevés sollicités auprès des opérateurs montrèrent que plusieurs coups de téléphone avaient été échangés entre M. Y... et la victime, la veille et le matin du décès, alors même que M. Y... indiquait aux gendarmes ne pas connaître la victime. L'employeur de M. X..., interrogé parallèlement à la gendarmerie, confirmait par ailleurs la présence de M. X... sur son lieu de travail au moment des faits.

Appréciez la régularité de chaque acte d'enquête diligenté à l'occasion de ces premières investigations.

À l'issue de ces gardes à vue et de ces investigations, le 27 janvier 2018, le procureur de la République délivra un réquisitoire introductif à l'encontre de M. X... et de M. Y... Le juge d'instruction décida de mettre en examen M. X... et M. Y... Les deux protagonistes furent, placés en détention.

Que pensez-vous de la décision du juge d'instruction de mettre M. X... et M. Y... en examen ?

La presse s'est depuis fait l'écho des rebondissements de l'instruction. Dans un récent article, un journaliste relate la volonté de Maître Lasalle, l'avocat de M. X..., de diffuser sur son blog des procès-verbaux d'auditions exonérant, selon lui, son client de toute responsabilité dans cette affaire, si ce dernier était encore mis en examen dans les prochains mois.

L'article fait d'ailleurs état de certains actes d'investigation réalisés dans le cadre de cette information. Y sont reproduits, *in extenso*, les procès-verbaux de certains interrogatoires menés à l'encontre de M. Y... par le juge d'instruction mettant en cause un certain M. Z...

Dès le lendemain de cette publication, le juge d'instruction décida de placer sur écoute le journaliste. Au cours d'une conversation avec un confrère de sa rédaction, le journaliste affirma avoir obtenu ces différents documents par le biais d'un dénommé Hugo, qui se révéla être le greffier du juge d'instruction chargé des investigations. Apprenant cela, Hugo nia toute implication.

Peu de temps après ce déballage médiatique, un internaute publia sur son blog, à son tour, des procès-verbaux de cette affaire. Il s'agissait notamment du procès-verbal de la perquisition effectuée au domicile de M. Z... L'auteur de cette diffusion affirma avoir reçu ces documents de la part de l'officier de police judiciaire ayant mené cette perquisition.

Que pensez-vous du comportement de Maître Lasalle (y compris si celui-ci met sa menace à exécution), du journaliste, du greffier et de l'internaute ?

› Correction

Nous envisagerons d'abord les premières investigations effectuées par les gendarmes (I), ensuite la question de la mise en examen décidée par le juge d'instruction (II), enfin le problème de la diffusion ou de la menace de diffusion des éléments tirés des investigations (III).

I/ Les premières investigations

Il nous faut préalablement déterminer le cadre juridique des investigations (A) avant d'envisager la régularité des actes effectués (B).

A – Détermination du cadre d'enquête

L'énoncé ne faisant pas, à ce stade, mention de l'ouverture d'une information judiciaire, l'action policière s'inscrit dans le cadre d'une enquête de police. Reste, toutefois à déterminer s'il s'agit d'une enquête de flagrance, d'une enquête préliminaire ou d'un autre cadre d'enquête.

L'enquête de flagrance ne peut intervenir que lorsqu'une infraction d'une gravité suffisante peut être constatée. Elle ne peut être diligentée que pour une durée limitée et à condition que les actes effectués le soient sans discontinuer, à l'encontre d'une infraction qui doit être qualifiée de flagrante :

– **La gravité de l'infraction** : l'enquête de flagrance n'est possible que pour un crime ou un délit punit d'une peine d'emprisonnement (C. pr. pén., art. 67). Mais la jurisprudence décide à cet égard que l'apparence vaut la réalité (Crim. 9 janv. 1990 : est régulière au regard des art. 53, 56, 67, C. pr. pén., la perquisition effectuée par un officier de police judiciaire agissant en état de flagrance, dès lors, d'une part, que cet état doit s'apprécier au moment de l'intervention de cet officier dans le cadre d'une enquête visant un délit passible d'emprisonnement et, d'autre part, qu'il n'importe que, par la suite, les faits poursuivis aient reçu une qualification contraventionnelle). Ainsi, peu importe que l'infraction se révèle finalement moins grave que l'officier ne l'avait initialement cru. Seul compte le fait que la qualification erronée ait paru vraisemblable à l'agent au moment où il a agi.

En l'espèce, l'homicide volontaire constituant un crime (C. pén., art. 221-1), la condition de gravité serait satisfaite.

– **Durée limitée à huit jours** : jusqu'à la loi du 23 juin 1999 l'enquête de flagrance ne connaissait aucune limitation de durée. La loi du 23 juin 1999 a posé la règle suivant laquelle cette enquête est limitée à huit jours à compter du premier acte d'enquête (C. pr. pén., art. 53, al. 2). Si, au-delà des huit jours, les preuves ne sont pas réunies, les investigations doivent être poursuivies, soit dans le cadre d'une instruction, soit dans le cadre d'une enquête préliminaire. La loi du 9 mars 2004 a cependant aménagé une dérogation à cette règle : lorsque des investigations nécessaires à la manifestation de la vérité pour un crime ou un délit puni d'une peine supérieure ou égale à cinq ans d'emprisonnement ne peuvent être différées, le procureur de la République peut décider la prolongation de l'enquête pour une durée maximale de huit jours (C. pr. pén., art. 53, al. 3). La durée de l'enquête de flagrance peut donc dans ce cas être portée à seize jours.

En l'espèce, la découverte du corps a eu lieu le 20 janvier et les investigations effectuées par les gendarmes ont cessé le 27 janvier. Ces dernières ont donc duré moins de huit jours.

– **Continuité des actes de l'enquête de flagrance** : c'est une exigence prétorienne traditionnelle. Toutefois, il faut bien la comprendre : elle nécessite que des actes soient effectués sans discontinuer, non des PV soient dressés sans discontinuer (Crim. 20 déc. 1994 : lorsqu'il résulte des pièces de la procédure que l'enquête de flagrance commencée le 15 février s'est poursuivie sans interruption jusqu'au 19 févr., il n'importe qu'aucun procès-verbal relatant les investigations n'ait été établi le 16 février).

En l'espèce, il semble que les gendarmes aient agi sans discontinuer, enchaînant les prélèvements, les gardes à vue, les réquisitions, les auditions.

– **La flagrance de l'infraction** : l'article 53, C. pr. pén., énumère limitativement quatre cas dans lesquels la flagrance est caractérisée : l'infraction se commet actuellement (cas n° 1) ; l'infraction vient de se commettre (cas n° 2) ; dans un temps très voisin de l'action, la personne soupçonnée est poursuivie par la clameur publique (cas n° 3) ; dans un temps très voisin de l'action, la personne soupçonnée est trouvée en possession d'objets ou présente des traces ou indices laissant penser qu'elle a participé à l'infraction (cas n° 4).

Que l'on soit dans la perspective de l'un ou l'autre de ces quatre cas, il faut de manière systématique établir l'existence de deux critères cumulatifs pour conclure à une situation de flagrance :

– *Un critère temporel* : l'infraction flagrante est celle qui au moment de sa constatation par les policiers, ou bien est en train de se commettre (cas n° 1), ou bien a été commise il y a peu de temps (cas n° 2, 3 et 4). La durée entre le moment de la commission de l'infraction et celui où elle est constatée est assez largement appréciée par la jurisprudence qui s'appuie sur les circonstances de faits. C'est le cas pour les violences sexuelles ou plus largement, pour les infractions ayant fortement impressionné la victime (Crim. 17 mai 1993 : révélation par la victime de sévices sexuels qui se sont commis la veille alors que les gendarmes agissaient jusque-là en mode préliminaire ; Crim. 8 avr. 1998 : est régulière la perquisition opérée suivant la procédure de flagrance au domicile d'un individu dès la réception de la plainte de la victime pour des faits d'extorsion de fonds sous la menace d'une arme, dès lors que la victime, impressionnée par des menaces de représailles, a hésité à porter plainte et ne s'est résolue à le faire que deux jours plus tard, à l'incitation d'un membre de sa famille).

– *Un critère d'apparence ou visuel* : il n'y a infraction flagrante que si son existence est révélée par des indices constatables extérieurement par la police judiciaire. On parle d'« indices apparents d'un comportement délictueux » (Crim. 22 janv. 1953, *Isnard*, *Bull. crim.* n° 54), la chambre criminelle exerçant son contrôle sur ce point :

- de jurisprudence constante depuis les années 80, constitue un indice apparent, l'avis donné par la victime d'une infraction qui vient de se commettre, même avant l'enregistrement de sa plainte. Il en va de même d'une dénonciation faite par une personne identifiée ;
- mais, tel n'est pas le cas en revanche d'une dénonciation anonyme : un coup de téléphone anonyme n'est pas un indice apparent d'un comportement délictueux révélant l'existence d'une infraction (Crim. 2 févr. 1988). Aussi, les policiers renseignés anonymement ne peuvent-ils ouvrir qu'une enquête préliminaire car toute procédure ouverte en flagrance à la suite de renseignements anonymes est nulle. Une dénonciation anonyme peut toutefois devenir un indice apparent d'un comportement délictueux lorsqu'elle est confortée par des vérifications apportant des indices précis et concordants (en ce sens, v. not. Crim. 11 juill. 2007).

En l'espèce, il convient d'exclure la flagrance : si les policiers découvrent effectivement le cadavre d'un homme, rien n'indique, *ab initio*, qu'une infraction se commet actuellement, ou qu'une infraction vient de se commettre. Au contraire, se dégage un indice apparent d'un suicide qui ne constitue pas une infraction…

En réalité, les policiers agissent dans un cadre spécifique, qui n'est pas la flagrance, mais qui ouvre le droit aux pouvoirs coercitifs caractéristiques de la flagrance. Ce cadre issu de la loi du 9 mars 2004 est celui de l'enquête de mort suspecte, et est prévu par l'article 74 du C. pr. pén. Aux termes de cette disposition « en cas de découverte d'un cadavre, qu'il s'agisse ou non d'une mort violente, mais si la cause en est inconnue ou suspecte, l'officier de police judiciaire qui en est avisé informe immédiatement le procureur de la République, se transporte sans délai sur les lieux et procède aux premières constatations (al. 1er). Le procureur de la République se rend sur place s'il le juge nécessaire et se fait assister de personnes capables d'apprécier la nature des circonstances du décès. Il peut, toutefois, déléguer aux mêmes fins, un officier de police judiciaire de son choix (al. 2). Sur instructions du procureur de la République, une enquête aux fins de recherche des causes de la mort est ouverte. Dans ce cadre et à ces fins, il peut être procédé aux actes prévus par les articles 56 à 62, dans les conditions prévues par ces dispositions. À l'issue d'un délai de huit jours à compter des instructions de ce magistrat, ces investigations peuvent se poursuivre dans les formes de l'enquête préliminaire (al. 3) ».

Aussi, en l'espèce, les policiers agissent initialement dans le cadre de l'enquête de mort suspecte. Ce n'est précisément qu'à compter de la découverte de l'absence de résidus de tir sur les mains de la victime et du recueil de nouveaux témoignages que l'enquête de mort suspecte cesse et peut basculer en flagrance (ces découvertes intervenant « rapidement » selon l'énoncé). On relèvera d'ailleurs que le placement en garde à vue n'est pas possible dans le cadre de l'enquête de mort suspecte (l'art. 74 ne renvoie pas à l'art. 63, C. pr. pén.). L'impossibilité de placer en GAV dans le cadre de l'enquête de mort suspecte est tout à fait logique puisqu'un tel placement s'avérerait contradictoire avec la ratio qui préside à l'ouverture d'une enquête de mort suspecte : la GAV suppose qu'une personne à l'encontre de laquelle il existe une ou plusieurs raison plausibles de soupçonner qu'elle a commis ou tenté de commettre une infraction soit identifiée alors que l'enquête de mort suspect ne se justifie précisément que parce que l'on ne sait pas si la mort résulte de la commission d'une infraction. Aussi, le placement en GAV manifeste-t-il nécessairement le basculement de l'enquête de mort suspecte vers l'un des cadres d'enquête classiques, en l'espèce la flagrance. Toutefois, en l'espèce, à l'issue d'un délai de sept jours, le procureur décide d'ouvrir une information judiciaire en délivrant un réquisitoire introductif.

B – Sur la régularité des actes d'enquête

1 • Quant aux premières constatations et au recueil des témoignages

Conformément à l'art. 54, C. pr. pén., applicable par renvoi exprès de l'art. 74, C. pr. pén., l'officier de police judiciaire « se transporte sans délai sur le lieu du crime et procède à toutes constatations utiles ». En outre, il veille à « la conservation des indices susceptibles de disparaître et de tout ce qui peut servir à la manifestation de la vérité ».

NB : la chambre criminelle de la Cour de cassation a précisé, dans un arrêt en date du 31 octobre 2017, qu'« aucune disposition législative non plus que réglementaire ne fait obstacle à ce que, en application de l'article 54, C. pr. pén., l'officier de police judiciaire présent sur les lieux d'une infraction flagrante recueille les déclarations sommaires qui lui sont spontanément faites par les personnes qui se présentent à lui, préalablement à leur audition ultérieure ».

En l'espèce, les gendarmes pouvaient régulièrement recueillir les déclarations spontanées des riverains. Conformément à la solution récente de la chambre criminelle, ils pouvaient constater ces premiers éléments dans un procès-verbal unique, sans qu'il leur soit nécessaire des procès-verbaux distincts d'audition.

2 • Quant à l'interpellation de M. X... et de M. Y...

Conformément à l'article 61, C. pr. pén., les personnes convoquées par l'OPJ « sont tenues de comparaître ». Toutefois, l'OPJ peut « contraindre à comparaître par la force publique, avec l'autorisation préalable du procureur de la République, les personnes qui n'ont pas répondu à une convocation à comparaître ou dont on peut craindre qu'elles ne répondent pas à une telle convocation ». En outre, « le procureur de la République peut également autoriser la comparution par la force publique sans convocation préalable en cas de risque de modification des preuves ou indices matériels, de pressions sur les témoins ou les victimes ainsi que sur leur famille ou leurs proches, ou de concertation entre les coauteurs ou complices de l'infraction ».

En l'espèce, les interpellations semblent régulières puisqu'il est précisé qu'elles eurent lieu « avec l'aval du parquet ».

3 • Quant aux gardes à vue décidées à l'encontre de M. X... et de M. Y...

a. Sur la régularité du placement en GAV

– Selon le I de l'art. 63, C. pr. pén., seul un officier de police judiciaire est compétent pour procéder au placement en garde à vue. De plus, selon l'alinéa 2 du I de l'art. 63, C. pr. pén., l'officier de police judiciaire doit informer, dès le début de la mesure, le procureur de la République, par tout moyen, du placement de la personne en garde à vue. En l'espèce, aucune information particulière ne nous est fournie sur la qualité des gendarmes. Toutefois, il est précisé que les gardes à vue eurent lieu avec « l'aval du parquet ».

– En outre, dans le cadre d'une enquête de flagrance, depuis la loi du 15 juin 2000, seul un suspect de crime ou de délit puni d'emprisonnement peut être placé en garde à vue. Aujourd'hui, l'art. 62-2, C. pr. pén., définit le suspect comme « une personne à l'encontre de laquelle il existe une ou plusieurs raisons plausibles de soupçonner qu'elle a commis ou tenté de commettre un crime ou un délit puni d'une peine d'emprisonnement ». En l'espèce, cette condition ne fait pas de difficulté puisque M. X... et M. Y... sont soupçonnés d'avoir commis un homicide volontaire.

– Depuis la loi du 14 avril 2011, la garde à vue doit également constituer l'unique moyen de parvenir à l'un au moins des six objectifs fixés par l'art. 62-2, C. pr. pén. En l'espèce, on peut penser qu'au regard de la fuite constatée par les riverains, le placement en garde à vue de M. X... et de M. Y... constituait l'unique moyen ou d'empêcher qu'il ne modifie les preuves ou indices matériels (3°) ou d'empêcher qu'il ne se concerte avec ses coauteurs ou complices (5°).

– Reste enfin à déterminer le moment auquel est intervenu le placement en garde à vue. L'énoncé fourni peut d'indication. On se contentera de rappeler qu'il convient de distinguer placement théorique et placement effectif en garde à vue. La jurisprudence considérait traditionnellement que la garde à vue commence dès que la personne a été contrainte de se tenir à la disposition de la police. C'est ce que la doctrine appelle le placement effectif en garde à vue. Cependant, ce placement effectif permet seulement d'apprécier le moment où la notification des droits doit avoir lieu. Pour calculer le délai de garde à vue, la jurisprudence se fondait sur le placement théorique qui peut être antérieur au placement effectif, puisqu'il était fixé au moment auquel la personne s'était tenue à la disposition de la police, qu'elle y ait ou non été contrainte. Ainsi, le placement effectif marquait le moment auquel les policiers devaient notifier ses droits à l'intéressé. Le placement théorique déterminait quant à lui le point de départ de la durée du délai de garde à vue.

En l'espèce, il s'agit de déterminer à quels moments sont intervenus chacun de ces placements en garde à vue :

- *sur le placement théorique en garde à vue et le point de départ du délai de garde à vue* : la loi du 27 mai 2014 a repris la jurisprudence antérieure. Le III de l'article 63, C. pr. pén., dispose ainsi que « si, avant d'être placée en garde à vue, la personne a été appréhendée ou a fait l'objet de toute autre mesure de contrainte pour ces mêmes faits, l'heure du début de la garde à vue est fixée, pour le respect des durées prévues au II du présent article, à l'heure à partir de laquelle la personne a été privée de liberté. Si la personne n'a pas fait l'objet d'une mesure de contrainte préalable, mais que son placement en garde à vue est effectué dans le prolongement immédiat d'une audition, cette heure est fixée à celle du début de l'audition ». Aussi, s'agissant du placement théorique en garde à vue, il est intervenu au moment où M. X… et M. Y… ont été à la disposition des gendarmes donc au moment où ils ont été interpellés. C'est ce moment qu'il faudra prendre en compte pour décompter la durée de leur garde à vue respective ;
- *le placement effectif* en garde à vue se situe au moment où M. X… et M. Y… ont été effectivement privés de liberté, soit au moment de leur interpellation. C'est à ce moment que les droits de ceux-ci devaient lui être notifiés. Le contenu de cette notification est fixé par l'art. 63-1, C. pr. pén. Cependant, aucune information ne nous ait donné en l'espèce sur cette notification.

b. Sur la régularité de l'exécution de la garde à vue

Plusieurs points doivent ici être examinés successivement :

– *La durée de la garde à vue* : en enquête de flagrance, la garde à vue dure 24 heures (C. pr. pén., art. 63, II, al. 1). Elle peut être prolongée de 24 heures sur autorisation écrite du procureur de la République, lorsque l'infraction dont la personne est soupçonnée est un crime ou un délit puni d'une peine d'emprisonnement supérieure ou égale à un an (C. pr. pén., art. 63, II, al. 2). L'autorisation ne peut en principe être accordée qu'après présentation de la personne au procureur de la République. Toutefois, cette présentation peut être réalisée par l'utilisation d'un moyen de télécommunication audiovisuelle et peut, à titre exceptionnel, être accordée par une décision écrite et motivée, sans présentation préalable.

C'est le placement théorique en garde à vue qu'il convient de considérer pour décompter ce délai, conformément au III de l'article 63, C. pr. pén.

NB : s'il est possible de caractériser en l'espèce un meurtre en bande organisée, la garde à vue pouvait durer théoriquement 96 heures conformément aux art. 706-73 1° et 706-88, C. pr. pén.

– *La présence de l'avocat* : l'entretien avec l'avocat doit intervenir dès le début de la garde à vue. L'article 63-3-1, C. pr. pén., dispose ainsi que « dès le début de la garde à vue, la personne peut demander à être assistée par un avocat. Si elle n'est pas en mesure d'en désigner un ou si l'avocat choisi ne peut être contacté, elle peut demander qu'il lui en soit commis un d'office par le bâtonnier ». Et l'alinéa 2 de l'article 63-4, C. pr. pén., précise que cet entretien « ne peut excéder trente minutes ».

C'est ici aussi le placement effectif en garde à vue qu'il convient de prendre en compte. Toutefois, les policiers ne sont à cet égard tenus que d'une obligation de moyen, et non de résultat.

La Cour européenne des droits de l'homme a redéfini précisément les conditions de l'intervention de l'avocat en garde à vue. Elle a ainsi notamment jugé que l'art. 6, § 3, Conv. EDH impose la présence de l'avocat dès le début de la garde à vue et durant les interrogatoires auxquels cette mesure donne lieu, ainsi que l'accès du conseil au dossier de la procédure (CEDH, gr. ch., 27 nov. 2008, *Salduz c/ Turquie*). Ainsi, la législation française antérieure à la loi du 14 avril 2011 réformant la mesure de garde à vue, n'était pas conforme aux exigences conventionnelles.

Aussi, l'alinéa 1 de l'article 63-4-2, C. pr. pén., dispose-t-il désormais que « la personne gardée à vue peut demander que l'avocat assiste à ses auditions et confrontations. Dans ce cas, la première audition, sauf si elle porte uniquement sur les éléments d'identité, ne peut débuter sans la présence de l'avocat choisi ou commis d'office avant l'expiration d'un délai de deux heures suivant l'avis adressé dans les conditions prévues à l'article 63-3-1 de la demande formulée par la personne gardée à vue d'être assistée par un avocat ».

Ainsi, en l'espèce, si les policiers ont accompli en temps voulu les diligences nécessaires à la mise en œuvre de l'entretien avec l'avocat, la procédure est régulière, peu importe que la présence de l'avocat aux auditions n'ait finalement pas pu avoir lieu.

– *Les conditions de l'audition* : l'audition doit être menée sous la direction d'un OPJ (C. pr. pén., art. 63-4-3). Surtout, l'audition des gardés à vue doit être filmée car nous sommes en matière criminelle. Depuis la loi du 5 mars 2007 tendant à renforcer l'équilibre de la procédure pénale, l'art. 64-1, C. pr. pén., prévoit en effet un enregistrement audiovisuel des interrogatoires réalisés durant les gardes à vue dans les affaires criminelles.

À défaut d'un tel enregistrement, et sauf à ce que l'on se trouve dans l'une des exceptions visées par l'article 64-1, C. pr. pén. (nombre de personnes gardées à vue devant être simultanément interrogées, au cours de la même procédure ou de procédures distinctes, faisant obstacle à l'enregistrement de toutes les auditions, impossibilité technique), les gardes à vue seraient irrégulières. Toutefois, de jurisprudence désormais constante, la chambre criminelle voit dans la violation de l'exigence d'un enregistrement audiovisuel une nullité d'intérêt privé à grief présumé (en ce sens, v. not. Crim. 3 avr. 2007, 12 juin 2007, 3 mars 2010, 22 juin 2010).

4 • Quant aux prélèvements externes effectués sur la victime, M. X... et M. Y...

Selon l'article 55-1, C. pr. pén., l'officier de police judiciaire « peut procéder, ou faire procéder sous son contrôle, sur toute personne susceptible de fournir des renseignements sur les faits en cause ou sur toute personne à l'encontre de laquelle il existe une ou plusieurs raisons plausibles de soupçonner qu'elle a commis ou tenté de commettre l'infraction, aux opérations de prélèvements externes nécessaires à la réalisation d'examens techniques et scientifiques de comparaison avec les traces et indices prélevés pour les nécessités de l'enquête ».

En l'espèce, les prélèvements de résidus de tir sont parfaitement réguliers.

5 • Quant à la fouille de la veste de M. Y...

À la différence des perquisitions, les fouilles consistent dans la recherche d'indices dans tous les autres endroits qu'un lieu immobilier clos (par exemple, la personne elle-même ou son véhicule). La fouille ne doit pas être confondue avec la palpation de sécurité, laquelle n'est subordonnée à aucune condition. Pour l'essentiel, les fouilles sont soumises au même régime que les perquisitions, sauf sur un point : les fouilles ne sont pas soumises au respect des heures légales. Elles peuvent donc être effectuées à tout moment.

En l'espèce, intervenant dans un cadre qui est légalement assimilé à la flagrance, les gendarmes pouvaient fouiller la veste de M. Y... sans avoir besoin d'obtenir l'assentiment de celui-ci.

6 • Quant aux réquisitions téléphoniques

En flagrance, les réquisitions téléphoniques ne sont pas subordonnées à une autorisation du procureur de la République (à la différence de l'enquête préliminaire). En effet, en vertu de l'art. 60-1, C. pr. pén., « le procureur de la République ou l'officier de police judiciaire peut, par tout moyen, requérir de toute personne, de tout établissement ou organisme privé ou public ou de toute administration publique qui sont susceptibles de détenir des informations intéressant l'enquête, y compris celles issues d'un système informatique ou d'un traitement de données nominatives, de lui remettre ces informations, notamment sous forme numérique, sans que puisse lui être opposée, sans motif légitime, l'obligation au secret professionnel ».

En l'espèce, les réquisitions téléphoniques semblent valables et l'absence de mention de toute autorisation du procureur sera sans incidence.

7 • Quant à l'audition de l'employeur

Puisqu'il n'est fait mention d'aucune contrainte exercée à l'encontre de l'employeur, celui-ci a été entendu dans le cadre de l'audition libre. L'audition d'un témoin est en effet possible, conformément à l'article 62, C. pr. pén. : « Les personnes à l'encontre desquelles il n'existe aucune raison plausible de soupçonner qu'elles ont commis ou tenté de commettre une infraction sont entendues par les enquêteurs sans faire l'objet d'une mesure de contrainte ». Cette audition ne peut toutefois durer plus de quatre heures (C. pr. pén., art. 62, al. 2).

II/ Les mises en examen de M. X... et de M. Y...

Saisi de l'affaire par le procureur de la République, le juge d'instruction place X... et Y... sous le statut de mis en examen. Il s'agit d'apprécier la régularité d'un tel choix. Nous distinguerons la décision prise à l'encontre de M. Y... et celle prise à l'encontre de M. X...

A – La mise en examen de M. Y...

Selon l'art. 80-1, C. pr. pén., la mise en examen n'est possible qu'en présence d'indices graves ou concordants de culpabilité. Ainsi, pour que la mise en examen soit possible, il faut pouvoir relever soit l'existence de plusieurs indices, même légers, dès lors qu'ils sont concordants, soit l'existence d'un seul indice, à la condition qu'il soit grave.

En l'espèce, à l'encontre de Y... des résidus de tirs ont été retrouvés sur sa veste, ce qui constitue incontestablement un indice grave. Un indice grave étant démontré, nous pouvons conclure que la mise en examen n'était pas prématurée.

Mais plus encore, la mise en examen devient obligatoire en cas d'indices graves et concordants. L'art. 105, C. pr. pén., prohibe en effet les mises en examen tardives. Reste ainsi à déterminer dans quelle mesure les indices recueillis contre Y... peuvent être qualifiés d'indices graves et concordants.

En l'espèce, Y... avait dans sa poche les clefs de la fourgonnette identifiée par les témoins, ce qui vient corroborer l'indice grave résultant des constatations de résidu de tir. En outre, les relevés téléphoniques démontrent un échange de coup de téléphone entre M. Y... et la victime alors que M. Y... indique ne pas connaître cette dernière. Il s'agit donc ici d'indices à la fois graves et concordants. En conséquence, non seulement la mise en examen de M. Y... est régulière, mais, de surcroît, elle s'imposait au juge d'instruction.

B – La mise en examen de X...

Il n'y a à l'encontre de M. X... aucun indice grave ou concordant, semble-t-il. Certes, les témoins ont indiqué aux gendarmes qu'il y avait deux individus dans la fourgonnette bleue, ce qui pourrait laisser penser que M. Y... n'était pas seul lorsqu'il a rendu visite à la victime. Toutefois, rien ne vient établir et encore moins corroborer qu'il s'agissait de M. X... La mise en examen de ce dernier ne se justifiait donc pas. Cependant, X... est visé par le réquisitoire introductif délivré par le procureur de la République. Il devait donc être placé sous le statut de témoin assisté (C. pr. pén., art. 113-1).

III/ Les diffusions ou menaces de diffusion d'éléments des investigations

Nous envisagerons la menace proférée par l'avocat de diffuser sur son blog des procès-verbaux d'auditions (A), la publication des procès-verbaux d'auditions dans la presse par le journaliste et l'implication du greffier (B) et la publication des procès-verbaux sur un blog par un internaute (C).

A – Sur la menace proférée par l'avocat de diffuser sur son blog des procès-verbaux d'auditions

1 • Sur la menace proprement dite

Il convient immédiatement d'envisager le délit de menace. L'art. 222-17, C. pén., incrimine la menace réitérée ou matérialisée, qu'il définit comme « la menace de commettre un crime ou un délit contre les personnes dont la tentative est punissable lorsqu'elle est, soit réitérée, soit matérialisée par un écrit, une image ou tout autre objet ». Plus spécifiquement, l'art. 222-18, C. pén., incrimine la menace avec ordre de remplir une condition. Toutefois n'est là encore incriminée « lorsqu'elle est faite avec l'ordre de remplir une condition » que « la menace, par quelque moyen que ce soit, de commettre un crime ou un délit contre les personnes ».

Or en l'espèce, la menace proférée par l'avocat vise effectivement à ce que soit remplie une condition : que son client ne soit plus mis en examen. Toutefois, la menace ne porte pas sur la commission d'un crime ou d'un délit contre les personnes, la diffusion des procès-verbaux s'apparentant davantage à une atteinte à l'exercice ou à l'autorité de la justice, à condition qu'elle puisse constituer une violation du secret de l'instruction...

On pourrait éventuellement envisager le délit de divulgation d'informations judiciaires. Selon l'art. 434-7-2, al. 1er, C. pén. « sans préjudice des droits de la défense, le fait, pour toute personne qui, du fait de ses fonctions, a connaissance, en application des dispositions du code de procédure pénale, d'informations issues d'une enquête ou d'une instruction en cours concernant un crime ou un délit, de révéler sciemment ces informations à des personnes qu'elle sait susceptibles d'être impliquées comme auteurs, coauteurs, complices ou receleurs, dans la commission de ces infractions, lorsque cette révélation est réalisée dans le dessein d'entraver le déroulement des investigations ou la manifestation de la vérité, est puni de deux ans d'emprisonnement et de 30 000 euros d'amende ». En l'espèce, l'avocat souhaite effectivement divulguer des informations judiciaires « dans le dessein d'entraver la procédure ». Toutefois, trois obstacles de taille s'opposent à l'application de cette incrimination : d'abord, la révélation n'est pas destinée à des personnes que l'avocat « sait susceptibles d'être impliquées comme auteurs, coauteurs, complices ou receleurs, dans la commission » de l'infraction; ensuite, le texte précise que l'incrimination s'applique « sans préjudice des droits de la défense », or le comportement de l'avocat s'inscrit indiscutablement dans une stratégie de défense de son client; enfin, la révélation n'a pas eu lieu et la tentative de ce délit, qui requiert une disposition expresse du législateur, conformément à l'art. 121-4, 2°, C. pén., n'est pas incriminée.

2 • Sur les conséquences de la mise à exécution de la menace

L'art. 11, C. pr. pén., pose le principe du secret de l'instruction en énonçant que « toute personne qui concourt à cette procédure est tenue au secret professionnel dans les conditions et sous les peines des articles 226-13 et 226-14 du Code pénal ». Or, la jurisprudence retient une conception stricte de la notion de personnes « concourant à la procédure » et décide ainsi que cette notion inclut seulement les personnels de justice (magistrats, greffiers, policiers, expert...). Les avocats ne sont pas susceptibles de commettre l'infraction de violation du secret de l'instruction.

Toutefois, les avocats sont tenus au secret professionnel en vertu des règles qui régissent l'exercice de leur profession. L'art. 5 du décret du 12 juillet 2005 prévoit ainsi que « l'avocat respecte le secret de l'enquête et de l'instruction en matière pénale, en s'abstenant de communiquer, sauf pour l'exercice des droits de la défense, des renseignements extraits du dossier, ou de publier des documents, pièces ou lettres intéressant une enquête ou une information en cours (al. 1er). Il ne peut transmettre de copies de pièces ou actes du dossier de la procédure à son client ou à des tiers que dans les conditions prévues à l'article 114 du code de procédure pénale (al. 2nd) ».

Le texte distingue ainsi la communication de renseignements extraits du dossier de la publication des documents, pièces ou lettres intéressant une enquête ou une information en cours. S'agissant de la communication de renseignements extraits du dossier, celui-ci prescrit une interdiction à destination de l'avocat « sauf pour l'exercice des droits de la défense ». S'agissant de la publication de pièces du dossier, le texte prescrit une interdiction, sans réserver l'hypothèse de l'exercice des droits de la défense. En cas de méconnaissance de ces interdictions l'avocat peut être poursuivi pour violation du secret professionnel prévu par l'art. 226-13, C. pén. : « la révélation d'une information à caractère secret par une personne qui en est dépositaire soit par état ou par profession, soit en raison d'une fonction ou d'une mission temporaire, est punie d'un an d'emprisonnement et de 15 000 euros d'amende ».

En l'espèce, si l'avocat était amené à publier des procès-verbaux sur son blog, il pourrait donc être poursuivi pénalement sur le fondement de l'art. 226-13, C. pén., pour violation du secret professionnel, et être poursuivi, éventuellement, comme le prévoit une circulaire du 3 mars 1997, sur un plan disciplinaire.

B – Sur la publication des procès-verbaux d'auditions dans la presse par le journaliste et l'implication du greffier

On l'a vu, la jurisprudence retient une conception stricte de la notion de personnes « concourant à la procédure » de l'art. 11, C. pr. pén. Les journalistes ne peuvent donc être poursuivis pour violation du secret de l'instruction.

Toutefois, l'art. 321-1, al. 1er, C. pén. dispose que « le recel est le fait de dissimuler, de détenir ou de transmettre une chose, ou de faire office d'intermédiaire afin de la transmettre, en sachant que cette chose provient d'un crime ou d'un délit ».

Pour qu'elle soit constituée, l'infraction de recel suppose que soit caractérisée une condition préalable : une infraction originaire doit avoir été commise. Dans le cas d'espèce, le journaliste ne pourrait être poursuivi pour recel de violation du secret de l'instruction que si et seulement si l'infraction de violation de secret de l'instruction était caractérisée.

Dans le cas d'espèce, la source du journaliste est le greffier du juge d'instruction et relève donc, d'après la jurisprudence de la Cour de cassation, des personnes « concourant à la procédure ». En application combinée des art. 11, C. pr. pén., et 226-13, C. pén., le greffier pourrait être auteur d'une violation du secret de l'instruction et encourrait à ce titre 1 an d'emprisonnement et 15 000 € d'amende. Conséquemment, le journaliste pourrait être considéré comme receleur de cette violation.

Cependant, la loi du 4 janvier 2010 a posé le principe de la nécessaire protection du secret des sources des journalistes. Ainsi, dans un nouvel art. 2, la loi sur la liberté de la presse du 29 juillet 1881 prévoit que « le secret des sources des journalistes est protégé dans l'exercice de leur mission d'information du public ». Le texte pose la règle suivant laquelle « il ne peut être porté atteinte directement ou indirectement au secret des sources que si un impératif prépondérant d'intérêt public le justifie et si les mesures envisagées sont strictement nécessaires et proportionnées au but légitime poursuivi ». Le législateur précise à cet égard qu'il est tenu compte, pour apprécier la nécessité de l'atteinte, « de la gravité du crime ou du délit, de l'importance de l'information recherchée pour la répression ou la prévention de cette infraction et du fait que les mesures d'investigation envisagées sont indispensables à la manifestation de la vérité ». En outre, le législateur définit la notion d'atteinte indirecte au secret des sources comme « le fait de chercher à découvrir les sources d'un journaliste au moyen d'investigations portant sur toute personne qui, en raison de ses relations habituelles avec un journaliste, peut détenir des renseignements permettant d'identifier ces sources ». Enfin, lorsqu'une atteinte au secret des sources peut valablement être mise en œuvre, « elle ne peut en aucun cas consister en une obligation pour le journaliste de révéler ses sources ».

Dans le cas d'espèce, la protection de la source du journaliste semble acquise sauf à ce qu'un impératif prépondérant d'intérêt public ne le justifie et que les mesures alors mises en œuvre soient strictement nécessaires et proportionnées au but légitime poursuivi. De plus, l'art. 100-5, C. pr. pén., relatif aux interceptions de correspondances émises par la voie des télécommunications prévoit désormais qu'« à peine de nullité, ne peuvent être transcrites les correspondances avec un journaliste permettant d'identifier une source en violation de l'article 2 de la loi du 29 juillet 1881 sur la liberté de la presse ».

En l'espèce, l'écoute téléphonique ayant permis d'identifier la source du journaliste ne pourra donc être retranscrite en procédure. Par conséquent, l'infraction de recel de violation du secret de l'instruction ne pourra pas être prouvée à l'encontre du journaliste…

C – Sur la publication des procès-verbaux sur un blog par un internaute

Puisque la jurisprudence retient une conception stricte de la notion de personnes « concourant à la procédure » de l'art. 11, C. pr. pén., un internaute ne peut donc être poursuivi pour violation du secret de l'instruction.

Toutefois, l'art. 321-1, al. 1er, C. pén. incrimine, on l'a vu, le recel. En outre, pour qu'elle soit constituée, l'infraction de recel suppose une infraction originaire. Dans le cas d'espèce, il s'agit de savoir si l'infraction originaire de violation du secret de l'instruction est constituée.

L'internaute affirme avoir reçu les procès-verbaux de la part d'un officier de police judiciaire ayant mené la perquisition. Celui-ci « concourt à la procédure » au sens de l'art. 11, C. pr. pén., et est donc tenu par le secret de l'instruction. Il pourra donc être poursuivi pénalement en application combinée des art. 11, C. pr. pén., et 226-13, C. pén., et disciplinairement. Il encourt 1 an d'emprisonnement et 15 000 € d'amende (C. pén., art. 223-6).

De son côté, l'internaute encourt des poursuites pour recel de violation du secret de l'instruction si plusieurs conditions sont réunies. Outre l'exigence de la constitution d'une infraction originaire, il est exigé une détention de la chose (élément matériel) et une connaissance de son origine frauduleuse (élément moral).

En l'espèce, l'internaute possède matériellement les procès-verbaux et n'est pas sans ignorer leur origine frauduleuse puisqu'il les tient directement de l'officier de police judiciaire.

Il pourra donc être poursuivi pour recel de violation du secret de l'instruction. Il encourt à ce titre cinq ans d'emprisonnement et 375 000 € d'amende (C. pén., art. 321-1, al. 1er).

Cas pratique n° 19

› Énoncé

Le lieutenant Balard travaille en étroite collaboration avec le juge d'instruction Plagny. Il réalise notamment un certain nombre d'actes sur commission rogatoire de ce dernier dans une affaire ayant donné lieu à l'ouverture d'une information judiciaire pour des faits de vol à main armée. L'instruction a été ouverte contre X, mais Balard se démène dans ce dossier et un suspect est identifié, un certain Franck Y... Celui-ci est interpellé et placé en garde à vue. Balard tient informé le juge d'instruction qui ordonne une perquisition immédiate du domicile de Franck Y... en sa présence. La perquisition se déroule normalement, un pistolet à grenaille est d'ailleurs saisi. De plus, en faisant une copie du disque dur de l'ordinateur du mis en cause, Balard trouve de très nombreux fichiers contenant des images pédopornographiques. Il prend bien soin de copier l'ensemble des données et profite de ces nouvelles charges pour mettre un peu de pression sur le suspect, jusque-là peu loquace. Sur le retour, dans le fourgon, Franck commence spontanément à raconter comment ça a mal tourné : auprès de qui il a fait l'acquisition de l'arme, les modalités de préparation du vol, les détails qu'il donne sont d'une telle précision que Balard écoute très attentivement et une fois arrivé au commissariat il consigne minutieusement et fidèlement tous les propos de Franck dans un procès-verbal. Mais Franck a réalisé qu'il s'était largement compromis et décide lors de l'audition qui suit le retour au commissariat de se rétracter et de revenir sur toutes les déclarations qu'il venait de faire. Balard fait le rapport de la journée au juge Plagny qui convoque régulièrement Franck pour un interrogatoire de première comparution : à l'issue de son interrogatoire devant le juge d'instruction, Plagny le met en examen pour le vol à main armée et pour détention d'images pédopornographiques.

La procédure pourrait-elle être utilement contestée ?

› Correction

Le cadre est celui de l'instruction préparatoire. Deux actes sont susceptibles de soulever des difficultés : la perquisition et la saisie de l'arme d'un côté et les déclarations faites dans le fourgon d'un autre côté. Ces actes doivent voir leur validité examinée (I). Par ailleurs la question de la découverte de faits incidents ainsi que les conséquences qu'en titre le juge d'instruction doivent être étudiées (II).

I/ Sur la régularité de la perquisition, de la saisie et des déclarations spontanées

Le suspect est, en l'espèce, interpellé et placé en garde à vue : ces éléments ne comportent aucune précision, ils ne soulèvent aucune difficulté et n'appellent pas *a priori* de développement particulier. Quant à la perquisition, puisqu'elle a eu lieu dans le cadre de l'instruction, elle doit répondre aux exigences de l'art. 95, C. pr. pén. En l'espèce, toutefois aucune difficulté n'apparaît quant à la perquisition. Il en va de même pour la saisie du pistolet à grenaille : elle est régulière. Les difficultés se portent plutôt sur la saisie incidente concernant les images pédopornographiques mais cela relève des faits incidents (v. *infra*, II). De même, la saisie des données ne pose pas de problème puisque l'art. 97, C. pr. pén., le prévoit expressément : « Il est procédé à la saisie des données informatiques nécessaires à la manifestation de la vérité en plaçant sous main de justice soit le support physique de ces données, soit une copie réalisée en présence des personnes qui assistent à la perquisition. »

Puisque les faits incidents seront vus ultérieurement, en soi la perquisition et la saisie ne posent, pour l'instant, aucune difficulté.

Ce sont surtout les déclarations spontanées de Franck qui soulèvent des difficultés. Les déclarations du suspect sont dites spontanées car elles ne sont pas recueillies dans le cadre d'une audition classique. Il s'agit d'un temps procédural qui n'est pas explicitement prévu par un texte, mais qui peut néanmoins être régi au travers de principes plus larges.

Un élément essentiel est toutefois à prendre en compte : nous sommes dans le cadre d'une garde à vue, or la présence de l'avocat est minutieusement réglementée. Les modalités et la teneur des déclarations de Franck doivent immédiatement faire penser au droit à ne pas s'auto-incriminer (art. 6, Conv. EDH). Or, clairement, on pourrait tenter de contester la légalité du recueil de ces déclarations spontanées sur ce seul fondement. En effet, qu'est-ce qui empêchait de reporter la consignation des déclarations en faisant une audition en bonne et due forme, avec l'assistance d'un avocat ? En l'espèce, le fait que le suspect se rétracte en revenant au commissariat explique que les propos soient retranscrits de manière officieuse en quelque sorte par l'OPJ. Est-ce légal ?

La chambre criminelle s'est prononcée sur cette question en estimant irréguliers de tels procédés dans un arrêt en date du 25 avril 2017 (Crim. 25 avr. 2017, n° 16-87518 : en l'espèce, dans le cadre d'une information judiciaire ouverte des chefs de tentative de meurtre, un individu est placé en garde à vue et au retour d'une perquisition fait des déclarations spontanées qui sont consignées dans un PV. La cour d'appel constate l'irrégularité de tels PV et les annule. La Cour de cassation rejette le pourvoi dans les termes suivants : « Attendu qu'en se déterminant ainsi et dès lors qu'aucune raison impérieuse tenant aux circonstances de l'espèce n'autorisait les enquêteurs à recueillir les déclarations spontanées faites par la personne gardée à vue sur les faits, sans procéder à une audition dans le respect des règles légales l'autorisant à garder le silence et à être assistée par un avocat, la chambre de l'instruction a fait l'exacte application des textes visés au moyen, lequel doit, en conséquence, être écarté »). Peut-on appliquer cette décision à notre espèce ? L'espèce ayant conduit à cette décision contenait une distinction de taille : le gardé à vue avait manifesté sa volonté d'être assisté d'un avocat (conformément à l'art. 63-4-2, C. pr. pén., qui prévoit notamment que « [l]a personne gardée à vue peut demander que l'avocat assiste à ses auditions et confrontations »). Dès lors, que se passe-t-il si le suspect n'a manifestement rien précisé quant à l'assistance de l'avocat ? Cela ne vient pas pour autant valider la mesure (en effet, il faut prendre des précautions pour consigner le refus d'être assisté par un avocat : cette renonciation est consignée dans un PV). Par conséquent, les déclarations spontanées doivent être écartées, elles sont irrégulièrement consignées dans un PV rédigé par l'OPJ *a posteriori*. Dans la mesure où le cadre commun de la garde à vue est l'audition, de tels propos auraient dû être recueillis dans ce seul cadre.

Incidences : irrégularités des PV qui doivent être annulés.

Si c'est une cause de nullité, il faut envisager l'action devant la chambre de l'instruction. Les questions à se poser sont toujours les mêmes et tiennent au triptyque recevabilité, bien-fondé, conséquences de la nullité.

– Quant à la recevabilité de la requête en nullité : les questions de recevabilité ne vont en réalité que peu se poser (le gardé à vue est directement concerné par les actes litigieux, il n'y a donc aucune difficulté de qualité et d'intérêt à agir). De même, puisqu'aucun délai n'est précisé dans les faits, les délais de forclusion ne peuvent être utilement examinés et l'on peut considérer que l'action en nullité sur le fondement des art. 171 et 802, C. pr. pén., est recevable.

– Quant au bien-fondé et à la nature de la nullité : il s'agit du non-respect du droit de garder le silence (rappelé par art. prélim., C. pr. pén.), mais aussi du droit de ne pas s'auto-incriminer (qui découle de l'art. 6, Conv. EDH). C'est bien évidemment une cause de nullité substantielle. Pour ce qui est de son caractère d'ordre public ou privé, une atteinte certaine aux droits de la défense, la méconnaissance du droit de garder le silence et celui de ne pas s'auto-incriminer constituent des nullités substantielles faisant nécessairement grief à l'intéressé dont il n'aura pas à rapporter la preuve.

– Conséquences de l'annulation : pour ce qui est de l'acte en lui-même : le PV retranscrivant *a posteriori* les propos du mis en cause doit être annulé, c'est-à-dire retiré du dossier et l'on ne pourra plus en tirer aucune information; pour ce qui est des actes postérieurs, seuls ceux qui trouvent leur support nécessaire dans l'acte annulé seront eux-mêmes annulés. Or, peu d'éléments de fait nous sont donnés, mais en toute hypothèse, les actes antérieurs (perquisitions, saisies) ne sont pas remis en cause et le suspect semble avoir suffisamment d'éléments contre lui en amont de la nullité, pour que celle-ci n'entache pas la décision de mise en examen du juge d'instruction.

II/ Sur les faits incidents

Pour revenir à la question des faits découverts incidemment au cours de la perquisition, ils concernent la saisie de données ainsi que les suites procédurales qui sont données cette constatation. Est-il possible, dans le cadre d'une instruction ouverte du chef de vol à main armé, de saisir au cours d'une perquisition des données relatives à une autre infraction, qui n'est pas comprise dans le champ de la prévention ? *A priori*, oui, rien ne l'empêche : lorsque les opérations de perquisition révèlent des infractions autres que celles visées dans la décision, la jurisprudence estime que cela ne constitue pas une cause de nullité des procédures incidentes, ce qui permet aux enquêteurs de procéder à des saisies incidentes s'ils découvrent d'autres infractions lors de la perquisition (Crim. 17 mai 1994, *Bull. crim.* n° 186 : « lorsque des officiers de police judiciaire procédant à une perquisition, en exécution d'une commission rogatoire du juge d'instruction, découvrent des faits étrangers à l'information mais susceptibles d'incrimination pénale, ils peuvent saisir toute pièce à conviction se rapportant à ces faits, soit en vertu des articles 56, 57 et 67 du Code de procédure pénale s'il y a crime ou délit flagrant puni d'une peine d'emprisonnement, soit, en l'absence de flagrance, en vertu des articles 75 et 76 dudit Code s'ils ont l'assentiment, dans les formes prévues par ce dernier texte, de la personne chez qui l'opération a lieu, comme tel a été le cas en l'espèce »).

Des saisies incidentes concernant d'autres infractions découvertes lors de la perquisition ne peuvent être réalisées sans l'accord de la personne que s'il s'agit d'un crime flagrant ou d'un délit flagrant puni d'une peine d'emprisonnement. Or, est-on ici en flagrance ? Il semble que l'on puisse répondre par l'affirmative car la détention d'images pédopornographiques est en train de se commettre (sans avoir besoin de développer ses connaissances en droit pénal spécial, on peut déduire de la nature de l'agissement que l'infraction est continue). Dès lors, il n'y a pas besoin de recueillir le consentement de l'intéressé.

Sur le principe au moment de la perquisition puis de la saisie, il n'y a pas de difficulté à pouvoir appréhender d'autres faits que ceux de la saisine *in rem* du juge d'instruction.

Mais la limitation de la saisine du juge d'instruction a bien un objectif : c'est que le juge d'instruction ne peut pas instruire en dehors de sa saisine. C'est la règle posée par l'article 80, C. pr. pén. Dès lors, la nouveauté des faits possiblement délictuels devrait impérativement entraîner un réquisitoire supplétif de la part du parquet afin d'élargir la saisine du juge d'instruction.

Est-ce le cas en l'espèce ? Il ne le semble pas. En revanche, le juge d'instruction met le suspect en examen aussi pour le chef de détention d'images pédopornographiques. Mais cela ne rentre pas dans sa saisine. Dès lors, cette mise en examen est nulle. Quand bien même la décision de mise en examen est un acte juridictionnel susceptible d'appel, c'est aussi un acte juridique dont certaines formalités sont prévues à peine de nullité.

Ainsi, il ressort clairement de la lecture de l'article 116, C. pr. pén., que la mise en examen pour des faits non prévus au réquisitoire sont entachés de nullité, comme l'a rappelé la chambre criminelle dans un arrêt du 23 juin 2015 (Crim. 23 juin 2015, *Bull. crim.* n° 157 : après avoir constaté que la mise en examen était intervenue pour des faits non visés au réquisitoire supplétif, une chambre de l'instruction peut faire canceller les mentions du procès-verbal de l'interrogatoire de première comparution relatives à ces faits non compris dans la saisine : « alors qu'une mise en examen notamment prononcée pour des faits qui n'entrent pas dans la saisine *in rem* du juge d'instruction encourt l'annulation, sans qu'il soit possible de conférer à cette sanction un caractère divisible ; qu'il appartenait à la chambre de l'instruction, après avoir constaté que la mise en examen était intervenue pour des faits non visés au réquisitoire supplétif, d'en prononcer l'annulation, et non de se borner à canceller les mentions du procès-verbal de l'interrogatoire de première comparution relatives à ces faits non compris dans la saisine ; attendu que, pour annuler partiellement la mise en examen, l'arrêt prononce par les motifs repris au moyen ; attendu qu'en l'état de ces énonciations, et dès lors que, après la cancellation opérée, la mise en examen demeure valide pour les autres faits reprochés, objet des réquisitoires introductif et supplétif dont le juge d'instruction était régulièrement saisi, la chambre de l'instruction a justifié sa décision »). Par conséquent, il ressort de l'application de l'article 116 faite dans cette décision que la mise en examen pour les faits de détention d'images pédopornographiques tombe, ce qui conduit à la cancellation (et comme le juge d'instruction n'est pas compétent pour instruire sur ces faits, l'annulation de la mise en examen ne conduit pas *a priori* à l'octroi du statut de témoin assisté pour ces mêmes faits). En revanche, la mise en examen pour les faits de vol à main armé ne semble pas être remise en cause.

Il ressort de l'examen de procédure que les déclarations spontanées de Franck placé en garde à vue ne peuvent être valablement consignées dans un PV, celles-ci doivent être recueillies au cours d'une audition. En outre, l'absence de réquisitoire supplétif fait tomber la mise en examen pour les faits de détentions d'images pédopornographiques.

Cas pratique n° 20

› *Énoncé*

M. X..., connu des services de police en raison de sa participation à des mouvements prônant la décroissance, s'est récemment rapproché d'un groupuscule d'activistes lyonnais qui entendent radicaliser leurs méthodes. Souhaitant s'opposer à la réalisation d'un projet consistant à créer un nouveau contournement routier de l'agglomération lyonnaise, ces personnes décident de passer à l'action et de retarder le plus possible l'avancée des travaux. À cette fin, elles entreprennent, le 27 novembre 2018, de saboter le matériel et les engins de chantier. M. X..., novice dans ce genre d'action, souhaite faire ses preuves. Il prend l'initiative de placer des bouteilles de gaz reliées à un système apparent de mise à feu. L'objectif n'est pas de faire exploser l'engin, qui en l'état est inoffensif, mais d'attirer l'attention des médias, qui pourront ainsi donner un retentissement national à son combat.

La police, alertée par le responsable du chantier, procède aux premières constatations et à des prélèvements. La gravité des faits incite le procureur de la République compétent à requérir l'ouverture d'une instruction préparatoire contre X, du chef de participation à un groupement formé en vue de la préparation d'un acte de terrorisme (C. pén., art. 421-2-1). Le juge d'instruction saisi ne tarde pas à recevoir les résultats des premières investigations : les empreintes de M. X..., déjà fiché, ont été retrouvées sur les bouteilles de gaz. Le juge d'instruction demande à un officier de police judiciaire de placer M. X... en garde à vue, le 1er décembre à 8 h du matin. M. X..., invoquant la Convention européenne des droits de l'homme, sollicite l'assistance effective d'un avocat. Cette demande est refusée. Dans la nuit du 1er au 2 décembre, une perquisition est menée au domicile de M. X..., sans sa présence. L'officier de police judiciaire requis procède à un examen rapide de l'ordinateur de M. X... Ce dernier, très imprudent, a téléchargé de nombreux documents et notices relatifs à la fabrication d'engins explosifs. L'ordinateur est saisi. Les enquêteurs découvrent en outre des photos, sur lesquelles figure M. X... : les photos ont été prises lors d'une manifestation organisée, illégalement, en marge d'une conférence du G8 qui s'était tenue en France, en 2012. Les photos sont saisies. La garde à vue s'éternise : M. X... a rencontré une fois le juge d'instruction, qui a renouvelé la mesure. Le 4 décembre à 8 h du matin, il peut s'entretenir avec un avocat. Au cours de l'après-midi, M. X... est présenté au juge d'instruction, qui décide de sa mise en examen. L'interrogatoire ne fait pas l'objet d'un enregistrement audiovisuel, M. X... ayant fait le choix de faire des déclarations spontanées en présence de son avocat. Par ailleurs, le juge d'instruction charge un officier de police judiciaire d'enquêter sur d'éventuels faits illicites commis par M. X... lors de la conférence du G8. Quelques temps plus tard, au regard du résultat des investigations effectuées par l'officier de police judiciaire, le juge d'instruction fait savoir à M. X... qu'il étend sa mise en examen à des faits de participation armée à un attroupement (C. pén., art. 431-5).

L'examen de l'ordinateur de M. X... permet d'identifier plusieurs membres du groupe, dont M. Y..., qui semble être le meneur. Ce dernier est également rapidement mis en examen et placé en détention provisoire par le juge d'instruction. Après trois mois de détention provisoire, M. Y... demande au président de la chambre de l'instruction de saisir la chambre pour que celle-ci examine l'ensemble de la procédure. Le président rejette la demande. Le juge des libertés et de la détention ordonne la remise en liberté de M. Y... Le procureur de la République souhaite faire appel de la décision, contraire à ses réquisitions. Trois heures après avoir reçu notification de l'ordonnance du juge des libertés et de la détention, il saisit le premier président de la Cour d'appel d'un référé-détention. M. Y... n'est donc pas libéré. Douze jours plus tard, lac d'appel décide du maintien en détention.

I/ Dans quel(s) cadre(s) les investigations diligentées dans la procédure suivie à l'encontre de M. X... ont-elles été réalisées ?

II/ Appréciez la régularité des actes d'investigation effectués dans la procédure suivie à l'encontre de M. X... ? Si une cause de nullité est susceptible d'entacher d'irrégularité l'ensemble de la procédure, n'utilisez pas cet argument pour éliminer d'emblée de votre développement d'autres problèmes juridiques soulevés par le présent cas pratique.

III/ Que pensez-vous des décisions prises par le juge d'instruction concernant les mises en examen de M. X... ?

IV/ La procédure suivie à l'encontre de M. Y... vous paraît-elle régulière ?

› Correction

Il nous faut d'abord déterminer le cadre des investigations diligentées dans la procédure suivie à l'encontre de M. X... (I), puis apprécier la régularité des actes d'investigation effectués au cours de cette même procédure (II), ainsi que les mises en examen de M. X... décidées par le juge d'instruction (III). Nous étudierons enfin la régularité de la procédure suivie à l'encontre de M. Y... (IV).

I/ Détermination du cadre des investigations diligentées dans la procédure suivie à l'encontre de M. X...

Il nous faut déterminer le cadre dans lequel se déroulent les investigations (A) puis déterminer si le régime procédural applicable relève du droit commun ou de la criminalité organisée (B).

A – Détermination du cadre des investigations

Les policiers qui interviennent à la demande du chef de chantier et procèdent aux premières constatations et à des prélèvements semblent avoir agi dans le cadre de l'enquête de flagrance.

L'infraction qui fait l'objet des investigations est en effet susceptible de permettre le recours à ce cadre d'enquête. En vertu de l'art. 67, C. pr. pén., l'enquête de flagrance n'est possible que pour investiguer sur un crime ou un délit puni d'emprisonnement. Or la participation à un groupement formé en vue de la préparation d'un acte de terrorisme constitue un délit puni, en vertu de l'art. 421-5, C. pén., de dix ans d'emprisonnement.

En outre, l'infraction a été commise peu de temps avant que les autorités en prennent connaissance par l'intermédiaire du chef de chantier. Sur les lieux de l'infraction, les policiers constatent la présence d'une bouteille de gaz reliée à un dispositif de mise à feu. On peut donc considérer qu'il existe « des considérations objectives révélant des indices apparents d'un comportement délictueux » (Crim. 22 janv. 1953, *Isnard, Cinque et Dumont*).

Certes, il n'est pas fait mention d'une information immédiate du procureur de la République, comme le requiert l'art. 54, al. 1er, C. pr. pén. Toutefois, le défaut d'information n'entraînerait, d'après la jurisprudence, aucune annulation des actes effectués (Crim. 26 févr. 1991).

Très rapidement, une instruction préparatoire est cependant ouverte. Il conviendra en conséquence de faire application des dispositions relatives à l'instruction préparatoire (C. pr. pén., art. 79 et s.).

B – Détermination du régime procédural : régime ordinaire ou criminalité organisée ?

Le procureur de la République requiert l'ouverture d'une instruction préparatoire contre X, du chef de participation à un groupement formé en vue de la préparation d'un acte de terrorisme (C. pén., art. 421-2-1). Cette qualification permet de retenir le régime prévu par les art. 706-73 et s., C. pr. pén., conformément à l'art. 706-73 11°, C. pr. pén.

II/ La régularité des actes d'investigation effectués dans la procédure suivie à l'encontre de M. X...

A – La garde à vue

La garde à vue intervenant alors qu'une instruction est ouverte, la mesure implique que l'OPJ ait été requis par commission rogatoire (C. pr. pén., art. 154). Cette précision effectuée, certains points doivent être nécessairement développés :

Le droit à l'assistance effective de l'avocat

M. X... est placé en garde à vue le 1er décembre à 8 h et il ne peut s'entretenir avec un avocat que le 4 décembre à 8 h, soit 72 heures après le début de la mesure.

L'art. 154, C. pr. pén., applicable lors d'une instruction, renvoie aux art. 62-2 et s. Le droit à l'assistance d'un avocat, prévu par l'art. 63-3-1 du code, a donc vocation à s'appliquer.

Relevons que le droit à l'assistance d'un avocat a fait l'objet d'une évolution considérable sous l'influence de la Cour européenne des droits de l'Homme et du Conseil constitutionnel. Depuis la loi du 14 avril 2011, entrée en vigueur le 1er juin 2011, la personne gardée à vue peut demander que l'avocat assiste à ses auditions (C. pr. pén., art. 63-4-2).

Toutefois, la présence de l'avocat peut être reportée dans le temps pour certaines infractions, notamment celles relevant des actes de terrorisme, plus précisément de l'art. 706-73, 11° : l'entretien avec un avocat peut n'intervenir qu'à l'issue d'un délai de 72 heures, conformément à l'art. 706-88, al. 6, C. pr. pén. En vertu de ce dernier texte, ce report doit être justifié « en considération de raisons impérieuses tenant aux circonstances particulières de l'enquête ou de l'instruction, soit pour permettre le recueil ou la conservation des preuves, soit pour prévenir une atteinte grave à la vie, à la liberté ou à l'intégrité physique d'une personne ».

L'art. 706-88, al. 7, C. pr. pén., précise d'ailleurs que « lorsque la garde à vue intervient au cours d'une commission rogatoire, le report est décidé par le juge d'instruction. Dans tous les cas, la décision du magistrat, écrite et motivée, précise la durée pour laquelle l'intervention de l'avocat est différée ».

Par conséquent, la garde à vue ne sera régulière que si la décision de reporter l'assistance de l'avocat a été décidée par le juge d'instruction dans les formes prescrites par l'article 706-88, al. 7, et pour les motifs visés par l'art. 706-88, al. 6, C. pr. pén.

La durée de la garde à vue et le droit au juge

M. X... est placé en garde à vue le 1er décembre à 8 h. La mesure cesse le 4 décembre dans l'après-midi. La garde à vue de M. X... a donc duré un peu plus de trois jours mais moins de 96 heures. Pendant ce délai, il est précisé que M. X... a rencontré une seule fois le magistrat instructeur, qui a renouvelé la mesure.

Conformément à l'article 63 du code de procédure pénale, la garde à vue a une durée de 24 heures renouvelable. Elle peut toutefois être renouvelée de 24 heures, sur autorisation écrite et motivée du procureur de la République, si l'infraction que la personne est soupçonnée d'avoir commise ou tenté de commettre est un crime ou un délit puni d'une peine d'emprisonnement supérieure ou égale à un an et si la prolongation de la mesure est l'unique moyen de parvenir à l'un au moins des objectifs mentionnés aux 1° à 6° de l'art. 62-2 ou de permettre, dans les cas où il n'existe pas dans le tribunal de locaux relevant de l'art. 803-3, la présentation de la personne devant l'autorité judiciaire. Le procureur de la République peut subordonner son autorisation à la présentation de la personne devant lui. Cette présentation peut être réalisée par l'utilisation d'un moyen de télécommunication audiovisuelle.

Lorsque la garde à vue intervient dans le cadre d'une commission rogatoire, l'art. 154, al. 2, C. pr. pén., précise que « les attributions conférées au procureur de la République par ces articles sont alors exercées par le juge d'instruction ».

En l'espèce, le juge d'instruction a pu régulièrement renouveler la mesure de garde à vue sans qu'il soit obligé de demander la présentation devant lui de la personne privée de sa liberté. Toutefois, ce renouvellement ne pouvait porter la durée de la garde à vue qu'à 48 heures.

On sait pourtant qu'en vertu de l'art. 706-88 du code, notamment lorsque l'instruction est relative à l'une des infractions entrant dans le champ d'application de l'art. 706-73, et si les nécessités des investigations l'exigent, la garde à vue d'une personne peut, au-delà de 48 heures, à titre exceptionnel, faire l'objet de deux prolongations supplémentaires de vingt-quatre heures chacune. Ces prolongations sont autorisées, par décision écrite et motivée, par le juge d'instruction.

La personne gardée à vue doit être présentée au magistrat qui statue sur la prolongation préalablement à cette décision. La seconde prolongation peut toutefois, à titre exceptionnel, être autorisée sans présentation préalable de la personne en raison des nécessités des investigations en cours ou à effectuer.

Lorsque la première prolongation est décidée, la personne gardée à vue est examinée par un médecin désigné par le procureur de la République, le juge d'instruction ou l'officier de police judiciaire. Le médecin délivre un certificat médical par lequel il doit notamment se prononcer sur l'aptitude au maintien en garde à vue, qui est versé au dossier. La personne est avisée par l'officier de police judiciaire du droit de demander un nouvel examen médical. Ces examens médicaux sont de droit. Mention de cet avis est portée au procès-verbal et émargée par la personne intéressée ; en cas de refus d'émargement, il en est fait mention.

Toutefois, si la durée prévisible des investigations restant à réaliser à l'issue des premières quarante-huit heures de garde à vue le justifie, le juge d'instruction peut décider, par décision écrite et motivée, que la garde à vue fera l'objet d'une seule prolongation supplémentaire de quarante-huit heures (C. pr. pén., art. 706-88, al. 5).

Dès lors, en l'espèce, après les premières 24 heures, M. X... n'avait pas à être présenté au juge d'instruction, en application combinée des articles 154, al. 2 et 63, C. pr. pén. À l'issue des deux jours de garde à vue (48 heures), la garde à vue de celui-ci pouvait encore être prolongée, selon le régime dérogatoire prévu par l'art. 706-88, C. pr. pén. (criminalité organisée) : M. X... devait être impérativement présentée au juge pour que celui-ci prenne la décision de prolonger la garde à vue de 24 heures supplémentaires (72 heures au total), en application de l'art. 706-88, al. 3. La seconde prolongation de 24 heures (96 heures au total), pouvait être autorisée sans présentation préalable de M. Y... De plus, une décision de prolonger la garde à vue de 48 heures au-delà des 48 premières heures peut avoir été prise en application l'art. 706-88, al. 5, la présentation au magistrat étant alors indispensable.

Dès lors, le fait que M. X... n'ait rencontré le magistrat instructeur qu'une seule fois ne permet pas de conclure, nécessairement, à la violation du droit à un juge et donc à la nullité de la garde à vue, à condition que cette présentation au juge d'instruction ait été effectuée à l'issue des 48 premières heures de garde à vue et que le formalisme ait été respecté, c'est-à-dire que les prolongations ont été autorisées par écrit.

B – La perquisition et les saisies

1 • La perquisition

Elle est, en l'espèce, opérée de nuit et hors la présence de l'intéressé :

– *Perquisition d'un domicile en dehors des heures légales*. Le régime applicable est celui prévu par l'article 706-91 du Code de procédure pénale (pour les raisons déjà évoquées : instruction concernant des faits relevant de l'art. 706-73, C. pr. pén.). Cette disposition pose un principe, dont la portée est immédiatement tempérée par plusieurs exceptions : en principe, les perquisitions en dehors des heures légales sont concevables, sous ce régime dérogatoire, mais les opérations ne peuvent viser des locaux d'habitation. Par exception, les OPJ peuvent opérer une perquisition de nuit dans un domicile dans l'une des hypothèses visées par le texte :

- crime ou délit flagrant ;
- risque de disparition des preuves ou des indices matériels ;
- raisons plausibles de soupçonner qu'une ou plusieurs personnes se trouvant dans les locaux où la perquisition doit avoir lieu sont en train de commettre des crimes ou des délits entrant dans le champ d'application des art. 706-73 et 706-73-1 ;
- raisons plausibles de soupçonner que des personnes sont en train de commettre un crime ou délit visé par l'art. 706-73, C. pr. pén., dans le local d'habitation.

La généralité de la seconde hypothèse laisse une marge de manœuvre importante au juge d'instruction, qui peut aisément se fonder sur cette exception pour justifier son autorisation. Par ailleurs, dans notre cas, il est très probable que l'infraction soit flagrante, ce qui permet également au juge d'invoquer cette circonstance. Dès lors, la régularité de la perquisition ne peut guère être contestée sur ce point.

– *Perquisition hors la présence de l'intéressé*. L'art. 706-94, C. pr. pén., doit avoir été respecté. En vertu de ce texte, « lorsque, au cours d'une enquête de flagrance ou d'une instruction relative à l'une des infractions entrant dans le champ d'application des art. 706-73 et 706-73-1, la personne au domicile de laquelle est faite une perquisition est en garde à vue ou détenue en un autre lieu et que son transport sur place paraît devoir être évité en raison des risques graves soit de troubles à l'ordre public ou d'évasion, soit de disparition des preuves pendant le temps nécessaire au transport, la perquisition peut être faite, avec l'accord préalable du procureur de la République ou du juge d'instruction, en présence de deux témoins requis dans les conditions prévues au deuxième alinéa de l'art. 57, ou d'un représentant désigné par celui dont le domicile est en cause ».

Cette disposition impose ainsi la présence de deux témoins ou d'un représentant désigné par l'intéressé. Toutefois, en l'espèce, nous ne disposons pas d'informations précises. La perquisition ne sera régulière qu'à la condition que l'art. 706-94 ait été respecté.

– *Formalisme précis*. Aucune indication n'est donnée dans le cas pratique. Il convient toutefois de rappeler brièvement les exigences strictes posées par l'art. 706-92, C. pr. pén.

2 • La saisie de l'ordinateur et des photographies

Les enquêteurs saisissent, en outre, un ordinateur ainsi que plusieurs photographies. Les saisies ne font pas l'objet d'un régime particulier : il convient, dès lors, de se reporter aux dispositions applicables lors d'une instruction, qui renvoient dans une large mesure aux règles applicables lors d'une enquête de police (notamment l'art. 56, C. pr. pén.). Toutefois, s'agissant de la saisie de matériel informatique, le formalisme de l'art. 97 doit être respecté. En l'espèce, l'énoncé n'est pas précis, mais rien ne laisse entendre que la procédure est irrégulière : les données informatiques découvertes sont de nature à être utiles à la manifestation de la vérité.

En revanche, la saisie des photographies est plus problématique : les photos n'ont pas de lien direct avec les faits qui ont motivé l'ouverture d'une instruction. De plus, l'article 706-93, al. 1er, C. pr. pén., énonce que la perquisition est nécessairement ciblée : elle ne peut, à peine de nullité, avoir un autre objet que la recherche et la constatation des infractions visées dans la décision du juge d'instruction. Toutefois, l'alinéa 2 de cette même disposition permet de conclure à la régularité de la saisie : le fait que la perquisition révèle des infractions autres que celles visées dans la décision du juge ne constitue pas une cause de nullité des procédures incidentes. L'OPJ présent peut donc mettre en œuvre les prérogatives qu'il puise dans le régime de l'enquête de flagrance et procéder à des saisies. À ce stade, la saisie des photographies ne devrait donc pas être entachée d'irrégularité.

III/ Sur les mises en examen de M. X... décidées par le juge d'instruction

A – La mise en examen initiale

M. X... est présenté au juge d'instruction le 4 décembre au cours de l'après-midi. Le juge lui notifie sa mise en examen. Il convient de vérifier que les conditions de la mise en examen, telles qu'elles sont prévues par l'art. 116, C. pr. pén., sont réunies. La décision de mise en examen implique un interrogatoire de première comparution. Le formalisme diffère selon le mode de présentation de l'intéressé au juge. Ici, M. X... est présenté au juge par un OPJ, en exécution d'une commission rogatoire. Outre les deux premiers alinéas de l'art. 116, l'al. 4 doit être respecté (droit de choisir un avocat, droit soit de se taire, soit de faire des déclarations, soit d'être interrogé...).

B – La mise en examen subséquente

Le juge d'instruction charge un OPJ d'enquêter sur d'éventuels faits illicites commis par M. X... en marge d'une conférence du G8 organisée en France en 2012. Il s'agit donc de faits distincts de ceux pour lesquels l'instruction est ouverte. Or le juge d'instruction est saisi *in rem*, il ne peut donc prendre l'initiative d'étendre le champ de son instruction préparatoire relativement aux faits dont il est saisi. Il peut, tout au plus, selon la jurisprudence procéder à des vérifications sommaires. À cet égard, la Cour de cassation a rappelé que « [l]es policiers qui, à l'occasion de l'exécution d'une commission rogatoire, acquièrent la connaissance de faits nouveaux peuvent, avant toute communication au juge d'instruction, effectuer d'urgence les vérifications sommaires qui s'imposent, pourvu qu'elles ne présentent pas un caractère coercitif exigeant la mise en mouvement préalable de l'action publique » (Crim. 27 mars 2012, n° 11-88.321).

Une véritable instruction sur de tels faits nouveaux implique, soit qu'un autre juge soit saisi, soit que le même magistrat soit saisi par un réquisitoire supplétif émanant du procureur de la République. En chargeant un OPJ d'enquêter, le juge d'instruction commet très probablement un excès de pouvoir. Dès lors, M. X... peut soulever la nullité de son placement sous le statut de mis en examen pour ces faits (devant la chambre de l'instruction).

Il était en outre possible d'évoquer la prescription de l'action publique, les faits reprochés (participation à un attroupement en étant porteur d'une arme) constituant un délit et le délai de prescription était, en 2012, de trois ans.

IV/ la régularité de la procédure suivie à l'encontre de M. Y...

Sur la mise en examen, on se contentera de renvoyer aux explications fournies au sujet de la procédure suivie à l'encontre de M. X... Il nous faut en revanche développer la question du placement en détention provisoire de M. Y...

A – Le placement en détention provisoire

Le juge d'instruction n'a pas le pouvoir de placer la personne mise en examen en détention provisoire. Cette prérogative appartient au JLD et, dans certaines conditions, à la chambre de l'instruction. La décision de placement en détention provisoire est donc nécessairement irrégulière, le juge d'instruction aurait dû saisir le JLD, par ordonnance motivée, en application de l'art. 137-1, C. pr. pén.

B – La demande d'examen de l'ensemble de la procédure

Il faut ici faire abstraction du développement précédent. Le régime applicable est celui prévu par l'art. 221-3, C. pr. pén. Le délai de trois mois est respecté et on suppose que M. Y... est toujours en détention. Cette procédure est soumise au filtre du président de la chambre d'instruction et sa décision n'est pas susceptible de recours. M. Y... ne dispose donc pas de la faculté de contester la décision du président de la chambre de ne pas saisir la chambre pour que cette dernière procède à un examen de l'ensemble de la procédure.

C – La remise en liberté

Le JLD ordonne la remise en liberté de M. Y... Une question se pose s'agissant du référé-détention. Cette procédure est prévue par l'art. 187-3, C. pr. pén. : le procureur qui interjette appel d'une ordonnance de mise en liberté dispose d'un délai de quatre heures à compter de la notification de l'ordonnance du JLD. En l'espèce, le procureur saisit le premier président de la Cour d'appel trois heures après avoir reçu notification de la décision. Le délai est donc respecté. Le premier président ou le magistrat qui le remplace dispose d'un délai de deux jours pour statuer. Le détenu demeure en détention pendant ce délai. Si le magistrat estime que la détention s'impose, il ordonne la suspension des effets de l'ordonnance de mise en liberté jusqu'au jour où la chambre de l'instruction doit statuer sur l'appel du parquet. Si cette procédure a été respectée, l'absence de libération de M. Y… n'est donc pas illégale. En revanche, la chambre de l'instruction doit statuer dans les dix jours de l'appel, or, en l'espèce il est précisé que la décision de la juridiction d'instruction est intervenue douze jours après l'appel. Ou bien M. Y… a été remis d'office en liberté, comme la loi l'impose après dix jours, à compter de l'appel (C. pr. pén., art. 187-3, al. 4) et il sera à nouveau placé en détention, ou bien il est resté en détention (hypothèse d'école) et la détention de deux jours est arbitraire (entre le 10e et le 12e jour suivant l'appel).

8. La preuve pénale

La preuve pénale soulève des questions classiques dans les cas pratiques de procédure pénale. Ces questions tiennent tant à la charge de la preuve (I) qu'au principe de la liberté de la preuve (II) et aux limites fixées à celui-ci (III).

I/ La charge de la preuve

Nous distinguerons le principe (A) de l'exception (B).

A – Le principe : *in dubio pro reo*

Le principe de la présomption d'innocence – proclamé à l'art. 9, DDHC, à l'art. 14, § 2, PIDCP, à l'art. 6, § 2, Conv. EDH, et à l'art. préliminaire, C. pr. pén. – met la preuve à la charge de la partie poursuivante : il n'appartient pas à la personne mise en cause de prouver son innocence, mais il revient au ministère public de démontrer la culpabilité. Celui-ci devra donc rapporter la preuve de l'existence des différents éléments constitutifs de l'infraction (la jurisprudence met en revanche à la charge du prévenu ou de l'accusé la preuve des faits justificatifs : autorisation de la loi, commandement de l'autorité légitime, légitime défense, état de nécessité).

B – L'exception : les présomptions de culpabilité

Les difficultés inhérentes à la charge de la preuve ont amené le législateur à instituer de véritables présomptions de culpabilité ou de responsabilité, dont le Conseil constitutionnel (Cons. const. 16 juin 1999, décis. n° 99-411 DC) et la CEDH (CEDH 7 oct. 1988, *Salabiaku c/ France*, req. n° 10519/83) ont admis la validité à condition que la preuve contraire puisse être rapportée, que le respect des droits de la défense soit assuré, et qu'elles reposent sur une vraisemblance raisonnable induite des faits.

Ces présomptions portent tantôt :

– **sur l'identité du responsable** : par ex., l'art. 24 de la loi sur la liberté de la presse de 1881 énonce que le directeur de publication est le responsable pénal des infractions commises par voie de presse ; la loi du 18 juin 1999 fait peser sur le titulaire de la carte grise du véhicule une présomption de responsabilité pour certaines contraventions au Code de la route (C. route, art. L. 121-2 et L. 121-3) ;

– **sur l'élément matériel de l'infraction** : ainsi, le Code pénal contient de nombreuses dispositions qui permettent de poursuivre les personnes qui ne sont pas en mesure de justifier de leurs ressources alors qu'elles sont en lien avec des prostituées (C. pén., art. 225-6, 3°), des terroristes (C. pén., art. 421-2-3), ou, de manière plus générale, avec des personnes se livrant à la commission de crimes ou de délits punis d'au moins cinq ans d'emprisonnement et procurant à celles-ci un profit direct ou indirect (C. pén., art. 321-6) ;

– **sur l'élément moral de l'infraction** : par ex., l'art. 35 *bis* de la loi du 29 juillet 1881 relative à la liberté de la presse répute « faite de mauvaise foi toute reproduction d'une imputation qui a été jugée diffamatoire », tandis que la chambre criminelle considère que l'intention de nuire est attachée de plein droit aux imputations diffamatoires (Crim. 16 mars 1993, *Bull. crim.* n° 115).

La présomption d'innocence, expression d'un droit

Si la présomption d'innocence constitue une règle de preuve, elle constitue également l'expression d'un droit fondamental – selon l'art. 9, DDHC, « [t]out homme étant présumé innocent jusqu'à ce qu'il ait été déclaré coupable, s'il est jugé indispensable de l'arrêter, toute rigueur qui ne serait pas nécessaire pour s'assurer de sa personne doit être sévèrement réprimée par la loi », mais aussi d'un droit subjectif – depuis la loi du 4 janvier 1993 – devant être respecté par les autorités judiciaires et policières, mais aussi par les tiers à la procédure, et notamment par les journalistes.

• **Le respect de la présomption d'innocence par les autorités publiques** : le dispositif protecteur de la présomption d'innocence a été affermi par les lois du 15 juin et du 30 décembre 2000 à l'égard des personnes reconnues innocentes après avoir fait l'objet d'une procédure pénale :

– l'art. 800-2, C. pr. pén., permet à la juridiction qui a prononcé un non-lieu, une relaxe ou un acquittement en faveur de la personne poursuivie, d'accorder une indemnité destinée à compenser les frais de défense exposés par celle-ci. Normalement à la charge de l'État, cette indemnité peut être imputée à la partie civile qui a déclenché les poursuites ;

– selon l'art. 149-1, C. pr. pén., la personne qui avait été placée en DP et qui bénéficie d'un non-lieu, d'une relaxe ou d'un acquittement, a droit, à sa demande, à réparation intégrale du préjudice moral et matériel que lui a causé cette détention. Cette réparation est allouée par décision du premier président de la cour d'appel dans le ressort de laquelle a été prononcée la décision de non-lieu, de relaxe ou d'acquittement. Le premier président de la cour d'appel, saisi par voie de requête dans le délai de six mois de la décision de non-lieu, de relaxe ou d'acquittement devenue définitive, statue par une décision motivée. Cette décision peut faire l'objet d'un recours devant une commission nationale de réparation des détentions, placée auprès de la Cour de cassation ;

– une personne condamnée, reconnue innocente à la suite d'une révision pour erreur judiciaire, a droit à réparation intégrale du préjudice matériel et moral que lui a causé la condamnation. À la demande de l'intéressé, le préjudice est évalué par expertise contradictoire. La réparation est ici encore allouée par le premier président de la cour d'appel dans le ressort de laquelle réside l'intéressé, suivant la même procédure que celle que nous avons précédemment décrite. La réparation est à la charge de l'État, sauf son recours contre la partie civile, le dénonciateur ou le faux témoin par la faute desquels la condamnation a

►

été prononcée. Si le demandeur le requiert, l'arrêt ou le jugement de révision d'où résulte l'innocence du condamné est en outre affiché dans la ville où a été prononcée la condamnation, dans la commune du lieu où le crime ou le délit a été commis, dans celle du domicile des demandeurs en révision, dans celles du lieu de naissance et du dernier domicile de la victime de l'erreur judiciaire, si elle est décédée ; dans les mêmes conditions, il est ordonné qu'il soit inséré au Journal officiel et publié par extraits dans cinq journaux au choix de la juridiction qui a prononcé la décision.

• **Le respect de la présomption d'innocence par les personnes privées** : ce droit entre toutefois en conflit avec la liberté d'expression :

– *L'obligation au respect de la présomption d'innocence* : elle est imposée par la voie pénale mais aussi par la voie civile :

- par la voie du droit pénal : certaines violations de la présomption d'innocence peuvent constituer une infraction pénale, par exemple le délit de diffamation ou de dénonciation calomnieuse, de recel de violation du secret professionnel ou du secret de l'instruction. La loi du 15 juin 2000 a créé de nouvelles incriminations dans la loi sur la presse de 1881, pour renforcer encore le dispositif protecteur : interdiction de publier les actes d'accusation et tous autres actes de procédure criminelle ou correctionnelle avant qu'ils aient été lus en audience publique (art. 38) ; interdiction de diffuser l'image d'une personne mise en cause à l'occasion d'une procédure pénale mais n'ayant pas fait l'objet d'un jugement de condamnation et faisant apparaître, soit que cette personne porte des menottes ou entraves, soit qu'elle est placée en détention provisoire (art. 35 *ter*, § I) ; interdiction de réaliser, de publier ou de commenter un sondage d'opinion, ou toute autre consultation, portant sur la culpabilité d'une personne mise en cause à l'occasion d'une procédure pénale ou sur la peine susceptible d'être prononcée à son encontre (art. 35 *ter*, § II) ;

- par la voie du droit civil : avant 1993, les atteintes à la présomption d'innocence commises par voie de presse étaient sanctionnées par le biais de la mise en œuvre de la responsabilité civile de leur auteur sur le fondement de l'ancien art. 1382, C. civ, et impliquaient donc que soit rapportée la preuve d'un préjudice. Les atteintes à la présomption d'innocence donnaient ainsi rarement lieu à réparation ; la loi du 4 janvier 1993 a inséré dans le Code civil un art. 9-1, selon lequel « chacun a le droit au respect de la présomption d'innocence ». Depuis, le préjudice n'a pas à être démontré ; la loi du 15 juin 2000 prévoit à l'art. 9-1, al. 2, C. civ. que « lorsqu'une personne est, avant toute condamnation, présentée publiquement comme coupable de faits faisant l'objet d'une enquête ou d'une instruction judiciaire, le juge peut, même en référé, ordonner toute mesure, telles que l'insertion d'une rectification ou la diffusion d'un communiqué aux fins de faire cesser l'atteinte à la présomption d'innocence ».

– *Conflit entre le respect de la présomption d'innocence (au travers du secret de l'enquête et de l'instruction) et la liberté d'expression.*

II/ Le principe de la liberté de la preuve

Le principe de la liberté de la preuve se traduit par la liberté dans la production de la preuve (A), mais aussi dans l'appréciation de la preuve (B).

A – La liberté dans la production de la preuve

L'art. 427, C. pr. pén., pose le principe suivant lequel « hors les cas où la loi en dispose autrement, les infractions peuvent être établies par tout mode de preuve ». Ainsi, en droit pénal, la preuve est libre, liberté qui bénéficie à toutes les parties au procès pénal. En revanche, lorsque se présente une question de droit civil ou de droit commercial, le juge pénal doit appliquer les règles applicables en la matière.

Le principe de la liberté de la preuve implique :

– *d'une part, la recevabilité de tous les moyens de preuve* : preuve littérale, indices, pièces à conviction, cassette enregistrée, témoignages...

– *d'autre part, l'exclusion de tout mode de preuve imposé*. La Cour de cassation décide ainsi de manière constante que la prévision législative d'un mode de preuve n'interdit pas le recours à tout autre mode de preuve du droit commun, sauf disposition législative contraire (Crim. 18 sept. 2007, *Bull. crim.* n° 210). Par exemple, il est admis que si les policiers doivent soumettre les personnes soupçonnées de conduite d'un véhicule sous l'emprise d'un état alcoolique à des épreuves de dépistage de l'imprégnation alcoolique par l'air expiré (C. route, art. L. 234-3 s.), les juges peuvent recourir à tout autre moyen de preuve pour se prononcer sur la culpabilité du prévenu (Crim. 9 oct. 1984, *Bull. crim.* n° 293), et par exemple déduire l'état d'ivresse d'un conducteur des constatations relatives à son attitude lors de son interpellation (Crim. 12 avr. 1995, *Bull. crim.* n° 156). La prévision législative d'un mode de preuve n'est donc qu'indicative, à moins que le législateur ait expressément exclu tout autre mode de preuve que celui qu'il désigne.

B – Liberté dans l'appréciation de la preuve

L'art. 427, C. pr. pén., consacre, outre l'admissibilité de tous les modes de preuve, le principe de l'intime conviction, qui laisse au juge la liberté d'apprécier librement la valeur des preuves qui lui sont fournies. La loi ne privilégie ainsi aucun mode de preuve, y compris l'aveu, qui, selon l'article 428, C. pr. pén., est laissé à la libre appréciation des juges.

Cette liberté ne signifie pas pour autant arbitraire dans la mesure où, bien que libre, le juge se voit contraint sous le contrôle de la Cour de cassation à une double obligation : obligation de motivation de sa décision et obligation de cohérence dans sa motivation, à peine de nullité pour absence, insuffisance ou contradiction de motifs. L'obligation de motivation connaît un renforcement en droit positif. En outre selon l'art. 427, al. 2, C. pr. pén., le juge répressif ne doit fonder sa décision que sur des preuves produites aux débats et, conformément au principe du contradictoire, soumises à la libre discussion des parties.

La règle de l'intime conviction comporte toutefois certaines exceptions :

• *Positivement, si, selon l'art. 430, C. pr. pén., les procès-verbaux de police et les rapports ne valent qu'à titre de simple renseignement, il en va différem-*

ment dans les cas où la loi en dispose autrement. Or, en vertu d'une disposition législative spéciale :

– Certains PV font foi, jusqu'à preuve du contraire : c'est le cas pour les contraventions (C. pr. pén., art. 537 ; à condition que le PV soit régulier en la forme, ce qui suppose notamment qu'il porte la signature de l'agent verbalisateur, et précise les circonstances exactes de l'infraction relevée. La simple mention de la qualification de l'infraction, sans autre précision, n'est pas suffisante) ou les délits prévus par des lois spéciales dans les domaines du droit du travail (C. trav., art. L. 8113-7), de la concurrence et de prix (C. com., art. L. 450-2) ou de l'urbanisme (C. urb., art. L. 480-1). L'inexactitude des faits constatés ne peut être rapportée que « par écrit ou par témoins » (C. pr. pén., art. 431). À défaut, le procès-verbal de constatation s'impose au juge répressif, qui n'a d'autre possibilité que de condamner la personne poursuivie (Crim. 9 nov. 2005, *Bull. crim.* n° 288 : doit être annulé le jugement qui prononce la relaxe d'un contrevenant au motif que l'excès de vitesse constaté est infime et se situe dans la marge d'erreur pouvant exister dans les appareils de contrôle ; Crim. 25 avr. 2001, *Bull. crim.* n° 100 : une attestation écrite ne constitue pas une preuve écrite ou par témoin susceptible de combattre la force probante qui s'attache à un PV de police ; Crim. 23 janv. 2002, n° 01-83.367 : en revanche, une telle preuve contraire est suffisamment établie par l'audition d'un témoin et des documents écrits émanant de la mairie permettant d'établir qu'aucun feu rouge n'était implanté à l'intersection mentionnée dans le PV contesté ; Crim. 16 juin 1999, n° 98-84.373 : la chambre criminelle admet la production d'une photographie par le prévenu, y compris s'il en est lui-même l'auteur. Mais encore faut-il que celle-ci soit de nature à mettre en cause les constatations des policiers).

– Certains PV font foi jusqu'à preuve d'inscription de faux (C. douanes, art. 336). Aucune preuve contraire, écrite ou orale, ne peut être opposée (Crim. 21 juin 1973, *Bull. crim.* n° 292) ; seule la voie exceptionnelle de l'inscription de faux est ouverte au prévenu dans les conditions prévues par l'article 433, C. pr. pén.

• *Négativement, certains moyens de preuve ne peuvent justifier, à eux seuls, une décision de condamnation et doivent être corroborés par d'autres modes de preuves* :

– l'article préliminaire, C. pr. pén., dispose qu'« [e]n matière criminelle et correctionnelle, aucune condamnation ne peut être prononcée contre une personne sur le seul fondement de déclarations qu'elle a faites sans avoir pu s'entretenir avec un avocat et être assistée par lui » ;

– de même, un juge ne peut entrer en voie de condamnation sur la base des seules déclarations d'un témoin anonyme (CEDH 26 mars 1996, *Doorson c/ Pays-Bas*, req. n° 20524/92 ; règle rappelée par l'art. 706-62, C. pr. pén.) ;

– la même solution est consacrée à l'art. 132-78, C. pén., qui dispose dans un dernier alinéa qu'aucune condamnation ne peut être prononcée sur le seul fondement de déclarations émanant de « repentis » ayant bénéficié d'un régime d'exemption ou de réduction de peine en application des alinéas 1 à 3 de cet article.

III/ Les limites à la liberté de la preuve

La liberté de la preuve pénale a pour limite la protection des droits et libertés individuels (A). La preuve devra donc être rejetée toutes les fois où elle aura été recherchée ou administrée en violation de ces règles supérieures (B).

A – Les causes d'illicéité de la preuve

On relèvera que, dès lors que certains modes de preuve sont réglementés par la loi, le respect de cette réglementation constitue une condition indispensable de leur recevabilité. Au-delà, la recevabilité des preuves connaît plusieurs limites qui tiennent au respect de principes fondamentaux et une preuve peut être déclarée irrecevable en cas de méconnaissance du respect de la dignité humaine (1), des droits de la défense (2), de la loyauté dans la recherche de la preuve (3), de la liberté d'expression et de l'intimité de la vie privée (4).

1 • La méconnaissance du respect de la dignité de la personne humaine

La CEDH fait obstacle à ce que soient utilisés des procédés de preuve contraires à la dignité de la personne humaine. On ne peut par conséquent fonder une décision sur des aveux qui auraient été obtenus par la violence, par la torture ou par des traitements inhumains et dégradants. Garanti par l'art. 3 Conv. EDH, ce principe a été mis en œuvre à plusieurs reprises par la CEDH (not. CEDH 27 nov. 1992, *Tomasi c/ France*, req. n° 1285/87 ; CEDH 28 juill. 1999, *Selmouni c/ France*, req. n° 25803/94 ; CEDH 4 nov. 2010, *Darraj c/ France*, req. n° 34588/07 : mineur âgé de seize ans, qui, conduit dans un commissariat à la suite d'un contrôle d'identité, avait subi des violences policières). L'interdiction du recours à des mauvais traitements pour obtenir des aveux a « un caractère absolu indépendamment des agissements de la personne concernée et même en cas de danger public menaçant la vie de la nation – ou *a fortiori* celle d'un individu » (CEDH 1er juin 2010, *Gafgen c/ Allemagne*, req. n° 22978/05, § 108). Le policier comme le gendarme n'ont donc pas le pouvoir d'user, dans le recueil de la preuve de violences physiques ou morales, comme la prolongation anormale des interrogatoires sans repos ou encore les procédés scientifiques destinés à obtenir un aveu (Crim. 12 déc. 2000, *Bull. crim.* n° 369 et Crim. 28 nov. 2001, *Bull. crim.* n° 248 : les interrogatoires avec emploi de procédés narcotiques ou sous hypnose sont de même interdits, quand bien même l'intéressé y aurait consenti). Toutefois, cette interdiction ne s'étend pas à l'usage de données que l'on peut obtenir de l'accusé en recourant à des prélèvements corporels coercitifs.

2 • La méconnaissance des droits de la défense

L'administration de preuves incompatibles avec le respect des droits de la défense est prohibée. Sous l'impulsion de la CEDH interprétant l'art. 6, § 3, Conv. EDH, cette règle s'applique non seulement à la phase de jugement, mais aussi à la phase préparatoire au procès pénal (instruction et investigations de police judiciaire). Ainsi est-il impossible de faire état des correspondances écrites ou électroniques entre un avocat et son client (L. 31 déc. 1971, art. 66-5 ; C. pr. pén., art. 432), de même que de retranscrire leurs conversations téléphoniques (C. pr. pén., art. 100-5, al. 3), ces éléments étant couverts par le secret professionnel. Toutefois, la prohibition cesse lorsque les correspondances sont de nature à établir la preuve de la participation de l'avocat à une infraction (Crim. 27 juin 2001, *Bull. crim.* n° 163), ou s'il n'est pas justifié qu'elles concernent l'exercice des droits de la défense (Crim. 7 mars 1994, *Bull. crim.* n° 87).

La nécessaire protection des droits de la défense se retrouve au stade du jugement, puisque l'art. 427, al. 2, C. pr. pén., impose au juge répressif de ne fonder sa décision que sur des preuves produites au cours des débats et, conformément au principe du contradictoire, soumises à la libre discussion des parties.

3 • La méconnaissance de la loyauté dans la recherche de la preuve

C'est une question centrale, souvent soulevée dans les cas pratiques. Il vous faut bien distinguer, à cet égard entre les autorités publiques (a) et les personnes privées (b).

a. Par les autorités publiques

• **La soumission des autorités publiques au principe de loyauté de la preuve** : la jurisprudence a très tôt consacré un principe général de loyauté dans la recherche des preuves, qui interdit à celui qui administre la preuve l'utilisation de procédés déloyaux, de ruses ou de stratagèmes. Elle a dans un premier temps appliqué ce principe au juge d'instruction agissant dans le cadre de l'instruction préparatoire (Ch. réunies 31 janv. 1888, *affaire Wilson*, S. 1889. 1. 241 : à propos de l'imitation de la voix d'un inculpé lors d'une conversation téléphonique par un juge d'instruction visant à obtenir des preuves à charge). Dans un second temps, l'exigence de loyauté dans la recherche de la preuve a été étendue aux policiers agissant sur commission rogatoire (Crim. 12 juin 1952, affaire *Imbert*, S. 1954. 1. 69 : dans laquelle un policier, organisant un entretien téléphonique entre deux personnes, avait dicté à l'une les questions qu'elle devait poser de manière à pouvoir procéder à l'enregistrement des réponses de l'autre). Dans un troisième temps, la Cour de cassation a clairement affirmé que l'exigence de loyauté dans la recherche de la preuve trouve également à s'appliquer aux enquêteurs agissant dans le cadre de l'enquête de police (Crim. 27 févr. 1996, *Bull. crim.* n° 93). En outre, la jurisprudence développée par la CEDH a fait de l'exigence de loyauté de la preuve l'une des composantes du procès équitable de l'art. 6, § 1, Conv. EDH (CEDH 9 juin 1998, *Teixiera de Castro c/ Portugal*, req. n° 44/1997/828/1034).

• **La question des provocations policières** : c'est sur ce terrain que le principe de loyauté dans l'obtention de la preuve a suscité les plus grandes difficultés. À cet égard, pour apprécier la validité d'une preuve obtenue grâce à une provocation policière, la chambre criminelle a depuis longtemps consacré une **distinction entre la provocation à la preuve de l'infraction et la provocation à la commission l'infraction**. Ainsi la provocation à la preuve est jugée conforme au principe de loyauté (Crim. 22 avr. 1992, *Bull. crim.* n° 169). À l'inverse, la preuve obtenue à la suite d'une provocation à l'infraction est irrecevable (Crim. 9 août 2006, *Bull. crim.* n° 202 : sont prohibées les provocations à la commission d'une infraction; Crim. 11 mai 2006, *Bull. crim.* n° 132 : il en va ainsi, que la mise en scène soit directement le fait des enquêteurs ou que la provocation soit accomplie sur leur initiative par l'intermédiaire d'un tiers agissant pour leur compte; Crim. 7 févr. 2007, *Bull. crim.* n° 37; Crim. 4 juin 2008, *Bull. crim.* n° 141 : cette interdiction vaut également pour les provocations réalisées par un agent public étranger, ou par son intermédiaire). En d'autres termes, pour être licite, le procédé doit seulement servir à faire apparaître la preuve d'une infraction qui se serait de toute façon commise.

Soyez vigilant car la distinction est parfois délicate à mettre en œuvre. Il faut garder à l'esprit que la jurisprudence s'appuie sur le contexte préexistant pour apprécier la licéité d'une provocation policière. En effet, de manière générale, l'incitation est souvent mais pas nécessairement prohibée s'il s'agit d'une provocation à une infraction unique. En revanche, lorsque l'infraction s'inscrit dans la lignée d'agissements délictueux préexistants, elle est bien souvent admise comme révélant une situation qu'elle n'a pas engendrée (par ex., en faveur de la licéité, Crim. 22 juin 1994, *Bull. crim.* n° 247 : à propos d'un agent de l'Office central de répression contre le trafic international des stupéfiants qui avait infiltré un réseau de trafiquants de cocaïne ayant son siège en Colombie et avait été chargé de se présenter comme acheteur en utilisant le concours d'un délinquant repenti. À l'issue de l'enquête, les membres du réseau qui ont été arrêtés ont été déférés au procureur de la République. Pour écarter l'argumentation des prévenus qui contestaient la régularité de la procédure au regard du principe de la loyauté des preuves, les juges du fond ont retenu que l'intervention de la police avait eu lieu « dans un contexte préexistant de trafic, dont l'un des opérateurs, rouage important de l'organisation, était déjà connu, ce que devait confirmer la rapidité avec laquelle un autre participant, avait pu recueillir 350 kg de cocaïne presque pure »; dans le même sens, Crim. 16 janv. 2008, *Bull. crim.* n° 14 : le directeur général adjoint d'un conseil général avait exigé de l'argent en contrepartie de l'aboutissement d'un projet. Il fut convenu que l'argent lui serait remis le soir même. Mais, entre-temps, le promoteur du projet fit état aux gendarmes de ces malversations. Les gendarmes décidèrent alors de surveiller la remise des fonds, puis d'interpeller le directeur général. Mis en examen pour trafic d'influence, celui-ci demanda l'annulation de toutes les pièces de la procédure arguant de la mise en place d'un stratagème pour le conduire à commettre un délit. La Cour de cassation écarte cette argumentation en retenant que l'intervention des gendarmes n'a eu pour seul effet que de permettre la constatation d'une infraction dénoncée par le plaignant sans en déterminer la commission. Cette solution est conforme à la jurisprudence de la Cour dans la mesure où, effectivement, les gendarmes n'ont fait que constater la remise de billets et n'ont pas déterminé l'auteur à commettre l'infraction ; à l'inverse, en faveur de l'illicéité, Crim. 5 mai 1999, *Bull. crim.* n° 87 : des agents de l'administration des Douanes avaient transporté de la cocaïne à Toulouse, dans une fourgonnette faussement immatriculée en Espagne, et l'avaient entreposée dans un château loué par leurs soins, puis acheminée à Narbonne, dans un autre véhicule leur appartenant, et stockée dans un local également loué par eux. D'autres fonctionnaires de l'administration des Douanes avaient par ailleurs recruté un mois auparavant et séparément trois individus et les avaient réunis à Narbonne pour le chargement de ce qui avait été présenté aux intéressés comme du cannabis. Selon les juges, « cette livraison contrôlée, dont la finalité reste obscure eu égard à l'importance des moyens humains, matériels et financiers mis en œuvre et à son achèvement à ce stade des opérations, a, non pas révélé un trafic préexistant auquel se seraient associés volontairement les prévenus, aucun n'appartenant à un quelconque réseau, mais a déterminé la commission des faits reprochés à ces derniers », et de relaxer en conséquence les intéressés du chef d'association de malfaiteurs « en l'absence de concertation des prévenus sur un plan précis, aucun des prévenus ne se connaissant et chacun ayant été séparément recruté sans être informé d'un projet déterminé » ; également, Crim. 4 juin 2008, *Bull. crim.* n° 140 : le service des douanes et de l'immigration des États-Unis avait informé la police française qu'un ressortissant français s'était connecté sur un site de pornographie infantile créé et exploité par le service de police de New York, aux fins d'identifier les internautes pédophiles. Une enquête préliminaire fut ouverte des chefs d'importation et détention d'images pornographiques de mineurs. Une perquisition fut ensuite effectuée au domicile du suspect, qui permit la découverte de plusieurs images pornographiques de mineurs. L'intéressé demanda l'annulation de la procédure faisant valoir que le comportement de la police new-yorkaise avait caractérisé une provocation prohibée à l'infraction et non une provocation à la preuve d'une infraction préexistante. La chambre criminelle accueille cette argumentation au motif que la « découverte de la détention d'images pornographiques n'a été permise que par la provocation à la commission d'une infraction organisée par les autorités américaines et dont les résultats avaient été transmis aux autorités françaises »).

Cette distinction entre provocation à la preuve de l'infraction et provocation à l'infraction se retrouve dans quelques dispositions législatives encadrant l'utilisation de la provocation par des agents de l'autorité publique (par ex. C. pr. pén., art. 706-32, al. 3, qui précise, dans le cadre des livraisons contrôlées de stupéfiants, que « les actes autorisés ne peuvent constituer une incitation à commettre une infraction »; égal. C. pr. pén., art. 706-81, réglementant les infiltrations réalisées pour établir la preuve des crimes ou délits commis en bande organisée qui interdit aux policiers les actes constituant une incitation à commettre l'infraction; égal. art. 230-46, al. 5, C. pr. pén., sur l'enquête sous pseudonyme).

• **La question du détournement des règles de procédure pénale** :

– *le principe de loyauté de la preuve a permis à la chambre criminelle d'invalider la preuve obtenue grâce à la sonorisation, pourtant réalisée conformément aux prévisions légales, de locaux de GAV* :

- dans un arrêt rendu le 7 janvier 2014 (*Bull. crim.* n° 1), celle-ci énonce, au visa de l'art. 6, Conv. EDH, et de l'article préliminaire, C. pr. pén., garantissant la loyauté des preuves, que « porte atteinte au droit à un procès équitable et au principe de loyauté des preuves le stratagème qui en vicie la recherche par un agent de l'autorité publique ». La chambre criminelle estime que « la conjugaison des mesures de garde à vue, du placement de MM. Y… et X… dans des cellules contiguës et de la sonorisation des locaux participait d'un stratagème constituant un procédé déloyal de recherche des preuves, lequel a amené M. X… à s'incriminer lui-même au cours de sa garde à vue ». Elle censure en conséquence la décision de la chambre de l'instruction. Il importe de relever que dans l'affaire concernée, ni la régularité du dispositif de sonorisation, ni celle de la garde à vue n'étaient contestées, ces deux mesures ayant été rigoureusement conduites suivant les règles du C. pr. pén. Ainsi, l'application des règles procédurales dictées par la loi ne garantit pas la viabilité de la procédure;
- cette solution a été confirmée par l'Assemblée plénière dans un arrêt rendu le 6 mars 2015 (*Bull. Ass. plén.* n° 2) Après avoir rappelé que « porte atteinte au droit à un procès équitable et au principe de loyauté des preuves le stratagème qui en vicie la recherche par un agent de l'autorité publique », l'Assemblée plénière juge en effet que la sonorisation de cellules contiguës de garde à vue, même effectuée conformément aux prévisions légales, constitue « un procédé déloyal d'enquête mettant en échec le droit de se taire et celui de ne pas s'incriminer soi-même et portant atteinte au droit à un procès équitable ». Cette décision, rendue au visa de l'art. 6, Conv. EDH, du principe de loyauté des preuves et du droit de ne pas contribuer à sa propre incrimination, casse et annule l'arrêt de la cour d'appel de renvoi qui avait refusé de se plier à la position rendue le 7 janvier 2014 par la chambre criminelle;

– *dans des arrêts postérieurs, la chambre criminelle est venue tracer les contours de cette solution* :

- dans un arrêt rendu le 17 mars 2015 (*Bull. crim.* n° 54), la chambre criminelle apporte d'importantes précisions. En l'espèce, dans le cadre d'une instruction diligentée en matière de criminalité organisée, un mis en examen était placé en DP. Le juge d'instruction, conformément à l'art. 706-96, C. pr. pén., avait ordonné la sonorisation de sa cellule, alors qu'une autre personne mise en cause par ce juge dans le cadre d'une procédure distincte était placée dans la même cellule. L'intéressé contestait la régularité de la preuve recueillie grâce à une telle sonorisation sur le terrain du principe de loyauté de la preuve. La question se posait alors de savoir si la solution dégagée par l'Assemblée plénière le 6 mars 2015 en matière de GAV, pouvait être transposée à la DP. La chambre criminelle répond par la négative pour valider la sonorisation mise en œuvre : la sonorisation de la cellule qu'occupe en maison d'arrêt un mis en examen détenu provisoirement n'est pas constitutive d'un stratagème dans la recherche des preuves par un agent de l'autorité publique. La situation n'est ici pas la même que lorsque la sonorisation prend place dans le cadre d'une mesure de GAV. En effet, lorsque la sonorisation s'effectue durant la GAV, deux actes d'investigations sont conjugués et la sonorisation contribue ainsi à faire échec aux droits reconnus aux suspects dans le cadre de la GAV (droit de se taire et droit de ne pas s'incriminer soi-même). Or, lorsque la sonorisation s'effectue en maison d'arrêt, durant la DP, il ne s'agit pas de la conjugaison de deux actes d'investigations, la DP ne constituant qu'une mesure de sûreté. Ainsi, dès lors que la sonorisation s'effectue en dehors d'un autre acte d'investigation, elle ne peut être considérée comme un stratagème contraire au principe de loyauté de la preuve ;

- cette position sera ensuite affinée dans deux arrêts rendus le 14 avril 2015 par la chambre criminelle :

  ○ dans la première espèce (*Bull. crim.* n° 87), un mis en examen, placé en DP pour trafic de stupéfiants, avait été placé sur écoute par un autre juge, dans le cadre d'une information distincte. Des éléments intéressant la première information avaient été recueillis et communiqués au juge qui en était chargé, qui ont permis de mettre en cause une autre personne. Cette dernière, mise en examen, ainsi que la personne écoutée, contestaient la régularité des écoutes, en invoquant notamment l'atteinte au principe de loyauté des preuves. La chambre criminelle estime que le principe de loyauté a ici été respecté, dès lors que le recueil des preuves a été obtenu « sans actes positifs de l'autorité publique susceptibles de caractériser un stratagème constituant un procédé déloyal » ;

  ○ dans la seconde espèce (*Bull. crim.* n° 83), un suspect avait été placé sur écoutes dans le cadre d'une instruction préparatoire. Durant une conversation téléphonique, le suspect avait échangé des propos avec une personne se tenant à ses côtés et qui n'étaient pas destinés à son interlocuteur téléphonique. Ces propos ont été retranscrits et ont fondé une perquisition et le placement en garde à vue du suspect, suivis d'une mise en examen. L'intéressé a alors contesté la régularité des propos recueillis. Là encore, la chambre criminelle rejette l'argument en affirmant que « le recueil des renseignements obtenus par les enquêteurs, lors d'une conversation fortuite du suspect avec un tiers, à l'occasion d'une interception téléphonique régulièrement autorisée par le juge d'instruction, n'a pas constitué un procédé de recherche des preuves déloyal ou portant une atteinte illégale à la vie privée ». Ainsi, le principe de loyauté a dans les deux cas été respecté.

Ces décisions s'expliquent par le fait que, dans les deux affaires concernées, aucun stratagème n'a été mis en œuvre par l'autorité publique pour parvenir au recueil de la preuve (absence d'« actes positifs de l'autorité publique »). Or, la déloyauté dans le recueil de la preuve apparaît dès lors que l'autorité publique recourt à un stratagème, c'est-à-dire à des actes positifs, sans lequel la preuve n'aurait pas pu être obtenue.

L'affaire « du Roi du Maroc » (Ass. plén., 10 nov. 2017, n° 17-82.028), « de la *sextape* » (Ass. plén., 9 déc. 2019, n° 18-86.767) et l'affaire « Benalla » (Crim. 1er déc. 2020, n° 20-82.078)

- **L'affaire « du Roi du Maroc »** : en l'espèce, le procureur de la République de Paris fut informé que des journalistes proposaient au représentant d'un monarque étranger de renoncer à la publication d'un ouvrage, supposé compromettant, contre le versement d'une somme d'argent – faits qualifiés par le plaignant de chantage et d'extorsion. Un enregistrement des propos tenus lors d'une rencontre entre les intéressés fut joint à la plainte. À l'issue d'un second rendez-vous dans un hôtel parisien, surveillé par des policiers placés à l'extérieur du bâtiment, un nouvel enregistrement fut remis aux autorités répressives, confirmant le contenu matériel de la plainte. Alors qu'une instruction préparatoire était ouverte, une troisième entrevue eut lieu dans des conditions analogues, sauf à relever que le plaignant, à la faveur d'une brève interruption de la conversation, informa les enquêteurs de la rédaction imminente d'un document contractuel et de la remise d'une somme d'argent. Les journalistes furent interpellés à la sortie de l'hôtel en possession d'espèces et d'un engagement de non-publication. Un enregistrement fut à nouveau remis à la police judiciaire.

Les journalistes poursuivis demandèrent à la chambre de l'instruction d'annuler les procès-verbaux portant retranscription des enregistrements et des actes subséquents. Les policiers ne se sont-ils pas, en l'espèce, associés au comportement déloyal du plaignant ? Compte tenu du rôle jugé secondaire des policiers, les demandes d'annulation semblaient vouées à l'échec. Mais, le 20 septembre 2016 (n° 16-80.820), la chambre criminelle affirma, au visa des art. 6 Conv. EDH et préliminaire, C. pr. pén. que « porte atteinte aux principes du procès équitable et de la loyauté des preuves la participation de l'autorité publique à l'administration d'une preuve obtenue de façon illicite ou déloyale par une partie privée ». La chambre criminelle ajouta qu'il se déduisait des faits que la police « avait participé indirectement à l'obtention des enregistrements ». Sur renvoi, une autre chambre de l'instruction maintint que les procès-verbaux litigieux sont réguliers.

L'Assemblé Plénière de la Cour de cassation conclut que les juges du fond ont pu constater « l'absence de participation directe ou indirecte de l'autorité publique à l'obtention des enregistrements litigieux, ce dont il résultait que le principe de la loyauté de la preuve n'avait pas été méconnu ».

- **L'affaire « de la *sextape* »** : en l'espèce, un footballeur professionnel, s'estimant victime d'une tentative de chantage après avoir été approché par une personne prétendant détenir un enregistrement audiovisuel à caractère sexuel dans lequel il apparaissait, avait déposé plainte. Un enquêteur, autorisé par le procureur de la République à se faire passer dans les négociations pour l'homme de confiance du plaignant, avait alors eu, en usant d'un pseudonyme, pendant plusieurs mois, divers échanges téléphoniques, dont certains à son initiative, avec une personne se présentant comme l'intermédiaire des malfaiteurs. Finalement les principaux protagonistes de l'affaire avaient été interpellés, puis mis en examen, notamment pour tentative de chantage ou complicité de ce délit.

La cour d'appel de Paris, appelée à statuer sur la demande d'annulation de pièces de la procédure après une première cassation (Crim. 11 juill. 2017, n° 17-80.313, qui avait vu dans les agissements de l'autorité publique un stratagème déloyal), avait rejeté cette demande. Selon elle, « l'obtention frauduleuse de l'enregistrement vidéo, les tractations entre les personnes mises en cause pour trouver le meilleur moyen d'exercer un chantage » sur le plaignant, « les appels téléphoniques et les messages adressés à cet effet à ce dernier », ou encore « les instructions qui lui ont été données pour qu'il trouve un intermédiaire » et « les rendez-vous » qui ont pu lui être fixés, « constituent des agissements étroitement liés les uns aux autres et accomplis dans le dessein unique d'obtenir la remise de fonds » par le plaignant. La cour ajoute que « les laps de temps plus ou moins longs qui se sont écoulés entre ces différents épisodes ne sauraient être assimilés à des désistements de la part des mis en cause, dès lors qu'il ressort clairement de la procédure que ces derniers avaient un plan très abouti pour parvenir à la remise des fonds ». Elle en déduit ainsi « que le policier qui a tenu un rôle d'intermédiaire s'est inséré dans un processus infractionnel indivisible caractérisant une entreprise de chantage et n'a en aucune manière provoqué à la commission de l'infraction ».

L'Assemblée plénière se contente d'approuver cette solution fondée sur l'indivisibilité réputée exister entre les faits imputés aux mis en examen, en se limitant à dire que, « en l'état [des] énonciations » de leur décision, les juges du fond n'ont méconnu ni le principe de la loyauté de la preuve, ni les art. 6 de la Conv. EDH et préliminaire du C. pr. pén.

- **L'affaire « Benalla »** : en l'espèce, un ancien adjoint au chef de cabinet du président de la République, mis en examen des chefs, notamment, de violences et d'immixtion dans l'exercice d'une fonction publique, avait fait l'objet d'une mesure de contrôle judiciaire. Au titre des obligations de ce contrôle, interdiction lui avait été faite d'entrer en relation avec d'autres personnes mises en cause (C. pr. pén., art. 138, 9°), parmi lesquelles un gendarme réserviste au sein de la garde républicaine. Un site d'information publia quelques mois plus tard un article révélant que les deux intéressés s'étaient rencontrés en violation des obligations de leur contrôle judiciaire, article auquel ont été joints des extraits sonores des conversations alors intervenues entre eux. Les journalistes acceptèrent de remettre aux enquêteurs les originaux des fichiers audio à l'origine de cet article (lesquels ont alors fait l'objet d'une transcription), mais refusèrent d'indiquer les conditions dans lesquelles ils étaient entrés en possession des enregistrements concernés, au nom de la protection de leurs sources. Le service central de la police technique et scientifique ne parviendra pas à apporter de quelconques éléments sur l'origine des enregistrements.

– Saisie d'une demande en nullité du « procès-verbal de versement des enregistrements » à la procédure d'information judiciaire, la chambre de l'instruction y a opposé que « les impératifs de loyauté et de légalité de la preuve ne s'appliquent pas aux journalistes, qui sont des personnes privées, tiers au procès, et que l'impossibilité de connaître l'origine des enregistrements sonores met en cause, non pas la régularité de la procédure, mais le contrôle de la valeur probante de ceux-ci ». La chambre criminelle, quant à elle, rejeta le

►

pourvoi formé, considérant que « [s]i la circonstance que les enregistrements litigieux ont été remis aux enquêteurs par des journalistes ne saurait en elle-même conduire à exclure que l'autorité publique, sur qui seule pèse une obligation de légalité et de loyauté dans le recueil des preuves, ait concouru à la réalisation de ces enregistrements, l'arrêt n'encourt pas pour autant la censure. En effet, d'une part, il résulte des pièces de la procédure que des investigations, dont il n'est pas soutenu qu'elles seraient incomplètes, ont été conduites pour déterminer l'origine de ces enregistrements. D'autre part, le versement au dossier d'éléments de preuve ne saurait être déclaré irrégulier au seul motif que les conditions de leur recueil sont restées incertaines ». On le voit, pour la chambre criminelle l'incertitude quant à l'origine de la preuve, le doute quant à la qualité de la personne qui la recueille et sur les conditions de ce recueil ne ferait pas obstacle à sa recevabilité et doit profiter aux poursuites.

b. Par les personnes privées

La jurisprudence adopte une position extrêmement libérale quand il s'agit d'apprécier la licéité de la preuve obtenue par un particulier :

– Elle a ainsi admis qu'une partie civile communique au juge d'instruction des enregistrements obtenus au prix d'une infraction pénale (Crim. 6 avr. 1993, n° 93-80.184), et même que les juges de jugement se fondent sur des enregistrements par caméra effectués à l'insu des personnes, énonçant que **le principe de la liberté de la preuve interdit aux juges répressifs d'écarter un moyen de preuve au seul motif qu'il aurait été obtenu de façon illicite ou déloyale** (en ce sens, v. Crim. 23 juill. 1992, *Bull. crim.* n° 274), de même, la chambre criminelle admet plus largement les provocations à la preuve émanant des particuliers, que ces mêmes provocations mises en place par les autorités policières et judiciaires (Crim. 11 juin 2002, *Bull. crim.* n° 131 : censure, au visa de l'art. 427, C. pr. pén., de l'arrêt d'une Cour d'appel qui, dans des poursuites engagées du chef de discrimination raciale, avait écarté comme illicite la preuve résultant d'une opération dite de « testing » organisée par l'association SOS racisme).

– La chambre criminelle permet même à des particuliers d'échapper à toute mise en œuvre de leur responsabilité pénale dans les cas où ils auraient recueilli une preuve grâce à la commission d'une infraction (Crim. 11 juin 2002, n° 01-86.685 et 01-86. 696 : aucune condamnation ne peut être prononcée du chef de recel de violation du secret de l'instruction pour avoir produit des documents à l'audience afin de se défendre).

4 • La méconnaissance du respect de la liberté d'expression et de la vie privée

– De la liberté d'expression telle que consacrée par l'art. 10 Conv. EDH, découle, on l'a vu, le droit des journalistes à la protection du secret de leurs sources (CEDH 27 mars 1996, *Goodwin*, req. n° 17488/90). Il en résulte que les autorités policières et judiciaires en charge de la recherche de la preuve sont soumises au respect de ce secret (v. *supra*, p. 297).

– L'art. 8, § 1, Conv. EDH garantit le droit de chacun au respect de sa privée et familiale. Ce même texte prévoit cependant dans son § 2 la possibilité d'ingérences de l'autorité publique dans l'exercice de ce droit sous deux conditions cumulatives : 1° l'ingérence de l'autorité publique doit être prévue par la loi ; 2° l'ingérence doit constituer une mesure nécessaire dans une société démocratique, à la sécurité nationale, à la sûreté publique, au bien-être économique du pays, à la défense de l'ordre et à la prévention des infractions pénales, à la protection de la santé ou de la morale, ou à la protection des droits et libertés d'autrui. Par définition, plusieurs mesures de procédure pénale tendant à la recherche de la preuve sont attentatoires au droit de chacun au respect de sa vie privée et familiale (not. perquisitions, fouilles, écoutes téléphoniques, géolocalisations, etc.). Si la plupart d'entre elles répondent aux conditions énoncées à l'art. 8, § 2, et s'avèrent ainsi conformes aux exigences européennes relatives au droit au respect de la vie privée et familiale, il n'en va pas de même pour toutes. Il en est notamment allé ainsi des écoutes téléphoniques antérieurement à la loi du 10 juillet 1991, des sonorisations et fixations d'images de certains lieux ou véhicules.

B – Sanctions de l'illicéité de la preuve

Deux formes de sanctions sont appliquées : d'une part, la preuve obtenue illégalement est privée d'effets (1), et, d'autre part, celui qui aura recherché ou administré une telle preuve peut être réprimé (2).

1 • La preuve illicite privée d'effets

Selon l'art. 170, C. pr. pén., les différents actes de police judiciaire ou d'instruction qui ont pour objet la recherche et l'administration de la preuve et dont l'exécution est relatée dans un procès-verbal ainsi que les documents produits par les parties sont susceptibles d'annulation. Certains de ces actes ou pièces font l'objet de nullité d'ordre public dispensant la partie lésée de rapporter la preuve d'un grief (ex. : preuve obtenue grâce à une garde à vue irrégulière ou à un enregistrement déloyal par un policier). D'autres constituent en revanche des causes de nullité d'intérêt privé subordonnées à la preuve d'un grief (ex. : présence de l'intéressé ou de son représentant pendant une perquisition). Dans les deux cas, selon que l'affaire aura ou non donné lieu à une instruction préparatoire, les nullités pourront être soulevées par les parties ou d'office soit devant la chambre de l'instruction, soit devant la juridiction de jugement appelée à statuer sur l'affaire. Il appartient donc au juge de sanctionner la preuve illicite. Une fois la nullité admise, la preuve illicite doit être retirée du dossier ou cancellée en cas de nullité partielle (C. pr. pén., art. 174). Il est interdit d'y puiser aucun renseignement contre les parties, à peine de forfaiture pour les magistrats, et de poursuites disciplinaires pour les avocats. La nullité de la preuve illicite s'étendra en outre aux actes subséquents.

2 • La sanction de « l'auteur » de la preuve illicite

Le fait pour un agent public ou pour un particulier de recueillir une preuve illicite peut justifier le prononcé d'une sanction. Selon les cas, cette sanction pourra être notamment de nature pénale ou disciplinaire :

– ainsi, par exemple, l'agent public ou le particulier qui auraient obtenu des aveux en exerçant des violences pourront être pénalement poursuivis du chef de violences volontaires. S'agissant plus particulièrement des agents publics, les différents actes de recherche et de recueil de la preuve auxquels ils se livrent (garde à vue, perquisitions…) échappent ordinairement aux poursuites pénales dans la mesure où ils sont ordonnés ou permis par la loi (cause objective d'irresponsabilité pénale de l'art. 122-4, C. pén.). Mais le fait justificatif disparaît dès lors que ces actes ne sont plus accomplis dans les conditions posées par le C. pr. pén. Par ex., une perquisition effectuée en dehors des heures légales est susceptible de constituer une violation de domicile, une garde à vue excédant la durée imposée par la loi une séquestration, chacun de ces agissements pouvant engager la responsabilité pénale de leurs auteurs ;

– la responsabilité disciplinaire de l'APJ ou de l'OPJ qui aura recueilli la preuve illicite pourra également être mise en œuvre. D'abord, le Procureur général, qui a en charge la surveillance de la police judiciaire peut procéder à une suspension ou à un retrait d'habilitation. Par ailleurs, la chambre de l'instruction, chargée du contrôle de la policer judiciaire peut prononcer à l'encontre d'un OPJ une interdiction temporaire ou définitive d'exercer ses fonctions. Les magistrats encourent quant à eux la sanction du CSM.

Cas pratique n° 21

› Énoncé

Gilbert, officier de police judiciaire (OPJ), reçoit un matin, une plainte d'une personne selon laquelle son voisin, M. Bernard, qui habite dans un camping-car aménagé dans un jardin privatif, tient un fichier informatisé de l'ensemble des personnes du quartier et contenant des informations sur les opinions religieuses et politiques de chacun. Gilbert, met cette plainte en relation avec une dénonciation nominative qu'il a reçue par courrier, la veille, de la part d'un autre voisin. Il décide de mener une enquête. Il se rend sur les lieux, se hisse au-dessus de la clôture et prend quelques photos de M. Bernard qui utilise son ordinateur dans son jardin. Le lendemain matin, Gilbert, accompagné d'autres OPJ, pénètrent à 6 h 30 dans le camping-car de M. Bernard. Ce dernier est réveillé. Les policiers allument son ordinateur, découvrent les fichiers litigieux et les reproduisent sur une disquette qu'ils avaient amenée. Ils repartent après avoir appréhendé M. Bernard. Vingt jours plus tard, il est à nouveau convoqué par les policiers, il se rend au commissariat et répond à des questions durant une heure. Les

OPJ décident de se rendre, une nouvelle fois, chez M. Bernard, mais ce dernier refuse de leur ouvrir son camping-car. Les policiers pénètrent alors de force et saisissent plusieurs documents.

› Correction

Il nous faut d'abord déterminer le cadre juridique des investigations (I) avant d'envisager la régularité des actes effectués (II).

I/ La détermination du cadre juridique des investigations

Les faits concernés n'ayant initialement pas donné lieu à l'ouverture d'une instruction préparatoire, les investigations s'inscrivent dans le cadre de l'enquête de police. Reste à déterminer s'il s'agit d'une enquête de flagrance ou d'une enquête préliminaire.

L'enquête de flagrance ne peut intervenir que lorsqu'une infraction d'une gravité suffisante peut être qualifiée de flagrante :

– **La flagrance de l'infraction** : l'article 53, C. pr. pén., énumère limitativement quatre cas dans lesquels la flagrance est caractérisée : l'infraction se commet actuellement (cas n° 1) ; l'infraction vient de se commettre (cas n° 2) ; dans un temps très voisin de l'action, la personne soupçonnée est poursuivie par la clameur publique (cas n° 3) ; dans un temps très voisin de l'action, la personne soupçonnée est trouvée en possession d'objets ou présente des traces ou indices laissant penser qu'elle a participé à l'infraction (cas n° 4).

Que l'on soit dans la perspective de l'un ou l'autre de ces quatre cas, il faut de manière systématique établir l'existence de deux critères cumulatifs pour conclure à une situation de flagrance :

- *Un critère temporel :* l'infraction flagrante est celle qui au moment de sa constatation par les policiers, ou bien est en train de se commettre (cas n° 1), ou bien a été commise il y a peu de temps (cas n° 2, 3 et 4). La durée entre le moment de la commission de l'infraction et celui où elle est constatée est de 24 heures au maximum dans le cas n° 2, et de 48 heures dans les cas n° 3 et 4. Cette durée demeure dans assez largement apprécié par la jurisprudence qui n'hésite pas à s'appuyer sur les circonstances de faits.

En l'espèce, la proximité entre la dénonciation par l'un des voisins et de la plainte de la victime semble indiquer que l'infraction est en train de se commettre. En effet, au sens de la jurisprudence, l'infraction visée à l'article 226-19 du Code pénal est un délit continu qui persiste tant que les données informatisées sont conservées en mémoires (Crim. 4 mars 1997). Au moment où ils en sont informés, les policiers ont tout lieu de penser que l'infraction n'a pas cessé de se commettre. Le critère temporel est donc satisfait.

- *Un critère d'apparence ou visuel :* il n'y a infraction flagrante que si son existence est révélée par des indices constatables extérieurement par la police judiciaire. On parle d'« indices apparents d'un comportement délictueux » (Crim. 22 janv. 1953,

Isnard, Bull. crim. nº 54). De jurisprudence constante depuis les années 80, constitue un indice apparent, l'avis donné par la victime d'une infraction qui vient de se commettre, même avant l'enregistrement de sa plainte. Il en va de même d'une dénonciation faite par une personne identifiée ; mais, tel n'est pas le cas en revanche d'une dénonciation anonyme : un coup de téléphone anonyme n'est pas un indice apparent d'un comportement délictueux révélant l'existence d'une infraction (Crim. 2 févr. 1988). Toutefois, une dénonciation, même anonyme, confortée par des vérifications peut établir l'état de flagrance (Crim. 23 oct. 1991).

L'apparence est, en l'espèce, constituée par une plainte de la victime et une dénonciation nominative. Ainsi, la combinaison d'une dénonciation nominative et d'une plainte de la victime constitue un indice apparent que l'infraction est en train de se commettre.

– **La gravité de l'infraction** : l'enquête de flagrance n'est possible que pour un crime ou un délit punissable d'une peine d'emprisonnement (C. pr. pén., art. 67). Mais la jurisprudence décide à cet égard que l'apparence vaut la réalité (Crim. 9 janv. 1990 : est régulière au regard des art. 53, 56, 67, C. pr. pén., la perquisition effectuée par un officier de police judiciaire agissant en état de flagrance, dès lors, d'une part, que cet état doit s'apprécier au moment de l'intervention de cet officier dans le cadre d'une enquête visant un délit passible d'emprisonnement et, d'autre part, qu'il n'importe que, par la suite, les faits poursuivis aient reçu une qualification contraventionnelle). Ainsi, peu importe que l'infraction se révèle finalement moins grave que l'officier ne l'avait initialement cru. Seul compte le fait que la qualification erronée ait paru vraisemblable à l'agent au moment où il a agi.

L'infraction suspectée consiste en l'espèce dans celle prévue par l'article 226-19, C. pén. Aux termes de cette disposition, « [l]e fait, hors les cas prévus par la loi, de mettre ou de conserver en mémoire informatisée, sans le consentement exprès de l'intéressé, des données à caractère personnel qui, directement ou indirectement, font apparaître les origines raciales ou ethniques, les opinions politiques, philosophiques ou religieuses, ou les appartenances syndicales des personnes, ou qui sont relatives à la santé ou à l'orientation sexuelle ou à l'identité de genre de celles-ci, est puni de cinq ans d'emprisonnement et de 300 000 euros d'amende ». Le critère de gravité est ainsi satisfait.

Les conditions d'ouverture de l'enquête de flagrance étant en l'espèce remplies sans ambiguïté, nous pouvons conclure que le cadre juridique dans lequel l'action policière a débuté est celui de l'enquête de flagrance.

Toutefois, l'enquête de flagrance a une durée limitée à huit jours : la loi du 23 juin 1999 a en effet posé la règle suivant laquelle cette enquête est limitée à huit jours à compter du premier acte d'enquête (C. pr. pén., art. 53, al. 2). Si, au-delà des huit jours, les preuves ne sont pas réunies, les investigations doivent être poursuivies, soit dans le cadre d'une instruction, soit dans le cadre d'une enquête préliminaire.

La loi du 9 mars 2004 a cependant aménagé une dérogation à cette règle : lorsque des investigations nécessaires à la manifestation de la vérité pour un crime ou un délit puni d'une peine supérieure ou égale à cinq ans d'emprisonnement ne peuvent être différées, le procureur de la République peut décider la prolongation de l'enquête pour une durée maximale de huit jours (C. pr. pén., art. 53, al. 3). La durée de l'enquête de flagrance peut donc dans ce cas être portée à seize jours.

En outre, pour être réguliers, les actes de l'enquête de flagrance doivent avoir été diligentés sans discontinuer : c'est une exigence prétorienne traditionnelle. Elle nécessite que des actes soient effectués sans discontinuer, non des PV soient dressés sans discontinuer (Crim. 20 déc. 1994 : lorsqu'il résulte des pièces de la procédure que l'enquête de flagrance commencée le 15 février s'est poursuivie sans interruption jusqu'au 19 février, il n'importe qu'aucun procès-verbal relatant les investigations n'ait été établi le 16 février).

En l'espèce, rien ne permet de douter que les actes ont été effectués sans discontinuer, tout au moins jusqu'à l'interpellation de Bernard. En revanche, passé huit jours à compter du premier acte d'enquête, les investigations ont nécessairement été effectuées dans le cadre de l'enquête préliminaire, faute pour l'infraction, objet des investigations – qui est punie de trois ans d'emprisonnement seulement – d'autoriser une prolongation.

II/ La régularité des actes d'investigation

A – La prise de photos

– **Le premier problème est de savoir si le fait de prendre des photos depuis l'extérieur d'un domicile constitue une perquisition**.

La perquisition est définie par la jurisprudence comme « la recherche, à l'intérieur d'un lieu normalement clos, notamment au domicile d'un particulier, d'indices permettant d'établir, l'existence d'une infraction ou d'en déterminer l'auteur » (Crim. 29 mars 1994; Crim. 20 sept. 1994). La perquisition doit donc présenter deux caractéristiques : la pénétration dans un lien clos et la recherche d'indices au sein de ce lieu. À cet égard, la jurisprudence considère que ne constituent pas une perquisition les constatations réalisées par des policiers qui étaient placés à l'extérieur du lieu clos.

En l'espèce, l'OPJ s'est contenté de demeure à l'extérieur du jardin pour prendre les photos. Il n'a pas pénétré dans le domicile de ce dernier et n'a réalisé aucune perquisition. On en déduit que les policiers n'avaient pas à respecter la procédure contraignante des perquisitions.

– **Le second problème consiste à savoir si la preuve obtenue au moyen d'une atteinte à la vie privée est licite**.

À ce sujet, la Cour de cassation a eu l'occasion de préciser que « constitue une ingérence dans l'exercice du droit au respect de la vie privée et du domicile le fait, pour des enquêteurs, de photographier clandestinement, au moyen d'un téléobjectif, les plaques d'immatriculation des véhicules se trouvant à l'intérieur d'une propriété privée non visible de la voie publique, aux fins d'identification des titulaires des cartes grises (or) cette immixtion, opérée en enquête préliminaire, n'est prévue par aucune disposition de procédure pénale » (Crim. 21 mars 2007). Un tel procédé est donc contraire à l'article 8 de la Conv. EDH.

Un tel raisonnement doit pouvoir être transposé en l'espèce car l'OPJ a dû se hisser au-dessus de la clôture pour prendre des photographies. La scène qu'il a photographiée n'était donc pas visible de la voie publique. La prise des photos est donc irrégulière.

B – L'entrée dans le camping-car

Il convient de s'interroger sur le fait de savoir si la pénétration par l'OPJ dans le camping-car, peut s'analyser en une perquisition.

La perquisition est une fouille effectuée dans un lieu où peuvent se trouver des éléments relatifs à l'infraction préalablement constatée et à son auteur, pouvant déboucher sur la saisie d'objets, de documents de données informatiques ou d'autres informations utiles à la manifestation de la vérité. Cette opération n'est pas précisément définie par le Code de procédure pénale, mais la chambre criminelle considère qu'elle correspond à « la recherche, à l'intérieur d'un lieu normalement clos, notamment au domicile d'un particulier, d'indices permettant d'établir, l'existence d'une infraction ou d'en déterminer l'auteur » (Crim. 29 mars 1994 ; Crim. 20 sept. 1994). Elle doit être distinguée de la remise spontanée de pièces qui ne s'analyse pas en une perquisition, et ne donne par conséquent pas lieu à l'application du régime protecteur entourant ces mesures. La perquisition doit donc présenter deux caractéristiques : la pénétration dans un lien clos et la recherche d'indices au sein de ce lieu. Concernant la pénétration dans un lieu clos, il s'agit notamment d'un domicile c'est-à-dire un lieu où elle a le droit de se dire chez elle, qu'elle y habite ou non, et quel que soit son titre d'occupation (Crim. 4 janv. 1977). La chambre criminelle considère qu'une voiture automobile non aménagée ne constitue pas un domicile (Crim. 8 nov. 1979). Elle précise aussi qu'un domicile est un lieu qui doit être pourvu des équipements nécessaires à une habitation ou qui doit abriter une personne y exerçant une activité permanente (Crim. 17 oct. 1995).

En l'espèce, il est possible de considérer au regard des éléments susmentionnés que le camping-car aménagé constitue un domicile. Ainsi, la pénétration de l'OPJ doit donc être conforme à la législation sur les perquisitions.

En flagrance, les perquisitions et saisies de l'enquête de flagrance sont régies par l'article 56 et s., C. pr. pén. La régularité des perquisitions est soumise au respect de plusieurs conditions :

– D'après l'article 56, al. 1, C. pr. pén., les perquisitions peuvent être effectuées chez les personnes qui paraissent avoir participé au crime ou détenir des objets et pièces relatifs aux faits incriminés. Cette condition ne pose pas de difficulté au regard des faits de l'espèce.

– Concernant l'heure de la perquisition, l'article 59, C. pr. pén., indique qu'en principe, les perquisitions ne peuvent être commencées avant 6 h et après 21 h. Dans l'espèce étudiée, l'heure de la perquisition est donc légale puisqu'elle a débuté à 6 h 30.

– Enfin, la personne chez laquelle l'opération se déroule doit être présente. Si c'est impossible, elle doit nommer un représentant. À défaut, l'OPJ nomme deux témoins. L'accord de l'intéressé n'est en revanche pas requis. Cette condition ne pose pas de problème au regard des faits de l'espèce puisque Bernard est présent.

Il convient ensuite de s'interroger les actes réalisés au cours de la perquisition, et notamment le droit pour l'OPJ d'allumer l'ordinateur et d'en copier le contenu.

Les saisies peuvent être réalisées au cours de la perquisition. Les papiers, documents ou données informatiques découverts sur place sont alors inventoriés et placés sous scellés. La loi du 13 novembre 2014 offre aux enquêteurs une nouvelle possibilité d'accéder à un contenu informatique.

D'après l'article 57-1 du C. pr. pén. : « Les officiers de police judiciaire ou, sous leur responsabilité, les agents de police judiciaire peuvent, au cours d'une perquisition effectuée dans les conditions prévues par le présent code, accéder par un système informatique implanté sur les lieux où se déroule la perquisition à des données intéressant l'enquête en cours et stockées dans ledit système ou dans un autre système informatique, dès lors que ces données sont accessibles à partir du système initial ou disponibles pour le système initial. Les données auxquelles il aura été permis d'accéder dans les conditions prévues par le présent article peuvent être copiées sur tout support ».

En l'espèce, les données sont accessibles à partir du système initial (ici l'ordinateur). Quant à la possibilité d'effectuer des copies, celles-ci peuvent être réalisées sur tout support (ici une disquette). En conséquence, les saisies réalisées au cours de la perquisition sont régulières.

C – La deuxième perquisition

Une seconde perquisition est réalisée par les policiers. Il convient de s'interroger sur la validité d'une telle mesure. Il n'est pas interdit de réaliser plusieurs perquisitions dans le même domicile. Toutefois, ce qui est primordial, c'est de vérifier les conditions à respecter en fonction de la nature de l'enquête. Or, on l'a vu, passé huit jours, l'enquête menée devait nécessairement l'être dans le cadre de l'enquête préliminaire...

En l'espèce, la deuxième perquisition a été effectuée vingt jours après la commission de l'infraction. Nous ne nous situons donc plus dans le cadre d'une enquête de flagrance. La deuxième perquisition a été effectuée dans le cadre d'une enquête préliminaire (C. pr. pén., art. 75).

Selon l'art. 76 (al. 1 et 2), C. pr. pén., les perquisitions, fouilles et saisies de l'enquête préliminaire nécessitent le consentement exprès de la personne chez laquelle elles ont lieu. Le consentement de l'intéressé doit faire l'objet d'une déclaration écrite de sa main.

Toutefois, la loi du 9 mars 2004 prévoit que les perquisitions de l'enquête préliminaire peuvent être effectuées sans l'assentiment de la personne chez laquelle elles ont lieu s'il s'agit d'une enquête relative à un délit puni d'une peine d'au moins cinq ans d'emprisonnement et si elles sont autorisées par le JLD, à la requête du procureur de la République, par une décision écrite et motivée. Cette formalité est prescrite à peine de nullité (art. 76, al. 4). La loi du 23 mars 2019 a abaissé ce seuil à trois ans d'emprisonnement.

Dans l'espèce étudiée, l'infraction sur laquelle porte l'enquête est la numérisation illicite des données personnelles. Cette infraction est punie par l'article 226-19, C. pén., de cinq ans d'emprisonnement et 300 000 € d'amende. Sur le fond, une perquisition sans l'assentiment de la personne concernée pourrait donc être ordonnée. Néanmoins, d'un point de vue formel, l'énoncé ne fait pas mention d'une éventuelle autorisation du JLD, qui est dès lors hypothétique.

Cas pratique n° 22

› Énoncé

Pour gagner sa vie, Mme Falga effectue quelques ménages chez des particuliers richissimes dans un quartier huppé de la capitale française.

C'est ainsi qu'elle se rend deux fois par semaine dans l'hôtel particulier de Mme Beauchamp, connue pour être l'héritière d'une des plus grandes fortunes de France. Elle a lié à cette occasion une relation très amicale avec M. Gonfrier, le secrétaire particulier de Mme Beauchamp.

Un jour, alors qu'elle souhaite nettoyer les superbes moulures du vestibule qui jouxte le bureau de la riche héritière, elle surprend celle-ci au téléphone en train de s'entretenir avec un certain M. X... Il y est question de marchandise d'une qualité pure, venant de Colombie, devant être réceptionnée très bientôt par un couple d'ami de Mme Beauchamp, les époux Y...

Elle en discute avec M. Gonfrier qui lui fait part des soupçons qu'il nourrit depuis quelque temps sur les activités de sa patronne et l'origine de sa fortune. Celui-ci lui indique d'ailleurs avoir un jour enregistré à l'aide d'un dictaphone, une conversation suspecte entre Mme Beauchamp et ce Monsieur X..., à titre préventif – sait-on jamais ! – car ces relations ne sont pas au beau fixe avec sa patronne. Cependant, les deux employés conviennent de garder le secret pour eux.

Prise de remords, Mme Falga décide quelque temps plus tard de faire œuvre citoyenne et de prévenir les services de police. Mais craignant que cet acte de délation ne lui vaille la réprobation de ses autres employeurs habitant le quartier de Mme Beauchamp, elle ne livre pas son identité au policier qui réceptionne son appel téléphonique.

À la suite de cette dénonciation les services de police décident d'ouvrir une enquête à l'encontre de Madame Beauchamp et des époux Y..., car, vérification faite, M. X..., se révèle être défavorablement connu des services de police pour des faits de trafic de stupéfiants.

Les enquêteurs, ayant appris d'un de leurs indicateurs que M. X... devait venir chercher à l'aéroport le couple Y..., de retour d'un séjour en République Dominicaine, décidèrent d'approfondir leurs investigations. Après vérification auprès de la compagnie aérienne, il est apparu que les époux Y... devaient revenir de leur voyage avec cinquante kilos de bagages supplémentaires par rapport à leur départ de France. Les policiers décidèrent alors immédiatement de mettre en place un dispositif de surveillance et de procéder au contrôle d'identité de tous ces individus sur le parking de l'aéroport.

À la suite de ce contrôle, les enquêteurs demandèrent aux intéressés d'ouvrir l'une de leurs valises qui étaient toutes verrouillées, mais les époux Y... prétendirent n'avoir ni code, ni clé. Devant un tel refus, les enquêteurs décidèrent de forcer les serrures, et purent constater que la valise contenait des pains de cocaïne.

Les policiers décidèrent alors de procéder à l'interpellation et au placement en garde à vue des époux. Cependant ceux-ci résistèrent violemment à leur interpellation et les policiers furent obligés de plaquer au sol M. Y... pour lui passer les menottes.

Dans leur procès-verbal, les policiers n'avaient pas manqué de relevé avoir opéré la saisine des pains de cocaïne car, écrivent-ils, « la situation de flagrance était caractérisée après l'ouverture de la valise ».

Parallèlement, Mme Beauchamp est elle aussi interpellée à son domicile et les policiers se livrent à une perquisition. Au cours de celle-ci, les policiers croisent Mme Falga et M. Gonfrier. La première reconnaît avoir passé le coup de téléphone tandis que le second accepte d'aider les policiers dans leurs investigations en leur livrant l'enregistrement à sa disposition.

Le procureur demande aux policiers de transcrire les propos de Mme Beauchamp.

Vous répondrez aux questions suivantes par une argumentation juridique rigoureuse :

– L'enregistrement de Madame Beauchamp effectué par M. Gonfrier sera-t-il recevable en justice ?

Sans égard pour les gardes à vue décidées, les autres actes effectués par les policiers vous paraissent-ils réguliers ?

– Le témoignage de l'indicateur des policiers pourrait-il être reçu en justice si celui-ci conserve son anonymat ?

› Correction

Nous nous interrogerons successivement sur la recevabilité de l'enregistrement de la conversation de Madame Beauchamp (I), sur la régularité des actes effectués durant les investigations (II) et sur la recevabilité du témoignage anonyme de l'indicateur (III).

I/ Sur la recevabilité de l'enregistrement de la conversation de Madame Beauchamp

La chambre criminelle de la Cour de cassation a développé une jurisprudence singulière relative à la preuve administrée par un particulier.

Se fondant sur l'art. 427, C. pr. pén., qui pose, en matière pénale, le principe de la liberté de la preuve, la chambre criminelle a, assez tôt, considéré que l'exigence de loyauté n'était applicable qu'aux seuls actes d'enquête ou d'instruction réalisés par les agents de l'autorité publique dans l'exercice de leurs fonctions (magistrats, officiers et agents de police judiciaire notamment). Elle prohibe ainsi à l'égard de ces derniers « la provocation policière à l'infraction » (Crim. 27 févr. 1996, *Bull. crim.* n° 93).

À l'inverse, à l'égard des preuves produites par les parties privées au procès pénal, la chambre criminelle a développé une jurisprudence extrêmement libérale. Elle considère, en effet, que de telles preuves ne sont pas soumises à l'exigence de loyauté. C'est ainsi qu'elle a pu valider l'usage, dans le cadre d'un procès pénal, du *testing* (Crim. 11 juin 2002, *Bull. crim.* n° 131). Allant même plus loin, elle considère qu'une preuve recueillie par un particulier de manière, non plus seulement déloyale, mais illicite, c'est-à-dire procurée par la commission d'une infraction en violation de la loi, est recevable dans le cadre d'un procès pénal. Elle l'a d'ailleurs rappelé dans une affaire médiatique, dans laquelle le majordome d'une célèbre héritière avait pu transmettre des enregistrements de conversation de celle-ci avec son avocat, en violation tant du secret des conversations entre l'avocat et son client que de l'art. 226-1, C. pén., réprimant la violation de la vie privée (Crim. 31 janv. 2012, pourvoi n° 11-85464 : « aucune disposition légale ne permet aux juges répressifs d'écarter les moyens de preuve produits par les parties au seul motif qu'ils auraient été obtenus de façon illicite ou déloyale » ; « la jurisprudence européenne ne réglemente pas l'admissibilité des preuves qui relève du droit interne »).

Pour parachever cette bienveillance processuelle à l'égard de la preuve administrée par une partie privée, la chambre criminelle est même allée jusqu'à considérer, dans un arrêt du 7 mars 2012, que l'enregistrement d'une conversation téléphonique obtenue de manière illicite ou déloyale ne constitue ni un acte ou ni une pièce de l'information susceptible d'annulation, au sens de l'art. 170, C. pr. pén., en cas de transcription puis de versement de celui-ci au dossier. Dans cet arrêt, elle considère que la chambre de l'instruction, en rejetant la demande d'annulation formulée, « a justifié sa décision, sans méconnaître les dispositions conventionnelles invoquées, dès lors que les enregistrements contestés ne sont pas en eux-mêmes des actes ou pièces de l'information, au sens de l'article 170 du code de procédure pénale et comme tels susceptibles d'être annulés, mais des moyens de preuve qui peuvent être discutés contradictoirement, et que la transcription de ces enregistrements qui a pour seul objet d'en matérialiser le contenu, ne peut davantage donner lieu à annulation ».

En conséquence, l'enregistrement de la conversation de Mme Beauchamp effectué par M. Gonfrier sera parfaitement recevable.

II/ Sur la régularité des actes effectués durant les investigations

La distinction de l'enquête préliminaire et de l'enquête de flagrance réside traditionnellement dans l'usage autorisé de la coercition dans le cadre de cette dernière. Il convient donc de déterminer en l'espèce le cadre d'enquête pour voir si l'ouverture de la valise était régulière.

La caractérisation de l'infraction flagrante suppose, aux termes de l'art. 53, C. pr. pén., qu'un crime ou qu'un délit puni d'emprisonnement, soit se commette actuellement ou vienne de se commettre, soit encore que, dans un temps très voisin de l'action, la personne soupçonnée se trouve poursuivie par la clameur publique ou soit trouvée en possession d'objets laissant penser qu'elle a participé au crime ou au délit, soit enfin que la personne présente des traces ou indices laissant là aussi penser qu'elle a participé au crime ou au délit.

C'est ainsi qu'en l'absence de flagrance ou d'autorisation judiciaire délivrée par le JLD (voir l'al. 4 de l'art. 76, C. pr. pén., issu de la loi du 9 mars 2004 et remanié par la loi du 23 mars 2019, qui permet de requérir du JLD l'autorisation de procéder aux opérations de perquisition et de saisie dans le cadre de l'enquête préliminaire, pour un crime ou un délit puni d'une peine d'emprisonnement d'une durée égale ou supérieure à trois ans, sans l'assentiment de la personne chez qui elles ont lieu), des perquisitions et saisies domiciliaires, des fouilles à corps ou l'inspection des objets qu'un individu porte sur lui, telle une valise, nécessitent de recevoir de l'intéressé son assentiment.

En l'espèce, les époux Y... ont refusé d'ouvrir la valise. Il ne semble pas qu'une quelconque autorisation du JLD ait été sollicitée. La régularité de la fouille est donc subordonnée à la démonstration que les enquêteurs opéraient en flagrance.

A – Détermination du cadre des investigations

1 • Le cadre d'enquête initiale : enquête préliminaire et absence de consentement

À la suite de la dénonciation anonyme de Mme Falga, les policiers décident d'ouvrir une enquête.

On sait que la jurisprudence requiert, pour que soit ouverte une enquête de flagrance et, partant, que soit justifié l'usage de la coercition, l'existence d'un ou plusieurs indices apparents laissant présumer la commission d'une infraction (Crim. 4 janv. 1982, *Bull. crim.* n° 2). La suspicion des policiers doit dès lors se fonder sur des éléments objectifs permettant de déduire la commission d'une infraction.

La détermination de la source et de la nature de cette apparence se révèle cependant parfois délicate. Ainsi, la jurisprudence a considéré que la seule dénonciation anonyme ne peut réaliser l'apparence compte tenu de son caractère invérifiable, subjectif et non apparent (Crim. 2 févr. 1988, *Bull. crim.* n° 52, pour une dénonciation anonyme par téléphone). En revanche, la dénonciation anonyme confortée par des vérifications apportant des indices précis et concordants établit l'état de flagrance (Crim. 23 oct. 1991, *Bull. crim.* n° 371).

En l'espèce, la dénonciation anonyme de Mme Falga ne saurait être retenue à elle seule pour caractériser l'état de flagrance. Ainsi, jusqu'à la réunion d'autres indices précis et concordants, les policiers ne pouvaient agir, initialement, qu'en enquête préliminaire.

2 • La validité du montage procédural effectué par les policiers : la substituabilité des cadres d'enquête

– *L'indifférence à la source de l'indice apparent* : la Cour de cassation considère qu'une enquête préliminaire et un contrôle d'identité peuvent être la source des indices caractérisant la flagrance. Elle rappelle ainsi que les officiers de police judiciaire, agissant en enquête préliminaire, peuvent procéder selon les règles prévues pour l'enquête de flagrance dès l'instant où ils relèvent des indices apparents d'un comportement délictueux révélant que l'infraction, objet de leurs investigations, répond à la définition de l'article 53 du Code de procédure pénale (Crim. 17 nov. 1998, *Bull. crim.* n° 302).

La chambre criminelle avait pu, de la sorte, valider la saisine de la police en flagrance dès lors qu'avait été révélée une infraction au cours d'une opération administrative régulière, comme c'est le cas d'un contrôle d'identité (Crim. 13 janv. 1986, *Bull. crim.* n° 19 ; Crim. 2 mai 2007, *Bull. crim.* n° 112), voire d'un contrôle douanier (Crim. 18 avr. 1988, *Bull. crim.* n° 162) ou même d'un contrôle routier (Crim. 9 janv. 2002, *Bull. crim.* n° 2).

Une telle position, qui marque l'indifférence de la Haute juridiction quant à la source des indices constitutifs de la flagrance, permet ainsi de valider un montage procédural par le biais duquel les policiers débutent leurs investigations par une enquête préliminaire comportant un certain nombre d'investigations (surveillances, filatures, vérifications), avant de basculer en enquête de flagrant délit qui constituera le cadre coercitif dans lequel s'opérera l'interpellation, la fouille à corps et tous les actes subséquents. Une telle indifférence permet concrètement aux policiers d'user de l'enquête préliminaire dans une optique attentiste, d'attendre que s'accumulent ainsi les informations permettant d'obtenir, à terme, un indice apparent.

– *L'indice apparent caractérisant la flagrance peut résulter de l'accumulation d'indices simples* : s'agissant de la nature des indices permettant de caractériser l'état de flagrance, la chambre criminelle estime que l'apparence d'un indice nécessaire à la caractérisation de la flagrance peut résulter de l'addition de plusieurs indices simples. Comme la chambre criminelle l'avait déjà énoncé à propos du passage d'un contrôle d'identité à une enquête de flagrance, la conjonction d'indices autorise aussi, avec une vraisemblance suffisante, une caractérisation immédiate d'une flagrance fondant l'emploi de la coercition (Crim. 28 juin 2000, n° 00-80.926 : en l'espèce, les policiers, informés par un renseignement anonyme d'un trafic de stupéfiants se déroulant dans une cité, avaient mis en place un dispositif de surveillance au cours duquel ils avaient repéré les allées et venues d'un individu paraissant aux aguets, porteur d'un sac en plastique qu'il avait ensuite dissimulé sous le siège de son véhicule, et, à la vue des policiers, il était sorti rapidement de l'automobile).

Or, l'indice apparent est en l'espèce constitué par l'accumulation des indices récoltés pendant l'enquête préliminaire et le contrôle d'identité. Ces indices sont ainsi : la dénonciation anonyme, le lien avec un trafiquant présumé, le voyage en Amérique du Sud, la comparaison du poids des bagages entre l'aller et le retour. Pris isolément, ces indices n'auraient pas été suffisants pour être qualifiés d'apparents. Additionnés, ils le deviennent.

– *Incidence de la motivation du procès-verbal* : une des difficultés soulevées en l'espèce résulte de ce que les policiers écrivent dans leur procès-verbal n'agir en flagrance qu'après l'ouverture de la valise. Les policiers semblent donc croire qu'ils agissent en préliminaire avant l'ouverture de la valise. La question qui se pose est donc celle de savoir si le juge de l'annulation pourra, *a posteriori*, substituer sa propre appréciation de la situation à celle des policiers.

Or, traditionnellement, dans l'hypothèse où les conditions de la flagrance sont réunies mais où l'enquêteur ne s'en aperçoit pas alors qu'il réalise un acte qui ne peut être justifié que par la flagrance, la chambre criminelle considérait que les juges ne pouvaient valider *a posteriori* l'enquête en substituant leur propre appréciation à celle de l'enquêteur. Elle avait ainsi considéré, dans un arrêt du 22 février 1996, que, « pour justifier la mise en œuvre des pouvoirs prévus aux articles 53 et suivants du code de procédure pénale, les juges ne pouvaient substituer leurs propres déductions aux constatations initiales de l'officier de police judiciaire » (Crim. 22 févr. 1996, *Bull. crim.* n° 87).

Un revirement s'opéra toutefois un arrêt en date du 5 octobre 2011 dont les faits sont identiques à ceux du présent cas pratique. Dans cette espèce, pour valider la procédure, la chambre de l'instruction s'appuie sur les différentes constatations effectuées par les officiers de police judiciaire et s'efforce de vérifier l'existence préalable de signes extérieurs et apparents révélant les infractions, objets des investigations policières. Toutefois, le particularisme du contrôle juridictionnel effectué en l'espèce réside cependant en la circonstance que la chambre de l'instruction ne se contente pas de vérifier la réunion des conditions de la flagrance que le policier aurait caractérisée. En réalité, elle s'est efforcée de caractériser, elle-même, l'existence préalable de signes extérieurs et apparents révélant les infractions, objets des investigations policières. En effet, en l'espèce, les fonctionnaires de police n'avaient signalé dans leur procès-verbal agir en flagrance qu'à compter du constat de la présence de stupéfiants à l'intérieur de la valise (écrivant « Dès lors agissant en flagrant délit... »), ce qui indique que, selon eux, l'infraction n'était pas flagrante au moment de l'ouverture forcée du bagage. Pourtant, les juges du fond, approuvés par la Cour de cassation, déclarent que, « si les enquêteurs ont indiqué sur leur procès-verbal la mention de la flagrance postérieurement à la découverte des produits stupéfiants, antérieurement à cette découverte, il existait déjà des indices objectifs apparents, rendant probable la commission d'une infraction, indices recueillis à l'issue d'une procédure régulière permettant de modifier le cadre juridique des investigations et d'effectuer ainsi la perquisition de la valise sans l'assentiment exprès des intéressés ».

En procédant ainsi, la chambre de l'instruction opère une substitution de ses propres appréciations à celles des fonctionnaires de police, et supplée à leur carence. En ne censurant pas l'arrêt de la chambre de l'instruction, il semble que la chambre criminelle vienne valider une telle substitution d'appréciation, et, partant, opérer un revirement.

Dès lors, il semble bien que la chambre criminelle admette désormais que le seul constat, dans le procès-verbal, des éléments constitutifs de la flagrance, suffit à valider l'acte, même si les policiers n'avaient pas conscience de la qualification d'état de flagrance et ont cru demeurer en enquête préliminaire. Il apparaît donc désormais que l'unique condition soit que les policiers aient eu connaissance, au préalable, d'indices apparents, mais que, et c'est l'apport essentiel de cette décision, il n'est pas formellement exigé des policiers qu'ils aient compris que ces indices entraînaient la situation de flagrance.

B – Régularité de chaque acte d'investigation

1 • Le contrôle d'identité opéré par les policiers

Art. 78-1, al. 2, C. pr. pén. : « Toute personne se trouvant sur le territoire national doit accepter de se prêter à un contrôle d'identité effectué dans les conditions et par les autorités de police visées aux articles suivants ».

Il s'agit en premier lieu de déterminer si les policiers ont agi dans le cadre de contrôles d'identité de police administrative, judiciaire ou autres pour déterminer sa régularité.

a. La nature du contrôle d'identité : un contrôle judiciaire

– *Exclusion du contrôle administratif* : article 78-2, al. 3, C. pr. pén. : « L'identité de toute personne, quel que soit son comportement, peut également être contrôlée, selon les modalités prévues au premier alinéa, pour prévenir une atteinte à l'ordre public, notamment à la sécurité des personnes ou des biens ». Cependant, le Conseil constitutionnel a considéré dans sa décision du 5 août 1993 que « l'autorité concernée doit justifier, dans tous les cas, des circonstances particulières établissant le risque d'atteinte à l'ordre public qui a motivé ce contrôle ». La chambre criminelle exerce un contrôle sur la motivation de ce type de contrôle : Crim. 4 oct. 1984 : le contrôle d'identité d'un étranger dans une station de métro est irrégulier, si les autorités chargées du contrôle ne précisent pas en quoi la sûreté des personnes et des biens est immédiatement menacée au moment du contrôle.

– *Exclusion du contrôle Schengen de l'article 78-2, al. 4, C. pr. pén.* En vertu de ce dernier texte, « [d]ans une zone comprise entre la frontière terrestre de la France avec les États parties à la convention signée à Schengen le 19 juin 1990 et une ligne tracée à 20 kilomètres en deçà (Dispositions déclarées non conformes à la Constitution par décision du Conseil constitutionnel nº 93-323 DC du 5 août 1993) ainsi que dans les zones accessibles au public des ports, aéroports et gares ferroviaires ou routières ouverts au trafic international et désignés par arrêté, pour la prévention et la recherche des infractions liées à la criminalité transfrontalière (Dispositions déclarées non conformes à la Constitution par décision du Conseil constitutionnel nº 93-323 DC du 5 août 1993) l'identité de toute personne peut également être contrôlée, selon les modalités prévues au premier alinéa, en vue de vérifier le respect des obligations de détention, de port et de présentation des titres et documents prévues par la loi ».

Cependant, dans un arrêt en date du 3 mai 2007, la chambre criminelle a pu décider que les dispositions de l'art. 78-2, al. 4, C. pr. pén., ne sauraient permettre d'éluder les conditions de fond et de forme applicables aux autres types de contrôle d'identité prévus par le même article, en ses alinéas 1 et 3, lorsque les opérations ne sont pas destinées à vérifier le respect des obligations de détention, de port et de présentation des titres et documents prévus par la loi mais relèvent, par leur objet, d'une autre catégorie légalement définie de contrôle.

C'est en l'espèce parce qu'ils soupçonnent la commission d'infractions de stupéfiants que les policiers interviennent. Les contrôles ont donc lieu en répression de l'infraction. Il s'agit par conséquent de contrôles d'identité de police judiciaire.

b. La régularité du contrôle d'identité judiciaire

– *En l'absence de réquisition du procureur de la République, il convient d'exclure l'hypothèse visée par l'art. 78-2, al 2, C. pr. pén.* (« [s]ur réquisitions écrites du procureur de la République aux fins de recherche et de poursuite d'infractions qu'il précise, l'identité de toute personne peut être également contrôlée, selon les mêmes modalités, dans les lieux et pour une période de temps déterminés par ce magistrat. Le fait que le contrôle d'identité révèle des infractions autres que celles visées dans les réquisitions du procureur de la République ne constitue pas une cause de nullité des procédures incidentes »).

– *Il faut donc vérifier que les conditions posées pour un contrôle judiciaire sont réunies.* D'après l'art. 78-2, al. 1er, C. pr. pén., il y a cinq cas de contrôles d'identité de police judiciaire : lorsqu'il existe une ou plusieurs raisons plausibles de soupçonner que la personne : 1. a commis ou tenté de commettre une infraction ; 2. ou qu'elle se prépare à commettre un crime ou un délit ; 3. ou qu'elle est susceptible de fournir des renseignements utiles à l'enquête en cas de crime ou de délit ; 4. ou qu'elle a violé les obligations ou interdictions auxquelles elle est soumise dans le cadre d'un contrôle judiciaire, d'une mesure d'assignation à résidence avec surveillance électronique, d'une peine ou d'une mesure suivie par le juge de l'application des peines ; 5. ou qu'elle fait l'objet de recherches ordonnées par une autorité judiciaire. Cependant, la première chambre civile de la Cour de cassation a considéré qu'une dénonciation anonyme non corroborée par d'autres éléments d'information ni confortée par des vérifications apportant des éléments précis et concordants ne constitue pas une raison plausible de soupçonner qu'une personne a commis ou tenté de commettre une infraction, permettant à des policiers de procéder à un contrôle d'identité sur le fondement de l'art. 78-2, al. 1er, C. pr. pén. (Civ. 1re, 31 mai 2005).

La question se pose donc de savoir si de telles raisons peuvent en l'espèce être caractérisées. En l'espèce, la dénonciation anonyme de Mme Flaga ne suffirait pas à rendre régulier le contrôle. Mais cette dénonciation est corroborée par les vérifications effectuées par les policiers : poids de la valise avant et après le voyage. Donc le contrôle est régulier.

2 • L'arrestation

L'art. 73, C. pr. pén., dispose qu'en cas de crime flagrant ou de délit flagrant puni d'une peine d'emprisonnement, toute personne a qualité pour en appréhender l'auteur et le conduire devant l'officier de police judiciaire le plus proche.

Conformément à une jurisprudence établie, l'usage de la force n'est pas exclu pour procéder à une arrestation. La chambre criminelle de la Cour de cassation a ainsi décidé que l'usage de la force devait être nécessaire et proportionné aux conditions de l'arrestation (13 avr. 2005). En l'espèce, M. Y... fut seulement plaqué au sol, ce dont il résulte qu'il n'y a guère d'éléments pour considérer que l'usage de la force aurait été disproportionné. Au reste, opposer une résistance violente à des personnes dépositaires de l'autorité publique, comme des policiers, dans l'exercice de leurs fonctions, pour l'exécution des lois, des ordres de l'autorité publique, des décisions de justice, est constitutif du délit de rébellion défini à l'art. 433-6, C. pén.

Par ailleurs, l'art. 803, C. pr. pén., dispose qu'une personne peut être soumise au port des menottes si elle est considérée comme dangereuse pour autrui ou pour elle-même, ou bien si elle est susceptible de prendre la fuite. En l'espèce, le fait que M. Y... ait résisté à son arrestation justifie que les agents de police judiciaire l'aient soumis au port de menottes.

3 • La fouille, les perquisitions et les saisies

Ces actes sont régis par l'art. 56, C. pr. pén. En flagrance, ils ne nécessitent pas l'assentiment de la personne qui les subit. En l'espèce, nous avons vu qu'antérieurement à l'ouverture de la valise, les policiers agissaient en flagrance. La fouille de la valise des époux Y..., la perquisition postérieurement effectuée chez Mme Beauchamp et les saisies subséquentes paraissent en l'état régulières.

III/ Sur la recevabilité du témoignage anonyme de l'indicateur des policiers

La CEDH estime que le témoignage anonyme peut être justifié pour préserver la vie, la liberté ou la sûreté du témoin, tous intérêts relevant de l'article 8 de la Convention (CEDH, *Doorson c/ Pays-Bas*). La chambre criminelle a pris parti dans le même sens (Crim. 19 sept. 1989).

Toutefois, pour que le recours à l'anonymat soit admissible aux yeux de la CEDH, il importe, en premier lieu, que le procédé apparaisse nécessaire au regard des risques encourus par le témoin, en deuxième lieu, que le dispositif procédural ménage une possibilité suffisante de discussion du témoignage et, en tout état de cause, que celui-ci ne constitue pas l'unique ou le principal fondement de la condamnation (CEDH 20 sept. 1993, *Saïd c/ France*). Le législateur français a ainsi introduit aux art. 706-58 à 706-62, C. pr. pén., des dispositions organisant la possibilité de recueillir un témoignage sous couvert d'anonymat dans le cadre de la procédure de criminalité organisée. Avant d'envisager les conditions du témoignage anonyme (B), il faut donc déterminer si l'infraction reprochée, en l'espèce, permet l'ouverture d'une telle enquête (A).

A – Le cadre juridique des investigations : l'enquête de criminalité organisée

Conformément à l'art. 706-73, 3°, C. pr. pén., la procédure dérogatoire relative à la criminalité et à la délinquance organisées peut s'appliquer aux « crimes et délits de trafic de stupéfiants prévus par les articles 222-34 à 222-40 du Code pénal ». En l'espèce, c'est bien un trafic de stupéfiants qui fait l'objet des investigations. Il peut donc être recouru au témoignage anonyme.

B – Les conditions du témoignage anonyme

Elles sont fixées par l'art. 706-58, C. pr. pén. Il est d'abord nécessaire que la procédure porte sur un crime ou sur un délit puni d'au moins trois ans d'emprisonnement. En l'espèce, cette condition ne fait pas de difficulté puisque la direction ou l'organisation du trafic de stupéfiant est punie de la réclusion criminelle à perpétuité et de 7 500 000 € d'amende (C. pén., art. 222-34) ; l'importation ou l'exportation de stupéfiants sont punies de dix ans d'emprisonnement et de 7 500 000 € d'amende.

Il faut en outre que l'audition du témoin la personne soit susceptible de mettre gravement en danger la vie ou l'intégrité physique de celui-ci, des membres de sa famille ou de ses proches. En l'espèce, nous disposons de peu d'indications. Il appartiendra au procureur de la République de relever les éléments de nature à démontrer le danger encouru par le témoin ou la famille de celui-ci.

La décision du recours à l'anonymat incombe au juge des libertés et de la détention, saisi par requête motivée du procureur de la République ou du juge d'instruction. Le juge des libertés statue par décision motivée. Le juge des libertés et de la détention peut décider de procéder lui-même à l'audition du témoin.

La décision du juge, qui ne fait pas apparaître l'identité de la personne, est jointe au procès-verbal d'audition du témoin, sur lequel ne figure pas la signature de l'intéressé. L'identité et l'adresse de la personne sont inscrites dans un autre procès-verbal signé par l'intéressé, qui est versé dans un dossier distinct du dossier de la procédure, dans lequel figure également la requête prévue à l'alinéa précédent. L'identité et l'adresse de la personne sont inscrites sur un registre coté et paraphé, qui est ouvert à cet effet au tribunal judiciaire.

L'art. 706-60, C. pr. pén., prévoit toutefois l'exclusion du recours au témoignage anonyme « si, au regard des circonstances dans lesquelles l'infraction a été commise ou de la personnalité du témoin, la connaissance de l'identité de la personne est indispensable à l'exercice des droits de la défense ».

Cas pratique n° 23

› Énoncé

Juliette n'a vraiment pas de chance. La semaine dernière, alors qu'elle était comme à son habitude en retard pour aller chercher son fils à l'école, elle circulait au-dessus de la limitation de vitesse autorisée et a refusé la priorité à droite à Monsieur X... Ce dernier n'a pas manqué de la rattraper au feu suivant et de descendre de son véhicule personnel pour lui présenter sa carte professionnelle : il était commissaire de police. Le fonctionnaire a établi un rapport et Juliette est poursuivie pour circulation à vitesse excessive et refus de priorité.

Juliette vous interroge : quelle est la force probante du rapport dressé par le policier ?

Cédomir rencontre quant à lui de graves difficultés. Alors qu'il cherchait à refourguer des voitures volées, deux personnes prirent contact avec lui à la suite de la parution de son annonce diffusée sur Internet, se présentant comme des acheteurs très intéressés. Celles-ci lui donnèrent rendez-vous mais les choses ne se passèrent pas comme Cédomir l'avait imaginé. Il fut interpellé par ces personnes qui étaient en réalité des enquêteurs agissant dans le cadre d'une enquête relative à un trafic de stupéfiants auquel participerait Cédomir. Ce dernier fut placé en garde à vue. Celle-ci fut régulièrement décidée puis exécutée. Toutefois Cédomir vous interroge sur deux points : l'officier de police judiciaire lui retira ses lunettes de vue, afin d'éviter tout risque qu'il ne s'en serve comme moyen de défense ; en outre, Cédomir vous précise qu'il fut placé dans une cellule voisine d'une autre cellule et qu'à cette occasion, il échangea avec son voisin à propos d'un trafic de stupéfiants et de véhicules volés auquel il aurait participé. Vous apprendrez plus tard que les deux cellules avaient fait l'objet d'une sonorisation.

Que pensez-vous de la régularité de la procédure dont il a fait l'objet ?

› Correction

Le cas soumis nous conduit à nous interroger sur la force probante de certains PV (I) puis sur le respect du principe de loyauté (II).

I/ La force probante des procès-verbaux dressés par M. X...

Selon l'art. 429, C. pr. pén., « tout procès-verbal ou rapport n'a de force probante que s'il est régulier en la forme, si son auteur a agi dans l'exercice de ses fonctions et a rapporté sur une matière de sa compétence ce qu'il a vu, entendu ou constaté personnellement ». Il faut donc que le PV transcrive ce que l'agent a constaté personnellement. Le principe est qu'un PV établi par un membre de la police judiciaire ou par un fonctionnaire chargé de certaines fonctions de police judiciaire ne vaut, sauf dispositions contraires, qu'à titre de « simple renseignement » (C. pr. pén., art. 430). Certains procès-verbaux revêtent toutefois une force probante particulière. Il en va ainsi des PV de constatation établis en matière contraventionnelle. L'art. 537, C. pr. pén., prévoit en effet que « les contraventions sont prouvées soit par procès-verbaux ou rapports, soit par témoins à défaut de rapports et procès-verbaux, ou à leur appui (al. 1er). Sauf dans les cas où la loi en dispose autrement, les procès-verbaux ou rapports établis par les officiers et agents de police judiciaire et les agents de police judiciaire adjoints, ou les fonctionnaires ou agents chargés de certaines fonctions de police judiciaire auxquels la loi a attribué le pouvoir de constater les contraventions, font foi jusqu'à preuve du contraire (al. 2e) ». Ce texte confirme que « la preuve contraire ne peut être rapportée que par écrit ou par témoins » (al. 3e). La Cour de cassation se montre sévère dans l'appréciation de la preuve contraire.

S'agissant de l'agent constatant, il faut que celui-ci ait agi dans l'exercice de ses fonctions. La Cour de cassation a pu juger que « dès l'instant où il accomplit, en uniforme, soit de sa propre initiative, soit sur ordre de son supérieur hiérarchique, un acte qui entre légalement dans ses attributions », le militaire de la gendarmerie doit être considéré comme « étant en service et agissant dans l'exercice de ses fonctions » (Crim. 12 oct. 1983, *Bull. crim.* n° 244). Elle a par ailleurs précisé que lorsqu'un policier en civil constate une infraction routière, la présentation de sa carte professionnelle entraîne la mutation du statut de simple citoyen vers celui de fonctionnaire agissant dans l'exercice de ses fonctions (Crim. 19 mai 1980, *Bull. crim.* n° 152). Surtout, dans une espèce très proche du présent cas pratique, où un commissaire de police régulièrement engagé sur la chaussée avait constaté en dehors du service qu'un véhicule circulant à une vitesse excessive lui a refusé la priorité, la Haute juridiction a pu estimer qu'encourt la cassation le jugement de la juridiction de proximité qui retient que le rapport de l'OPJ n'a pas de valeur probante au sens des art. 429 et 537, C. pr. pén., dans la mesure où il n'est pas établi que ce dernier ait agi dans l'exercice de ses fonctions. En effet, « tout fonctionnaire de police est considéré comme étant en service et agissant dans l'exercice de ses fonctions, dès lors qu'il intervient dans sa circonscription et dans le cadre de ses attributions, de sa propre initiative ou sur réquisition, pour prévenir et réprimer tout acte de nature à troubler la sécurité et l'ordre public » (Crim. 15 déc. 2015, n° 15-81322).

En l'espèce, on ne sait pas avec certitude si le commissaire est en tenue civile. On peut toutefois le déduire de ce qu'il circulait dans son véhicule personnel. En toutes hypothèses, le fait de présenter sa carte professionnelle permet de s'assurer de ses fonctions. En conséquence, le commissaire ayant agi dans l'exercice de ses fonctions, son rapport bénéficie de la valeur probante prévue par les art. 429 et 537, C. pr. pén.

II/ Sur le respect de la loyauté de la procédure

Deux attitudes interrogent ici car elles peuvent être virtuellement sanctionnées, au nom du principe de loyauté : y a-t-il eu provocation à l'infraction (A) ? Y a-t-il eu détournement de procédure (B) ? Les différentes espèces soulèvent des questions quant à ces deux points.

A – Sur la nature de la provocation commise par les policiers et ses conséquences

Alors que Cédomir cherchait à revendre un véhicule volé, deux personnes ont répondu à son annonce diffusée sur internet et lui ont donné rendez-vous en se présentant comme des acheteurs potentiels. Il s'avère que ces acheteurs étaient en réalité des enquêteurs, agissant dans le cadre d'une enquête relative à un trafic de stupéfiants auquel aurait participé Cédomir.

Se faire passer pour des acheteurs potentiels est-il un stratagème susceptible d'être sanctionné sur le fondement de la loyauté ?

Le régime de la preuve, en procédure pénale française, se trouve pour l'essentiel forgé par la jurisprudence, à travers l'interprétation de quelques dispositions du Code de procédure pénale :

– *l'un des premiers principes applicables est celui de la liberté de la preuve*, prévu par l'art. 427, C. pr. pén., lequel dispose : « hors les cas où la loi en dispose autrement, les infractions peuvent être établies par tout mode de preuve ». Ce principe se situe dans le prolongement des dispositions des art. 41, 81 et 151, C. pr. pén., qui confèrent au juge d'instruction, au procureur de la République et aux membres de la police judiciaire le pouvoir de procéder ou de faire procéder à « tous les actes » nécessaires à la recherche et à la poursuite des infractions ou encore à tous les actes utiles à la manifestation de la vérité. Ce principe signifie que, sauf disposition légale contraire, tous les moyens du droit commun, expression employée par la Cour de cassation elle-même, peuvent être employés afin d'établir l'existence d'une infraction ;

– *pour autant, le principe de liberté des preuves doit composer avec les exigences de légalité, de loyauté, de proportionnalité et de dignité*. La singularité de la matière pénale tient à une distinction opérée selon que la preuve doit être apportée par un agent de l'autorité publique ou par un particulier. Les enquêteurs se doivent en effet de respecter les principes de légalité et de loyauté dans la constitution des preuves, faute de quoi leurs investigations se verront entachées de nullité. Le principe de loyauté ne figure nullement dans l'énumération des garanties de l'article préliminaire du Code de procédure pénale. Malgré tout, la chambre criminelle emploie expressément la notion et l'exigence est aujourd'hui bien ancrée (notamment depuis la célèbre affaire *Wilson* – Ch. réunies, 31 janv. 1888 – dans laquelle un juge d'instruction s'était fait passer pour « l'inculpé » lors d'une conversation téléphonique avec le complice de celui-ci : la Haute juridiction l'avait sanctionné, en relevant l'emploi d'un « procédé s'écartant des règles de loyauté que doit observer toute information judiciaire et, constituant par cela même, un acte contraire aux devoirs et à la dignité du magistrat »). Le principe de loyauté doit conduire à sanctionner tout détournement, tout contournement de procédure, ainsi que toute provocation à l'infraction. La notion est laissée à l'appréciation des juges, lesquels ont eu l'occasion, ces dernières années, d'en préciser les contours en fonction des circonstances de chaque espèce (v. not. Crim. 30 avr. 2014). Ainsi, dans un arrêt en date du 15 décembre 2015 (nº 15-84373), elle a pu distinguer la provocation à l'infraction, déloyale, de la provocation à la preuve. À propos de policiers s'étant fait passer pour de potentiels acheteurs afin de rencontrer l'auteur d'un vol en vue de l'appréhender, elle a pu estimer « qu'un procédé qui n'a en rien déterminé les agissements d'une personne mise en examen ne porte pas atteinte à la loyauté entrant dans les garanties du droit à la liberté et à la sûreté et du procès équitable ».

En l'espèce, le fait que l'intéressé ait posté une annonce sur internet attestait de sa détermination à vendre l'objet litigieux. De plus, le comportement des policiers ne visait pas la collecte de preuve mais un moyen d'interpeller le condamné. Dès lors, le stratagème utilisé n'a pas eu d'influence déterminante sur les agissements du mis en examen dans la mesure où l'infraction était déjà consommée du moins en ce qui concerne le vol des véhicules. Les policiers n'ont donc fait qu'utiliser le moyen mis en place par le mis en examen lui-même qui s'est refermé contre lui. Le critère de la passivité doit conduire à considérer que, sans l'action des enquêteurs, l'infraction aurait tout de même poursuivi son projet d'infraction.

Ainsi, le procédé apparaît conforme aux exigences de loyauté de la procédure et ne saurait être entaché de nullité.

B – Sur la nature du stratagème utilisé par les policiers et ses conséquences

Outre l'interdiction de provoquer à la commission de l'infraction et de contourner la procédure, l'exigence de loyauté doit conduire à sanctionner tout détournement de procédure. Le détournement de procédure consiste pour l'agent de l'autorité publique à se prévaloir faussement d'une disposition légale afin d'user des pouvoirs offerts par cette disposition. C'est donc un détournement de pouvoirs qui se trouve sanctionné. Le législateur tente de prévenir ces détournements. Par exemple, les enquêteurs ne peuvent exercer les pouvoirs spéciaux de perquisition offerts en matière de criminalité organisée que pour la constatation d'infractions relevant de cette catégorie (C. pr. pén., art. 706-93). De même, le Code pénal interdit toute atteinte à la vie privée commise par captation, enregistrement et transmission de paroles tenues à titre privé sans le consentement de leur auteur (C. pén., art. 226-1 et 226-2). La jurisprudence, progressivement, sanctionne également de tels détournements. La Cour de cassation, par exemple, a pu prohiber la pose d'un procédé de sonorisation à l'occasion d'une perquisition (Crim. 15 févr. 2000, *Bull. crim.* nº 68). Plus récemment, elle a invalidé un dispositif de sonorisation mis en place par la police judiciaire dans les cellules du commissariat où étaient gardés à vue, de façon contiguë, deux suspects et qui permit d'enregistrer des conversations compromettantes par lesquelles l'un des gardés à vue s'auto-incriminait. La chambre criminelle estime que la méthode utilisée n'est pas valable, car il s'agit d'un « stratagème », d'« un procédé déloyal d'enquête mettant en échec le droit de se taire et celui de ne pas s'incriminer soi-même et portant atteinte au droit à un procès équitable » (Ass. plén., 6 mars 2015, nº 14-84339).

En l'espèce, Cédomir est placé dans une cellule voisine d'une autre cellule. Les deux cellules font l'objet d'une sonorisation. Or, à cette occasion, Cédomir échange avec son voisin à propos d'un trafic de stupéfiants et de véhicules volés auquel il aurait participé. Sans ce placement dans ces cellules contiguës, les deux individus n'auraient pas échangé et Cédomir ne se serait pas lui-même mis en cause.

Au regard de la jurisprudence, le procédé sera considéré comme déloyal. La procédure est entachée de nullité.

Cas pratique n° 24

› Énoncé

L'officier de police judiciaire Chauré a fort à faire en ce moment. Il est depuis plusieurs mois sur une enquête des plus délicates dans le cadre d'une affaire d'escroquerie. Il s'agit de trois jeunes femmes qui se font passer pour des salariées d'une fausse association d'aide à domicile et qui se font remettre un certain nombre d'objets de valeur par les personnes âgées chez qui elles se rendent. Chauré accumule patiemment les plaintes, et recueille petit à petit de plus en plus d'éléments jusqu'à identifier le domicile de l'une des escrocs. Il aimerait bien la surprendre et grâce au dossier très complet qu'il présente à M. Reynaud, le substitut du procureur, ce dernier l'autorise à faire comparaître la suspecte identifiée et en usant de la force publique si besoin. Chauré se présente chez elle mais il n'y a personne pour lui ouvrir. Il arrive cependant à voir sur la table de la cuisine, à travers la fenêtre laissée entrouverte, des chèques, des bijoux ainsi qu'un classeur avec le faux logo de l'association : il prend alors, de la rue et toujours par l'interstice de la fenêtre de la cuisine, nombre de photos permettant de faire état de l'intérieur du domicile. Néanmoins en rapportant oralement le fruit de ses recherches au substitut du procureur, M. Reynaud se montre extrêmement réservé sur la méthode employée par Chauré.

Les réserves de M. Reynaud sur la régularité des actes réalisés sont-elles fondées ?

› Correction

Avant de répondre aux interrogations de M. Reynaud quant à la régularité des actes effectués, il nous faut déterminer le cadre d'enquête dans lequel ces actes ont été réalisés.

I/ Sur le cadre des investigations

Très simplement, on relèvera qu'il s'agit ici nécessairement d'une enquête préliminaire, puisqu'il est mentionné que le lieutenant Chauré investigue depuis des mois et donc bien au-delà de la durée maximale de l'enquête de flagrance qui est, rappelons-le, virtuellement de seize jours. En outre, il n'est point fait mention de l'ouverture d'une instruction préparatoire et d'une quelconque commission rogatoire. Les art. 75 et s., C. pr. pén., sont dès lors applicables.

On pourrait également songer à retenir le cadre dérogatoire de la criminalité et de la délinquance organisée. Toutefois, ce n'est pas parce qu'il y a trois suspects qu'il faut systématiquement s'orienter vers la délinquance organisée et le Titre XXV, C. pr. pén. Et ce quand bien même l'escroquerie en bande organisée rentre dans l'article 706-73-1, C. pr. pén. : les faits parlent d'une escroquerie. Faute d'éléments suffisants pour caractériser la bande organisée, il vaut mieux être prudent et inscrire la réflexion dans le cadre de l'enquête préliminaire classique.

II/ Sur la régularité des actes effectués par le lieutenant Chauré

A priori, l'autorisation de recourir à la force en vue de la comparution d'un individu ne pose pas de difficultés et est prévue par la loi en l'art. 78, C. pr. pén. – « ... Le procureur de la République peut également autoriser la comparution par la force publique sans convocation préalable en cas de risque de modification des preuves ou indices matériels, de pressions sur les témoins ou les victimes ainsi que sur leur famille ou leurs proches, ou de concertation entre les coauteurs ou complices de l'infraction » – même si la jurisprudence a une appréciation stricte de cette comparution forcée (Crim. 22 février 2017, n° 16-82.412 : « l'article 78 du code de procédure pénale ne permet pas à l'officier de police judiciaire, autorisé par le procureur de la République à contraindre une personne à comparaître par la force publique, de pénétrer de force dans un domicile, une telle atteinte à la vie privée ne pouvant résulter que de dispositions légales spécifiques confiant à un juge le soin d'en apprécier préalablement la nécessité »). Le Conseil constitutionnel a d'ailleurs récemment censuré le paragraphe III de l'art. 49 du projet de loi de programmation, estimant que le législateur n'a pas assuré une conciliation équilibrée entre la recherche des auteurs d'infractions et le droit à l'inviolabilité du domicile. Ce texte souhaitait modifier l'article 78, C. pr. pén., afin de permettre aux enquêteurs en enquête préliminaire de pénétrer, sur autorisation du procureur, dans un domicile aux fins de comparution d'une personne.

En revanche, les constatations visuelles dans la cuisine à partir de la rue, c'est-à-dire d'un lieu privé à partir d'un lieu public, soulèvent davantage de difficultés. Il faut d'abord s'interroger sur la nature des prises de photos d'un lieu clos à partir de la voie publique : il s'agit en l'occurrence d'une simple visite domiciliaire, mais infructueuse en quelque sorte, en l'absence de la personne chez qui la mesure aurait dû avoir lieu. L'art. 76, C. pr. pén., renvoie directement aux dispositions applicables à la flagrance. Sont ainsi applicables les dispositions relatives à la perquisition. Mais est-ce une perquisition ? *A priori*, la réponse négative s'impose car il n'y a pas de pénétration dans un lieu clos. Or, la jurisprudence estime que des constatations faites à partir d'un lieu public dans un lieu clos ne relèvent pas de la perquisition (Crim. 29 mars 1994, *Bull. crim.* n° 118 : en l'espèce, cassation de l'annulation de la constatation : « les enquêteurs n'avaient effectué aucune recherche à l'intérieur des garages, dans lesquels ils n'étaient pas entrés ». Il apparaît que l'établissement, par les enquêteurs, d'un procès-verbal de constatations et la prise de photographies depuis l'extérieur d'un garage révélant la présence, dans ce local, de véhicules volés, ne constituent pas « une ingérence illégitime » au sens d'une opération de recherche en un lieu normalement clos d'objets susceptibles de constituer le corps d'un délit et d'apporter la preuve d'une culpabilité). Dès lors que les enquêteurs ne pénètrent pas à l'intérieur d'un lieu clos il n'y a pas perquisition.

Comment, dès lors, régir cet acte qui consiste en une constatation d'un lieu privé à partir d'un lieu public ? Chauré est un enquêteur, en qualité de dépositaire de l'autorité publique, il est soumis une exigence de légalité et de loyauté essentielle : les enquêteurs sont tenus au respect des principes fondamentaux et des textes notamment ceux qui organisent le respect de la vie privée ou encore les droits de la défense. Autrement dit, ils ne peuvent agir que dans le cadre des pouvoirs qui leur sont conférés, en respectant leur finalité, à peine d'illégalité de leurs agissements par détournement de procédure.

Nous sommes donc dans une exigence de légalité et de loyauté, mais il n'y a pas de texte précis interdisant ou régissant les constatations d'un OPJ d'un lieu privé à partir d'un lieu public. Il n'en demeure pas moins que l'on peut recourir à un texte plus général, tout aussi valable le fondement d'une irrégularité d'un acte de procédure, c'est l'article 8 Conv. EDH garantissant le droit à la vie privée, ainsi que l'art. 9, C. civ. (chacun a droit au respect de sa vie privée).

Sur le fondement de ces principes généraux, les photos prises par l'OPJ peuvent-elles être régulièrement versées au dossier ? *A priori,* l'on aurait pu éventuellement admettre une telle situation, la jurisprudence a admis le constat d'une infraction de chasse par des gardes-chasses postés à l'extérieur du domicile qu'ils observaient à l'aide de jumelles. Mais le raisonnement de la chambre criminelle tient pour essentiel l'élément selon lequel il n'y a eu aucune fixation d'image, ce ne sont des constatations visuelles (Crim. 23 août 1994, *Bull. crim.* 291). Clairement et de manière constante, en l'absence de toute fixation d'image (enregistrement, photographie), la constatation est validée (Crim. 25 juin 2014). En d'autres termes il faut distinguer constatations et fixation (observation et enregistrement). Mais dès lors qu'il y a fixations de l'image le régime est bien différent. Sur ce point, toute ingérence d'une autorité publique dans l'exercice du droit au respect de la vie privée et du domicile doit être prévue par la loi.

Or, que prévoit la loi ? Rien, sauf dans l'hypothèse de la criminalité organisée (C. pr. pén., art. 706-73 et 706-73-1) où l'art. 706-96, C. pr. pén., prévoit la possibilité des captations et fixations d'images dans un lieu privé (sur autorisation du JLD). Mais ici on se situe en dehors de l'art. 706-96, C. pr. pén. : or, on a écarté la criminalité organisée dès la détermination du cadre d'enquête. Dès lors, on revient au principe qui revient à constater l'impossibilité d'une telle ingérence, d'une telle atteinte dans la vie privée, aucune captation, photographie dans un lieu clos par une autorité de poursuite n'est possible.

La jurisprudence est assez claire, en ce que même une photographie par un OPJ de la voie publique constitue une ingérence (Crim. 21 mars 2007, *Bull. crim.* n° 89 : « Attendu que, pour déclarer irrégulières les opérations ayant consisté à photographier, à leur insu, les personnes se trouvant à l'intérieur de la propriété privée des consorts X..., l'arrêt attaqué relève que cette ingérence de l'autorité publique dans l'exercice du droit au respect de la vie privée n'a pas de base légale ou jurisprudentielle en droit interne, les enquêteurs agissant hors du champ d'application de l'article 706-96, C. pr. pén., en enquête préliminaire, sans autorisation ou contrôle d'un juge ; que la chambre de l'instruction ajoute que cette ingérence n'est donc pas justifiée par la loi, au sens de l'article 8 de la Convention européenne des droits de l'homme ; Attendu qu'en statuant ainsi, dès lors que la captation, la fixation, l'enregistrement ou la transmission par les enquêteurs de l'image d'une personne se trouvant dans un lieu privé, ne sont autorisés que dans les cas et conditions prévus par l'article 706-96, C. pr. pén., la chambre de l'instruction a justifié sa décision »).

Conséquences de l'irrégularité des constatations ? Nous en sommes au cadre de l'enquête préliminaire, la question d'une action en nullité ne se pose pas encore, mais les images prises, en ce qu'elles constituent une atteinte à la vie privée de la mise en cause, n'ont pas vocation à être versées au dossier : cela permettrait de désamorcer toute irrégularité éventuelle.

9. Le contentieux de l'annulation

La maîtrise de ce contentieux constitue un point central de la résolution de votre cas pratique. Une fois détectée une irrégularité dans l'un des actes qui vous sont décrits, il vous faut présenter les conséquences de celle-ci. Or, derrière la question des conséquences de l'irrégularité se profilent en réalité trois problématiques qu'il vous faut expressément résoudre pour escompter obtenir un maximum de points. D'abord, il s'agit pour vous de présenter la nature de la nullité susceptible d'être constituée par l'irrégularité mise en avant (I). Ensuite, il vous faut régler la question du prononcé de la nullité en décrivant la procédure à suivre (II). Enfin, se posera la question de la portée de l'annulation, si celle-ci peut être prononcée (III).

I/ Première étape : présenter la nature de la nullité

En ce qu'elle constitue le résultat d'une construction par strates successives d'origine tantôt législative, tantôt jurisprudentielle, la théorie des nullités aujourd'hui en vigueur dans notre procédure pénale est d'une grande complexité. Il importe pour bien comprendre le système actuel de définir les différentes catégories de nullités (A), avant de voir comment elles s'articulent les unes les autres (B).

A – Les différentes catégories de nullité

Les nullités susceptibles d'affecter les actes de l'enquête ou de l'instruction préparatoire s'articulent autour de deux grandes distinctions s'enchevêtrant l'une l'autre : la distinction entre nullités textuelles et substantielles (1) d'une part, et entre nullités d'intérêt public et d'ordre public (2) d'autre part.

1 • La distinction entre nullités textuelles et nullités substantielles

• **Les nullités textuelles** sont celles qui sont expressément mentionnées par la loi comme venant sanctionner la méconnaissance de règles procédurales déterminées. Elles sont éparpillées dans le Code de procédure pénale au titre des règles dont elles viennent sanctionner la violation. Par exemple, l'art. 56, C. pr. pén., sanctionne de nullité les irrégularités affectant les perquisitions ; l'art. 78-3 procède de la même manière s'agissant de la violation des règles relatives aux vérifications d'identité…

• **Les nullités substantielles** sont celles auxquelles la jurisprudence a donné naissance pour sanctionner la « méconnaissance d'une formalité substantielle prévue par une disposition légale », alors même que le législateur ne prévoyait pas une telle sanction.

2 • La distinction entre nullités d'intérêt privé et nullités d'ordre public

• **Les nullités d'intérêt privé** sanctionnent la violation de règles établies dans le seul intérêt des parties et ne peuvent être prononcées que dans la mesure où elles ont provoqué une atteinte aux intérêts de la partie qui les invoque. Parmi elles, on distingue entre les nullités nécessitant que soit rapportée la preuve d'un grief, et celles pour lesquelles le grief est présumé, « l'irrégularité portant nécessairement atteinte aux intérêts de la partie concernée, sauf circonstances insurmontables ». Les nullités d'intérêt privé recoupent les nullités textuelles et les nullités substantielles.

• **Les nullités d'ordre public** sanctionnent des irrégularités graves et sont prononcées automatiquement indépendamment de l'existence d'un grief. Elles touchent notamment à la compétence, à l'organisation et la composition des juridictions ainsi qu'à la bonne administration de la justice.

B – Articulation entre les différentes catégories de nullité

Alors que la notion de nullité de procédure était ignorée du législateur de 1810, la jurisprudence a très tôt consacré des nullités substantielles (v. not. Crim. 13 juin 1835). Une loi du 8 décembre 1897 a ensuite donné naissance aux nullités textuelles. Mais l'apparition de nullités expressément prévues par la loi n'a pas mis un terme aux nullités substantielles : la chambre criminelle a non seulement continué d'appliquer celles qu'elle avait déjà dégagées, mais a également donné naissance à de nouvelles nullités substantielles. Nullités textuelles et nullités substantielles coexistent depuis lors dans notre droit. Progressivement, l'existence d'une atteinte aux droits de la défense est devenue le critère déterminant de l'existence des nullités substantielles (v. not. Crim. 12 juin 1952 affaire *Imbert*, où la Haute Cour annule pour violation des droits de la défense les opérations d'un policier agissant sur commission rogatoire qui avait provoqué un entretien téléphonique entre un inculpé et un témoin). Les nullités substantielles ont ainsi été qualifiées de nullités d'intérêt privé. Mais, si dans un premier temps, la jurisprudence a réservé aux nullités substantielles la qualification de nullités d'intérêt privé, elle n'a pas tardé à étendre l'exigence de la preuve d'un grief à certaines nullités textuelles. La distinction entre nullités d'intérêt privé et nullités d'ordre public a alors supplanté la distinction entre nullités textuelles et nullités substantielles.

En 1958, lors de l'élaboration du Code de procédure pénale, le législateur a donné naissance à de nouvelles nullités textuelles, et a réglementé spécialement les nullités de l'instruction préparatoire aux art. 170 à 174-1, C. pr. pén. Désireux de limiter le champ des nullités et leurs conséquences dévastatrices sur les procédures répressives, le législateur a, par la loi du 6 août 1975, institué, dans la partie générale du Code de procédure pénale, un article 802 cantonnant le prononcé des nullités aux cas où l'irrégularité « a eu pour effet de porter atteinte aux intérêts de la partie qu'elle concerne ». La partie victime de l'irrégularité procédurale doit ainsi rapporter la preuve de ce que l'irrégularité a effectivement porté atteinte à ses intérêts pour que la nullité soit prononcée. À défaut, même si l'irrégularité ne fait pas de doute, la nullité n'est pas prononcée : pas de nullité sans grief. Mais s'est alors posée la question de savoir si cette exigence avait vocation à s'appliquer à toutes les nullités, ou seulement à celles que la jurisprudence avait préalablement identifiées comme étant d'intérêt privé. La jurisprudence a opté pour la seconde option, continuant à ne pas exiger la preuve d'un grief pour prononcer les nullités qu'elle identifiait comme étant d'ordre public. Les lois du 4 janvier 1993 et du 24 août 1993 ont semblé vouloir imposer l'abandon d'une telle position et étendre l'exigence d'un grief à toutes les formes de nullités, y compris celles que la jurisprudence désignait comme étant d'ordre public. Ces lois ont en effet donné naissance, dans la partie consacrée aux nullités de l'instruction préparatoire, à un art. 171, C. pr. pén., qui, confirmant l'art. 802, C. pr. pén., prévoit qu'« il y a nullité lorsque la méconnaissance d'une formalité substantielle [...] a porté atteinte aux intérêts de la partie qu'elle concerne ». La jurisprudence n'a cependant pas fléchi, et, profitant du manque de précision du législateur, a continué de qualifier certaines nullités de nullités d'ordre public, non soumises à l'exigence d'un grief.

Cette situation perdure aujourd'hui. On distingue donc entre les nullités d'ordre public non soumises à l'exigence d'un grief et les nullités d'intérêt privé dont le prononcé est subordonné à l'exigence d'un grief, chacune de ces deux catégories comprenant à la fois des nullités textuelles et des nullités substantielles. Le législateur n'apportant aucune indication sur le point de savoir quelles irrégularités donnent lieu à une nullité d'intérêt privé et quelles irrégularités sont sanctionnées par une nullité d'ordre public, il faut se reporter à la jurisprudence. Mais celle-ci n'a pas dégagé de critère fiable qui permettrait de ranger une irrégularité dans l'une ou l'autre des catégories, si bien qu'il faut se référer cas par cas aux décisions déjà rendues relativement à telle ou telle irrégularité pour déterminer si la preuve d'un grief est ou non requise. La difficulté est encore accrue par le fait qu'à ce jour, la chambre criminelle ne s'est pas prononcée sur la totalité des irrégularités susceptibles d'affecter une procédure pénale. En outre, parmi les nullités d'intérêt privé, la chambre criminelle opère une nouvelle distinction entre les nullités soumises à la preuve d'un grief et les nullités avec présomption de grief, pour lesquelles la Cour de cassation considère que la violation porte « nécessairement » atteinte aux intérêts du requérant, sauf « circonstances insurmontables ». Sans viser à l'exhaustivité, nous pouvons aujourd'hui recenser les principales causes de nullité suivantes :

– **Nullités d'ordre public devant donner lieu à annulation automatique** : violation des règles relatives à la compétence des agents habilités à effectuer des contrôles et vérifications d'identité (Civ. 2e, 9 déc. 2004) ; en matière de perquisitions et saisies, méconnaissance des règles de compétence pour effectuer de telles opérations (Crim. 3 déc. 1998), manquement au régime des heures légales (Crim. 3 juin 1991), violation des règles protectrices du secret professionnel, des droits de la défense et du droit à l'information des articles 56-1, 56-2 et 56-3 (Crim. 5 déc. 2000) ; quant à l'exercice des poursuites, violation des règles relatives à la compétence des juridictions (Crim. 8 janv. 1991), méconnaissance des délais de citation directe (Crim. 9 nov. 1992), et manquements relatifs à la saisine du juge d'instruction par réquisitoire introductif (Crim. 7 nov. 1989) ; relativement à l'instruction préparatoire, dépassement des limites de la saisine *in rem* (Crim. 11 févr. 1975), violation de la compétence exclusive des magistrats pour conduire un interrogatoire (Crim. 4 oct. 1968), méconnaissance des règles régissant les commissions rogatoires, violation des règles relatives au choix des experts, à leur prestation de serment, et aux formes du rapport d'expertise…

– **Nullités d'intérêt privé subordonnées à l'exigence d'un grief** : s'agissant des contrôles et vérifications d'identité, manquement à l'exigence de motivation du contrôle d'identité, et violation des formalités relatives aux vérifications d'identité ; en matière de garde à vue, la Cour de cassation juge que tout manquement relatif au respect des droits de la personne gardée à vue et la durée de la mesure porte nécessairement atteinte aux droits de la défense (présomption de grief), sauf « circonstances insurmontables » (notification tardive [Crim. 4 janv. 1996], défaut d'information du procureur de la République [Crim. 29 févr. 2000], mise en œuvre du droit à l'entretien avec un avocat [Civ. 1re, 31 mai 2005], dépassement de la durée maximale autorisée [Crim. 13 oct. 1998]) ; quant à l'instruction préparatoire, mises en examen injustifiées, prématurées ou tardives (Crim. 14 janv. 2003), manquement aux règles relatives à l'assistance de l'avocat lors de l'interrogatoire (Crim. 31 mai 1995) ; violation des règles relatives aux opérations d'exécution des expertises (Crim. 10 juin 1970)… La violation du secret de l'instruction constitue quant à elle une nullité d'intérêt privé soumise à un régime restrictif. En effet, une telle violation n'est cause de nullité que lorsqu'elle est non pas postérieure, mais concomitante à l'accomplissement de l'acte divulgué, et qu'elle a porté atteinte aux droits de la défense (Crim. 25 janv. 1996).

II/ Deuxième étape : expliquer la procédure visant à obtenir la nullité

Avant d'examiner la procédure à suivre pour obtenir la nullité, il convient de préciser que celle-ci ne peut être mise en œuvre que dans la mesure où la partie qui invoque la nullité n'a pas préalablement renoncé à ce droit. En effet, selon l'art. 172, C. pr. pén., les parties privées et le témoin assisté ont la possibilité, dans le seul cas des nullités d'intérêt privé pour lesquelles la loi prévoit expressément cette possibilité, de renoncer à se prévaloir de la nullité et de régulariser ainsi la procédure (ex. : possibilité de renoncer l'assistance d'un avocat lors des interrogatoires effectués par le juge d'instruction prévue par l'art. 114, al. 1er, C. pr. pén.). Une telle renonciation doit toutefois être expresse et ne peut être formulée qu'en présence de l'avocat. En l'absence de renonciation, la nullité ne pourra être obtenue qu'au terme d'une procédure rigoureuse.

A – La recevabilité de la requête en nullité

Elle se trouve subordonnée à plusieurs conditions cumulatives : seuls certains actes peuvent faire l'objet d'une telle requête (1) et seules certaines personnes peuvent formuler une telle requête (2). En outre, la requête doit être présentée à un moment déterminé (3).

1 • Les « actes ou pièces » susceptibles de faire l'objet d'une requête en nullité

Selon l'art. 173, C. pr. pén., les « actes ou pièces » de la procédure sont susceptibles de faire l'objet d'une requête en nullité. Cela inclut tous les actes accomplis par le juge d'instruction ou ses délégués au cours de l'instruction préparatoire, mais aussi les actes de l'enquête de police. Toutefois, selon l'art. 173, al. 4, les requêtes en nullité sont inapplicables aux actes pouvant faire l'objet d'un appel. Ainsi les actes juridictionnels du juge d'instruction susceptibles d'appel ne peuvent faire l'objet de requêtes en nullité (ex. : ordonnances relatives à la détention provisoire ou au contrôle judiciaire, ordonnance de renvoi devant le tribunal correctionnel...). De même, la requête en nullité ne peut porter que sur des actes d'enquête ou d'instruction accomplis par les autorités françaises, à l'exclusion de ceux effectués par des autorités étrangères et transmises pour information aux autorités françaises (Crim. 13 sept. 2011, *Bull. crim.* n° 178).

En outre, ne constituent pas des actes ou pièces de la procédure, les preuves recueillies par les parties privées (Crim. 7 mars 2012, *Bull. crim.* n° 64 : des enregistrements réalisés à l'insu de la personne mise en examen par une personne privée ne sont pas en eux-mêmes des actes ou pièces de l'information, au sens de l'art. 170, C. pr. pén., et comme tels susceptibles d'être annulés, mais des moyens de preuve qui peuvent être discutés contradictoirement, et la transcription de ces enregistrements qui a pour seul objet d'en matérialiser le contenu, ne peut davantage donner lieu à annulation; Crim. 27 nov. 2013, *Bull. crim.* n° 238 : des fichiers informatiques volés par un salarié ne constituent pas, au sens de l'art. 170, C. pr. pén., des actes ou pièces de l'information susceptibles d'être annulés, mais des moyens de preuve soumis à discussion contradictoire).

2 • Les titulaires du droit de formuler une requête en nullité

Hors la possibilité pour la chambre de l'instruction de relever la nullité d'office, l'art. 170, C. pr. pén., n'attribue qu'à certaines personnes le droit de formuler des requêtes en nullité. Il s'agit :

– **du juge d'instruction** : le juge d'instruction n'est pas compétent pour substituer lui-même un acte régulier à un acte irrégulier. Seule la chambre de l'instruction dispose de ce pouvoir. C'est pourquoi l'art. 173, al. 1, C. pr. pén., prévoit que, s'il apparaît au juge d'instruction qu'un acte ou une pièce de la procédure est frappé de nullité, il saisit la chambre de l'instruction aux fins d'annulation. Le juge qui désire utiliser cette procédure doit prendre l'avis du procureur et informer les parties ;

– **du procureur de la République** : selon l'art. 173, al. 2, C. pr. pén., si le procureur estime qu'une nullité a été commise, il requiert du juge d'instruction communication de la procédure en vue de sa transmission à la chambre de l'instruction, présente requête aux fins d'annulation à cette chambre, et en informe les parties ;

– **la partie civile, le mis en examen et le témoin assisté** : la partie civile et la personne mise en examen se sont vues conférer le droit de formuler des requêtes en nullité par la loi du 4 janvier 1993. Il fallut attendre la loi du 9 mars 2004 pour que le témoin assisté jouisse de la même prérogative. dans tous les cas, selon l'art. 173, C. pr. pén., la personne qui entend invoquer une nullité doit saisir la chambre de l'instruction par requête motivée, dont elle adresse copie au juge d'instruction qui transmet le dossier de la procédure au président de la chambre de l'instruction. Seule la partie privée que l'irrégularité concerne a désormais, en principe, à la suite de soubresauts jurisprudentiels, qualité pour invoquer la nullité. **Cette règle connaît toutefois trois exceptions** :

- *la première concerne les nullités d'ordre public* : elles échappent à la preuve de l'intérêt à agir, puisqu'elles sont déconnectées de l'intérêt de la partie concernée ;
- *la deuxième concerne l'hypothèse de la déloyauté* (Crim. 7 juin 2016, n° 15-87.755, *Bull. crim.* n° 174 « en dehors du recours, par les autorités publiques, à un procédé déloyal [...], un mis en examen est irrecevable à contester la régularité de la géolocalisation en temps réel d'un véhicule volé et faussement immatriculé sur lequel il ne peut se prévaloir d'aucun droit ») ;
- *la troisième concerne les nullités des actes accomplis dans une procédure distincte* : pour la Cour de cassation, un requérant peut ainsi soulever l'irrégularité d'un acte accompli dans une procédure à laquelle il n'est pas partie, pour peu que celui-ci fasse valoir, soit une atteinte à l'un de ses droits commise à l'occasion de la procédure distincte, soit que les pièces versées au dossier le concernant ont été illégalement recueillies (Crim. 20 juin 2018, n° 17-86.657 : un mis en examen voulait que soit appréciée la légalité d'actes – en l'occurrence, le contrôle et l'interpellation, par des douaniers, de son frère – survenus au cours d'une procédure distincte à

laquelle il n'était pas partie, mais dont les pièces pertinentes avaient, ensuite, été jointes à l'information diligentée contre lui. Sa requête était jugée irrecevable par les juges du second degré, arguments pris par eux, notamment, de ce que des exceptions de nullité avaient déjà été soulevées, en vain, par le principal intéressé dans le cadre de la procédure distincte, laquelle était, par ailleurs, devenue définitive. Mais la chambre criminelle casse cette décision : selon elle, un demandeur à la nullité « est recevable à proposer des moyens tirés de l'irrégularité d'actes accomplis dans une autre procédure à laquelle il n'était pas partie et qui ont été versés à la procédure suivie contre lui lorsqu'il fait valoir que les pièces versées sont susceptibles d'avoir été illégalement recueillies ». Et d'en conclure que les juges du second degré ont eu tort de statuer comme ils l'ont fait, ajoutant « que l'autorité de chose jugée ne [pouvait] être opposée » au demandeur à la nullité, dès lors qu'il n'était pas partie à la procédure distincte).

Le problème de la recevabilité de la requête en nullité du tiers à l'acte

La chambre criminelle avait, sur la question de la recevabilité de l'action en nullité formulée par le tiers à l'acte, consenti à faire évoluer sa jurisprudence, sous la pression de la CEDH. À propos d'écoutes téléphoniques, en dépit d'une condamnation par la CEDH (CEDH 24 août 1998, *Lambert c/ France*, n° 88/1997/872/1084, § 38-40), la chambre criminelle avait d'abord considéré qu'une personne dont les propos avaient été enregistrés sur une ligne qui ne lui appartenait pas ne pouvait agir en nullité (Crim. 15 févr. 2000, *Bull. crim.* n° 68). Un revirement s'opéra cependant, les juges du quai de l'horloge estimant désormais que toute personne dont la conversation a été écoutée est recevable à contester la régularité de l'opération. Cependant, ce revirement n'était pas absolu puisqu'il maintenait l'impossibilité de réclamer le contrôle de la régularité d'actes accomplis dans une procédure étrangère (Crim. 15 janv. 2003, *Bull. crim.* n° 10, à propos du rejet, par la chambre de l'instruction, d'une requête en nullité de CR diligentant des écoutes téléphoniques dans le cadre d'une information distincte, au motif que le demandeur n'est pas recevable à contester la régularité d'écoutes téléphoniques réalisées sur des lignes dont il n'était ni le titulaire, ni l'utilisateur. Selon la chambre criminelle, « si la chambre de l'instruction s'est déterminée par des motifs erronés, toute personne mise en examen dont les conversations téléphoniques ont été enregistrées et retranscrites ayant qualité, au sens de l'art. 171, C. pr. pén., pour contester la régularité de ces mesures, la cassation n'est pas pour autant encourue, dès lors qu'il n'appartenait pas à cette juridiction d'apprécier la régularité d'actes de procédure accomplis dans le cadre d'une information étrangère au dossier dont elle était saisie »). Les juges de Strasbourg ayant à nouveau condamné la France (CEDH 29 mars 2005, *Matheron c/ France*, req. n° 57752/00, § 41-44), cette solution fut abandonnée (Crim. 7 déc. 2005, *Bull. crim.* n° 327).

La question demeurait cependant ouverte puisque dans les affaires *Lambert* et *Matheron* à l'origine de cette évolution jurisprudentielle, l'acte en cause n'était pas du tout étranger à ceux qui en contestaient la régularité : dans les deux cas, les requérants conversaient sur une autre ligne téléphonique que la leur, mais c'étaient bien leurs conversations qui étaient en cause. C'est relativement à la régularité d'un contrôle d'identité que la chambre criminelle se prononça. Elle admit ainsi, par un arrêt du 6 septembre 2006, qu'un requérant à

►

la nullité peut invoquer l'irrégularité d'un acte de la procédure concernant matériellement un tiers si cet acte, illégalement accompli, a porté atteinte à ses intérêts et qu'ainsi le requérant pouvait invoquer l'irrégularité du contrôle d'identité de la personne qui l'a dénoncé à la suite de ce contrôle. Bien que l'acte lui était tout à fait étranger, il pouvait, jugea-t-elle, invoquer l'irrégularité du contrôle dès lors qu'il portait atteinte à ses intérêts (Crim. 6 sept. 2006, *Bull. crim.* n° 208).

Un arrêt du 14 février 2012 de la chambre criminelle a cependant marqué, en matière de GAV, une forte régression. Au visa des art. 171 et 802, C. pr. pén., la chambre criminelle y censure une cour d'appel qui, pour déclarer recevable l'exception de nullité, soulevée par un prévenu, de la GAV de son co-prévenu, et y faire droit, avait retenu que lui fait grief l'audition de ce dernier auquel n'a pas été notifié le droit au silence et qui n'a pas bénéficié de l'assistance d'un avocat. La chambre criminelle considère ainsi que « la méconnaissance des formalités substantielles auxquelles est subordonnée la GAV ne peut être invoquée à l'appui d'une demande d'annulation d'acte ou de pièce de procédure que par la partie qu'elle concerne » (Crim. 14 févr. 2012, *Bull. crim.* n° 43). Ce revirement ne se limita pas à la GAV et la chambre criminelle appliqua la solution qui en résulte à la sonorisation d'un appartement (Crim. 26 juin 2013, n° 13-81491 : la chambre criminelle approuve le rejet de la demande en nullité : « dès lors que les deux personnes mises en examen, qui n'étaient titulaires d'aucun droit ni titre sur l'appartement en question et dont les conversations n'ont pas été captées, ne sauraient prétendre avoir subi une atteinte à l'un des droits protégés par l'art. 706-96 du code [...], dont elles invoquent la violation, l'arrêt attaqué n'encourt pas les griefs allégués aux moyens ») ou d'un véhicule (Crim. 10 avr. 2018, n° 17-85.301 : deux individus escomptaient ainsi que soit constatée l'irrégularité de sonorisations de véhicules. Sans succès, les juges d'appel leur ayant opposé qu'ils ne pouvaient critiquer ces mesures, dès lors, d'une part, qu'ils ne justifiaient d'aucun droit sur les véhicules concernés ou sur les lieux de leur stationnement, et, d'autre part, qu'aucune conversation dont ils auraient été les participants n'avait été captée et retranscrite. La chambre criminelle approuve cette motivation, qui y ajoute seulement que, « dans l'hypothèse où une personne serait renvoyée devant une juridiction de jugement, même si elle ne dispose pas d'un droit ou d'un titre sur les lieux ou véhicules, objet de la mesure de sonorisation et si ses paroles ou son image n'ont pas été captées, il lui est loisible, dans le cadre du débat contradictoire, de contester la force probante des indices et des éléments de preuve qui seraient éventuellement retenus à charge à partir de sonorisations concernant des tiers »), à la vidéosurveillance d'un véhicule sur un parking extérieur (Crim. 18 déc. 2013, *Bull. crim.* n° 264 : « dès lors que le demandeur, [qui n'est pas] titulaire [d'un] droit sur le parking extérieur où stationnait le véhicule volé et [qu'il n'a] pas été identifié sur les images de la vidéosurveillance dont celui-ci a fait l'objet, [il] ne saurait se prévaloir d'une prétendue atteinte au droit au respect du domicile ou de la vie privée que les dispositions légales et conventionnelles invoquées au moyen ont pour but de protéger, et dont il ne démontre pas en quoi elle aurait porté atteinte à ses intérêts »), à l'audition de témoins (Crim. 11 févr. 2014, *Bull. crim.* n° 38), à la fixation d'images d'une propriété privée (Crim. 15 avr. 2015, n° 14-87.616), à des perquisitions et à des saisies (Crim. 14 oct. 2015, n° 15-81.765 et Crim. 6 févr. 2018, n° 17-84.380 : la méconnaissance des formalités substantielles régissant les perquisitions et les saisies ne peut être invoquée à l'appui d'une demande d'annulation d'actes ou de pièces de procédure que par la partie titulaire d'un droit sur le local dans lequel elles ont été effectuées). Dans la même logique encore, en matière de géolocalisation, la Cour a indiqué que le requérant qui ne peut se prévaloir d'aucun droit sur le bien géolocalisé et qui n'a pas été lui-même géolocalisé, est irrecevable à invoquer une irrégularité affectant cette mesure, dès lors qu'il n'établit pas qu'à cette occasion il aurait été porté atteinte à un autre intérêt qui lui serait propre (Crim. 23 nov. 2016, n° 16-81.904). Sur cette question, de nombreuses décisions ont été rendues en matière de véhicules volés et ensuite géolocalisés, et la répétition a conduit la Cour a apporté des précisions. Dans une décision récente (Crim. 27 mars 2018, n° 17-85.603), elle a en effet indiqué, avec beaucoup de précisions, que « la méconnaissance des formalités substantielles régissant la géolocalisation peut être invoquée à l'appui d'une demande d'annulation d'actes ou de pièces de procédure par la partie titulaire d'un droit sur le véhicule géolocalisé ou qui établit, hors le cas d'un véhicule volé et faussement immatriculé, qu'il a, à l'occasion d'une telle investigation, été porté atteinte à sa vie privée ».

3 • Le moment où les nullités doivent être soulevées

Il faut distinguer selon que les faits ont (a), ou non (b), donné lieu à l'ouverture d'une instruction préparatoire.

a. En cas d'ouverture d'une instruction préparatoire

Il faut distinguer :

• **Lorsque l'information est encore en cours devant le juge d'instruction** : la requête doit être adressée à la chambre de l'instruction. Elle doit être motivée et copie doit être adressée au juge d'instruction qui transmet le dossier de la procédure au président de la chambre de l'instruction. Cette requête doit, à peine d'irrecevabilité, faire l'objet d'une déclaration au greffe de la chambre de l'instruction (C. pr. pén., art. art. 173, al. 3). Lorsque le demandeur ou son avocat ne réside pas dans le ressort de la juridiction compétente, la déclaration au greffe peut être faite au moyen d'une LRAR. Lorsque la personne mise en examen est détenue, la requête peut également être faite au moyen d'une déclaration auprès du chef de l'établissement pénitentiaire. Le moment de cette saisine de la chambre de l'instruction est fixé par les art. 173-1, 174 et 175, C. pr. pén., qui prévoient un véritable maillage de règles à suivre et de délais à respecter pour soulever une nullité :

– *La forclusion de l'art. 173-1, C. pr. pén.* : le mis en examen, la partie civile ou le témoin assisté doivent faire état des moyens de nullité concernant les actes accomplis jusque et y compris la première comparution ou la première audition dans les six mois suivant la notification de la mise en examen, ou à compter de cette audition (art. 173-1, al. 1er, pour le mis en examen, al. 2, pour le témoin assisté). Par la suite, chaque interrogatoire ultérieur ou chaque audition ultérieure ouvre un délai de six mois pour invoquer la nullité des actes réalisés depuis le précédent interrogatoire ou depuis la précédente audition, mais antérieurs au nouvel interrogatoire ou à la nouvelle audition. Autrement dit, la contestation des actes réalisés avant l'IPC et la contestation de cet interrogatoire doivent être soulevées dans un délai de six mois à compter de l'IPC et il en est de même pour la partie civile ou pour le témoin assisté, en prenant comme date celle de leur première audition. Pour les actes réalisés après l'IPC ou après la première audition, ou versés au dossier après l'IPC ou après la première audition, la contestation est possible dans un délai de six mois suivant l'interrogatoire ou l'audition réalisé(e) après la réalisation de cet acte ou son versement au dossier de la procédure. Il convient donc de vérifier, pour l'acte envisagé, quel est le premier interrogatoire ou la première audition réalisée après cet acte (sauf s'il s'agit de contester l'interrogatoire lui-même), et de vérifier si depuis cet interrogatoire ou cette audition, un délai de six mois n'est pas déjà expiré.

L'expiration du délai prévu par l'art. 173-1 rend irrecevable la présentation par la partie concernée des moyens de nullité pour lesquels elle est forclose… **Il faut être vigilant car ce premier mécanisme s'ajoute au second, la « purge » des nullités résultant de la FNR prévue par l'art. 174, C. pr. pén.**

– *La FNR de l'art. 174* : la saisine de la chambre de l'instruction par une requête en nullité implique, pour chaque partie, le devoir de proposer tous les moyens de nullité de la procédure qui lui est transmise. À défaut, elle sera irrecevable à le faire par la suite, sauf dans le cas où elle n'aurait pu en avoir connaissance (Crim. 20 janv. 2015, n° 14-84.809 : la chambre de l'instruction ne peut déduire de la seule expertise pratiquée sur la personne mise en examen, antérieurement à une requête en nullité, la connaissance que cette personne pouvait avoir de l'irrégularité de la décision ordonnant l'expertise). Il s'agit ici d'une FNR, mais l'on dit aussi que la décision de la chambre « purge les nullités ». Toutes les parties avisées de la date d'audience à l'occasion de laquelle est examinée la régularité de la procédure sont concernées par cette obligation de soulever les nullités et celle-ci s'applique même à la partie mise en examen après le dépôt des requêtes en nullité, tant que sa mise en examen est antérieure à l'audience à laquelle est examinée la régularité de la procédure (Crim. 30 mai 1996, n° 95-85954 ; Crim. 19 févr. 2019, n° 18-85.13 : « s'il est vrai que les personnes mises en examen après que la chambre de l'instruction a été appelée à statuer sur la régularité de la procédure ne peuvent se voir opposer la cause d'irrecevabilité prévue par l'article 174 du Code de procédure pénale, elles ne sauraient cependant proposer, dans la même procédure portant sur les mêmes faits, des moyens de nullité qui auraient déjà été rejetés par cette juridiction, sauf à faire valoir des actes ou pièces de la procédure qui n'avaient pu lui être précédemment soumis »). Cette règle ne concerne toutefois pas le juge d'instruction ou le procureur.

Toutes les parties sont donc concernées, et elles peuvent soulever des nullités jusqu'à la veille de l'audience si nécessaire, soit par mémoire pour des moyens complémentaires (Crim. 6 mai 2009, n° 08-88.467), soit par requête s'il s'agit de la première demande émanant de l'intéressé (Crim. 18 juin 2014, n° 14-81.422).

Ce second mécanisme s'ajoute au premier. Cette purge est en effet indépendante des délais prévus par l'art. 173-1, il importe donc peu que la cause de nullité soit postérieure au dernier interrogatoire, tant qu'elle est antérieure à la saisine de la chambre de l'instruction.

– *La purge des nullités de l'art. 175, C. pr. pén.* : les parties ou le témoin assisté disposent d'un délai de quinze jours à compter soit de chaque interrogatoire ou audition réalisé au cours de l'information, soit de l'envoi de l'avis de fin d'information pour faire connaître au juge d'instruction, leur souhait de formuler des requêtes en nullités. À défaut d'une telle indication, la requête en nullité sera irrecevable. Lorsqu'une partie ou un témoin assisté a indiqué souhaiter déposer une requête en nullité, elle dispose alors d'un délai d'un mois si un mis en examen est détenu pour les faits en cause (Crim. 17 juin 2014, n° 14-81.584 : s'il est en DP pour d'autres faits, le délai raccourci ne s'applique pas), ou de trois mois, dans les autres hypothèses (Crim. 17 mars 2015, n° 14-88.310 : le délai d'un mois ne s'applique que lorsque l'un des mis en examen est placé en DP, et non sous ARSE), pour le faire (Crim. 28 mars 2017, n° 16-86.794 : lorsque la demande est faite par LRAR, quand la partie ou son avocat ne réside pas dans le ressort de la juridiction compétente, le courrier doit être parvenu au greffier avant l'expiration de ce délai). À l'issue de ce délai d'un mois ou de trois mois, toute requête en nullité est irrecevable. La requête déposée après l'expiration de ce délai est néanmoins recevable si le juge, après l'envoi de l'avis de fin d'information, procède d'office à un nouvel acte, puisque celui-ci rend caduc l'avis donné antérieurement (Crim. 9 janv. 1995, n° 94-84975). En revanche, la reprise de l'information, après l'expiration du délai, en raison de réquisitions supplétives ne rend pas l'avis initial caduc : les parties ne peuvent plus contester la régularité des actes antérieurs (Crim. 22 févr. 1995, n° 94-85206).

• **Si la nullité est soulevée après dévolution du dossier à la chambre de l'instruction** : la chambre de l'instruction peut être saisie de toute la procédure soit avant le règlement de l'information si elle décide d'évoquer et de poursuivre l'information, soit après le règlement de l'information par le juge d'instruction. Dans les deux cas, selon l'art. 206, C. pr. pén., elle peut examiner les demandes d'annulation présentées par les parties qui sont encore recevables. En outre, l'art. 206, C. pr. pén., l'invite, à la relever d'office une nullité qu'elle découvrirait d'elle-même en étant saisie soit de l'appel d'une ordonnance de règlement, soit d'une demande d'annulation d'un autre acte.

b. En l'absence d'ouverture d'une instruction préparatoire

Les nullités ne peuvent être soulevées devant la juridiction de jugement que dans l'hypothèse où l'affaire n'a pas donné lieu à instruction préparatoire. Dans le cas contraire, nous l'avons vu, les nullités sont purgées et ne peuvent donc plus être invoquées. L'instruction préparatoire étant obligatoire en matière criminelle (C. pr. pén., art. 79), les nullités ne peuvent donc jamais être soulevées devant la Cour d'assises. Ainsi, seules les juridictions de jugement statuant en matière correctionnelle (C. pr. pén., art. 386) ou contraventionnelle (C. pr. pén., art. 522), lorsqu'elles n'ont pas été saisies sur renvoi du juge d'instruction, peuvent connaître des nullités de procédure.

À peine d'irrecevabilité, les requêtes en nullité doivent être soulevées par le prévenu avant toute défense au fond sous peine d'irrecevabilité et le juge ne peut à ce stade de la procédure, sans excéder ses pouvoirs, relever d'office les nullités, fussent-elles d'ordre public (Crim. 11 déc. 2013, *Bull. crim.* n° 255), sous réserve de l'examen obligatoire de sa compétence (Crim. 7 juin 2000, n° 99-82.788). La chambre criminelle a étendu l'application de cette règle à l'audience d'homologation de la CRPC (Crim. 22 févr. 2012, *Bull. crim.* n° 52).

B – Le prononcé de la nullité

L'art. 173, C. pr. pén., octroie un rôle de filtre des requêtes en nullité en cas de saisine par les parties au président de la chambre de l'instruction. Dans les huit jours de la réception du dossier, celui-ci peut constater l'irrecevabilité de la requête dans des hypothèses limitativement énumérées par la loi : requête non déclarée au greffe ; requête concernant des actes susceptibles d'appel ; requête non motivée ; chambre de l'instruction saisie d'une précédente demande en nullité à l'occasion de laquelle le moyen aurait pu être soulevé ; requête présentée après l'expiration des délais prévus par la loi. Le président de la chambre de l'instruction qui fonderait l'irrecevabilité de la requête sur un autre motif que ceux limitativement énumérés commettrait un excès de pouvoir. Dans le cas où il conclut à l'irrecevabilité de la requête, le président ordonne le retour du dossier au juge d'instruction. L'ordonnance constatant l'irrecevabilité n'est pas susceptible de recours. Il n'en va différemment que lorsque l'ordonnance d'irrecevabilité fait apparaître un risque d'excès de pouvoir, relevant alors du contrôle de la Cour de cassation. S'il conclut à la recevabilité, il transmet le dossier au procureur général qui met l'affaire en état afin que la chambre de l'instruction statue sur la requête.

Si la chambre de l'instruction saisie d'une requête en nullité ne peut se prononcer sur des questions étrangères à la régularité de la procédure, elle doit en revanche se prononcer sur la régularité de toute la procédure. En effet, comme nous l'expliquions plus haut, la décision de la chambre de l'instruction a pour effet de purger la procédure jusqu'alors entreprise de ces vices, et les nullités ne pourront plus être soulevées. La chambre de l'instruction doit donc se pencher sur chaque cause de nullité soulevée par les parties, mais peut également, le cas échéant, les relever d'office. La chambre de l'instruction doit statuer dans les deux mois suivant la transmission du dossier par son président. Aucune sanction n'est toutefois attachée au nom respect de ce délai. Durant l'examen de la régularité de la procédure par la chambre de l'instruction, le juge d'instruction poursuit en principe son information. Le président de la chambre de l'instruction a néanmoins le pouvoir d'ordonner suspension de l'information, sauf actes urgents.

Si la chambre de l'instruction refuse l'annulation, le juge d'instruction reste saisi et mène l'information à son terme. Dans le cas où elle conclut à l'annulation, la chambre de l'instruction peut soit évoquer, soit renvoyer le dossier au même juge d'instruction ou à un autre.

III/ Troisième étape : décrivez la portée de l'annulation

Garraud avait admirablement expliqué la portée de l'annulation d'un acte en comparant la procédure à une chaîne « dont les anneaux se soudent les uns aux autres, et dans laquelle, un anneau intermédiaire venant à manquer, il y a destruction, non seulement de cet anneau, mais des anneaux qui suivent » : si aucun lien n'existe entre les actes, « s'il n'y a aucune cohérence entre les diverses formalités qui se succèdent, la nullité affecte l'acte qu'elle entache, mais rien de plus, laissant à chacun des actes subséquents son existence et sa validité propres » (R. Garraud, *Traité théorique et pratique d'instruction criminelle et de procédure pénale*, tome III, Sirey, 1912, n° 1099, p. 426).

La chambre criminelle fait sienne cette théorie de l'« acte support nécessaire », bien que les textes ne l'imposent pas (l'art. 174, al. 2, C. pr. pén., se contente d'indiquer que « la chambre de l'instruction décide si l'annulation doit être limitée à tout ou partie des actes ou pièces de la procédure viciée ou s'étendre à tout ou partie de la procédure ultérieure [...] » et l'art. 206, al. 2, C. pr. pén., de préciser que, si la chambre de l'instruction « découvre une cause de nullité, elle prononce la nullité de l'acte qui en est entaché, et s'il y échet, celle de tout ou partie de la procédure ultérieure »). La chambre criminelle de la Cour de cassation vérifie que la juridiction a bien recherché si l'annulation devait être étendue à d'autres actes, imposant ainsi à celle-ci de se livrer à une recherche de la causalité existant entre les actes (Crim. 4 juin 1969, *Bull. crim.* n° 186 : « [...] en s'abstenant de procéder à l'examen complet de tous les actes de la procédure, de rechercher fut-ce d'office, quels étaient ceux d'entre eux qui étaient susceptibles d'être frappés de nullité, au même titre que les autres, comme dérivant des actes de saisies entachés de nullité, et, le cas échéant, d'en prononcer l'annulation, la chambre d'accusation de la cour d'appel d'Angers n'a pas donné de base légale à sa décision »). Toutefois, elle considère appartient à la juridiction d'apprécier souverainement, au vu des éléments du dossier, les actes et pièces qui sont viciés et qui doivent être annulés (Crim. 6 mai 1996, n° 96-80.686 : « [...] il ressort de l'arrêt attaqué qu'après avoir jugé irrégulière la perquisition effectuée par la police au domicile de l'intéressé, hors la présence de celui-ci, les juges ont annulé le procès-verbal qui en rendait compte ainsi que tous les actes de l'enquête et de l'instruction, dont ils ont dressé la liste, qui en procédaient ; [...] en l'état de ces constatations, dont il se déduit que les juges ont recherché si l'annulation qu'ils prononçaient devait s'étendre à tout ou partie de la procédure ultérieure, et dès lors que les chambres d'accusation apprécient souverainement, au vu des éléments du dossier, les actes ou pièces qui s'avèrent viciés, l'arrêt n'encourt pas les griefs allégués »).

Pour l'application de cette théorie de « l'acte-support nécessaire », la jurisprudence :

– **rejette une approche seulement chronologique** : l'antériorité de l'acte vicié est nécessaire, mais insuffisante pour obtenir l'annulation des actes qui lui sont postérieurs. Ainsi, si l'acte vicié est postérieur à d'autres actes valables, la nullité ne saurait affecter les actes antérieurs. Mais si l'acte vicié est antérieur, cela ne signifie pas que les actes postérieurs seront nécessairement annulés ;

– **retient une conception stricte du rapport de causalité : celle-ci doit être nécessaire**. Elle considère que les actes ultérieurs ne doivent être annulés que si les actes viciés constituent le préalable nécessaire de ces derniers, ou si les actes ultérieurs trouvent leur support nécessaire dans les actes viciés. Ainsi, il résulte des dispositions des art. 174 et 802, C. pr. pén., que « lorsqu'une irrégularité constitue une cause de nullité de la procédure, seuls doivent être annulés les actes affectés par cette irrégularité et ceux dont ils sont le support nécessaire » (Crim. 3 avr. 2007, *Bull. crim.* n° 104), que « ne sont nuls que les actes qui procèdent d'actes dont la nullité a été prononcée » (Crim. 28 mars 2012, n° 11-83.012). Ainsi, la retranscription d'une conversation téléphonique tenue entre un avocat et son client n'est possible que si elle permet de faire présumer la participation de cet avocat à une infraction. Dans une affaire où le contenu de cette retranscription a permis de localiser le client concerné, la chambre criminelle considère que cette retranscription constitue le support nécessaire de l'interpellation, du placement en GAV et des auditions du client au cours de cette mesure. Partant, l'annulation subséquente de ces actes est justifiée (Crim. 17 sept. 2008, *Bull. crim.* n° 191). De même, les auditions d'un gardé à vue après qu'il a sollicité la présence d'un avocat sont nulles et la nullité s'étend aux actes dont les auditions étaient le support nécessaire (Crim. 14 déc. 2011, *Bull. crim.* n° 256). En revanche, l'annulation ne saurait s'étendre à des actes qui ne procèdent pas des actes annulés (Crim. 31 oct. 2012, n° 11-84.551, 12-85.642 et 12-85.643, à propos de l'annulation de deux ordonnances de commission d'experts pour violation des formalités de l'art. 161-1, C. pr. pén., la cour d'appel ayant dressé la liste des actes et pièces dont elle a estimé qu'ils avaient pour support nécessaire les expertises irrégulières ou qu'ils s'y référaient, les a annulés et a ordonné des cancellations. Selon la chambre criminelle, « dès lors que l'annulation ne saurait s'étendre à des actes qui ne procèdent pas des actes annulés, la chambre de l'instruction a justifié sa décision au regard des dispositions de l'art. 174, C. pr. pén. ») ;

– **exige que le rapport de causalité soit unique**. Lorsqu'un acte ou une pièce en relation directe avec un acte annulé a un autre support dans la procédure, son annulation est évitée et les juges du fond sont tenus de rechercher si les actes ou pièces postérieurs en lien avec l'acte annulé ne trouvent pas leur support dans des actes régulièrement accomplis (Crim. 26 janv. 2000, *Bull. crim.* n° 46 : la GAV peut ne pas constituer le préalable nécessaire à la mise en examen et à la DP. En l'espèce, la chambre criminelle approuve les juges d'appel qui, « après examen des éléments du dossier, ont souverainement apprécié que la mise en examen et le placement en détention, dont la garde à vue n'est pas le préalable nécessaire, ont trouvé leur support dans d'autres actes que ceux entachés de nullité »). La jurisprudence cantonne ainsi les effets de la nullité afin que les poursuites puissent prospérer (Crim. 18 sept. 2012, n° 12-80.526 : la chambre criminelle approuve une cour d'appel d'avoir considéré que si la nullité des auditions réalisées durant la GAV est encourue faute de notification du droit de se taire et de l'assistance d'un avocat, une telle annulation n'affecte pas la convocation par un officier de police judiciaire sur instruction du procureur de la République devant le tribunal correctionnel qui « constitue un acte distinct de la garde à vue qui n'est pas atteint par les irrégularités qui peuvent affecter la mesure coercitive »).

Il résulte de l'art. 174, C. pr. pén., que le retrait des pièces annulées est toujours prononcé d'une manière indivisible à l'égard de toutes les parties Les actes ou pièces annulés doivent être retirés du dossier et cancellés des pièces de la procédure qui s'y réfèrent. L'art. 174 interdit en outre de puiser des renseignements contre les parties dans les actes ou pièces annulés, et prévoit des sanctions disciplinaires à l'encontre des avocats ou magistrats qui violeraient cette interdiction. Une fois l'annulation devenue définitive, le juge d'instruction peut toutefois décider de refaire les actes irréguliers conformément aux exigences légales.

Cas pratique n° 25

Sujet donné à l'examen d'entrée au CRFPA en septembre 2018

› Énoncé

Annie et Marc, deux amis de longue date, de nationalité française et âgés respectivement de 23 et 25 ans, décident d'extorquer une importante somme d'argent à la riche Maria, 31 ans, fille d'un homme d'affaires français réputé. Le 29 mai 2018, après avoir obtenu plusieurs milliers d'euros facilement, ils réitèrent leur stratagème. Mais cette fois-ci, Maria décide de ne pas se laisser faire. Elle se rend au commissariat de X... pour avertir les forces de l'ordre du nouveau rendez-vous fixé par Annie et Marc. Elle les informe par ailleurs qu'elle va enregistrer toute la conversation pour pouvoir avoir la preuve de ce qu'elle avance. Les officiers de police judiciaire Eva et Victoria ouvrent une enquête préliminaire. Elles décident de se rendre sur les lieux et de mettre en place une opération de surveillance. Annie et Marc menacent violemment Maria pour qu'elle leur verse une nouvelle somme d'argent. Sachant la conversation enregistrée, cette dernière s'exécute. Une fois l'échange terminé, les deux officiers interpellent uniquement Annie, puisque Marc a réussi à s'échapper. Une fois au commissariat, elles retranscrivent le fameux enregistrement obtenu par Maria. Placée en garde à vue depuis 48 heures, Annie n'est pas prête de passer aux aveux. Bien qu'elles aient l'enregistrement de Maria, Eva et Victoria sollicitent une prolongation supplémentaire par précaution. Le juge des libertés et de la détention la leur accorde par courrier motivé tout de suite après leur demande.

Dans le même temps, voulant s'assurer du bon déroulement du tournoi de Roland Garros en raison de menaces d'attentats, Madame la procureur Dalia transmet une réquisition au commissariat de X... pour que soit procédé à des contrôles d'identité sur le Boulevard d'Auteuil pendant les 14 jours du tournoi, entre 10 h et 14 h. L'officier Yann, exécutant ladite réquisition, interpelle Marc qui était en fuite. En voulant sortir sa carte d'identité, il laisse tomber une énorme liasse de billets ainsi qu'un couteau cranté. À la suite de ces faits, il est placé en garde à vue. Au même moment, une information judiciaire pour des faits de traite des êtres humains est ouverte à l'encontre de Camélia la sœur d'Annie. Le juge d'instruction Christian décide de se transporter au domicile de Camélia pour une perquisition. Il est accompagné de Manon, une amie artiste photographe, car il l'a expressément autorisée à photographier le déroulement de cette procédure afin qu'elle puisse réaliser un reportage photo consacré à la vie quotidienne des magistrats. Une fois sur place, cette dernière prend garde à ne rien toucher mais photographie tout de même le moindre détail. Cette opération est un véritable succès puisqu'elle permet au juge d'instruction Christian de demander le placement de Camélia en détention provisoire.

De quels moyens dispose chaque protagoniste pour contester la régularité des opérations menées ?

› *Correction*

Nous distinguerons d'abord la procédure relative à l'extorsion subie par Maria (I), puis, le contrôle d'identité subi par Marc (II) et, enfin, la perquisition effectuée chez Camélia (III).

I/ Sur l'extorsion subie par Maria

Il importe de déterminer, d'abord, le cadre des investigations (A), pour étudier, ensuite, la régularité des actes effectués (B).

A – Détermination du cadre des investigations

Puisque Maria se contente d'avertir les forces de l'ordre et ne s'est pas constituée partie civile et que, par ailleurs, il n'est aucunement fait mention de la délivrance, par le procureur de la République d'un réquisitoire introductif, il faut immédiatement exclure le cadre de l'instruction préparatoire. Les policiers agissent donc nécessairement dans le cadre de l'enquête.

En outre, puisqu'il s'agit d'investiguer sur des faits d'extorsion, on peut exclure les cadres d'enquête visés par les art. 74, 74-1 et 74-2, C. pr. pén., cadres qui ont trait, respectivement, à l'enquête de mort suspecte, à l'enquête relative à la disparition d'un mineur ou d'un majeur protégé et à l'enquête en vue de la recherche et de la découverte d'une personne en fuite.

Certes, il est fait mention, en l'espèce, de l'ouverture d'une enquête préliminaire. Mais la question se pose de savoir si les conditions de l'enquête de flagrance ne se trouveraient pas réunies en aval ou en amont de cette ouverture.

L'ouverture d'une enquête de flagrance est subordonnée à la caractérisation de plusieurs conditions :

– *une condition de gravité de l'infraction* : la flagrance ne peut s'appliquer qu'à un crime ou, selon l'article 67 du Code de procédure pénale, à un délit puni d'une peine d'emprisonnement. Il convient d'apprécier si cette qualification pouvait paraître raisonnable à l'époque des faits, mais peu importe que par la suite, les faits reçoivent une qualification contraventionnelle (Crim. 9 janv. 1990 ; Crim. 3 sept. 2002).

En l'espèce, cette condition ne soulève aucune difficulté : les faits commis sont susceptibles d'être qualifiés d'extorsion, extorsion punie par l'article 312-1 du Code pénal d'une peine de sept ans d'emprisonnement et de 100 000 € d'amende. Il s'agit donc bien d'un délit ;

– *une condition matérielle* : la jurisprudence requiert, pour que soit ouverte une enquête de flagrance et, partant, que soit justifié l'usage de la coercition, l'existence d'un ou de plusieurs indices apparents laissant présumer la commission d'une infraction (Crim. 4 janv. 1982). La suspicion des policiers doit dès lors se fonder sur des éléments objectifs permettant de déduire la commission d'une infraction. Ces indices sont divers dans la jurisprudence de la Cour de cassation, et peuvent être matériels ou bien tenant à l'attitude d'une personne. La jurisprudence retient notamment que l'information transmise par la victime aux policiers peut constituer un indice apparent (Crim. 8 oct. 1985, n° 84-95.606 : l'avis donné par la victime d'une infraction qui vient d'être commise peut, avant l'enregistrement d'une plainte régulière, caractériser des indices apparents d'un comportement délictueux).

En l'espèce, cette condition ne pose pas de difficulté. Maria a bel et bien informé les policiers de l'extorsion commise et de la réitération future de celle-ci ;

– *une condition temporelle* : selon l'art. 53 du Code de procédure pénale, la flagrance est notamment caractérisée lorsque « l'infraction est en train de se commettre » (cas n° 1), ou lorsque l'infraction « vient de se commettre » (cas n° 2).

En l'espèce cette condition peut poser difficulté. Il est en effet précisé que « le 29 mai 2018, après avoir obtenu plusieurs milliers d'euros facilement, [Annie et Marc] réitèrent leur stratagème ». Or, au regard de ces éléments de fait, il est impossible de déterminer si l'infraction d'extorsion dont il est fait mention, vient de se commettre. Aussi, faut-il exclure la flagrance à ce stade.

C'est la raison pour laquelle, semble-t-il, les policiers décident d'ouvrir une enquête de préliminaire. En application de l'article 75 du Code de procédure pénale, l'ouverture d'une enquête préliminaire est en effet effectuée par un officier de police judiciaire, soit sur les instructions du procureur de la République, soit d'office, opérations surveillées par le procureur général. À la suite de l'avis donné par Maria, on se trouve donc dans le cadre d'une enquête préliminaire.

Il faut toutefois relever que la Cour de cassation considère qu'une enquête préliminaire peut être la source des indices caractérisant la flagrance. Elle rappelle ainsi que les officiers de police judiciaire, agissant en enquête préliminaire, peuvent procéder selon les règles prévues pour l'enquête de flagrance dès l'instant où ils relèvent des indices apparents d'un comportement délictueux révélant que l'infraction, objet de leurs investigations, répond à la définition de l'article 53 du Code de procédure pénale (Crim. 17 nov. 1998, *Bull. crim.* n° 302).

Une telle position, qui marque l'indifférence de la Haute juridiction quant à la source des indices constitutifs de la flagrance, favorise la mutabilité des cadres d'enquête. Elle permet ainsi de valider un montage procédural par le biais duquel les policiers débutent éventuellement leurs investigations par une enquête préliminaire comportant un certain nombre d'investigations (surveillances, filatures, vérifications), avant de basculer en enquête de flagrant délit qui constituera le cadre coercitif dans lequel s'opérera l'interpellation et tous les actes subséquents.

En l'espèce, à compter de la commission de la tentative d'extorsion, les policiers pourraient se trouver dans le cadre de la flagrance, car l'infraction vient de se commettre.

Un dernier point doit être envisagé. Sommes-nous face à une enquête dérogatoire relevant de la délinquance organisée conformément à l'art. 706-73, C. pr. pén. ? Comme les protagonistes sont au nombre de deux, il serait possible de penser à la bande organisée : l'art. 312-6, C. pén., envisage l'extorsion en bande organisée et l'art. 132-71, C. pén., définit la bande organisée comme « tout groupement formé ou toute entente établie en vue de la préparation, caractérisée par un ou plusieurs faits matériels, d'une ou de plusieurs infractions ». La jurisprudence rendue sur la question de la bande organisée toutefois apporte un élément : il est nécessaire de prouver qu'il existe une structure établie depuis un certain temps (Crim. 8 juill. 2015, n° 14-88329 ; Crim. 11 janv. 2017, n° 16-80610). En l'espèce, rien ne permet de conclure avec certitude à l'existence d'une structure durable. L'infraction commise ne semble donc pas répondre aux critères de la bande organisée et il faut exclure le cadre dérogatoire de l'enquête de criminalité organisée.

B – La régularité des actes effectués

Nous envisagerons successivement la régularité de l'ensemble des actes effectués : la surveillance d'Annie et de Marc et l'interpellation d'Annie (1), l'enregistrement réalisé par Maria dont les policiers ont été avertis (2) et la garde à vue subie par Annie (3).

1 • La surveillance d'Annie et de Marc et l'interpellation d'Annie

Comme nous l'avons vu, la surveillance a nécessairement eu lieu dans le cadre de l'enquête préliminaire. Rien ne laisse à penser qu'elle a conduit les officiers à pénétrer dans un domicile. Ayant eu lieu sans que ne soient déployés de pouvoirs coercitifs, elle semble, en l'espèce, parfaitement régulière.

L'interpellation, en revanche, a eu lieu en flagrance. L'art. 73, C. pr. pén., dispose qu'en cas de crime flagrant ou de délit flagrant puni d'une peine d'emprisonnement, « toute personne a qualité pour en appréhender l'auteur et le conduire devant l'officier de police judiciaire le plus proche ». En outre, l'usage de la force n'est pas exclu pour procéder à une arrestation. La chambre criminelle de la Cour de cassation a ainsi considéré que l'usage de la force devait être nécessaire et proportionné aux conditions de l'arrestation (Crim. 13 avr. 2005). Par ailleurs, l'art. 803, C. pr. pén., dispose qu'une personne peut être soumise au port des menottes si elle est considérée comme dangereuse pour autrui ou pour elle-même, ou bien si elle est susceptible de prendre la fuite.

En l'espèce, les deux officiers avaient, comme tout citoyen, compétence pour interpeller Annie. L'interpellation semble donc parfaitement régulière.

2 • La question de la loyauté de la preuve pour l'enregistrement

L'art. 427, C. pr. pén., pose le principe de liberté de la preuve. Tous les moyens de preuve sont, en conséquence, admissibles devant le juge répressif. Il en est ainsi d'un enregistrement par magnétophone, qui peut constituer un indice, susceptible de s'ajouter à d'autres indices, sur lesquels les tribunaux répressifs peuvent fonder leur intime conviction (Crim. 16 mars 1961, *JCP* 1961. II.12.157, note Larguier).

Cependant, l'administration de la preuve doit être effectuée en excluant les preuves obtenues de manière illicite ou déloyale. À cet égard, la jurisprudence opère une distinction entre une preuve obtenue par des agents de l'autorité publique ou par les parties privées.

En ce qui concerne les parties privées, la jurisprudence se montre peu sensible à la question de la loyauté de la preuve, en admettant ainsi qu'« aucune disposition légale ne permet aux juges répressifs d'écarter les moyens de preuve produits par les parties au seul motif qu'ils auraient été obtenus de façon illicite ou déloyale ; qu'il leur appartient seulement, en application du texte susvisé, d'en apprécier la valeur probante » (Crim. 15 juin 1993, n° 92-82509).

Elle se montre en revanche plus sévère vis-à-vis de l'autorité publique, interdisant au nom du principe de loyauté des procédés qui détourneraient ou contourneraient des procédures (Crim. 27 févr. 1996, n° 95-81366). Cependant, une difficulté peut exister lorsqu'il s'agit de distinguer entre la provocation à la preuve et la provocation à l'infraction (Crim. 16 janv. 2008, *Bull. crim.* n° 14 : ne constitue pas un stratagème déloyal l'intervention des gendarmes ayant pour seul effet de permettre la constatation d'un délit dont ils n'ont pas déterminé la commission). Un arrêt de l'Assemblée plénière de la Cour de cassation rappelle qu'« en l'absence de participation directe ou indirecte de l'autorité publique à l'obtention des enregistrements litigieux, le principe de loyauté de la preuve n'est pas méconnu » (Ass. plén., 10 nov. 2017, n° 17-82028).

En l'espèce, lors de la consommation de l'extorsion, seule Maria enregistre les faits de sa propre initiative. En effet, elle n'a fait qu'avertir les forces de l'ordre de son intention de se procurer une telle preuve, ces dernières n'ayant ensuite que surveillé à distance l'échange et retranscrit ledit enregistrement. Au regard de la similarité des faits avec l'affaire du 10 novembre 2017, la preuve émanant de la partie privée pourra être déclarée recevable lors du procès.

3 • La garde à vue

a. Le placement et l'exécution de la mesure de garde à vue

Il importe de se référer à l'art. 62-2, C. pr. pén., pour la définition de la garde à vue, à l'art. 62-3 du même code pour la compétence du procureur de la République en cas de prolongation et à l'art. 63 du même code pour la détermination de la durée de la garde à vue.

En l'espèce, Annie est placée en garde à vue par les officiers de police judiciaire Eva et Victoria. Le cas ne laisse pas supposer un non-respect des modalités relatives à l'énoncé des droits. En revanche, la prolongation demandée par les officiers de police judiciaire et autorisée par le juge des libertés et de la détention est irrégulière dans la mesure ou, non seulement, c'est le procureur de la République qui, seul, peut solliciter une telle prolongation et, qu'en matière de criminalité classique, la garde à vue ne peut excéder 48 heures.

b. La nullité encourue

– *La nature de la nullité* : il convient de rappeler les articles 171 du Code de procédure pénale sur la nullité substantielle (« Il y a nullité lorsque la méconnaissance d'une formalité substantielle prévue par une disposition du présent code ou toute autre disposition de procédure pénale a porté atteinte aux intérêts de la partie qu'elle concerne ») et 802 du même code sur la nécessaire atteinte aux intérêts de la partie qu'elle concerne (« En cas de violation des formes prescrites par la loi à peine de nullité ou d'inobservation des formalités substantielles, toute juridiction, y compris la Cour de cassation, qui est saisie d'une demande d'annulation ou qui relève d'office une telle irrégularité ne peut prononcer la nullité que lorsque celle-ci a eu pour effet de porter atteinte aux intérêts de la partie qu'elle concerne »).

Une nullité d'intérêt privé sanctionne le non-respect d'une disposition qui affecte les droits des parties. La partie qui l'invoque doit démontrer que le non-respect des règles lui a causé un préjudice. Cependant, en certaines matières, la jurisprudence admet la nullité automatique d'actes portant atteinte à des intérêts privés, posant une présomption de grief.

En l'espèce, le dépassement de la durée maximum de la mesure de garde à vue est une nullité d'intérêt privé. Ainsi seule Annie pourra l'invoquer. Néanmoins, au regard de la jurisprudence du 13 février 1996 (n° 95-85538 : lorsque la durée de la garde à vue excède 48 heures, cela constitue une atteinte aux intérêts de la personne concernée), elle n'aura pas à démontrer un grief puisque celui-ci est présumé.

– *La demande d'annulation* : en l'espèce, le cas n'indique pas l'ouverture d'une information judiciaire. Partant de cette constatation, on peut supposer que l'affaire sera directement renvoyée devant le tribunal correctionnel compétent. Ainsi, Annie devra soulever la nullité de sa garde à vue devant cette juridiction *in limine litis* c'est-à-dire avant toute défense au fond (C. pr. pén., art. 385 : le tribunal correctionnel constate la nullité avant toute défense au fond).

– *Les effets de la nullité* : la nullité d'une garde à vue n'entraîne l'annulation des actes subséquents qu'à la condition que ces derniers aient eu pour support nécessaire la mesure annulée (Crim. 26 mars 2008, *Bull. crim.* n° 76). En l'espèce, tous les procès-verbaux relatifs à la mesure irrégulière devront être annulés ainsi que les actes postérieurs qui ont pour support nécessaire la mesure de garde à vue.

II/ Sur le contrôle d'identité effectué sur réquisition du procureur

Nous mettrons en avant l'irrégularité de la mesure (A) pour ensuite envisager la sanction encourue (B).

A – L'irrégularité de la mesure

L'art. 78-2, al. 7, C. pr. pén., prévoit les contrôles sur réquisitions écrites du procureur de la République aux fins de recherche et de poursuite d'infractions, précisant le lieu et la période concernés. L'art. 78-2-2, C. pr. pén., ajoute que la période de temps ne peut excéder vingt-quatre heures, renouvelables sur décision expresse et motivée selon la même procédure. Un arrêt précise que l'art. 78-2-2, C. pr. pén., n'autorise pas le procureur de la République à organiser, par une réquisition unique, des contrôles d'identité répartis sur plusieurs jours, mais seulement sur une période maximum de 24 heures consécutives (Crim. 13 sept. 2017, n° 17-83986).

En l'espèce, Marc pouvait être régulièrement arrêté pour des faits autres que ceux indiqués dans la réquisition. Cependant, le procureur Dalia a transmis une réquisition unique au commissariat de X... pour que soit procédé à des contrôles d'identité sur le Boulevard d'Auteuil tous les jours du tournoi, entre 10 h et 14 h. Or, le tournoi dure quatorze jours. Au regard de la jurisprudence du 13 septembre 2017, la procédure de contrôle d'identité est irrégulière puisqu'il y a une réquisition unique pour des contrôles d'identités répartis sur plusieurs jours.

B – La sanction de l'irrégularité

– *La nature de la nullité* : il convient, là encore, de rappeler les articles 171 du Code de procédure pénale sur la nullité substantielle et 802 du même code sur la nécessaire atteinte aux intérêts de la partie qu'elle concerne.

Une nullité d'intérêt privé sanctionne le non-respect d'une disposition qui affecte les droits des parties. La partie qui l'invoque doit démontrer que le non-respect des règles lui a causé un préjudice. Cependant, en certaines matières, la jurisprudence admet la nullité automatique d'actes portant atteinte à des intérêts privés, posant une présomption de grief.

En l'espèce, aucune jurisprudence ne semble faire état d'une présomption de grief démontrant une atteinte aux droits de la défense. Marc va donc devoir prouver que l'irrégularité du contrôle a porté atteinte à ses intérêts, ce qui restera, *in fine*, à l'appréciation souveraine des juges du fond.

– *La demande d'annulation* : en l'espèce, le cas n'indique pas l'ouverture d'une information judiciaire. Partant de cette constatation, on peut supposer que l'affaire sera directement renvoyée devant le tribunal correctionnel compétent. Ainsi, Marc devra soulever la nullité de sa garde à vue devant le tribunal correctionnel *in limine litis* (C. pr. pén., art. 385).

– *Les effets de la nullité* : selon la jurisprudence, la nullité entachant un acte peut se limiter à ce dernier sans contaminer l'ensemble des poursuites. L'acte est alors écarté du dossier mais l'annulation peut s'étendre aux actes subséquents dès que l'acte annulé est le support nécessaire de ces derniers (Crim. 26 mai 1999, n° 99-81764 ; Crim. 23 juin 1999, *Bull. crim.* n° 149 ; Crim. 4 févr. 2004, n° 03-85766). En l'espèce, tous les procès-verbaux relatifs au contrôle d'identité devront être annulés ainsi que les actes postérieurs qui ont pour support nécessaire ledit contrôle.

III/ Sur la perquisition effectuée chez Camélia

Nous mettrons en avant, là encore, l'irrégularité de la mesure (A) pour ensuite envisager la sanction encourue (B).

A – L'irrégularité de la mesure

En application de l'art. 92, C. pr. pén., le juge d'instruction peut se transporter sur les lieux pour procéder à une perquisition. La chambre criminelle de la Cour de cassation (Crim. 10 janv. 2017, n° 16-84740) considère que constitue une violation du secret de l'enquête ou de l'instruction, concomitante à l'accomplissement d'une perquisition et portant nécessairement atteinte aux intérêts de la personne qu'elle concerne, l'exécution d'un tel acte par un juge d'instruction ou par un officier de police judiciaire en présence d'un tiers qui, ayant obtenu une autorisation à cette fin d'une autorité publique, en capte le déroulement par le son ou par l'image.

En l'espèce, le juge d'instruction Christian a procédé à une perquisition au domicile de Camélia. Cette mesure n'est pas en soi irrégulière puisque l'article 92 du Code de procédure pénale autorise le juge d'instruction à procéder directement à une perquisition. En revanche, le fait qu'il ait autorisé un tiers, son amie artiste photographe, à l'accompagner, entraîne l'irrégularité de l'acte au regard de la jurisprudence du 10 janvier 2017.

B – La sanction de l'irrégularité

– *La nature de la nullité* : il convient de rappeler, là encore, les articles 171 et 802 du Code de procédure pénale.

Une nullité d'intérêt privé sanctionne le non-respect d'une disposition qui affecte les droits des parties. La partie qui l'invoque doit démontrer que le non-respect des règles lui a causé un préjudice. Cependant, en certaines matières, la jurisprudence admet la nullité automatique d'actes portant atteinte à des intérêts privés, posant une présomption de grief. Au regard de l'arrêt du 10 janvier 2017 (n° 16-84740), une présomption de grief existe dans la situation de Camélia.

En l'espèce, la présence d'un tiers lors d'une perquisition est une cause de nullité d'intérêt privé avec présomption de grief au regard de la jurisprudence du 10 janvier 2017. Camélia n'aura donc pas à démontrer l'existence d'un grief pour se prévaloir de cette nullité.

– *La demande d'annulation* : l'art. 173, C. pr. pén., a trait à la procédure de nullité dans le cadre d'une instruction. Des mécanismes de « purge » ont été créés par le législateur afin d'éviter qu'une irrégularité ne soit invoquée tardivement et entraîne l'annulation de tout ou partie de l'information plusieurs mois ou années après l'ouverture de celle-ci. En l'espèce, Camélia va probablement être placée en détention provisoire ce qui suppose sa mise en examen préalable. En vertu de l'art. 173-1, C. pr. pén., elle a 6 mois pour soulever la nullité de la perquisition à partir du moment où sa mise en examen lui sera notifiée, sauf si elle n'a pu avoir connaissance de cette irrégularité. Elle devra dénoncer toutes les nullités lors de sa requête, sinon elle ne pourra plus le faire par la suite en raison du système de purge prévue par l'art. 174, C. pr. pén.

– *Les effets de la nullité* : aux termes de l'art. 174, C. pr. pén., la Chambre de l'instruction décidera de l'étendue de l'annulation, de la portée et des effets de cette dernière. La jurisprudence précise que l'acte sera réputé inexistant, on ne pourra pas en tirer des renseignements et les actes qui en découlent sont annulés uniquement s'ils puisent leur unique source dans l'acte annulé (Crim. 26 mai 1999, n° 99-81764; Crim. 26 janv. 2000, n° 99-86166; Crim. 4 févr. 2004, n° 03-85766). En l'espèce, la perquisition sera annulée et la Chambre de l'instruction décidera de l'étendue, de la portée et des effets de cette annulation. Tous les actes découlant de façon subséquente de cette perquisition seront annulés.

Cas pratique n° 26

› *Énoncé*

Marc a été régulièrement placé en garde à la suite d'une bagarre de bar. Au moment de l'audition permettant d'établir son identité, Marc apparaît dans le fichier des personnes recherchées comme le propriétaire d'une voiture sur laquelle une balise de géolocalisation a été installée dans le cadre d'une longue instruction ouverte du chef de trafic de stupéfiants. Marc explique que, n'en ayant pas l'utilité à Paris, il prête depuis bientôt deux ans le véhicule à son frère, Paul. Il est alors décidé de mettre fin à la garde à vue pour les faits de violences volontaires et d'informer le juge d'instruction en charge du dossier. Le juge d'instruction notifie alors à Marc sa volonté de procéder à un interrogatoire de première comparution dans les délais légaux. À l'issue de cet interrogatoire le juge d'instruction décide la mise en examen de Marc pour les faits de complicité de trafic de stupéfiants et obtient son placement en détention provisoire.

Désigné pour défendre les intérêts de Marc, vous observez lors de la consultation du dossier que Paul a été interpellé il y a trois mois dans le Nord de la France, revenant d'un *go fast* à Amsterdam. La retranscription de la géolocalisation dite « en suivi dynamique » révèle une identification de la position en temps réel en France, en Belgique (Gand, Anvers) et aux Pays-Bas (Breukelen et Amsterdam), alors qu'aucune demande d'entraide n'a manifestement été faite. Le suivi est d'ailleurs corroboré par les données transmises par les sociétés d'autoroutes par lesquelles la voiture est passée, en exécution d'une réquisition aux fins d'obtenir les photographies de vidéosurveillance. Enfin, il y a dans le dossier la retranscription d'enregistrements réalisés lors des parloirs préalablement sonorisés de Paul avec sa maman dans le cadre de sa détention provisoire et certains éléments mettent en cause Marc.

En qualité de conseil de Marc, vous étudierez la régularité des actes d'investigation réalisés dans le cadre de l'information judiciaire et, le cas échéant, vous soulèverez les éventuelles causes de nullité de la procédure en vous prononçant sur les chances de succès de l'action que vous envisagez.

› *Correction*

Il faut s'interroger sur la régularité de la géolocalisation (I), puis sur celle de la sonorisation du parloir de Paul (II).

I/ Sur la régularité de la géolocalisation transfrontalière

A – Le cadre dans lequel la géolocalisation a été réalisée

Il s'agit d'une instruction préparatoire ouverte du chef de trafic de stupéfiants. Nous sommes donc dans le cadre d'une information relevant de l'art. 706-73, C. pr. pén. : les règles de procédure du Titre XXV relatif à la criminalité organisée qui sont applicables.

La géolocalisation est un acte de procédure prévu aux art. 230-32 et s., C. pr. pén. (le Titre XXV sur la criminalité organisée ne contient pas d'aménagements particuliers concernant la géolocalisation). La mesure est conditionnée à certaines infractions. L'art. 230-32, dans sa version issue de la loi du 23 mars 2019, exige : 1° « une enquête ou une instruction relative à un délit puni d'au moins trois ans d'emprisonnement ».

La géolocalisation prévue aux articles 230-32 et s. peut être valablement mise en œuvre dans le cadre d'une information judiciaire ouverte pour trafic de stupéfiant.

B – La mesure de géolocalisation est-elle régulière ?

Il est clairement mentionné un recueil et une exploitation des données en temps réel (suivi dynamique) en dehors du territoire – en Belgique et aux Pays-Bas – en l'absence de demande d'entraide judiciaire (à laquelle il est recouru dans le cadre de l'Espace Liberté Sécurité Justice), et alors même que les données recueillies dans ces pays sont utilisées et sont versées au dossier. Or, la Cour de cassation censure l'absence de demande d'entraide lorsque les données recueillies sont exploitées (c'est-à-dire retranscrites). L'exploitation des données en territoire étranger sans demande d'entraide préalable conduit à l'irrégularité de la mesure (Crim. 9 nov. 2016 : « les données issues d'une géolocalisation mise en œuvre sur le territoire national et s'étant poursuivie sur le territoire d'un autre État ne peuvent, lorsque cette mesure n'a pas fait l'objet d'une acceptation préalable ou concomitante de celui-ci au titre de l'entraide pénale, être exploitées en procédure qu'avec son autorisation »). En conséquence, la mesure de géolocalisation en ce qu'elle a conduit à l'exploitation de données à l'étranger est illégale.

Il faut tirer les conséquences de cette irrégularité en soulevant la nullité de la mesure : l'examen des conditions de l'action en nullité est nécessaire.

C – Sur l'action en nullité

Nous sommes dans le cadre d'une information judiciaire, les règles pour agir en nullité répondent aux exigences des articles 170 et 173, al. 3, C. pr. pén.

1 • Sur la recevabilité de l'action en nullité

a. Sur l'intérêt et la qualité de Marc à agir en nullité

Les art. 171 et 802 ont tous deux une même formulation ambiguë qui rend difficile le fait de savoir qui peut se prévaloir d'une nullité. En effet, il y a nullité lorsque la méconnaissance d'une formalité substantielle « a porté atteinte aux intérêts de la partie qu'elle concerne ». Mais la partie doit être concernée par quoi ? Par la nullité (acception très compréhensive qui permet d'englober toute personne qui subirait une atteinte du fait de l'irrégularité de l'acte) ? ou bien par la formalité, c'est-à-dire qu'elle doit être visée par l'acte : seul le destinataire de l'acte pourrait se prévaloir de l'irrégularité ?

La jurisprudence a hésité lorsqu'il s'est agi de déterminer si le tiers à l'acte peut agir en nullité. À la suite de l'arrêt *Matheron c/ France* (CEDH 29 mars 2005), la Cour de cassation s'est alignée en ce qu'elle admet qu'un tiers à l'acte puisse invoquer l'irrégularité (Crim. 6 sept. 2006, *Bull. crim.* n° 208 : un demandeur en nullité « peut invoquer l'irrégularité d'un acte de procédure concernant un tiers si cet acte, illégalement accompli, a porté atteinte à ses droits » ; Crim. 31 mai 2007, *Bull. crim.* n° 146 : « un demandeur n'est recevable à invoquer l'irrégularité d'un acte concernant une autre personne mise en examen, qui n'a pas requis cette annulation, qu'à la condition de préciser en quoi cette irrégularité a porté atteinte à ses intérêts »). Mais la chambre criminelle semble, pour certains actes coercitifs, être revenue à la position qui lui avait valu la condamnation conventionnelle. Le raisonnement consiste à ne conférer qualité à agir en nullité qu'à la personne qui est visée par l'acte contesté : en matière de garde à vue (Crim. 14 févr. 2012, préc.), en matière d'audition libre (Crim. 11 févr. 2014, *Bull. crim.* n° 383), en matière d'écoutes (Crim. 18 févr. 2015, *Bull. crim.* n° 30), en matière de perquisition (Crim. 6 mars 2013, *Bull. crim.* n° 62). Dans la même logique, en matière de géolocalisation, la Cour a indiqué que le requérant qui ne peut se prévaloir d'aucun droit sur le bien géolocalisé et qui n'a pas été lui-même géolocalisé, est irrecevable à invoquer une irrégularité affectant cette mesure, dès lors qu'il n'établit pas qu'à cette occasion il aurait été porté atteinte à un autre intérêt qui lui serait propre (Crim. 23 nov. 2016, n° 16-81.904). Sur cette question, de nombreuses décisions ont été rendues en matière de véhicules volés et ensuite géolocalisés, et la répétition a conduit la Cour a apporté des précisions. Dans une décision récente (Crim. 27 mars 2018, n° 17-85.603), la chambre criminelle a en effet indiqué, avec beaucoup de précisions, que « la méconnaissance des formalités substantielles régissant la géolocalisation peut être invoquée à l'appui d'une demande d'annulation d'actes ou de pièces de procédure par la partie titulaire d'un droit sur le véhicule géolocalisé ou qui établit, hors le cas d'un véhicule volé et faussement immatriculé, qu'il a, à l'occasion d'une telle investigation, été porté atteinte à sa vie privée ».

En l'espèce, Marc est le titulaire de la carte grise du véhicule. Il peut donc, pour reprendre les mots de la chambre criminelle, être considéré comme titulaire d'un droit sur le véhicule géolocalisé. Par conséquent, il semble être formellement visé par la mesure et pouvoir agir en nullité de la géolocalisation en qualité de propriétaire légitime du véhicule concerné.

b. Sur les autres conditions de la recevabilité

En l'absence de dates précisément établies pour ce qui est du jour de la géolocalisation, les délais de forclusion ne seront pas acquis. Marc vient d'être mis en examen :

le délai de 6 mois à compter de l'IPC pour agir en nullité contre les actes intervenus antérieurement, prévu par l'art. 173-1, C. pr. pén., n'est pas écoulé.

Marc sera dès lors recevable à agir en nullité devant la Chambre de l'instruction (devant l'absence de précision du cas, il n'y a pas lieu de s'interroger sur le filtre du président de la chambre de l'instruction).

2 • Sur le bien-fondé de l'action en nullité

L'absence de demande d'entraide à la Belgique et aux Pays-Bas constitue une irrégularité, quand bien même aucune disposition légale n'en impose le recours (v. *supra* et la décision du 9 février 2016).

– Est-ce une nullité formelle ou substantielle ? C'est une nullité substantielle (l'obligation légale de demande d'autorisation à l'État tiers est « déduite » de l'art. 230-32, C. pr. pén).

– Est-elle d'ordre privé ou d'ordre public ? Au regard de l'absence de précision résultant des décisions du 9 février 2016, du 23 novembre 2016 et du 27 mars 2018, il s'agit de prime abord d'une nullité d'ordre privé. Mais la Cour de cassation est encline à ouvrir les nullités d'ordre public à certaines dispositions de conventions internationales, notamment les dispositions de la Convention européenne d'entraide judiciaire internationale en matière pénale (Crim. 4 nov. 1997, *Bull. crim.* n° 365). Toutefois, compte tenu du faible recours aux nullités d'ordre public, et à la conception très compréhensive des nullités d'ordre privé, la nullité d'ordre privé pourrait être privilégiée par les juges. Si c'est une nullité d'ordre privé, il faut démontrer un grief : une atteinte aux intérêts de la personne concernée.

– Sur le grief : la Cour de cassation est attentive à la démonstration du grief lorsqu'il s'agit d'une nullité d'ordre privé (elle censure les juges du fond qui n'ont pas relevé le grief, Crim. 6 nov. 2012, *Bull. crim.* n° 238). Il n'y a pas de définition du grief, mais il ne faut pas le confondre avec l'intérêt ou la qualité à agir. Il n'y a pas grief « lorsqu'il apparaît que la méconnaissance des prescriptions légales a été mineure ou qu'il y a été pallié de sorte que les droits de la partie concernée ont été assurés dans des conditions équivalentes à celles prévues par la loi » (F. Desportes et L. Lazerges-Cousquer, *Traité de procédure pénale*, Economica, 2015, n° 2020). En l'espèce, l'atteinte consiste en une localisation permettant l'interpellation du frère, Paul, qui a conduit à la mise en examen et au placement en détention provisoire de Marc.

Dans cette perspective, la retranscription de la localisation du véhicule à l'étranger pourrait être annulée.

D – Les conséquences de l'annulation de la géolocalisation transfrontalière

1 • L'acte en lui-même

La nullité de la localisation à l'étranger en l'absence d'autorisation conduit au retrait des PV retraçant la position du véhicule à l'étranger. *A priori*, les actes sont divisibles et cela se traduit simplement par le retrait des PV irréguliers. Il se peut aussi qu'il faille simplement raturer (biffer, canceller) les mentions de la localisation à l'étranger. Cela revient à ne pas tracer le véhicule tout le temps où il est à l'étranger.

Les PV et mentions du suivi dynamique à l'étranger doivent ainsi être annulés, c'est-à-dire retirés du dossier ou biffés : l'on ne peut en retirer aucune information (C. pr. pén., art. 174, al. 3).

2 • Les actes postérieurs

Les actes subséquents sont susceptibles d'être entachés de nullité sur le fondement d'un lien de causalité établi par la jurisprudence. Si l'acte postérieur trouve son support nécessaire dans l'acte annulé, il devra aussi être retiré du dossier. La jurisprudence est constante (Crim. 23 juin 1999, *Bull. crim.* n° 149).

En l'espèce, si l'on s'en tient à ce principe, les actes postérieurs sont l'interpellation de Paul (sa mise en examen, la détention provisoire, l'enregistrement des conversations aux parloirs). Mais, il semble que le seul retrait de la localisation à l'étranger soit inefficace pour tout annuler. En effet, les actes postérieurs peuvent s'expliquer par d'autres actes qui sont, eux, réguliers. Rappelons que la chambre criminelle exige en sus que l'acte postérieur trouve son support exclusif dans l'acte annulé (Crim. 21 juin 2016, n° 16-80.126 : à la suite de l'annulation d'une ordonnance de perquisition, se pose la question de la régularité des actes postérieurs, la Cour censure les juges du fond car la chambre de l'instruction « aurait dû, en revanche, constater que l'interpellation et le placement en garde à vue de l'intéressé n'avaient pu être réalisés à son domicile que sur le fondement exclusif de cet acte »).

En l'espèce, l'arrestation suivant la géolocalisation internationale est un acte subséquent mais il semble se fonder à la fois sur la géolocalisation internationale et sur des éléments reposant sur des actes purement internes. Or, les localisations en France semblent légales. De plus, les faits sont clairs : « le suivi est d'ailleurs corroboré par les données transmises par les sociétés d'autoroutes par lesquelles la voiture est passée, en exécution d'une réquisition aux fins d'obtenir les photographies de vidéosurveillance ». Dès lors, la question qui se pose est de savoir si même en l'absence de la localisation internationale, Paul aurait pu être appréhendé sur le seul fondement de la géolocalisation française et des données transmises par les sociétés d'autoroute.

L'interpellation de Paul se fonde en effet aussi sur la localisation interne : – la géolocalisation sur le territoire français (légale) ; – l'identification par vidéosurveillance du véhicule sur l'autoroute en application de l'art. 77-1-1, C. pr. pén. (les données sont transmises sur réquisitions du procureur).

En conséquence, les faits tendent vers une consolidation des actes postérieurs, et ceux-ci ne seront pas atteints par l'annulation.

II/ Sur la régularité de la sonorisation des parloirs de Paul

Nous sommes toujours dans le cadre d'une information judiciaire en matière de criminalité organisée. Il faut donc se reporter aux art. 706-73 et s., C. pr. pén., pour envisager la légalité de la sonorisation (installation préalable d'un dispositif dans un lieu précis afin d'intercepter, enregistrer et de retranscrire les communications sur écoutes des art. 100 s., C. pr. pén., qui ne visent qu'une ligne de téléphone ou de fax).

La sonorisation est prévue aux art. 706-96-1 et s., C. pr. pén. (autorisation de la sonorisation en instruction) et l'art. 706-101, C. pr. pén., permet la retranscription des propos enregistrés. Les textes n'interdisent pas explicitement la sonorisation d'un parloir. La chambre criminelle toutefois, censure la conjugaison de mesures légales en vue d'aboutir à un stratagème déloyal (Crim. 17 mars 2015), mais en l'espèce, aucun stratagème ne semble élaboré.

La jurisprudence est très claire sur le fait qu'il n'y a pas d'atteinte à l'art. 8 Conv. EDH. (Crim. 1er mars 2006, *Bull. crim.* n° 59 : l'enregistrement de conversation au parloir de la prison de l'intéressé avec ses visiteurs, fait dans les conditions et formes prévues par les art. 706-96 à 706-102, sous le contrôle permanent du juge d'instruction dans le but de rechercher la manifestation de la vérité pour des infractions portant gravement atteinte à l'ordre public n'est pas contraire aux dispositions de l'art. 8 Conv. EDH).

La mesure de sonorisation du parloir étant légale, la mise en cause de Marc par le biais de cet acte de procédure ne peut pas être contestée.

Dès lors, si la localisation du véhicule de Marc à l'étranger est irrégulière, son annulation n'aura pas d'incidence sur la régularité des actes postérieurs, soit qu'ils ne trouvent pas leur support nécessaire dans l'acte annulé, soit qu'ils se fondent par ailleurs sur d'autres éléments de la procédure qui, eux, ne peuvent pas être contestés. Ainsi, la nullité de la géolocalisation risque d'être sans incidence sur la mise en cause de Marc.

Cas pratique n° 27

Sujet donné à l'examen d'entrée au CRFPA en septembre 2019

› Énoncé

Michel et Gaston sont placés en garde à vue le même jour parce qu'ils sont soupçonnés d'avoir, il y a quatre mois, volé une voiture de luxe. La garde à vue de Gaston lui est notifiée par un officier de police judiciaire à 14 h 20 dès son arrivée dans les locaux du commissariat. L'enquêteur qui va procéder à ses auditions vérifie certaines informations administratives et notifie ensuite ses droits à Gaston à 15 h 25, lequel ne réclame pas l'assistance d'un avocat. À l'issue d'une première audition, Gaston déclare qu'il a changé d'avis, qu'il veut bien un défenseur. Les policiers lui répondent que c'est trop tard, mais qu'ils préviendraient un avocat si la mesure était prolongée sur autorisation du parquet le lendemain. Il est finalement libéré au bout de quelques heures de garde à vue, sans qu'une prolongation ait été nécessaire, aucun élément déterminant n'ayant été retenu contre lui. Il a cependant indiqué au cours des auditions que Michel était bel et bien l'auteur du vol de voiture, livrant la date et le lieu précis. Il apprend également aux enquêteurs que Michel aurait même volé en 2013 la voiture d'un fonctionnaire de police, infraction qui avait fait l'objet d'un classement sans suite cette même année à défaut d'élucidation (la voiture avait été retrouvée brûlée).

Quant à Michel, il est placé lui aussi en garde à vue à 14 h 20, après que l'officier de police judiciaire a pris l'initiative de consulter, pour les faits reprochés, le Fichier des objets et des véhicules signalés. Les droits sont notifiés à Michel à 14 h 25, avec avis au parquet, et il réclame tout de suite un avocat, lequel intervient une heure après, sans difficulté. Michel finit par reconnaître devant les enquêteurs avoir volé le véhicule de luxe et la voiture de police retrouvée brûlée. Après prolongation dans des conditions légales de sa garde à vue, il est déféré devant le procureur de la République le lendemain à 17 h. Le représentant du parquet décide de le poursuivre en jugement pour les deux vols de véhicules.

Michel a des antécédents judiciaires. Il avait été condamné par le tribunal correctionnel il y a quelques mois, pour le vol de plusieurs téléphones portables, délit mis au jour à la suite d'un concours de circonstances. En effet, tandis que Michel se promenait tranquillement dans la rue, un officier de police judiciaire, qui croyait avoir reconnu – à tort mais c'était très ressemblant ! – une personne recherchée par la justice pour des faits de violences sexuelles commis dans le quartier il y a six mois, l'avait abordé pour contrôler son identité et lui avait demandé de vider le contenu de la sacoche qu'il transportait. Michel avait accepté de montrer sa carte d'identité mais refusé d'ouvrir sa sacoche et le policier l'avait ouverte de force, découvrant cinq téléphones appartenant à des tiers. Condamné à une peine d'emprisonnement avec sursis, Michel, qui avait choisi de se défendre seul en première instance, avait interjeté appel dans les délais légaux parce qu'il pensait finalement que la procédure qui avait été suivie n'était pas légale. La décision en appel interviendra dans plusieurs semaines.

Michel vous consulte sur la régularité des actes accomplis et les moyens de défense dont il dispose devant les juridictions pénales qui vont statuer sur les poursuites.

› Correction

Deux individus majeurs, Gaston et Michel, sont mis en cause pour des vols de véhicules commis en 2019 et 2013 (I). L'un d'eux, Michel, sera bientôt rejugé en appel pour des faits de vol de téléphones découverts à la suite d'une fouille de sa sacoche (II).

I/ Les vols de véhicules

Michel nous consulte sur la régularité des actes accomplis et les moyens de défense dont il dispose devant les juridictions pénales qui vont statuer sur les poursuites. Or, deux moyens de défense sont à envisager : le premier tient à la prescription de l'action publique pour les faits commis en 2013 (A), le second tient à d'éventuelles irrégularités entachant les actes d'investigation réalisés s'agissant des vols commis en 2019 (B).

A – La prescription du vol commis en 2013

Depuis la réforme de la prescription en matière pénale par la loi n° 2017-242 du 27 février 2017, la prescription de l'action publique des délits répond à un délai de droit commun de six ans, délai courant en principe à compter du jour de la commission des faits (C. pr. pén., art. 8). Le délai était auparavant de trois ans. La réforme est entrée en vigueur le 1er mars 2017. Conformément à l'art. 112-2 4°, C. pén., une loi nouvelle relative à la prescription s'applique immédiatement sous réserve que la prescription des faits ne soit pas déjà acquise au moment de l'entrée en vigueur de la loi.

En l'espèce, le vol du véhicule de police a été commis en 2013. Au moment de l'entrée en vigueur de la loi du 27 février 2017, le 1er mars 2017, plus de trois ans s'étaient écoulés depuis la commission du délit, de sorte qu'en principe ces faits étaient déjà prescrits. Ils ne sont pas concernés par l'augmentation du délai par la loi nouvelle, sous réserve d'une très hypothétique cause de suspension ou d'interruption du délai qui ne résulte pas de l'énoncé (l'affaire ayant été classée sans suite en 2013).

Michel pourra donc invoquer l'exception de prescription de l'action publique. On relèvera d'ailleurs qu'une telle exception est d'ordre public et peut être invoquée à toute hauteur de la procédure, et aura pour effet d'éteindre l'action publique pour ce délit.

B – La contestation de la régularité des actes réalisés

Il faut identifier le cadre des investigations (1) avant d'étudier la régularité des actes diligentés (2).

1 • Sur le cadre des investigations

Puisqu'il n'est pas fait mention d'une plainte avec constitution de partie civile ni d'un réquisitoire introductif, les investigations ont nécessairement été effectuées dans le cadre d'une enquête de police.

Les deux gardes à vue décidées par un officier de police judiciaire sont, en l'espèce, nécessairement intervenues dans le cadre d'une enquête préliminaire, l'enquête de flagrance supposant que l'infraction soit flagrante, c'est-à-dire qu'elle corresponde à l'une des hypothèses prévues par l'art. 53, al. 1er, du C. pr. pén. (« Est qualifié crime ou délit flagrant le crime ou le délit qui se commet actuellement, ou qui vient de se commettre. Il y a aussi crime ou délit flagrant lorsque, dans un temps très voisin de l'action, la personne soupçonnée est poursuivie par la clameur publique, ou est trouvée en possession d'objets, ou présente des traces ou indices, laissant penser qu'elle a participé au crime ou au délit qui se commet actuellement, ou qui vient de se commettre. Il y a aussi crime ou délit flagrant lorsque, dans un temps très voisin de l'action, la personne soupçonnée est poursuivie par la clameur publique, ou est trouvée en possession d'objets, ou présente des traces ou indices, laissant penser qu'elle a participé au crime ou au délit »). Or en l'espèce, les faits reprochés datent de plusieurs mois et si une enquête de flagrance avait éventuellement été ouverte à l'époque, elle a elle-même pris fin puisqu'une enquête de flagrance est d'une durée limitée (huit jours selon l'art. 53, al. 2, C. pr. pén., avec renouvellement possible de huit jours dans les conditions posées par l'art. 53, al. 3, du code).

2 • Sur la régularité des actes réalisés

a. La consultation du fichier des véhicules signalés

La consultation d'un fichier de police, de libre accès pour des enquêteurs de police judiciaire, n'est pas une réquisition et ne tombe donc pas sous le coup de l'art. 77-1-1, C. pr. pén. Aussi ne nécessite-t-elle pas une autorisation préalable du procureur de la

République (Crim. 15 sept. 2009, n° 09-82597, à propos du fichier des immatriculations et des véhicules volés). L'officier de police judiciaire pouvait donc puiser dans le Fichier des véhicules signalés des informations nécessaires à son enquête.

b. Les gardes à vue

Une garde à vue peut être décidée au cours d'une enquête préliminaire aux termes de l'art. 77, C. pr. pén.

Si la garde à vue de Michel paraît régulière (α), celle de Gaston paraît en revanche irrégulière (β) et il faut se demander quelle incidence cela peut avoir sur la procédure ouverte contre Michel (γ).

α. La régularité de la garde à vue de Michel

La garde à vue de Michel paraît conforme à la loi :

– elle semble bien avoir été décidée par un officier de police judiciaire (conformément à l'art. 63, I, C. pr. pén., seul un OPJ peut décider d'un placement en garde à vue);

– Michel est bien soupçonné d'avoir commis une infraction (conformément à l'art. 77, C. pr. pén., seule la « personne à l'encontre de laquelle existent des indices faisant présumer qu'elle a commis ou tenté de commettre une infraction » peut être placée en garde à vue);

– Michel est bien soupçonné d'avoir commis un crime ou un délit puni d'un emprisonnement conformément à l'art. 62-2, C. pr. pén. En effet le vol est un délit puni à l'état simple, d'une peine de trois ans d'emprisonnement (C. pén., art. 311-3);

– le procureur de la République a été immédiatement avisé de la mesure (conformément à l'al. 2 du I de l'art. 63, C. pr. pén.);

– les notifications ont été réalisées immédiatement (conformément à l'art. 63-1, C. pr. pén.);

– un défenseur a bien été contacté et il s'est présenté pour assister Michel au cours de ses auditions (conformément à l'art. 63-3-1, C. pr. pén.);

– la durée de la garde à vue de Michel n'a pas excédé les prévisions légales (24 heures conformément à l'art. 63, II, C. pr. pén.) et la prolongation de celle-ci s'est faite « dans les conditions légales ».

β. L'irrégularité de la garde à vue de Gaston

S'agissant de la garde à vue de Gaston, on peut relever trois irrégularités :

– d'abord, s'il existait bien a priori des raisons de soupçonner la commission d'un délit par Gaston et que sa garde à vue lui a été immédiatement notifiée par un officier de police judiciaire, rien n'est en revanche indiqué quant à l'information, dès le début de la mesure, du procureur de la République, information pourtant exigée, on l'a vu, par l'article 63 du Code de procédure pénale. Or l'avis au parquet ne peut être retardé qu'en cas de circonstances insurmontables qui n'apparaissent pas ici (Crim. 12 avr. 2005, n° 04-86780; un retard de moins d'une heure paraît en revanche admissible) et le non-respect de cette formalité fait nécessairement grief à la personne concernée (Crim. 25 juin 2013, n° 13-81977). Cette formalité est en effet édictée dans l'intérêt d'une bonne administration de la justice;

– ensuite, l'officier de police judiciaire a notifié ses droits à l'intéressé dans un délai d'une heure et cinq minutes ce qui est tardif si l'on se réfère à la jurisprudence rendue en la matière qui réserve seulement l'hypothèse de circonstances insurmontables (selon les circonstances, v. Crim. 27 juin 2000, n° 00-80411, rejetant le caractère tardif pour un délai de 15 minutes après l'interpellation. Pour un retard de deux heures en revanche, v. Crim. 31 mai 2007, n° 07-80928). La nécessité de vérifier des informations administratives ne peut constituer une telle circonstance. Le fait qu'il n'y ait pas eu d'audition entre le moment du placement en garde à vue et celui de la notification des droits ne change rien à l'irrégularité (Crim. 10 mai 2000, n° 00-81201). Tout retard injustifié dans la notification porte nécessairement atteinte aux intérêts de la personne concernée (Crim. 30 avr. 1996, *Bull. crim.* n° 182) ;

– enfin, s'agissant du droit à l'assistance d'un avocat, il est certes possible d'y renoncer mais cette renonciation n'est pas définitive. Ainsi l'officier de police judiciaire doit mettre en œuvre le droit à l'avocat dès que le gardé à vue en fait la demande et ce même s'il vient à changer d'avis, en réclamant cette présence alors qu'il y avait initialement renoncé (Crim. 5 nov. 2013, n° 13-82682 : irrégularité des auditions recueillies postérieurement au moment où le gardé à vue a sollicité l'assistance d'un avocat). Une telle violation des droits de la défense porte une fois encore nécessairement atteinte aux intérêts de la personne concernée.

Or précisément en l'espèce cette garde à vue est celle de Gaston, elle n'affecte Michel que dans la mesure où ce dernier a été dénoncé par le premier. Un tiers peut-il se prévaloir de l'irrégularité de la garde à vue d'autrui ?

γ. *L'incidence de l'irrégularité de la garde à vue d'autrui sur la procédure*

La jurisprudence refuse d'admettre que l'on puisse se prévaloir de la nullité d'intérêt privé concernant les droits personnels d'autrui : seule la partie concernée par la violation des droits de la défense peut le faire (jurisprudence constante depuis Crim. 14 févr. 2012, n° 11-84694). Cette jurisprudence, qui s'appuie sur la lettre des articles 171 et 802 du Code de procédure pénale, mentionnant la « partie qu'elle [la nullité] concerne », trouverait une limite en cas de stratagème policier déloyal (v. Crim. 7 juin 2016, n° 15-87.755, *Bull. crim.* n° 174 « en dehors du recours, par les autorités publiques, à un procédé déloyal [...], un mis en examen est irrecevable à contester la régularité de la géolocalisation en temps réel d'un véhicule volé et faussement immatriculé sur lequel il ne peut se prévaloir d'aucun droit ») et, plus largement, ne devrait pas s'appliquer en présence d'une nullité d'ordre public qui, elles, échappent à la preuve de l'intérêt à agir, puisqu'elles sont déconnectées de l'intérêt de la partie concernée.

En l'espèce, Michel ne pourra pas soulever la nullité de la garde à vue de Gaston pour la seule violation des droits de la défense qui lui appartiennent en propre, sa requête serait irrecevable.

Dans l'hypothèse où il parviendrait en revanche à établir que le procureur de la République n'a pas été informé de la garde à vue de Gaston, voire qu'il y aurait eu un stratagème policier afin d'obtenir ses déclarations incriminantes, cette nullité pourrait cette fois-ci être considérée comme d'ordre public et être invoquée par Michel dans sa propre procédure s'il expose en quoi cette irrégularité a porté atteinte à ses intérêts (C. pr. pén., art. 802). Les déclarations de Gaston pourraient alors être écartées des débats et le tribunal ne pourrait pas s'y référer, ce qui ne serait cependant pas forcément déterminant pour la suite de la procédure, Michel ayant reconnu sa culpabilité et d'autres indices existant sans doute dans le dossier (qui ont conduit à le soupçonner). Il devra soulever l'exception de nullité avant toute défense au fond, conformément à l'article 385 du Code de procédure pénale.

Dans tous les cas, il pourra chercher à contester ou à contredire au fond le contenu des accusations de Gaston.

II/ Le vol des téléphones

Il convient d'examiner la régularité de la fouille intervenue dans le cadre du contrôle d'identité (A) avant de s'assurer qu'une exception de nullité peut encore être soulevée sur ce point (B).

A – Le contrôle d'identité et la fouille de la sacoche

La fouille de la sacoche a suivi un contrôle d'identité.

L'article 78-2 du Code de procédure pénale prévoit les diverses justifications possibles d'un contrôle d'identité que peut réaliser un officier de police judiciaire, notamment sur une personne qui fait l'objet de recherches ordonnées par une autorité judiciaire ou qui est susceptible de fournir des renseignements utiles à une enquête. En l'occurrence c'était le cas de Michel, le policier ayant cru de bonne foi reconnaître un individu faisant l'objet d'une fiche de recherche. Le contrôle d'identité peut donc paraître régulier.

Au cours d'un contrôle d'identité, une palpation de sécurité peut intervenir mais celle-ci ne s'étend pas à la fouille d'une sacoche (Crim. 23 mars 2016, n° 14-87370). La jurisprudence fait suivre à la fouille des vêtements et bagages le régime d'une perquisition et la légalité de l'opération est alors conditionnée ou bien à l'assentiment de l'intéressé ou bien à l'existence d'une infraction flagrante (il y a d'autres possibilités d'inspection des bagages prévues aux articles 78-2-2 et 78-2-4 mais qui ne correspondent pas à la situation décrite dans l'énoncé, ces textes visant un contrôle préventif avec l'accord du parquet ou de l'intéressé). En l'absence d'indice apparent laissant penser qu'une infraction a pu être commise, la fouille obéit au régime non coercitif de l'enquête préliminaire (Crim., *Isnard*, 22 janv. 1953) de sorte qu'elle est nulle si l'intéressé n'y a pas consenti.

En l'espèce Michel a refusé d'ouvrir sa sacoche et il n'y a pas d'indice apparent d'avoir commis une infraction pouvant justifier la fouille.

La fouille et la saisie des téléphones intervenues au cours du contrôle d'identité ont donc été réalisées de façon irrégulière.

B – La nullité

La nullité doit obéir au régime de l'article 802 du Code de procédure pénale, c'est-à-dire qu'elle doit causer grief à la personne qui l'invoque. Tel est le cas ici. Dans la mesure où le tribunal correctionnel a déjà rendu un jugement sur les faits, la cause de nullité devra avoir été soulevée avant toute défense au fond, conformément à l'art. 385, C. pr. pén.

L'annulation de la fouille pourrait en l'espèce avoir un effet décisif dans la mesure où la nullité s'étend à tous les actes qui trouvent leur support nécessaire dans l'acte nul. Mais il faut que l'annulation ait été soulevée en première instance, faute de quoi, en vertu de l'art. 385, l'exception de nullité sera irrecevable pour la première fois en cause d'appel.

En l'occurrence il y a de fortes chances pour que Michel, qui pouvait légalement se défendre seul, n'ait pas soulevé l'irrégularité de la fouille du sac en première instance (puisque l'énoncé indique qu'il « pensait finalement » que la procédure était illégale), de sorte qu'il est sans doute trop tard pour exciper de la nullité devant la cour d'appel.

10. Le jugement

Nous avons déjà envisagé l'incidence de certains modes de poursuite sur la procédure de jugement des délits et des contraventions. Il nous faut aller plus loin ici et étudier la procédure de droit commun permettant le jugement de chacune des catégories d'infractions – crimes, délits et contraventions – en étudiant la Cour d'assises (I), le tribunal correctionnel (II) et le tribunal de police (III).

I/ La Cour d'assises

La cour d'assises est une juridiction départementale qui siège au chef-lieu du département dont elle emprunte le nom. Elle présente également l'originalité d'être une juridiction intermittente tenant session tous les trois mois. Il nous faut envisager sa compétence (A), sa composition (B), la procédure qui est suivie devant elle (C) et le recours ordinaire pouvant être exercé à l'encontre de ses décisions (D).

A – Compétence

La cour d'assises dispose d'une compétence exclusive pour connaître des crimes, à l'exception de ceux commis par les mineurs, du crime de haute trahison commis par le président de la République (qui relève de la compétence de la haute cour de justice) et des crimes commis par les ministres (qui relève de la compétence de la Cour de justice de la République). En outre, le législateur a institué en certaines matières des cours d'assises spécialisées, qui statuent sans jury. Tel est notamment le cas des crimes commis en matière militaire (C. pr. pén., art. 697), des crimes terroristes (C. pr. pén., art. 706-25), et des crimes consistant en des infractions à la législation sur les stupéfiants (C. pr. pén., art. 706-27).

La compétence de la cour d'assises est définitivement fixée par la décision de mise en accusation (ordonnance ou arrêt de mise en accusation), et ne pourra donc connaître que des infractions qui lui auront été déférées par cette décision. Elle ne sera ainsi pas compétente pour juger de faits qui apparaîtraient au cours des débats et qui ne seraient pas visés dans la décision de mise en accusation. En revanche, la cour d'assises ayant plénitude de juridiction (C. pr. pén., art. 231), elle est compétente pour juger de toutes les infractions qui lui auront été déférées par cette décision, même si celles-ci ne s'avèrent finalement pas revêtir de qualification criminelle. La cour d'assises est en outre compétente pour juger les délits ou contraventions connexes aux crimes dont elle est saisie. La compétence territoriale de la cour d'assises est également déterminée par la décision de mise en accusation. La plénitude de juridiction conférée par la décision de mise en accusation implique que la cour d'assises n'a pas à vérifier sa compétence et que les exceptions d'incompétence sont irrecevables devant elle.

L'expérimentation de la cour criminelle

La loi du 23 mars 2019 ouvre la voie à une expérimentation du jugement de certains crimes en premier ressort par une cour criminelle composée uniquement de magistrats professionnels, afin à la fois de répondre à l'engorgement des cours d'assises et de diminuer les correctionnalisations. Cette cour criminelle est instaurée à titre expérimental, actuellement, dans quinze départements (v. ainsi, arrêté du 25 avr. 2019 relatif à l'expérimentation de la cour criminelle, *JORF* n° 0098 du 26 avr. 2019 ; arrêté du 2 mars 2020 portant extension de l'expérimentation de la cour criminelle, *JORF* n° 0054 du 4 mars 2020 ; arrêté du 2 juill. 2020 portant extension de l'expérimentation de la cour criminelle dans six départements, *JORF* n° 0178 du 22 juill. 2020), pendant une durée de trois ans à compter de la date fixée par cet arrêté, pour le jugement des personnes mises en accusation au plus tard deux ans après cette date. Six mois au moins avant le terme de l'expérimentation, le Gouvernement adressera au Parlement un rapport procédant à son évaluation. L'ensemble des acteurs judiciaires est associé à cette évaluation.
Ainsi, en vertu de l'art. 698-6, C. pr. pén., les personnes majeures accusées d'un crime puni de quinze ans ou de vingt ans de réclusion criminelle, lorsqu'il n'est pas commis en état de récidive légale, sont jugées en premier ressort par la cour criminelle. Cette cour est également compétente pour le jugement des délits connexes. Elle n'est pas compétente s'il existe un ou plusieurs coaccusés ne répondant pas aux conditions prévues au présent alinéa. La cour criminelle, qui siège au même lieu que la cour d'assises, est composée d'un président et de quatre assesseurs, choisis par le premier président de la cour d'appel parmi, pour le président, les présidents de chambres et les conseillers du ressort de la cour d'appel et, pour les assesseurs, les conseillers et les juges de ce ressort. Deux des assesseurs peuvent être des magistrats exerçant à titre temporaire ou des magistrats honoraires exerçant les fonctions juridictionnelles mentionnées à l'article 41-25 de l'ordonnance n° 58-1270 du 22 décembre 1958 portant loi organique relative au statut de la magistrature. Les personnes contre lesquelles il existe à l'issue de l'information des charges suffisantes d'avoir commis, hors récidive, un crime mentionné au premier alinéa du présent II sont, selon les modalités prévues à l'article 181 du Code de procédure pénale, mises en accusation par le juge d'instruction devant la cour criminelle. Le délai d'un an prévu au huitième alinéa du même article 181 est alors réduit à six mois, et il ne peut être procédé qu'à une seule prolongation en application du neuvième alinéa dudit article 181.
Sur proposition du ministère public, l'audiencement de la cour criminelle est fixé par son président ou, à la demande du procureur général, par le premier président de la cour d'appel. La cour criminelle applique les dispositions du titre Ier du livre II du code de procédure pénale sous les réserves suivantes : 1° Il n'est pas tenu compte des dispositions qui font mention du jury ou des jurés ; 2° Les attributions confiées à la cour d'assises sont exercées par la cour criminelle, et celles confiées au président de la cour d'assises sont

►

exercées par le président de la cour criminelle; 3° La section 2 du chapitre III du même titre Ier, l'article 282, la section 1 du chapitre V du titre Ier du livre II, les deuxième et dernier alinéas de l'article 293 et les articles 295 à 305 du même code ne sont pas applicables; 4° Pour l'application des articles 359, 360 et 362 dudit code, les décisions sont prises à la majorité; 5° Les deux derniers alinéas de l'article 347 du même code ne sont pas applicables et la cour criminelle délibère en étant en possession de l'entier dossier de la procédure.
Si la cour criminelle estime, au cours ou à l'issue des débats, que les faits dont elle est saisie constituent un crime puni de trente ans de réclusion criminelle ou de la réclusion criminelle à perpétuité, elle renvoie l'affaire devant la cour d'assises. Si l'accusé comparaissait détenu, il demeure placé en détention provisoire jusqu'à sa comparution devant la cour d'assises; dans le cas contraire, la cour criminelle peut, après avoir entendu le ministère public et les parties ou leurs avocats, décerner, par la même décision, mandat de dépôt ou mandat d'arrêt contre l'accusé.
L'appel des décisions de la cour criminelle est examiné par la cour d'assises dans les conditions prévues au titre Ier du livre II du même code pour l'appel des arrêts rendus par les cours d'assises en premier ressort.

B – Composition

1 • Le ministère public

Les fonctions du ministère public sont exercées par le procureur général ou par ses substituts (C. pr. pén., art. 34 et 39). Toutefois, le procureur général peut déléguer tout magistrat du ministère public du ressort de la cour d'appel auprès d'une cour d'assises instituée dans ce ressort (C. pr. pén., art. 241, al. 2). Les représentants du ministère public ne peuvent, ont l'a vu, jamais être récusés, peu importe qu'ils aient antérieurement requis dans la même affaire. La présence d'un magistrat du ministère public est obligatoire tout du long de l'audience.

2 • La Cour

La cour proprement dite comprend le président et les assesseurs (C. pr. pén., art. 243). Le président de la cour d'assises est soit un président de chambre, soit un conseiller de la cour d'appel (C. pr. pén., art. 244). Il est désigné par l'ordonnance du premier président de la Cour d'appel qui fixe la date d'ouverture des sessions (C. pr. pén., art. 245). Les deux assesseurs sont quant à eux choisis par ordonnance du premier président de la cour d'appel soit parmi les conseillers de la Cour d'appel, soit parmi les présidents, vice-présidents, ou juges du tribunal judiciaire du lieu de la tenue des assises (C. pr. pén., art. 249, al. 1er et 250). La loi du 23 mars 2019 a en outre permis que l'un des assesseurs puisse être un magistrat honoraire exerçant les fonctions juridictionnelles mentionnées à l'article 41-25 de l'ordonnance n° 58-1270 du 22 décembre 1958 (C. pr. pén., art. 249, al. 2). Il peut leur être adjoint un ou plusieurs assesseurs supplémentaires si la durée ou l'importance de la session rendent cette mesure nécessaire. Ces derniers siègent aux audiences mais ne prennent part aux délibérations qu'en cas d'empêchement d'un assesseur titulaire (C. pr. pén., art. 248, al. 2 et 3). En tout état de cause, les magistrats qui, dans l'affaire soumise à la cour d'assises, ont, soit fait un acte de poursuite ou d'instruction, soit participé à l'arrêt de mise en accusation ou à une décision sur le fond relative à la culpabilité de l'accusé ne peuvent faire partie de la cour (C. pr. pén., art. 253). Outre les incompatibilités visées par l'art. 253, existent toutes les causes classiques d'incompatibilité ou de récusation des magistrats du siège visées à l'art. 668, C. pr. pén.

3 • Le jury

Les citoyens âgés de plus de 23 ans, sachant lire et écrire en français, jouissant des droits politiques, civils et de famille, et ne se trouvant dans aucun cas d'incapacité ou d'incompatibilité énumérés aux art. 256 et 257, C. pr. pén., peuvent remplir les fonctions de juré. Parmi ces personnes, plusieurs catégories d'individus énumérés par l'art. 258, C. pr. pén., sont susceptibles d'être dispensés de siéger comme juré.

Le jury d'assises est composé de citoyens désignés suivant une procédure rigoureusement décrite par le législateur aux art. 259 et s., C. pr. pén. Une liste du jury criminel est établie annuellement dans le ressort de chaque cour d'assises. Elle comprend un juré pour 1 300 habitants, nombre pouvant toutefois être revu à la hausse par arrêté du ministre de la Justice. Le nombre des jurés pour la liste annuelle est réparti par communes au prorata de leur population par arrêté préfectoral. Cette liste annuelle est élaborée comme suit : dans chaque commune, le maire tire au sort publiquement à partir de la liste électorale un nombre de noms triple de celui fixé par l'arrêté préfectoral pour la circonscription. Le résultat de ce tirage au sort permet de dresser une liste préparatoire au sein de chaque commune. Le maire avertit les personnes tirées au sort et les informe qu'elles ont la possibilité de solliciter une dispense sur le fondement de l'art. 258, C. pr. pén. Une commission au siège de chaque cour d'assises dresse à partir des listes préparatoires communales la liste annuelle des jurés. Cette commission est composée du président de la juridiction où siège la cour d'assises, qui la préside, de trois magistrats du siège, d'un magistrat du ministère public, du bâtonnier de l'ordre des avocats de la juridiction, ainsi que de cinq conseillers généraux. Elle exclut les personnes qui ne remplissent pas les conditions d'aptitude légale ou qui présentent des incompatibilités et statue sur les demandes de dispense. La liste annuelle s'établit ensuite par tirage au sort parmi les noms qui n'ont pas été exclus. Elle est définitivement arrêtée dans l'ordre du tirage au sort, et déposée au secrétariat-greffe de la juridiction siège de la cour d'assises. Dans les mêmes conditions, la commission dresse également une liste spéciale de jurés suppléants.

La liste de session est ensuite constituée trimestriellement à partir de la liste annuelle pour chaque session de la cour d'assises : trente jours au moins avant l'ouverture des assises, le président de la juridiction siège de la cour d'assises, tire au sort en audience publique, sur la liste annuelle, les noms de 35 jurés qui forment la liste de session. Il est tiré en outre les noms de douze jurés suppléants sur la liste spéciale. Si parmi ces noms figurent des personnes décédées, qui présentent des incompatibilités, qui ont été dispensées, ou qui se révèlent être conjoints, parents ou alliés d'un membre de la cour ou de l'un des jurés inscrits avant lui, elles sont remplacées par un ou plusieurs autres jurés désignés par le sort. Quinze jours au moins avant l'ouverture de la session, le greffier de la cour d'assises convoque, par courrier, chacun des jurés titulaires et suppléants. Les citoyens requis sont tenus d'y répondre sous peine d'être condamné à l'amende prévue par l'art. 288, C. pr. pén.

C – Procédure

1 • La phase préparatoire aux sessions d'assises

Le législateur décrit des actes obligatoires (a) et les actes facultatifs (b) à la préparation des sessions d'assises.

a. Les actes obligatoires

Dès que la décision de mise en accusation est devenue définitive l'accusé rencontre le président de la cour d'assises, qui l'interroge sur son identité, s'assure qu'il a reçu notification de la décision de mise en accusation, et l'invite à choisir un avocat (C. pr. pén., art. 273 et 274). Si l'accusé n'en choisit pas, le président lui en désigne un d'office. Les débats ne peuvent s'ouvrir moins de cinq jours après cet interrogatoire (C. pr. pén., art. 277). Durant cette période, l'accusé communique librement avec son avocat qui a accès au dossier de la procédure. Il est par ailleurs délivré aux accusés et parties civiles copie des PV constatant l'infraction, des déclarations écrites des témoins et des rapports d'expertise.

Au plus tard l'avant-veille de l'ouverture des débats, la liste des jurés de session est signifiée à l'accusé (C. pr. pén., art. 282). Ministère public, partie civile et accusé se signifient mutuellement la liste des personnes qu'ils désirent faire entendre en qualité de témoins et les noms des experts appelés à rendre compte de leurs travaux au plus tard, respectivement, un mois et un mois et dix jours avant l'ouverture des débats (C. pr. pén., art. 282, dans sa rédaction issue de la loi du 23 mars 2019).

b. Les actes facultatifs

Le président peut, si l'instruction lui semble incomplète ou si des éléments nouveaux ont été révélés depuis sa clôture, ordonner tous les actes d'information qu'il estime utiles (C. pr. pén., art. 283). Il y est procédé soit par le président, soit par un de ses assesseurs soit par un juge d'instruction qu'il délègue à cette fin. Les actes d'instruction ordonnés dans le cadre du supplément d'information obéissent strictement aux règles de droit commun de l'instruction préparatoire. Les procès-verbaux et autres pièces ou documents réunis au cours du supplément d'information sont déposés au greffe et joints au dossier de la procédure. Ils sont mis à la disposition du ministère public et des parties. Si l'affaire ne lui paraît pas en état d'être jugée, le président peut, soit d'office, soit sur réquisition du ministère public, ordonner le renvoi à une session ultérieure (C. pr. pén., art. 287).

2 • L'ouverture du procès

Au jour indiqué pour chaque affaire, la cour prend séance et fait introduire l'accusé. Le jury de jugement est alors formé en audience publique (C. pr. pén., art. 293). Il est composé de six jurés lorsque la cour d'assises statue en premier ressort (neuf antérieurement à la loi du 10 août 2011) et de neuf jurés lorsqu'elle statue en appel (douze avant la loi du 10 août 2011). L'accusé ou son avocat d'abord, le ministère public ensuite, récusent, parmi les 35 jurés présents, ceux qu'ils souhaitent ne pas voir siéger. Lorsque la cour d'assises statue en premier ressort, l'accusé ne peut récuser plus de quatre jurés et le ministère public plus de trois. Lorsqu'elle statue en appel, l'accusé ne peut récuser plus de cinq jurés, le ministère public plus de quatre. C'est au moment où le président tire au sort l'un après l'autre les noms des jurés, que doit s'exercer le droit de récusation. Le greffier dresse procès-verbal des opérations de formation du jury de jugement. Le président adresse alors aux jurés le célèbre discours fixé par l'art. 304, C. pr. pén. Chacun des jurés répond en levant la main : « Je le jure ». Ces formalités accomplies, le président déclare le jury définitivement constitué.

Dès que le jury de jugement a été constitué et avant l'ouverture des débats, l'exception tirée d'une nullité autre que celles déjà purgées et entachant la procédure qui précède l'ouverture des débats doit, à peine de forclusion, être soulevée (C. pr. pén., art. 305-1). L'exception est jugée par arrêt incident motivé, le ministère public entendu, la défense en ses observations et l'accusé ayant la parole en dernier. La cour peut soit rejeter l'incident et passer outre en poursuivant l'audience, soit prononcer l'annulation de la procédure et renvoyer l'affaire à une session ultérieure si l'irrégularité n'est pas réparable.

3 • Les débats

L'art. 306, C. pr. pén., pose le principe de la publicité des débats, qui s'impose de l'ouverture de l'audience jusqu'au verdict criminel et l'arrêt sur intérêts civils. La cour peut toutefois ordonner le huis clos, par arrêt rendu en audience publique, lorsqu'elle estime la publicité dangereuse pour l'ordre ou pour les mœurs et si la victime ne s'y oppose pas. En outre, le huis clos est de droit lorsque les poursuites sont exercées du chef de viol ou de tortures et actes de barbarie accompagnés d'agressions sexuelles et que la victime partie civile le demande. D'une façon générale, le huis clos s'applique à toutes les personnes étrangères à l'affaire. La cour peut toutefois exclure souverainement du huis clos certaines personnes qu'elle désigne.

L'article 307, C. pr. pén., pose le principe de la continuité des débats : les débats doivent se dérouler de manière continue jusqu'à ce que la cause soit terminée par l'arrêt de la cour d'assises. Ils peuvent toutefois être suspendus de manière discrétionnaire par le président pendant le temps nécessaire au repos des juges, de l'accusé et de la partie civile.

L'oralité des débats a toujours été affirmée comme principe essentiel du procès criminel, car c'est non d'après les pièces de la procédure, mais par le débat que se forme la conviction des jurés.

L'accusé comparaît libre et seulement accompagné de gardes pour l'empêcher de s'évader (C. pr. pén., art. 318). Pendant le déroulement de l'audience, la cour peut, sur réquisition du ministère public, décerner mandat de dépôt ou d'arrêt si l'accusé se soustrait aux obligations du CJ ou s'il apparaît que la détention est l'unique moyen d'assurer sa présence ou d'empêcher des pressions sur les victimes ou les témoins. Dès le début de l'audience, la cour peut aussi, sur les réquisitions du ministère public, ordonner le placement de l'accusé sous CJ. À tout moment, la personne peut demander sa mise en liberté à la cour.

Le président a la police de l'audience et la direction des débats (C. pr. pén., art. 309). Il rejette tout ce qui tendrait à compromettre leur dignité ou à les prolonger inutilement. Il peut ordonner l'expulsion de ceux qui en troublent l'ordre de la salle d'audience.

Les assesseurs et les jurés peuvent poser des questions aux accusés et aux témoins en demandant la parole au président, sans manifester leur opinion (C. pr. pén., art. 311). Le ministère public, les avocats des parties, l'accusé et la partie civile peuvent poser des questions à l'accusé, à la partie civile, aux témoins et à toutes les personnes appelées à la barre, en demandant la parole au président (C. pr. pén., art. 312). Le président ordonne à l'huissier de faire l'appel des témoins cités par le ministère public, par l'accusé et la partie civile dont les noms ont été signifiés. Lorsqu'un témoin cité ne comparaît pas, la cour peut ordonner que ce témoin soit immédiatement amené par la force publique, ou renvoyer l'affaire à la prochaine session (C. pr. pén., art. 326). Les témoins déposent dans l'ordre établi par le président. Avant de commencer leur déposition, ils prêtent le serment « de parler sans haine et sans crainte, de dire toute la vérité, rien que la vérité » (C. pr. pén., art. 331, al. 3). La loi du 23 mars 2019 a précisé que les témoins ne sont pas tenus de faire part de leur intime conviction concernant la culpabilité de l'accusé (C. pr. pén., art. 331, dern. al.) et a supprimé l'interdiction d'interrompre ceux-ci (C. pr. pén., art. 332, al. 3 : « Lorsque cela lui paraît nécessaire à la clarté et au bon déroulement des débats, le président peut interrompre les déclarations d'un témoin ou lui poser directement des questions sans attendre la fin de sa déposition »). Certains témoins ne peuvent toutefois jamais être entendus sous serment : les ascendants, descendants, alliés ou conjoint de l'accusé ou de la partie civile; les mineurs de moins de 16 ans (C. pr. pén., art. 335). L'audition des témoins ne doit pas être interrompue; ils ne sont questionnés qu'à l'issue de leur déposition. Le ministère public et les parties peuvent s'opposer à l'audition d'un témoin dont le nom ne leur aurait pas ou mal été signifié. La cour statue sur cette opposition. Si elle est reconnue fondée, ces témoins peuvent être entendus à titre de renseignements, en vertu du pouvoir discrétionnaire du président. Le président est en outre investi d'un pouvoir discrétionnaire en vertu duquel il peut prendre toutes mesures qu'il croit utiles pour découvrir la vérité. Ainsi, il peut au cours des débats appeler, au besoin par mandat d'amener, et entendre toutes personnes ou se faire apporter toutes nouvelles pièces qui lui paraissent utiles à la manifestation de la vérité. Les témoins ainsi appelés ne prêtent pas serment et leurs déclarations ne sont considérées que comme renseignements.

Une fois l'instruction à l'audience terminée la partie civile ou son avocat est entendu, le ministère public prend ses réquisitions, puis l'accusé et son avocat présentent leur défense. La réplique est permise à la partie civile et au ministère public, mais l'accusé ou son avocat auront toujours la parole les derniers. Le président déclare les débats terminés, et donne lecture des questions auxquelles la cour et le jury ont à répondre. Les questions sont posées de la manière suivante : « L'accusé est-il coupable d'avoir commis tel fait ? » pour chaque fait spécifié. Chaque circonstance aggravante ou cause légale d'exemption ou de diminution de peine fait l'objet d'une question distincte. Lorsqu'est invoquée l'existence d'une cause d'irresponsabilité pénale, chaque fait spécifié dans le dispositif de la décision de mise en accusation fait l'objet de deux questions : « 1° L'accusé a-t-il commis tel fait ? » ; « 2° L'accusé bénéficie-t-il pour ce fait de la cause d'irresponsabilité pénale prévue par... ? ». Avant que la cour d'assises se retire, le président donne lecture de l'instruction suivante : « La loi ne demande pas compte aux juges des moyens par lesquels ils se sont convaincus, elle ne leur prescrit pas de règles desquelles ils doivent faire particulièrement dépendre la plénitude et la suffisance d'une preuve ; elle leur prescrit de s'interroger eux-mêmes dans le silence et le recueillement et de chercher, dans la sincérité de leur conscience, quelle impression ont fait, sur leur raison, les preuves rapportées contre l'accusé, et les moyens de sa défense. La loi ne leur fait que cette seule question, qui renferme toute la mesure de leurs devoirs : "Avez-vous une intime conviction ?" ». Le président fait retirer l'accusé de la salle d'audience et déclare l'audience suspendue.

4 • Le jugement

a. La délibération de la Cour d'assises

La cour et le jury délibèrent en commun et ils ne peuvent sortir de la chambre des délibérations qu'après avoir pris leur décision. Ils votent par bulletins écrits et par scrutins distincts et successifs, sur le fait principal d'abord, et s'il y a lieu, sur les causes d'irresponsabilité pénale, sur chacune des circonstances aggravantes, sur les questions subsidiaires et sur chacun des faits constituant une cause légale d'exemption ou de diminution de la peine. Le président dépouille chaque scrutin en présence des membres de la cour et du jury. Il constate sur-le-champ le résultat du vote. Les bulletins blancs ou nuls, sont comptés comme favorables à l'accusé. Toute décision défavorable à l'accusé se forme à la majorité de six voix au moins lorsque la cour statue en premier ressort et de huit voix au moins en appel (C. pr. pén., art. 359). En cas de réponse affirmative sur la culpabilité, le président donne lecture aux jurés des dispositions des art. 132-18 et 132-24, C. pén. La cour d'assises délibère alors sur l'application de la peine. La décision sur la peine se forme à la majorité absolue des votants. Toutefois, le maximum de la peine privative de liberté encourue ne peut être prononcé qu'à la majorité qualifiée de six voix au moins en premier ressort et de huit voix au moins en appel. Si le maximum encouru n'a pas été prononcé à cette majorité qualifiée, il ne peut être prononcé une peine supérieure à trente années de réclusion criminelle lorsque la peine encourue est la réclusion à perpétuité et une peine supérieure à vingt ans de réclusion criminelle lorsque la peine encourue est de trente ans de réclusion criminelle. Si, après deux tours de scrutin, aucune peine n'a réuni la majorité des suffrages, il est procédé à un troisième tour au cours duquel la peine la plus forte proposée au tour précédent est écartée. Si, à ce troisième tour, aucune peine n'a encore obtenu la majorité absolue des votes, soit sept voix en premier ressort et huit en appel, il est procédé à un quatrième tour et ainsi de suite en continuant d'éliminer la peine la plus forte, jusqu'à ce qu'une peine soit prononcée. Dans tous les cas, la cour d'assises délibère également sur les peines accessoires ou complémentaires (C. pr. pén., art. 362).

b. La décision sur l'action publique

Une fois la cour d'assises rentrée en salle d'audience, le président fait comparaître l'accusé, donne lecture des réponses, et prononce l'arrêt portant condamnation, absolution ou acquittement. Si l'accusé est exempté de peine ou acquitté, s'il est condamné à une peine autre qu'une peine ferme privative de liberté, ou s'il est condamné à une peine ferme privative de liberté couverte par la détention provisoire, il est mis immédiatement en liberté. Dans les autres cas, tant que l'arrêt n'est pas définitif et, le cas échéant, pendant l'instance d'appel, le mandat de dépôt délivré contre l'accusé continue de produire ses effets ou la cour décerne mandat de dépôt contre l'accusé, jusqu'à ce que la durée de détention ait atteint celle de la peine prononcée, sans préjudice pour l'accusé de son droit à demander sa mise en liberté.

Le renouveau de la motivation des décisions de condamnation

Au début de l'année 2017, la chambre criminelle de la Cour de cassation a imposé la motivation des peines en matière correctionnelle par une formule innovante mais générale. La jurisprudence avait longtemps retenu le principe suivant lequel, « hormis les cas expressément prévus par la loi, les juges ne sont pas tenus de motiver spécialement le choix de la sanction qu'ils appliquent dans les limites légales » (par ex. Crim. 2 déc. 2008, n° 08-83666 ; Crim. 27 oct. 2015, n° 14-87571).

Or par deux arrêts rendus le 1er février 2017, la chambre criminelle a déduit des art. 132-1, C. pén., et 485, C. pr. pén., qu'« [...] en matière correctionnelle toute peine doit être motivée au regard de la gravité des faits, de la personnalité de leur auteur et de sa situation personnelle ». De ces arrêts, il découle, qu'en matière correctionnelle au moins, le juge qui prononce une peine doit désormais en donner les raisons. Il s'agit là d'une obligation de motivation générale qui s'ajoute aux obligations de motivation spéciale prévues par la loi en matière d'emprisonnement ferme (C. pén., art. 132-19, al. 2 et 3), d'interdiction du territoire (C. pén., art. 131-30-1) et de renouvellement du suivi socio judiciaire (C. pén., art. 131-36-1). L'objectif est de rendre effectif l'art. 132-1, al. 3, C. pén., selon lequel : « dans les limites fixées par la loi, la juridiction détermine la nature, le quantum et le régime des peines prononcées en fonction des circonstances de l'infraction et de la personnalité de son auteur ainsi que de sa situation matérielle, familiale et sociale, conformément aux finalités et fonctions de la peine, énoncées à l'article 130-1 ». Désormais, en matière correctionnelle, toutes les peines doivent donc être motivées.

En revanche, au visa de l'art. 365-1, C. pr. pén., la Cour de cassation avait jugé, dans une série d'arrêt en date des 8 févr. 2017 (n° 15-86914, n° 16-80389, n° 16-80391), 11 mai 2017 (n° 16-83327), et 28 juin 2017 (n° 16-85904) qu'« en cas de condamnation par la cour d'assises, la motivation consiste dans l'énoncé des principaux éléments à charge qui l'ont convaincue de la culpabilité de l'accusé » et « qu'en l'absence d'autre disposition légale le prévoyant, la cour et le jury ne doivent pas motiver le choix de la peine qu'ils prononcent dans les conditions définies à l'article 362 du même code ». Les termes de l'art. 365-1 imposaient la motivation de la culpabilité mais excluaient la motivation des peines prononcées par une cour d'assises. Quelles que soient les spécificités de la matière criminelle, cette différence de traitement constituait, sinon une rupture d'égalité entre condamnés, du moins une incohérence manifeste au regard des exigences d'individualisation de la peine.

Après avoir refusé de renvoyer une première question prioritaire de constitutionnalité sur la motivation de la peine en matière criminelle, la Cour de cassation s'est ravisée, dans une décision du 13 décembre 2017 (n° 17-82086, 17-82237, 17-82858). Le Conseil constitutionnel va juger, dans sa décision QPC du 2 mars 2018, que, « en n'imposant pas à la cour d'assises de motiver le choix de la peine, le législateur a méconnu les exigences tirées des articles 7, 8 et 9 de la Déclaration de 1789 » (Cons. const. 2 mars 2018, décis. n° 2017-694 QPC, § 10). Est ainsi consacrée l'obligation constitutionnelle de motivation des peines. Cette obligation, consacrée par la Cour de cassation pour la seule matière correctionnelle, est désormais étendue à la matière criminelle et se voit revêtue d'une valeur constitutionnelle. En outre, telle qu'elle est formulée, l'obligation de motivation est générale et s'applique à toutes les peines : dans son considérant n° 8, la décision du conseil précise qu'« il ressort

►

des articles 7, 8 et 9 de la Déclaration des droits de l'homme et du citoyen de 1789 qu'il appartient au législateur, dans l'exercice de sa compétence, de fixer des règles de droit pénal et de procédure pénale de nature à exclure l'arbitraire dans la recherche des auteurs d'infractions, le jugement des personnes poursuivies ainsi que dans le prononcé et l'exécution des peines. Le principe d'individualisation des peines, qui découle de l'article 8 de cette déclaration, implique qu'une sanction pénale ne puisse être appliquée que si le juge l'a expressément prononcée, en tenant compte des circonstances propres à chaque espèce. Ces exigences constitutionnelles imposent la motivation des jugements et arrêts de condamnation, pour la culpabilité comme pour la peine ». Le Conseil constitutionnel reporta toutefois les effets de sa décision d'abrogation au 1er mars 2019.
La loi du 23 mars 2019 vient en conséquence d'adopter une nouvelle rédaction de l'article 365-1, C. pr. pén., qui a vocation à s'appliquer de manière rétroactive au 1er mars 2019.
En vertu de cette nouvelle rédaction :
« Le président ou l'un des magistrats assesseurs par lui désigné rédige la motivation de l'arrêt.
En cas de condamnation, la motivation consiste dans l'énoncé des principaux éléments à charge qui, pour chacun des faits reprochés à l'accusé, ont convaincu la cour d'assises et qui ont été exposés au cours des délibérations menées par la cour et le jury en application de l'article 356, préalablement aux votes sur les questions. La motivation consiste également dans l'énoncé des principaux éléments ayant convaincu la cour d'assises dans le choix de la peine, au vu des éléments exposés au cours de la délibération prévue à l'article 362. L'application des dispositions du troisième alinéa de l'article 706-53-13 est également motivée. La motivation des peines complémentaires obligatoires, de la peine de confiscation du produit ou de l'objet de l'infraction ou des obligations particulières du sursis probatoire n'est pas nécessaire.
Lorsqu'en raison de la particulière complexité de l'affaire, liée au nombre des accusés ou des crimes qui leur sont reprochés, il n'est pas possible de rédiger immédiatement la feuille de motivation, celle-ci doit alors être rédigée, versée au dossier et déposée au greffe de la cour d'assises au plus tard dans un délai de trois jours à compter du prononcé de la décision ».

c. La décision sur l'action civile

Après que la cour d'assises s'est prononcée sur l'action publique, la cour, sans l'assistance du jury, statue sur les demandes en dommages-intérêts après que les parties et le ministre public aient été entendus (C. pr. pén., art. 371). La partie civile, dans le cas d'acquittement comme dans celui d'exemption peine, peut demander réparation du dommage résultant de la faute de l'accusé, telle qu'elle résulte des faits qui sont l'objet de l'accusation (C. pr. pén., art. 372). La loi du 23 mars 2019 a ajouté un nouvel art. 371-1 au code prévoyant que la cour peut mettre en délibéré sa décision sur l'action civile et peut également, après avoir recueilli les observations des parties, renvoyer cette décision à une audience ultérieure dont elle fixe la date. Ce renvoi est de droit à la demande des parties civiles. L'audience sur les intérêts civils a lieu au tribunal judiciaire dans le ressort duquel se sont tenues les assises. Sauf si la partie civile ou l'accusé a sollicité lors du renvoi le bénéfice de la collégialité, le président de la cour d'assises statue seul. L'audience est publique. La présence du ministère public n'est pas obligatoire.

D – Appel des décisions rendues par la cour d'assises en premier ressort

Les arrêts de condamnation rendus par la cour d'assises en premier ressort peuvent faire l'objet d'un appel depuis la loi du 15 juin 2000. Cet appel est porté devant une autre cour d'assises, dont le jury comporte 9 jurés (ils étaient au nombre de 12 avant la loi du 10 août 2011), désignée par la chambre criminelle de la Cour de cassation, et qui procède au réexamen de l'affaire.

- **Appel sur l'action publique** : s'agissant des arrêts de condamnation, le droit d'appel principal n'appartient qu'à l'accusé et au ministère public. Le ministère public dispose en outre d'un droit d'appel incident en cas d'appel principal de l'accusé. La partie civile ou civilement responsable ne peut relever appel des arrêts de condamnation. S'agissant des arrêts d'acquittement, le droit d'appel est ouvert au seul ministère public et le législateur réserve l'exercice de ce droit uniquement au procureur général. La cour d'assises statuant en appel sur l'action publique ne peut, sur le seul appel de l'accusé, aggraver le sort de ce dernier. Pendant les délais d'appel et durant l'instance d'appel, il est sursis à l'exécution de l'arrêt sur l'action publique. Toutefois, le mandat de dépôt continue de produire ses effets à l'encontre de la personne condamnée à une peine privative de liberté.
- **Appel sur l'action civile** : l'appel est ici ouvert à toutes les parties, à l'exclusion du ministère public. Lorsque la cour d'assises n'est saisie que de l'appel sur l'action civile, l'appel est porté devant la chambre des appels correctionnels. L'appelant ne peut voir son sort aggravé sur son seul appel. La partie civile ne peut formuler une nouvelle demande en appel. Pendant les délais d'appel et durant l'instance d'appel, il est sursis à l'exécution de l'arrêt sur l'action civile.

Dans tous les cas, l'appel doit être interjeté dans le délai de dix jours à compter du prononcé de l'arrêt. En cas d'appel d'une partie les autres parties ont un délai supplémentaire de cinq jours pour interjeter appel. La déclaration d'appel doit être faite au greffe de la cour d'assises qui a rendu la décision attaquée. Lorsque l'appelant est détenu, l'appel peut être fait au moyen d'une déclaration auprès du chef de l'établissement pénitentiaire. Dès que l'appel a été enregistré, le ministère public adresse sans délai au greffe de la chambre criminelle de la Cour de cassation, avec ses observations éventuelles, la décision attaquée et, le cas échéant, le dossier de la procédure. Dans le mois qui suit la réception de l'appel, la chambre criminelle, après avoir recueilli les observations écrites du ministère public et des parties ou de leurs avocats, désigne la cour d'assises chargée de statuer en appel.

II/ Le tribunal correctionnel

Nous envisagerons la compétence et la composition du tribunal correctionnel (A), la procédure suivie devant celui-ci (B) et le jugement rendu par cette juridiction (C) et l'appel contre cette décision (D).

A – Compétence et composition

• **Compétence** : le tribunal correctionnel compétent est celui du lieu de l'infraction, de la résidence du prévenu ou celui du lieu d'arrestation ou de détention de ce dernier (C. pr. pén., art. 382, al. 1er). La compétence du tribunal correctionnel s'étend aux délits et contraventions indivisibles ou connexes à l'infraction déférée (C. pr. pén., art. 382, al. 3). De même, la compétence à l'égard d'un prévenu s'étend à tous coauteurs et complices (C. pr. pén., art. 383). Le tribunal correctionnel a en outre qualité pour constater les nullités des procédures qui lui sont soumises sauf lorsqu'il est saisi par le renvoi ordonné par le juge d'instruction ou la chambre de l'instruction, les nullités étant dans ce cas purgées. Les exceptions de nullité doivent être soulevées *in limine litis* (C. pr. pén., art. 384).

À la demande des parties ou d'office, le tribunal peut commettre par jugement l'un de ses membres ou l'un des juges d'instruction de la juridiction désignée pour procéder à un supplément d'information (C. pr. pén., art. 388-5). Il peut en outre placer ou maintenir le prévenu sous CJ. Par ailleurs, dans l'hypothèse d'une CI, il peut décider de placer ou de maintenir le prévenu en détention provisoire par décision spécialement motivée au regard de l'art. 144, C. pr. pén. Lorsque le prévenu est en DP, le jugement au fond doit être rendu dans les deux mois qui suivent le jour de sa première comparution devant le tribunal. Lorsque la peine encourue est supérieure à sept ans d'emprisonnement, la DP est portée à quatre mois. Faute de décision au fond à l'expiration de ce délai, il est mis d'office en liberté.

• **Composition** : le tribunal correctionnel est composé d'un président et de deux juges (C. pr. pén., art. 398). Toutefois, l'art. 398-1, C. pr. pén., dresse une liste de délits pouvant être jugés à juge unique. Les magistrats appelés à statuer sont désignés par le président du tribunal judiciaire. Les fonctions du ministère public sont exercées par le procureur de la République ou l'un de ses substituts (C. pr. pén., art. 398-3).

B – La procédure

Les audiences du tribunal correctionnel sont en principe publiques. Toutefois, le tribunal peut, si la publicité est dangereuse pour l'ordre, la sérénité des débats, la dignité de la personne ou les intérêts d'un tiers, ordonner que les débats aient lieu à huis clos (C. pr. pén., art. 400). Le président assure la police de l'audience et la direction des débats. Lorsque l'un des assistants trouble l'ordre de quelque manière que ce soit, le président peut ordonner son expulsion de la salle d'audience (C. pr. pén., art. 401 et 404).

Le président ou l'un des assesseurs constate l'identité du prévenu et donne connaissance de l'acte qui a saisi le tribunal (C. pr. pén., art. 406). Le prévenu doit comparaître. Lorsque le prévenu ne comparaît pas et que la peine qu'il encourt est égale ou supérieure à deux années d'emprisonnement, le tribunal peut ordonner le renvoi de l'affaire et, par décision spéciale et motivée, décerner mandat d'amener ou mandat d'arrêt (C. pr. pén., art. 410-1). Le prévenu a la faculté de se faire assister par un défenseur, le cas échéant commis d'office par le président.

Toute personne qui prétend avoir été lésée par un délit, peut, si elle ne l'a déjà fait, se constituer partie civile à l'audience même (C. pr. pén., art. 418). La déclaration de partie civile doit alors, à peine d'irrecevabilité, être faite avant les réquisitions du ministère public sur le fond. Le ministère d'un avocat n'est pas obligatoire. Elle peut également se constituer partie civile par lettre recommandée avec avis de réception ou par télécopie parvenue au tribunal vingt-quatre heures au moins avant la date de l'audience (C. pr. pén., art. 420-1). La partie civile n'est pas tenue de comparaître. Dans tous les cas, le tribunal apprécie la recevabilité de la constitution de partie civile.

Avant de procéder à l'audition des témoins, le président interroge le prévenu et reçoit ses déclarations. Le ministère public, les avocats des parties, le prévenu et la partie civile peuvent poser directement des questions à toute personne appelée à la barre, en demandant la parole au président. Les témoins produits par les parties poursuivantes sont entendus les premiers. Avant de commencer leur déposition, les témoins prêtent le serment de dire toute la vérité, rien que la vérité. Après chaque déposition, le président, le ministère public et les parties posent au témoin les questions qu'ils jugent nécessaires. Le tribunal peut ordonner qu'il soit procédé à des expertises ainsi qu'à tous transports utiles en vue de la manifestation de la vérité. Les parties et leurs avocats sont appelés à y assister.

Une fois l'instruction à l'audience terminée, la partie civile est entendue, le ministère public prend ses réquisitions, et le prévenu présente sa défense. La partie civile et le ministère public peuvent répliquer. Cependant, le prévenu ou son avocat ont toujours la parole les derniers.

Le défaut

La loi du 9 mars 2004 a réformé la procédure de jugement par contumace, de manière à la rendre conforme aux exigences européennes. Le nouveau dispositif invite à distinguer suivant que le jugement par défaut intervient en matière correctionnelle ou en matière criminelle.

En matière correctionnelle (C. pr. pén., art. 487 s.), il faut distinguer :

– *soit le prévenu a désigné un avocat par mandat écrit* : la loi du 9 mars 2004 a généralisé la possibilité pour un prévenu absent des débats d'être représenté par un avocat en lui donnant un mandat exprès en ce sens (C. pr. pén., art. 411). Désormais, quelle que soit la peine

►

encourue, le prévenu peut demander à être jugé en son absence en étant représenté au cours de l'audience par un avocat. L'avocat peut alors intervenir au cours des débats, et il est entendu dans sa plaidoirie. Le prévenu est dans ce cas réputé jugé contradictoirement. Si le tribunal estime la comparution personnelle du prévenu nécessaire, il peut renvoyer l'affaire à une audience ultérieure en ordonnant cette comparution. Le prévenu qui ne répondrait pas à cette nouvelle citation peut être jugé contradictoirement si son avocat est présent. Le tribunal peut également, le cas échéant, après avoir entendu les observations de l'avocat, renvoyer à nouveau l'affaire en décernant un mandat d'arrêt ou un mandat d'amener. Si l'avocat du prévenu, qui a demandé à être représenté en son absence, n'est pas présent au cours de l'audience, le prévenu est, sauf renvoi de l'affaire, jugé par jugement contradictoire à signifier. Le délai d'appel ne court dans ce cas qu'à compter de la signification du jugement;

– *soit le prévenu n'a pas désigné d'avocat par mandat écrit* : s'il n'est pas établi que le prévenu a eu connaissance de la citation et que le prévenu ne comparaît pas, le jugement est rendu par défaut. Cependant, si un avocat se présente pour assurer la défense du prévenu (sans mandat), il doit être entendu s'il en fait la demande. Le jugement est alors contradictoire à signifier. Ici aussi, le tribunal peut, s'il l'estime nécessaire, renvoyer l'affaire à une audience ultérieure, en décernant un mandat d'amener ou un mandat d'arrêt. Le délai d'appel ne court dans ce cas qu'à compter de la signification du jugement.

En matière criminelle (C. pr. pén., art. 379-2 s.), l'accusé absent sans excuse valable à l'audience de la Cour d'assises est jugé par défaut. Toutefois, la Cour peut décider de renvoyer l'affaire à une session ultérieure, après avoir décerné mandat d'arrêt contre l'accusé. Lorsqu'elle juge un accusé par défaut, la Cour examine l'affaire et statue sur l'accusation sans l'assistance des jurés. Si un avocat est présent pour assurer la défense des intérêts de l'accusé, la procédure se déroule conformément au droit commun. En l'absence d'avocat pour assurer la défense des intérêts de l'accusé, la Cour statue sur l'accusation après avoir entendu la partie civile ou son avocat et les réquisitions du ministère public. Dans les deux hypothèses, en cas de condamnation à une peine ferme privative de liberté, la Cour décerne mandat d'arrêt contre l'accusé. Si l'accusé condamné dans ces conditions se constitue prisonnier ou s'il est arrêté avant que la peine soit éteinte par la prescription, l'arrêt de la cour d'assises est non avenu et il est procédé à un nouvel examen de l'affaire. L'appel n'est jamais ouvert à la personne condamnée par défaut.

C – Le jugement

Le jugement est rendu soit à l'audience même à laquelle ont eu lieu les débats, soit à une date ultérieure, le président informant dans ce cas les parties présentes du jour où le jugement sera prononcé. Le jugement doit contenir des motifs et un dispositif. Les motifs constituent la base de la décision. Le dispositif énonce les infractions dont les personnes citées sont déclarées coupables ou responsables ainsi que la peine, les textes de loi appliqués, et les condamnations civiles. Il est donné lecture du jugement par le président ou par l'un des juges.

Si le tribunal estime que le fait constitue un délit, il prononce la peine et statue, s'il y a lieu, sur l'action civile. Lorsque le prévenu est détenu, le tribunal peut, par décision spéciale et motivée, maintenir la détention. Le mandat continue alors à produire ses effets. Si le prévenu est libre et que la peine prononcée est supérieure à 1 an d'emprisonnement sans sursis, le tribunal peut, par décision spéciale et motivée, décerner mandat de dépôt ou d'arrêt. En revanche, en cas de condamnation d'une personne libre à une peine d'emprisonnement inférieure ou égale à un an ou pour laquelle la durée de détention restant à subir est inférieure ou égale à un an, un avis de convocation à comparaître devant le juge de l'application des peines, dans un délai compris entre 10 et 30 jours, en vue de déterminer les modalités d'exécution de la peine, est remis au condamné.

Si le tribunal juge que les faits méritent une qualification contraventionnelle, il prononce la peine et statue, s'il y a lieu, sur l'action civile. Si le fait déféré au tribunal correctionnel sous la qualification de délit est de nature à entraîner une peine criminelle, le tribunal renvoie le ministère public à se pourvoir ainsi qu'il avisera, sous réserve des dispositions relatives à la correctionnalisation judiciaire (v. *supra*, p. 295). Il peut décerner, par la même décision, mandat de dépôt ou d'arrêt contre le prévenu.

Si le tribunal conclut à la relaxe, les mesures de détention provisoire et de contrôle judiciaire prennent fin. Le tribunal demeure cependant compétent pour statuer sur l'action civile.

D – L'appel

Il est fait appel des jugements du tribunal correctionnel devant la chambre des appels correctionnels de la Cour d'appel (C. pr. pén., art. 496). L'appel peut être interjeté par le prévenu, la personne civilement responsable quant aux intérêts civils seulement, la partie civile, quant à ses intérêts civils seulement, le procureur de la République, les administrations publiques, dans les cas où celles-ci exercent l'action publique, le procureur général près la cour d'appel (C. pr. pén., art. 497). Dans tous les cas, sauf s'agissant de l'appel du Procureur général qui bénéficie d'un délai plus long (vingt jours : C. pr. pén., art. 505), l'appel doit être interjeté dans un délai de dix jours à compter du prononcé du jugement (C. pr. pén., art. 498). En cas d'appel d'une des parties, les autres parties ont un délai supplémentaire de cinq jours pour interjeter appel (C. pr. pén., art. 500). L'affaire est dévolue à la cour d'appel dans la limite fixée par l'acte d'appel et par la qualité de l'appelant. Pendant les délais d'appel et durant l'instance d'appel, il est sursis à l'exécution du jugement.

La chambre des appels correctionnels est composée d'un président de chambre et de deux conseillers. Toutefois, lorsque le jugement a été rendu à juge unique, l'appel le sera aussi. Les fonctions du ministère public sont exercées par le procureur général ou par l'un de ses avocats généraux ou de ses substituts (C. pr. pén., art. 510). L'appel est jugé à l'audience sur le rapport oral d'un conseiller. Le prévenu est interrogé, et les témoins sont entendus selon les règles applicables devant le tribunal correctionnel. Après que l'appelant ou son représentant a sommairement indiqué les motifs de son appel, les parties en cause ont la parole dans le même ordre que celui prévu devant le tribunal correctionnel. Si la cour estime que l'appel n'est pas fondé, elle confirme le jugement attaqué. La cour ne peut, sur le seul appel du prévenu, du civilement responsable, ou de la partie civile, aggraver le sort de l'appelant. La partie civile ne peut, en cause d'appel, former aucune demande nouvelle. Si le jugement est réformé parce que la cour estime qu'il n'y a ni crime, ni délit, ni contravention, ou que le fait n'est pas établi ou qu'il n'est pas imputable au prévenu, elle renvoie celui-ci des fins de la poursuite. Si le jugement est annulé parce que la cour estime que le fait ne constitue qu'une contravention, elle prononce la peine et statue, s'il y a lieu, sur l'action civile. Si le jugement est annulé parce que la cour estime que le fait est de nature à entraîner une peine criminelle, la cour d'appel se déclare incompétente. Elle renvoie le ministère public à se pourvoir ainsi qu'il avisera. Elle peut décerner par la même décision, mandat de dépôt ou d'arrêt contre le prévenu.

III/ Le tribunal de police

Nous envisagerons la compétence et la composition du tribunal de police (A), la procédure suivie devant celui-ci (B) et le jugement rendu par cette juridiction (C).

A – Compétence et composition

La loi du 18 novembre 2016 a réunifié le jugement des contraventions et transféré les audiences du tribunal de police, qui relevait du tribunal d'instance au TGI et donc, désormais, au tribunal judiciaire. Antérieurement, la loi 9 septembre 2002 attribuait compétence au tribunal de police pour le jugement des contraventions de la 5e classe, et aux juridictions de proximité pour le jugement des contraventions des quatre premières classes. Le jugement de ces contraventions retourne donc à la compétence des tribunaux de police, comme en l'état antérieur à la loi du 9 septembre 2002. Est compétent le tribunal de police du lieu de commission ou de constatation de la contravention ou celui de la résidence du prévenu (C. pr. pén., art. 522).

Le tribunal de police est constitué par le juge du tribunal judiciaire, un officier du ministère public, et un greffier. Toutefois, lorsqu'il connaît des contraventions des quatre premières classes, à l'exception de celles déterminées par un décret en Conseil d'État, ainsi que des contraventions de la 5e classe relevant de la procédure de l'amende forfaitaire, le tribunal de police peut être constitué par un magistrat exerçant à titre temporaire (C. pr. pén., art. 523, al. 2).

B – Procédure

Le tribunal de police est saisi soit par le renvoi de la juridiction d'instruction, soit par la comparution volontaire des parties, soit par la citation directe (C. pr. pén., art. 531). Les contraventions sont prouvées soit par procès-verbaux ou rapports, soit par témoins. Les procès-verbaux font foi jusqu'à preuve contraire (C. pr. pén., art. 537). Le juge du tribunal de police peut ordonner un supplément d'information (C. pr. pén., art. 538). Si la juridiction estime que le fait constitue une contravention, elle prononce la peine. Si elle estime que le fait constitue un crime ou un délit, elle se déclare incompétente et renvoie le ministère public à se pourvoir ainsi qu'il avisera. Si elle conclut à la relaxe, elle conserve la possibilité de se prononcer sur les intérêts civils.

C – Appel

Le droit d'appel est reconnu au prévenu, à la personne civilement responsable, au procureur de la République, au procureur général et à l'officier du ministère public près le tribunal de police. Il est toujours limité aux cas dans lesquels l'amende encourue est celle prévue pour les contraventions de la 5e classe, et au cas dans lesquels l'amende prononcée est supérieure au maximum de l'amende encourue pour les contraventions de la 2e classe (C. pr. pén., art. 546). La partie civile peut interjeter appel quant à ses intérêts civils seulement. L'appel est porté à la cour d'appel. Les formes et délais sont les mêmes que ceux de l'appel correctionnel. La cour est cependant composée du seul président de la chambre des appels correctionnels, siégeant à siège unique.

Cas pratique n° 28

› *Énoncé*

Après avoir passé une soirée bien arrosée chez des amis, Monsieur X... décide de prendre sa voiture pour rentrer chez lui. Ces derniers lui conseillent d'emprunter plutôt les transports en commun en raison de son état fortement alcoolisé, mais le laissent tout de même partir avec ses clefs de voiture. Monsieur X... quitte l'appartement de ses amis vers 5 h du matin et se dirige, au volant de sa voiture, vers son appartement situé dans le 20e arrondissement à Paris. Les rues étant relativement dégagées, il roule à vive allure et franchit plusieurs feux rouges. Dans une intersection, il heurte un cycliste, Monsieur Z..., qui fait une chute sur la chaussée et se blesse grièvement, entraînant pour lui une incapacité totale de travail de 93 jours qui sera reconnue par le médecin du SAMU. Un deuxième cycliste, Monsieur Y..., témoin de la scène, est évité de justesse.

Pris par la panique, Monsieur X... préfère ne pas s'arrêter et continue donc son chemin pour rentrer chez lui. Monsieur Y..., qui a réussi à noter le numéro affiché sur la plaque d'immatriculation de Monsieur X..., alerte alors les services de police qui se rendent au domicile de Monsieur X... à 6 h 24. Malgré la résistance qui leur est opposée, les officiers de police judiciaire parviennent à immobiliser Monsieur X... et à menotter celui-ci. Légèrement secoué, Monsieur X... fut contraint de suivre les policiers au commissariat de police, après que ceux-ci se soient livrés à une perquisition de son domicile. Ces derniers le soumettent alors à un dépistage par éthylotest de son imprégnation alcoolique, lequel s'avère positif, affichant un taux de 1,55 mg par litre d'air expiré.

Les officiers de police judiciaire décident de commencer sans tarder à interroger Monsieur X..., en lui indiquant qu'au regard de la gravité de l'affaire, il a tout intérêt à répondre aux questions et à avouer les faits, s'il veut éviter d'aggraver son cas. Ce dernier exprime ainsi son souhait d'être assisté par un avocat.

1/ M. X..., qui vous désigne comme avocat, vous interroge : les actes effectués vous paraissent-ils réguliers ? Quelles suites procédurales sont-elles envisageables ?

Pour ne rien arranger M. X... rencontre des problèmes avec son fils Hugo, âgé de 12 ans. À l'issue d'un jeu comportant des « gages sexuels », Hugo a été surpris par le vigile d'un magasin de vêtements alors qu'il filmait, à l'aide de son téléphone portable, des clients en train de se changer dans une cabine d'essayage. Le vigile immobilisa l'enfant jusqu'à l'arrivée des policiers. En fouillant son téléphone, les enquêteurs ont d'ailleurs pu constater qu'il n'en était pas à son premier coup d'essai, plusieurs dizaines de vidéos du même type ayant été découvertes à cette occasion.

2/ M. X... vous interroge là encore : les actes effectués à l'encontre de Hugo par le vigile et les policiers vous paraissent-ils réguliers ?

Quant à Dimitri, le fils aîné de M. X..., âgé de vingt et un ans, il avait été condamné en 2015 pour viol par la Cour d'assises de Paris. En appel, la Cour d'assises d'appel vient pourtant de le condamner pour tentative de viol sans qu'il ait eu l'occasion de se défendre sur cette qualification. À la lecture de l'arrêt de condamnation, il semble de plus qu'un auditeur de justice ait été autorisé à assister au délibéré, un doute subsistant dans la mesure où cette qualité n'est pas précisée. En outre, au lieu d'avoir visé l'article 222-23 du Code pénal applicable au viol, l'arrêt mentionne l'article 222-1 du Code pénal relatif aux actes de torture et de barbarie. Dimitri et son père sont d'autant plus inquiets que le parquet souhaite faire rectifier l'erreur matérielle qui s'est glissée dans l'arrêt. En effet, alors qu'une condamnation à douze ans de réclusion criminelle a été prononcée, l'arrêt évoque une condamnation à deux ans de réclusion criminelle.

3/ La décision rendue par la Cour d'assises d'appel à l'encontre de Dimitri vous paraît-elle régulière ?

› Correction

I/ Question 1

A – Le cadre juridique des investigations

Il existe deux cadres principaux d'enquête de police : l'enquête de flagrance et l'enquête préliminaire. L'enquête de flagrance a pour objectif d'apporter une réponse policière immédiate à une infraction actuelle ou qui vient de se commettre. Lorsque les conditions de l'enquête de flagrance ne sont pas réunies, l'enquête préliminaire constituera le cadre par défaut dans lequel les investigations pourront être diligentées.

– **Caractérisation de la flagrance** : en vertu de l'art. 53, C. pr. pén., « [e]st qualifié crime ou délit flagrant le crime ou le délit qui se commet actuellement, ou qui vient de se commettre. Il y a aussi crime ou délit flagrant lorsque, dans un temps très voisin de l'action, la personne soupçonnée est poursuivie par la clameur publique, ou est trouvée en possession d'objets, ou présente des traces ou indices, laissant penser qu'elle a participé au crime ou au délit. À la suite de la constatation d'un crime ou d'un délit flagrant, l'enquête menée sous le contrôle du procureur de la République dans les conditions prévues par le présent chapitre peut se poursuivre sans discontinuer pendant une durée de huit jours ».

- *Critère temporel* : en l'espèce, l'infraction vient de se commettre ; l'auteur est d'ailleurs poursuivi par la clameur publique puisqu'il est dénoncé par un témoin.
- *Critère d'apparence* : il faut caractériser des indices apparents d'un crime ou délit flagrant (Crim. 4 janv. 1982, *Bull. crim.* n° 2). Ces indices peuvent être constitués par la dénonciation effectuée par une personne identifiée, ou par la victime elle-même. Ici l'on peut retenir la dénonciation non anonyme accompagnée d'indices extérieurs (victime blessée)…
- *Critère de gravité* : en vertu de l'art. 67, C. pr. pén., il est nécessaire que l'infraction soit un crime ou un délit puni d'emprisonnement. En l'espèce, il s'agit vraisemblablement d'un délit et même de plusieurs délits : de prime abord, M. X… semble avoir commis des violences involontaires à l'encontre de M. Z… (C. pén., art. 222-19, al. 2nd : trois ans d'emprisonnement et 30 000 € d'amende), le délit de risque causé à autrui à l'encontre de M. Y… (C. pén., art. 223-1 : un an d'emprisonnement et 15 000 € d'amende) et un délit de fuite (art. 434-10 : trois ans d'emprisonnement et 75 000 € d'amende). Peu importe la qualification qui sera définitivement retenue, du moment que l'apparence délictuelle est caractérisée au moment de l'ouverture de l'enquête.

En l'espèce, toutes les conditions d'une enquête de flagrance sont donc réunies.

– **Conséquences** : les différentes investigations mises en œuvre sont coercitives et ne nécessitent pas l'accord de la personne qui en fait l'objet. Elles sont placées sous le contrôle du procureur de la République, conformément à l'art. 54 : « En cas de crime flagrant, l'officier de police judiciaire qui en est avisé, informe immédiatement le procureur de la République, se transporte sans délai sur le lieu du crime et procède à toutes constatations utiles ».

En l'espèce, il n'est pas fait mention d'une information du procureur de la République. Toutefois, la jurisprudence estime que ce défaut d'information ne constitue pas une cause de nullité (Crim. 26 févr. 1991, *Bull. crim.* n° 96).

B – La régularité des actes d'enquête effectués

– **L'interpellation** : l'art. 73, C. pr. pén., dispose qu'en cas de crime flagrant ou de délit flagrant puni d'une peine d'emprisonnement, « toute personne a qualité pour en appréhender l'auteur et le conduire devant l'officier de police judiciaire le plus proche ».

L'usage de la force n'est pas exclu pour procéder à une arrestation. La chambre criminelle de la Cour de cassation a ainsi considéré que l'usage de la force devait être nécessaire et proportionné aux conditions de l'arrestation (Crim. 13 avr. 2005).

En l'espèce, M. X... n'est que légèrement secoué, ce dont il résulte qu'il n'y a guère d'éléments pour considérer que l'usage de la force aurait été disproportionné. De plus, relevons qu'opposer une résistance violente à des personnes dépositaires de l'autorité publique dans l'exercice de leurs fonctions, peut constituer le délit de rébellion défini à l'article 433-6 du C. pén.

Par ailleurs, l'art. 803, C. pr. pén., dispose qu'une personne peut être soumise au port des menottes si elle est considérée comme dangereuse pour autrui ou pour elle-même, ou bien si elle est susceptible de prendre la fuite.

En l'espèce, le fait que M. X... ait résisté à son arrestation justifie que les agents de police judiciaire l'aient soumis au port de menottes.

– **La perquisition** : en vertu de l'article 56, C. pr. pén., « si la nature du crime est telle que la preuve en puisse être acquise par la saisie des papiers, documents, données informatiques ou autres objets en la possession des personnes qui paraissent avoir participé au crime ou détenir des pièces, informations ou objets relatifs aux faits incriminés, l'officier de police judiciaire se transporte sans désemparer au domicile de ces derniers pour y procéder à une perquisition dont il dresse procès-verbal ».

Les perquisitions en flagrance, à la différence de l'enquête préliminaire, peuvent être réalisées sans l'assentiment de la personne chez qui elle a lieu.

– **L'audition** : dans le cadre de l'enquête, le suspect peut faire l'objet, entre autres, d'une audition libre (C. pr. pén., art. 61-1) ou d'une garde à vue (C. pr. pén., art. 62-2). Les textes régissant ces deux mesures visent plus précisément la « personne à l'égard de laquelle il existe des raisons plausibles » (pour l'audition libre) ou « une ou plusieurs raisons plausibles » (pour la garde à vue) « de soupçonner qu'elle a commis ou tenté de commettre une infraction »

L'audition libre suppose un certain nombre d'informations (C. pr. pén., art. 61-1) que les OPJ en l'espèce n'ont vraisemblablement pas délivrées. Mais surtout, cette mesure n'est pas applicable si la personne a été conduite, sous contrainte, par la force publique devant l'officier de police judiciaire. Donc, en l'espèce, la mesure est irrégulière : il aurait fallu placer Monsieur X... en garde à vue.

- *Obligation de placer en garde à vue* : art. 62-2, C. pr. pén. : « La garde à vue est une mesure de contrainte décidée par un officier de police judiciaire, sous le contrôle de l'autorité judiciaire, par laquelle une personne à l'encontre de laquelle il existe une ou plusieurs raisons plausibles de soupçonner qu'elle a commis ou tenté de commettre un crime ou un délit puni d'une peine d'emprisonnement est maintenue à la disposition des enquêteurs ».

Cette mesure doit constituer l'unique moyen de parvenir à l'un au moins des objectifs énumérés par le texte : en l'espèce, cette mesure peut, par exemple permettre l'exécution des investigations impliquant la présence ou la participation de la personne; et garantir la présentation de la personne devant le procureur de la République afin que ce magistrat puisse apprécier la suite à donner à l'enquête.

- *Plusieurs règles sont à observer* : dès le début de la mesure, l'officier de police judiciaire informe le procureur de la République, par tout moyen, du placement de la personne en garde à vue.

La durée de la garde à vue ne peut excéder vingt-quatre heures (prolongations possibles : C. pr. pén., art. 63).

La personne placée en garde à vue est immédiatement informée par un officier de police judiciaire ou, sous le contrôle de celui-ci, par un agent de police judiciaire, dans une langue qu'elle comprend : 1° De son placement en garde à vue ainsi que de la durée de la mesure et de la ou des prolongations dont celle-ci peut faire l'objet; 2° De la qualification, de la date et du lieu présumés de l'infraction qu'elle est soupçonnée d'avoir commise ou tenté de commettre ainsi que des motifs mentionnés aux 1° à 6° de l'article 62-2 justifiant son placement en garde à vue; 3° Du fait qu'elle bénéficie de certains droits : notamment d'être assistée par un avocat; de faire des déclarations, de répondre aux questions qui lui sont posées ou de se taire…

Un report de cette information est toutefois concevable si la personne est incapable de comprendre et d'apprécier la portée et l'utilité des droits qui lui sont octroyés, parce qu'elle est en état d'ivresse manifeste ou plus généralement parce que l'officier de police se trouve devant une « circonstance insurmontable » (Crim. 14 déc. 1999).

Tel est le cas de l'état d'ébriété de la personne (Crim. 3 avr. 1995). La notification des droits ne peut en effet intervenir qu'à partir du moment où la personne gardée à vue est en état d'en comprendre la portée (Crim. 19 mai 2009). Mais, dans cette dernière hypothèse, encore faut-il que la notification ne soit pas différée au-delà du temps nécessaire au dégrisement (Crim. 4 janv. 1996).

De plus, dès le début de la garde à vue, la personne peut demander à être assistée par un avocat (C. pr. pén., art. 63-3-1). La personne gardée à vue peut demander que l'avocat assiste à ses auditions et confrontations. Dans ce cas, la première audition, sauf si elle porte uniquement sur les éléments d'identité, ne peut débuter sans la présence de l'avocat choisi ou commis d'office avant l'expiration d'un délai de deux heures (art. 63-4-2).

En l'espèce, ces prescriptions légales n'ont pas été observées, la procédure est donc irrégulière sur plusieurs points. Les droits de la défense de Monsieur X… ont été méconnus.

– **Les orientations procédurales envisageables** : lorsque le prévenu sera déféré devant le procureur de la République, ce dernier disposera de plusieurs options :

« Le procureur de la République reçoit les plaintes et les dénonciations et apprécie la suite à leur donner » (C. pr. pén., art. 40); il décide (C. pr. pén., art. 40-1) :

- Soit de mettre en œuvre une mesure préalable à la décision sur l'action publique (C. pr. pén., art. 41-1 : rappel à la loi, orientation vers une structure sanitaire, sociale ou professionnelle, etc.). Ces mesures n'éteignent pas l'action publique et le procureur de la République peut fort bien, malgré le succès de la mesure, déclencher l'action publique ou recourir à une alternative aux poursuites (Crim. 21 juin 2011, *Bull. crim.* n° 141).
- Soit de mettre en œuvre une alternative aux poursuites. Dans ce dernier cas, toutefois, seule la composition pénale est ouverte (C. pr. pén., art. 41-2). La transaction par officier de police judiciaire ou la convention judiciaire d'intérêt publique sont exclues : il ne peut être recouru à la première, puisqu'elle a été abrogée par la loi

du 23 mars 2019, et il ne peut être recouru à la seconde que pour certaines infractions commises par les personnes morales.

- Soit de classer sans suite la procédure dès lors que les circonstances particulières liées à la commission des faits le justifient.

- Soit d'engager des poursuites :

○ il peut décider de requérir l'ouverture d'une information judiciaire. L'instruction préparatoire est obligatoire en matière de crime ; sauf dispositions spéciales, elle est facultative en matière de délit ; elle peut également avoir lieu en matière de contravention si le procureur de la République le requiert en application de l'article 44 (C. pr. pén., art. 79). En l'espèce, les faits sont de nature délictueuse et peu complexes : l'ouverture d'une instruction n'apparaît pas utile ;

○ il peut décider de mettre en œuvre une procédure rapide (C. pr. pén., art. 388), à l'exclusion d'une comparution sur reconnaissance préalable de culpabilité ou d'une ordonnance pénale qui ne sont pas applicables en l'espèce (v. C. pr. pén., art. 495-7 et 495) : soit une citation directe, soit une convocation par procès-verbal, soit encore une comparution immédiate ou à délai différé. En l'espèce toutefois, la comparution immédiate ne semble pas adaptée car le dossier nécessite une certaine mise en état. Une comparution à délai différé, une citation directe ou convocation par PV semblent plus adéquates.

II/ Question 2

A – Le cadre juridique des investigations

Selon l'article 73, C. pr. pén., « dans les cas de crime flagrant ou de délit flagrant puni d'une peine d'emprisonnement, toute personne a qualité pour en appréhender l'auteur et le conduire devant l'officier de police judiciaire le plus proche ».

Trois conditions doivent être caractérisées pour qu'il y ait flagrance :

– *condition temporelle* : la flagrance est définie par l'art. 53, C. pr. pén., comme « le crime ou le délit qui se commet actuellement, ou qui vient de se commettre. Il y a aussi crime ou délit flagrant, précise l'article, lorsque dans un temps très voisin de l'action, la personne soupçonnée est poursuivie par la clameur publique, ou est trouvée en possession d'objets, ou présente des traces ou indices, laissant penser qu'elle a participé au crime ou au délit ». En l'espèce, le délit d'atteinte à la vie privée était bien en train de se commettre ;

– *condition matérielle* : il faut caractériser des indices apparents d'une situation de flagrance (Crim. 4 janv. 1982, *Bull. crim.* n° 2). En l'espèce la dénonciation de la victime (Crim. 8 oct. 1985) ou du vigile (Crim. 2 févr. 1988 *a contrario*), dénonciation non anonyme, constitue bien un indice apparent ;

– *condition de gravité* : art. 67, C. pr. pén. : il est nécessaire que l'infraction soit un crime ou un délit puni d'emprisonnement. Or, en l'espèce, l'atteinte à la vie privée est bien un délit puni d'emprisonnement.

En l'espèce la caractérisation de la flagrance ne fait aucune difficulté : l'infraction est un délit (C. pén., art. 226-1), elle fut interrompue alors qu'elle était en train d'être commise. Le vigile, comme toute autre personne d'ailleurs, pouvait légalement appréhender Hugo et le retenir jusqu'à l'arrivée de l'OPJ.

B – Régularité des actes effectués

L'OPJ pouvait saisir le téléphone qui a servi à commettre l'infraction (C. pr. pén., art. 54). Il pouvait également fouiller le téléphone (C. pr. pén., art. 57-1).

III/ Question 3

La situation laisse apparaître plusieurs difficultés : la requalification des faits (A), le secret du délibéré (B), les erreurs dans la rédaction de l'arrêt rendu par la cour d'assises (C).

A – La requalification des faits

Aux termes de l'article préliminaire du C. pr. pén., III, al. 2, toute personne suspectée ou poursuivie « a le droit d'être informée des charges retenues contre elle et d'être assistée d'un défenseur ». Cette disposition reprend les exigences résultant de l'article 6, § 3 a) et b) de la Conv. EDH prévoyant que tout accusé doit, d'une part être informé dans le plus court délai, dans une langue qu'elle comprend et de manière détaillée de la nature et de la cause de l'accusation portée contre lui, et, d'autre part, de disposer des facilités nécessaires à la préparation de sa défense.

Les juridictions de jugement sont saisies *in rem* et *in personam*. Elles ne sont toutefois pas tenues par la qualification mentionnée dans l'acte de saisine. La jurisprudence considère ainsi qu'il appartient au juge de restituer aux faits dont il est saisi leur exacte qualification sous réserve que le prévenu ou l'accusé ait été en mesure de se défendre sur la nouvelle qualification envisagée. Ainsi, un arrêt du 20 janvier 2009 de la chambre criminelle a pu considérer que la cour d'appel n'est pas liée par la qualification que donne aux faits poursuivis la citation devant le tribunal correctionnel, sous réserve de soumettre préalablement sa décision à la discussion contradictoire des parties, les juges d'appel ayant le pouvoir « et le devoir » de restituer à la poursuite sa qualification véritable dès lors qu'elle puise les éléments de sa décision dans les faits mêmes dont elle est saisie.

Ainsi, en cas de requalification, l'accusé doit être informé de la nouvelle qualification, et ce même si les faits initialement qualifiés de tentative de viol sont requalifiés en viol (CEDH 25 mars 1999, *Pélissier et Sassi c/ France*; CEDH 26 sept. 2006, *X. c/ France*; Crim. 13 juin 2007). Le principe du contradictoire comme le respect des droits de la défense commandent cette solution.

En l'espèce, la cassation est encourue de ce chef (C. pr. pén., art. 591 s.).

B – Le secret du délibéré et la présence de l'auditeur de justice

À la lecture de l'arrêt de condamnation rendu par la Cour d'assises d'appel, il semble qu'un auditeur de justice ait été autorisé à assister au délibéré, sans que toutefois, cette qualité soit bien précisée.

L'art. 355, C. pr. pén., prévoit que les magistrats et les jurés se retirent, à l'issue des débats, dans la chambre des délibérations. Il n'est donc, *a priori*, admis aucune autre personne dans cette chambre. Cependant, le président semble pouvoir autoriser des auditeurs de justice à assister au délibéré (Crim. 30 janv. 1985), mais bien évidemment sans que ceux-ci participent effectivement aux délibérations, fût-ce avec voix consultative. Toutefois, cette qualité doit être précisée dans l'arrêt, à défaut de quoi la cassation est encourue (Crim. 22 nov. 2000).

C – Les erreurs dans la rédaction de l'arrêt

Selon l'art. 710, al. 1er, C. pr. pén., c'est la juridiction qui a statué au fond qui est compétente pour procéder à la rectification des « erreurs purement matérielles » contenues dans ses décisions. Cependant, le deuxième alinéa du même article donne compétence à la chambre de l'instruction de la Cour d'appel pour connaître des rectifications concernant les arrêts des cours d'assises.

– *Le visa erroné de l'art. 222-1, C. pén.* : au lieu d'avoir visé l'article 222-23, C. pén., applicable au viol, l'arrêt rendu par la Cour d'assises d'appel mentionne l'art. 222-1, C. pén., qui incrimine les tortures et actes de barbarie. Selon l'art. 598, C. pr. pén., « [l]orsque la peine prononcée est la même que celle portée par la loi qui s'applique à l'infraction, nul ne peut demander l'annulation de l'arrêt sous le prétexte qu'il y aurait erreur dans la citation du texte de la loi ».

En l'espèce, aucune cassation n'est encourue. Il sera possible au procureur d'utiliser la procédure de rectification d'erreur matérielle prévue par l'article 710, C. pr. pén.

– *L'erreur alléguée quant à la peine prononcée* : lorsque l'erreur porte sur le quantum de la peine inscrite au dispositif de la décision, la jurisprudence opère, quant à la possibilité d'obtenir une rectification de l'erreur matérielle une distinction. Ainsi, lorsque les notes d'audience prises par le président de la juridiction mentionnent une peine différente de celle figurant dans le dispositif de la décision, la rectification ne peut être autorisée. En effet, dans une hypothèse où une peine de cinq ans d'emprisonnement était mentionnée dans les notes d'audience alors qu'une peine de cinq mois figurait dans le jugement, la Chambre criminelle a considéré qu'il n'appartient pas à une juridiction saisie en application de l'art. 710, C. pr. pén., de modifier, sous le couvert d'interprétation ou de rectification, la chose jugée en substituant à la décision initiale des dispositions nouvelles qui ne seraient pas la réparation d'erreurs matérielles (Crim. 17 déc. 2002). En revanche, lorsque c'est la feuille des questions qui mentionne une peine différente de celle figurant dans le dispositif, la rectification peut être admise. Une telle solution s'explique par le caractère de la feuille des questions : signée à la fois par le président et par le premier juré, elle authentifie sans discussion le résultat du délibéré (Crim. 19 déc. 2007 : la peine mentionnée au dispositif de condamnation peut faire l'objet d'une rectification d'erreur matérielle, lorsque ladite peine ne correspond pas à celle figurant en chiffre et en lettre sur la feuille de questions, laquelle, signée du président et du premier juré, authentifie le résultat du délibéré).

En l'espèce, pour obtenir la rectification de l'erreur, il suffira au procureur de se référer à la peine figurant sur la feuille des questions.

Cas pratique n° 29

› Énoncé

Joshua est mis en cause dans le cadre d'une information judiciaire pour des faits d'abus de confiance commis au sein de la maison d'édition qu'il dirige. Il ne souhaite pas que l'affaire s'ébruite dans le microcosme de l'édition parisienne et le parquet lui a proposé le 17 mars 2019 une comparution sur reconnaissance de culpabilité se traduisant par le maximum légal de l'amende prévu, soit 375 000 euros. Trouvant tout de même l'amende élevée, il décide de se rétracter durant le délai de réflexion. Il comparaît alors devant le Tribunal correctionnel. C'est avec stupeur qu'en se présentant à l'audience correctionnelle accompagné de son conseil, il voit prendre place parmi les juges du siège le magistrat qui, en qualité de juge des libertés et de la détention, l'avait placé sous contrôle judiciaire lors de la phase de réflexion ; le même magistrat tentera d'ailleurs de reprendre des éléments de la procédure de CRPC durant l'audience. Joshua n'est pas au bout de ses surprises. Les débats sont animés et médiatisés puisque des caméras ont filmé, dans la salle d'audience, l'arrivée de Joshua peu avant l'ouverture des débats. D'ailleurs, lorsqu'il arrive, Joshua est immédiatement placé dans un box vitré tel un dangereux malfaiteur. Enfin, un chroniqueur judiciaire a retranscrit en direct sur Twitter le contenu de l'audience.

Peu familier de ces méthodes qu'il trouve relever d'un autre âge, il s'interroge sur les points de discussion possibles.

› Correction

Déjà engagé dans une procédure de comparution sur reconnaissance préalable de culpabilité, Joshua se rétracte et fait face à certains événements lors de l'audience.

I/ La présence et l'attitude du juge des libertés et de la détention

Deux aspects concernent l'impartialité : l'un concerne la participation du JLD à la juridiction de jugement de l'affaire (A), l'autre concerne la tentative par ce dernier de rappeler à l'audience correctionnelle des éléments du dossier de CRPC (B).

A – Le cumul de fonctions du JLD

L'enjeu de l'impartialité se traduit ici par la présence au sein de la juridiction qui le juge en audience correctionnelle du JLD qui l'avait placé sous contrôle judiciaire. Le JLD peut-il se prononcer sur le statut suspect lors de la phase de réflexion au cours de la CRPC puis siéger au sein de la juridiction de jugement ?

Durant la procédure de CRPC, l'art. 495-8, C. pr. pén., prévoit expressément que le prévenu est informé « avisée par le procureur de la République qu'elle peut demander à disposer d'un délai de dix jours avant de faire connaître si elle accepte ou si elle refuse la ou les peines proposées ». Ainsi, le délai est parfaitement légal et il est tout à fait possible pour Joshua de refuser la proposition.

En outre, l'art. 495-10, C. pr. pén., prévoit que « lorsque la personne demande à bénéficier, avant de se prononcer sur la proposition faite par le procureur de la République, du délai prévu à l'avant-dernier alinéa de l'art. 495-8, C. pr. pén., le procureur de la République peut la présenter devant le juge des libertés et de la détention pour que celui-ci ordonne son placement sous contrôle judiciaire ». Un JLD pouvait donc légitimement intervenir afin de s'assurer de la comparution du suspect le temps de sa réflexion.

Pour ce qui est de la présence du JLD, par la suite, au sein de la juridiction de jugement, c'est une question d'impartialité fonctionnelle, à savoir que sur le principe un magistrat ne peut exercer différentes fonctions judiciaires de la même affaire.

En ce sens, l'art. 137-1, C. pr. pén., est très clair : le JLD « ne peut, à peine de nullité, participer au jugement des affaires pénales dont il a connu ». La difficulté est que cette disposition s'inscrit au sein de la phase d'instruction et pourrait ne concerner que l'intervention du JLD en instruction. Or, en l'espèce, aucun indice ne permet de penser qu'il y a eu une information judiciaire.

Toutefois, dans un arrêt du 8 déc. 2009 (Crim. 8 déc. 2009, n° 09-85.623) la chambre criminelle a censuré l'intervention d'un JLD décidant du placement en détention provisoire d'un prévenu avant de présider le tribunal correctionnel statuant en comparution immédiate, au motif que l'interdiction de cumul de l'art. 137-1 avait une portée générale. La jurisprudence a donc pu faire une application étendue de l'art. 137-1 au-delà de la seule instruction préparatoire.

À côté de la consécration légale lors de la phase d'instruction, la garantie d'impartialité est consacrée au sein de l'article préliminaire (la procédure pénale « doit garantir la séparation des autorités chargées de l'action publique et des autorités de jugement ») ainsi qu'au sein de l'article 6 Conv. EDH dont la portée est plus générale.

À ce titre, il faut tenir compte des interprétations parfois assez compréhensives de l'impartialité fonctionnelle du juge au regard des droits et libertés fondamentales. Par exemple, la jurisprudence est tout à fait constante sur le fait que le simple fait qu'un juge ait pris, avant le procès, une décision relative à la détention provisoire ne peut, en soi, suffire à justifier que soit contestée son impartialité (Crim. 28 mars 2012). *A fortiori*, lorsqu'il s'agit de se prononcer non pas sur la détention provisoire mais sur un contrôle judiciaire, il ne saurait y avoir un risque de partialité établi.

En l'espèce, si l'on confère une portée générale à l'art. 137-1, C. pr. pén., le JLD ne saurait intervenir en jugement, lorsqu'il a été amené à se prononcer en amont de la procédure et c'est une cause de nullité du jugement.

En revanche si l'on cantonne l'interdiction expresse de cumul à la seule phase de l'instruction, il est certain que l'on ne peut reprocher au JLD de s'être prononcé sur le contrôle judiciaire de Joshua puis de siéger au sein du tribunal correctionnel qui doit statuer sur sa culpabilité.

Concrètement, et au regard de l'approche élargie de l'art. 137-1, il semble que la participation du JLD à la juridiction ne soit pas possible. Cela tend à faire naître une suspicion de partialité qui justifierait une action en récusation prévue par les art. 668 et s., C. pr. pén. Il est d'ailleurs établi qu'une telle démarche doit précéder toute critique de partialité d'une juridiction (Crim. 25 sept. 2018, n° 18-84067 : « Attendu que [le prévenu] ne peut faire grief à l'arrêt d'avoir rejeté son moyen de nullité du débat contradictoire et de l'ordonnance, pris du défaut d'impartialité du juge des libertés et de la détention, dès lors que l'intéressé n'a pas usé, comme l'y autorisaient les articles 668 et suivants du code de procédure pénale, de sa possibilité de récuser ce magistrat dans les formes prévues par ces textes »). Dit autrement, il faut d'abord emprunter la voie de la récusation avant de solliciter la nullité du jugement (en application de l'art. 137-1, C. pr. pén., qui dispose « à peine de nullité »).

Le jugement est un acte juridictionnel qui, logiquement, ne peut faire l'objet que d'une voie de recours. Néanmoins, lorsqu'une condition de validité de cet acte juridique n'est pas remplie, il est possible de l'annuler. *In fine* et en l'espèce, il convient dès lors que la récusation n'a pas été sollicitée d'agir en nullité pour défaut de partialité.

[NB : relativement aux enjeux contemporains de l'impartialité fonctionnelle, la Cour de cassation a été interrogée sur la possibilité pour le JLD qui s'était déjà prononcé pour refuser d'homologuer l'ordonnance de CRPC en raison du délai de réflexion qui n'était pas expiré, de se prononcer à la suite du refus d'homologation sur le statut du suspect en prononçant le placement en détention provisoire (Crim. 19 juin 2018, n° 17-84930 : « Attendu que pour écarter le moyen de nullité, l'arrêt énonce notamment que si le même juge a rendu une ordonnance de refus d'homologation puis a ordonné le placement en détention provisoire de M. X..., il n'y a pas lieu de mettre en cause son impartialité; Attendu qu'en l'état de ces seules énonciations, la cour d'appel n'a pas méconnu les textes visés au moyen; Qu'en effet le refus du juge d'homologuer la peine proposée par le procureur de la République dans le cadre d'une procédure de comparution sur reconnaissance préalable de culpabilité ne fait pas en soi obstacle à ce que ce magistrat intervienne ensuite dans la même affaire en qualité de juge des libertés et de la détention et ordonne le placement en détention provisoire du prévenu dans l'attente de son jugement en comparution immédiate »)].

B – La tentative de reprise des éléments de la CRPC lors de l'audience correctionnelle classique

L'art. 495-14, C. pr. pén., prévoit clairement la situation dans laquelle une CRPC n'est pas allée à son terme et que le prévenu est renvoyé devant une juridiction classique : « Lorsque la personne n'a pas accepté la ou les peines proposées ou lorsque le président du tribunal judiciaire ou le juge délégué par lui n'a pas homologué la proposition du procureur de la République, le procès-verbal ne peut être transmis à la juridiction d'instruction ou de jugement, et ni le ministère public ni les parties ne peuvent faire état devant cette juridiction des déclarations faites ou des documents remis au cours de la procédure. » Cela signifie que dès lors que le prévenu a refusé la CRPC ou que le juge ne l'a pas homologué, la mesure est écartée de la procédure et l'on ne peut en tirer aucune information.

En l'espèce, le JLD ne pouvait donc invoquer la CRPC. La difficulté est de savoir si cette mention au cours de l'audience constitue une irrégularité. En effet, il ne semble pas que cela fonde la condamnation de Joshua. En tout état de cause :

– soit le rappel de la CRPC permet de fonder la déclaration de culpabilité (nécessairement admise au cours de la CRPC) et dans ce cas le jugement est entaché de nullité (Crim. 17 sept. 2008, n° 08-80.858) ;

– soit le rappel de la CRPC ne fonde pas la condamnation et dans ce cas il ne saurait être porté atteinte aux intérêts du prévenu (Crim. 30 nov. 2010, n° 10-80.460).

[En revanche, lors de l'appel d'une CRPC, il est tout à fait possible de se référer au contenu de la procédure, aux éléments du dossier mais seulement si, et seulement si, il ne s'agit pas d'un refus de la proposition par le prévenu ou d'un refus d'homologation par le juge du siège (Crim. 16 avr. 2019, n° 18-83.059 : « Attendu qu'il résulte de l'arrêt attaqué et des pièces de procédure que le 25 avril 2015, les époux L… ont été victimes d'un accident de la circulation, alors qu'ils s'apprêtaient à tourner à gauche en arrivant à une intersection, après avoir mis le clignotant de leur véhicule, étant heurtés par la voiture conduite par M. W… C…, circulant à grande vitesse aux dires d'un témoin et après avoir déjà remonté en la doublant une file de trois véhicules ; que blessés, les époux L… se sont vu reconnaître respectivement une incapacité totale de travail de trois mois et d'un mois ; Attendu que M. C…, poursuivi devant le tribunal correctionnel des chefs susvisés, a relevé appel, ainsi que le procureur de la République à titre incident, d'une ordonnance d'homologation sur reconnaissance préalable de culpabilité, qui l'avait condamné à un mois d'emprisonnement avec sursis, trois mois de suspension du permis de conduire et trois amendes contraventionnelles ; Attendu que, pour confirmer la décision critiquée sur la culpabilité et l'infirmer sur la peine, l'arrêt énonce qu'il convient de rectifier la prévention, en ce que la voie où circulait les véhicules était une route prioritaire et que contrairement à l'affirmation de M. C…, il est parfaitement prévisible, à l'approche d'une intersection, qu'un véhicule qui vous précède puisse tourner à gauche ; que les juges ajoutent que le fait, qui n'est pas contesté et qui est attesté par un témoin, que M. C… circulait à grande vitesse et avait déjà doublé trois véhicules d'un coup constitue également une imprudence manifeste ; que les juges retiennent enfin, qu'il est établi que M. L… a signalé son intention de tourner à gauche en utilisant son clignotant, ce que le prévenu aurait dû voir ; Attendu qu'en statuant ainsi, et dès lors que l'alinéa 2 de l'article 495-14 du code de procédure pénale n'interdit de faire état de la procédure de comparution sur reconnaissance préalable de culpabilité que lorsque la personne n'a pas accepté la ou les peines proposées ou lorsque le magistrat compétent n'a pas homologué la proposition du procureur de la République, la cour d'appel, qui n'a procédé à aucune requalification des faits objet de la poursuite, a justifié sa décision »]

II/ La présence des box vitrés

La présence des box vitrés dans une salle d'audience peut soulever une difficulté en ce qu'elle serait susceptible de porter atteinte à la présomption d'innocence, de susciter un *a priori* de culpabilité chez les magistrats. Toutefois, il est difficile d'identifier clairement les dispositions du C. pr. pén. susceptibles de régir cette question.

L'on sait à tout le moins depuis une décision du Conseil d'État rendue le 16 février 2018 (CE, réf., 16 févr. 2018, n° 417944) que la demande de retrait des box sécurisés dans les salles d'audience ne relève pas de la compétence de la juridiction administrative, l'installation dans une salle d'audience d'une juridiction pénale d'un dispositif sécurisé destiné à accueillir, lors des audiences, des prévenus ou accusés dont la comparution peut présenter des dangers particuliers n'étant pas détachable des modalités de déroulement de l'audience, dont il appartient au président de la juridiction d'assurer la police.

En réalité, il semble que le box vitré et la décision de ne pas y recourir ou de changer de salle d'audience relève du seul pouvoir de police de l'audience du président de la juridiction. L'art. 401, C. pr. pén., applicable à la matière correctionnelle, prévoit bien que « le président a la police de l'audience et la direction des débats ». En l'espèce, il semble difficile de contester le placement du prévenu dans un box vitré.

La Cour de cassation a eu l'occasion de se prononcer sur l'éventuelle atteinte à la présomption d'innocence et aux droits de la défense en matière criminelle, relevant cette fois de l'art. 318 pour le pouvoir de police : il n'y a pas lieu de renvoyer la QPC contestant la conformité à la Constitution de l'article 318 (Crim. 28 nov. 2018, n° 18-81210 : « Et attendu que les questions posées ne présentent pas un caractère sérieux, dès lors que les dispositions de l'article 318 du code de procédure pénale ne font pas échec à l'application de celles de l'article 309 du même code, aux termes desquelles il appartient au président de la cour d'assises, dans le cadre de son pouvoir de police, à son initiative ou sur la demande du ministère public, d'une partie ou de son avocat, et sous le contrôle de la Cour de cassation, de veiller, au cas par cas, à l'équilibre entre, d'une part, la sécurité des différents participants au procès et, d'autre part, le respect des droits de la défense, les modalités pratiques de comparution de l'accusé devant la juridiction devant permettre à ce dernier, dans un espace digne et adapté, ou à l'extérieur de celui-ci, de participer de manière effective aux débats et de s'entretenir confidentiellement avec ses avocats; qu'enfin, l'article 304 du code de procédure pénale inclut expressément le rappel du principe de la présomption d'innocence dans le serment que chaque juré est appelé à prêter, dès le début de l'audience » ; Crim. 10 avr. 2019, n° 18-83.053 : la Cour a estimé que la comparution de l'accusé dans un box vitré apparaît comme une mesure de sécurité nécessaire, ce dernier étant renvoyé devant la cour d'assises pour assassinat en bande organisée et association de malfaiteurs et s'étant soustrait à la justice pendant plus de quatre ans; dans la mesure où l'accusé y est libre de ses mouvements et peut communiquer librement avec ses avocats, la mesure est proportionnée et ne porte pas atteinte aux droits de la défense). Plus récemment, la chambre criminelle s'est prononcée à l'occasion d'une audience devant la chambre de l'instruction (Crim. 18 nov. 2020, n° 20-84893, à propos d'un individu mis en examen qui contestait le rejet de sa demande d'être extrait du box sécurisé lors de l'audience devant la chambre de l'instruction relative à la question de son maintien en détention provisoire. Au soutien de son pourvoi, l'intéressé arguait du fait que la chambre de l'instruction s'était bornée à effectuer une description du box vitré pour en déduire que ce box n'était contraire ni à la dignité humaine, ni au principe de la présomption d'innocence, ni à la communication confidentielle et aisée du conseil avec le comparant, alors qu'il aurait fallu rechercher « si, en l'espèce, le recours à ce dispositif était nécessaire quand, au surplus, le comparant était une personne mise en examen et, par principe, présumée innocente et devant comparaître librement ». La chambre criminelle de la Cour de cassation rejette le pourvoi en reprenant la motivation de la chambre de l'instruction et en soulignant le profil de l'individu – déjà condamné à sept ans d'emprisonnement pour trafic de stupéfiants –, ainsi que la gravité des faits reprochés – meurtre, tentative de meurtre en bande organisée, destruction du bien d'autrui par un moyen dangereux pour les personnes en bande organisée, infraction à la législation sur les armes, association de malfaiteurs).

Ainsi, les dernières décisions ne portent que sur des affaires criminelles ou sur une audience devant la chambre de l'instruction. Qu'en est-il en matière correctionnelle ? Il semble que l'impératif de sécurité et la nécessaire conciliation avec les droits de la défense ne soient pas exactement et systématiquement du même ordre en matière d'atteinte aux biens (Joshua est jugé pour abus de confiance) et des faits d'assassinat en bande organisée et association de malfaiteurs en matière criminelle (faits de l'arrêt du 10 avr. 2019).

En l'espèce et à partir de ce constat, il pourrait être fondé de discuter de la nécessité de la mesure, étant entendu qu'il faudrait démontrer qu'un élément du procès équitable, des droits de la défense ou de la présomption n'a pas été respecté.

III/ Les prises de vues et la retranscription de l'audience

Il s'agit ici non pas de la question de la publicité des débats, mais de la question de l'enregistrement vidéo lors de l'arrivée du prévenu dans la salle d'audience (A) ainsi que du compte rendu en direct du déroulement de l'audience (B).

A – La captation d'images de la salle d'audience

Le code de procédure pénale ne prévoit pas de règles particulières propres à l'audience. L'on sait seulement que l'art. 400, C. pr. pén., prévoit que l'audience correctionnelle est publique et l'art. 401, C. pr. pén., dispose que le président du tribunal correctionnel assure la police de l'audience. Finalement, ce ne sont pas tellement les dispositions du code de procédure pénale qui régissent cet aspect mais plutôt la loi de 1881 ainsi que le code du patrimoine lequel permet sur autorisation et sous conditions l'enregistrement et la captation d'audiences lorsque l'affaire présente un intérêt pour la constitution d'archives d'histoire de la justice (C. patrimoine, art. L. 221-1 et s.). Toutefois, en l'espèce, les faits ne parlent pas de film de l'audience, mais bien d'images prises avant les débats.

L'art. 38 *ter* de la loi 1881 prévoit que « dès l'ouverture de l'audience des juridictions administratives ou judiciaires, l'emploi de tout appareil permettant d'enregistrer, de fixer ou de transmettre la parole ou l'image est interdit ». On comprend alors que cette stricte interdiction s'applique dès l'ouverture des débats. Pour ce qui est des moments précédant l'audience, l'alinéa 2 prévoit que « Toutefois, sur demande présentée avant l'audience, le président peut autoriser des prises de vues quand les débats ne sont pas commencés et à la condition que les parties ou leurs représentants et le ministère public y consentent ».

En l'espèce, il faut donc comprendre que les images réalisées avant l'audience n'ont pu être prises avant l'audience que si le président du Tribunal a donné son accord. Nous n'avons aucune information à ce sujet. Dès lors, de deux choses l'une :

– soit une autorisation a été donnée pour la prise d'images avant l'audience, et dans ce cas, il n'y a pas de difficulté particulière ;

– soit aucune autorisation n'a été donnée et dans ce cas la prise d'image est illégale.

Cela ne remet pas en cause la régularité de l'audience et le jugement ne peut pas être contesté sur ce point mais l'absence d'autorisation conduit à des sanctions.

En effet, l'al. 3 de l'art. 38 *ter* de la loi de 1881 poursuit : « Toute infraction aux dispositions du présent article sera punie d'une amende de 4 500 €. Le tribunal pourra en outre prononcer la confiscation du matériel ayant servi à commettre l'infraction et du support de la parole ou de l'image utilisé. »

B – Le compte rendu en direct de l'audience

Un chroniqueur judiciaire retranscrit en direct le compte rendu de l'audience via un réseau social permettant la diffusion de courts messages. Conformément à l'art. 38 ter de la loi de 1881, aucune interdiction n'est édictée pour ce qui est du compte rendu écrit : il est donc possible de prendre des notes lors d'une audience et il est tout à fait possible de communiquer en direct pour restituer des propos ou décrire le déroulement d'une audience.

Ainsi, le chroniqueur judiciaire peut parfaitement live-twitter l'audience de Joshua, tout comme il est possible de réaliser des croquis, dessins de l'audience, de prendre des notes. Les restrictions ne peuvent être liées qu'à la fixation d'images ou de sons.

Cas pratique n° 30

› *Énoncé*

Le 16 mars 2017, Noémie est mise en examen au regard de son potentiel rôle actif dans la commission de deux meurtres en date du 1er octobre 2016. Dès l'instruction, son rôle dans la commission des deux infractions semblait douteux : était-elle l'auteure ou la complice ? Le 3 février 2018, elle a été renvoyée devant la Cour d'assises sous l'accusation de complicité d'un double homicide. Cette dernière l'a déclarée coupable de ces faits et l'a condamnée à dix ans de réclusion criminelle. Le ministère public a interjeté appel de cette décision.

Au cours des débats devant la Cour d'assises d'appel, le 13 mars 2019, le procureur s'est opposé dans ses réquisitions à l'audition d'un enquêteur cité légalement comme témoin par la défense au motif qu'il était visé nommément par une plainte déposée par Noémie au regard de la falsification du procès-verbal lié à sa garde à vue, ce que la Cour d'assises a accepté. Quatre jours plus tard, les avocats de la défense ont plaidé. Il ressortait des débats que l'accusée était auteure des deux infractions plutôt que complice. Le président de la juridiction a donc lu les interrogations et la Cour d'assises d'appel a d'abord répondu par l'affirmative aux questions subsidiaires portant sur son rôle d'auteure et a déclaré postérieurement sans objet les questions relatives aux faits de complicité. Cette dernière a été condamnée au regard de l'article 221-1 du Code pénal à 30 ans de réclusion criminelle.

Que pensez-vous du déroulement du procès ?

› *Correction*

Durant l'audience plusieurs difficultés se posent : d'une part, le refus par la juridiction d'interroger le témoin cité par Noémie (I) et les changements de qualification quant à l'infraction (II).

I/ Le refus d'interroger le témoin cité par la défense

En vertu de l'article 6, § 3 d) de la Convention européenne, relatif plus largement au droit à un procès équitable, tout accusé à droit notamment à « interroger les témoins à charge et obtenir la convocation et l'interrogation des témoins à décharge dans les mêmes conditions que les témoins à charge ». Les articles 329, 330, 331 et 335, C. pr. pén., prévoient que « les témoins appelés par le ministère public ou les parties sont entendus dans le débat », après avoir prêté serment, dès lors que le nom a été régulièrement signifié, sauf s'il se trouve dans un cas d'empêchement ou d'incapacité envisagé par la loi ou si l'ensemble des parties ont renoncé à son audition. En d'autres termes, les cas de refus d'audition du témoin sont limitativement énoncés par le législateur.

En l'espèce, il est possible de penser que l'audition d'un témoin par la Cour d'assises visé par une enquête parallèle concernant la procédure en cours peut porter atteinte aux droits de la défense du témoin. En effet, il pourrait s'auto-incriminer en répondant aux questions.

Or, la chambre criminelle a, par un arrêt en date du 17 juin 2020 (n° 19-81.485), rappelé que cette situation ne constituait pas une exception prévue par la loi. Cette dernière ajoutait que le témoin pouvait refuser de répondre à toute question concernant les faits visés puisque l'article 331 du C. pr. pén. les oblige à déposer « uniquement, soit sur les faits reprochés à l'accusé, soit sur sa personnalité et sur sa moralité ». De surcroît, le président de la Cour d'assises devait en vertu de ses prérogatives prévues à l'article 309, C. pr. pén., écarter les questions compromettant le débat ou étant étrangères à leur objet.

En l'espèce, la Cour d'assises d'appel ne pouvait pas s'opposer à l'audition de ce témoin, elle devait simplement être attentive aux questions qui lui étaient posées. Partant, un pourvoi pourrait être formé devant la chambre criminelle afin que la cassation soit prononcée.

II/ Le changement de la qualification devant la Cour d'assises

Le changement de la qualification interroge quant aux droits de la défense (A) et au moment où doivent être posées les questions subsidiaires devant la cour d'assises (B).

A – Les droits de la défense

Selon l'article préliminaire du Code de procédure pénale, inspiré par l'article 6-3 de la Convention européenne, toute personne suspectée ou poursuivie « a le droit d'être informée des charges retenues contre elle et d'être assistée d'un défenseur ». La juridiction de jugement est toujours saisie *in rem* et *in personam*. Néanmoins, elle n'est pas liée par la qualification mentionnée dans l'acte de saisine sous certaines conditions.

D'une part, la requalification est possible en première instance comme en appel si elle concerne les mêmes faits et non des faits nouveaux (Crim. 21 févr. 1996, n° 95-82.085).

En l'espèce, le passage de la qualification de complicité d'homicide volontaire à celle d'auteur principal d'homicide volontaire ne porte pas sur des faits nouveaux, mais seulement sur une qualification différente des mêmes faits, permise par de nouvelles preuves, et fait encourir la même peine. Pour les mêmes faits, seul son rôle dans la commission de l'infraction change : de complice elle devient l'auteure.

D'autre part, l'accusé doit être en mesure de se défendre sur cette nouvelle qualification envisagée. En effet, comme énoncé par un arrêt de la Chambre criminelle en date du 28 mai 2015 (n° 14-82.559) une lecture combinée des articles 348 et 351, C. pr. pén., impose au Président de la cour d'assises de lire les questions subsidiaires avant les débats afin de permettre à l'accusé ou à son avocat de faire valoir toutes les observations utiles à la défense. À ce titre, un arrêt récent de la chambre criminelle, en date du 11 mars 2020 (n° 19-80.366), sur le fondement des articles 348 et 356, C. pr. pén., vient de rappeler cette exigence commandée par le principe du contradictoire et du respect des droits de la défense.

En l'espèce, le Président ne pose les questions qu'après les plaidoiries. Dès lors, les avocats ne pouvaient pas défendre l'accusée correctement. L'arrêt de la Cour d'assises d'appel peut donc une nouvelle fois faire l'objet d'un pourvoi devant la chambre criminelle.

B – Le moment de la réponse aux questions subsidiaires

À la lecture de l'article 351, al. 1, C. pr. pén., « s'il résulte des débats que le fait comporte une qualification légale autre que celle donnée par la décision de mise en accusation le président pose une ou plusieurs questions subsidiaires ». La jurisprudence a apporté des indications sur la manière dont les interrogations subsidiaires doivent être posées. Depuis un arrêt de la chambre criminelle en date du 19 novembre 1986 (n° 86-92.739), il semblerait que les questions subsidiaires ne puissent être posées uniquement si la juridiction et le jury ont préalablement répondu négativement à la question principale posée au regard de l'article 349, C. pr. pén.

Néanmoins, elle semble avoir opéré un revirement récent sur ce point dans un arrêt en date du 22 avril 2020 (n° 19-84253). En effet, la chambre criminelle a affirmé que s'il « résulte des débats que le fait comporte une qualification légale autre que celle donnée par la décision de mise en accusation, la cour d'assises peut suivre, au cours du délibéré, un ordre logique de réponse aux questions ». En d'autres termes, la cour et le jury peuvent répondre aux questions subsidiaires sans avoir répondu aux questions principales, « tant que les réponses apportées aux questions posées ne sont pas contradictoires entre elles ».

En l'espèce, le fait de poser les questions subsidiaires avant la question principale est conforme à la nouvelle jurisprudence de la Cour de cassation.

FSC
www.fsc.org
MIXTE
Papier issu
de sources
responsables
FSC® C108412

720884 (I) - OSB-A 70 g - SCM (CDR)
Imprimé en France par CPI
en mai 2021
Dépôt légal : mai 2021
N° d'impression : 163159